本書出版得到全國古籍整理出版規劃領導小組資助

作　者：陳國燦　柳洪亮　湯士華　劉安志

吐魯番學研究叢書　甲種本之一

吐魯番柏孜克里克石窟出土漢文佛教典籍

新疆維吾爾自治區吐魯番學研究院
武漢大學中國三至九世紀研究所
編著

文物出版社

封面設計　周曉瑋
責任編輯　張慶玲

圖書在版編目（CIP）數據

吐魯番柏孜克里克石窟出土漢文佛教典籍／新疆維吾爾自治區吐魯番學研究院，武漢大學中國三至九世紀研究所編著．—北京：文物出版社，2007.9
(吐魯番學研究系列．甲種本之一)
ISBN　978-7-5010-1912-0
Ⅰ.吐…　Ⅱ.①新…②武…　Ⅲ.佛教-宗教經典-吐魯番地區-古代　Ⅳ.B94
中國版本圖書館CIP數據核字（2006）第038622號

吐魯番柏孜克里克石窟出土漢文佛教典籍

編著者　新疆維吾爾自治區吐魯番學研究院
　　　　武漢大學中國三至九世紀研究所
出版發行　文物出版社
北京市東直門内北小街二號樓
http: // www.wenwu.com
E-mail:web@wenwu.com
印刷　北京翔利印刷有限公司
經銷　新華書店
二○○七年九月第一版
二○○七年九月第一次印刷
定價　一八○○圓（上、下册）

787×1092　1/8　印張：72.5　插頁：3
ISBN 978-7-5010-1912-0

目録

前言

柏孜克里克出土的吐魯番文書，主要是一九八〇年十月至一九八一年七月間，吐魯番地區文物保護管理所對柏孜克里克千佛洞崖前積土和部分洞窟進行清理、維修時，清理出來的一千餘片古代文書。在此前，也有少量佛經殘片出土。當時初步編八百餘號，其中大多屬於漢文佛經殘片，也有部分其他民族文字的寫、印本文書，同時還有少量非佛教的文獻。

這批文書經清理、編號入藏後，即面臨着整理的問題。就當時吐魯番地區文物保護管理所的主、客觀力量而言，着手整理這些文書的難度很大。於是一九八二年由副所長柳洪亮帶領侯世新、米世忠携帶這批文書到國家文物局古文獻研究室，請各方面的專家指導整理。由此對文書進行了大體分類，除漢文文書七百九十六件（其中寫本七百六十五件，印本三十一件）外，尚有回鶻文文書九十六件（其中寫本八十六件，印本十件）；漢文、回鶻文合璧文書一百三十三件；婆羅迷文文書二十七件；漢文、婆羅迷文合璧文書十二件；粟特文文書十三件；西夏文文書三件。同時邀請海內外相關學者對這批文書進行研究。

對文書分類後便轉入對每件文書的斷代、定性和定名工作，這也是最艱難、費時最長的一步。一九九五年以後，在新疆維吾爾自治區文化廳領導的支持下，《吐魯番柏孜克里克千佛洞出土文書整理編目》被列入自治區的「九五」社會科學項目。在此期間，吐魯番文物局和博物館課題組的成員對每件文書的尺寸、形制和寫、印本進行了測定、分辨、編號和登記；並對每件文書進行了拍照、放大；盡可能地對每件文書的內容作出定題、斷代、定名；按不同文字對文書作了分類編目。與此同時，柳洪亮局長又與日本粟特語專家吉田豐、回鶻語專家森安孝夫合作對回鶻文、粟特文的摩尼教文書進行研究，弄清了內容和性質，從而能作出準確的定名，其成果已由柳洪亮編成《吐魯番新出土摩尼教文獻研究》一書出版。編目工作的完成，使文書的全面整理前進了一大步。然而，大量的佛經殘片中能確定名稱者，尚不足二百件。

爲了進一步解決對佛經殘片的定名問題，吐魯番文物局決定與武漢大學中國三至九世紀研究所合作，對文書進行定名方面的研究。二〇〇〇年底，由柳洪亮局長帶領湯士華、阿里木、張勇、曹洪勇、李梅等同志到武漢大學，與武漢大學陳國燦教授、劉安志博士一起，進行了佛經殘片的具體定名研究。二〇〇三年，柳洪亮局長不幸遭遇車禍，因公殉職，定名工作暫時停頓，但在新任李肖局長的領導下，定名工作得以繼續進行。到二〇〇五年，可以確定文書殘片的具體名稱及其在《大藏經》中的位置者，已達五百件。

在定名後期工作中，出力最多、貢獻最大的是吐魯番文物局資料中心主任湯士華同志，後期的定名增補、核查《中華大藏經》以及全部文書的分類編定，都是由她負責完成的。武漢大學劉安志博士在對細小殘片的定名上也貢獻不小，他比照《大正新修大藏經》查對出了近百件殘片的名稱。而對文書的拍照，從最初的黑白片，到後來的彩色片，都是由張永兵、張勇兩位同志負責完成的。歷時二十多年的柏孜克里克出土文書的整理工作，是由多方面力量通力合作完成的。大家衆志成城，不畏困難，堅持不懈，終於完成了對出土文書主體部分的定名、録文和整理。

柏孜克里克出土吐魯番文書，雖然絶大部分是殘片，且以佛經殘片爲主體，但仍有重要的學術價值。所出高昌「建昌五年己卯歲八月十五日記寫，比丘義導書寫」的《妙法蓮華經・觀世音菩薩普門品》殘卷（80TB1:003），是這批文書中有確切紀年最早的一件。「建昌」爲高昌國王麴寶茂的年號，建昌五年己卯歲正當公元五五九年，據經尾題記，此經是應「白衣弟子康得受」修功德而寫，寫成後供奉給寺院，這個寺院應該就是柏孜克里克早期的佛寺。由此推斷，柏孜克里克佛寺的開鑿，當在建昌五年（五五九年）以前的高昌王國前期。

所出佛經就其内容而論，經、律、論、密均有。既有大乘通論之寶積部，又有大乘别詳道果之般若部、華嚴部、涅槃部，還有小乘共依之阿含部。若就佛經特色論，有寫本和印本的不同，寫本多屬宋代以前，更早的有十六國以來的寫本，如80TB1:019號《增壹阿含經》卷五〇大愛道般涅槃品第五二，存七行，80TBI:697a號《增壹阿含經》卷一六高幢品第二四之三也存有六行，寫體古拙，蠶頭燕尾，應是十六國時期的寫本。由此似乎給人以啓示：較古老的寫本，多集中于小乘經典的抄寫；高昌王國以后，則多是對大乘經典的傳抄、供養，其中特别突出的是對《妙法蓮華經》的傳抄，多至百件以上。

漢文佛經除大量寫本外，還有三十餘件印本及若干印本細片，全爲宋以後由内地傳入。其中印本殘片最多的是《大般若波羅蜜多經》，類似的印本在旅順博物館藏、德藏、日藏的吐魯番文書中也有，除《大般若經》外，還有《妙法蓮華經》、《大方廣佛華嚴經》。黨寶海先生在《吐魯番出土金藏考》一文（《敦煌吐魯番研究》第四卷）中，考訂出這批刻經是金朝大定二十八年（一一八八年）回鶻商人不顏綽黑在金中都弘法寺請印的寶積寺雕板六大部佛經中的一部分。這一發現廓清了此印本的來源，表明十二世紀的西州回鶻仍處於崇佛的盛世，仍在從金朝中都引進雕板印製的漢文《大藏經》來讀誦，反映出西州回鶻與中原經濟、文化上的密切交往。與此同時，對柏孜克里克這批金藏本的認定，也爲旅順博物館藏、德藏、日藏同類的金藏刻本找到了出土地點。

漢文文書除佛經之外，也有少量非佛經斷片，如80TBI:001a號是一件東漢荀悦撰《前漢紀》殘卷，存《孝武皇帝紀》四行，書法古拙，隸意濃厚，可定爲晋寫本。80TBI:642號是唐釋道宣《廣弘明集》卷五辨惑篇第二序文的抄本，反映了中原佛教文化思想在這裏的傳播。文書中也有少量道教的典籍，如《通玄真經》卷三《九守篇》等，從而爲道教在這裏的影響留下了痕跡。

80TBI:508號是一件金箔包裝紙，上面印有「打造南無佛金諸般金箔，見住杭州泰和樓大街南，坐西面東開鋪」，據《武林舊事》記載：南宋臨安城有官辦八大名樓，泰和樓即其中之一，街以樓名，知泰和樓大街是隨臨安城名而出現的。元朝至元十五年（一二七八年），臨安復名杭州，由此知該件金箔包裝紙實來自元朝杭州城的金箔鋪。類似的杭州城金箔鋪包裝紙，在德藏的吐魯番文書中還有好幾件，表明直到十三世紀柏孜克里克佛窟的佛事活動仍十分興旺，仍在大量使用來自杭州的金箔，爲佛陀裝修貼金。同時也反映了元朝的吐魯番與内地經濟交往的密切（陳國燦：《吐魯番所出元代杭州「裹貼」紙淺析》，（《武漢大學學報（社科版）》一九九五年第四期）。

在近百件的回鶻文文書中，大量的是佛經寫本，多是對漢文佛典的翻譯，這從經文中偶爾夾雜漢文注字上可以得到證實。另外還有一百多件漢文和回鶻文合璧的佛經，如80TBI:747a《法鏡經》、80TBI:753《十誦律》等，又進一步説明了這一點，這是回鶻人初期接受漢文佛教教義過程中自然出現的現象。這種現象一直延續到十三至十四世紀的回鶻文雕版印製的佛經中，雙語合璧，便於回鶻族信衆加深對漢文佛經原意的理解；既帶動了回鶻人對漢文的學習，也促進了漢族僧侶對回鶻文的學習。

人們在柏孜克里克第六〇號洞窟還清理出一批摩尼教文獻，其中三件是用粟特文書寫的信函，比較完整，最長的一件達二百六十八厘米，存粟特文一百三十四行（81TB60:1），中間還有精緻的彩繪伎樂人物圖。經吉田豐教授研究，確定爲一名叫夏夫魯亞爾·扎達古的摩尼教拂多誕寫給東方教區慕闍馬爾·阿魯亞曼·普夫爾的致敬信（柳洪亮主編《吐魯番新出摩尼教文獻研究》）。其餘二件也屬相類似的問候信。另外，還有五件摩尼教徒用回鶻文寫的問候信，時間大約都在九世紀和十世紀之間，表明此時的高昌是摩尼教東方教區的所在地，其長老慕闍馬爾·阿魯亞曼·普夫爾是粟特人，第六〇號洞窟曾是摩尼教的寺廟。值得特別提及的是用回鶻文書寫的摩尼教文獻《美味經》（80TBI:524）的發現，此文獻共存五頁十面，每面存墨書二十一行，這給研究摩尼教教義提供了最原始的資料。

粟特文文書中除摩尼教文獻外，還有十件佛經殘片，反映出佛窟僧侶中有粟特人。由於背面大部分都被再次利用書寫回鶻文佛經，故也不排除這批粟特文佛經從外地帶入的可能性。不論是哪一種情況，至少它能説明在古代的西域，粟特人除了信仰火祆教、摩尼教以外，也有信仰佛教的人群。

佛經殘片中有近四十片的婆羅迷文寫本，其中有一部分是與漢文合璧書寫的，80TBI:774號是其中最大的一件，殘長三十點四厘米，正面是用漢文書寫的《楞伽經》，背面則是婆羅迷文佛經，存二十二行。還有漢文與婆羅迷文相對照的辭書殘片，這應是現存最早的婆羅迷文、漢文雙語辭典，彌足珍貴。此外，也有婆羅迷文與回鶻文合璧的殘片。這些殘片爲研究古婆羅迷的語言和文字帶來了光明。

屬於西夏文的佛經有三件，全是木刻本殘片，推測應是從西夏國帶到西州回鶻地區來的。

柏孜克里克所出的多種文字文書表明，吐魯番不僅在唐西州時代是多民族共居、多種宗教文化共存的地區，即使到了西州回鶻統治時期，仍然保持着多民族共居、多種宗教文化並存的局面。既有從中原來的金朝刻本《大藏經》，又有從波斯輸入的摩尼教《美味經》；既有東面來的漢文、西夏文文獻，又有從西面來的粟特文、婆羅迷文文獻；東、西方的文化在這裏繼續交匯、融合着。這種多民族文化的交匯和融合，不僅豐富了回鶻文化的内涵，同時也提升了回鶻文化自身的水平。從這個意義上來看，今天出版柏孜克里克出土吐魯番文書，將具有其獨特的價值。

在少數民族文字文獻尚未完成整理之前，將漢文文獻部分先行刊布出版，以饗海内外學者。

本書的編纂及最後的審定稿，是由陳國燦、湯士華負責完成的，不妥之處，肯定不少，尚祈學界士林批評指正。最後要特別感謝文物出版社對本書出版給予的全力支持，在此致以深深的謝意。

凡例

一、本書所收録的佛經殘片，無論是已定名或未定名者，均以出土初期整理的文物編號爲主，表格中出現的序號乃依據吕徵先生《新編漢文大藏經目録》的分類爲順序，將已定名的佛經殘片歸類編排，再根據《中華大藏經》册數的先後順序作的排列。屬於同一册的佛經則根據該經文出現的頁碼順序排列。

二、對文書的斷代，由於柏孜克里克出土文書涉及的年代跨度較大，所出文書殘片寫本有早期的，也有晚期的，但均無紀年。因此，只有從書法寫體的演變規律來判斷其年代，大致劃分爲：十六國、高昌王國、唐、宋、回鶻高昌等時期，其中宋和回鶻高昌時期多交叉並存。

三、本書所收録的文書絶大部分是殘片，因此，對殘片的行數，不僅有説明，而且，盡可能地找到出處，作出釋文。在釋文後作出必要的注釋。其注有二種：一種是對文獻行文中問題的注文，即釋文中標有注號者；一種是對每件殘片的整體説明或對另面情況的注明，其注號則不見於釋文中。

四、對佛經殘片的定名，是以《中華大藏經》爲藍本，以《大正新修大藏經》爲輔本作出比對進行的定名。在兩藏經中未查找到者，則未作定名及釋文，只列圖版。

五、關於版本。本書所收録的佛經殘片，基本上分爲寫本和印本兩部分。對於印本，只要能够確定其時代和地點者，均加以説明。

六、對於書體、格式一致且内容相接的文書殘片，我們整理中盡可能作了拚接。對拚合後的結果，又放入拚合圖版欄中再次加以顯示，不再作釋文。但在原來各殘片釋文的後注中，均作有説明。

七、由於版本所限，這些佛經殘片的大小各不相同。爲了保持原貌，除極少數較大的文書外，盡可能地原大製版，並附比例尺。

八、因這批文書不是同一時間出土的，而且出土時未進行文物整理，因而，出土文物編號並無規律可循，只是隨機編製，但却注明了出土年代和地點。例如：80TBI:495a，説明這件文書是一九八〇年在吐魯番柏孜克里克千佛洞出土的、編號爲四九五號文書殘片的正面（a面），同時説明該件文書的正、反兩面均有文字。

九、爲便於對照，對已定名的文書殘片在《中華大藏經》中及在《大正新修大藏經》中的具體位置，即册數、頁數和欄的上、中、下等，均作了標注。在書後一覽表中，還注明了時代、行數、尺寸及寫印本等。對未定名殘片，我們也同樣作了標注，只是對一號多片的未定名殘片則未標行數和尺寸。

一　經藏部分

（一）寶積部

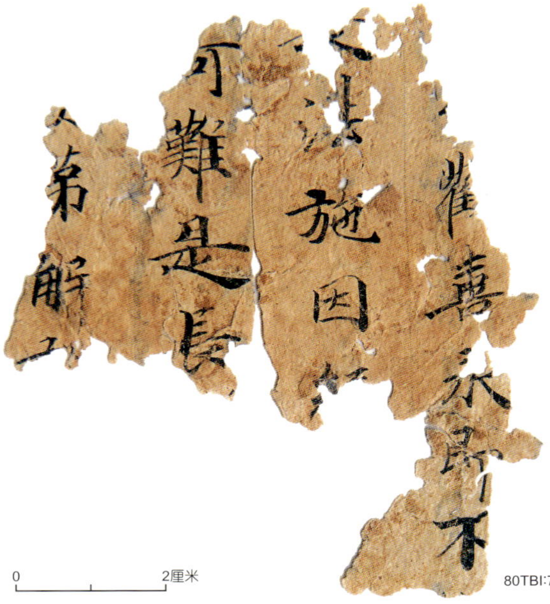

0　2厘米

80TBI:705a

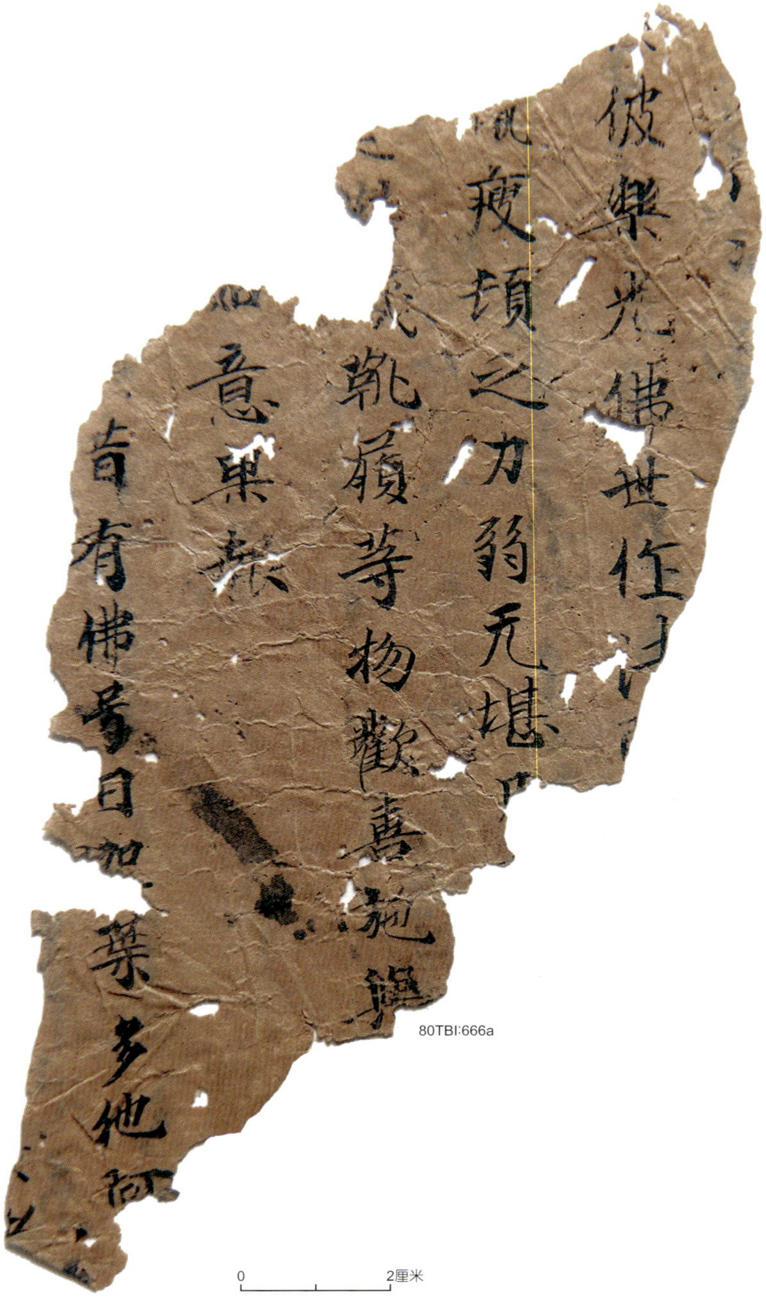

0　2厘米

80TBI:666a

一　大寶積經（卷一〇九）賢護長者會第三九之一

《中華大藏經》第九册　第三四四頁　中欄

《大正新修大藏經》第一一册　第六〇九頁　中欄

歡喜永即不

是法施因緣

阿難是長

次第解說

〔一〕本片背面即80TBI:705b爲回鶻文寫本。

二　大寶積經（卷一〇九）賢護長者會第三九之一

《中華大藏經》第九册　第三四四頁　中欄

《大正新修大藏經》第一一册　第六〇九頁　中欄

彼樂光佛世作法

瘦頓之〔一〕力弱無堪

鞋韈靴履等物歡喜施與

如意果報

皆有佛号曰迦葉多他〔二〕阿

〔一〕「之」，今本作「乏」。

〔二〕「他」，今本作「陀」。

〔三〕本片背面即80TBI:666b爲回鶻文寫本。

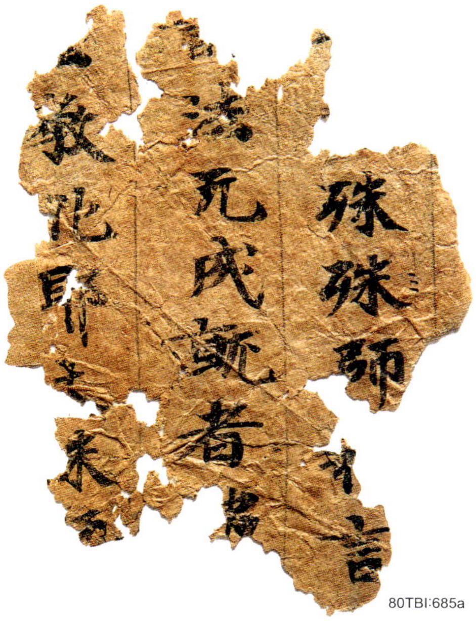

80TBI:685a

0 2厘米

80TBI:691a

0 2厘米

三

大寶積經（卷一一六）文殊師利説般若會第四六之二

《中華大藏經》第九册 第四一八頁 下欄

《大正新修大藏經》第一一册 第六五三頁 中欄

□殊[一]殊師[利]言□

□[諸]法无成就者[佛]□

□[法]教化耶[文][殊][師]□

〔一〕前一「殊」字，今本作「文」。

〔二〕本片背面即80TBI:685b爲回鶻文寫本。

四

大寶積經（卷一一六）文殊師利説般若會第四六之二

《中華大藏經》第九册 第四一九頁 中—下欄

《大正新修大藏經》第一一册 第六五四頁 上欄

□[離]此二□

□[思]議[境]□

□[般]若□

□波□

〔一〕本片背面即80TBI:691b爲回鶻文寫本。

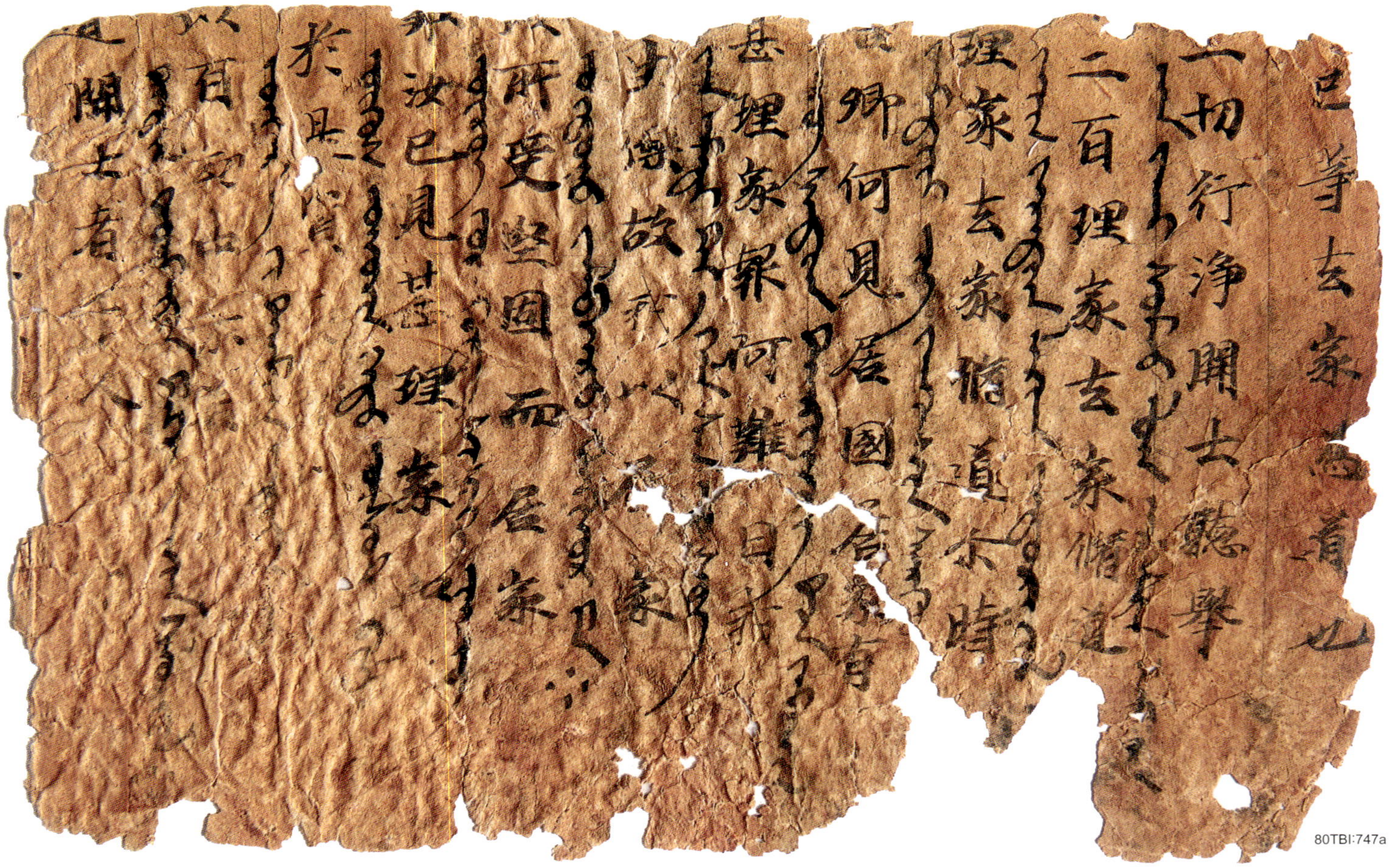

80TBI:747a

0 2厘米

五 法鏡經

《中華大藏經》第九册 第七一七頁 中—下欄

《大正新修大藏經》第一二册 第二二頁 中欄

已等去家爲道也

一切行浄開士聽舉

二百理家去家修道〔一〕

理家去家修道尒時

言卿何見居國居家有

甚理家報阿難曰我

生樂故我以居家

以所受堅固而居家

難汝已見甚理家

於是賢劫

以百劫中

道開士者千人之

〔一〕「去家修道」，中華藏作「去字修道」，大正藏作「一切行浄開士」。

〔二〕本件文書用漢文、回鶻文兩種文字書寫。其背面即80TBI:747b爲回鶻文寫本。

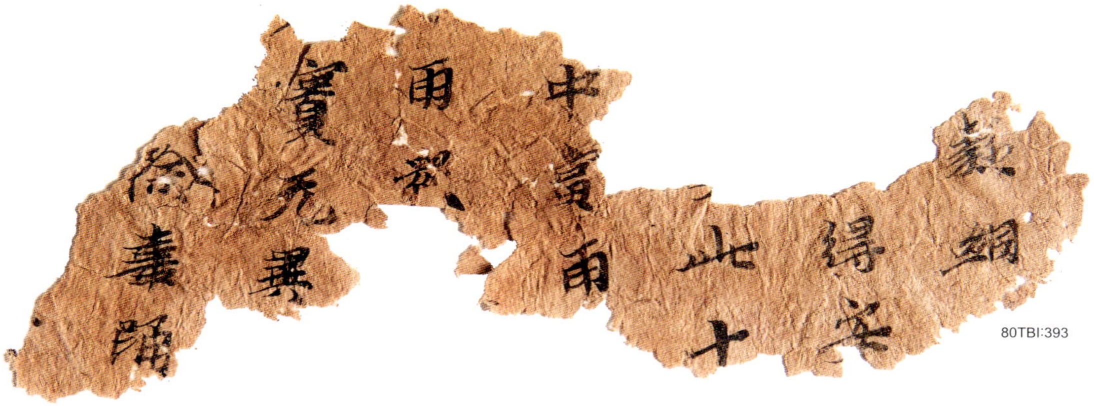

80TBI:393

0　　2厘米

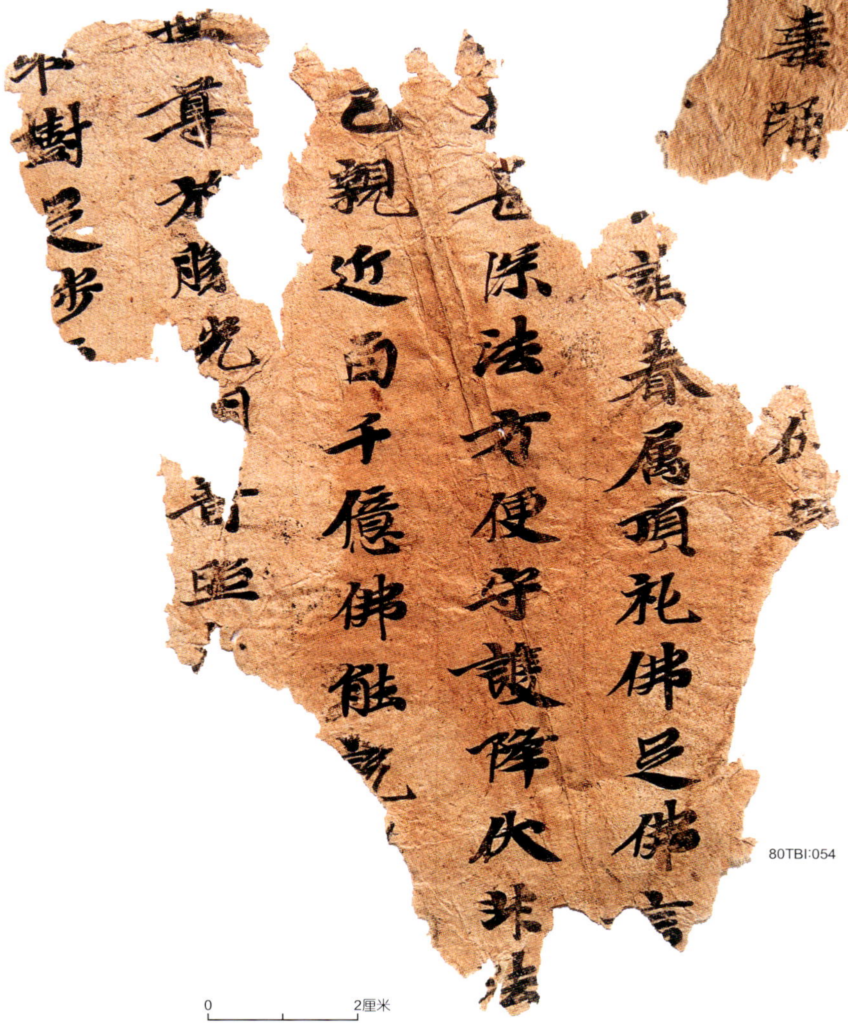

80TBI:054

0　　2厘米

六

勝鬘師子吼一乘大方便方廣經勝鬘章第一五

《中華大藏經》第九册　第一〇〇六頁　中欄

《大正新修大藏經》第一二册　第二一七頁　下欄—

第二一八頁上欄

□疑網□

□得安□

□此十□

□中當雨□

□雨[衆]□

□實无異□

□除喜踊□

七

勝鬘師子吼一乘大方便方廣經勝鬘章第一五

《中華大藏經》第九册　第一〇一三頁　下欄

《大正新修大藏經》第一二册　第二二三頁　上欄

□[伏]之□

□[諸]眷屬頂礼佛足佛[言]□

□[於][甚]深法方便守護降伏非法□

□已親近百千億佛能[説]□

□世尊[放][勝]光[明][普]照□

□[羅][樹][足]步[虚]□

〔一〕本片可與80TBI:287、80TBI:045-1、80TBI:216拼接，見拼合圖一。

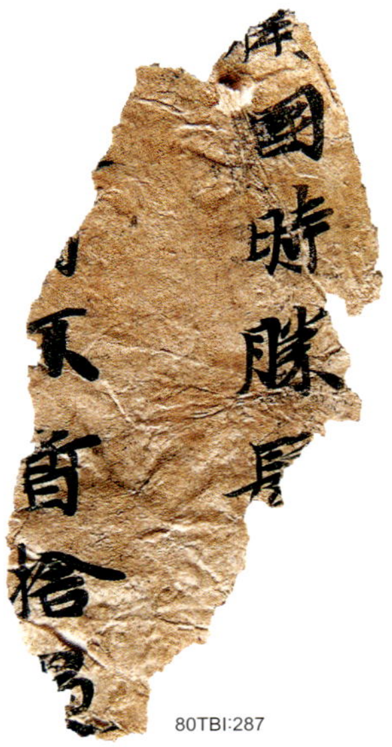
80TBI:287

0 2厘米

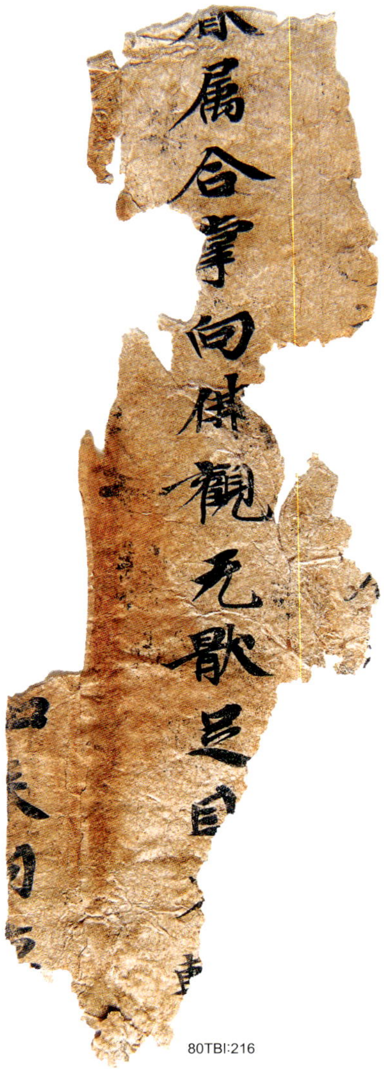
80TBI:216

0 2厘米

八

勝鬘師子吼一乘大方便方廣經勝鬘章第一五

《中華大藏經》第九册 第一〇一三頁 下欄

《大正新修大藏經》第一二册 第二二三頁 上欄

□衛國時勝鬘□

□不暫捨過□

〔一〕本片可與80TBI:045-1、80TBI:216、80TBI:054拼接，見拼合圖一。

九

勝鬘師子吼一乘大方便方廣經勝鬘章第一五

《中華大藏經》第九册 第一〇一三頁 下欄

《大正新修大藏經》第一二册 第二二三頁 上欄

□眷屬合掌向佛觀无猒足目不□

□如來功德□

〔一〕本片可與80TBI:045-1、80TBI:054、80TBI:287拼接，見拼合圖一。

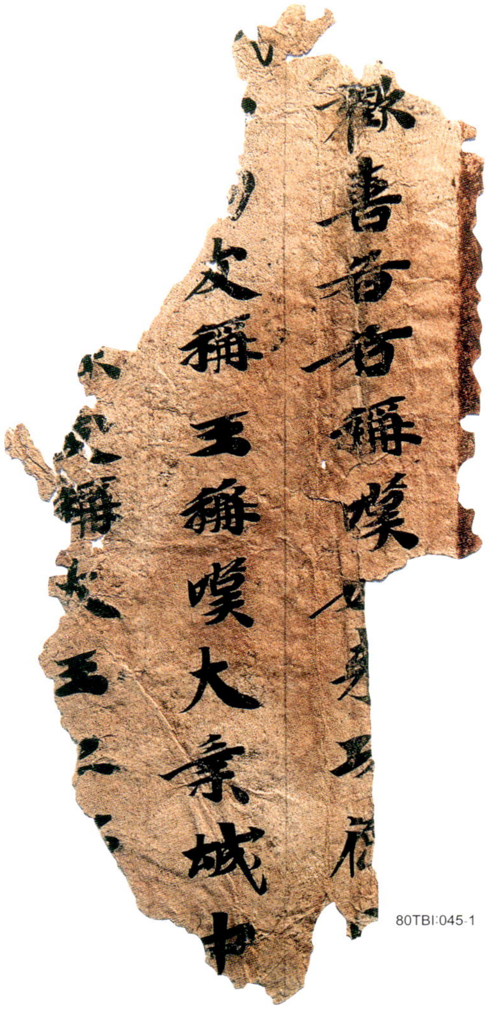

80TBI:045-1

0　2厘米

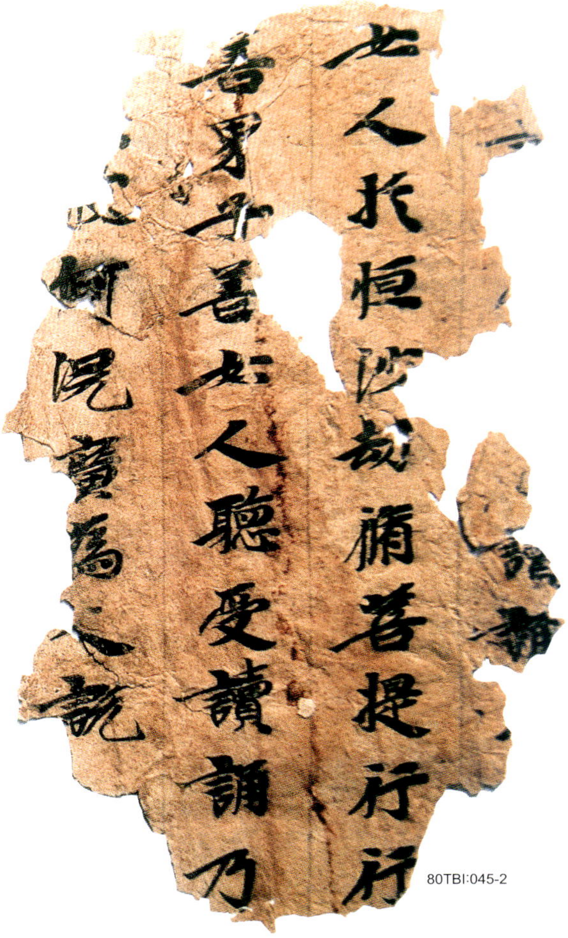

80TBI:045-2

0　2厘米

一〇　勝鬘師子吼一乘大方便方廣經勝鬘章第一五

《中華大藏經》第九册　第一〇一三頁　下欄

《大正新修大藏經》第一二册　第二二三頁　上欄

歡喜各各稱嘆〔一〕如來功德

友稱王稱嘆大乘城中

友稱大王亦以

〔一〕「嘆」，今本作「歎」。

〔二〕本片可與80TBI:216、80TBI:054、80TBI:287拚接，見拚合圖一。

一一　勝鬘師子吼一乘大方便方廣經勝鬘章第一五

《中華大藏經》第九册　第一〇一四頁　上欄

《大正新修大藏經》第一二册　第二二三頁　上欄

讀誦

女人於恒沙劫修菩提行行

善男子善女人聽受讀誦乃

彼何況廣爲人説

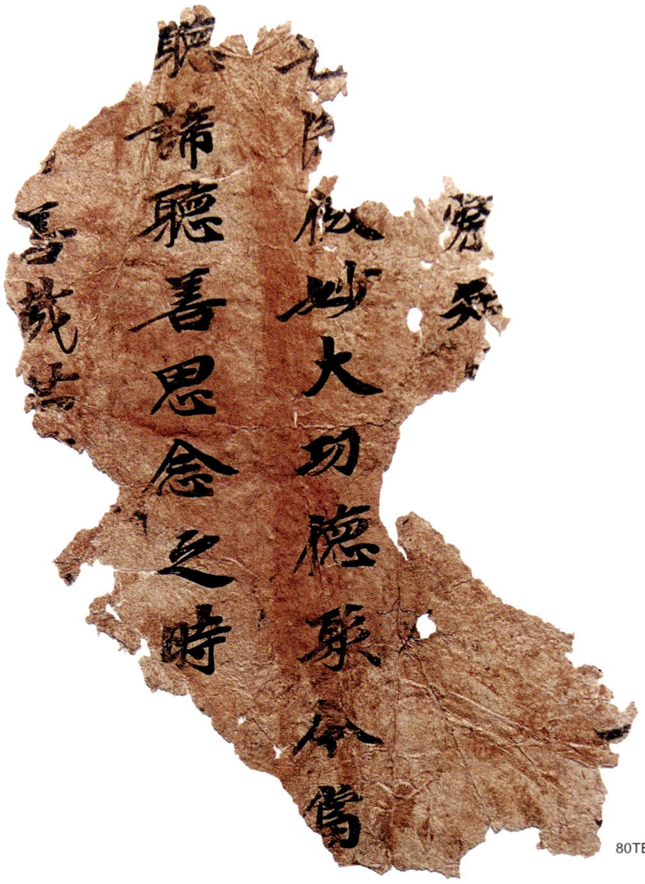

80TBI:034

0 2厘米

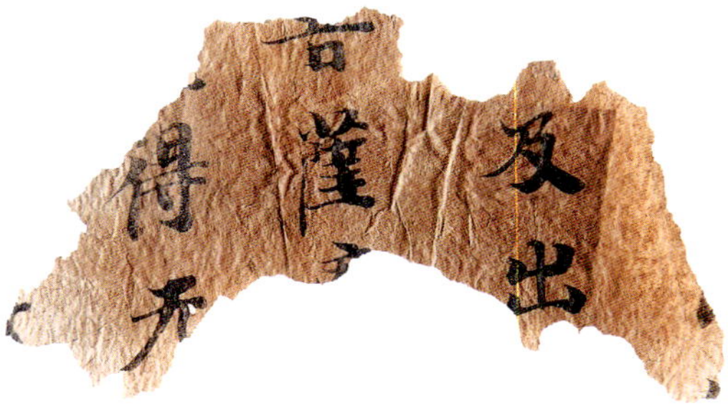

80TBI:388

0 2厘米

一二 勝鬘師子吼一乘大方便方廣經勝鬘章第一五

《中華大藏經》第九册 第一〇一四頁 上欄

《大正新修大藏經》第一二册 第二二三頁 上欄

□察知□

□甚深微妙大功德聚今當□

聽諦聽善思念之時□

□善哉世□

一三 大方等大集經（卷一三）不可說菩薩品第七

《中華大藏經》第一〇册 第一六七頁 上欄

《大正新修大藏經》第一三册 第九二頁 上欄

□及出□

□菩薩□

□得无□

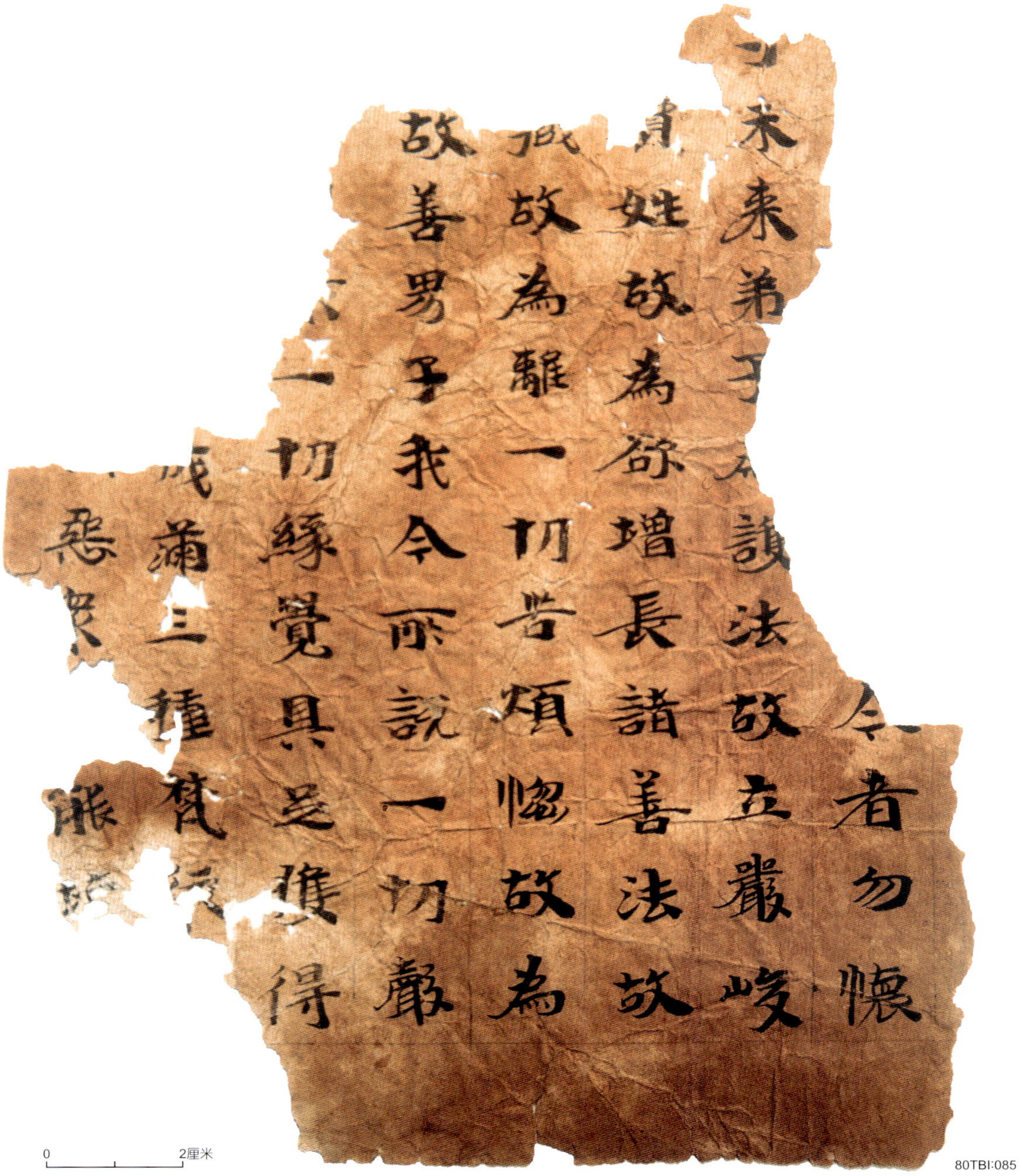

80TBI:085

一四　大方等大集經（卷二四）虛空目分中大衆還品第一〇

《中華大藏經》第一〇册　第三三三頁　上欄

《大正新修大藏經》第一三册　第一七三頁　上—中欄

□今者勿懷

□与未來弟子爲護法故立嚴峻

□寶姓[一]故爲欲增長諸善法故

□藏故爲離一切苦煩惱故爲

□故善男子我今所説一切聲

□乘一切緣覺具足獲得

□成滿三種梵行□

□惡衆□能壞□

〔一〕「姓」，今本作「性」。

〔二〕本片可與80TBI:309、80TBI:361、80TBI:009拚接，見拚合圖二。

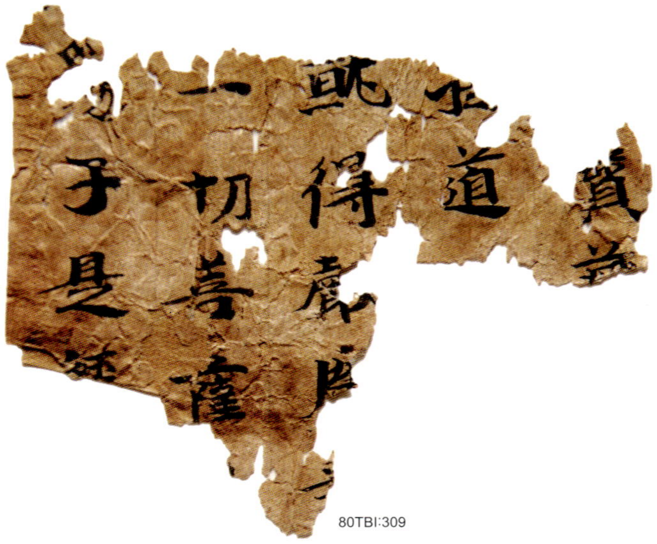

80TBI:309

0 2厘米

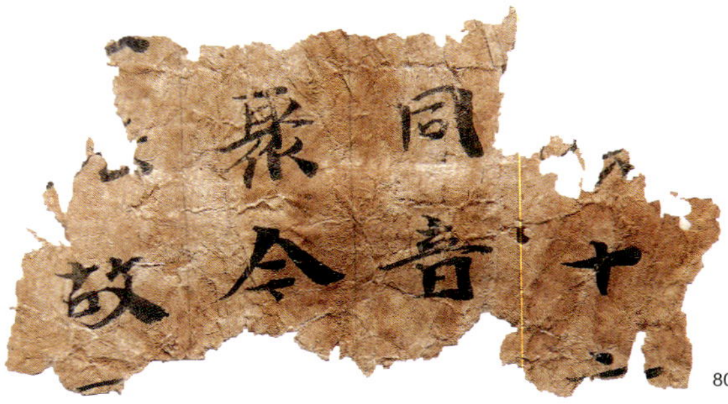

80TBI:361

0 2厘米

一五 大方等大集經（卷二四）虛空目分中大衆還品第一〇

《中華大藏經》第一〇册 第三二三頁 上欄

《大正新修大藏經》第一三册 第一七三頁 上—中欄

（前缺）

寶藏

提道

就得聲聞

一切菩薩

男子是經

（後缺）

〔一〕本片可與80TBI:085、80TBI:361、80TBI:009拼接，見拼合圖二。

一六 大方等大集經（卷二四）虛空目分中大衆還品第一〇

《中華大藏經》第一〇册 第三二三頁 上欄

《大正新修大藏經》第一三册 第一七三頁 中欄

（前缺）

養十方

同音

聚今

法故不

（後缺）

〔一〕本片可與80TBI:085、80TBI:309、80TBI:009拼接，見拼合圖二。

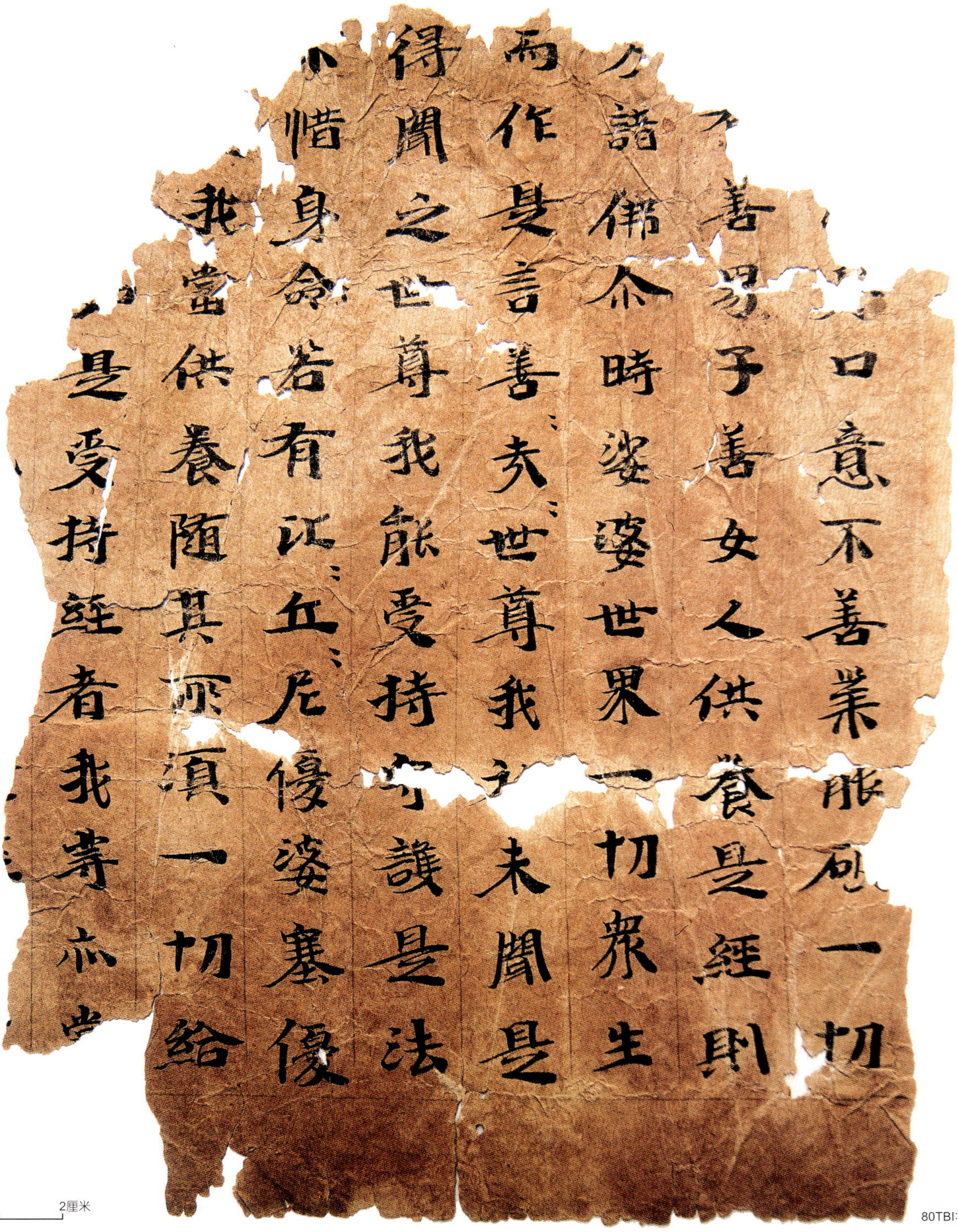

0 2厘米 80TBI:009

一七 大方等大集經（卷二四）虛空目分中大衆還品第一〇

《中華大藏經》第一〇冊 第三二三頁 上—中欄

《大正新修大藏經》第一三冊 第一七三頁 中欄

□[身]口意不善業能[破]一切

□[有]善男子善女人供養是經則

□[方]諸佛尔時娑婆世界一切衆生

□而作是言善哉善哉世尊我[初]未聞是

□得聞之世尊我能受持[守]護是法

□[不]惜身命若有比丘比丘尼優婆塞優

□我當供養随其所須一切給

□[如]是受持經者我等亦[當]

〔一〕本片可與80TBI:085、80TBI:309、80TBI:361拼接，見拼合圖二。

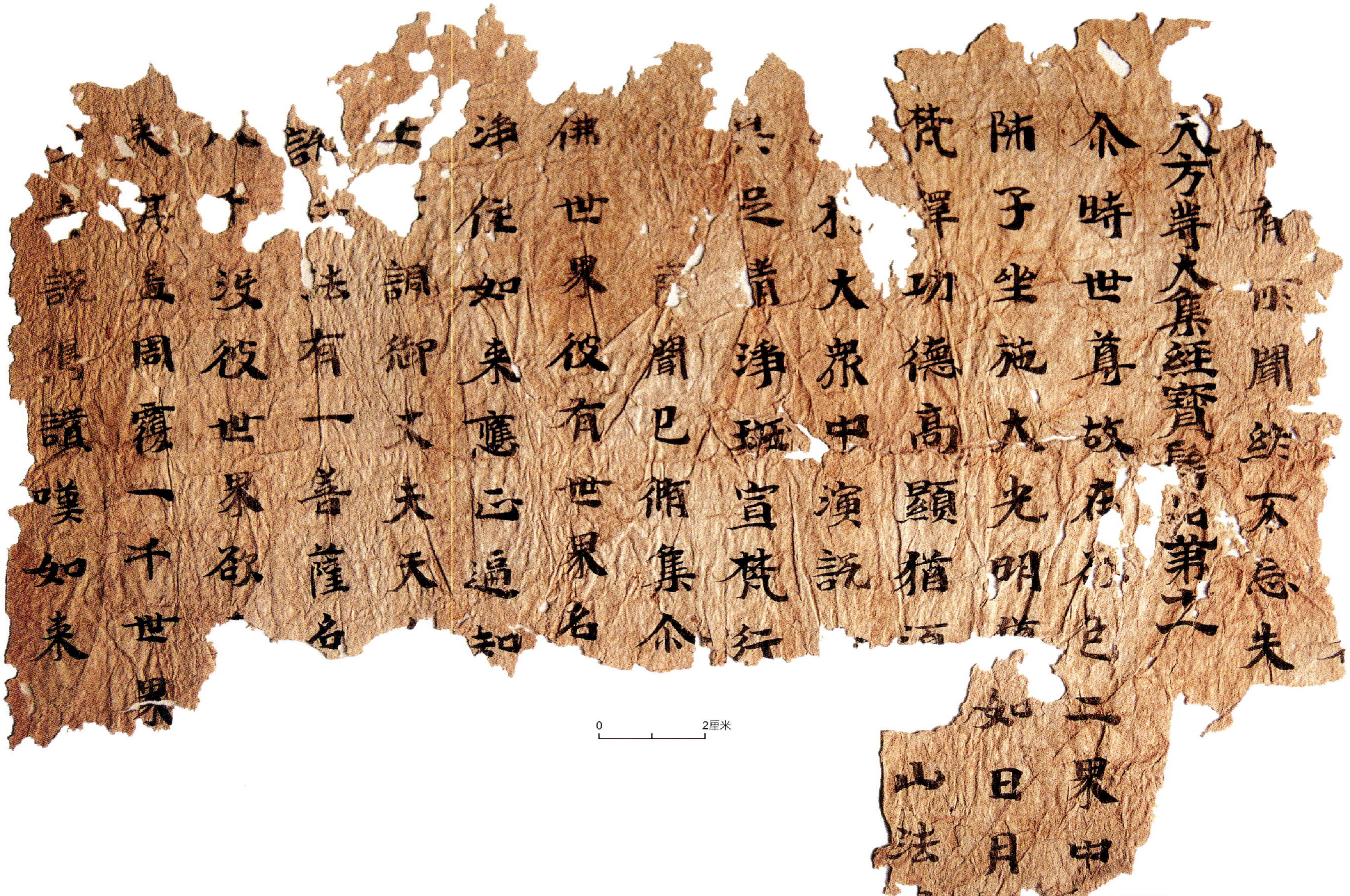

80TBI:018

一八 第一行爲：大方等大集經（卷二四）虚空目分中大衆還品第一〇的結尾部分

第二行爲：大方等大集經（卷二五）寶髻菩薩品第一一開始部分

《中華大藏經》第一〇册 第三三三頁 中欄—第三三六頁中欄

《大正新修大藏經》第一三册 第一七三頁 中—下欄

凡有所聞終不忘失□

大方等大集經寶髻品第十一

尒時世尊故在欲色二界中□

師子坐[一]施[二]大光明猶如日月□

梵釋功德高顯猶[三]須□山法□

具足清淨班宣梵行□

□於大衆中演説□

□薩聞已修集尒□

佛世界彼有世界名□

淨住如來應正遍知□

上士調御丈夫天人□

説正法有一菩薩名□

八千没彼世界欲□

來其蓋周覆一千世界□

妙音説偈讚嘆[四]如來

〔一〕「坐」，今本作「座」。

〔二〕「施」，今本作「放」。

〔三〕今本「猶」下有「如」字。

〔四〕「嘆」，今本作「歎」。

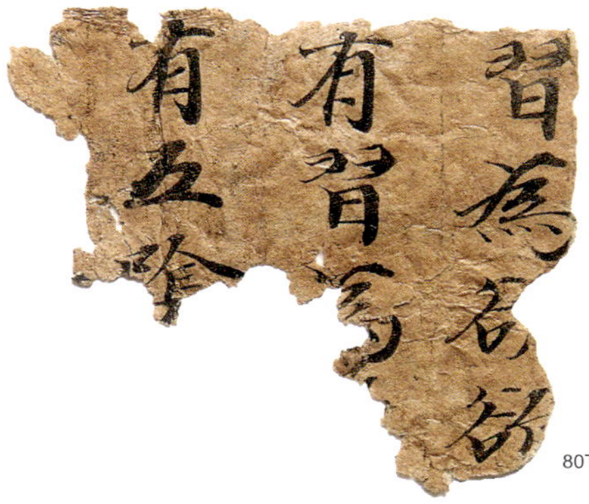

80TBI:800a

0 2厘米

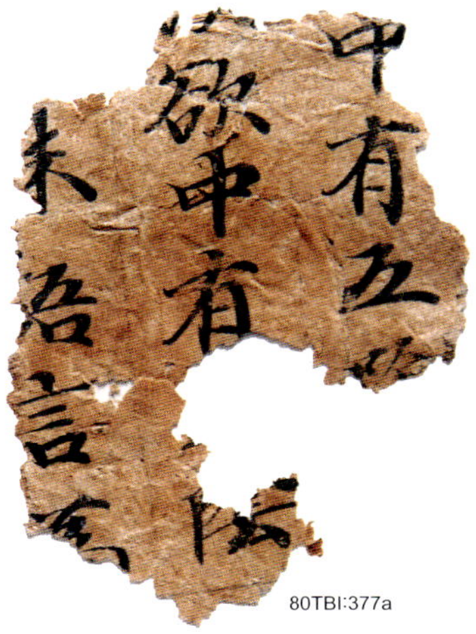

80TBI:377a

0 2厘米

一九 大方等大集經（卷五九）十方菩薩品第一三

《中華大藏經》第一〇册 第六七九頁 下欄

《大正新修大藏經》第一三册 第三九六頁 下欄

習爲欲欲

有習爲

有五陰

〔一〕本片背面即80TBI:800b爲殘圖。

二〇 大方等大集經（卷五九）十方菩薩品第一三

《中華大藏經》第一〇册 第六八〇頁 上欄

《大正新修大藏經》第一三册 第三九七頁 上欄

中有五陰

欲欲中有五陰

味語言爲

〔一〕本片背面即80TBI:377b爲「四分律删繁補闕行事鈔卷上之二結界方法篇第六」，參見列表序四八一。

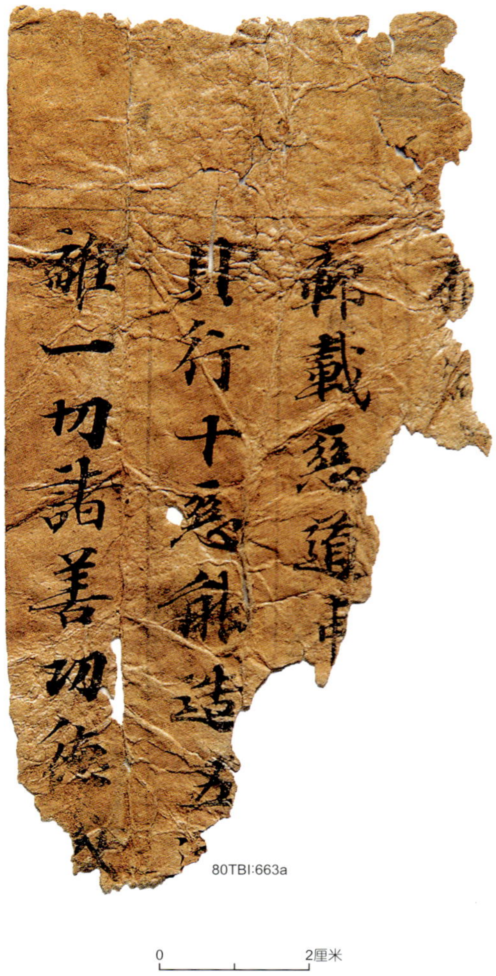

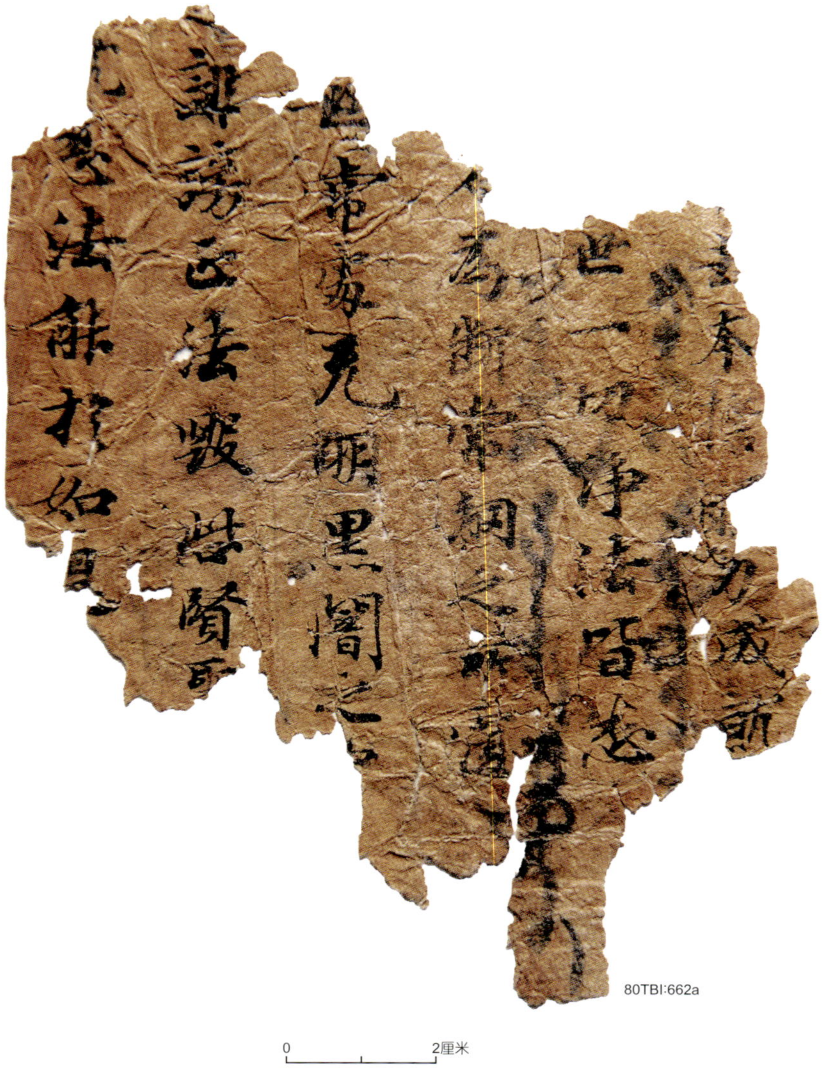

二二

大方廣十輪經（卷二）發問本業斷結品第三

《中華大藏經》第一一册 第一〇五頁 上—中欄

《大正新修大藏經》第一三册 第六八七頁 中欄

障載惡道車□

具行十惡能造五□

離一切諸善功德成□

〔一〕本片可與80TBI:662a拚接，見拚合圖三。其背面即80TBI:663b爲回鶻文寫本。

二三

大方廣十輪經（卷二）發問本業斷結品第三

《中華大藏經》第一一册 第一〇五頁 上—中欄

《大正新修大藏經》第一三册 第六八七頁 中欄

□去本誓願力成就

□世一切浄法皆悉

□人爲断常網之所覆

□世常處无明黑闇之中

□誹謗正法毁呰賢聖□

□就惡法能於如是□

〔一〕本片第一至三行間有二行民族文字。

〔二〕本片可與80TBI:663a拚接，見拚合圖三。其背面即80TBI:662b爲回鶻文寫本。

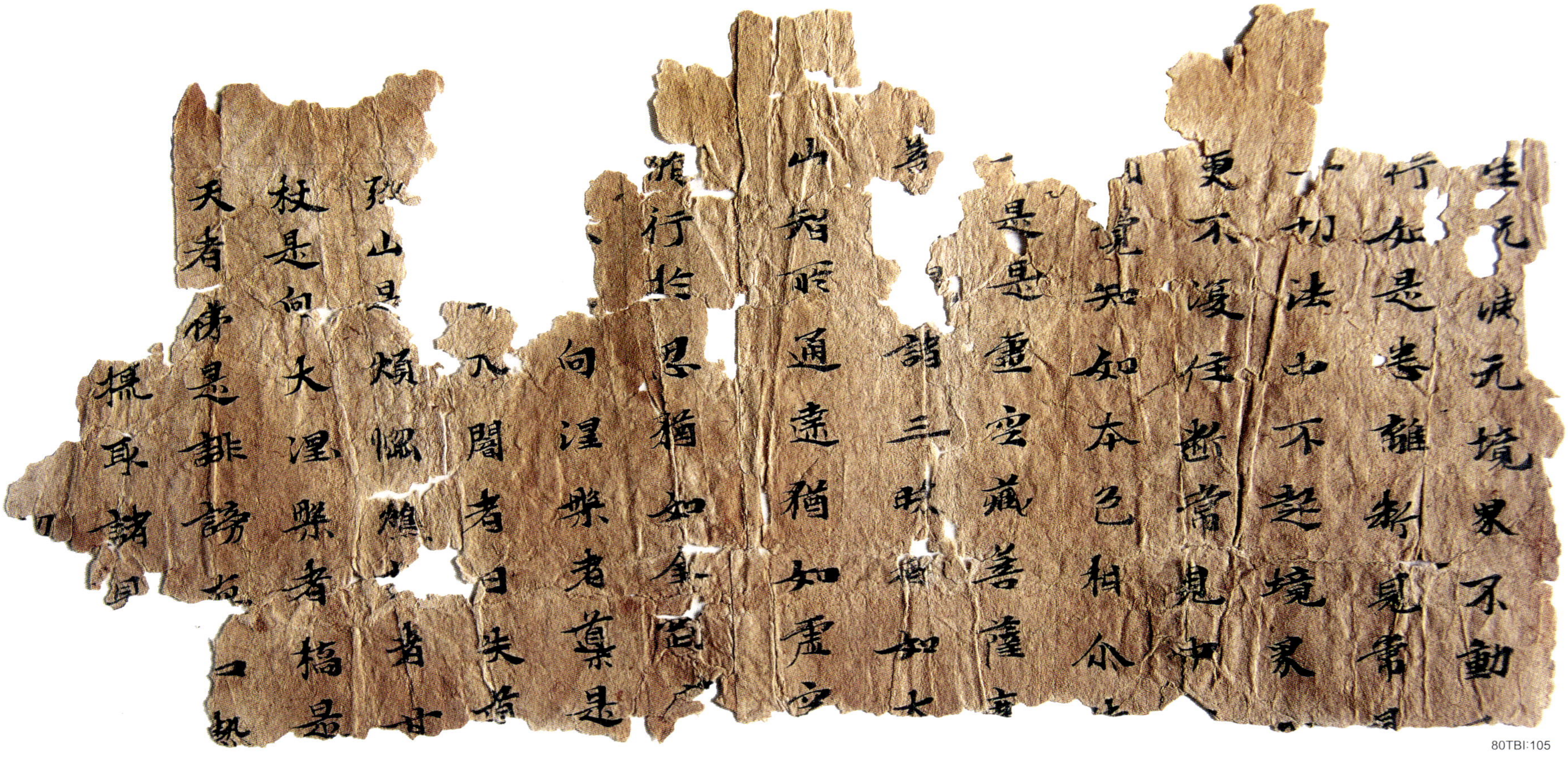

二三　虛空藏菩薩神咒經

《中華大藏經》第一一册　第二七四頁　下欄—第二七五頁　上欄

《大正新修大藏經》第一三册　第六六二頁　下欄

[生]无[滅]无境界不動[不]□
[行]如是悉離断見常〔一〕[見]□
一切法中〔二〕不起境界[心]□
更不復住断常見中□
[聞]覺知如本色相尒[時]□
□是是〔三〕虛空藏菩薩[摩]□
菩□諸三昧猶如[大]□
山智所通達猶如虛[空]□
修行於忍猶如金剛[其]□
□向涅槃者導是□
□入闇者日失[道]□
弥山是煩惱燋[熱]者[甘]□
杖〔四〕是向〔五〕大涅槃者橋是□
天者梯是誹謗[尨]〔六〕[口][热]□
□攝取諸[見]□

〔一〕「見常」，今本作「常二」。
〔二〕今本「法」後無「中」。
〔三〕「是是」，今本作「是言是」。
〔四〕「杖」，今本作「栽」。
〔五〕「向」，今本作「趣」。
〔六〕「尨口热」，今本作「惡口者」。

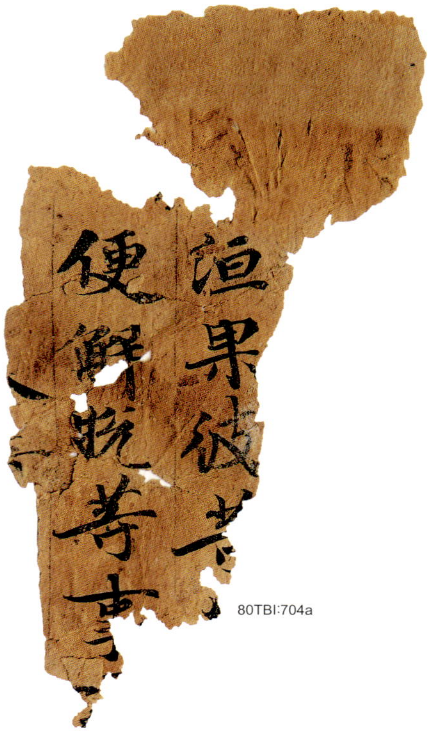

80TBI:704a

0　2厘米

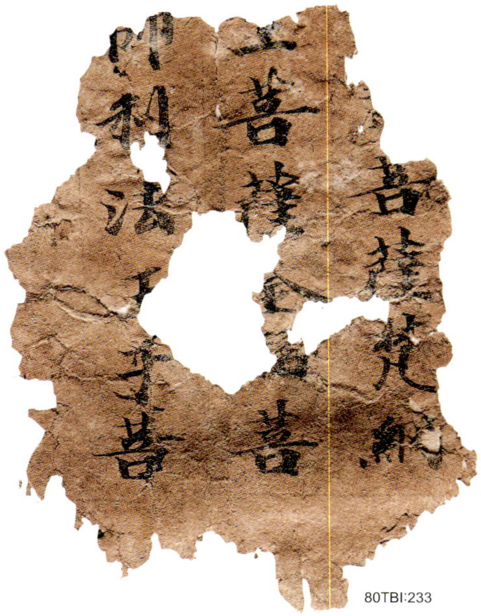

80TBI:233

0　2厘米

二四　虛空孕菩薩經（卷上）

《中華大藏經》第一一册　第二四五頁　上欄

《大正新修大藏經》第一三册　第六六九頁　下欄

洹果彼等□

便解脱等事□

〔一〕本片背面即80TBI：704b爲回鶻文寫本。

二五　維摩詰所説經（卷上）佛國品第一

《中華大藏經》第一五册　第八三二頁　中—下欄

《大正新修大藏經》第一四册　第五三七頁　中欄

□菩薩梵網

□士菩薩金髻菩

□師利法王子菩

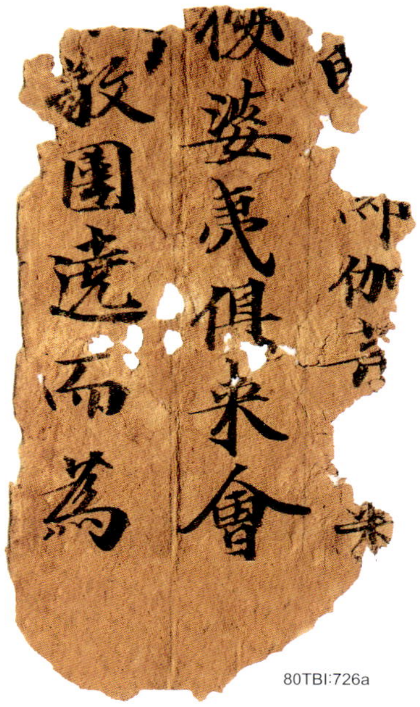

80TBI:726a

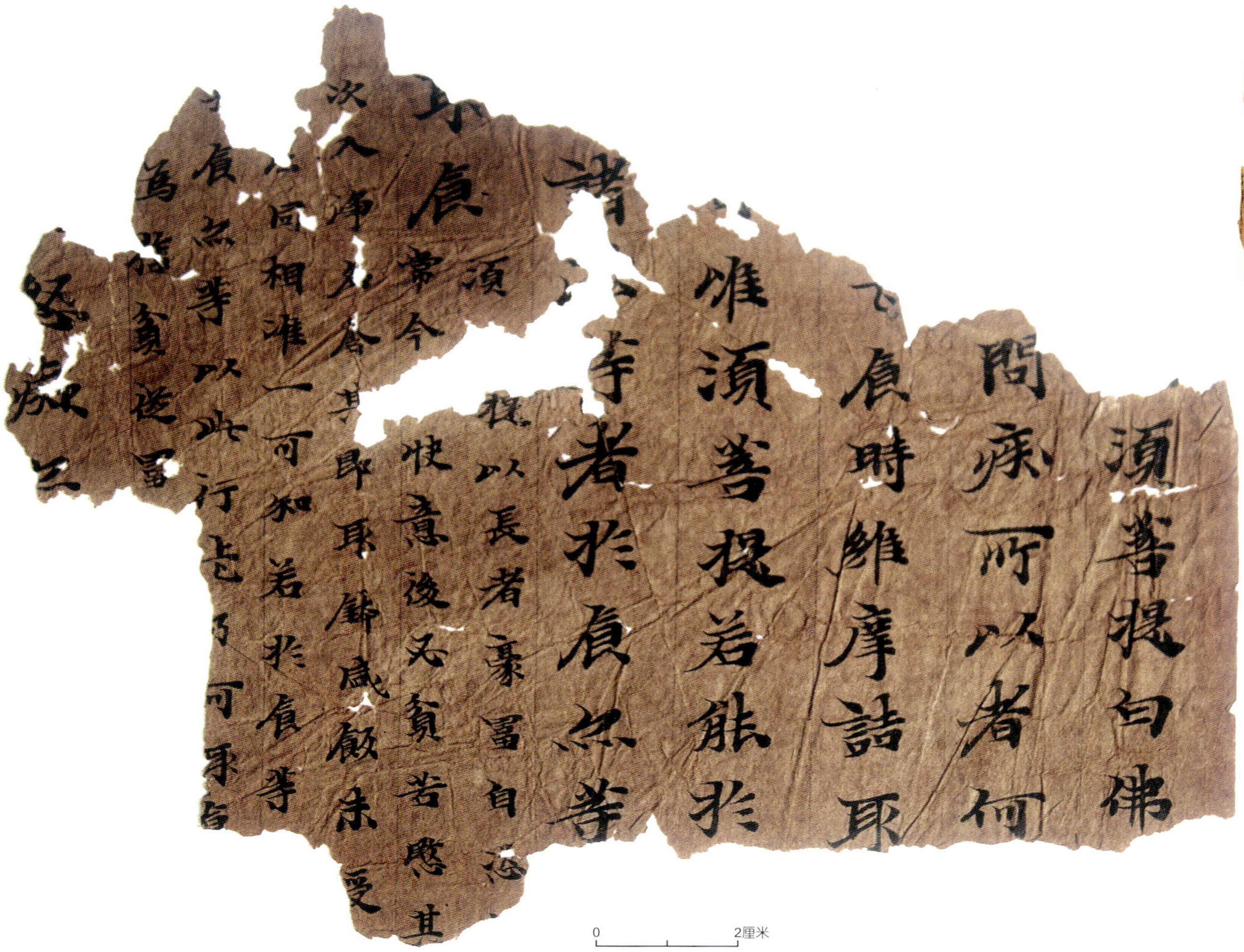

80TBI:089

二六　維摩詰所説經（卷上）佛國品第一

《中華大藏經》第一五册　第八三二頁　下欄

《大正新修大藏經》第一四册　第五三七頁　中欄

羅伽等□悉

優婆夷俱來會

敬圍遶而爲

〔一〕本片背面即80TBI:726b爲回鶻文寫本。

二七　維摩詰所説經（卷上）弟子品第三

《中華大藏經》第一五册　第八三六頁　下欄—第八三七頁　上欄

《大正新修大藏經》第一四册　第五四〇頁　中欄

須菩提白佛

問疾所以者何

乞食時維摩詰取

唯須菩提若能於

□諸法等者於食亦等

取食　須□提以長者豪富自恣

常今□快意後必貧苦愍其

次入淨名舍其即取鉢盛飯未受

□□同相准一可知若於食等

□食亦等以此行乞乃可□□

□爲□貧從富

怒癡□

〔一〕今本未見小字注文。

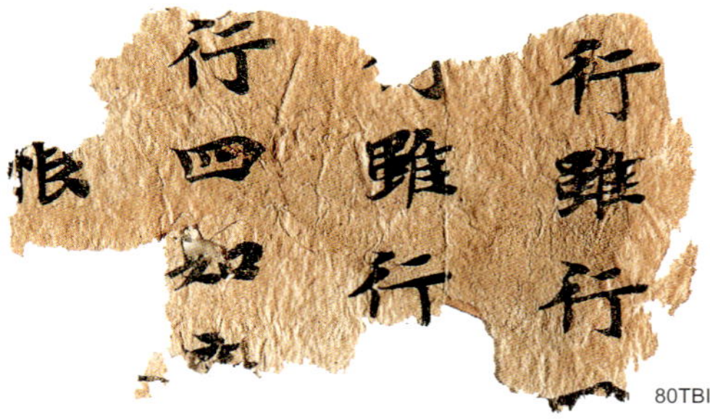

80TBI:385

0　2厘米

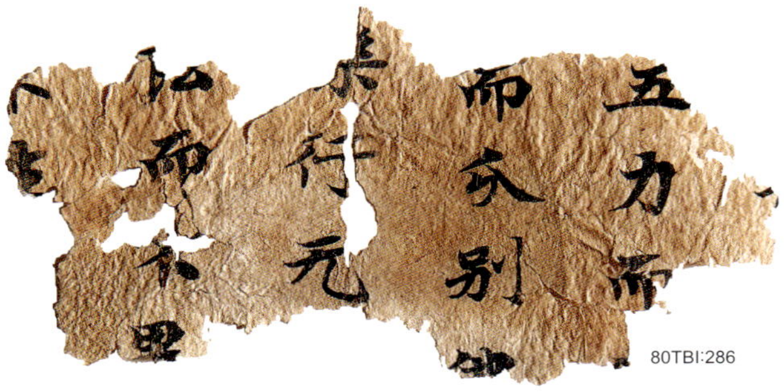

80TBI:286

0　2厘米

二八　維摩詰所説經（卷中）文殊師利問疾品第五

《中華大藏經》第一五册　第八四六頁　中欄

《大正新修大藏經》第一四册　第五四五頁　下欄

行雖行四

行雖行

行四如意

根

〔一〕本片可與80TBI：286拼接，見拼合圖四。

二九　維摩詰所説經（卷中）文殊師利問疾品第五

《中華大藏經》第一五册　第八四六頁　中—下欄

《大正新修大藏經》第一四册　第五四五頁　下欄

五力而

而分别佛

樂行无

法而不畢

不生

〔一〕本片可與80TBI：385拼接，見拼合圖四。

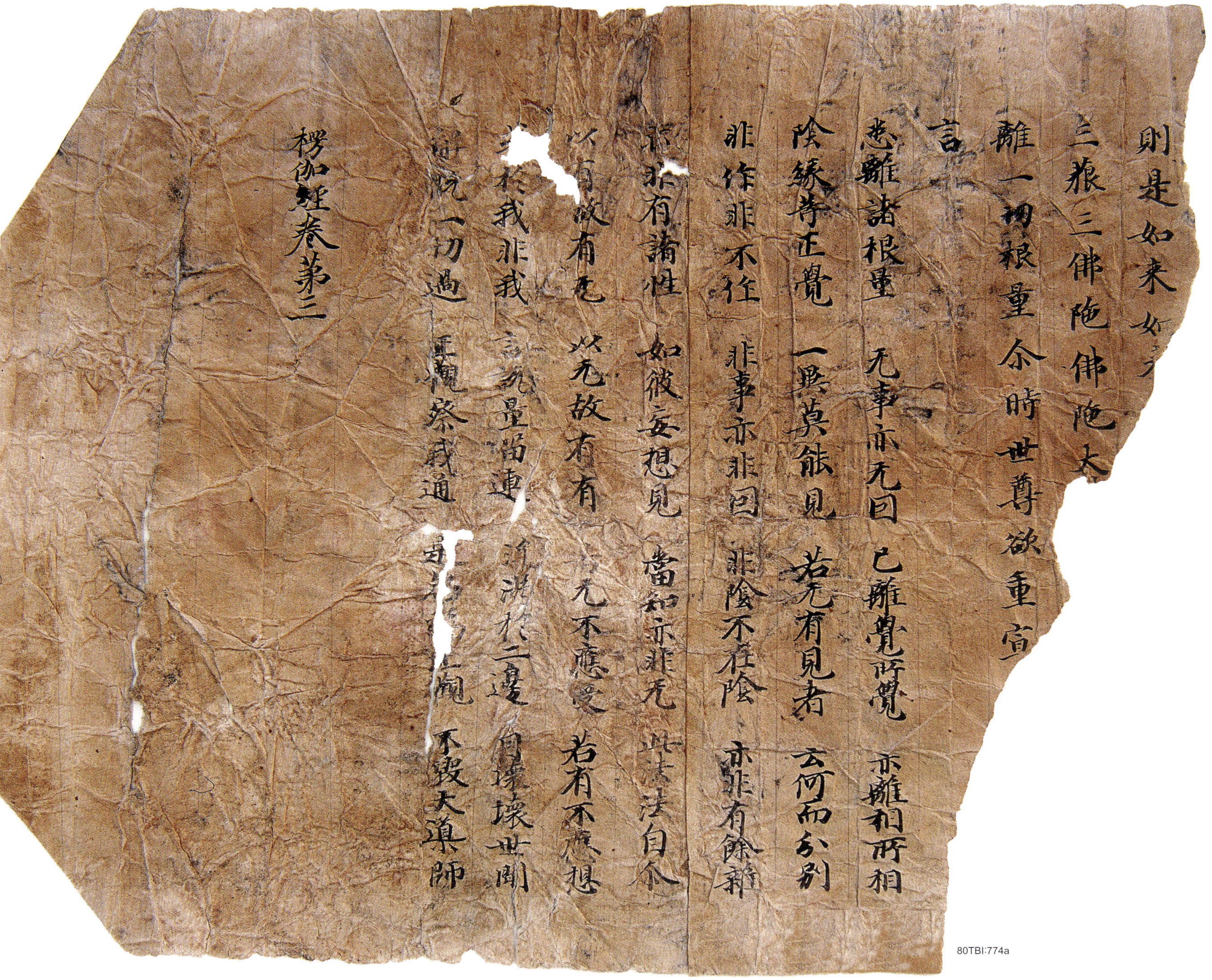

80TBI:774a

0　　2厘米

三〇　楞伽阿跋多羅寶經（卷三）　一切佛語心品之三

《中華大藏經》第一七册　第六〇六頁　下欄

《大正新修大藏經》第一六册　第五〇五頁　下欄—

第五〇六頁　上欄

則是如來如來

三藐三佛陁[一]佛陁[二]大

離一切根量尔時世尊欲重宣

言

悉離諸根量　无事亦无因　已離覺所覺　亦離相所相

陰緣等正覺　一異莫能見　若无有見者　云何而分別

非作非不作　非事亦非因　非陰不在陰　亦非有餘雜

亦非有諸性　如彼妄想見　當知亦非无　此法法自尔

以有故有无　以无故有有　若无不應受　若有不應想

國於我非我　言説量留連　沈溺於二邊　自壞壞世間

解脱一切過　正觀察我通　是名爲正觀　不毁大導師

楞伽經卷第三

［一］今本作「陀」。

［二］今本無下一「佛陁」。

［三］本片背面即80TBI:774b爲婆羅迷文寫本。

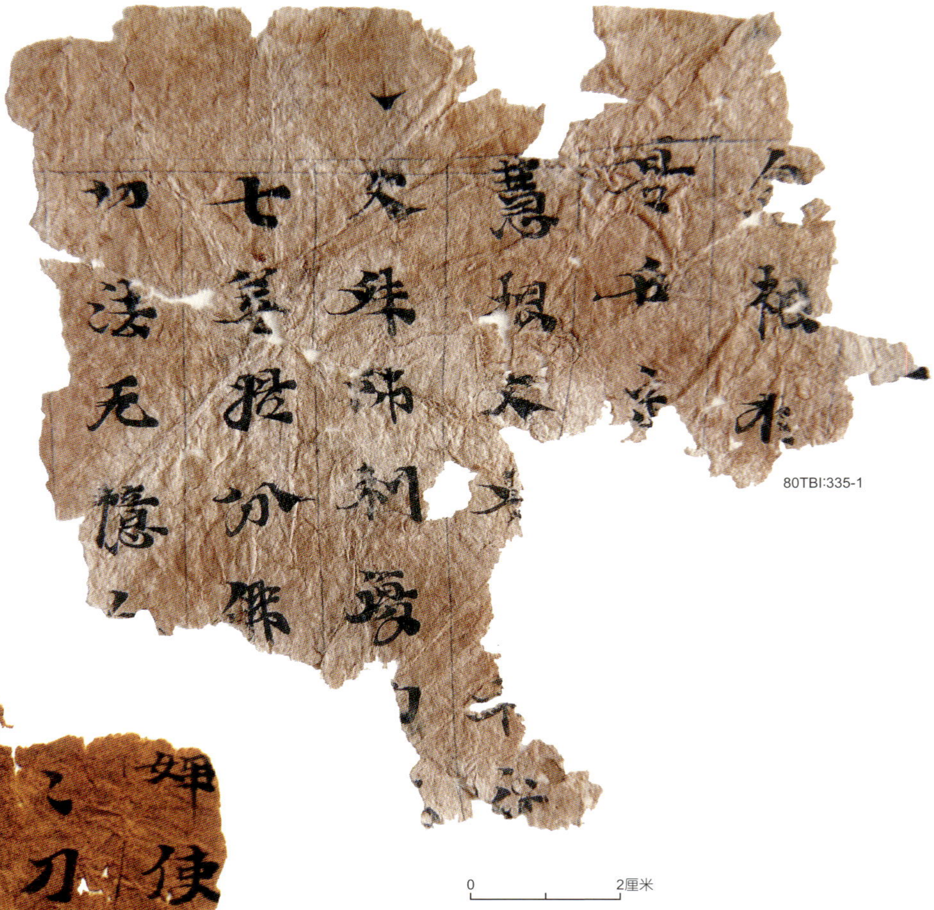

80TBI:335-1

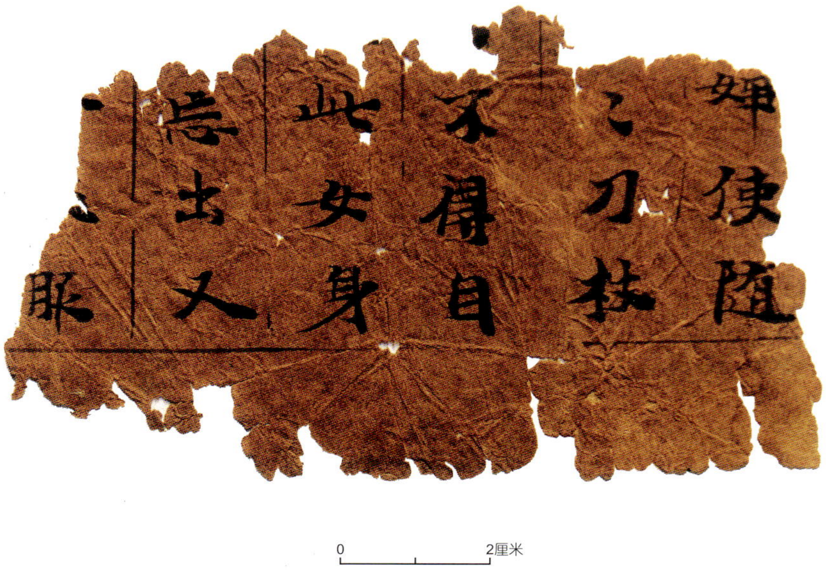

80TBI:024

三一 諸法無行經（卷上）

《中華大藏經》第一八册 第一〇〇頁 中—下欄

《大正新修大藏經》第一五册 第七五四頁 中—下欄

念根於□

是名定□

慧根文殊□利行□

文殊師利復白□

七菩薩分佛□

切法无憶□

〔一〕80TBI:335共二片，其中80TBI:335-2未定名，參見未定名列表序號二二六。

三二 佛說轉女身經

《中華大藏經》第一九册 第一二八頁 上欄

《大正新修大藏經》第一四册 第九一九頁 中欄

□婢使随

□種刀杖

□不得自

□此女身

□忘出又

□食衣服

80TBI:428

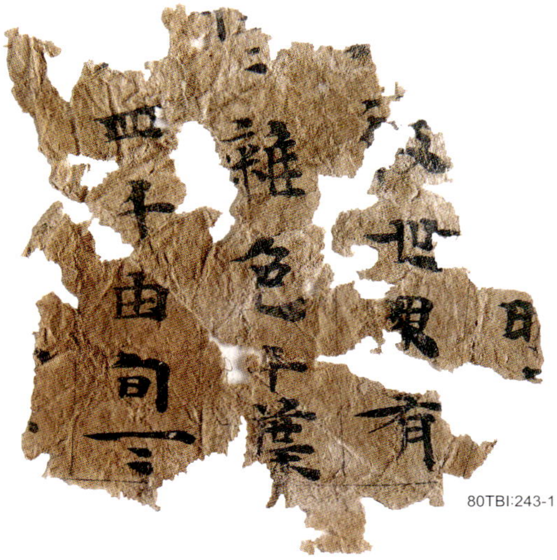

80TBI:243-1

三三　海龍王經（卷二）總持門品第七

《中華大藏經》第二〇册　第七八二頁　下欄—第七八三頁上欄

《大正新修大藏經》第一五册　第一四〇頁　下欄

□常□

□世□

□世福德□

三四　佛説華手經（卷三）總相品第一四

《中華大藏經》第二二册　第二〇四頁　上欄

《大正新修大藏經》第一六册　第一四六頁　中欄

□明□

□彼世界有

□雜色千業

□四千由旬一一

〔一〕80TBI:243號有二片，其中80TBI:243-2未定名，參見未定名序號二二七。

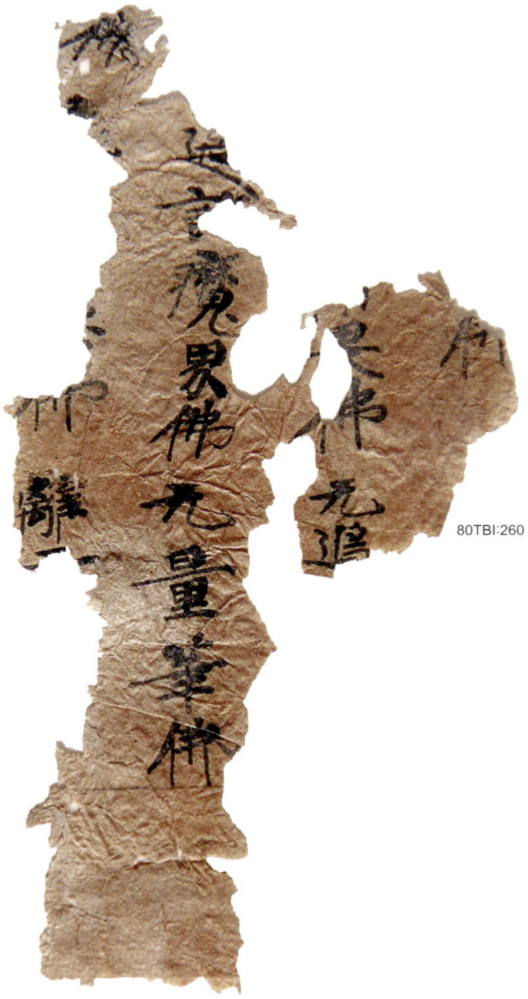

80TBI:260

0　2厘米

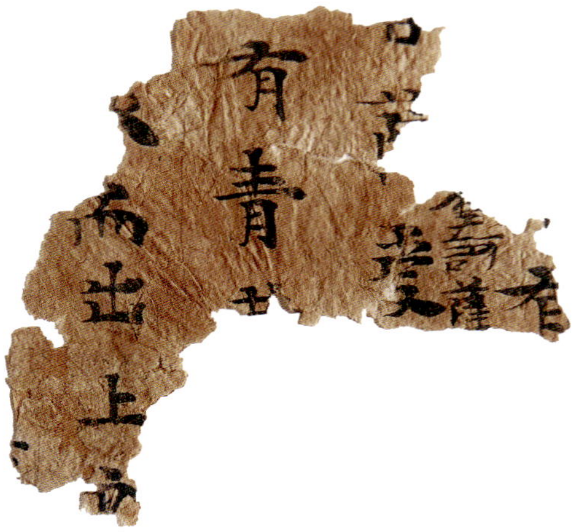

80TBI:272

0　2厘米

三五　佛説華手經（卷三）總相品第一四

《中華大藏經》第二二册　第二〇四頁　上欄

《大正新修大藏經》第一六册　第一四六頁　中欄

□[有]□

□[摩訶薩]□

□[菩薩受]□

□有青[黃]□

□而出上[高]□

三六　佛説華手經（卷五）諸方品第一八

《中華大藏經》第二二册　第二三五頁　中欄

《大正新修大藏經》第一六册　第一六三頁　下欄

□[畏]佛　无[邊]□

□[過諸]魔界佛　无量華佛

□[德佛]　離[二]□

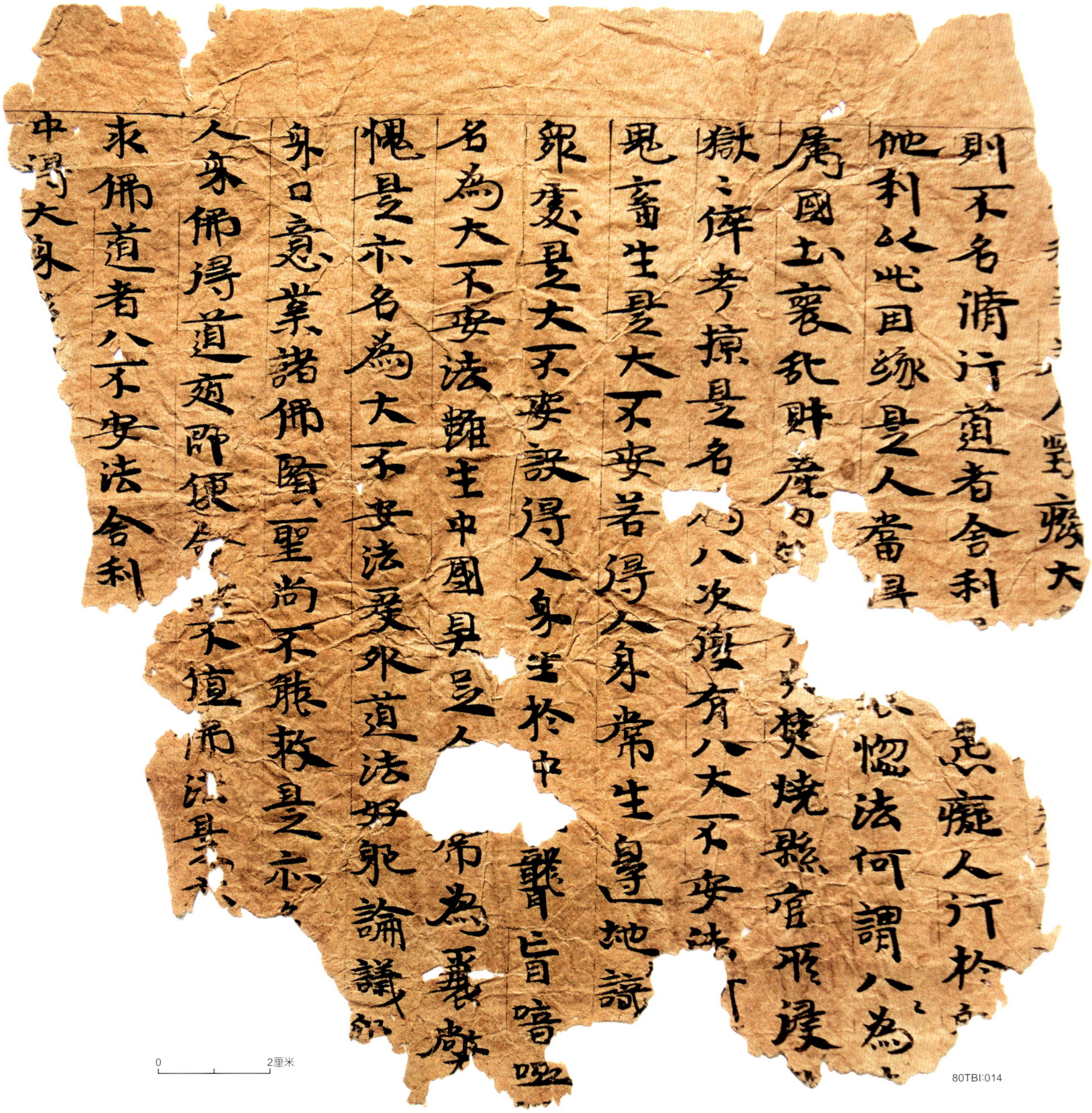

80TBI:014

三七　佛説華手經（卷七）毁壞品第二六

《中華大藏經》第二二册 第二七六頁 中——下欄

《大正新修大藏經》第一六册 第一八六頁 下欄——第一八七頁 上欄

□若人毁癡大□
則不名修行道者舍利□愚癡人行於邪□
他利以此因緣是〔一〕人當得□□惱法何謂八爲〔二〕□
屬國土衰乱財産日□焚燒縣官所侵□
獄獄倅〔三〕考掠是名爲八次復有八大不安法□
鬼畜生是大不安若得人身常生邊地識〔四〕□
衆處是大不安設得人身生於中□聾盲喑啞□
名爲大不安法雖生中國具足人□常爲衰弊□
愧〔五〕是亦名爲大不安法受外道法〔六〕好〔七〕邪論議〔八〕□
身口意業諸佛賢聖尚不能救是亦□
人身佛得道夜即便命終不值佛法是亦□
求佛道者八不安法舍利□
中得大身□

〔一〕今本「是」上有「故」字。
〔二〕「八爲」旁有倒勾，今本作「爲八」，當是。
〔三〕「倅」，今本作「卒」。
〔四〕「識」，今本作「不識」。
〔五〕「愧」，今本作「詭」。
〔六〕「法」，今本作「教」。
〔七〕「好」，今本作「好於」。
〔八〕今本無「議」字。

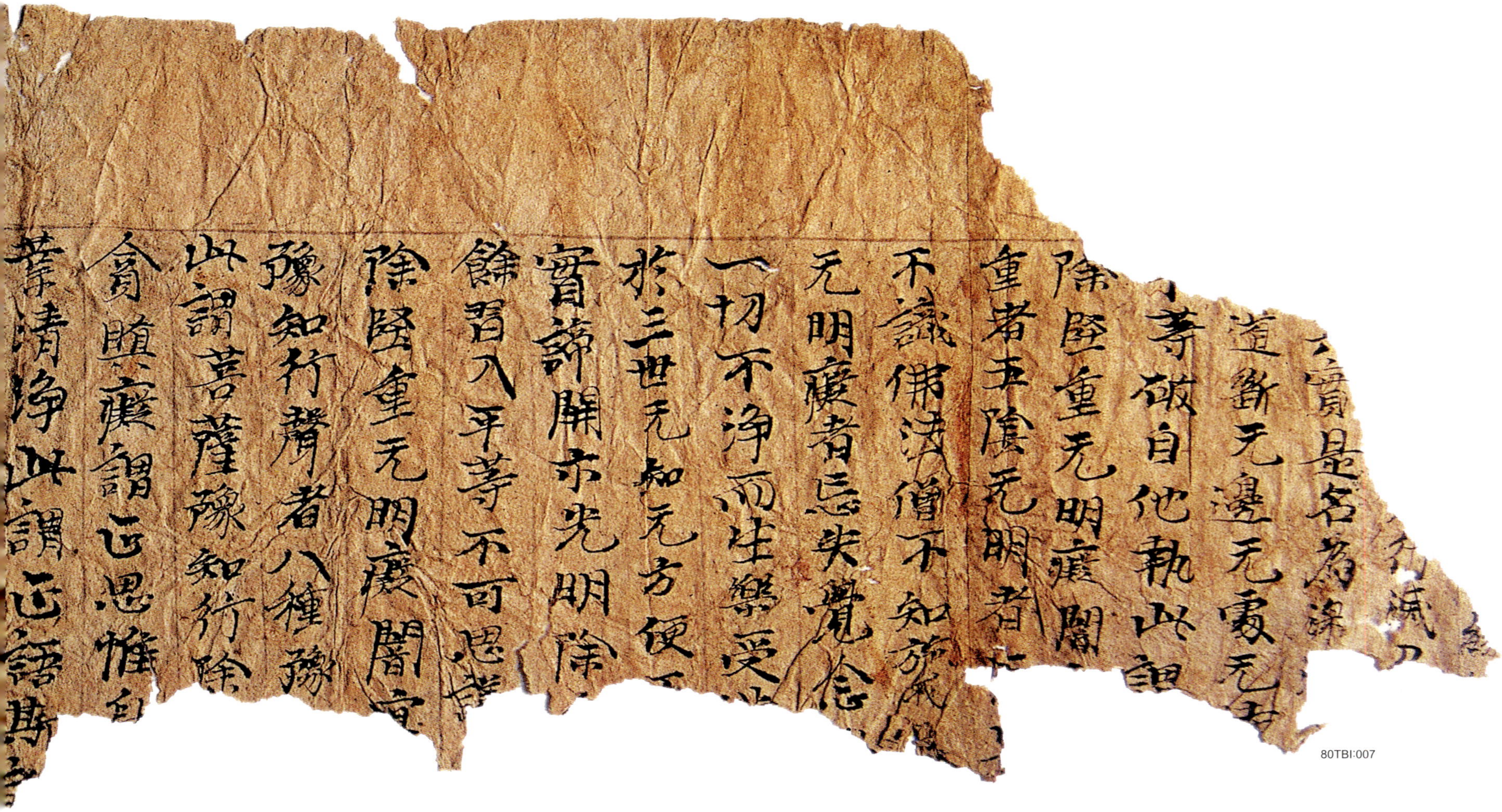

80TBI:007

0 2厘米

三八 文殊師利問經（卷上）字母品第一四

《中華大藏經》第二三册 第一一二頁 上—下欄

《大正新修大藏經》第一四册 第四九九頁 中—下欄

□[行]滅[乃]□
□實是名爲深□
□道斷无邊无處无□
□等破自他執此謂□
除堅重无明癡闇□
重者五陰无明者□
不識佛法僧不知施[戒]□
无明癡者忘失覺念□
一切不淨而生樂受□
於三世无知无方便□
實諦開示光明除□
餘習入平等不可思[議]□
除堅重无明癡闇[冥]□
豫知行聲者八種豫□
此謂菩薩豫知行除□

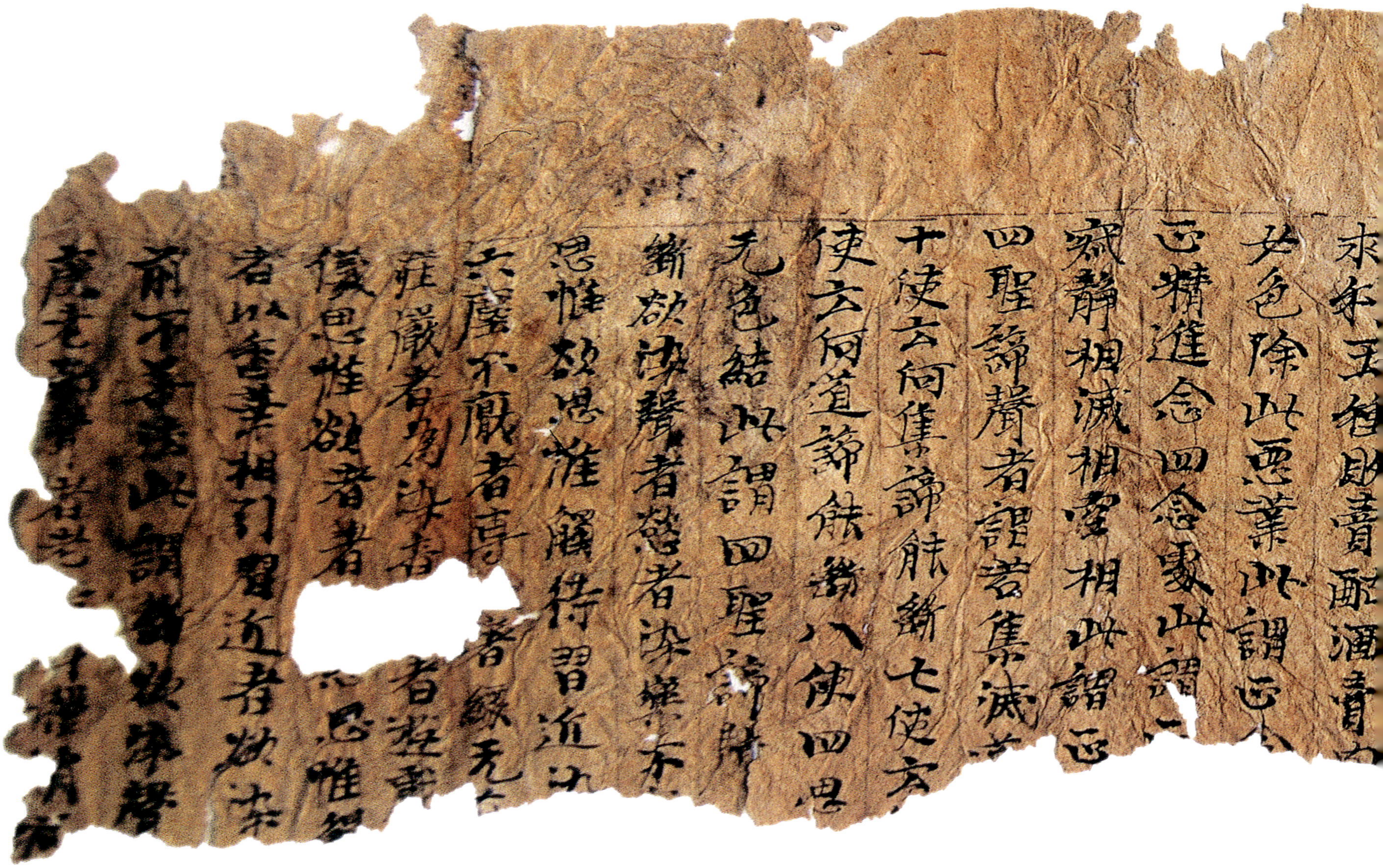

貪瞋癡諂[正]思惟[身]□

業清浄此謂正語[欺][誑]□

求利五種販賣酤酒賣□

女色除此惡業此謂正□

正精進念四念處此謂[正]□

寂静相滅相空相此謂正□

四聖諦聲者謂苦集滅□

十使云何集諦能斷七使云□

使云何道諦能斷八使四思□

无色結此謂四聖諦聲□

斷欲染聲者欲者染樂不□

思惟欲思惟觸待習近[染]□

六塵不厭者專□著緣无[有]□

荘嚴者爲染意□者遊戲□

儀思惟欲者著□思惟[觸]□

者以香華相引習近者欲染□

前不善法此謂斷欲染聲□

度老死聲者老□[身]體[消][滅]□

〔一〕本片可與80TBI:334拼接，見拼合圖五。

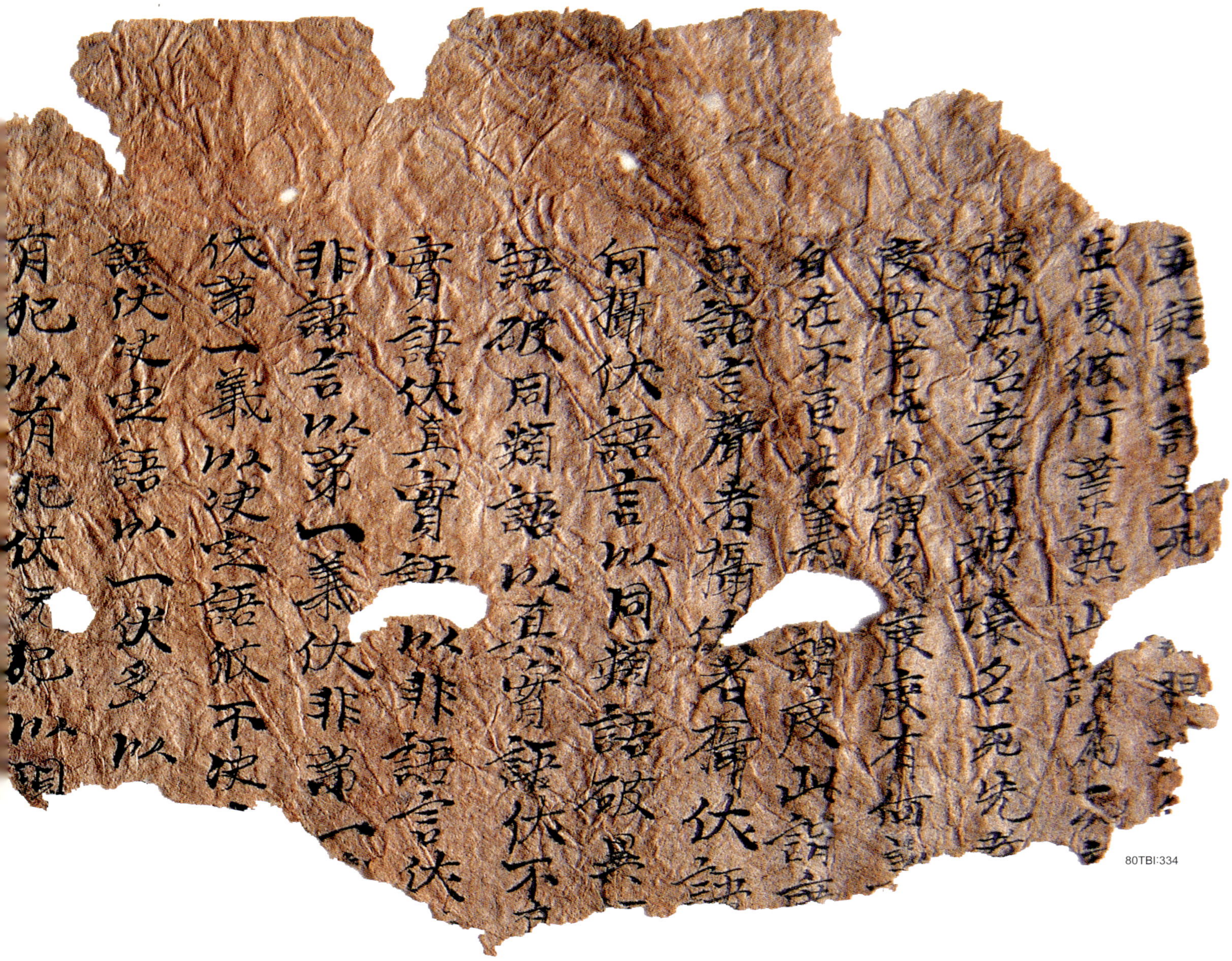

80TBI:334

0 2厘米

三九 文殊師利問經（卷上）字母品第一四

《中華大藏經》第二三册 第一二二頁下欄—第一二三頁上欄

《大正新修大藏經》第一四册 第四九九頁下欄—第五〇〇頁上欄

衰耗此謂老死□諸根敗□

生處彼行業熟此謂爲死□

根熟名老諸根壞名死先老□

度此老死此謂爲度度有何義□

自在不更生義□謂度此謂[二]度□

惡語言聲者攝伏者攝伏語□

何攝伏語言以同類語破異□

語破同類語以真實語伏不□

實語伏真實語以非語言伏□

非語言以第一義伏非第一□

伏第一義以決定語伏不決□

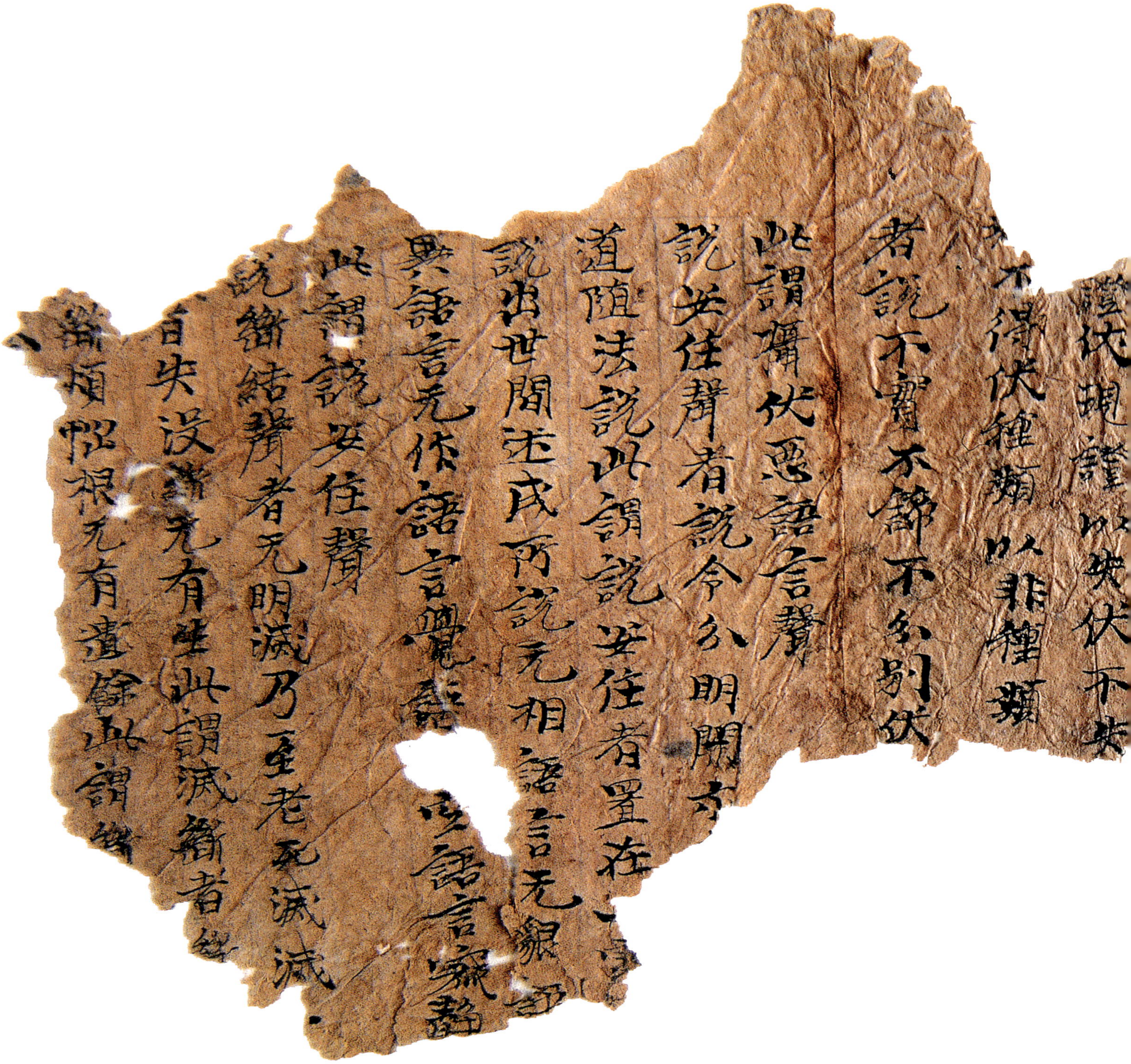

諦伏法知諦以一伏多以▯
有犯以有犯伏无犯以[現]▯
□證伏現證以失伏不[失]▯
□不得伏種類以非種類▯
者説不實不諦不分別伏▯
此謂攝伏惡語言聲
説安住聲者説令分明開[示]▯
道隨法説此謂説安住者置在▯
説出世間述成所説无相[語][言][无][貌]▯
異語言无作語言覺語□[空]語言寂静▯
此謂説安住聲
説斷結聲者无明滅乃至老死滅滅▯
□[者]失没斷无有生此謂滅斷者[斷]▯
□斷煩惱根无有遺餘此謂[斷]▯

〔一〕「此謂」，今本作「老死」。
〔二〕本片可與80TBI:007拼接，見拼合圖五。

（二）般若部

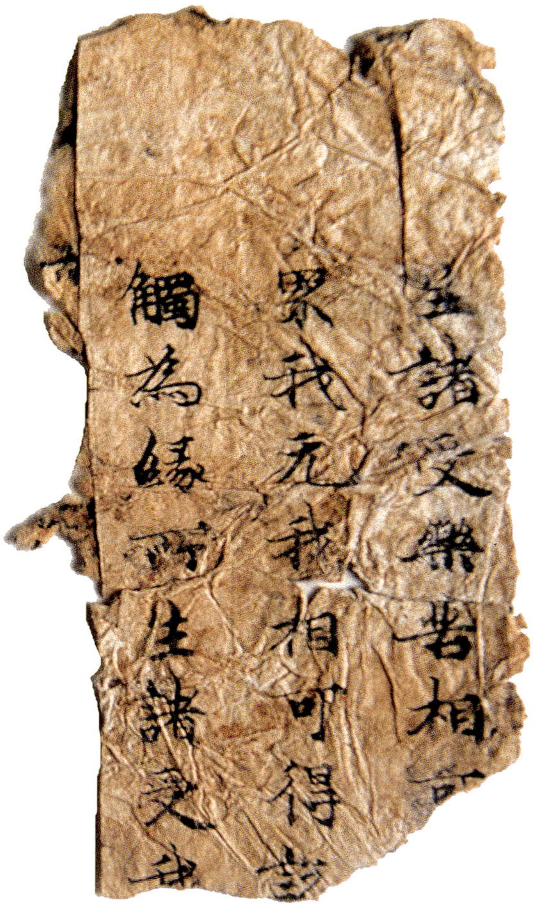

80TBI:493b-3

0　　2厘米

四〇　大般若波羅蜜多經（卷四五）初分譬喻品第一一之四

《中華大藏經》第一册　第四四六頁　中欄

《大正新修大藏經》第五册　第二五二頁　上欄

生諸受樂苦相可

界我无我相可得說

觸爲緣所生諸受我

〔一〕80TBI:493共有三片，80TBI:493a-3爲「長阿含經（卷一五）第三分種德經第三」，參見列表序號三一九；80TBI:493a-1爲「中阿含經（卷五）舍梨子相應品智經第三」，參見列表序號三二三；80TBI:493b-1爲「十誦律（卷五一）第八誦之四五法初」，參見列表序號三六〇；80TBI:493b-2未定名，參見未定名列表序號二二八。

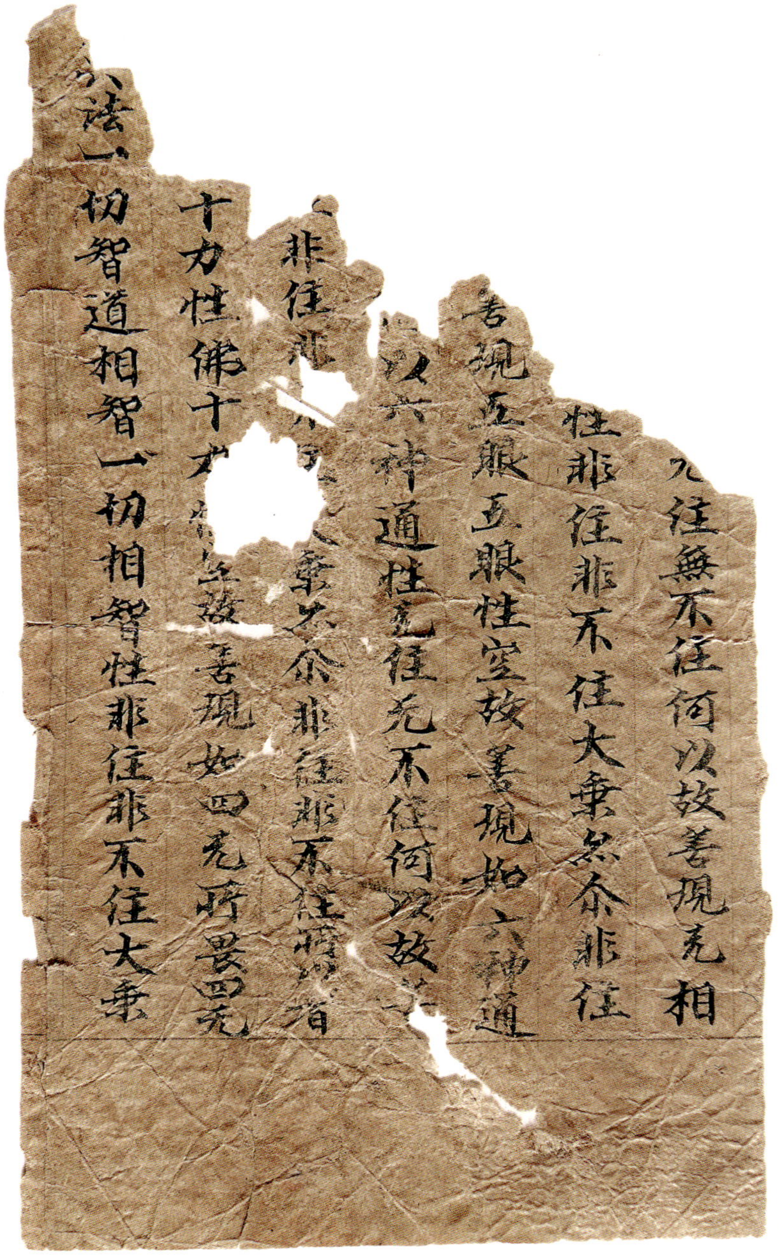

80TBI:160

0　2厘米

四一　大般若波羅蜜多經（卷五五）初分辯大乘品第一五之五

《中華大藏經》第一册　第五五二頁　中—下欄

《大正新修大藏經》第五册　第三一四頁　上欄

□无住無不住何以故善現无相

□性非住非不住大乘亦尒非住

□善現五眼[一]五眼性空故善現如六神通

□以六神通性无住无不住何以故善

□非住非不住大乘亦尒非住非不住所以者

□十力性佛十力性空故善現如四无所畏四无

□□法一切智道相智一切相智性[二]非住非不住大乘

〔一〕「五眼」，今本作「五眼性」。

〔二〕「智性非」，今本作「智非」。

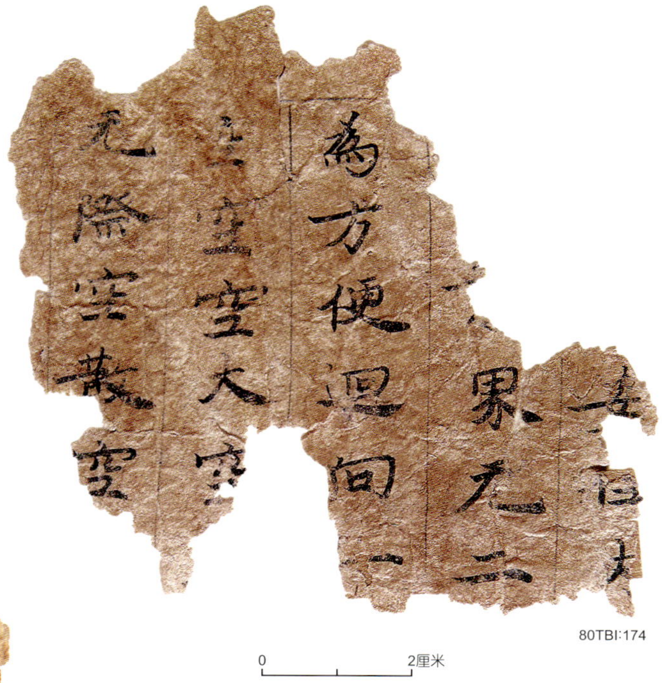
80TBI:174

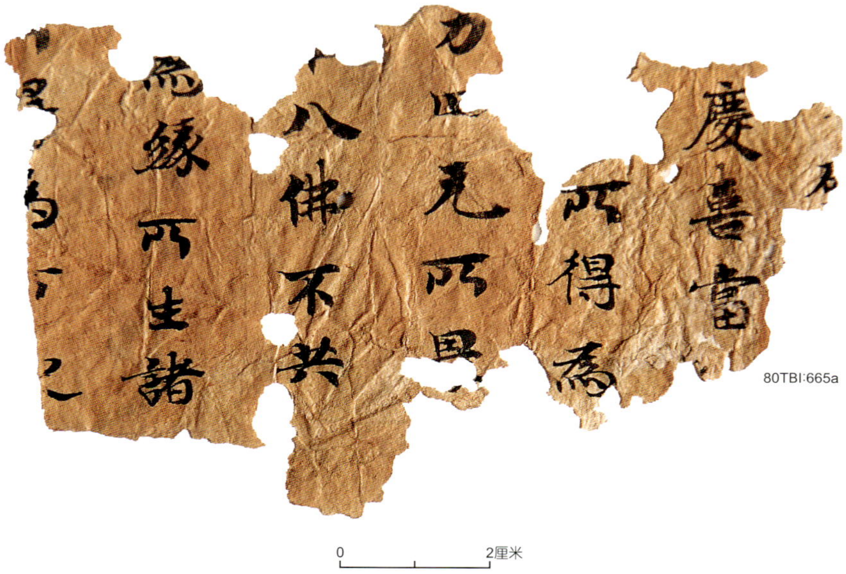
80TBI:665a

四二　大般若波羅蜜多經（卷一〇七）初分校量功德品第三〇之五

《中華大藏經》第二册　第六一頁　下欄

《大正新修大藏經》第五册　第五九三頁　上欄

□安住內□

□界无二□

爲方便迴向一□

空空大空□

无際空散空□

四三　大般若波羅蜜多經（卷一〇八）初分校量功德品第三〇之六

《中華大藏經》第二册　第六八頁　上欄

《大正新修大藏經》第五册　第五九六頁　下欄

□慶喜當

□所得爲

□力四无所畏

□八佛不共

□爲緣所生諸

□所得爲方便

〔一〕本片背面即80TBI:665b爲回鶻文寫本。

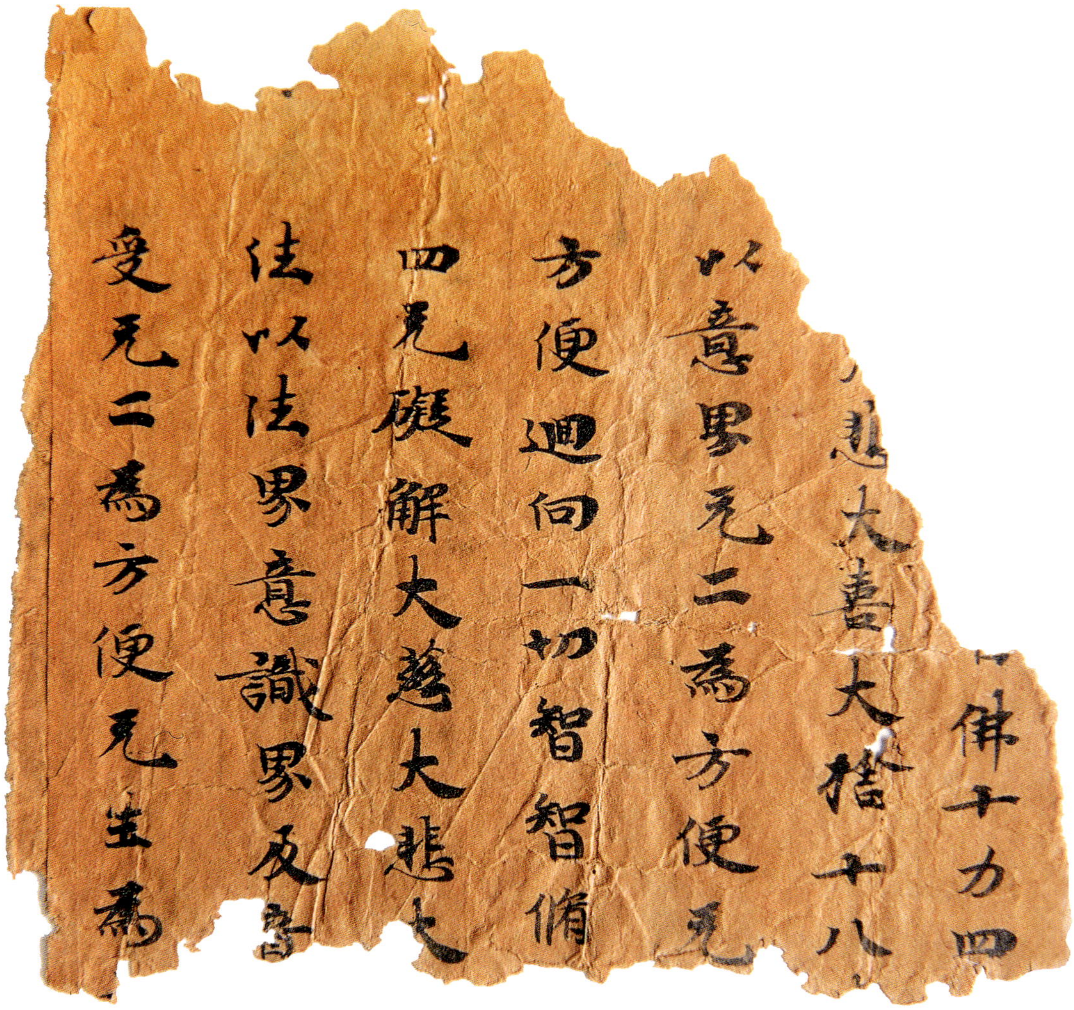

80TBI:653a

0　2厘米

四四　大般若波羅蜜多經（卷一〇八）初分校量功德品第三〇之六

《中華大藏經》第二册　第六八頁　中欄

《大正新修大藏經》第五册　第五九六頁　下欄

（前缺）佛十力四

悲大喜大捨十八

以意界无二爲方便无

方便迴向一切智智修

四无礙解大慈大悲大

法以法界意識界及意

受无二爲方便无生爲

〔一〕本片背面即80TBI:653b爲回鶻文寫本。

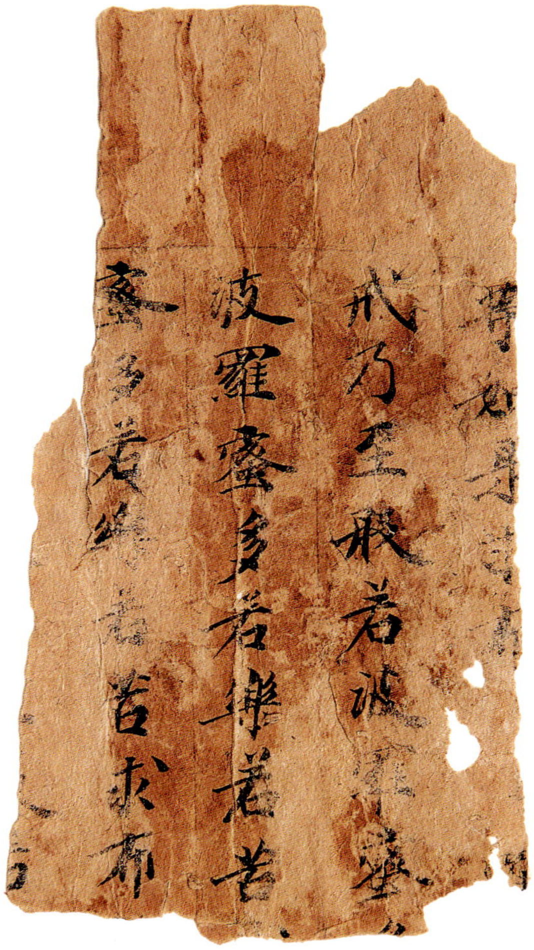

67TB:1-3

80TBI:289a

四五 大般若波羅蜜多經（卷一二一）初分校量功德品第三〇之一九

《中華大藏經》第二册 第一八一頁 中欄

《大正新修大藏經》第五册 第六六一頁 中欄

□等無二爲□

□便回向一切□

〔一〕本片背面即80TBI:289b未定名，參見未定名列表序號三二。

四六 大般若波羅蜜多經（卷一四〇）初分校量功德品第三〇之三八

《中華大藏經》第二册 第三五二頁 下欄

《大正新修大藏經》第五册 第七五八頁 中欄

等如是求布□

戒乃至般若波羅蜜□

波羅蜜多若樂若苦□

蜜多若樂若苦求布□

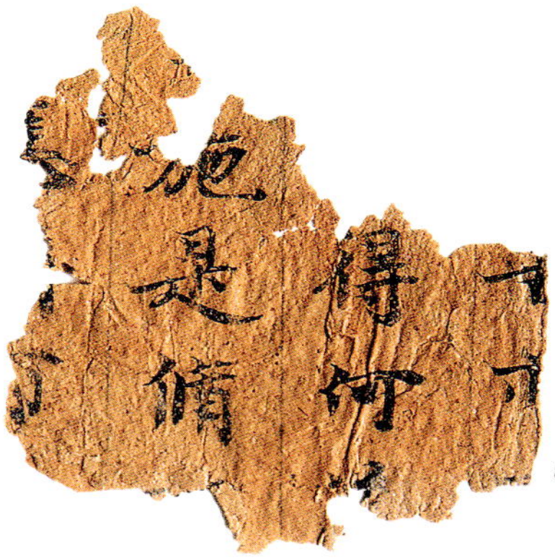

80TBI:689a

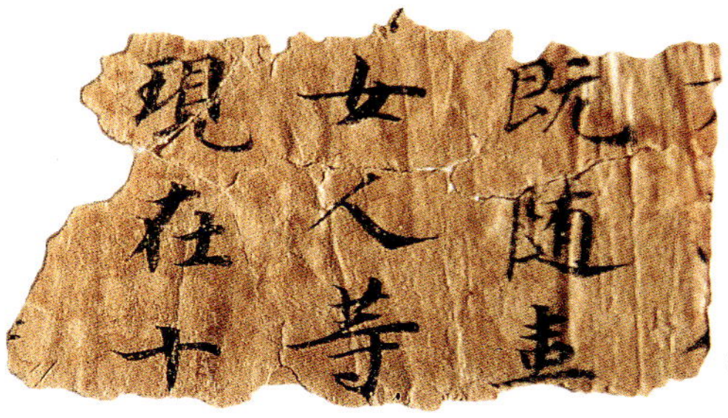

80TBI:274

四七 大般若波羅蜜多經（卷一六二）初分校量功德品第三〇之六〇

《中華大藏經》第二册 第五五一頁 下欄

《大正新修大藏經》第五册 第八七三頁 上欄

[苦][亦]

得何

施是修

〔一〕本片背面即80TBI:689b爲回鶻文寫本。

四八 大般若波羅蜜多經（卷一七一）初分隨喜迴向品第三一之四

《中華大藏經》第二册 第六四〇頁 中欄

《大正新修大藏經》第五册 第九二一頁 下欄

既隨[喜]

女人等

現在十

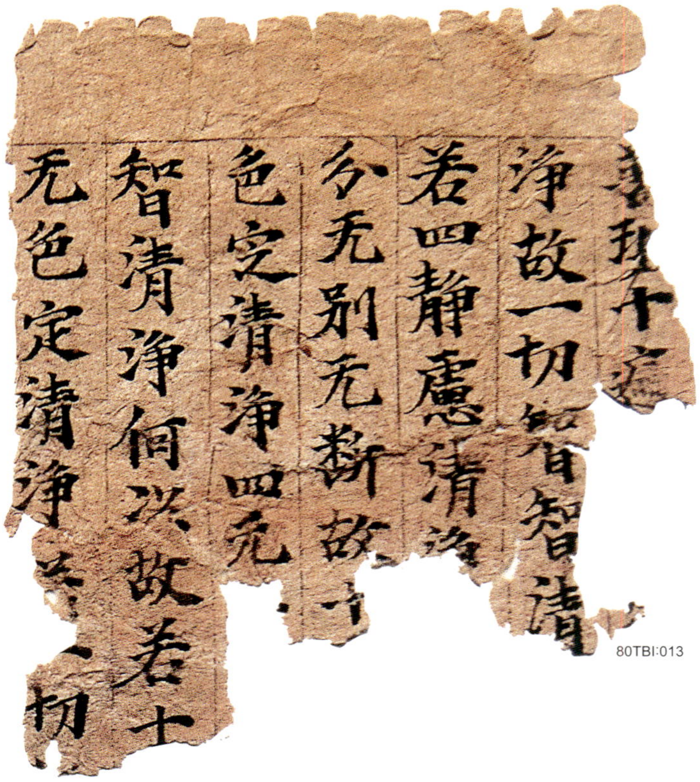

80TBI:013

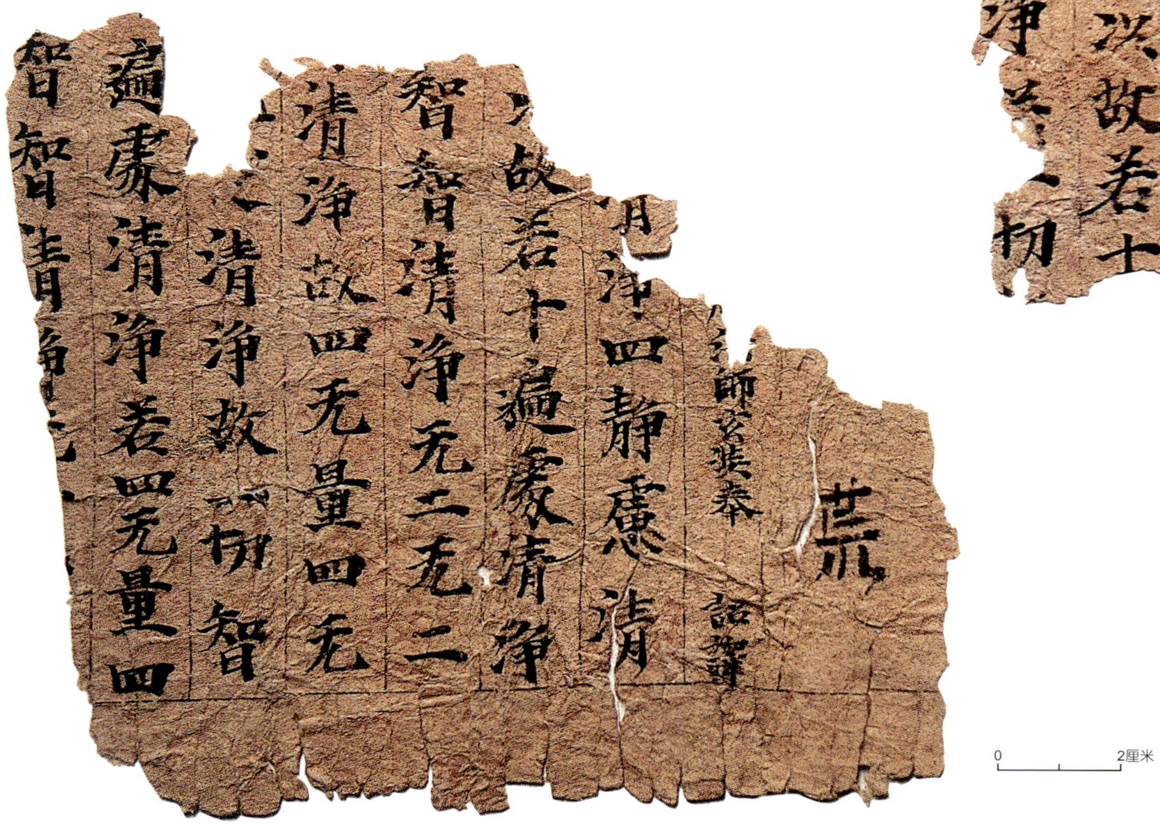

四九 大般若波羅蜜多經（卷二二八）初分難信解品第三四之四七[一]

《中華大藏經》第三册 第二四二頁 中欄

《大正新修大藏經》第六册 第一四四頁 下欄

善現十遍

淨故一切智智清

若四靜慮清淨

分无別无斷故十

色定清淨四无

智清淨何以故若十

无色定清淨若一切

荒

法師玄奘奉　詔譯

清淨四靜慮清

故若十遍處清淨

智智清淨无二无二

清淨故四无量四无

清淨故一切智

遍處清淨若四无量四

智智清淨

〔一〕本件二片可拚接，見拚合圖六。

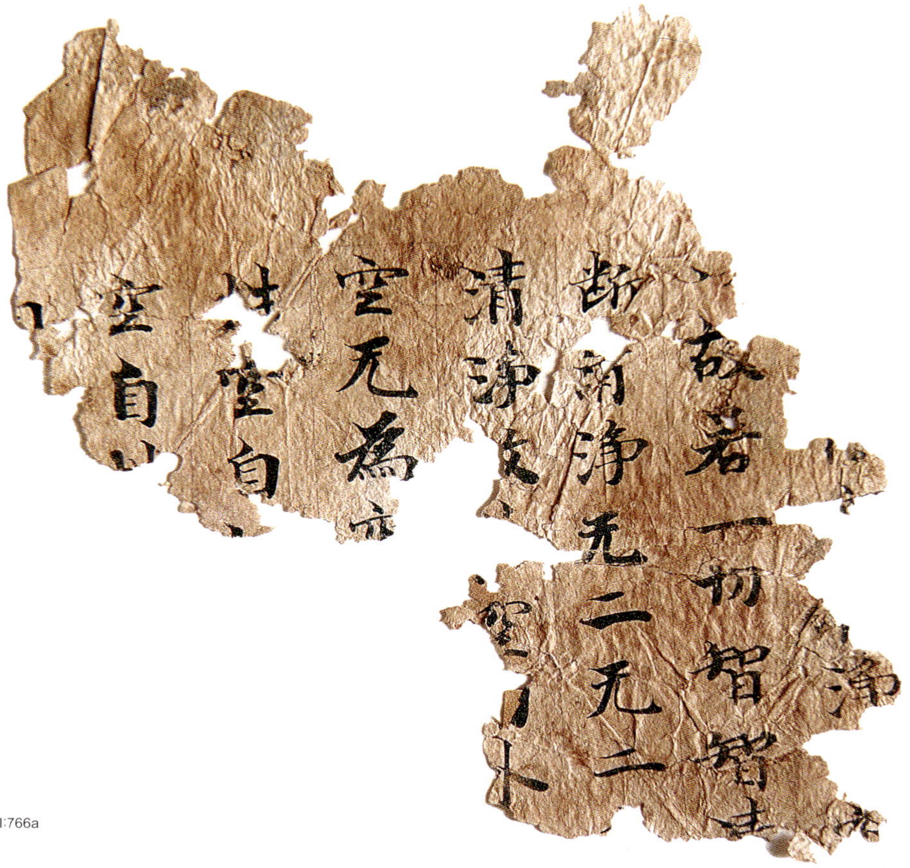

80TBI:294

0 2厘米

80TBI:766a

0 2厘米

五〇 大般若波羅蜜多經（卷二六九）初分難信解品第三四之八八

《中華大藏經》第三册 第六〇六頁 下欄

《大正新修大藏經》第六册 第三六一頁 下欄

以故若一切智智清

断清淨无二无二

清淨故　空

空无爲空

性空自

空自性

五一 大般若波羅蜜多經（卷三五五）初分多問不二品第六一之五

《中華大藏經》第四册 第五一四頁 中—下欄

《大正新修大藏經》第六册 第八一八頁 中欄

異性平等

不思議

現苦聖

〔一〕本片背面即80TBI:766b爲婆羅迷文寫本。

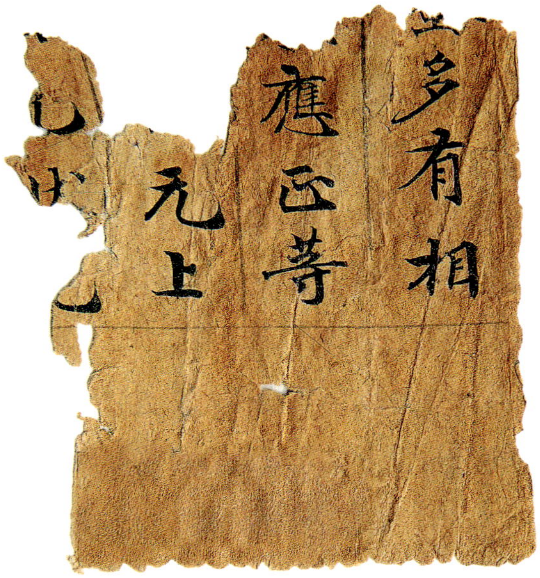

80TBI:699a

0　2厘米

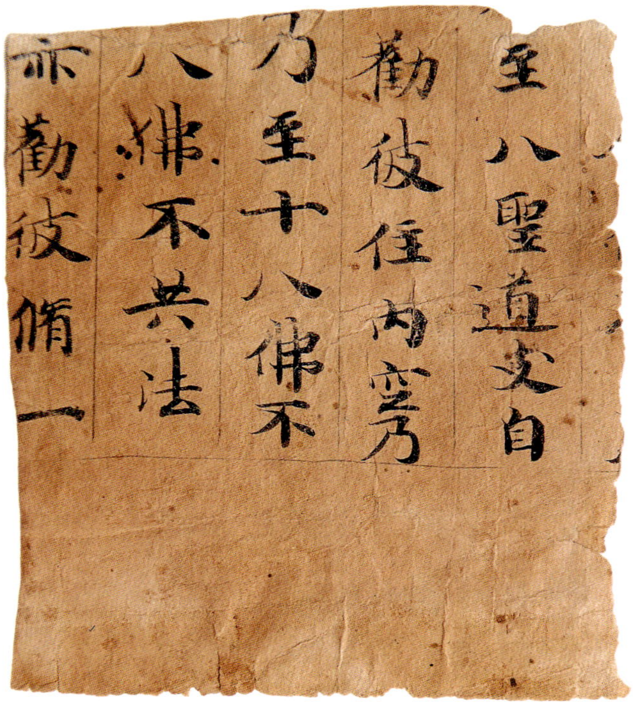

81TB10:06-2

0　2厘米

五二　大般若波羅蜜多經（卷四三〇）第二分設利羅品第三五

《中華大藏經》第五册　第二八四頁　上—中欄

《大正新修大藏經》第七册　第一六二頁　中欄

蜜多有相
來應正等
无上
无猒无

〔一〕本片背面即80TBI:699b爲回鶻文寫本。

五三　大般若波羅蜜多經（卷四三八）第二分東北方品第四三之一

《中華大藏經》第五册　第三六三頁　上欄

《大正新修大藏經》第七册　第二〇八頁　上欄

至八聖道支自
勸彼住内空乃
乃至十八佛不
八佛不共法
亦勸彼修一

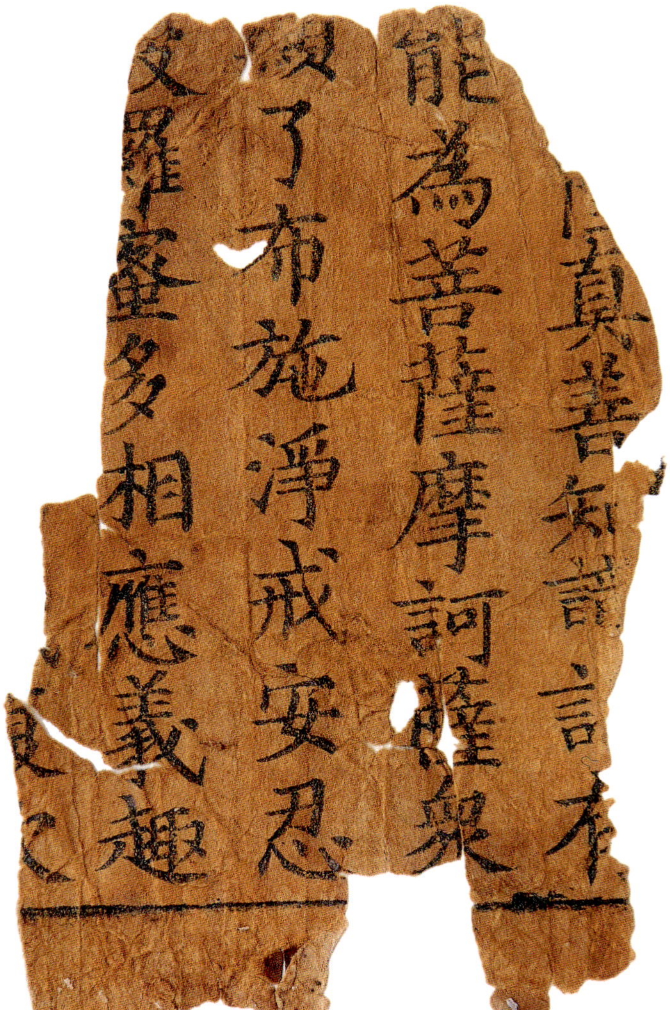

81TB10:13a

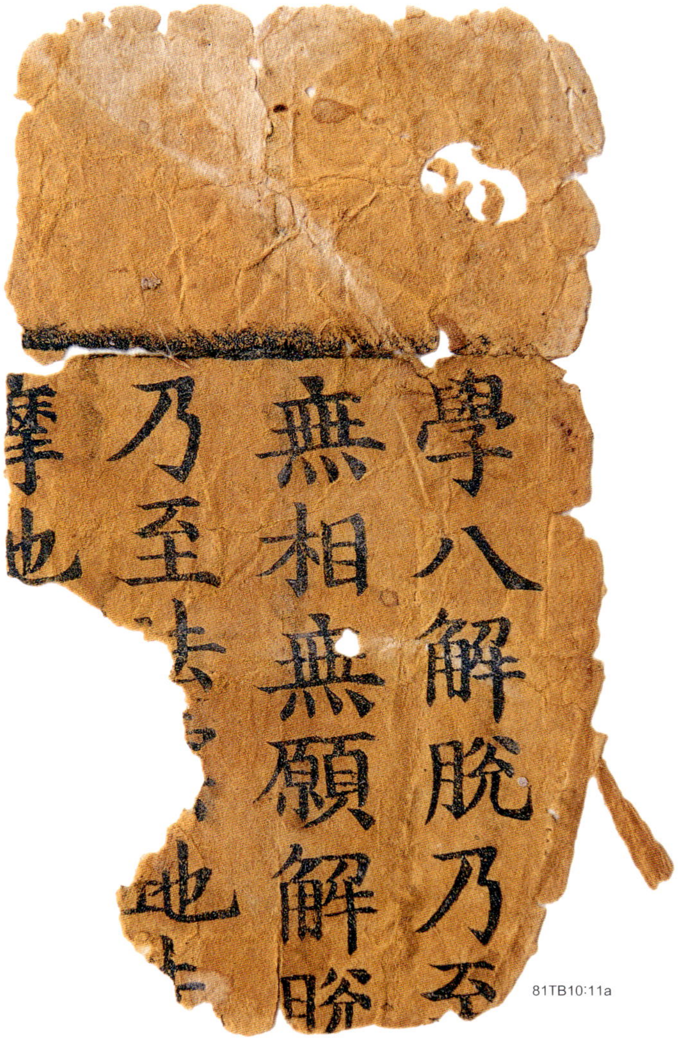

81TB10:11a

五四　大般若波羅蜜多經（卷四五三）第二分增上慢品

第六〇之二

《中華大藏經》第五册　第四九五頁　中欄

《大正新修大藏經》第七册　第二八五頁　中欄

學八解脱乃至□

无相无願解脱□

乃至法雲地先□

摩地□

〔一〕本片背面即81TB10:11b爲回鶻文寫本。

五五　大般若波羅蜜多經（卷四五三）第二分增上慢品

第六〇之二

《中華大藏經》第五册　第四九八頁　中欄

《大正新修大藏經》第七册　第二八七頁　中欄

□薩真善知識諸有

□能爲菩薩摩訶薩衆

□顯了布施淨戒安忍

□波羅蜜多相應義趣

〔一〕本片爲金藏大寶集寺刻本。其背面即81TB10:13b爲回鶻文寫本。

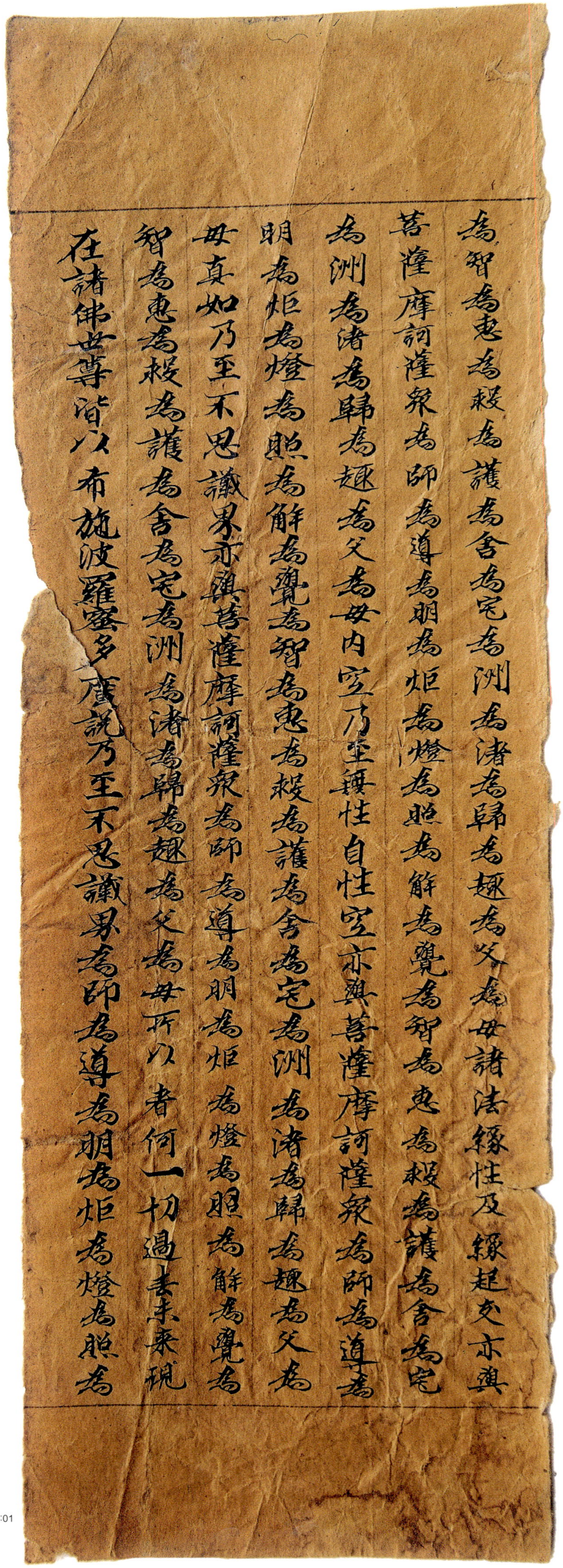

81TB10:01

0 2厘米

五六　大般若波羅蜜多經（卷四五三）第二分增上慢品第六〇之二

《中華大藏經》第五册　第四九九頁　中—下欄

《大正新修大藏經》第七册　第二八八頁　上—中欄

爲智爲惠[一]爲救爲護爲舍爲宅爲洲爲渚爲歸爲趣爲父爲母諸法緣性及緣起支亦與
菩薩摩訶薩衆爲師爲導爲明爲炬爲燈爲照爲解爲覺爲智爲惠爲救爲護爲舍爲宅
爲洲爲渚爲歸爲趣爲父爲母内空乃至無性自性空亦與菩薩摩訶薩衆爲師爲導爲
明爲炬爲燈爲照爲解爲覺爲智爲惠爲救爲護爲舍爲宅爲洲爲渚爲歸爲趣爲父爲
母真如乃至不思議界亦與菩薩摩訶薩衆爲師爲導爲明爲炬爲燈爲照爲解爲覺爲
智爲惠爲救爲護爲舍爲宅爲洲爲渚爲歸爲趣爲父爲母所以者何一切過去未來現
在諸佛世尊皆以布施波羅蜜多廣説乃至不思議界爲師爲導爲明爲炬爲燈爲照爲

〔一〕「惠」，今本作「慧」。

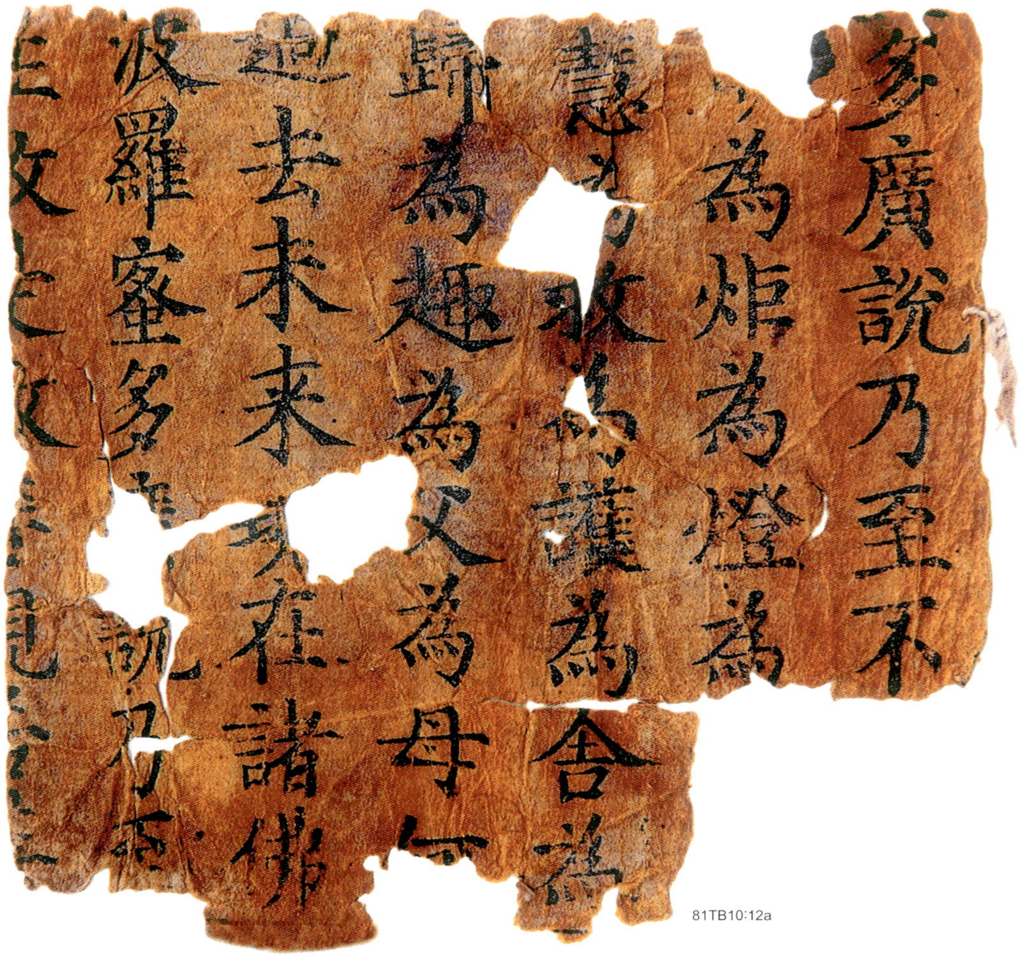

81TB10:12a

五七　大般若波羅蜜多經（卷四五三）第二分增上慢品第六〇之二

《中華大藏經》第五册　第四九九頁　下欄
《大正新修大藏經》第七册　第二八八頁　中欄

［　］多廣説乃至不［　］
［　］爲炬爲燈爲［　］
［　］慧［爲］救爲護爲舍爲［　］
［　］歸爲趣爲父爲母［何］［　］
［　］過去未來現在諸佛［　］
［　］波羅蜜多［廣］説乃［至］［　］
［　］［生］［故］［是］［故］［善］［現］［　］

〔一〕本片背面即81TB10:12b爲回鶻文寫本。

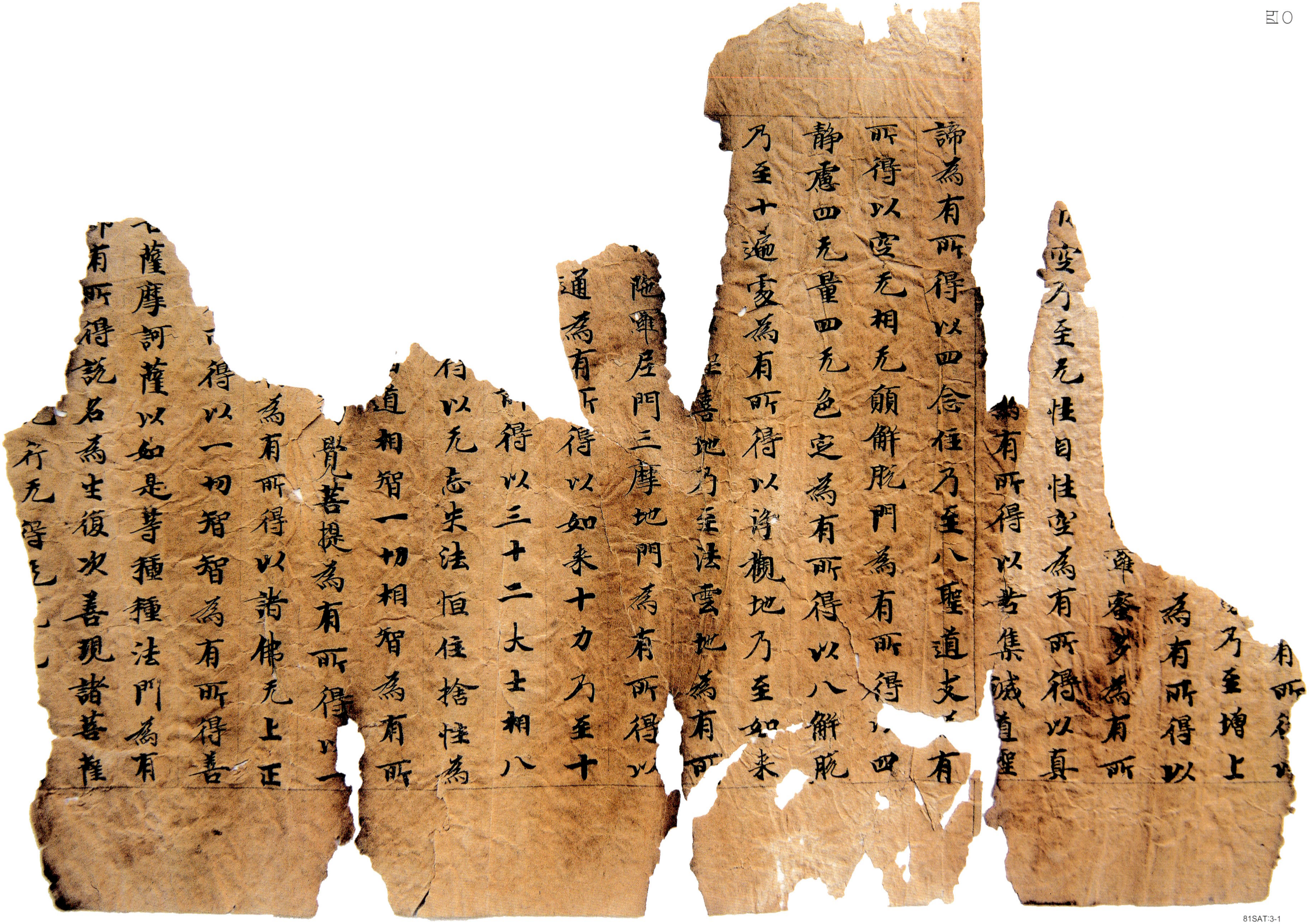

0 2厘米

81SAT:3-1

五八　大般若波羅蜜多經（卷四六八）第二分無雜品第七五之二

《中華大藏經》第五册　第六三八頁　下欄—第六三九頁　上欄

《大正新修大藏經》第七册　第三六六頁　下欄—第三六七頁　上欄

□有所得以
□乃至增上
□爲有所得以
□羅蜜多爲有所
□內空乃至无性自性空爲有所得以真
□爲有所得以若集滅道聖
諦爲有所得以四念住乃至八聖道支爲有
所得以空无相无願解脱門爲有所得以四
静慮四无量四无色定爲有所得以八解脱
乃至十遍處爲有所得以浄觀地乃至如來
□喜地乃至法雲地爲有所
□陁羅尼門三摩地門爲有所得以
□通爲有所得以如來十力乃至十
□所得以三十二大士相八
□得以无忘失法恒住捨性爲
□道相智一切相智爲有所
□覺菩提爲有所得以一
□爲有所得以諸佛无上正
□所得以一切智智爲有所得善
□薩摩訶薩以如是等種種法門爲有
□有所得説名爲生復次善現諸菩薩
□无行无得无説□

〔一〕81SAT:3出自鄯善縣吐峪溝，共四片，其中81SAT:3-2～4未定名，參見未定名列表序號一四三。

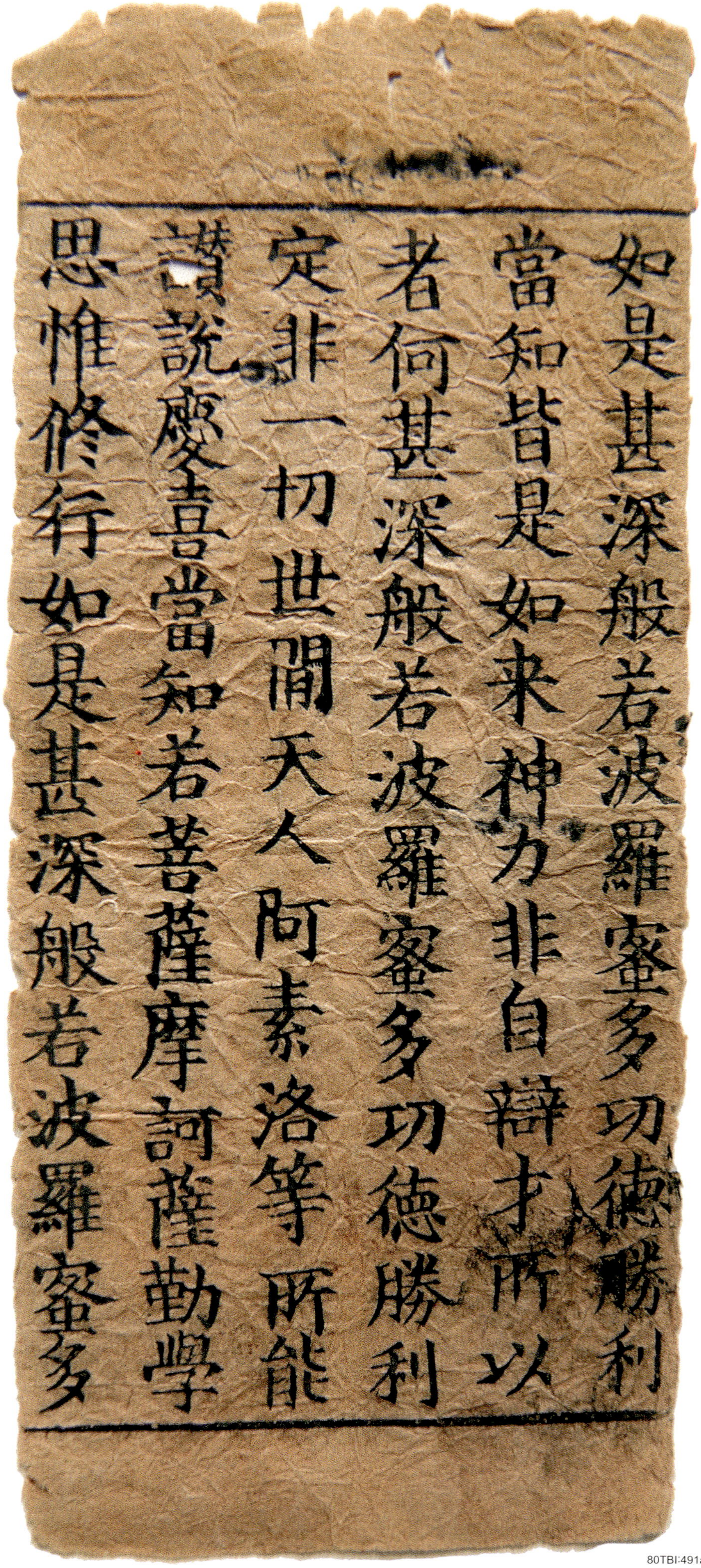

80TBI:491a

0　2厘米

五九　大般若波羅蜜多經（卷五二〇）第三分巧便品第二三之四

《中華大藏經》第六册　第一九五頁　中欄

《大正新修大藏經》第七册　第六五九頁　中欄

如是甚深般若波羅蜜多功德勝利
當知皆是如來神力非自辯才所以
者何甚深般若波羅蜜多功德勝利
定非一切世間天人阿素洛等所能
讚説慶喜當知若菩薩摩訶薩勤學
思惟修行如是甚深般若波羅蜜多

〔一〕本片爲金藏大寶集寺刻本。其背面即80TBI:491b有回鶻文手書題記。

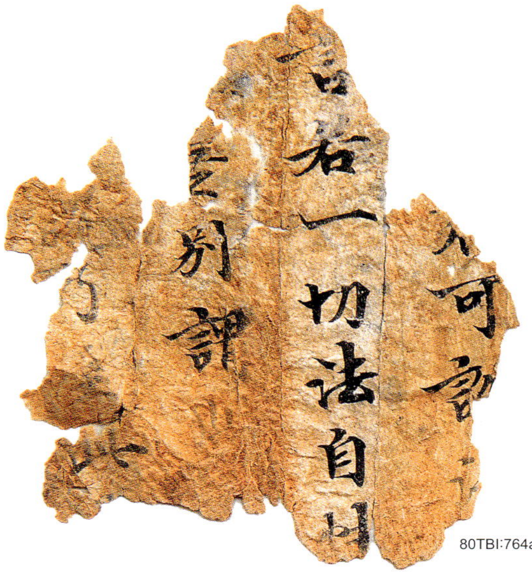

80TBI:764a-1

0　2厘米

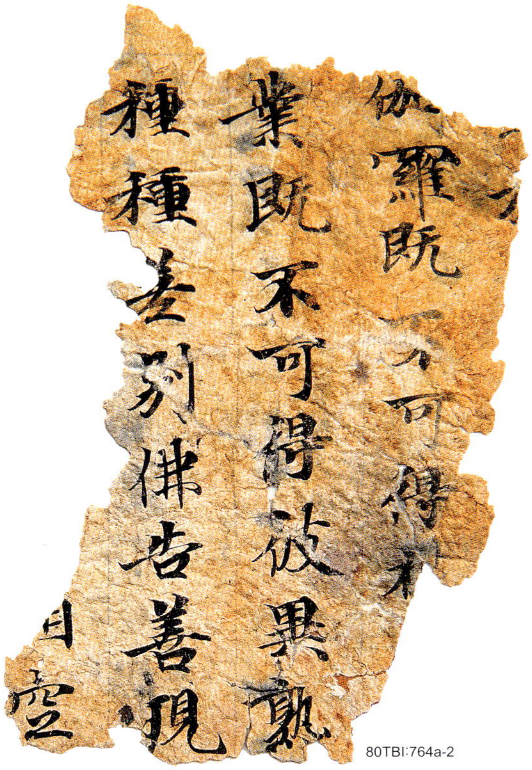

80TBI:764a-2

0　2厘米

六〇　大般若波羅蜜多經（卷五三六）第三分宜化品第三一之一

《中華大藏經》第六册　第三五八頁　下欄

《大正新修大藏經》第七册　第七五五頁　上欄

（前缺）

［　］不可説［　］

言若一切法自性［　］

［　］差別謂［　］

［　］説乃至此［　］

（後缺）

〔一〕本件文書可與80TBI:764a-2、80TBI:772a拼接，見拼合圖七。其背面即80TBI:764b-1爲婆羅迷文寫本。

六一　大般若波羅蜜多經（卷五三六）第三分宜化品第三一之一

《中華大藏經》第六册　第三五八頁　下欄

《大正新修大藏經》第七册　第七五五頁　上欄

（前缺）

［　］伽羅既不可得彼［　］

［　］業既不可得彼異熟［　］

［　］種種差別佛告善現［　］

［　］相空［　］

（後缺）

〔一〕本件文書可與80TBI:764a-1、80TBI:772a拼接，見拼合圖七。其背面即80TBI:764b-2爲婆羅迷文寫本。

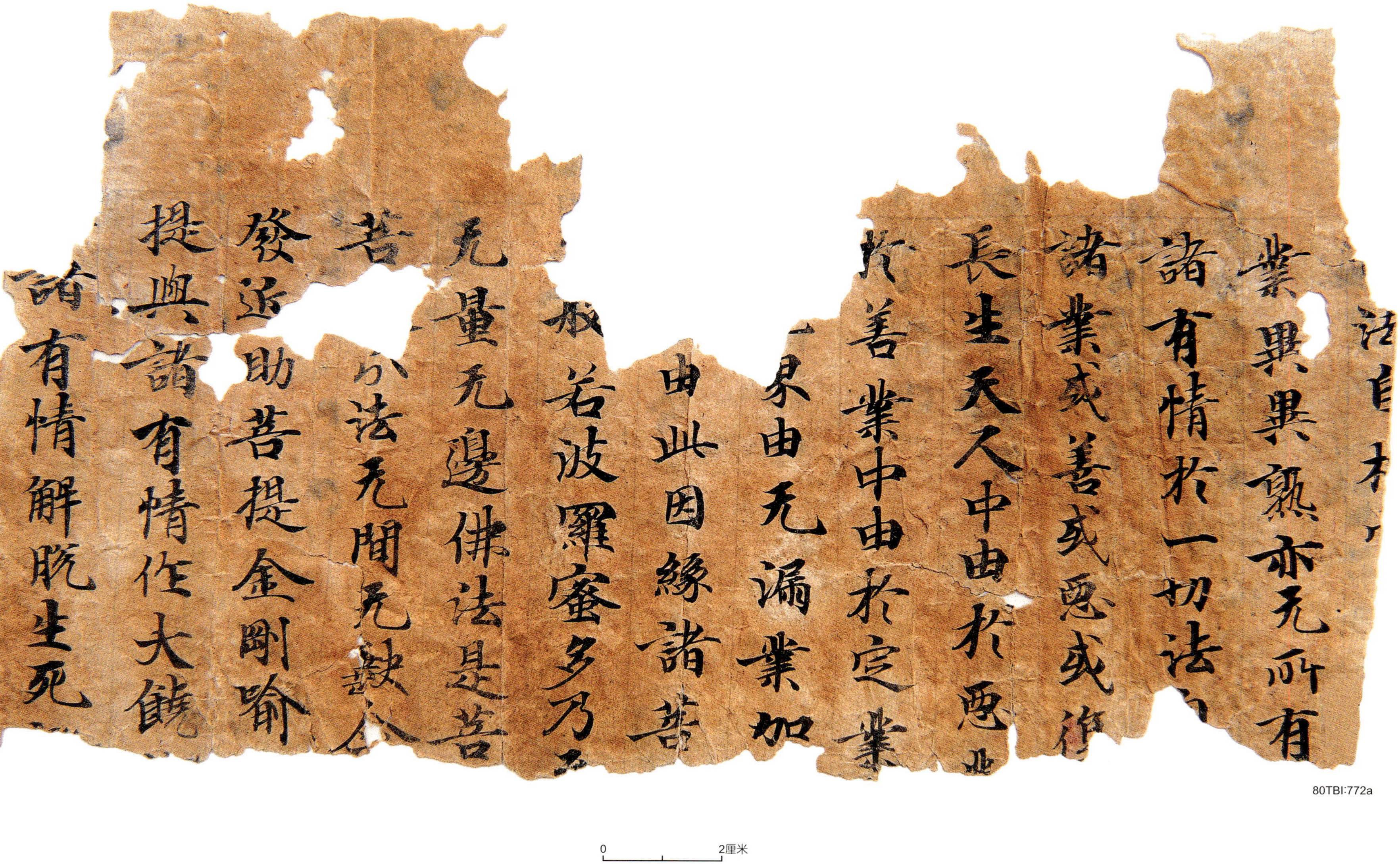

六二　大般若波羅蜜多經（卷五三六）第三分宣化品第三一之一

《中華大藏經》第六册　第三五八頁　下欄—第三五九頁　上欄

《大正新修大藏經》第七册　第七五五頁　上—中欄

□法自相空□
業異〔一〕異熟亦无所有□
諸有情於一切法自□
諸業或善或惡或復□
長生天人中由於惡業□
於善業中由於定業□
□色界由无漏業加□
□由此因緣諸菩□
□般若波羅蜜多乃至□
无量无邊佛法是菩□
菩提分法无間无缺令〔二〕□
發近助菩提金剛喻□
提與諸有情作大饒□
□諸有情解脱生死□

〔一〕「異」，今本作「果」。
〔二〕「令」，今本作「修」。
〔三〕本片可與80TBI:764a-1、2拼接，見拼合圖七。其背面即80TBI:772b爲婆羅迷文書寫。

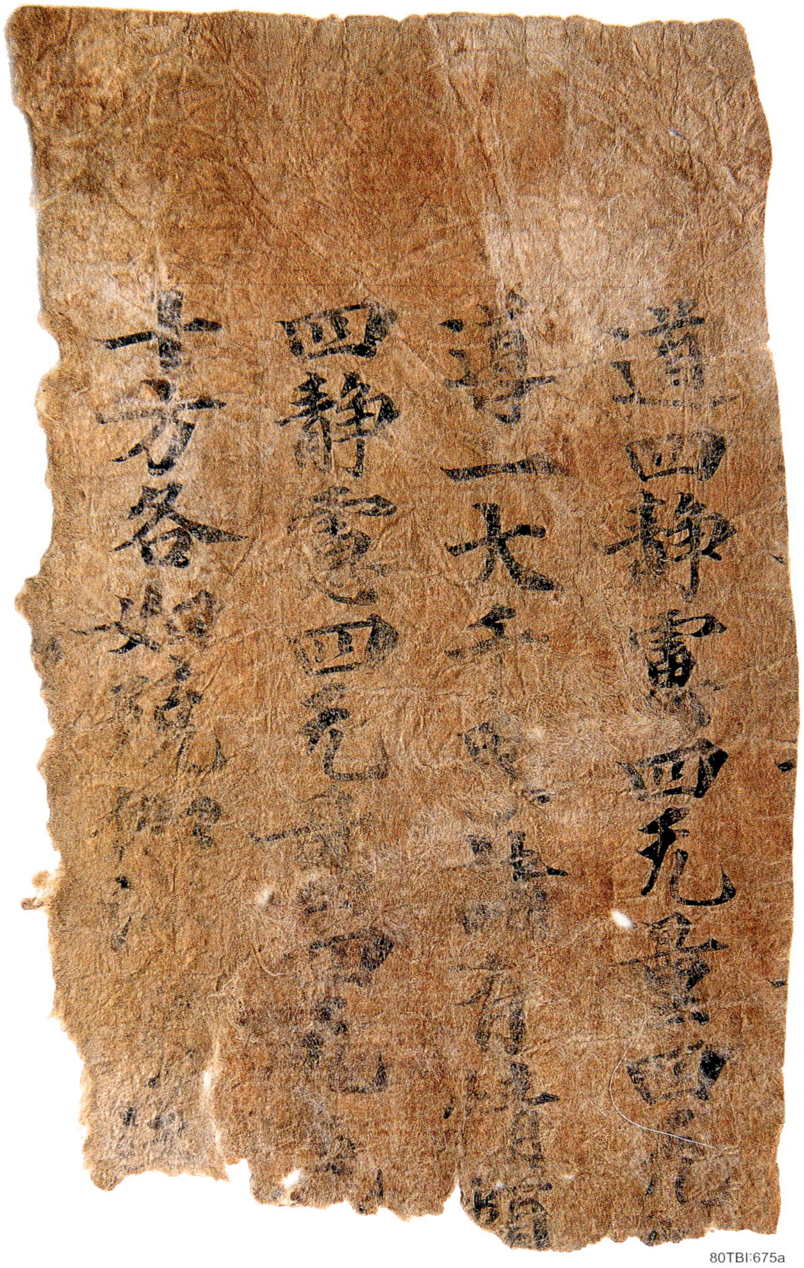

80TBI:675a

0 2厘米

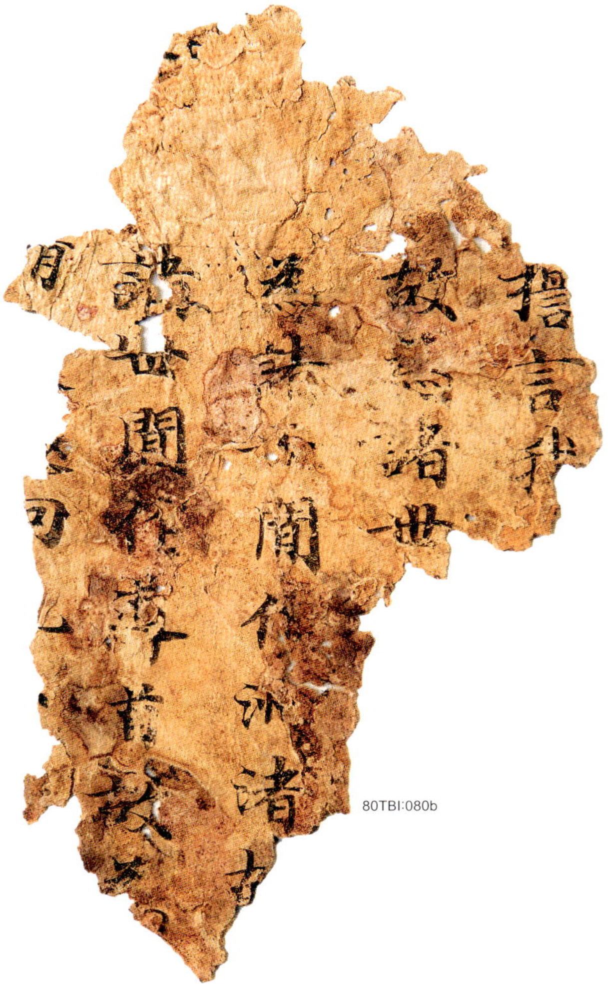

80TBI:080b

0 2厘米

六三 大般若波羅蜜多經（卷五四一）第四分福門品第五之一

《中華大藏經》第六册 第四〇七頁 下欄—第四〇八頁上欄

《大正新修大藏經》第七册 第七八四頁 中欄

道四静慮四无量四无□

導一大千界諸有情類□

四静慮四无量四无色□

十方各如□伽沙界□

〔一〕本片背面即80TBI:675b爲回鶻文寫本。

六四 大般若波羅蜜多經（卷五四八）第四分天讃品第一五

《中華大藏經》第六册 第四六九頁 下欄

《大正新修大藏經》第七册 第八二一頁 上欄

誓言我□

故爲諸世□

爲諸世間作洲渚故□

諸世間作導首故爲□

□趣向无□

〔一〕本片另面即80TBI:080a未定名，參見未定名列表序號七八。

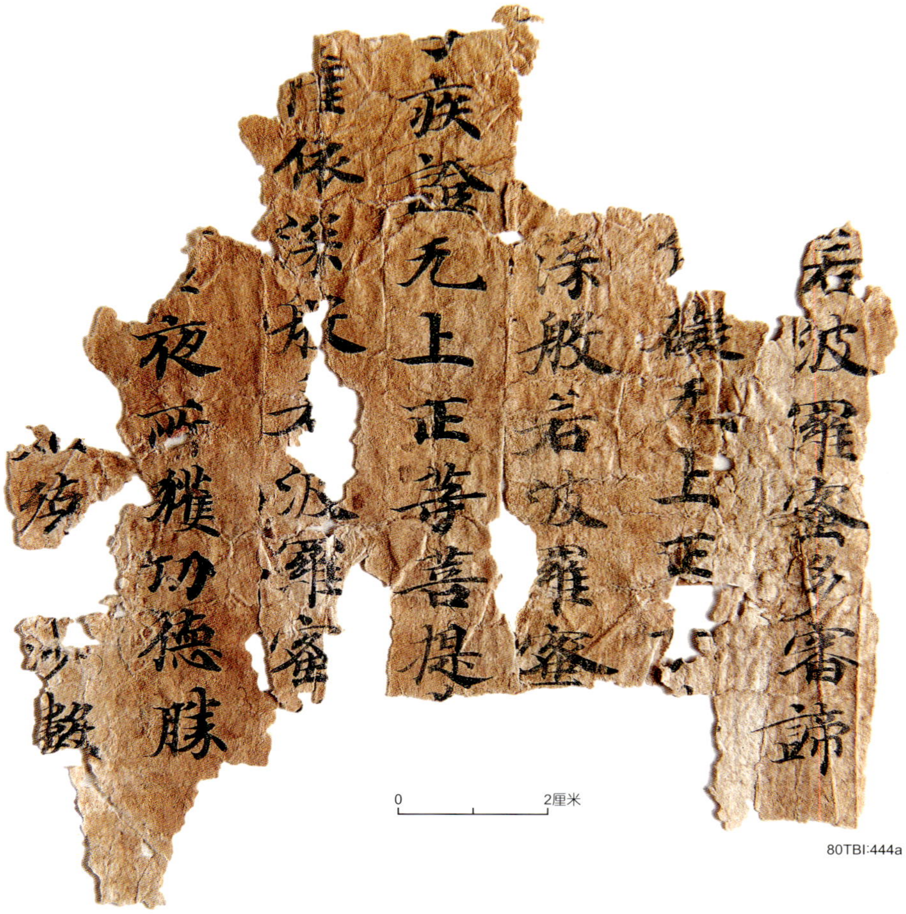
80TBI:444a

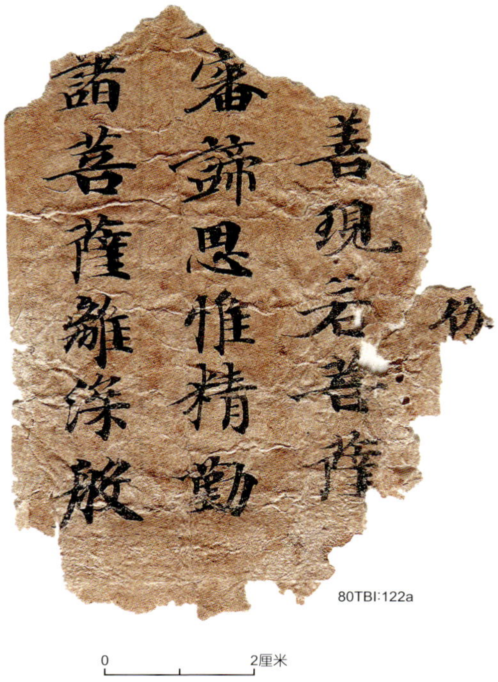
80TBI:122a

六五 大般若波羅蜜多經（卷五四九）第四分空相品第一八之一

《中華大藏經》第六册 第四八四頁 上欄
《大正新修大藏經》第七册 第八二九頁 中欄

□[若]波羅蜜多審諦
□礙无上正[等]□
□深般若波羅蜜□
□疾證无上正等菩提□
[薩]依深般[若][波]羅蜜□
□夜所獲功德勝
□[如][殑]□[沙]數

〔一〕本片可與80TBI:122a、80TBI:654a、80TBI:645a拼接，見拼合圖八。其背面即80TBI:444b爲回鶻文寫本。

六六 大般若波羅蜜多經（卷五四九）第四分空相品第一八之一

《中華大藏經》第六册 第四八四頁 上—中欄
《大正新修大藏經》第七册 第八二九頁 中—下欄

□伽□
□善現若菩薩
□審諦思惟精勤
□諸菩薩離深般

〔一〕本片可與80TBI:444a、80TBI:654a、80TBI:645a拼接，見拼合圖八。其背面80TBI:122b爲回鶻文寫本。

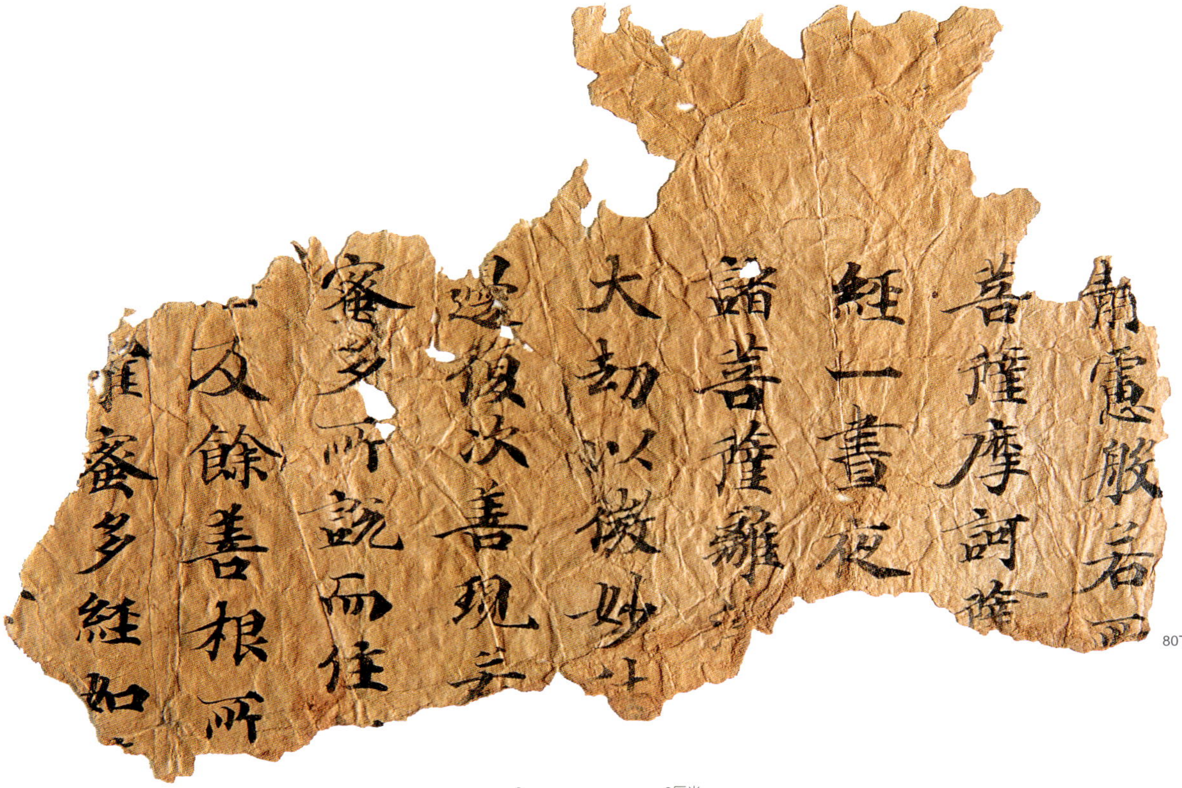

80TBI:654a

0　2厘米

六七　大般若波羅蜜多經（卷五四九）第四分空相品第一八之一

《中華大藏經》第六册　第四八四頁　中欄

《大正新修大藏經》第七册　第八二九頁　下欄

靜慮般若所□

菩薩摩訶薩□

經一晝夜□

諸菩薩離□

大劫以微妙□

邊復次善現□

蜜多所説而住□

□及餘善根所□

□羅蜜多經如□

〔一〕本片可與80TBI:444a、80TBI:122a、80TBI:645a拼接，見拼合圖八。其背面即80TBI:654b爲回鶻文寫本。

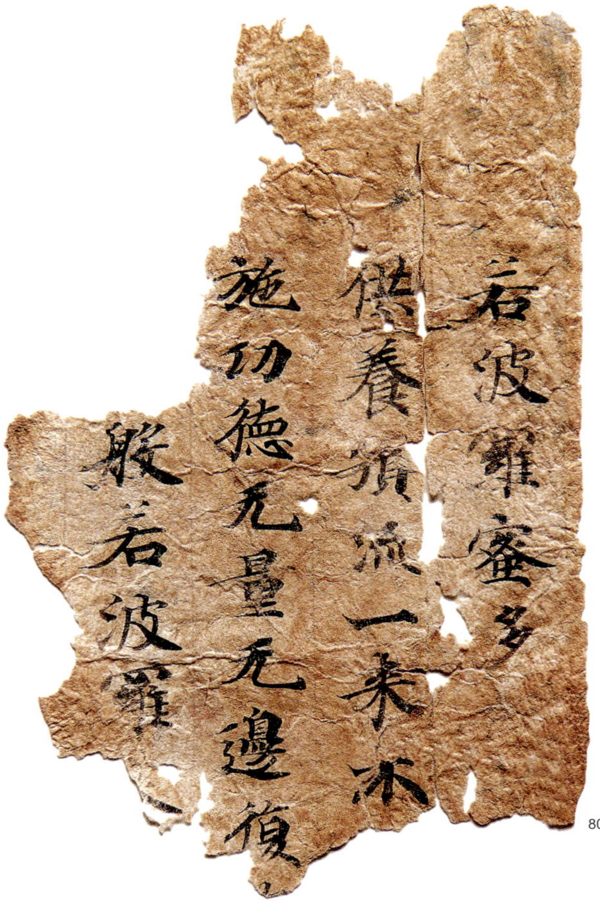

80TBI:645a

81TB10:14a

六八 大般若波羅蜜多經（卷五四九）第四分空相品第一八之一

《中華大藏經》第六册 第四八四頁 中欄

《大正新修大藏經》第七册 第八二九頁 下欄

若波羅蜜多

供養預流一來不□

施功德无量无邊復□

□般若波羅蜜□

〔一〕本片可與80TBI:444a、80TBI:122a、80TBI:654a拼接，見拼合圖八。其背面即80TBI:645b爲回鶻文寫本。

六九 大般若波羅蜜多經（卷五五七）第五分神咒品第四

《中華大藏經》第六册 第五六七頁 下欄

《大正新修大藏經》第七册 第八七七頁 上欄

□是善男□

□養恭敬尊□

□決定□

□調柔□

〔一〕本片背面即81TB10:14b爲回鶻文寫本。

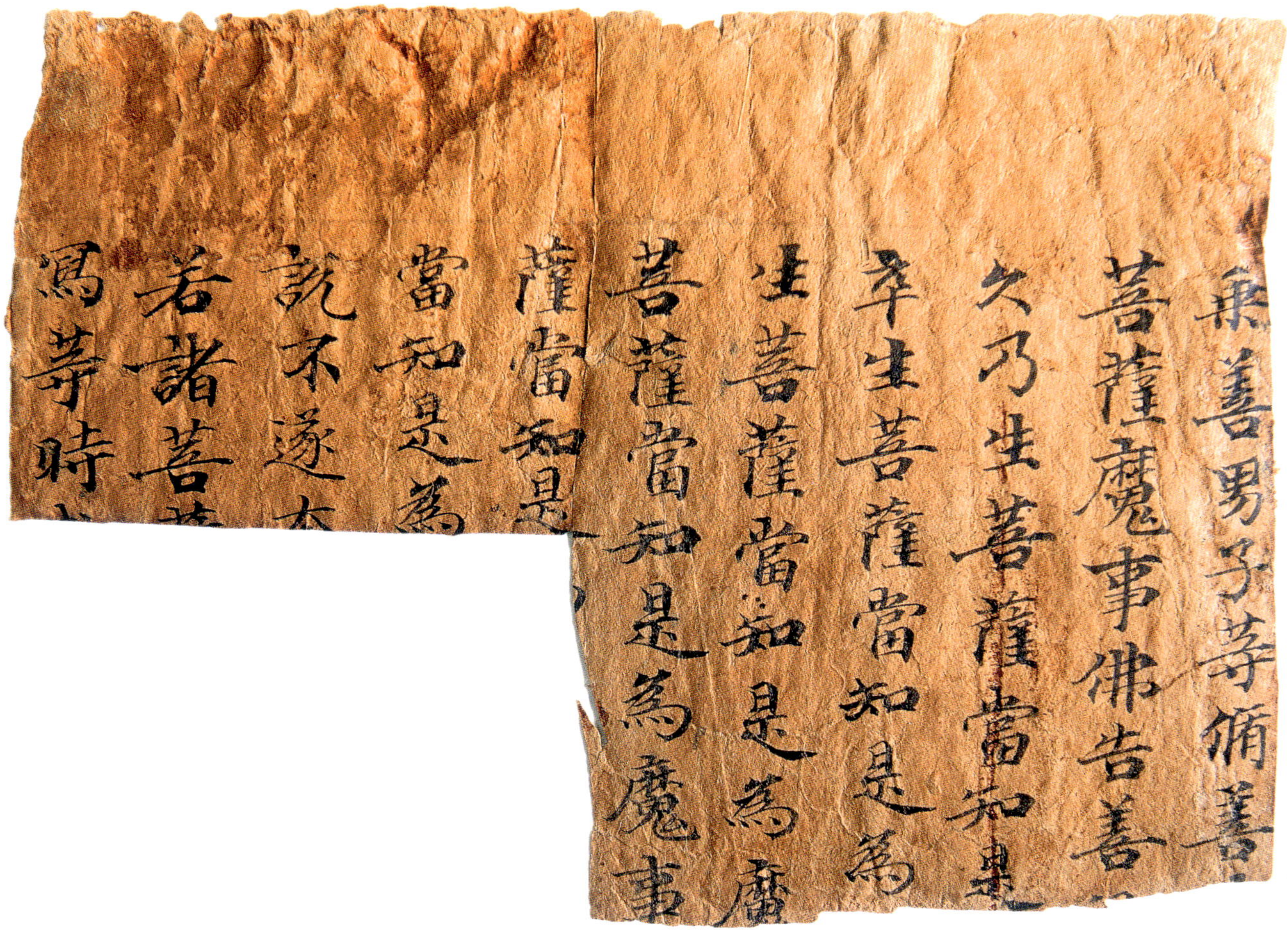

81TB10:06-1a

0　2厘米

七〇　大般若波羅蜜多經（卷五六〇）第五分魔事品第一一

《中華大藏經》第六册　第五九三頁　上欄

《大正新修大藏經》第七册　第八九〇頁　下欄

乘善男子等修善□

菩薩魔事佛告善□

久乃生菩薩當知是□

卒生菩薩當知是爲□

生菩薩當知是爲魔□

菩薩當知是爲魔事□

薩當知是□

當知是爲□

說不遂本□

若諸菩薩□

寫等時或□

〔一〕本片背面即81TB10:06-1b爲回鶻文寫本。

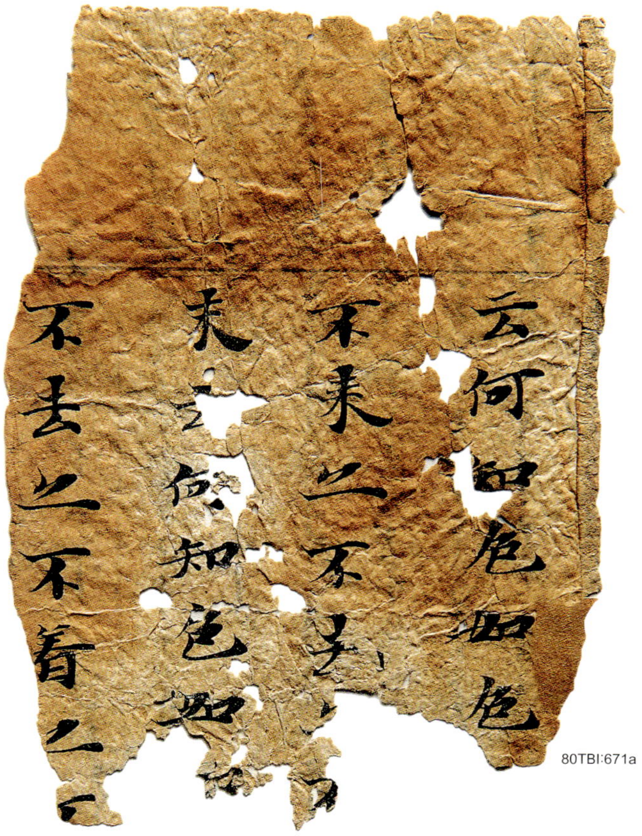

80TBI:671a

0 2厘米

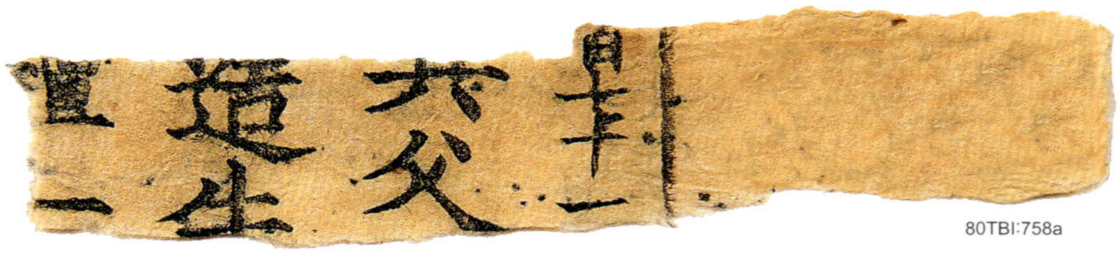

80TBI:758a

0 2厘米

七一　大般若波羅蜜多經（卷五七一）第六分證勸品第一〇

《中華大藏經》第六册　第七〇〇頁　下欄

《大正新修大藏經》第七册　第九五一頁　上欄

□百七十一□

□其父□

□造生□

□檀廣□

〔一〕本片爲金藏大寶集寺刻本。其背面即80TBI:758b爲回鶻文寫本。

七二　放光般若經（卷一八）摩訶般若波羅蜜超越法相品第七九

《中華大藏經》第七册　第二四七頁　下欄—第二四八頁　上欄

《大正新修大藏經》第八册　第一二九頁　中—下欄

□云〔一〕何知色如〔二〕色□

□不來亦不去亦□

□末云何知色如如□

□不去亦不着〔三〕亦不□

〔一〕「云」，今本作「去」。

〔二〕「如」，今本作「相」。

〔三〕「着」，今本作「斷」。

〔四〕本片背面即80TBI:671b爲回鶻文寫本。

七三　光讚經（卷一）摩訶般若波羅蜜光讚品第一

《中華大藏經》第七册　第七〇二頁　下欄

《大正新修大藏經》第八册　第一四八頁　中欄

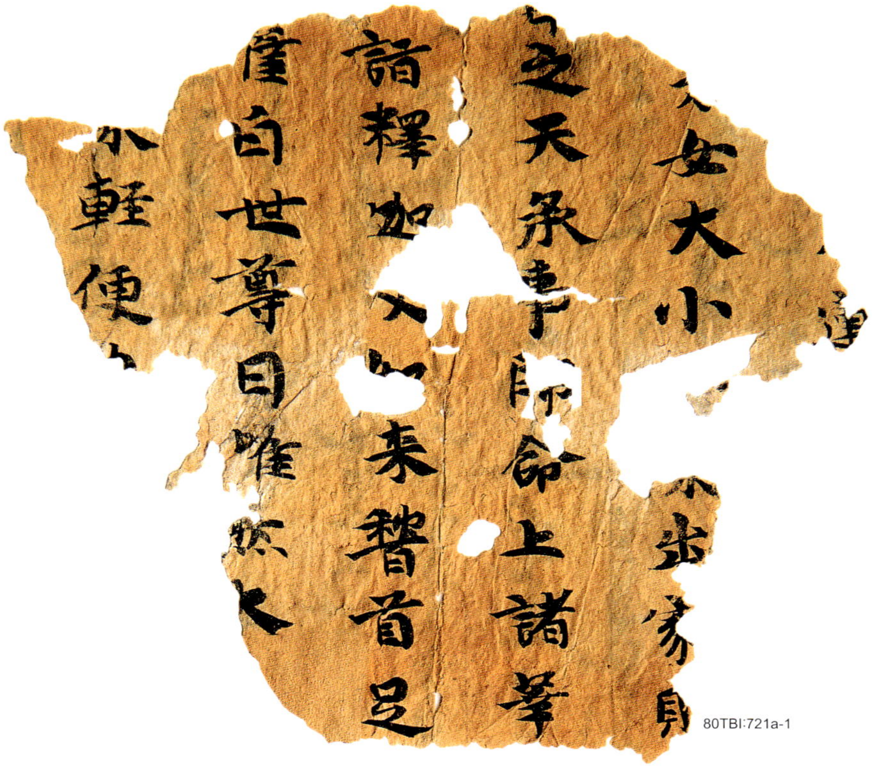

80TBI:721a-1

0　2厘米

□男女[一]大小居家出家則□

□中之[二]天承事歸命上諸華□

□詣釋迦□如來稽首足□

□薩白世尊曰唯然大□

□求輕便力□

〔一〕「女」，今本作「子」。

〔二〕今本無「之」。

〔三〕本件共二片，其背面即80TBI:721b爲回鶻文寫本。80TBI:721a–2未定名，見未定名列表序號二二九。

七四　摩訶般若波羅蜜經（卷一八）河天品第五九

《中華大藏經》第七册　第五五三頁　上欄

《大正新修大藏經》第八册　第三五〇頁　上欄

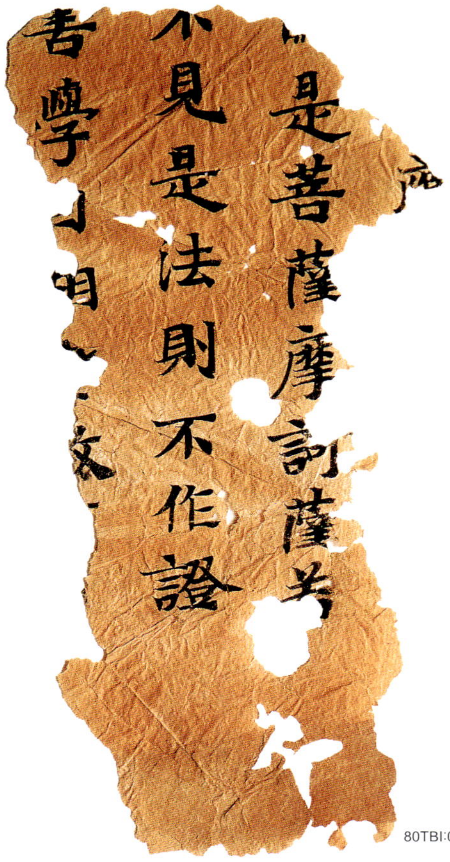

80TBI:043

0　2厘米

□應□

□亂是菩薩摩訶薩若

□不見是法則不作證

□善學自相空故□

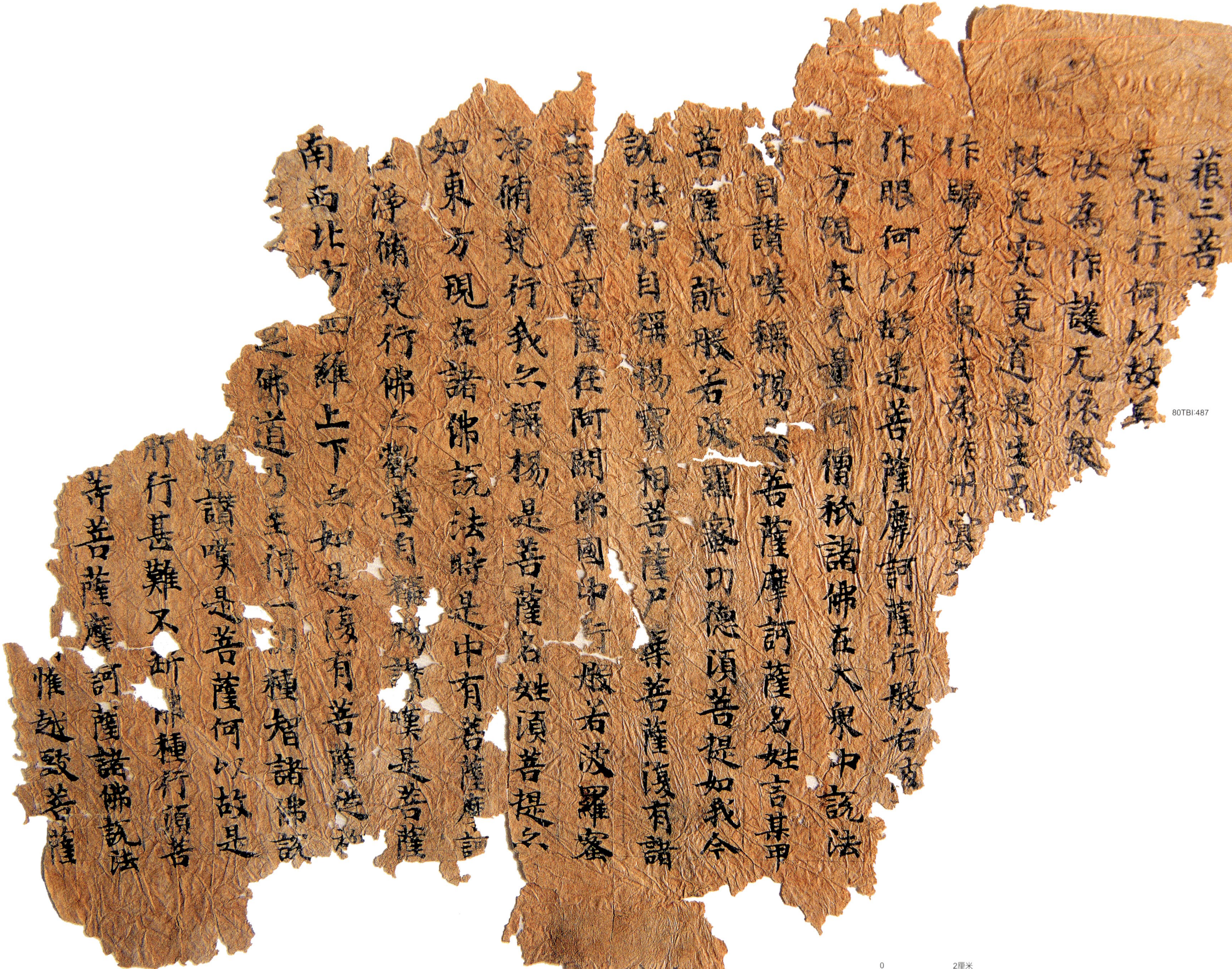
薩三菩
无作行何以故是
汝爲作護无依聚
救无究竟道眾生爲
作歸无洲眾生爲作洲冥
作眼何以故是菩薩摩訶薩行般若波
十方現在无量阿僧祇諸佛在大眾中說法
自讚嘆稱揚言菩薩摩訶薩名姓言某甲
菩薩成就般若波羅蜜功德須菩提如我今
說法時自稱揚寶相菩薩尸棄菩薩復有諸
菩薩摩訶薩在阿閦佛國中行般若波羅蜜
淨脩梵行我亦稱揚是菩薩名姓須菩提亦
如東方現在諸佛說法時是中有菩薩摩訶
淨脩梵行佛亦歎善自稱揚讚嘆是菩薩
南西北方四維上下亦如是復有菩薩從初
之佛道乃至得一切種智諸佛說
揚讚嘆是菩薩何以故是
所行甚難不斷佛種行須菩
等菩薩摩訶薩諸佛說法
惟越致菩薩

80TBI:487

0 2厘米

七五 摩訶般若波羅蜜經（卷一九）度空品第六五

《中華大藏經》第七册 第五七三頁 上—中欄

《大正新修大藏經》第八册 第三六一頁 上—中欄

藐三菩
无作行何以故善
汝爲作護无依衆
救无究竟道衆生爲
作歸无州衆生爲作州冥者
作眼何以故是菩薩摩訶薩行般若波
十方現在无量阿僧祇諸佛在大衆中說法
時自讚嘆稱揚是菩薩摩訶薩名姓言某甲
菩薩成就般若波羅蜜功德須菩提如我今
說法時自稱揚寶相菩薩尸棄菩薩復有諸
菩薩摩訶薩在阿閞佛國中行般若波羅蜜
淨修梵行我亦稱揚是菩薩名姓須菩提亦
如東方現在諸佛說法時是中有菩薩摩訶
薩淨修梵行佛亦歡喜自稱揚讚嘆是菩薩
南西北方四維上下亦如是復有菩薩從初
足佛道乃至得一切種智諸佛說
揚讚嘆是菩薩何以故是
所行甚難不斷佛種行須菩
等菩薩摩訶薩諸佛說法
惟越致菩薩

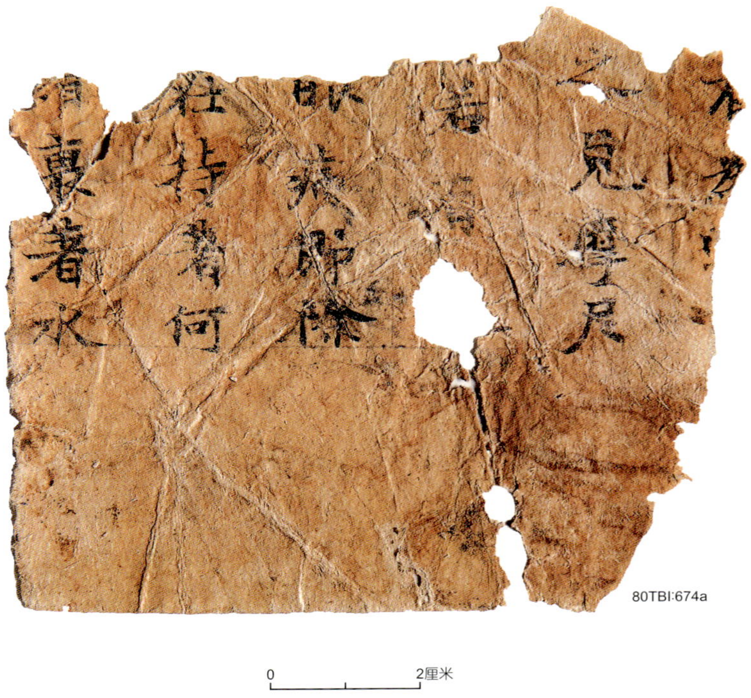

七六 道行般若經（卷二）摩訶般若波羅蜜功德品第三

《中華大藏經》第七册 第九〇八頁 上欄

《大正新修大藏經》第八册 第四三六頁 上欄

□有爲蚍□

□之見摩尼

□若有□

□眼病即除

□在持著何

□繒裹著水

〔一〕本片背面即80TBI:674b爲回鶻文寫本。

七七 道行般若經（卷八）摩訶般若波羅蜜道行經守行品第二三

《中華大藏經》第七册 第九七三頁 中欄

《大正新修大藏經》第八册 第四六五頁 下欄

□心索佛者於〔一〕□

□因言我欲使□

〔一〕「者於」，今本作「於是」。

〔二〕本片可與80TBI:690a拚接，見拚合圖九。其背面即80TBI:710b爲回鶻文寫本。

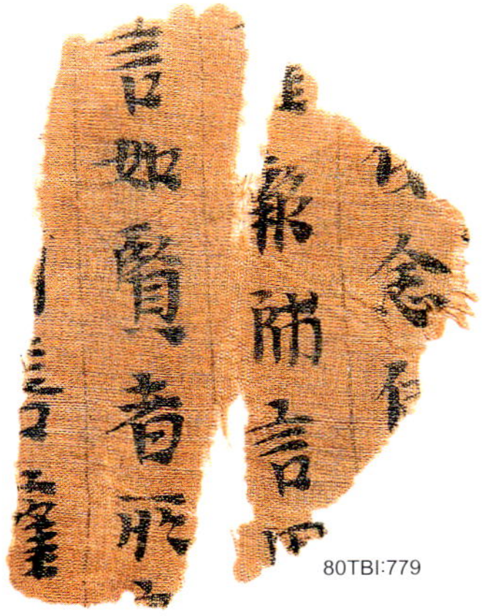

80TBI:779

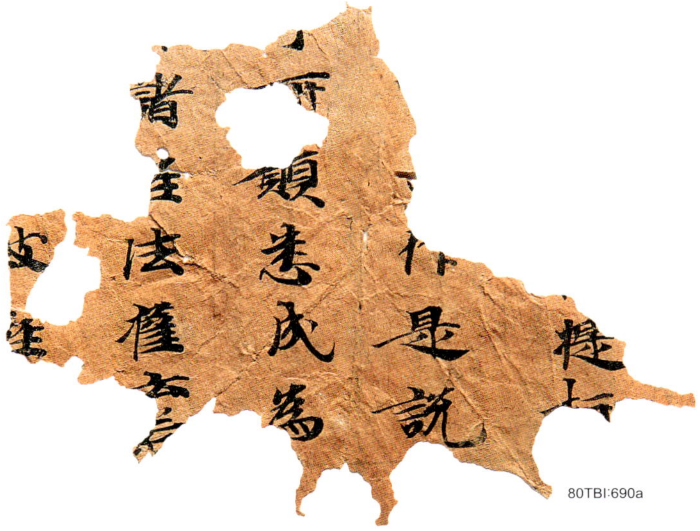

80TBI:690a

七八　道行般若經（卷八）摩訶般若波羅蜜道行經守行品第二三

《中華大藏經》第七册　第九七三頁　中欄

《大正新修大藏經》第八册　第四六五頁　下欄

（前缺）
□提桓□
□作是説□
□所願悉成爲□
□諸經法薩云〔一〕若□
□致經□
（後缺）

〔一〕「云」，今本作「芸」。

〔二〕本片可與80TBI:710a拼接，見拼合圖九。其背面即80TBI:690b爲回鶻文寫本。

七九　道行般若經（卷一〇）摩訶般若波羅蜜曇無竭菩薩品第二九

《中華大藏經》第七册　第九九七頁　下欄

《大正新修大藏經》第八册　第四七六頁　中欄

□後念佛□
□薩報師言用□
□言如賢者所□
□菩薩□

〔一〕本件爲絹質寫本。

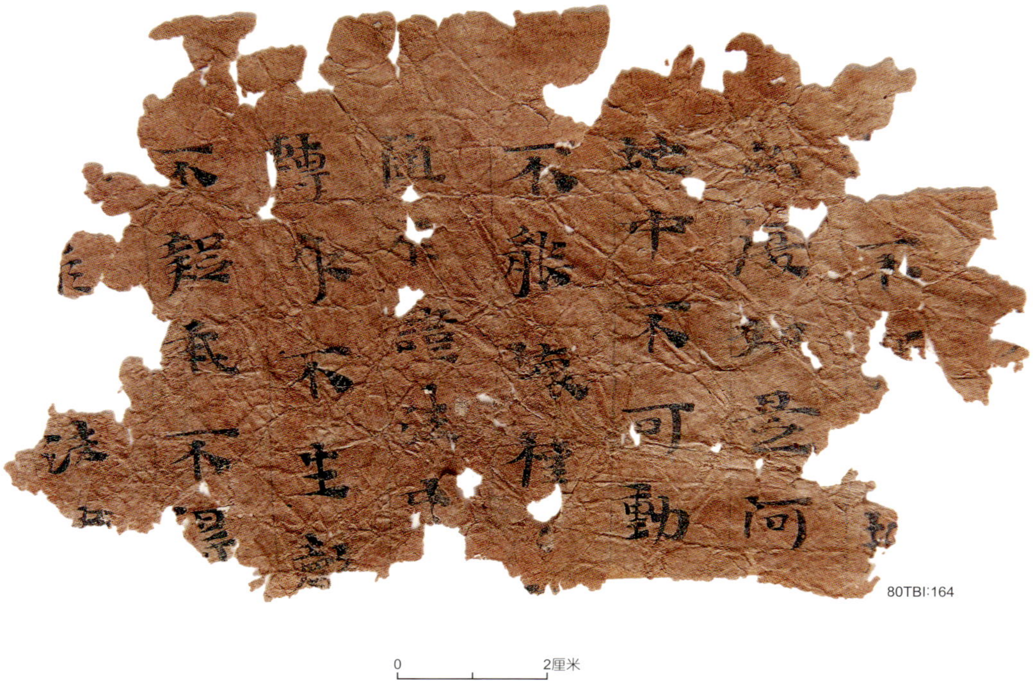

80TBI:164

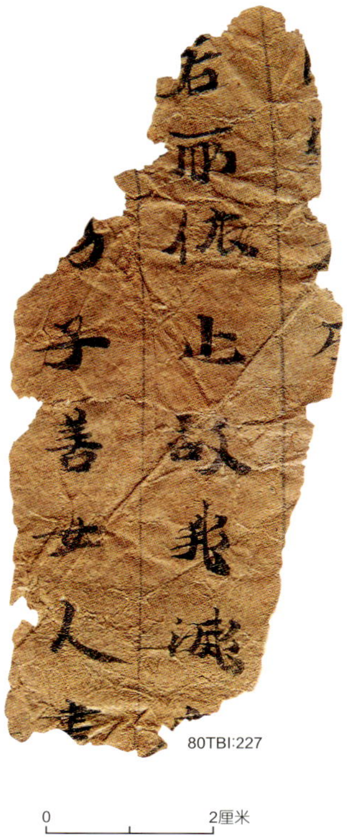

80TBI:227

八〇 小品般若波羅蜜經（卷二）塔品第三

《中華大藏經》第八册 第一一頁 下欄

《大正新修大藏經》第八册 第五四二頁 中—下欄

□若所依止故我滅□

□男子善女人書□

八一 小品般若波羅蜜經（卷六）阿惟越致相品第一六

《中華大藏經》第八册 第五七頁 上—中欄

《大正新修大藏經》第八册 第五六五頁 中欄

□不捨□

亦復如是阿□

地中不可動□

不能壞種□

隨所證法中□

轉身不生聲□

不疑我不得□

□法中□

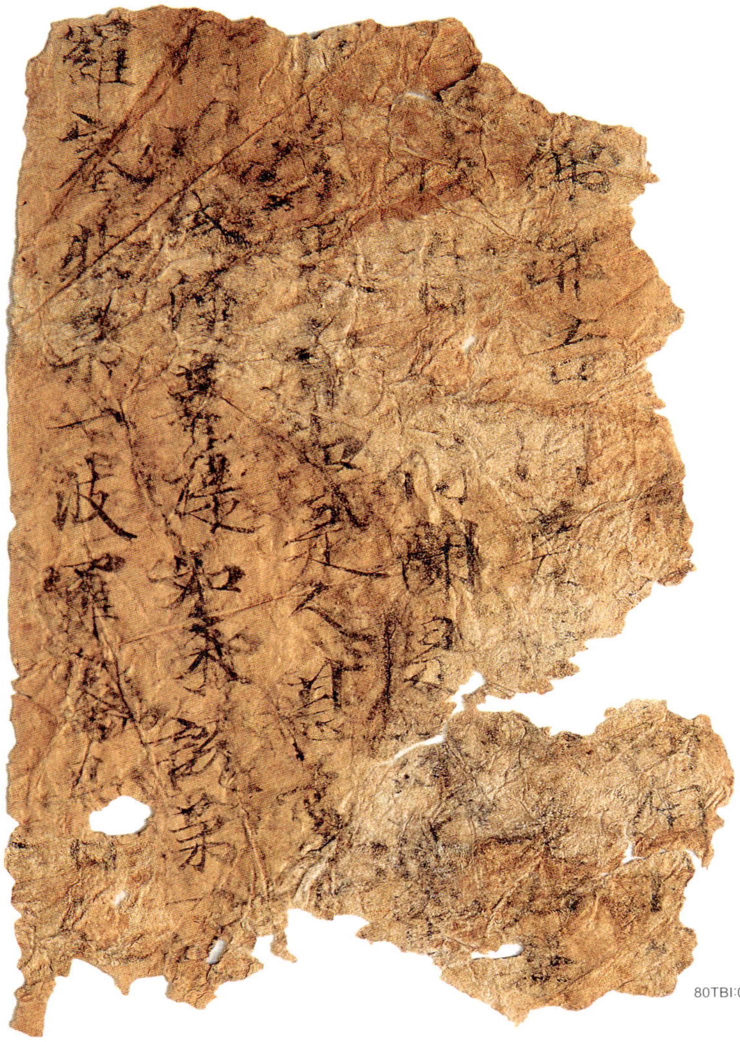

80TBI:055a

0　2厘米

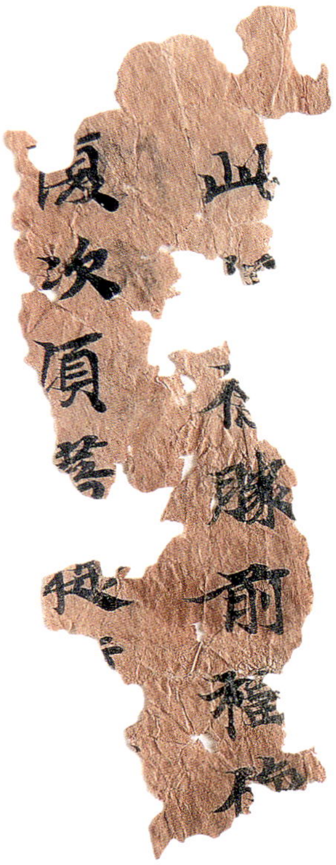

81TBI:330-1

0　2厘米

八二　金剛般若波羅蜜經

《中華大藏經》第八册　第三〇〇頁　中欄

《大正新修大藏經》第八册　第七五〇頁　上欄

此福德勝前福德□

復次須菩提□

〔一〕本件共二片，其中80TBI:330–2未定名，見未定名列表序號二三〇。

八三　金剛般若波羅蜜經

《中華大藏經》第八册　第三〇〇頁　下欄

《大正新修大藏經》第八册　第七五〇頁　中欄

□佛佛告須□

□有人得聞是□

□知是人甚□

□須菩提如來説第一□

□羅蜜非第一波羅蜜□

〔一〕本片背面即80TBI:055b爲金剛般若波羅蜜經，參見列表序號八四。

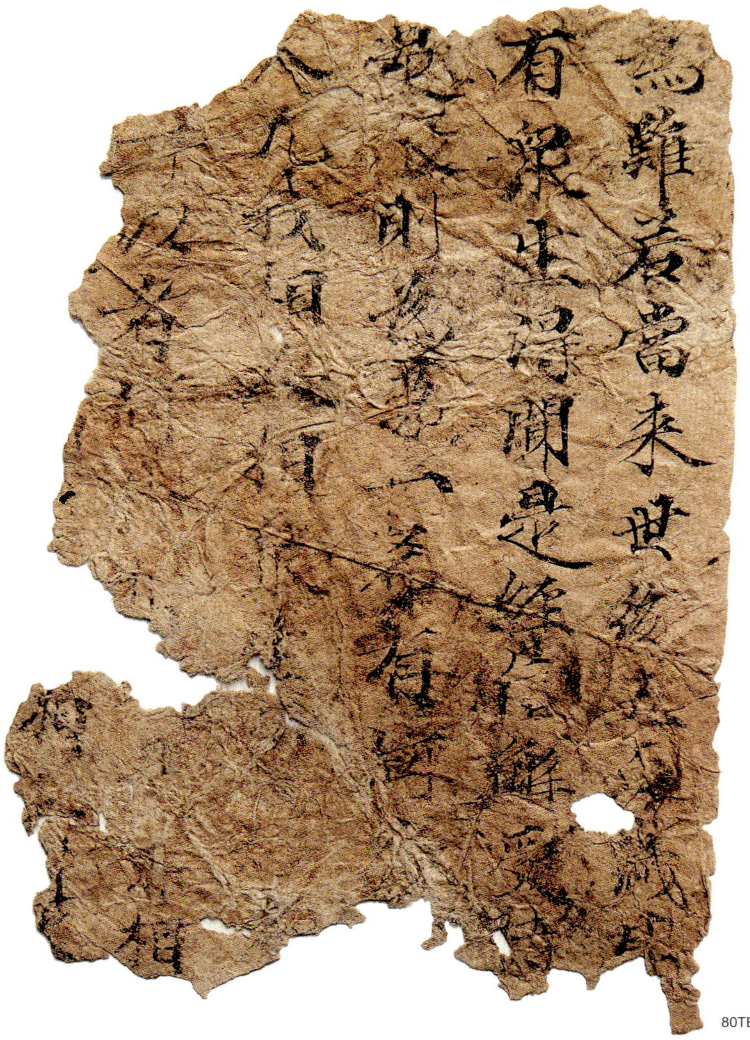

80TBI:055b

0　2厘米

八四　金剛般若波羅蜜經

《中華大藏經》第八册　第三〇〇頁　下欄

《大正新修大藏經》第八册　第七五〇頁　中欄

爲難若當來世後五百歲

有衆生得聞是經信解受持

是人則爲第一希有何以

人无我相人相衆

以者何

相則

〔一〕本件另面即80TBI:055a爲金剛般若波羅蜜經，參見列表序號八三。

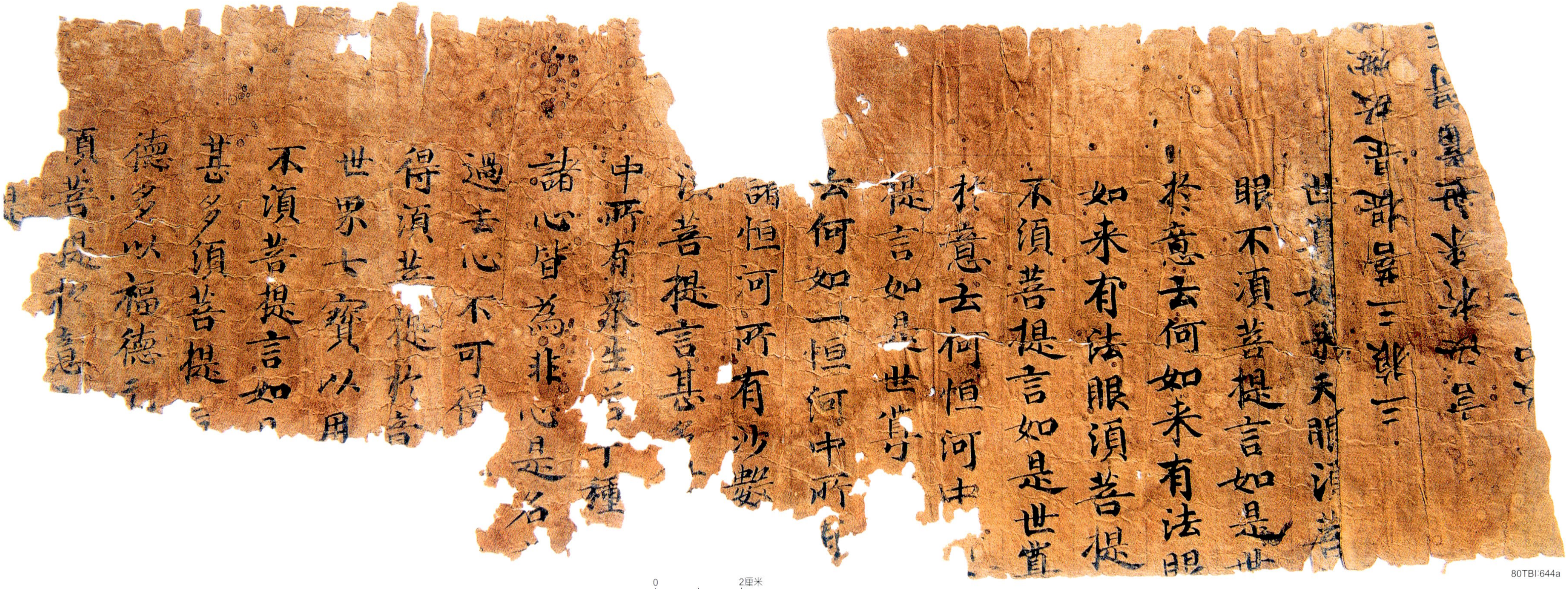

0　2厘米

80TBI:644a

八五　金剛般若波羅蜜經

《中華大藏經》第八册　第三〇二頁　中—下欄

《大正新修大藏經》第八册　第七五一頁　中—下欄

世尊如來[一]天眼須菩□

眼不須菩提言如是世□

於意云何如來有法眼□

如來有法眼須菩提□

不須菩提言如是世尊□

於意去何恒河中□

提言如是世尊□

云何如一恒何中所□

諸恒河所有沙數□

須菩提言甚多□

中所有衆生若干種□

諸心皆爲非心是名□

過去心不可得□

得須菩提於意□

世界七寶以用□

不須菩提言如□

甚多須菩提□

德多以福德□

須菩提於意□

〔一〕「如來」，今本作「如來有」。

〔二〕本件一行前倒貼有三行寫經殘片。本件背面即80TBI:644b爲回鶻文寫本。

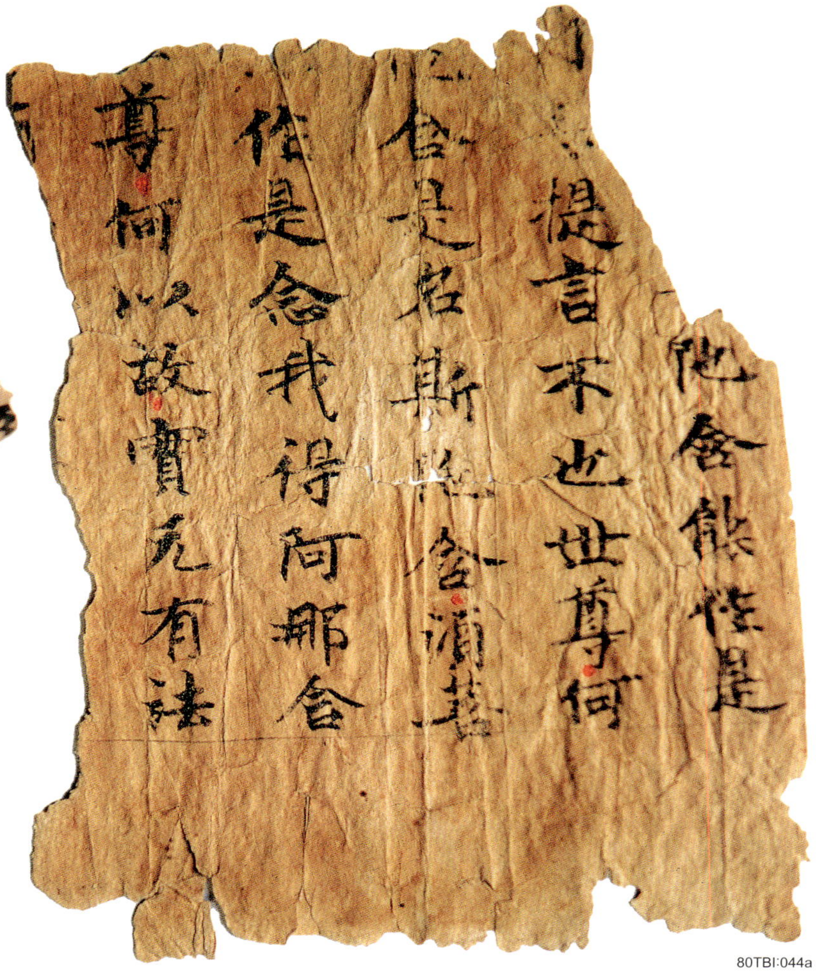
80TBI:044a

0　2厘米

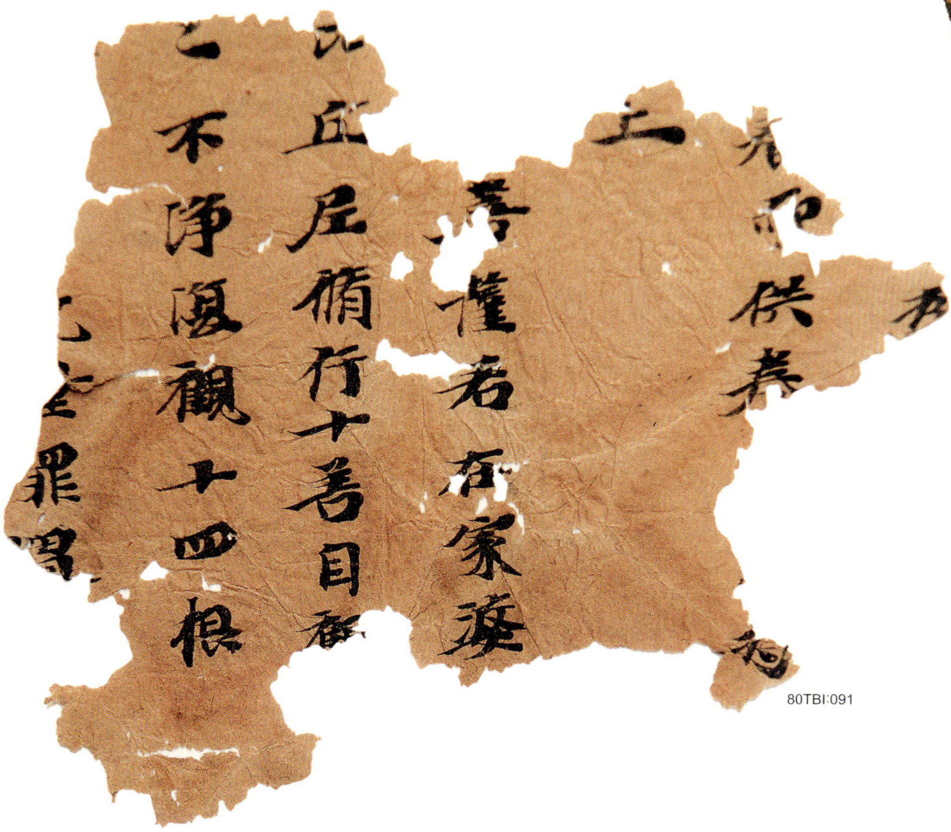
80TBI:091

0　2厘米

八六　金剛般若波羅蜜經

《中華大藏經》第八册　第三〇七頁　下欄

《大正新修大藏經》第八册　第七五三頁　下欄

□陁〔一〕含能作是

□[菩]提言不也世尊何

□含是名斯〔二〕[陁]含須菩

□作是念我得阿那〔三〕含

□尊何以故實无有法

〔一〕「陁」，今本作「那」。

〔二〕「斯含」，今本作「阿那」。

〔三〕「那含」，今本作「羅漢」。

〔四〕本片背面即80TBI:044b爲漢文殘片，因該片殘存一漢字，無法確認，故未收録。

八七　佛説仁王般若波羅蜜經（卷下）護國經受持品第七

《中華大藏經》第八册　第三六九頁　上—中欄

《大正新修大藏經》第八册　第八三一頁　上—中欄

□[爲]□

□[養][而]供養□持

□上

□菩薩若在家婆

□[比]丘尼修行十善自[觀]

□不净復觀十四根

□[無][量]罪[過]□

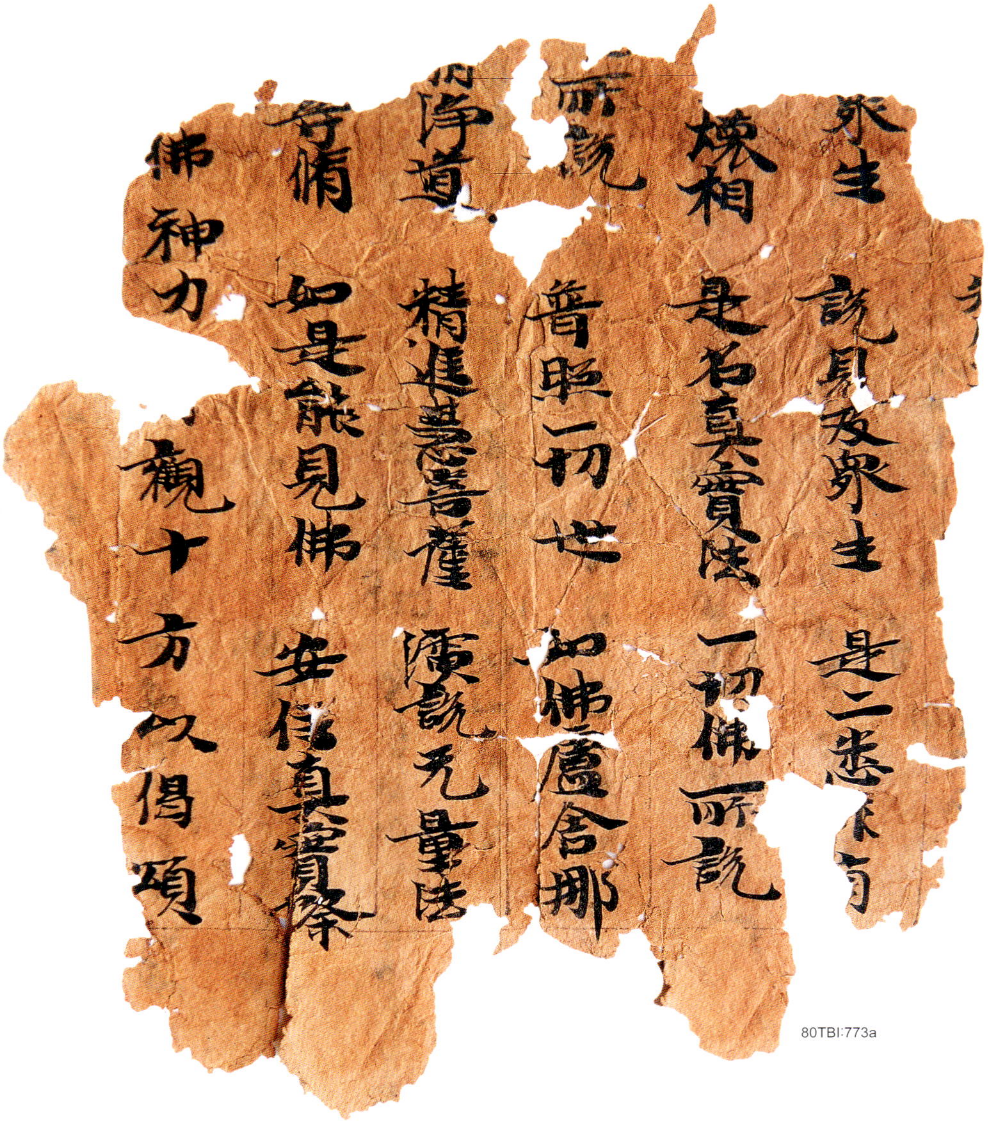

80TBI:773a

0　2厘米

八八　大方廣佛華嚴經（卷七）菩薩雲集妙勝殿上説偈品第一〇

《中華大藏經》第一二册　第七四頁　下欄—第七五頁上欄

《大正新修大藏經》第九册　第四四三頁　中—下欄

[衆]生　説見及衆生　是二悉[非][有]
壞相　是名真實法　一切佛所説
[所][説]　普照〔一〕一切世　如佛盧舍那
[明]浄道　精進慧菩薩　演説无量法
[等]修　如是能見佛　安住真實[際]
[佛]神力[普]觀十方以偈[頌]

〔一〕「照」，今本作「見」。

〔二〕本片背面即80TBI:773b爲回鶻文寫本。

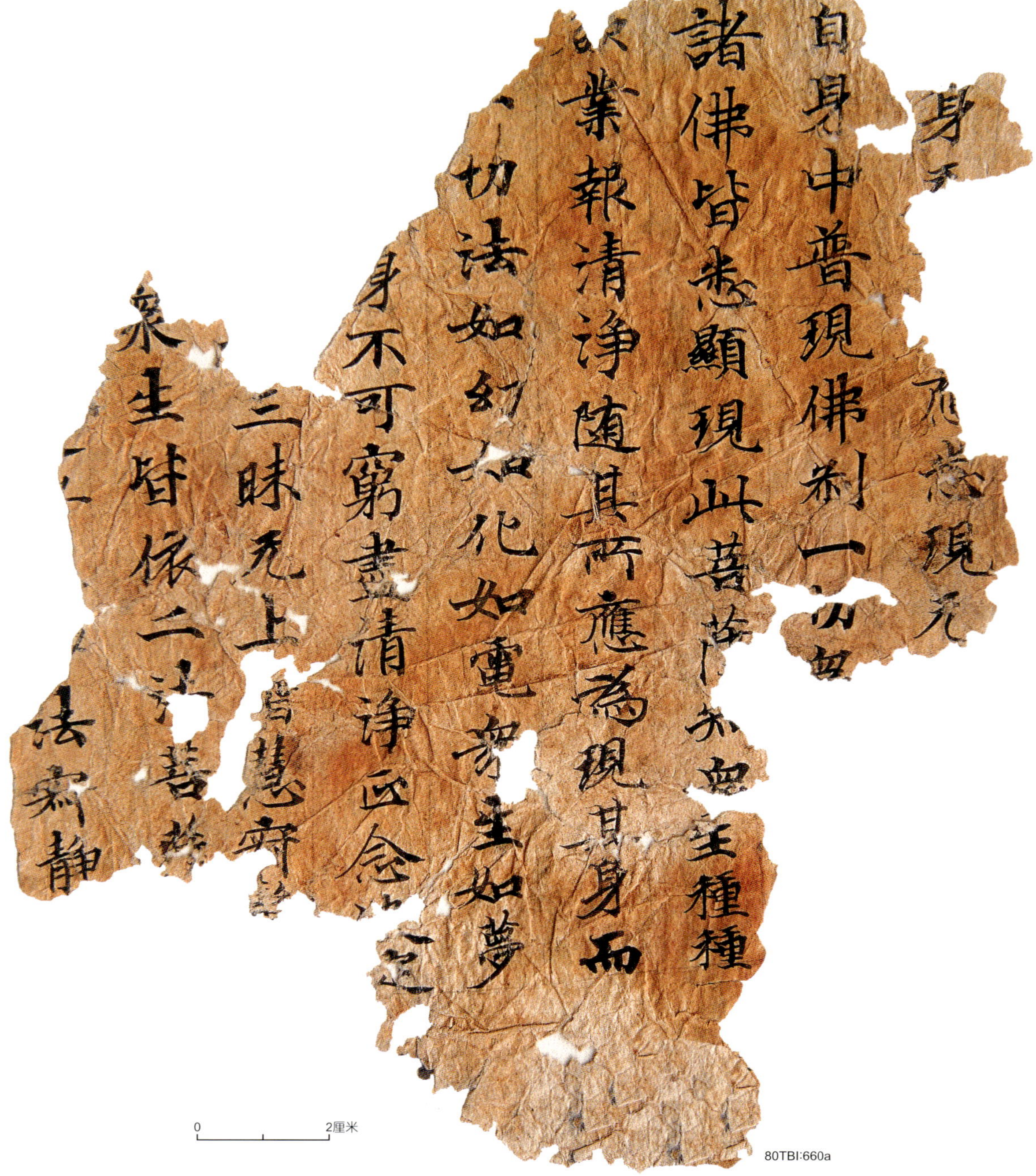

0 2厘米

80TBI:660a

八九 大方廣佛華嚴經（卷一一）功德華聚菩薩十行品第一七之一

《中華大藏經》第一二册 第一一七頁 下欄—第一一八頁 上欄

《大正新修大藏經》第九册 第四七二頁 上欄

□身无□應悉現无□
□自身中普現佛刹一切衆□
□諸佛皆悉顯現此菩薩知衆生種種
□欲業報清淨隨其所應爲現其身而
□切法如幻如化如電衆生如夢
□身不可窮盡清淨正念決定
□三昧无上智慧寂静□
□衆生皆依二法菩薩□
□妙法寂静□

〔一〕本片背面即80TBI:660b爲回鶻文寫本。

生菩提現前十力明觀三世菩薩現前滿足
善根无畏現前大師子吼三世現前智慧平
等一切世間現前盡未來際修菩薩願无憂
現前修習无數諸菩薩行菩薩摩訶薩施髓
肉時如是迴向以此善根令一切衆生得金
剛藏不可壞身令一切衆生得微密身无有
疎漏令一切衆生得佛清淨荘嚴如意法身
令一切衆生得百福德身卅二相而自荘嚴
令一切衆生得八十種好妙荘嚴身具足十
力不可断壞令一切衆生逮得如來常住妙
身不可測量令一切衆生得最勝身一切諸
魔所不能壞令一切衆生悉得一身等三世
佛令一切衆生得无㝵身微妙清淨滿虛空
界令一切衆生得菩薩藏□含受一切衆
生是爲菩薩摩訶薩□一切知境界
心善根迴向令一切衆生得佛常住无量法
身菩薩摩訶薩見有衆生來從乞心如无憂

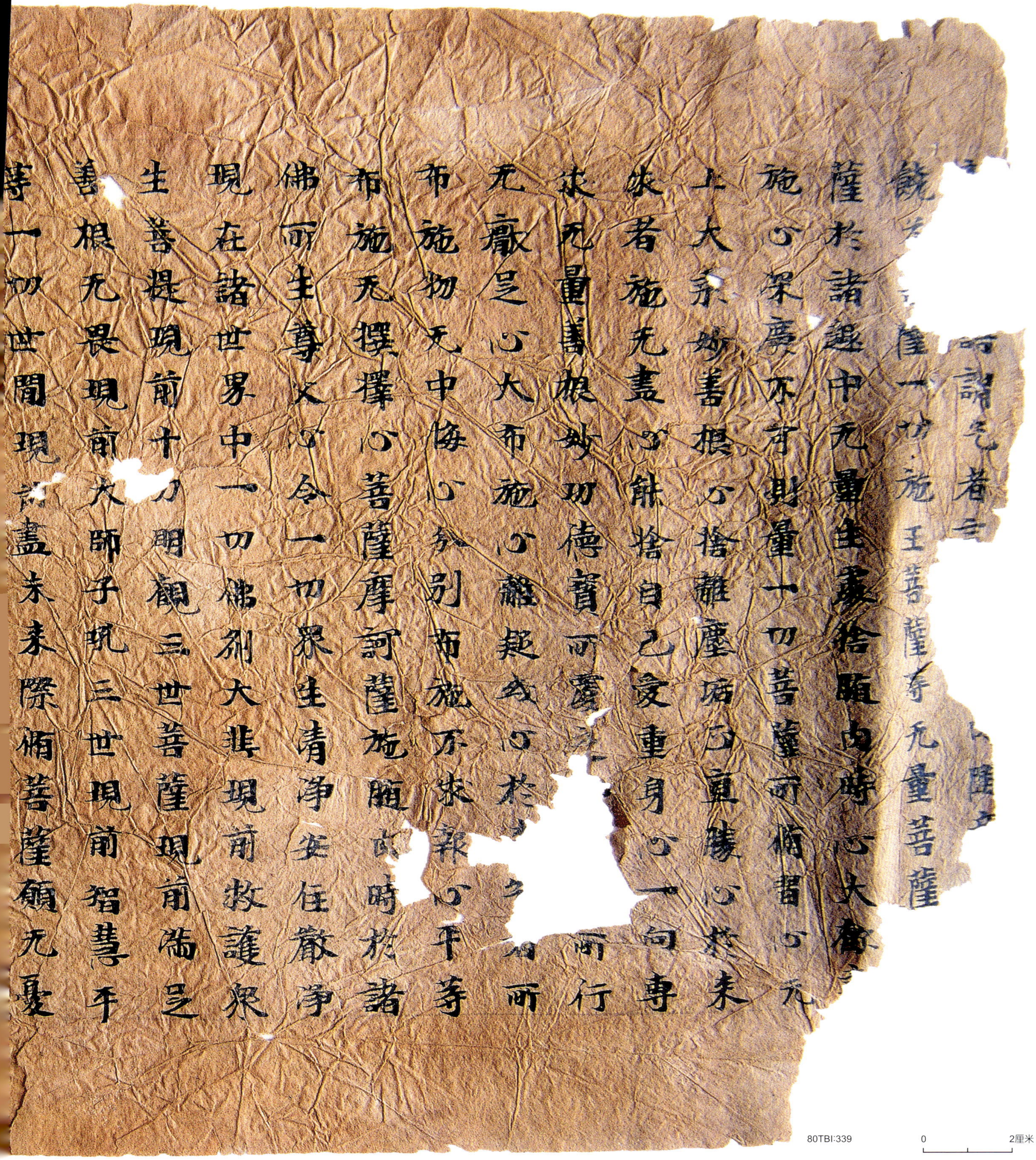

80TBI:339　0　2厘米

九〇　大方廣佛華嚴經（卷一七）金剛幢菩薩十回向品第二一之四

《中華大藏經》第一二册　第一八〇頁　中—下欄

《大正新修大藏經》第九册　第一〇頁　中—下欄

□[語]諸乞者[言]□[隨][意]□

饒[益][菩][薩]一切施王菩薩等无量菩薩□

薩於諸趣中无量生處捨髓肉時心大歡[喜]

施心深廣不可測量一切菩薩所修習心无

上大乘妙善根心捨離塵垢正直勝心於來

求者施无盡心能捨自己愛重身心一向專

求无量善根妙功德寶所覆□所行

无厭足心大布施心離疑或心於來[乞][者][所]

布施物无中悔心分別布施不求報心平等

布施无撰擇心菩薩摩訶薩施髓肉時於諸

佛所生尊父心令一切衆生清淨安住最淨

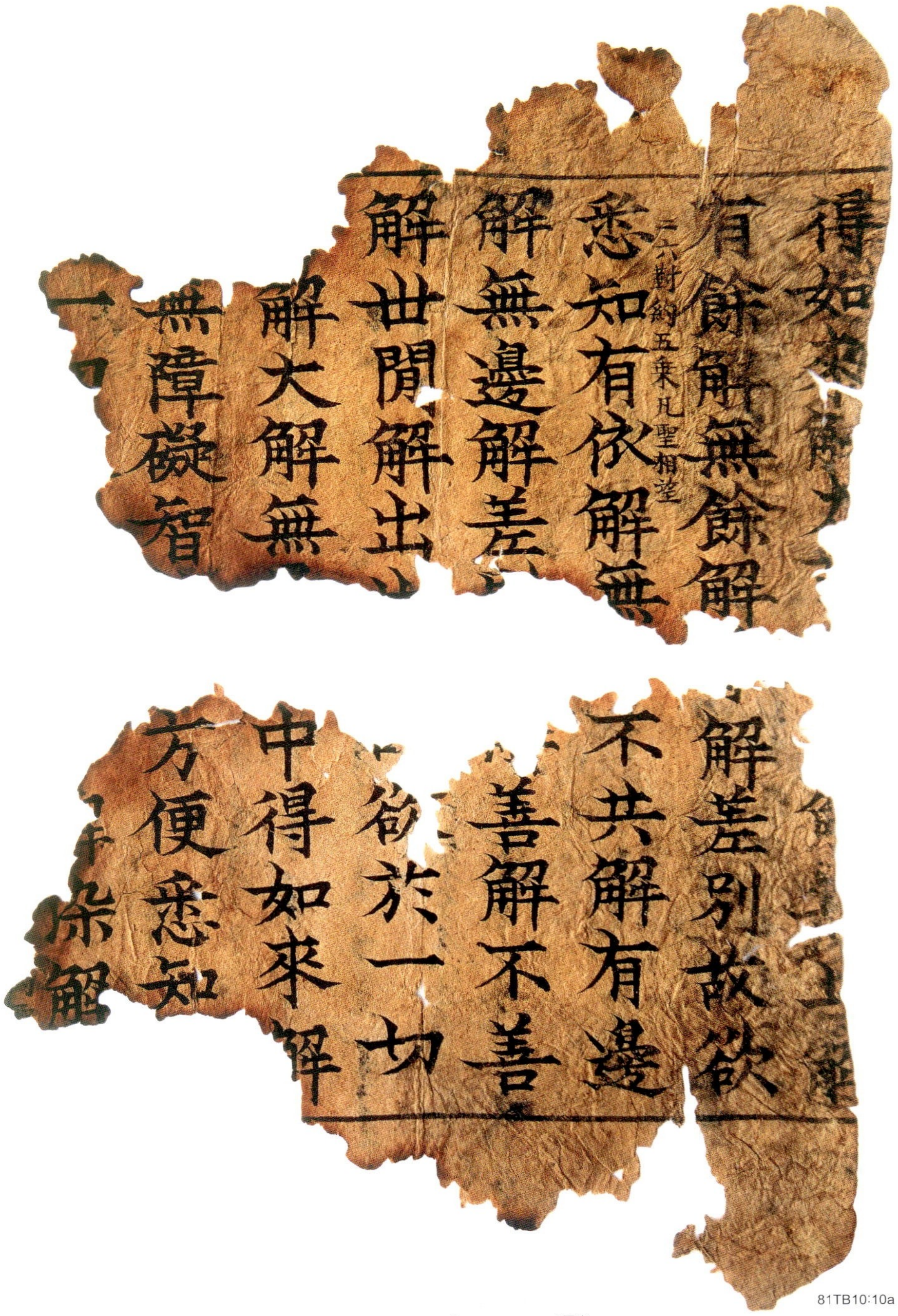

81TB10:10a

0 2厘米

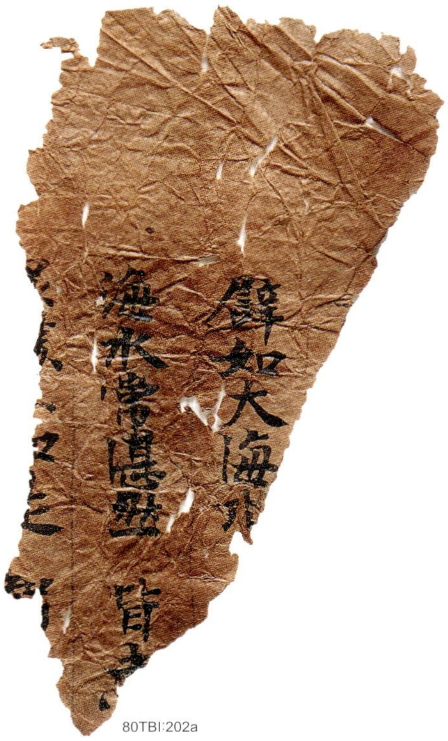

80TBI:202a

0 2厘米

九一 大方廣佛華嚴經（卷三五）寶王如來性起品第三二之三

《中華大藏經》第一二册 第三六五頁 下欄—第三六六頁 上欄

《大正新修大藏經》第九册 第六二六頁 上欄

譬如大海水□

海水常湛然 皆悉同□

最勝亦如是 智慧□

〔一〕本片背面即80TBI:202b爲回鶻文寫本。

九二 大方廣佛華嚴經（卷一七）初發心功德品第一七

《中華大藏經》第一二册 第七七一頁 上欄

《大正新修大藏經》第一〇册 第九〇頁 上—中欄

得如來解力故□知有上解

有餘解無餘解□解差別故欲

二六對約五乘凡聖相望

悉知有依解無□不共解有邊

解無邊解差別□善解不善

解世間解出世□欲於一切

□解大解無□中得如來解

□無障礙智□方便悉知□

□一切□解染解□

〔一〕本片背面即81TB10:10b爲回鶻文寫本。

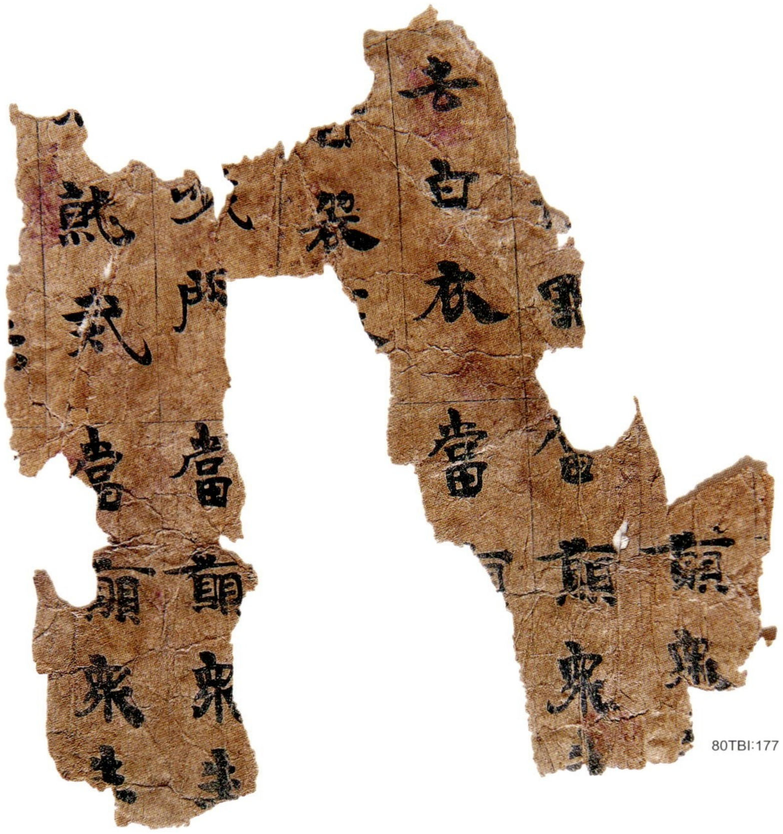

80TBI:177

0　2厘米

九三　佛說菩薩本業經（卷一）

《中華大藏經》第一三冊　第六六八頁　中—下欄

《大正新修大藏經》第一〇冊　第四四七頁　下欄

［　］□願衆［　］

［　］當願衆［　］

［　］去白衣　當願衆［　］

［　］袈裟［　］

［　］沙門　當願衆生［　］

［　］就戒　當願衆生［　］

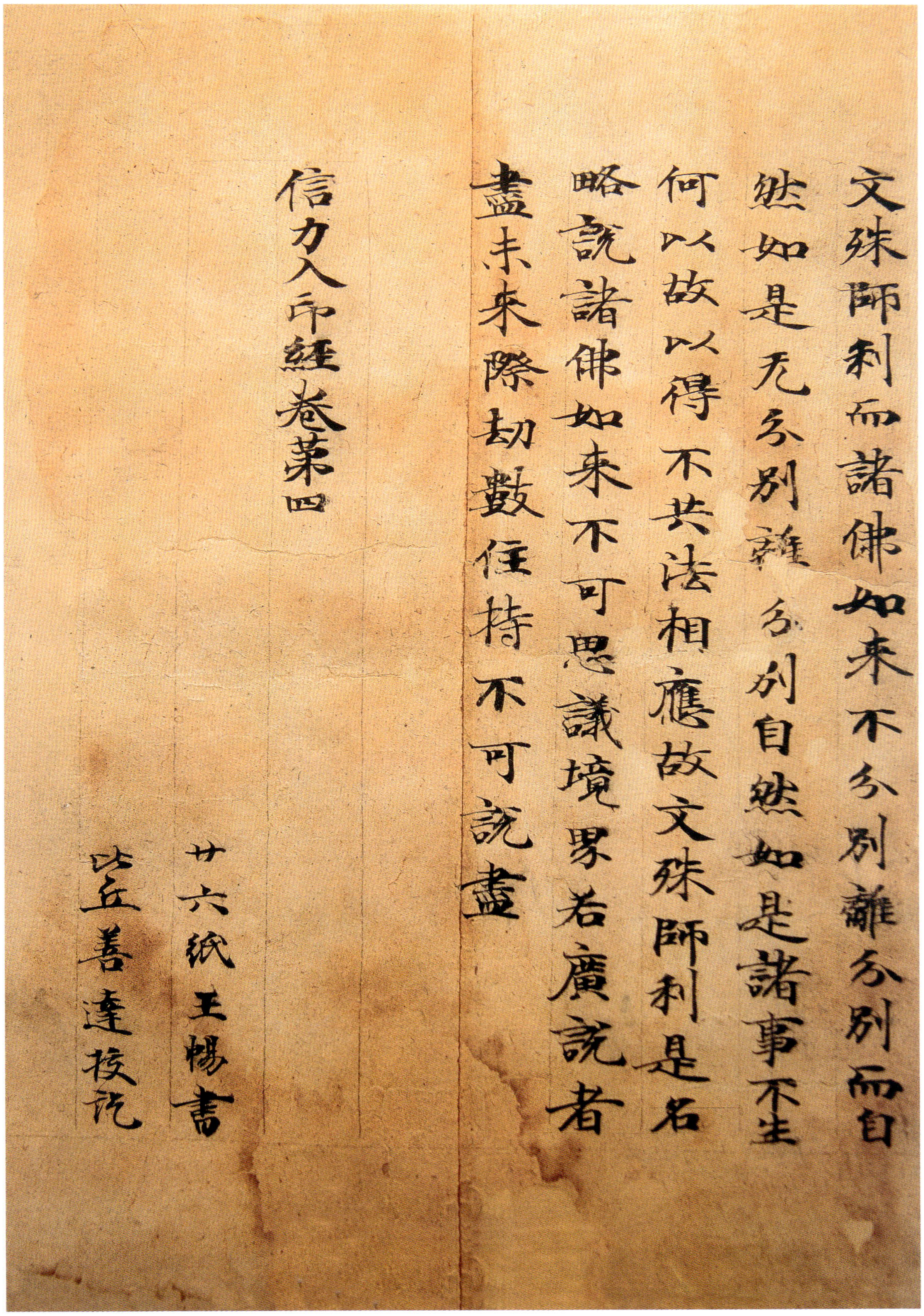

80TBI:004

0　2厘米

九四　信力入印法門經（卷四）

《中華大藏經》第一三册　第四九三頁　下欄—第四九四頁　上欄

《大正新修大藏經》第一〇册　第九五二頁　下欄—第九五三頁　上欄

文殊師利而諸佛如來不分別離分別而自
然如是无分別離分別自然如是諸事不生
何以故以得不共法相應故文殊師利是名
略說諸佛如來不可思議境界若廣說者
盡未來際劫數住　持　不　可　說盡

信力入印經卷第四

廿六紙王暢書
比丘善達校讫

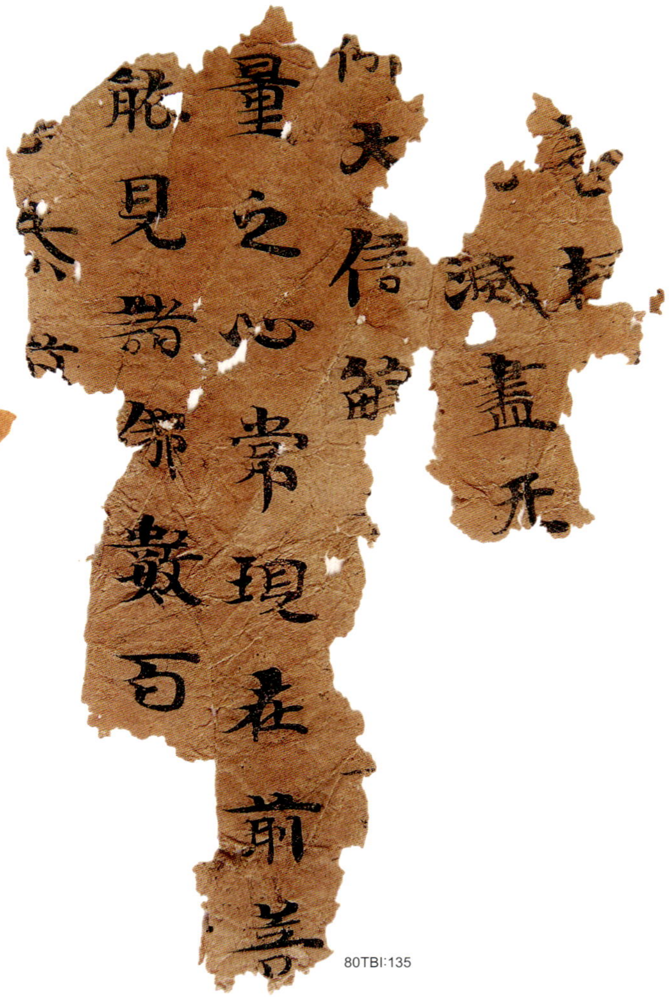

80TBI:135

0 2厘米

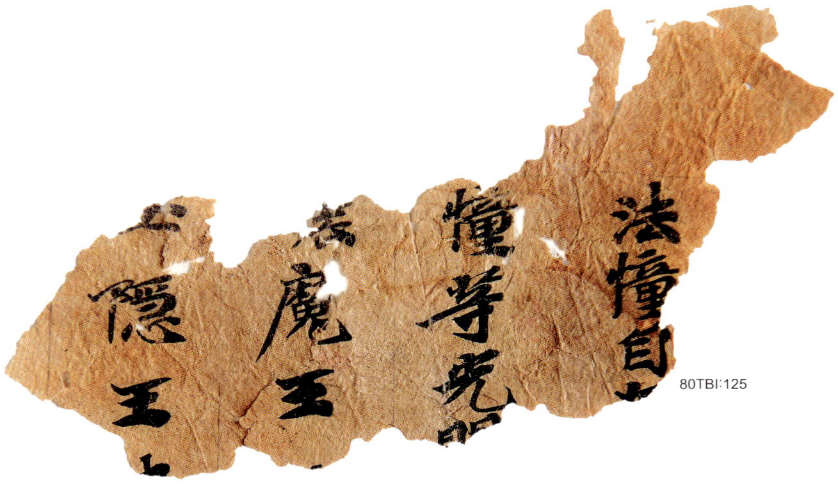

80TBI:125

0 2厘米

九五 十住經（卷二）焰地第四

《中華大藏經》第一三册 第七〇二頁 下欄

《大正新修大藏經》第一〇册 第五一〇頁 中欄

□善根□

□滅盡无□

□佛大信解□

□量之心常現在前菩□

□能見諸佛數百□

□恭敬□

九六 悲華經（卷四）諸菩薩本授記品第四之二

《中華大藏經》第一六册 第一六五頁 下欄

《大正新修大藏經》第三册 第一九三頁 上—中欄

法幢自□

幢等光明□

懷魔王□

安隱王□

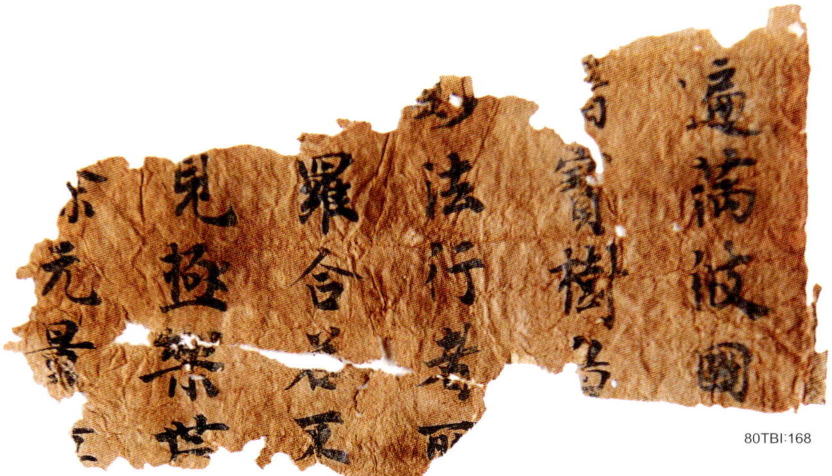

80TBI:168

0　2厘米

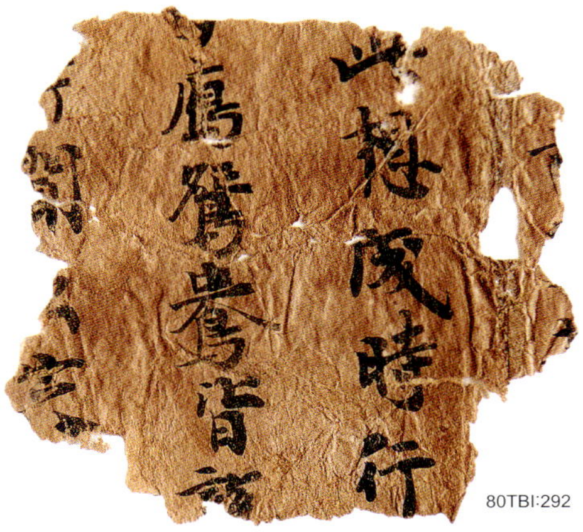

80TBI:292

0　2厘米

九七　佛説觀無量壽佛經

《中華大藏經》第一八册　第六六五頁　中欄

《大正新修大藏經》第一二册　第三四三頁　中欄

遍滿彼國

諸寶樹覓

妙法行者所

羅合若不

見極樂世

除无量億

〔一〕本片可與80TBI:292拚接，見拚合圖一〇。

九八　佛説觀無量壽佛經

《中華大藏經》第一八册　第六六五頁　中欄

《大正新修大藏經》第一二册　第三四三頁　中欄

此想成時行

鷹鴛鴦皆説

聞出定

〔一〕本片可與80TBI:168拚接，見拚合圖一〇。

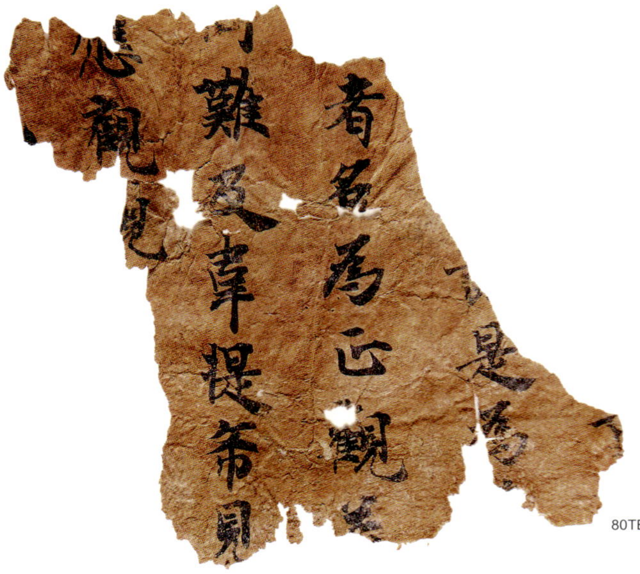

80TBI:218

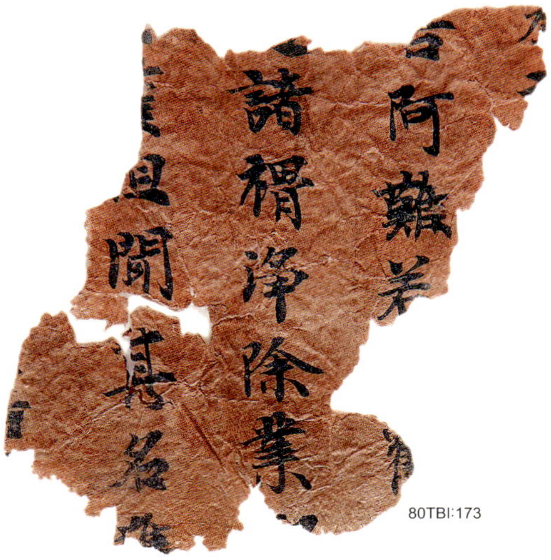

80TBI:173

九九　佛説觀無量壽佛經

《中華大藏經》第一八册　第六六五頁　下欄

《大正新修大藏經》第一二册　第三四三頁　下欄

記是爲

者名爲正觀若

難及韋提希見

應觀觀

一〇〇　佛説觀無量壽佛經

《中華大藏經》第一八册　第六六六頁　上—中欄

《大正新修大藏經》第一二册　第三四四頁　上欄

告阿難若

諸禬[一]淨除業

薩但聞其名獲

〔一〕「禬」，今本作「禍」。

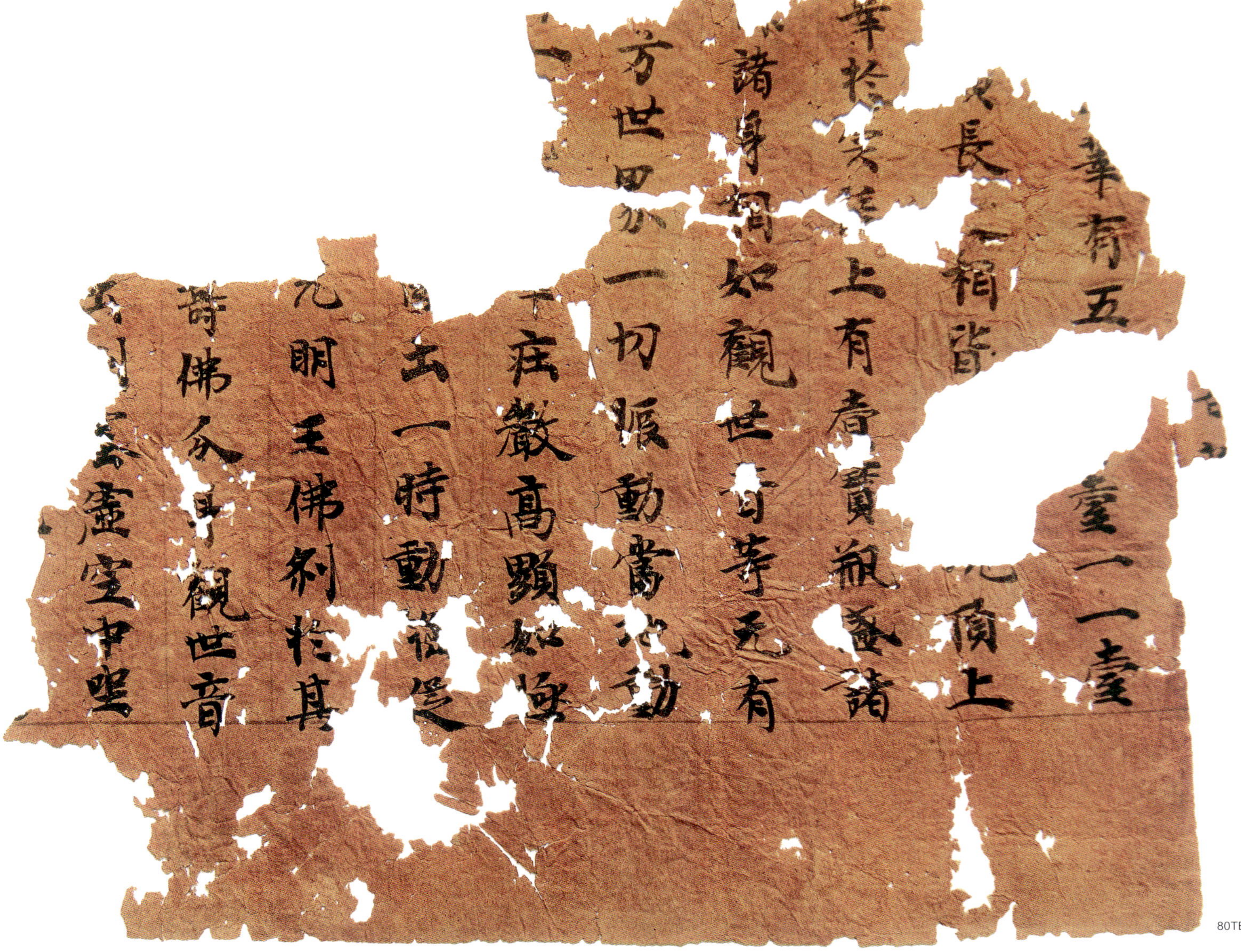

80TBI:056

0 2厘米

一〇一 佛說觀無量壽佛經

《中華大藏經》第一八冊 第六六六頁 中—下欄

《大正新修大藏經》第一二冊 第三四四頁 上—中欄

□華有五□□臺一一臺
□長之相皆□□頂上
□華[一]於宍髻上有壹寶瓶盛諸
□諸身相如觀世音等无有
□方世界一切振[二]動當地動
□庄嚴高顕如極
□土一時動搖從
□光明王佛剎於其
□壽佛分身觀世音
□側塞虛[三]空中坐

〔一〕「華」，今本作「花」。
〔二〕「振」，今本作「震」。
〔三〕今本無「虛」字。

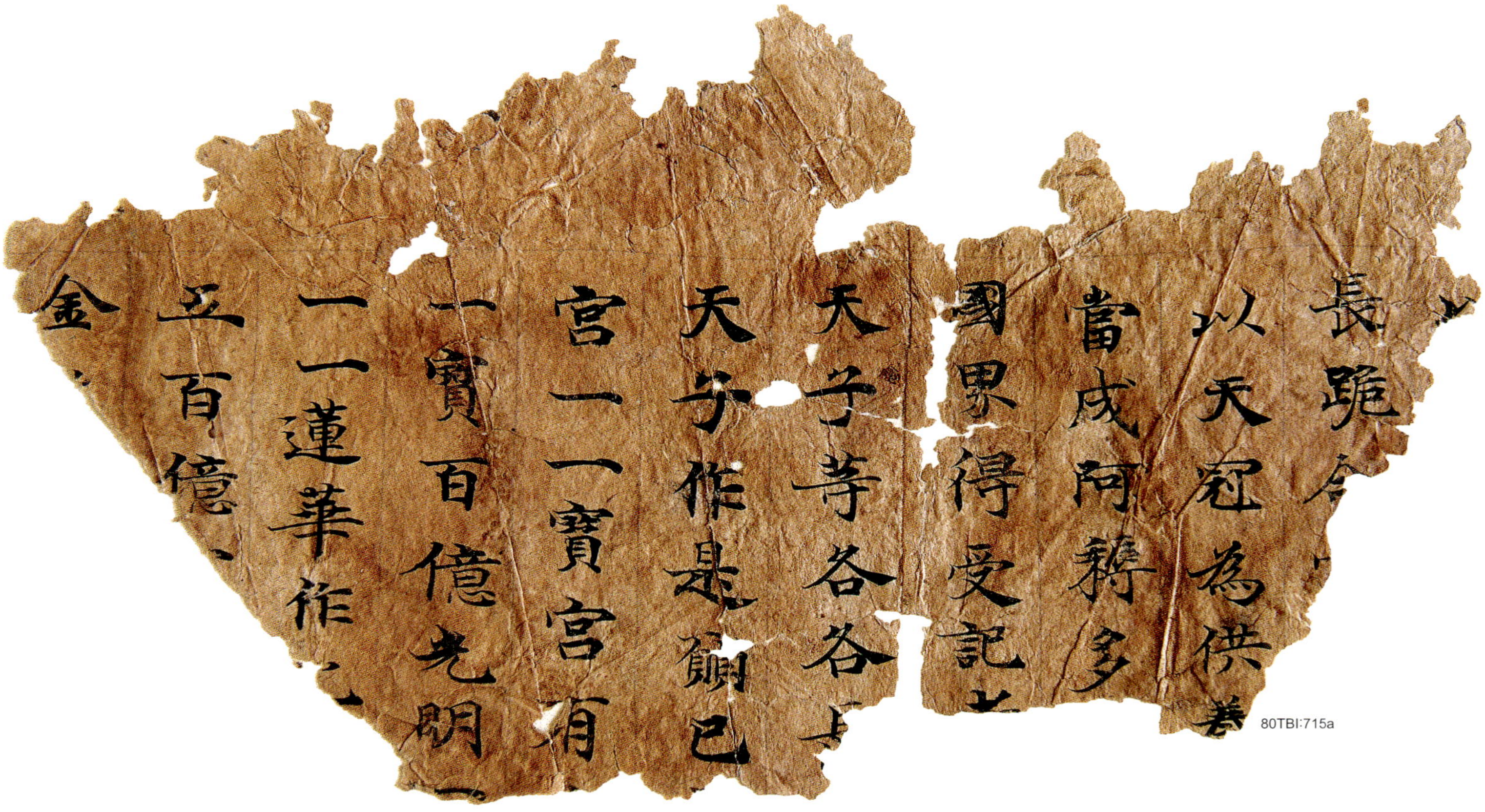

80TBI:715a

0 2厘米

一〇二　佛說觀彌勒菩薩上生兜率天經

《中華大藏經》第一八册　第七〇六頁　下欄

《大正新修大藏經》第一四册　第四一八頁　下欄

長跪□

以天冠爲供[養]□

當成阿耨多□

國界得受記[者]□

天子等各各[長]□

天子作是願已□

宮一一寶宮有□

一寶百億光明一□

一一蓮華作□

五百億□

金□

〔一〕本片可與80TBI:657a拼接，見拼合圖一一。其背面即80TBI:715b爲回鶻文寫本。

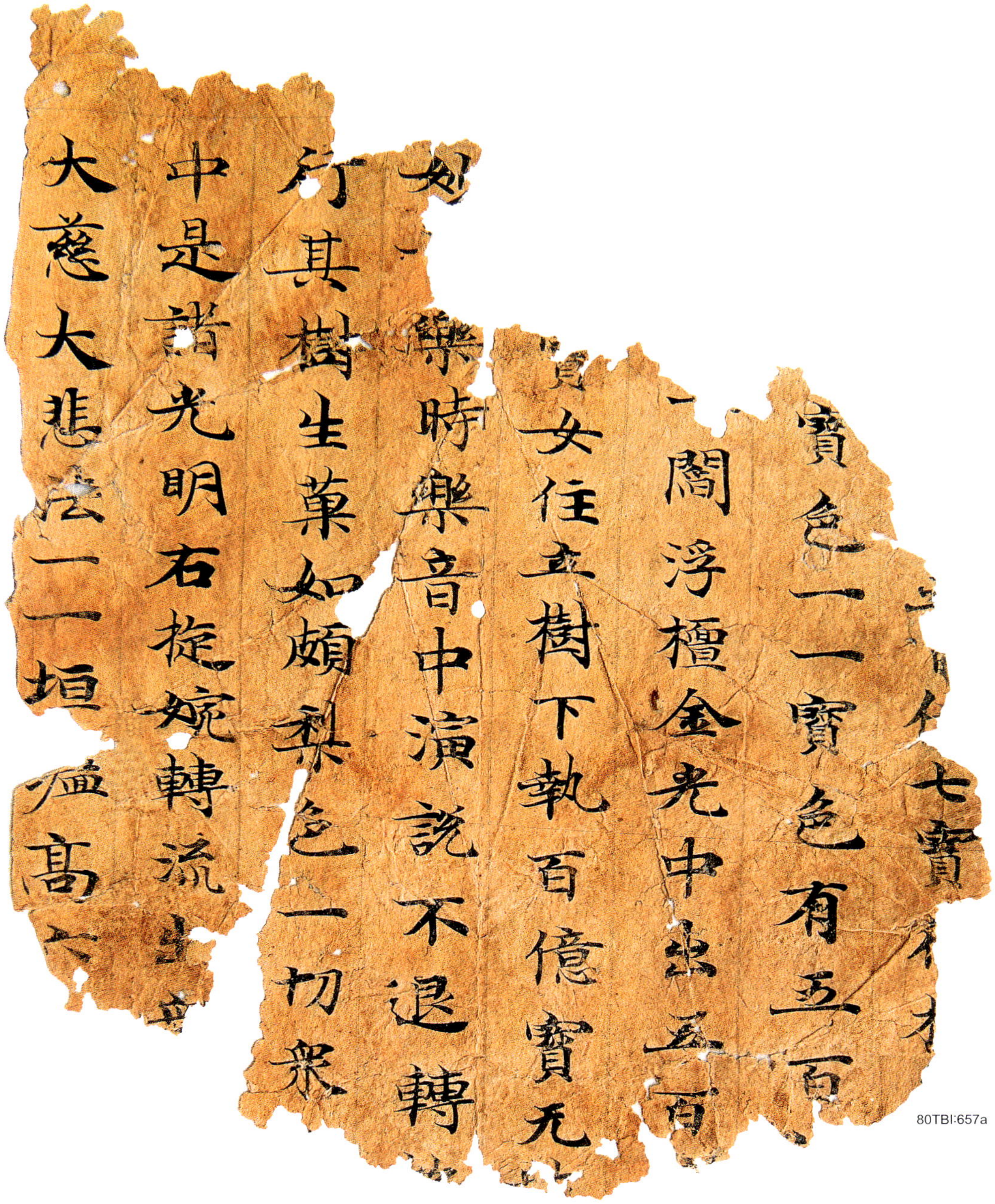
80TBI:657a

一〇三 佛說觀彌勒菩薩上生兜率天經

《中華大藏經》第一八册 第七〇六頁 下欄
《大正新修大藏經》第一四册 第四一八頁 下欄—第四一九頁 上欄

□七寶[行][樹]□
[寶]色一一寶色有五百□
□閻浮檀金光中出五[百]□
□女住立樹下執百億寶无□
妙□樂時樂音中演說不退轉□
[行]其樹生菓如頗梨色一切衆□
中是諸光明右旋婉轉流[出]□
大慈大悲法一一垣墻高[六]□

〔一〕本片可與80TBI:715a拼接，見拼合圖一一。其背面即80TBI:657b爲回鶻文寫本。

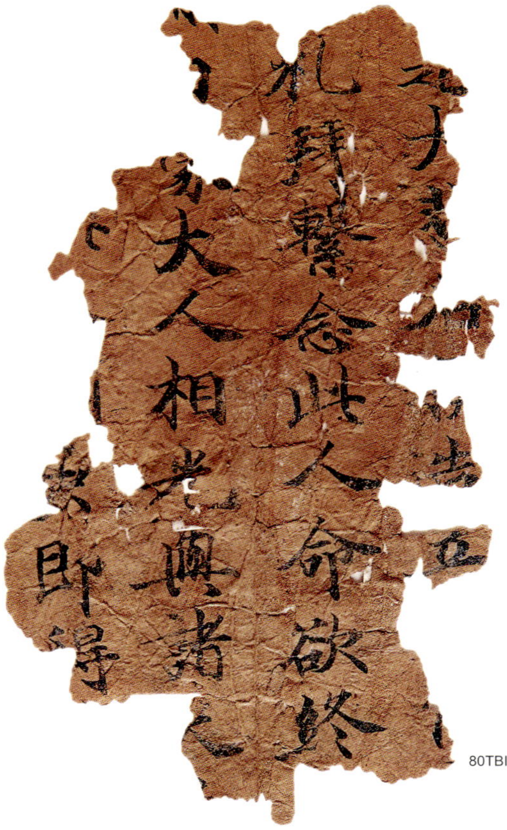

80TBI:249

0 2厘米

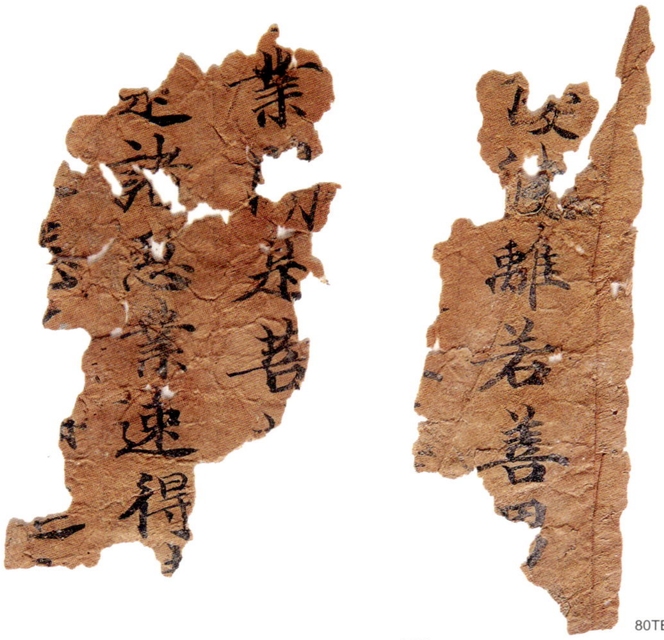

80TBI:246

0 2厘米

一〇四 佛說觀彌勒菩薩上生兜率天經

《中華大藏經》第一八冊 第七〇八頁 下欄—第七〇九頁 上欄

《大正新修大藏經》第一四冊 第四二〇頁 中欄

優波離若善男

業聞是菩

是諸惡業速得

〔一〕本片可與80TBI:276、80TBI:404、80TBI:249拚接，見拚合圖一二。

一〇五 佛說觀彌勒菩薩上生兜率天經

《中華大藏經》第一八冊 第七〇九頁 上欄

《大正新修大藏經》第一四冊 第四二〇頁 中欄

大悲名稱造立

礼拜繫念此人命欲終

白豪大人相光與諸天

更即得

〔一〕本片可與80TBI:246、80TBI:276、80TBI:404拚接，見拚合圖一二。

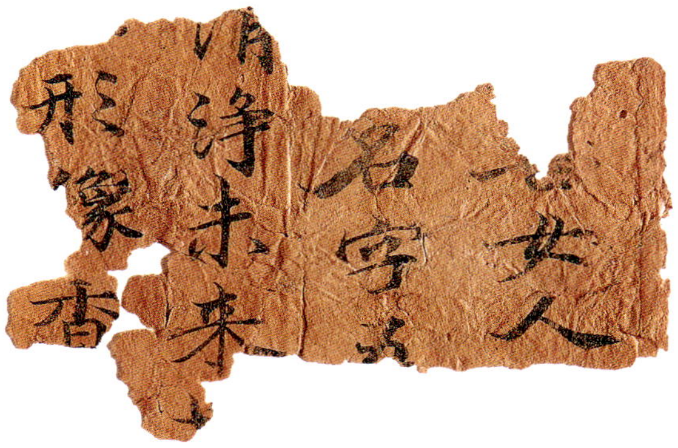

80TBI:276

0 2厘米

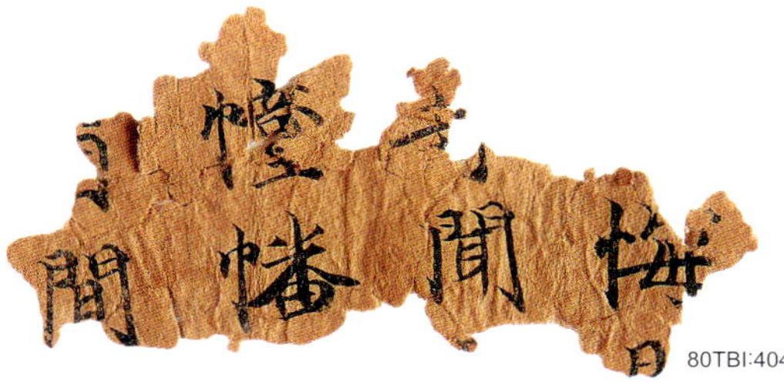

80TBI:404

0 2厘米

一〇六　佛說觀彌勒菩薩上生兜率天經

《中華大藏經》第一八册　第七〇八頁　下欄—第七〇九頁　上欄

《大正新修大藏經》第一四册　第四二〇頁　中欄

[善]女人

名字[五]

清淨未來[世]

形[像]香

〔一〕本片可與80TBI:404、80TBI:246、80TBI:249拼接，見拼合圖一二。

一〇七　佛說觀彌勒菩薩上生兜率天經

《中華大藏經》第一八册　第七〇九頁　上欄

《大正新修大藏經》第一四册　第四二〇頁　中欄

悔

[等]聞

幢幡

[眉]間

〔一〕本片可與80TBI:249、80TBI:246、80TBI:276拼接，見拼合圖一二。

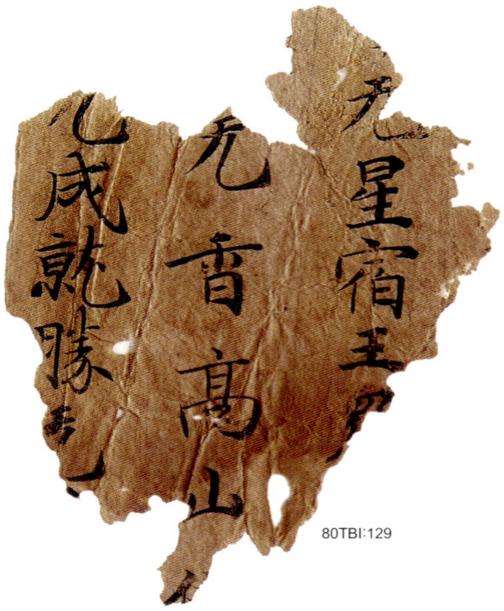

80TBI:129

0 2厘米

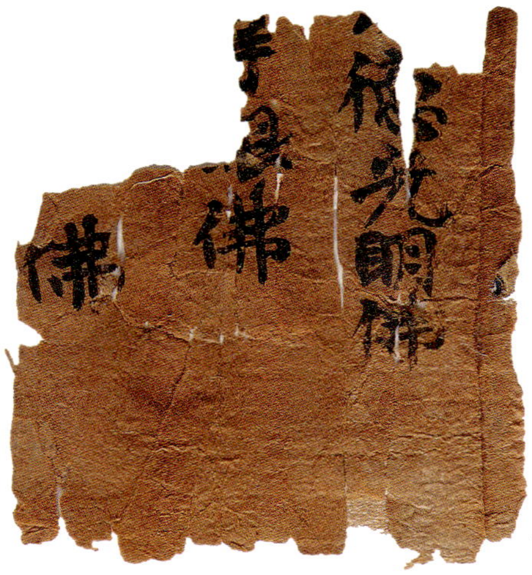

80TBI:157

0 2厘米

一〇八　佛說佛名經（卷三）

《中華大藏經》第二一册　第八三四頁　上欄

《大正新修大藏經》第一四册　第一二九頁　上欄

□无星宿王衆□

□无香高山佛□

□无成就勝无□

一〇九　佛說佛名經（卷三）

《中華大藏經》第二一册　第八三八頁　下欄

《大正新修大藏經》第一四册　第一三一頁　下欄

□功德光明佛

□垢眼佛

□佛

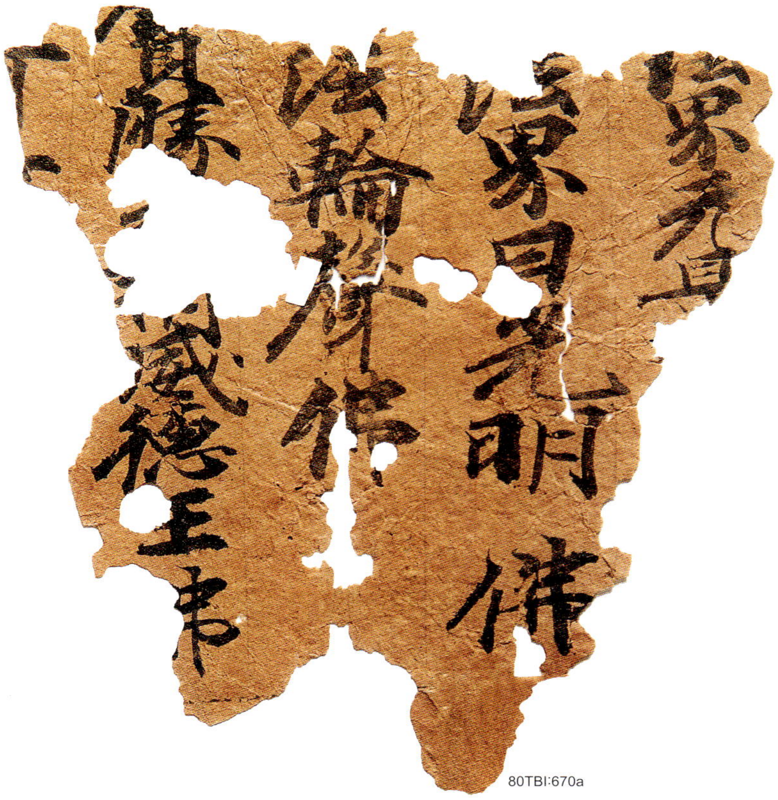

80TBI:670a

0 2厘米

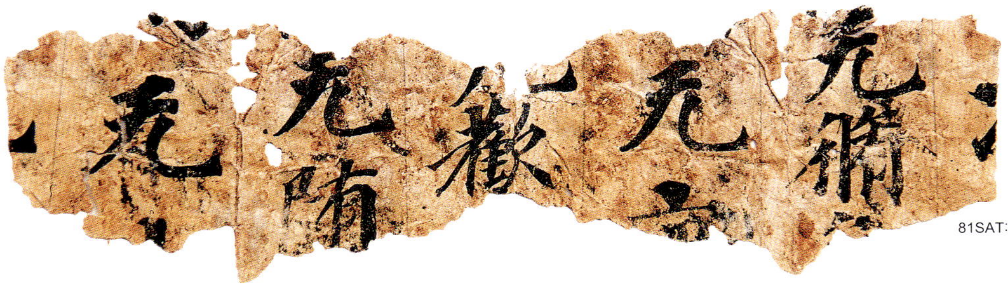

81SAT:5

0 2厘米

一一〇 佛説佛名經（卷六）

《中華大藏經》第二二册 第八七五頁 中欄

《大正新修大藏經》第一四册 第一四七頁 上欄

□法界无量□

□法界日光明佛□

□法輪聲佛□

□實勝□威德王佛□

〔一〕本片背面即80TBI:670b爲回鶻文寫本。

一一一 佛説佛名經（卷六）

《中華大藏經》第二二册第八七二頁下欄

《大正新修大藏經》第一四册 第一四五頁 下欄

□无修□

□无實□

□无歡□

□无隨□

□无□

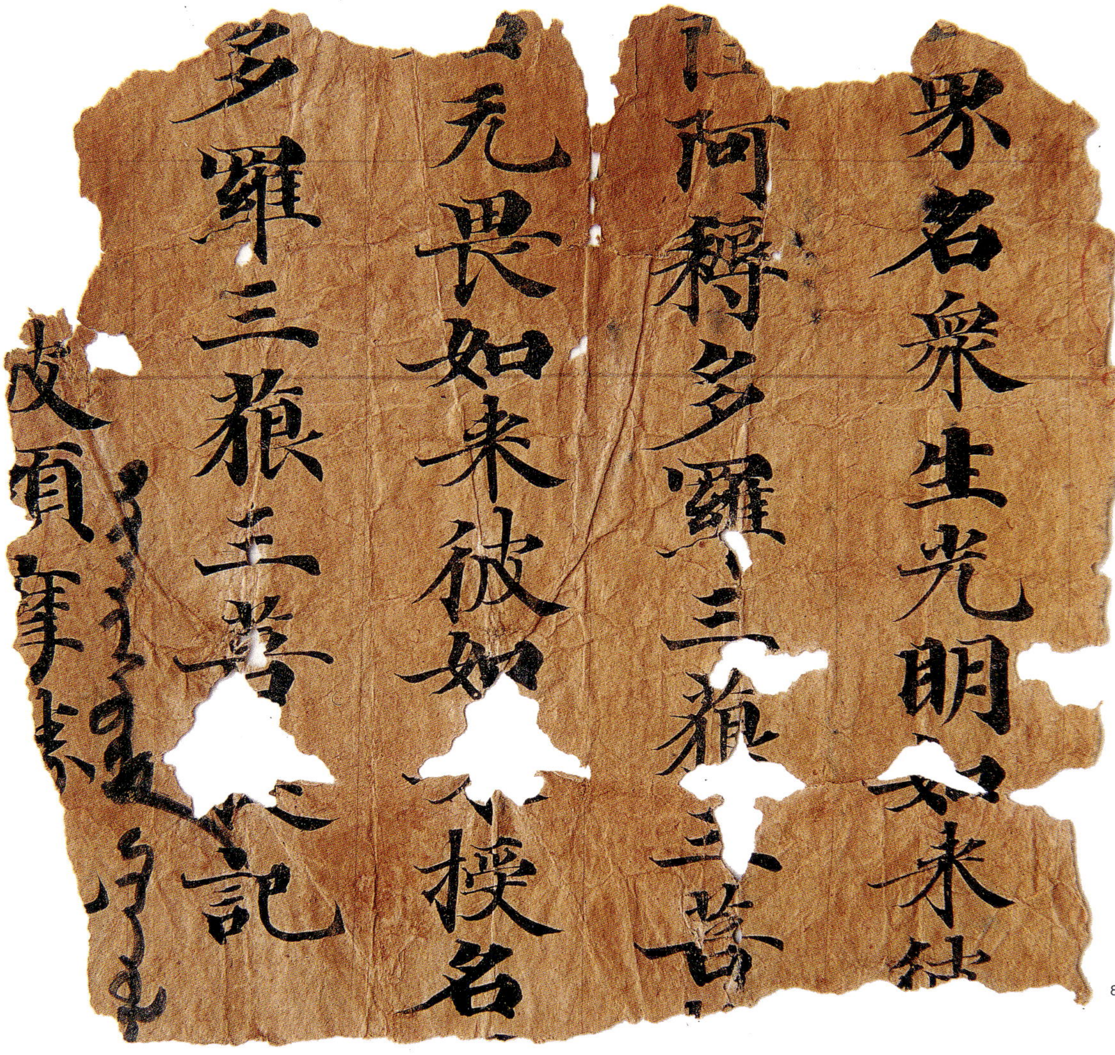

80TBI:748a

0　2厘米

一一二　佛説佛名經（卷四）

《中華大藏經》第六九册　第二六一頁　下欄

《大正新修大藏經》第一四册　第二〇二頁　中欄

□界名衆生光明如來彼□

薩阿耨多羅三藐三菩□

名无畏如來彼如來授名□

□多羅三藐三菩提記□

□波頭摩世□

〔一〕第四至五行間有回鶻文批記。其背面即80TBI:748b爲回鶻文寫本。

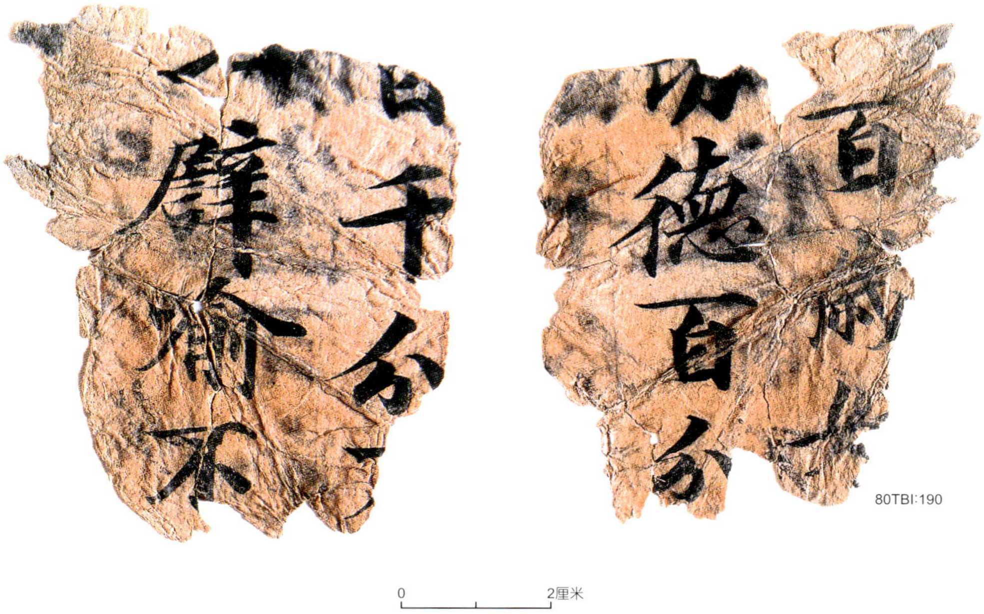

80TBI:190

一一三　佛說佛名經（卷一九）

《中華大藏經》第六九册　第三五一頁　上欄

《大正新修大藏經》第一四册　第二六一頁　中欄

（前缺）

□百歲如□

□功德百分□

□百千分不□

□一譬喻不〔一〕□

〔一〕「一譬喻不」，今本作「一譬喻分不」。

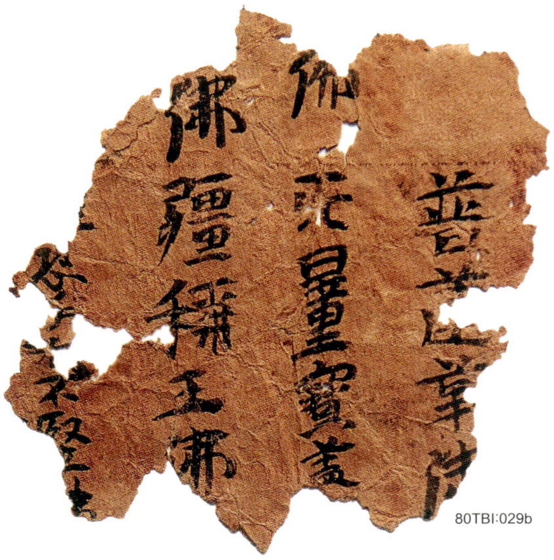

80TBI:029b

0　2厘米

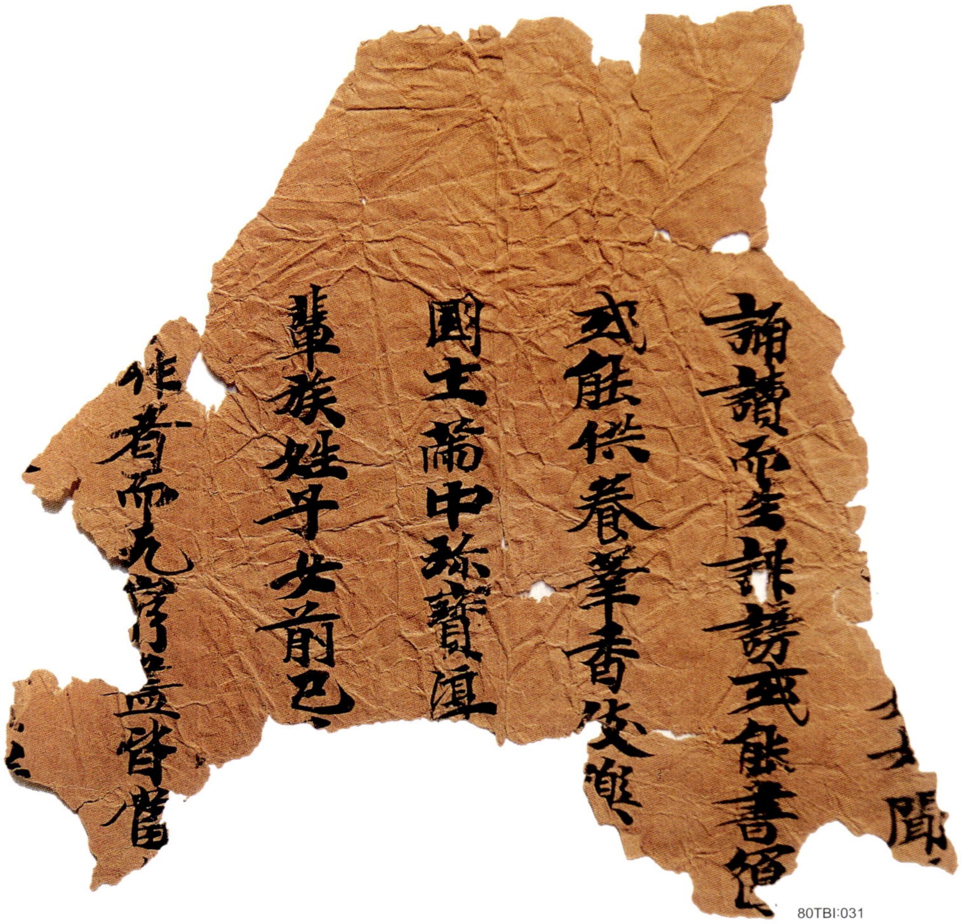

80TBI:031

0　2厘米

一一四　未來星宿劫千佛名經

《中華大藏經》第二二册　第五五頁　上欄
《大正新修大藏經》第一四册　第三九三頁　中欄

□
□女聞□
誦讀而生[一]誹謗或能書寫□
或能供養華香[二]伎樂□
國土滿中珎寶淳[三]□
輩族姓子女前已□
作者[四]而无窮盡皆當□

〔一〕「生」，今本作「不」。
〔二〕「華香」，今本作「香華」。
〔三〕「淳」，今本作「純」。
〔四〕「者」，今本作「佛」。

一一五　未來星宿劫千佛名經

《中華大藏經》第二二册　第六〇頁　上欄
《大正新修大藏經》第一四册　第三九四頁　中欄

□普蓮華佛□
□佛　无量寶蓋□
□佛疆稱王佛□

〔一〕本件另面即80TBI:029a爲「修行道地經（卷六）學地品第二五」，參見列表序號四二一。

（四）涅槃部

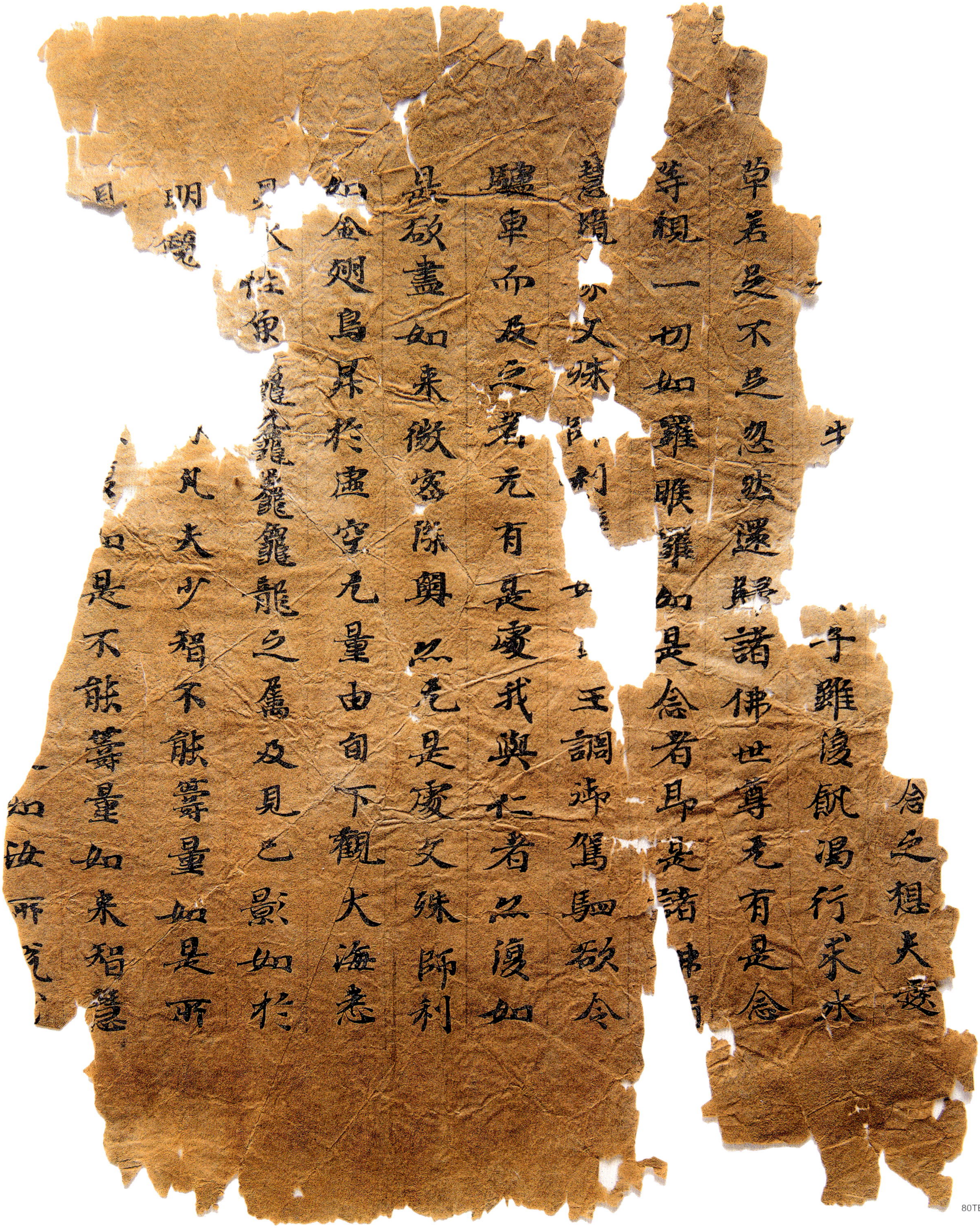

念之想大□
牛□□□□□□□□□子雖復飢渴行求水
草若是不足怨然還歸諸佛世尊无有是念
等觀一切如羅睺羅如是念者即是諸佛□
慧燈□文殊師利□□□王調御駕駟欲令
驢車而及之者无有是處我與仁者亦復如
是欲盡如來微密深奧亦无是處文殊師利
如金翅鳥昇於虛空无量由旬下觀大海悉
見水性魚鼈黿鼉龍之屬及見己影如於
明鏡□□凡夫少智不能籌量如是所
目□□□如是不能籌量如來智慧
□如汝所説□

80TBI:155

0　2厘米

一一六　大般涅槃經（卷二）壽命品第一之二

《中華大藏經》第一四冊　第一七頁　上欄

《大正新修大藏經》第一二冊　第三七四頁　下欄—三七五頁　上欄

□念之想夫愛
□牛□子雖復飢渴行求水
草若足不足忽然還歸諸佛世尊无有是念
等視一切如羅睺羅如是念者即是諸佛智
慧境界文殊師利□王調御駕駟欲令
驢車而及之者无有是處我與仁者亦復如
是欲盡如來微密深奧亦无是處文殊師利
如金翅鳥昇〔一〕於〔二〕虛空无量由旬下觀大海悉
見水性魚鼈黿鼉龜龍之屬及見已影如於
明鏡□凡夫少智不能籌量如是所
見□是不能籌量如來智慧
□如汝所說我

〔一〕「鳥昇」，今本作「鳥飛昇」。
〔二〕今本無「於」。

一一七　大般涅槃經（卷二）壽命品第一之二

《中華大藏經》第一四册　第二〇頁　上—中欄

《大正新修大藏經》第一二册　第三七七頁　上欄

□女姉妹迷

良師與藥令服

□自剋責酒爲

〔一〕本片可與80TBI:245拼接，見拼合圖一三。

一一八　大般涅槃經（卷二）壽命品第一之二

《中華大藏經》第一四册　第二〇頁　中欄

《大正新修大藏經》第一二册　第三七七頁　上欄

母

已吐

不善諸惡

如是

〔一〕本片可與80TBI:251拼接，見拼合圖一三。

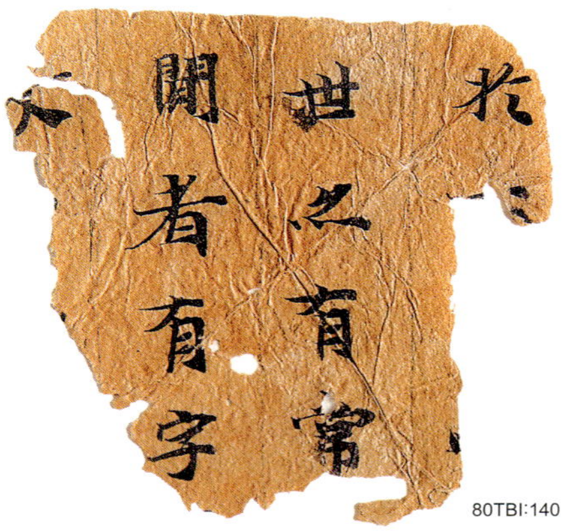
80TBI:140

0 2厘米

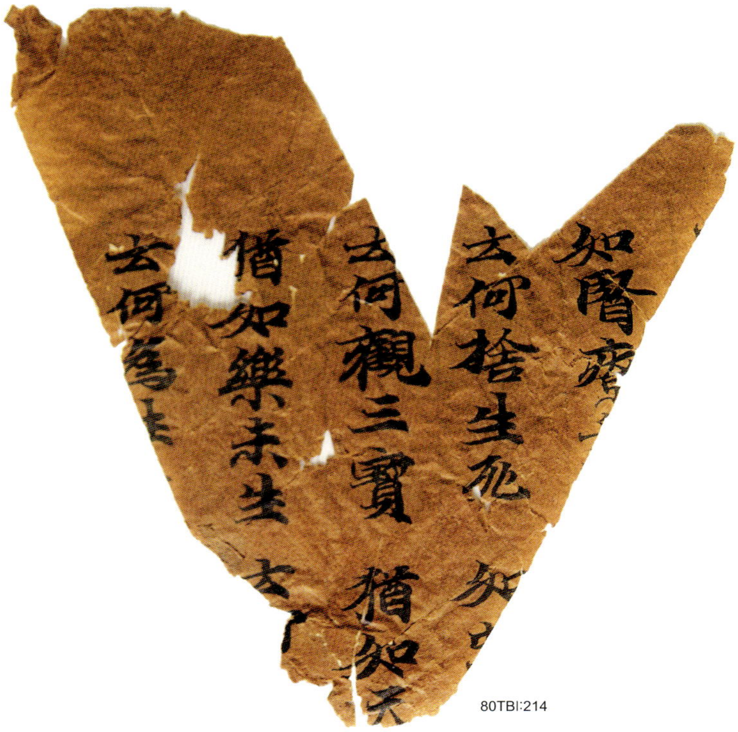
80TBI:214

0 2厘米

一一九 大般涅槃經（卷二）壽命品第一之二

《中華大藏經》第一四册 第二一頁 上欄

《大正新修大藏經》第一二册 第三七七頁 下欄

□於不□

□世亦有常□

□間者有字□

一二〇 大般涅槃經（卷三）壽命品第一之三

《中華大藏經》第一四册 第二六頁 上—中欄

《大正新修大藏經》第一二册 第三八〇頁 上欄

如醫[一]療□

云何捨生死　如虵□

云何觀三寶　猶如天□

猶如樂未生　云何□

云何爲生□

〔一〕「醫」，今本作「醫」。

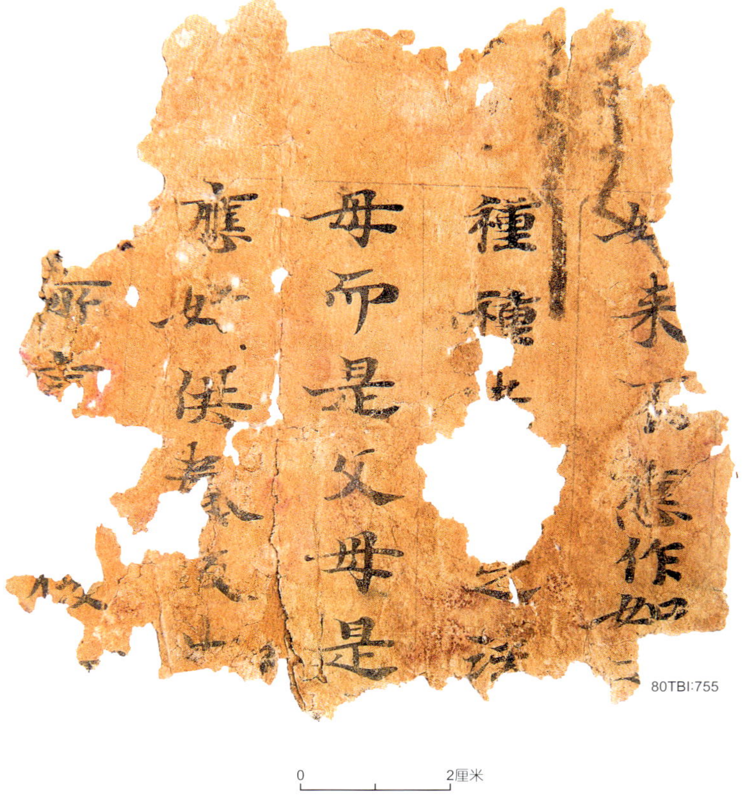

80TBI:755

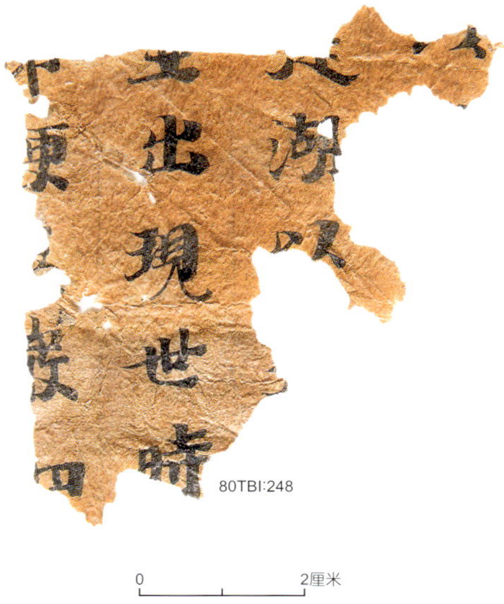

80TBI:248

一二二　大般涅槃經（卷三）壽命品第一之三

《中華大藏經》第一四冊　第二八頁　上欄

《大正新修大藏經》第一二冊　第三八一頁　中欄

如來不應作如□

種種孝□之法□

母而是父母是□

應好供養□

□所言□

〔一〕第一至二行上部有回鶻文批記。

一二三　大般涅槃經（卷三）壽命品第一之三

《中華大藏經》第一四冊　第二九頁　中欄

《大正新修大藏經》第一二冊　第三八二頁　上—中欄

□醍湖〔一〕以□

□王出現世時□

□即便退散如□

〔一〕「湖」，今本作「醐」。

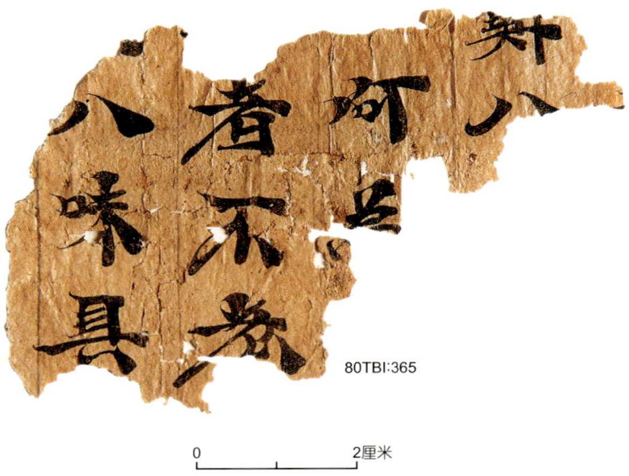

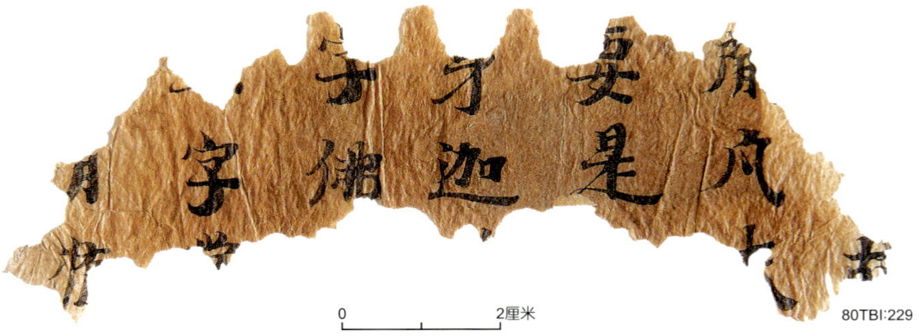

一二三　大般涅槃經（卷三）壽命品第一之三

《中華大藏經》第一四册　第二九頁　中—下欄

《大正新修大藏經》第一二册　第三八二頁　中欄

間凡夫

要是

身迦

字佛

字當

有修

一二四　大般涅槃經（卷三）名字功德品第三

《中華大藏經》第一四册　第三三頁　下欄

《大正新修大藏經》第一二册　第三八五頁　上欄

酥八

何爲

者不老

八味具

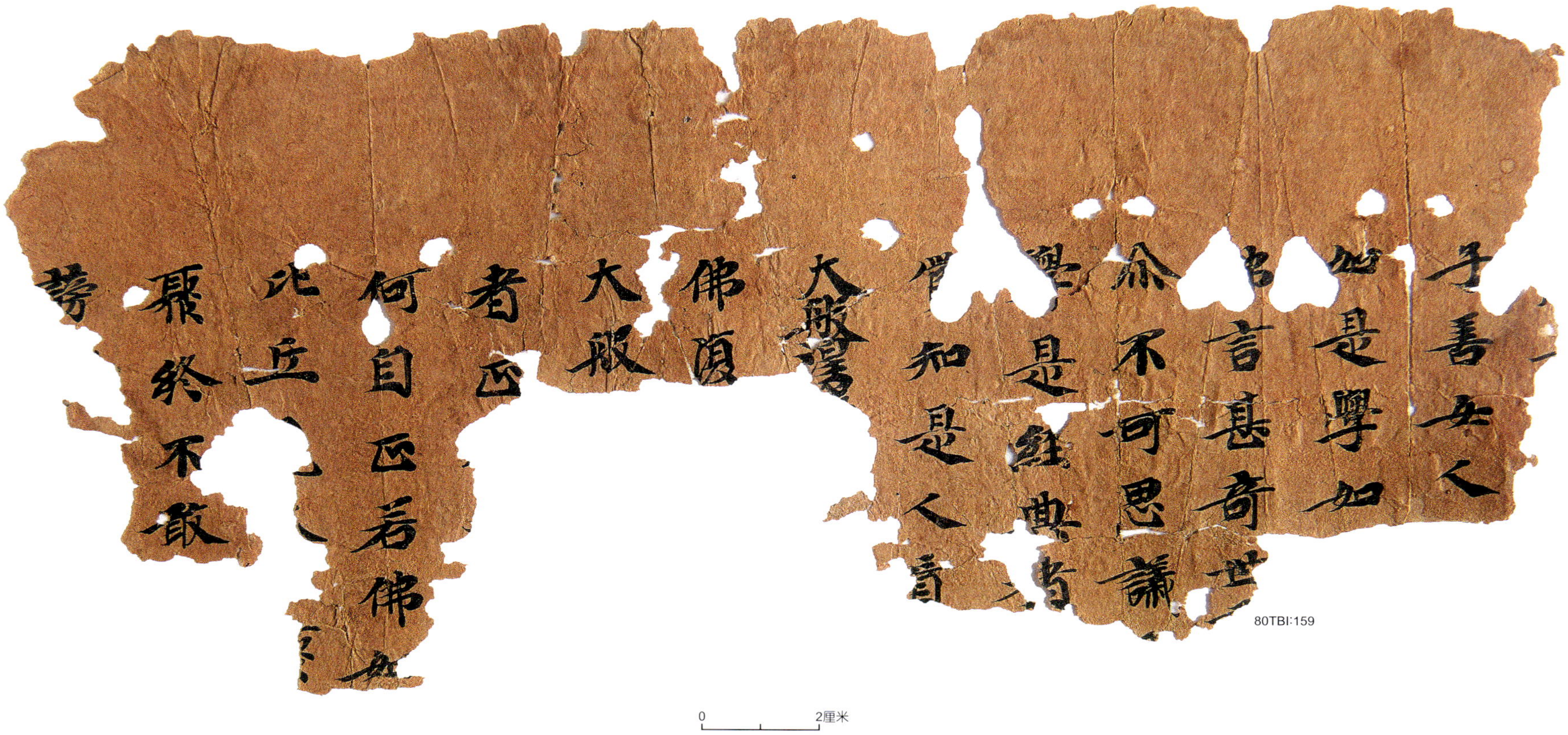

一二五　大般涅槃經（卷三）名字功德品第三—（卷四）如來性品第四之一

《中華大藏經》第一四册　第三三頁　下欄—第三六頁　上欄

《大正新修大藏經》第一二册　第三八五頁　上—中欄

子善女人□
如是學如□
佛言甚奇世□
介不可思議□
學是經典諸□
當知是人盲□
大般涅□
佛復□
大般□
者正□
何自正若佛如□
比丘□
聚終不敢□
謗□

〔一〕本件前六行爲「名字功德品第三」，后八行爲「如來性品第四」。

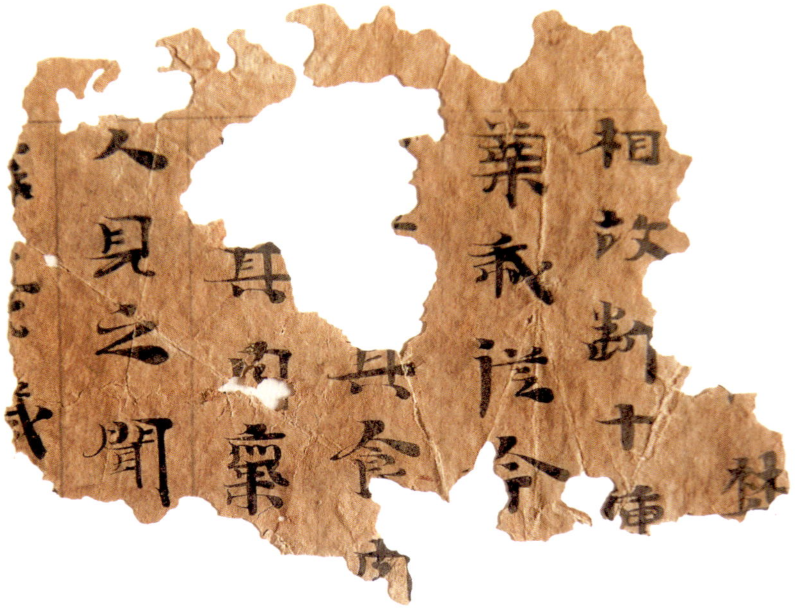

80TBI:299

0　2厘米

一二六　大般涅槃經（卷四）如來性品第四之一

《中華大藏經》第一四册　第三七頁　中欄

《大正新修大藏經》第一二册　第三八六頁　上—中欄

□禁□

相[一]故断十種□

業我從今□

□其食肉□

□其肉氣□

人見之聞□

[一]「相」，今本作「想」。

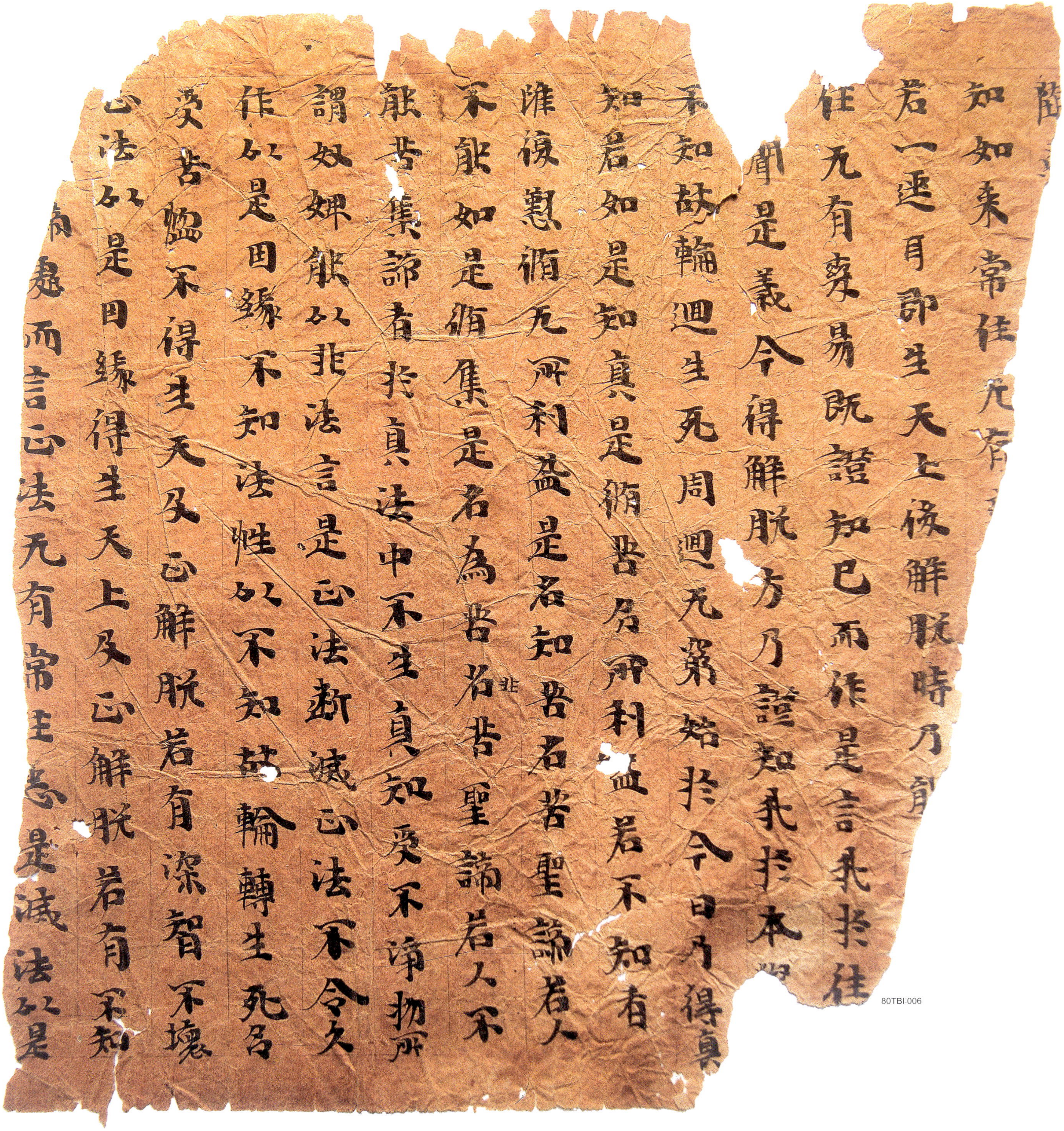

聞
知如來常住无有
若一運月即生天上後解脫時乃覺
住无有變易既證知已而作是言我於往
聞是義今得解脫方乃證知我於本
不知故輪迴生死周迴无窮始於今日乃得真
知若如是知真是循苦名所利益若不知者
唯後悤循无所利益是名知苦名苦聖諦若人
不能如是循集是名為苦名苦聖諦若人不
非
能苦集諦者於真法中不生真知受不淨物所
謂奴婢能以非法言是正法斷滅正法不令久
作以是因緣不知法性以不知故輪轉生死名
受苦鹽不得生天及正解脫若有深智不壞
正法以是因緣得生天上及正解脫若有不知
諦處而言正法无有常住悉是滅法以是

80TBI:006

0 2厘米

一二七　大般涅槃經（卷七）如來性品第四之四

《中華大藏經》第一四册　第七一頁　中—下欄

《大正新修大藏經》第一二册　第四〇六頁　中—下欄

隨□
知如來常住无有變□
若一迊耳即生天上後解脱時乃能□
住无有變易既證知已而作是言我於往□
□聞是義今得解脱方乃證知我於本際□
不知故輪迴〔一〕生死周迴〔二〕无窮始於今日乃得真
知〔三〕若如是知真是修苦多所利益若不知者
雖復懃修无所利益是名知苦名苦聖諦若人
不能如是修集〔四〕是名爲苦名〔五〕苦聖諦若人不〔六〕
能〔七〕苦集諦者於真法中不生真知〔八〕受不净物所
謂奴婢能以非法言是正法断滅正法不令久
作〔九〕以是因緣不知法性以不知故輪轉生死多
受苦惱不得生天及正解脱若有深智不壞
正法以是因緣得生天上及正解脱若有不知
□諦處而言正法无有常住悉是滅法以是

〔一〕「迴」，今本作「轉」。
〔二〕「迴」，今本作「遍」。
〔三〕「知」，今本作「智」。
〔四〕「集」，今本作「習」。
〔五〕「名」字旁有「非」字，今本作「非」。
〔六〕「人不」，今本作「集諦」。
〔七〕今本無「能」字。
〔八〕「知」，今本作「智」。
〔九〕「作」，今本作「住」。

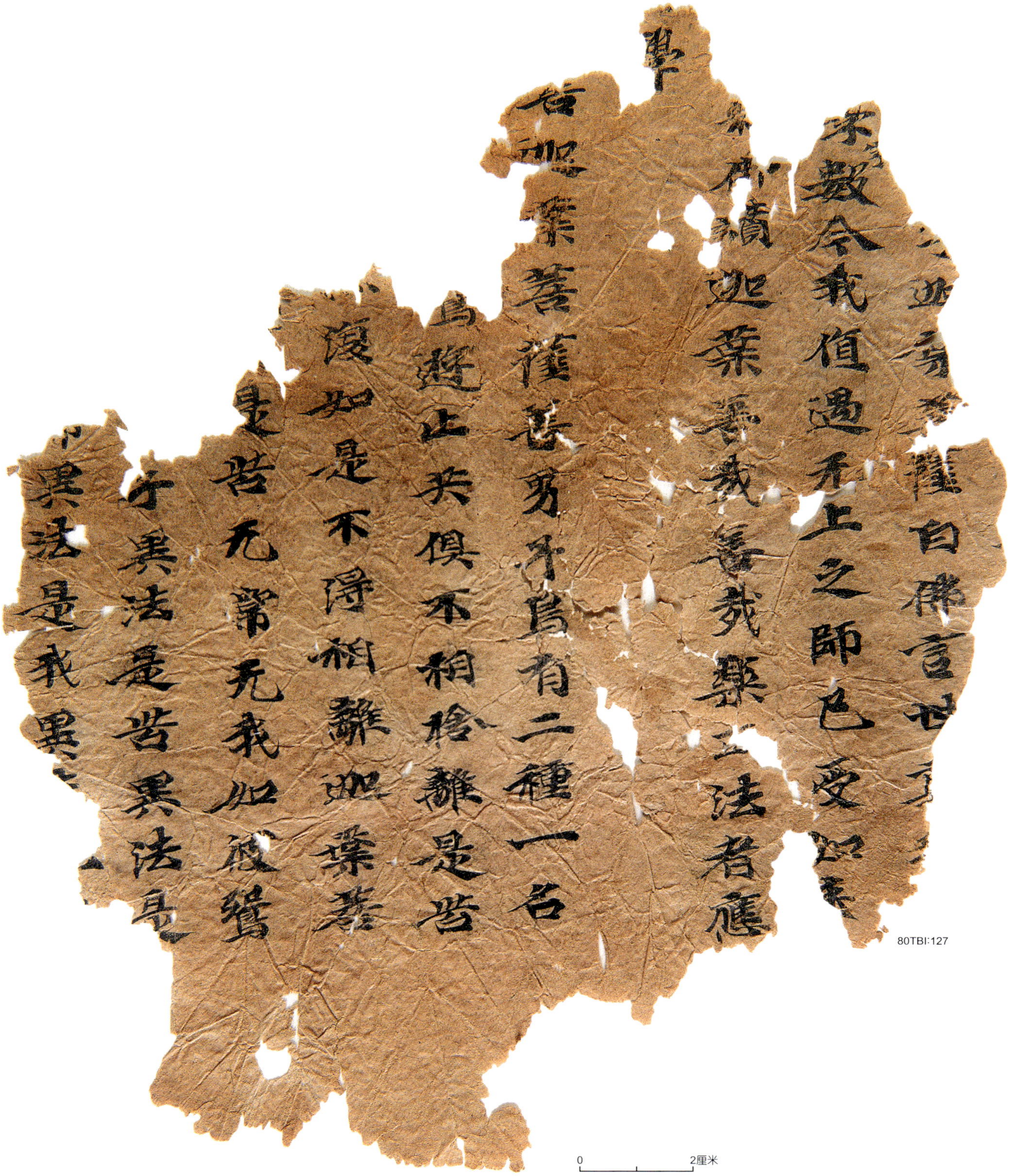

80TBI:127

0 2厘米

一二八 大般涅槃經（卷八）如來性品第四之五

《中華大藏經》第一四册 第八四頁 中—下欄

《大正新修大藏經》第一二册 第四一四頁 中欄

□[迦][葉][菩]薩白佛言世[尊]□

□[字]數今我值遇无上之師已受[如][來]

□[佛][讃]迦葉善哉善哉樂正法者應

□[學]

□[告][迦][葉]菩薩善男子鳥有二種一名

□遊止共俱不相捨離是苦

□復如是不得相離迦葉菩

□[是]苦無常无我如彼鴛

□[子]異法是苦異法[是]

□異法是我異□

〔一〕本片可與80TBI：445拚接，見拚合圖一四。

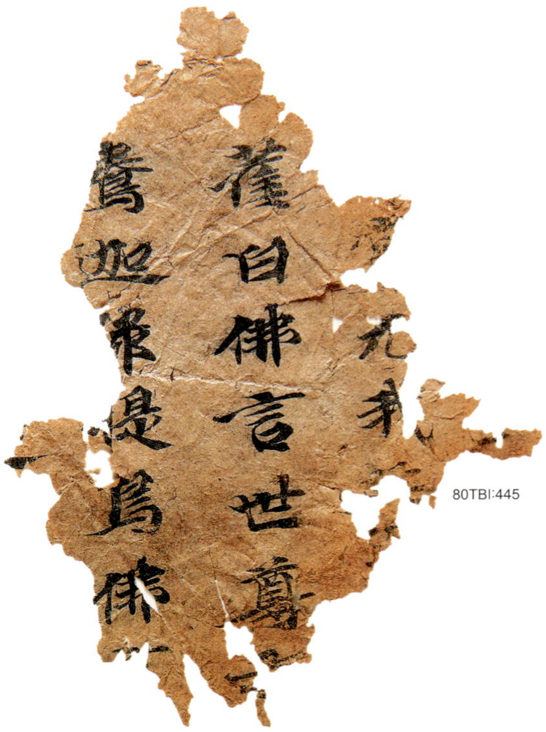

80TBI:445

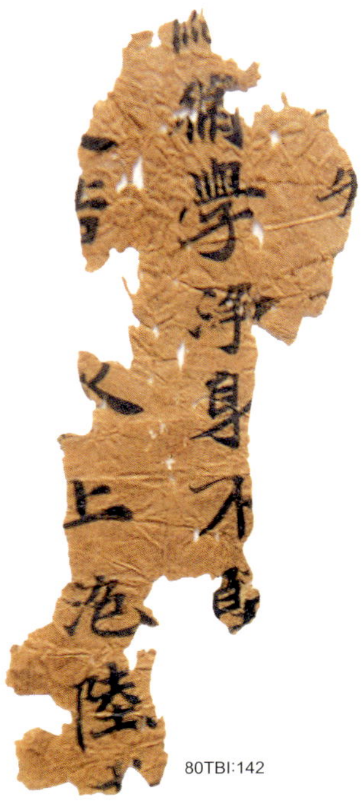

80TBI:142

一二九　大般涅槃經（卷八）如來性品第四之五

《中華大藏經》第一四册　第八四頁　中欄

《大正新修大藏經》第一二册　第四一四頁　中欄

□□无我□

薩白佛言世尊□

鴦迦[隣]提鳥佛□

〔一〕本片可與80TBI:127拚接，見拚合圖一四。

一三〇　大般涅槃經（卷九）如來性品第四之六

《中華大藏經》第一四册　第九六頁　下欄

《大正新修大藏經》第一二册　第四二〇頁　下欄

□修學淨身不[堅]□

□[受][苦]□水上泡陸□

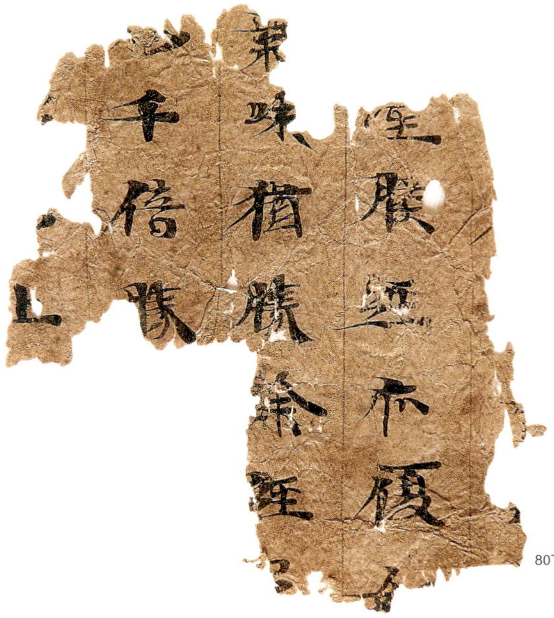
80TBI:124
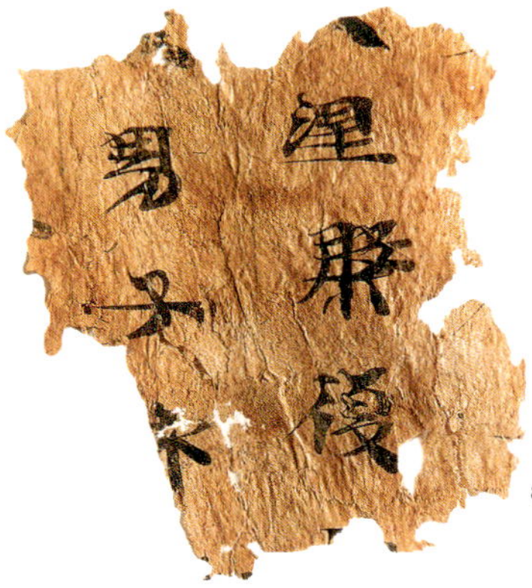
80TBI:341
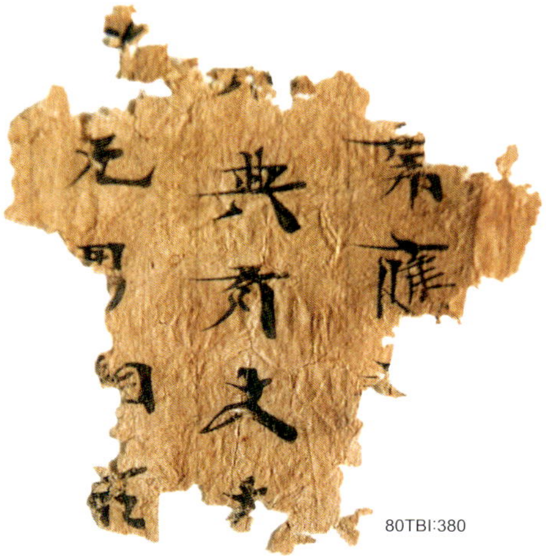
80TBI:380

一三一

大般涅槃經（卷九）如來性品第四之六

《中華大藏經》第一四冊 第九八頁 下欄—第九九頁 上欄

《大正新修大藏經》第一二冊 第四二二頁 上欄

□涅槃經亦復如□

□氣味猶勝餘經足[一]□

□[二]爲千倍勝□

□上□

〔一〕「足」，今本作「越」。

〔二〕「爲千何勝」，今本作「其勝千倍何」。

〔三〕本片可與80TBI:341拚接，見拚合圖一五。

一三二

大般涅槃經（卷九）如來性品第四之六

《中華大藏經》第一四冊 第九九頁 上欄

《大正新修大藏經》第一二冊 第四二二頁 上欄

□涅槃復□

□男子身□

〔一〕本片可與80TBI:124拚接，見拚合圖一五。

一三三

大般涅槃經(卷九)如來性品第四之六

《中華大藏經》第一四冊 第九九頁 上欄

《大正新修大藏經》第一二冊 第四二二頁上—中欄

□常應□

□典有丈夫□

□无男相所□

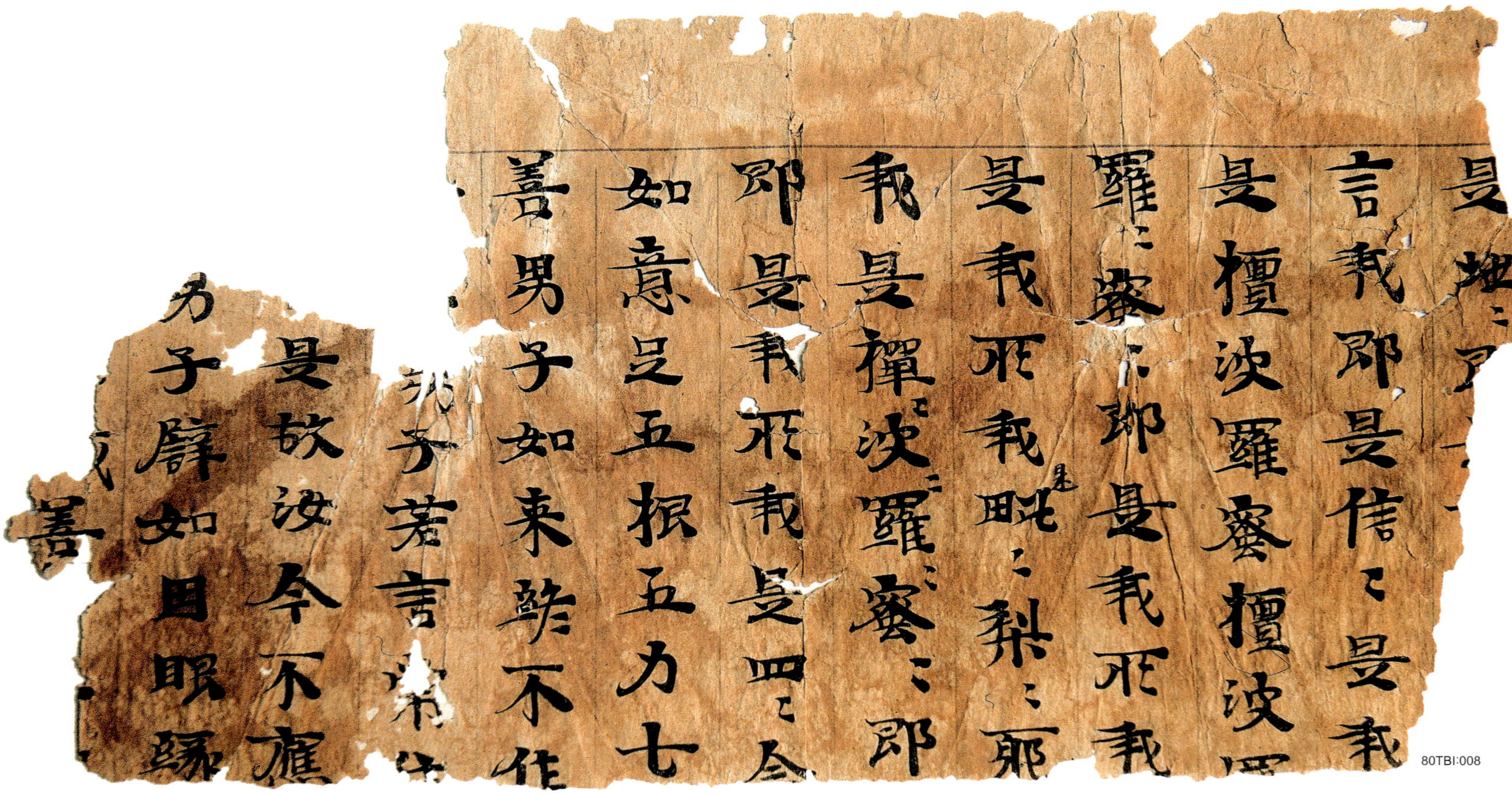
80TBI:008

0　2厘米

一三四　大般涅槃經（卷一四）聖行品第七之四

《中華大藏經》第一四册　第一四八頁　下欄

《大正新修大藏經》第一二册　第四四七頁　上—中欄

是地地即

言我即是信是我

是檀波羅蜜檀波羅

羅蜜羅蜜[一]即是我所我

是我所我是毗梨毗梨[二]耶

我是禪波羅蜜禪波羅蜜即

即是我所我是四念

如意足五根五力七

善男子如來終不作

男子若言常住

是故汝今不應

男子辟如因眼緣

善

〔一〕「羅蜜羅蜜」，今本作「羅蜜」。

〔二〕「毗梨毗梨」，今本作「毗梨」。

〔三〕本片可與80TBI:232拼接，見拼合圖一六。

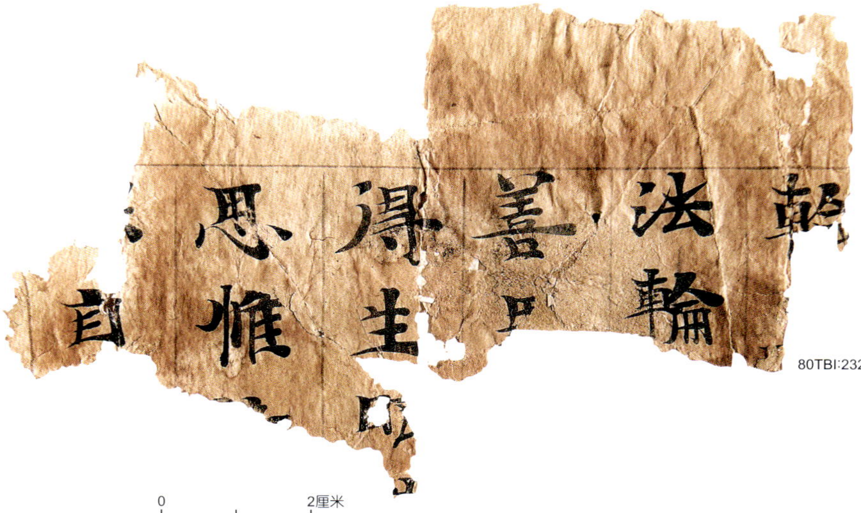

80TBI:232

0　2厘米

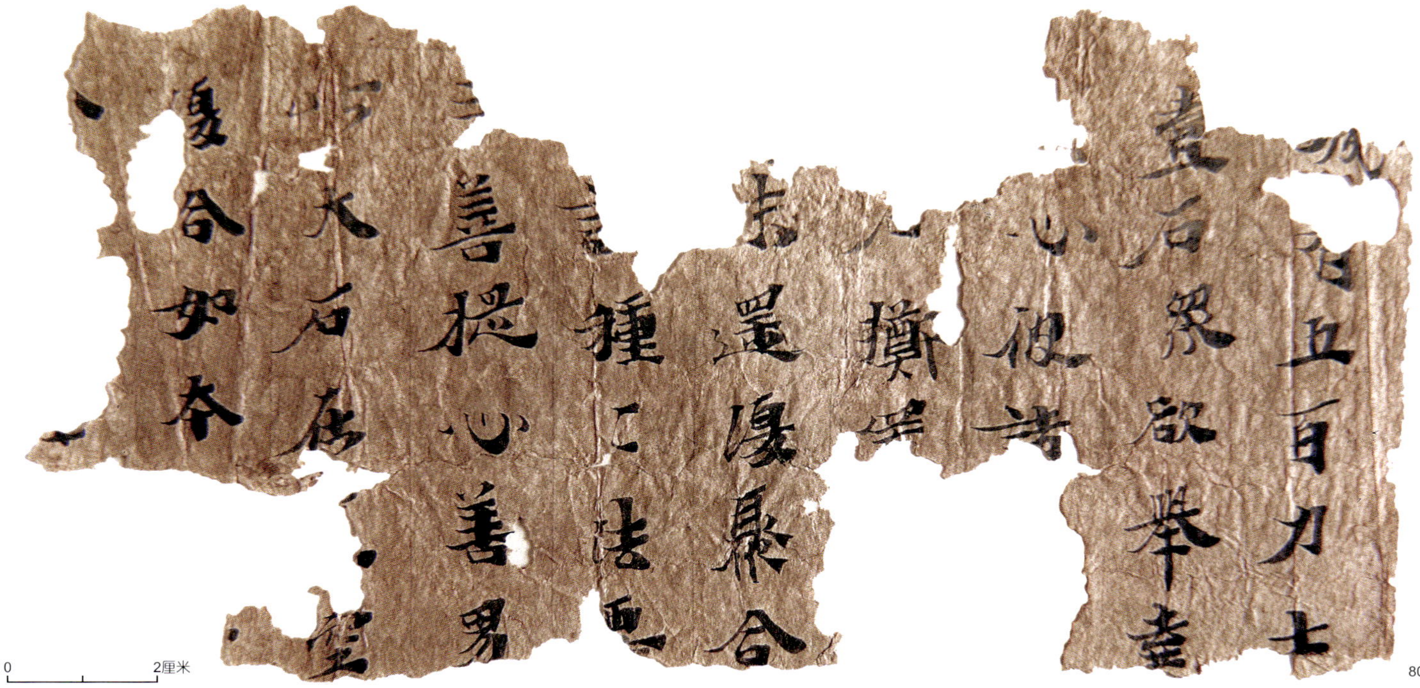

0　2厘米

80TBI:199

一三五　大般涅槃經（卷一四）聖行品第七之四

《中華大藏經》第一四冊　第一四九頁　上欄

《大正新修大藏經》第一二冊　第四四七頁　中欄

[輪][ ]
法輪[ ]
善[男][ ]
得生[眼][ ]
思惟[ ]
□自[ ]

〔一〕本片可與80TBI:008拼接，見拼合圖一六。

一三六　大般涅槃經（卷一六）梵行品第八之二

《中華大藏經》第一四冊　第一七〇頁　下欄—第一七一頁　上欄

《大正新修大藏經》第一二冊　第四五七頁　中欄

[城][有]五百力[士][ ]
壹石衆欲舉[棄][ ]
□心彼諸[ ]
□[石]擲[置][ ]
□[未]還復聚合[ ]
□[說]種種法要[ ]
[三]菩提心善男[ ]
此大石在[虛]空[ ]
[復]合如本[ ]

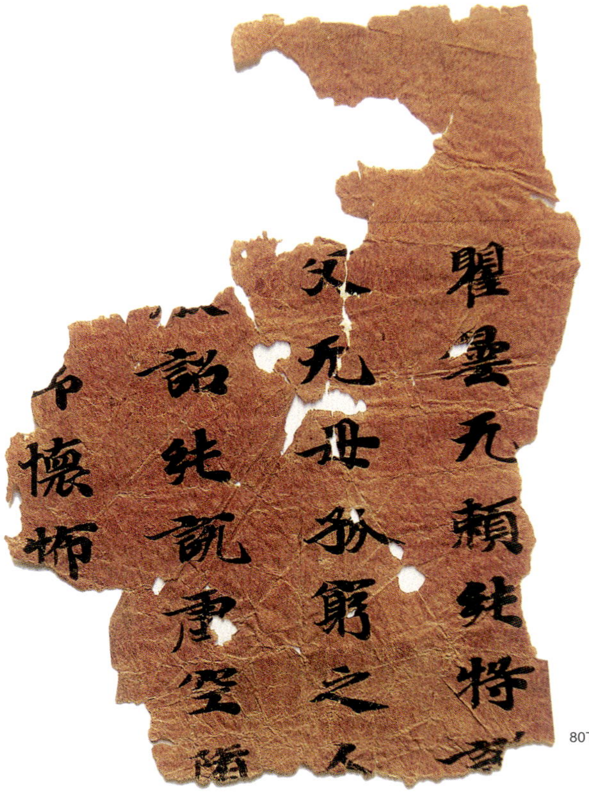

80TBI:025

80TBI:230

0　2厘米

0　2厘米

一三七　大般涅槃經（卷一六）梵行品第八之二

《中華大藏經》第一四册　第一七一頁　上欄

《大正新修大藏經》第一二册　第四五七頁　下欄

□伏[邪]道[奉]□

□從王舍城[至]□

一三八　大般涅槃經（卷一六）梵行品第八之二

《中華大藏經》第一四册　第一七一頁　上—中欄

《大正新修大藏經》第一二册　第四五七頁　下欄

瞿曇无賴純將□

父无母孤窮之人□

□詔純說虛空[隨]□

□□懷怖□

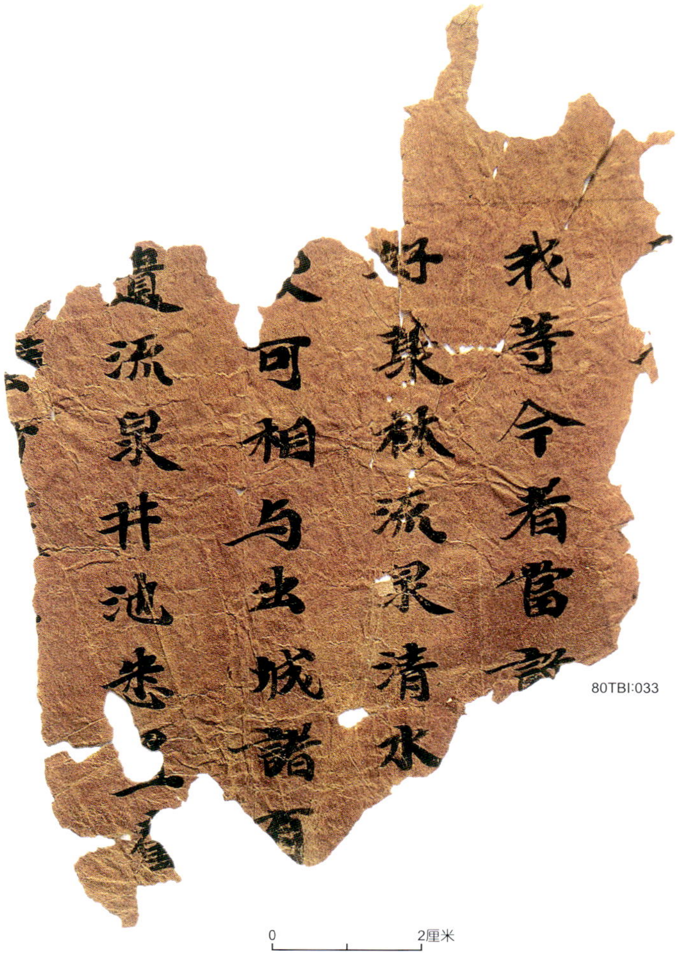

80TBI:033

一三九　大般涅槃經（卷一六）梵行品第八之二

《中華大藏經》第一四册　第一七一頁　中欄

《大正新修大藏經》第一二册　第四五七頁　下欄

我等今者當[設]

好叢林流泉清水

[便]可相与出城諸[有]

[遺]流泉井池悉[置]

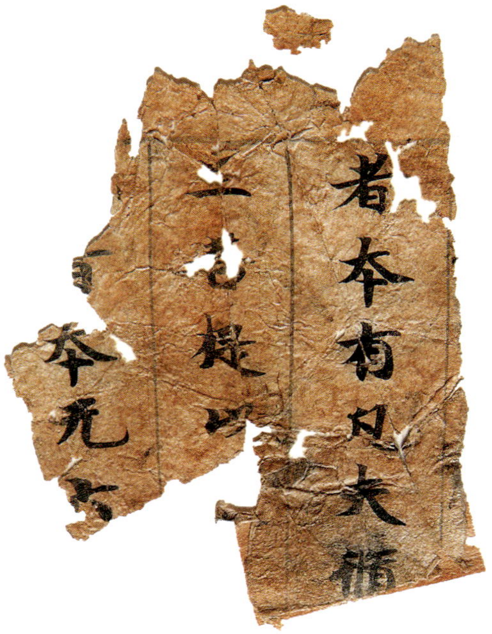

80TBI:306a

0 2厘米

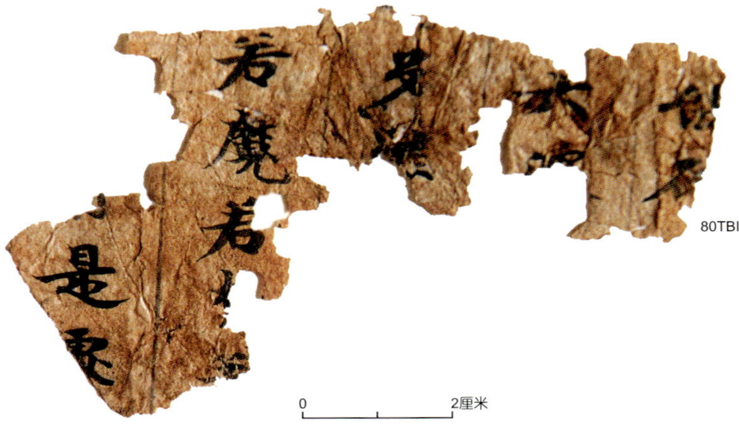

80TBI:252

0 2厘米

一四〇　大般涅槃經（卷一七）梵行品第八之三

《中華大藏經》第一四册　第一八四頁　下欄

《大正新修大藏經》第一二册　第四六五頁　上欄

能破
六波
多羅
若魔若梵若
是處

一四一　大般涅槃經（卷一七）梵行品第八之三

《中華大藏經》第一四册　第一八四頁　下欄

《大正新修大藏經》第一二册　第四六五頁　上欄

者本有凡夫修
三菩提以
□者〔一〕本无六〔二〕

〔一〕「者」，今本作「者我」。

〔二〕「六」，今本作「有六」。

〔三〕本片背面即80TBI:306b爲回鶻文寫本。

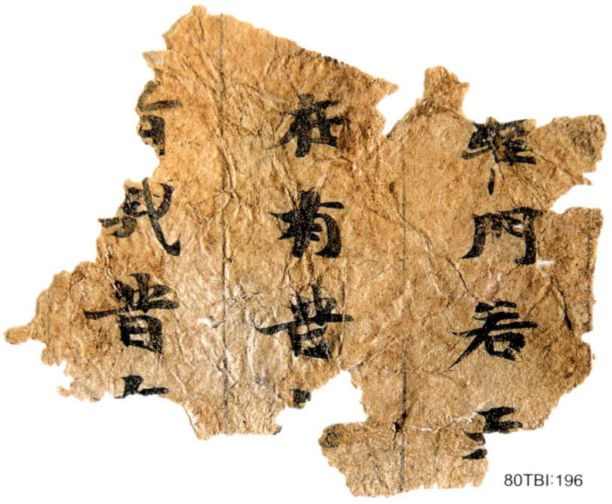
80TBI:196
0 2厘米

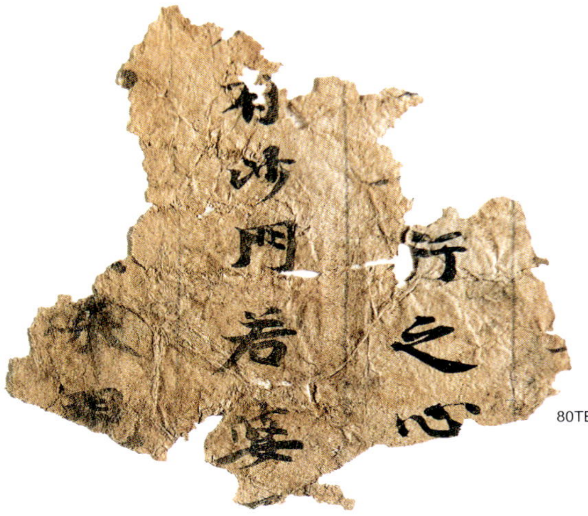
80TBI:273
0 2厘米

一四二 大般涅槃經（卷一七）梵行品第八之三

《中華大藏經》第一四册 第一八四頁 下欄

《大正新修大藏經》第一二册 第四六五頁 上欄

羅門若天□

在有苦□

者我昔[一]本□

［一］「昔」，今本作「者」。

［二］本片可與80TBI:273拼接，見拼合圖一七。

一四三 大般涅槃經（卷一七）梵行品第八之三

《中華大藏經》第一四册 第一八四頁 下欄

《大正新修大藏經》第一二册 第四六五頁 上欄

□行之心□

□有沙門若婆□

□來現□

［一］本片可與80TBI:196拼接，見拼合圖一七。

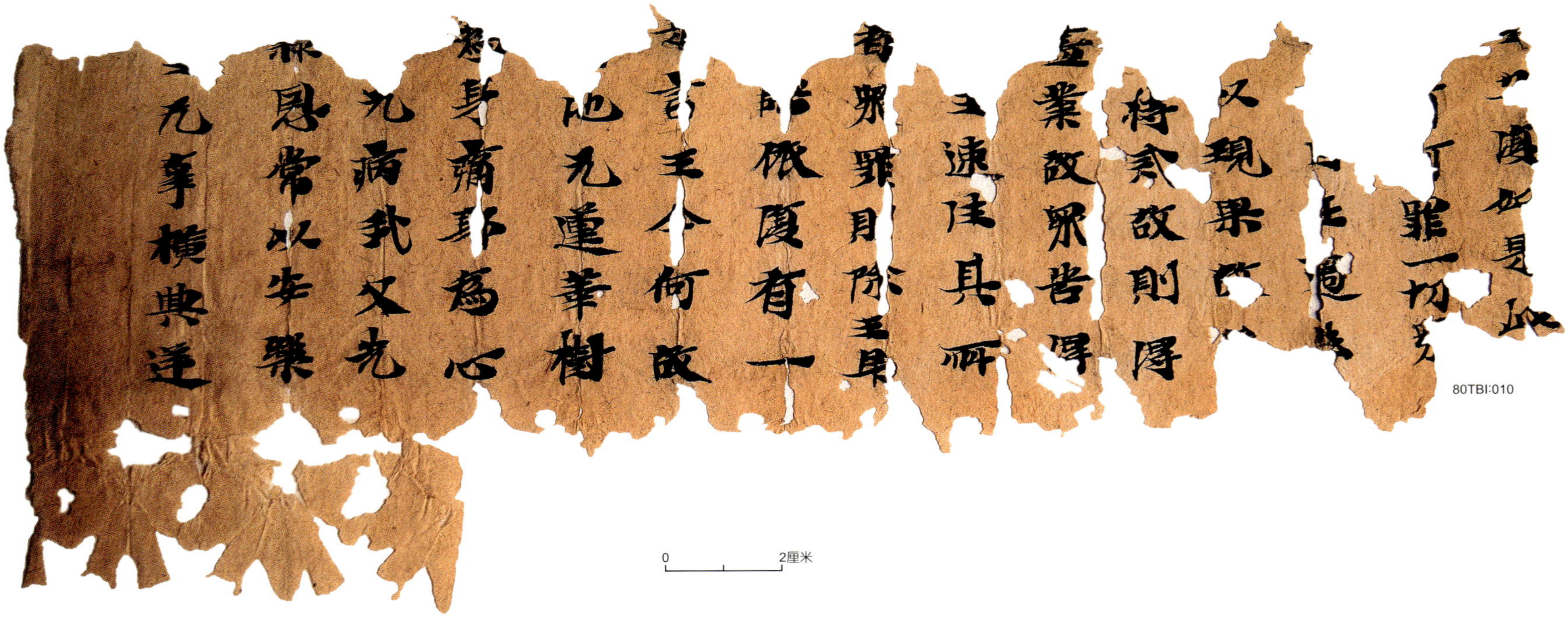

80TBI:010

一四四　大般涅槃經（卷一九）梵行品第八之五

《中華大藏經》第一四册　第二〇五頁　上—中欄

《大正新修大藏經》第一二册　第四七五頁　中—下欄

亦復如是此
何罪一切衆
因在過去
以現果故□
持戒故則得
盡業故衆苦得
王速往其所
者衆罪則除王即
歸依復有一
是言王今何故
池无蓮花樹
爲身痛耶爲心
无[一]病我父先
報恩常以安樂
无辜横興逆

〔一〕「無病」，今本作「不痛」。

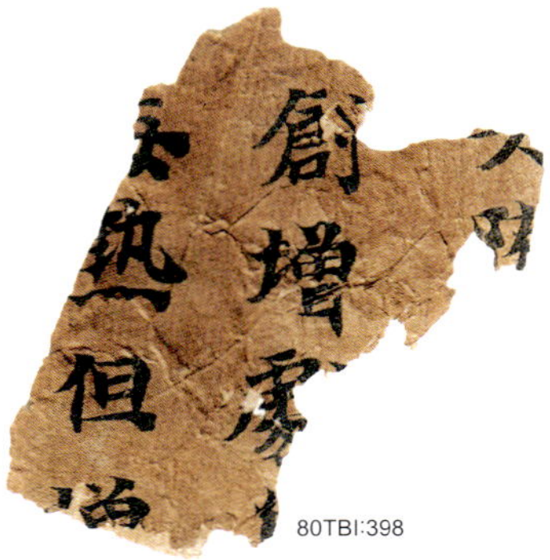
80TBI:398

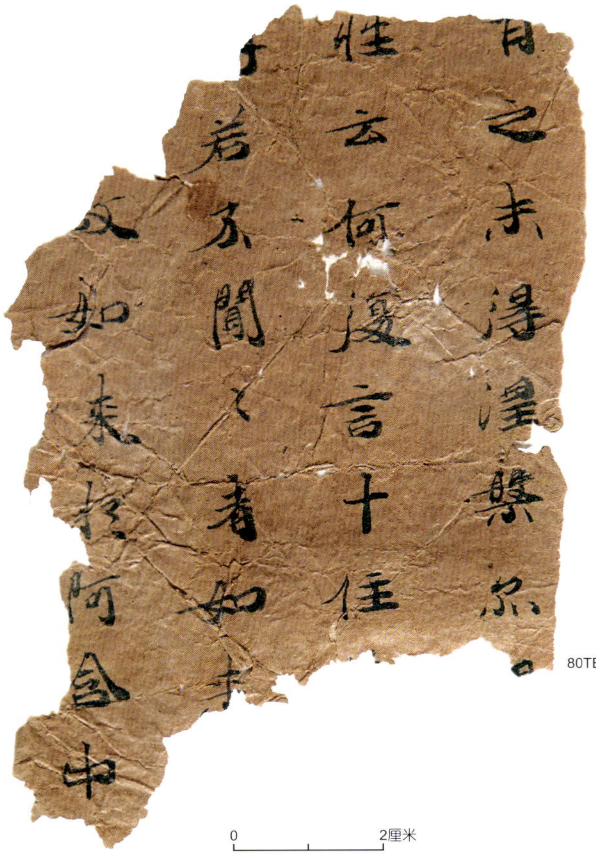
80TBI:165

一四五　大般涅槃經（卷一九）梵行品第八之五

《中華大藏經》第一四冊　第二一二頁　中欄

《大正新修大藏經》第一二冊　第四八〇頁　中欄

創增劇

毒熱但增

一四六　大般涅槃經（卷二一）光明遍照高貴德王菩薩品第一〇之一

《中華大藏經》第一四冊　第二三八頁　下欄

《大正新修大藏經》第一二冊　第四八八頁　中欄

有之未得涅槃亦

性云何復言十住

尊若不聞聞者如來

故如老於阿含中

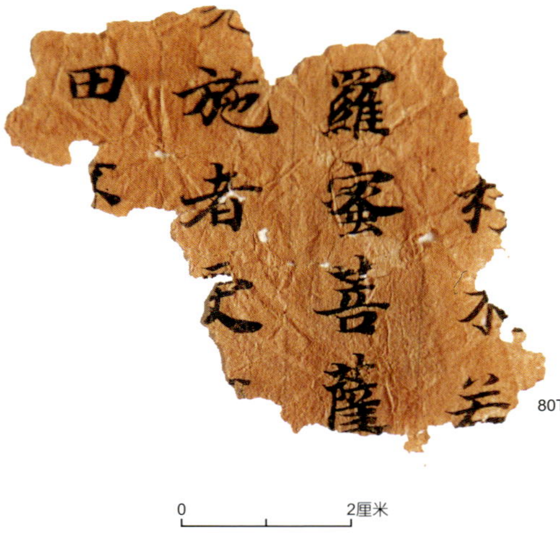

80TBI:371

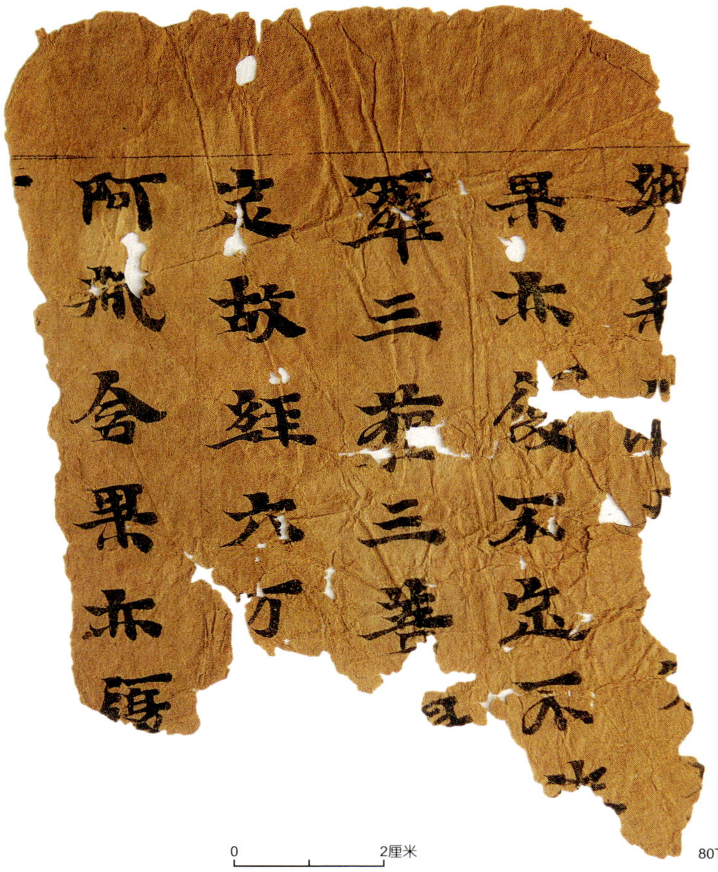

80TBI:075

一四七 大般涅槃經（卷二一）光明遍照高貴德王菩薩品第一〇之一

《中華大藏經》第一四册 第二三五頁 上欄

《大正新修大藏經》第一二册 第四九三頁 上欄

材木若

羅蜜菩薩

施者受

田不

一四八 大般涅槃經（卷二二）光明遍照高貴德王菩薩品第一〇之二

《中華大藏經》第一四册 第二三九頁 下欄

《大正新修大藏經》第一二册 第四九四頁 上—中欄

樂我

果亦復不定不決

羅三藐三菩提

定故經六万

阿那含果亦復

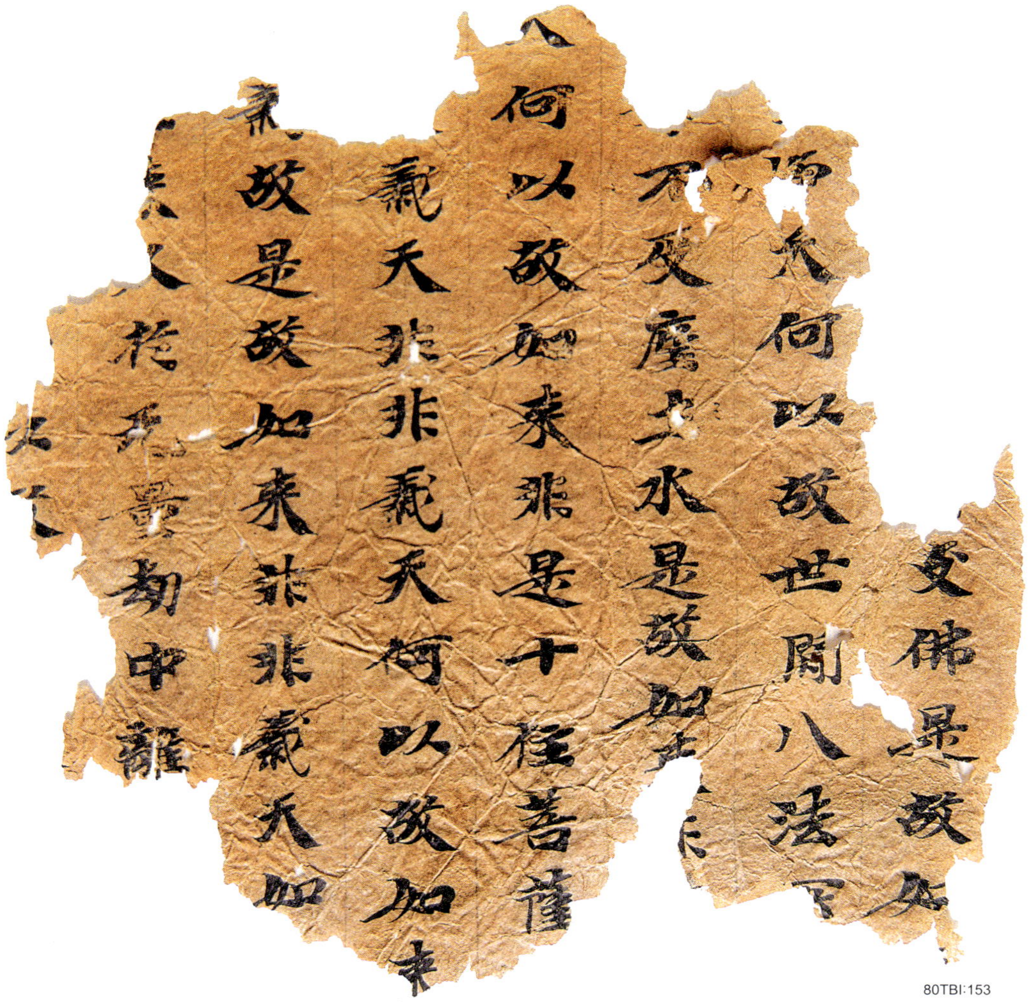

80TBI:153

0 2厘米

一四九　大般涅槃經（卷二二）光明遍照高貴德王菩薩品第一〇之二

《中華大藏經》第一四册　第二四〇頁　中欄
《大正新修大藏經》第一二册　第四九四頁　下欄

□支佛是故如□
□淨天何以故世間八法所□
□不受塵土〔一〕水是故如來□
□何以故如來非是十住菩薩□
□義天非〔二〕非義天何以故如來□
□義故是故如來非非義天如□
□來久於无量劫中離□

〔一〕「土」字旁有三點，今本無「土」字。
〔二〕今本在「非」上有「也」字。

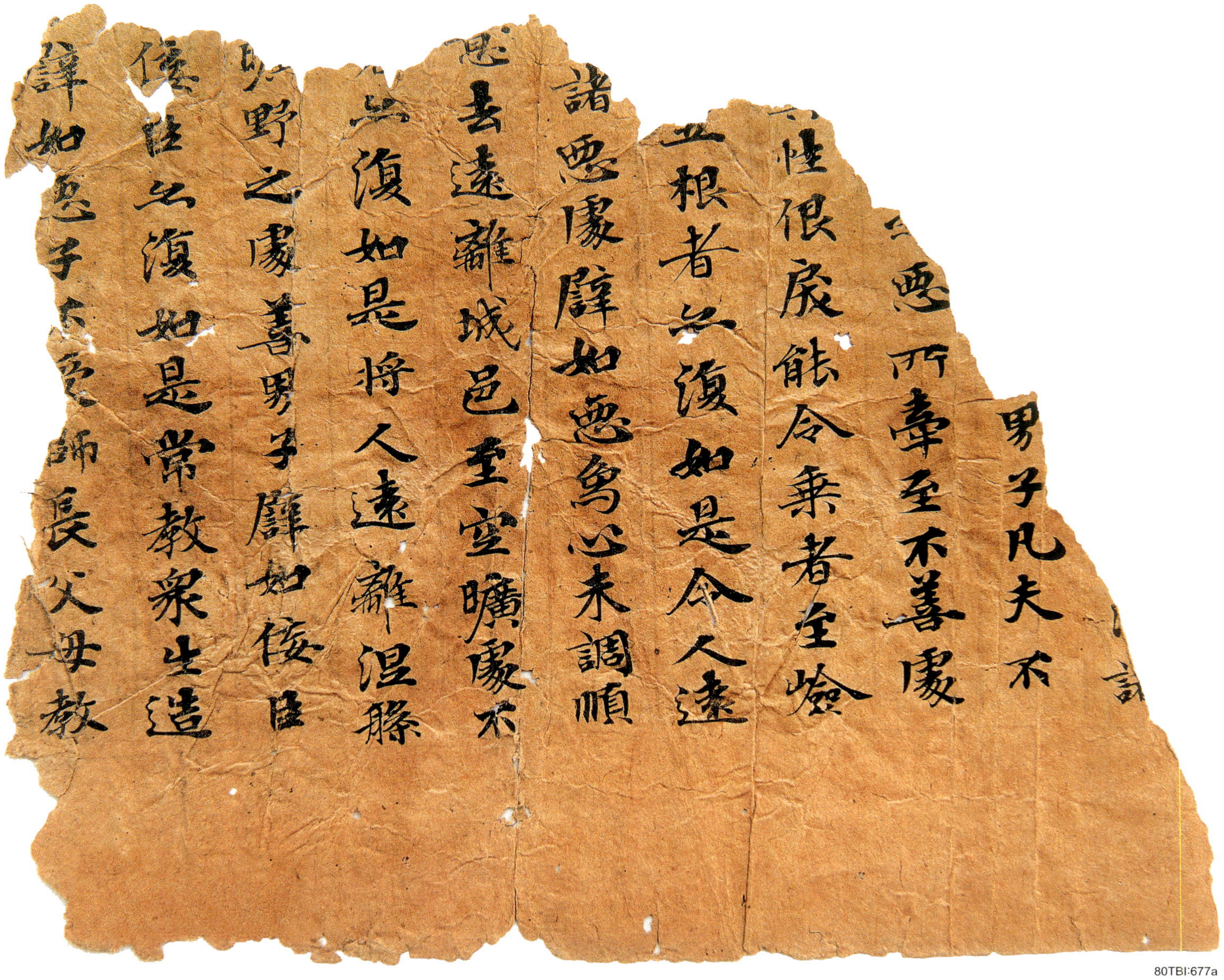

80TBI:677a

0 2厘米

一五〇 大般涅槃經（卷二二）光明遍照高貴德王菩薩品第一〇之二

《中華大藏經》第一四册 第二四二頁 上—中欄

《大正新修大藏經》第一二册 第四九五頁 下欄—第四九六 上欄

男子凡夫不
惡所牽至不善處
性佷戾[一]能令乘者至嶮
五根者亦復如是令人遠
諸惡處辟如惡象心未調順
意去遠離城邑至空曠處不
亦復如是將人遠離涅槃
曠野之處善男子辟如佞臣
佞臣亦復如是常教衆生造
辟如惡子不受師長父母教

〔一〕「戾」，今本作「悷」。

〔二〕本片可與80TBI:655a、80TBI:746a拼接，見拼合圖一八。其背面即80TBI:677b爲回鶻文寫本。

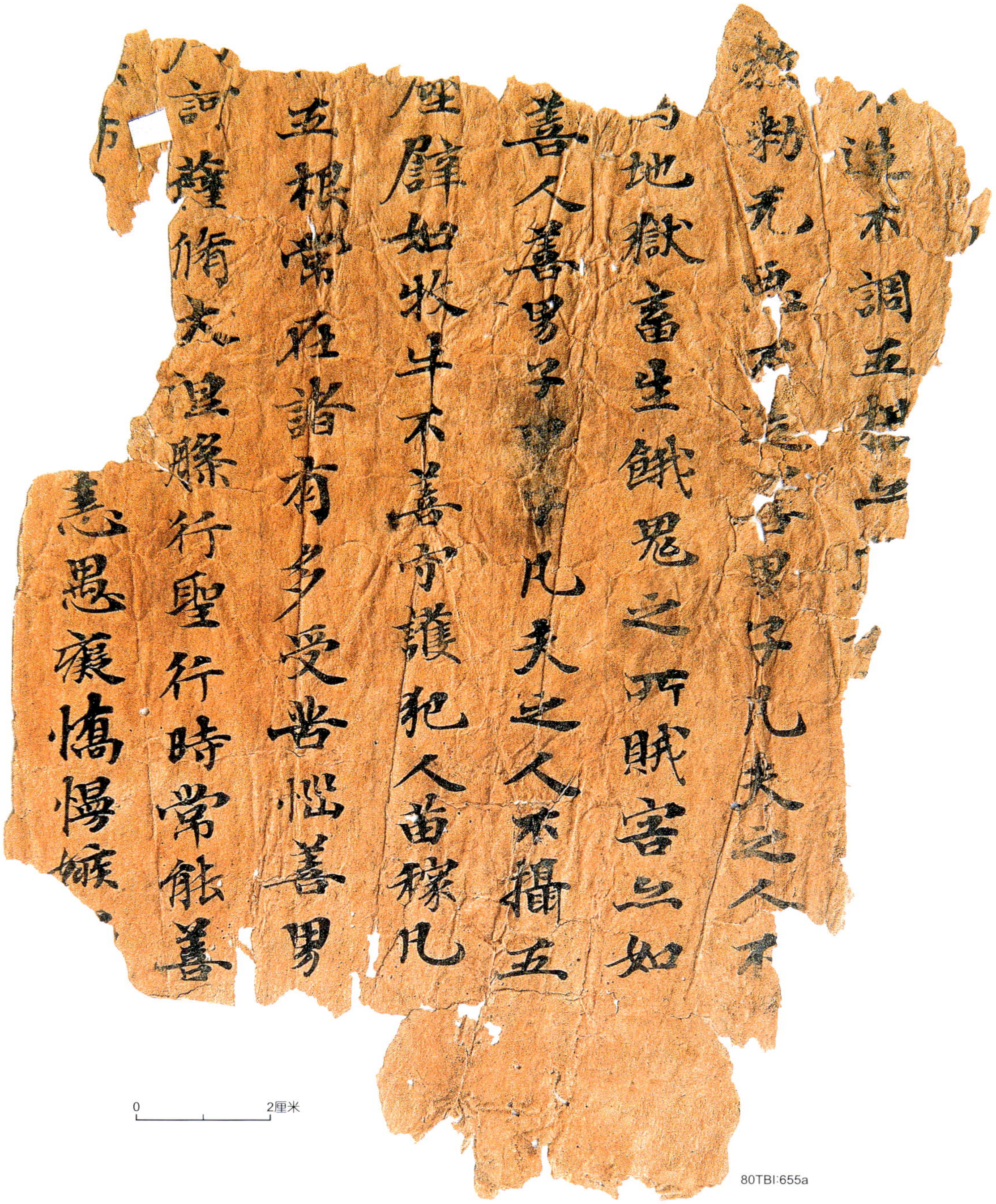

0 2厘米

80TBI:655a

一五一 大般涅槃經（卷二二）光明遍照高貴德王菩薩品第一〇之二

《中華大藏經》第一四册 第二四二頁 中欄

《大正新修大藏經》第一二册 第四九六頁 上欄

□造不調五[根][亦]□

□教勑无惡不造善男子凡夫之人不

□[爲]地獄畜生餓鬼之所賊害亦如

□善人善男子凡夫之人不攝五

[塵]辟如牧牛不善守護犯人苗稼凡

□五根常在諸有多受苦惱善男

□訶薩修大涅槃行聖行時常能善

□恚愚癡憍慢嫉□

〔一〕本片可與80TBI:677a、80TBI:746a拼接，見拼合圖一八。其背面即80TBI:655b爲回鶻文寫本。

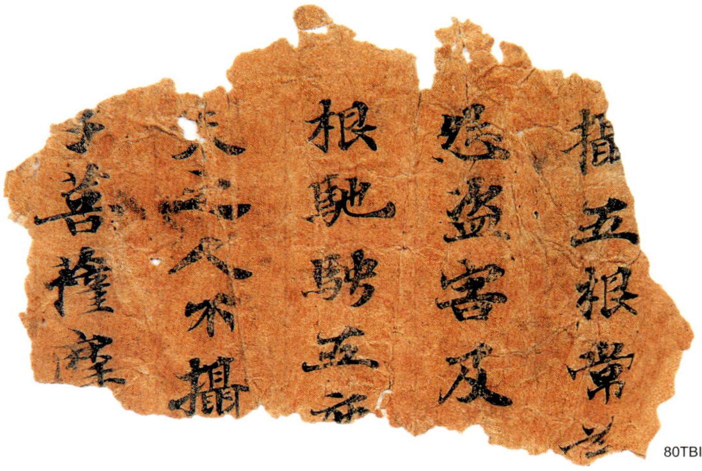

80TBI:746a

0 2厘米

一五二 大般涅槃經（卷二二）光明遍照高貴德王菩薩品第一〇之二

《中華大藏經》第一四册 第二四二頁 中欄

《大正新修大藏經》第一二册 第四九六頁 上欄

攝五根常爲

怨盜〔一〕害及

根馳騁五塵

夫之人不攝

子菩薩摩

〔一〕「盜」，今本作「賊」。

〔二〕本片可與80TBI:677a、80TBI:655a拚接，見拚合圖一八。其背面即80TBI:746b爲回鶻文寫本。

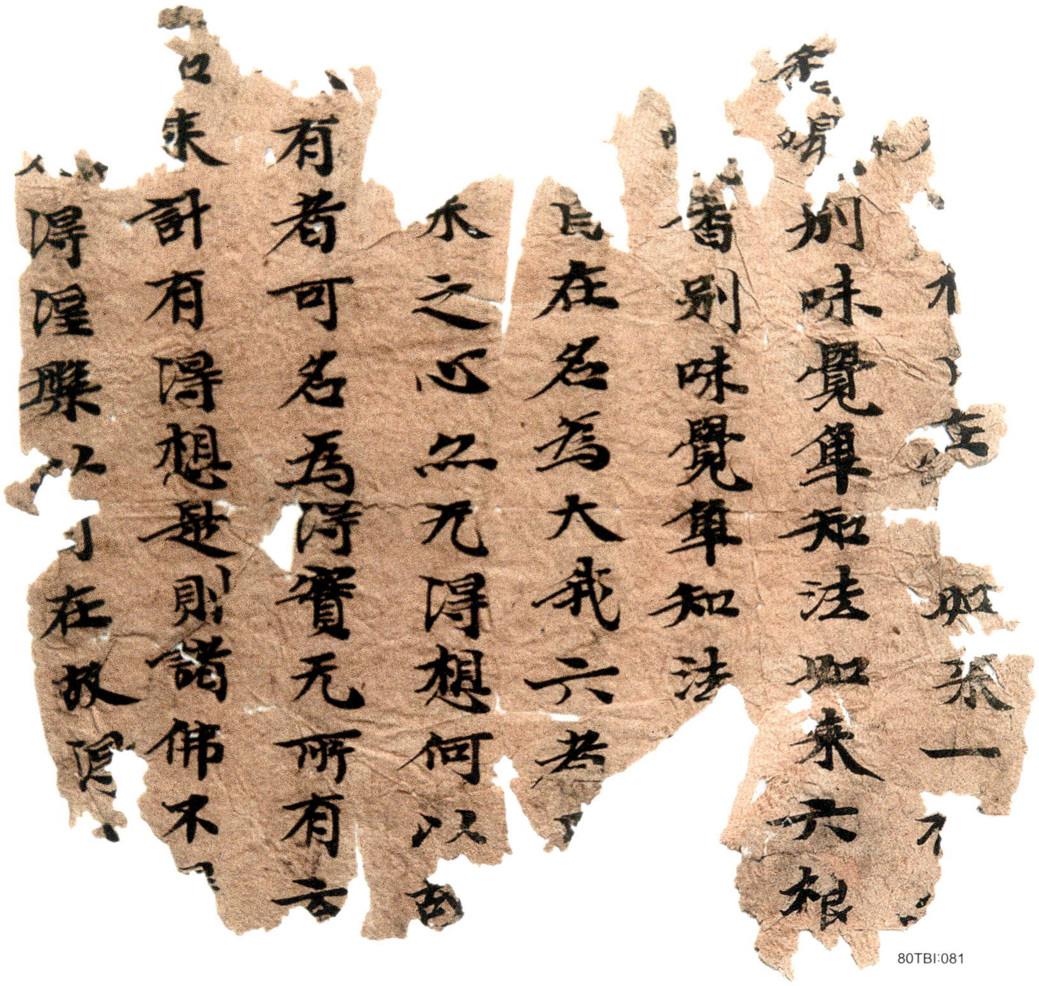

80TBI:081

0 2厘米

一五三 大般涅槃經（卷二三） 光明遍照高貴德王菩薩品第一〇之三

《中華大藏經》第一四册 第二五五頁 中欄

《大正新修大藏經》第一二册 第五〇三頁 上欄

□在□如來一根亦

□香嗅別味覺牟知法如來六根

□香別味覺牟知法□

□自在名爲大我六者□

□來之心亦无得想何以故

□有者可名爲得實无所有云

□如來計有得想是則諸佛不得

□得涅槃以自在故得□

〔一〕本片可與80TBI:332、80TBI:269拚接，見拚合圖一九。

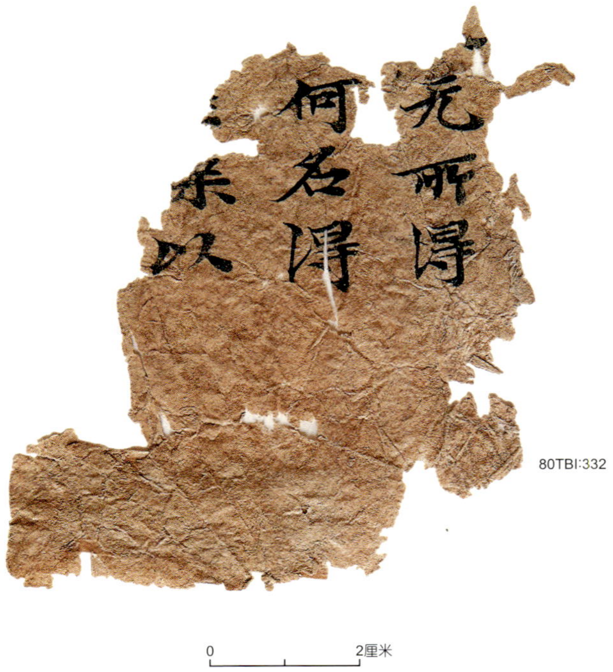

一五四　大般涅槃經（卷二三）光明遍照高貴德王菩薩品第一〇之三

《中華大藏經》第一四册　第二五五頁　中欄

《大正新修大藏經》第一二册　第五〇二頁　上欄

无所得

何名得

槃以

〔一〕本片可與80TBI:081、80TBI:269拼接，見拼合圖一九。

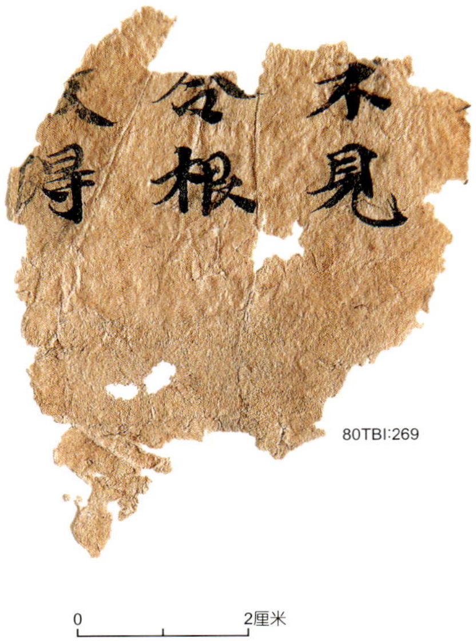

一五五　大般涅槃經（卷二三）光明遍照高貴德王菩薩品第一〇之三

《中華大藏經》第一四册　第二五五頁　中欄

《大正新修大藏經》第一二册　第五〇二頁　上欄

不見

令根

故得

〔一〕本片可與80TBI:081、80TBI:332拼接，見拼合圖一九。

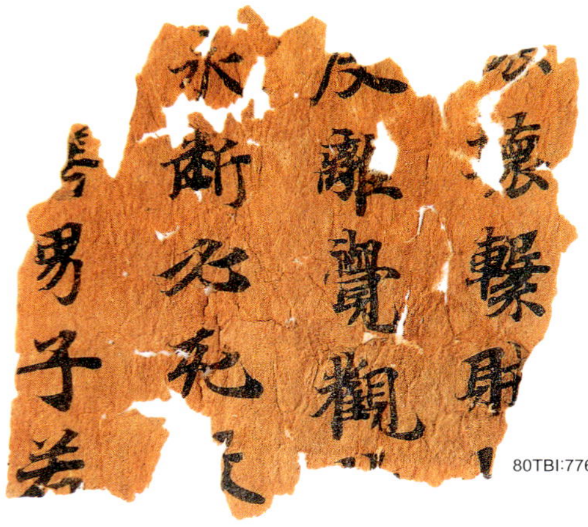

80TBI:776

0 2厘米

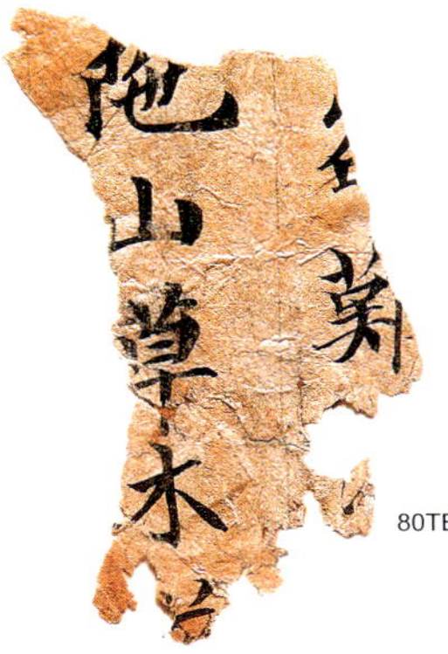

80TBI:362

0 2厘米

一五六 大般涅槃經（卷三一）師子吼菩薩品第一一之五

《中華大藏經》第一四册 第三四六頁 上欄

《大正新修大藏經》第一二册 第五四九頁 上欄

依壞繫賊

度離覺觀故

永断必死

善男子若

一五七 大般涅槃經（卷三一）師子吼菩薩品第一一之五

《中華大藏經》第一四册 第三五二頁 中欄

《大正新修大藏經》第一二册 第五五三頁 上欄

欲難

陁山草木

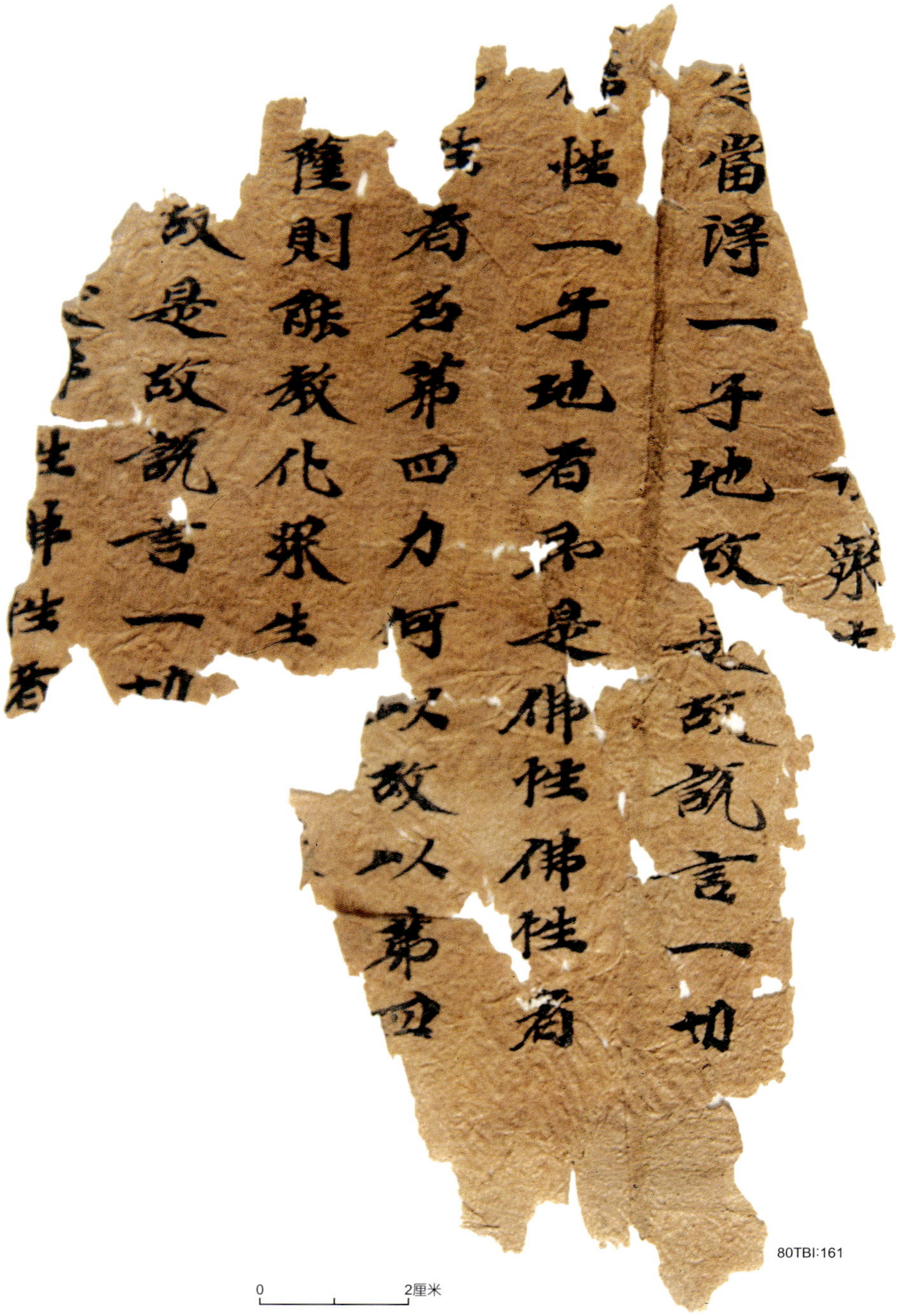

80TBI:161

0 2厘米

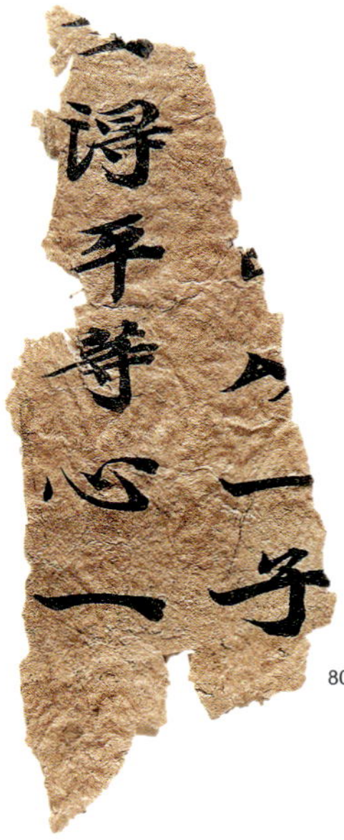

80TBI:449

0 2厘米

一五八 大般涅槃經（卷三二）師子吼菩薩品第一一之六

《中華大藏經》第一四册 第三六一頁 下欄

《大正新修大藏經》第一二册 第五五六頁 下欄

□以一子□

□得平等心一□

〔一〕本片可與80TBI:161拼接，見拼合圖二〇。

一五九 大般涅槃經（卷三二）師子吼菩薩品第一一之六

《中華大藏經》第一四册 第三六一頁 下欄

《大正新修大藏經》第一二册 第五五六頁 下欄—第五五七頁 上欄

□一切衆生□

□定當得一子地故是故說言一切

□佛性一子地者即是佛性佛性者

□性者名第四力何以故以第四

□薩則能教化衆生□

□故是故說言一切□

□佛性佛性者□

〔一〕本片可與80TBI:449拼接，見拼合圖二〇。

一六〇 大般涅槃經（卷三二）師子吼菩薩品第一一之六

《中華大藏經》第一四册 第三六三頁上—中欄

《大正新修大藏經》第一二册 第五五七頁 下欄—第五五八頁 上欄

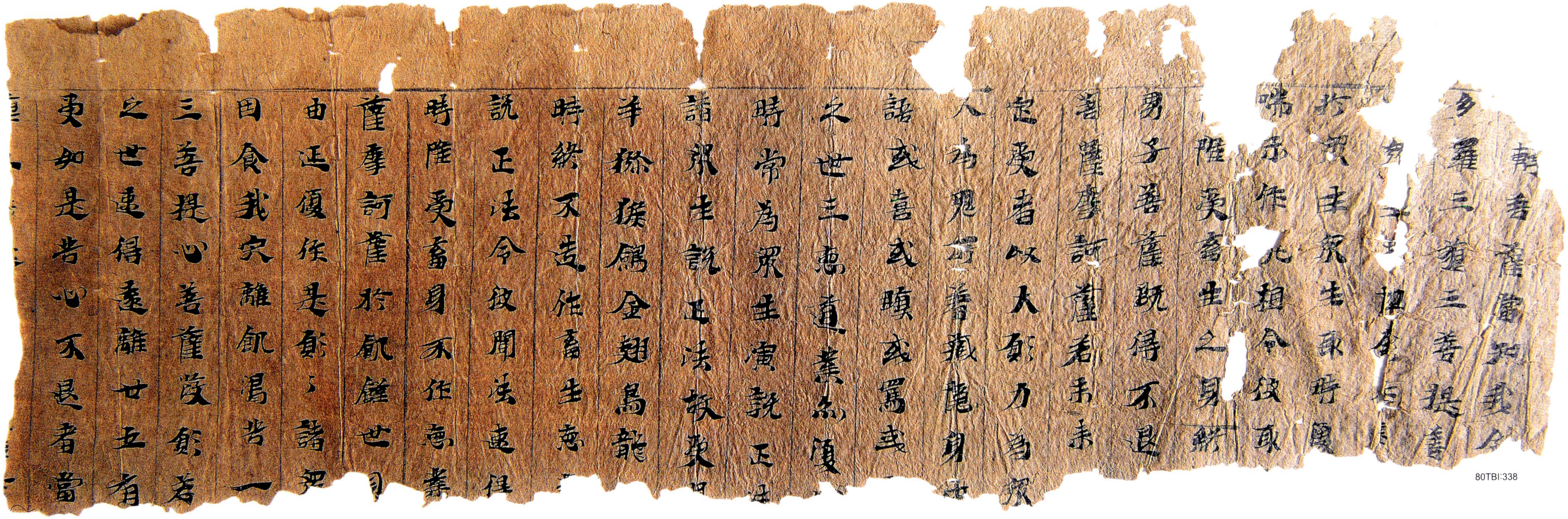

80TBI:338

0 2厘米

□轉菩薩當知我今□
多羅三藐三菩提善□
□衆生苦惱願作□□
於衆生衆生取時復□
喘示作死相令彼取□
□雖受畜生之身終□
男子菩薩既得不退□
菩薩摩訶薩若未來□
定受者以大願力爲衆□
人爲鬼所著藏隱身中□
語或喜或瞋或罵或□
之世三惡道業亦復□
時常爲衆生演説正法□
諸衆生説正法故受□
羊[一]獼猴鴿[二]金翅鳥龍□
時終不造作畜生惡□
説正法令彼聞法速得□
時雖受畜身[三]不作惡業□
薩摩訶薩於饑饉世見□
由延復作是願願諸衆□
因食我宍離飢渴苦一□
三菩提心菩薩發願若□
之世速得速離廿五有□
受如是苦心不退者當□

〔一〕今本「羊」下有「身」字。
〔二〕「鴿」字，今本作「白鴿」。
〔三〕「畜身」，今本作「畜生身」。

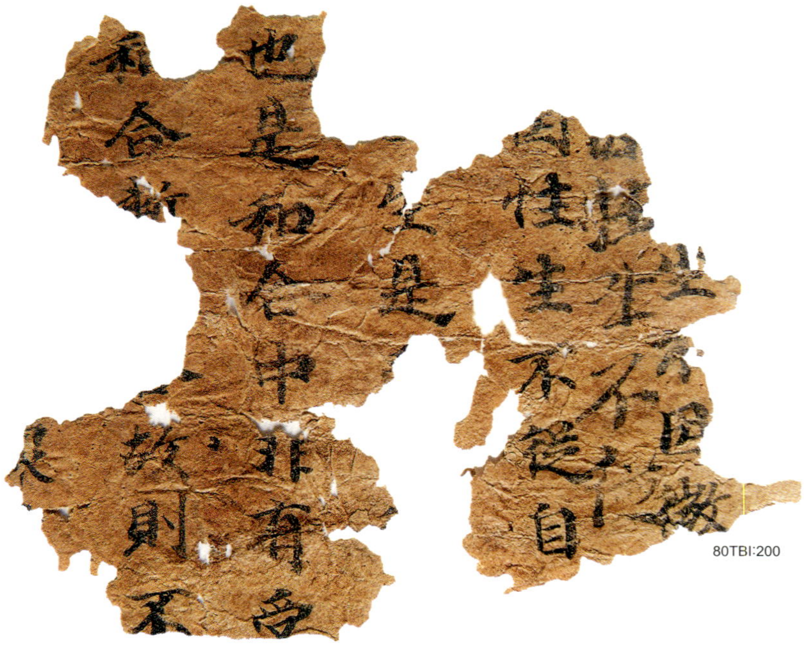

80TBI:200

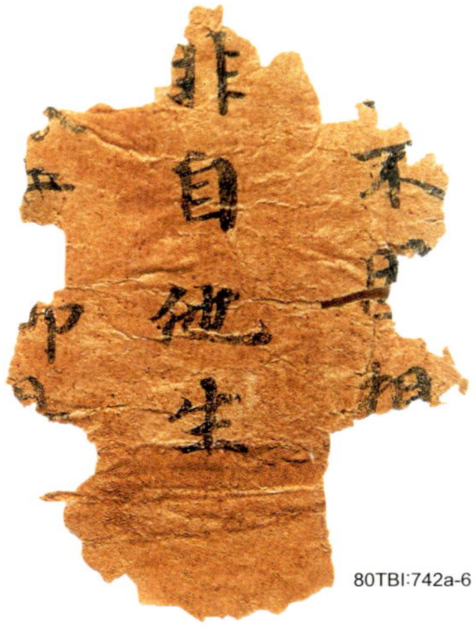

80TBI:742a-6

一六一 大般涅槃經（卷三七）迦葉菩薩品第一二之五

《中華大藏經》第一四册 第四一五頁 上欄

《大正新修大藏經》第一二册 第五八四頁 上欄

生不因微

性〔一〕生不從自

生是

也是和合中非有受

和合断　故則不

報

〔一〕本片一、二行間有習字。

一六二 大般涅槃經（卷三七）迦葉菩薩品第一二之五

《中華大藏經》第一四册 第四一五頁 上欄

《大正新修大藏經》第一二册 第五八四頁 上欄

不因想

非自他生

即是

〔一〕本號共六片，另五片即80TBI:742a－1～5未定名，見未定名列表序號二三一。本片背面即80TBI:742b爲回鶻文寫本。

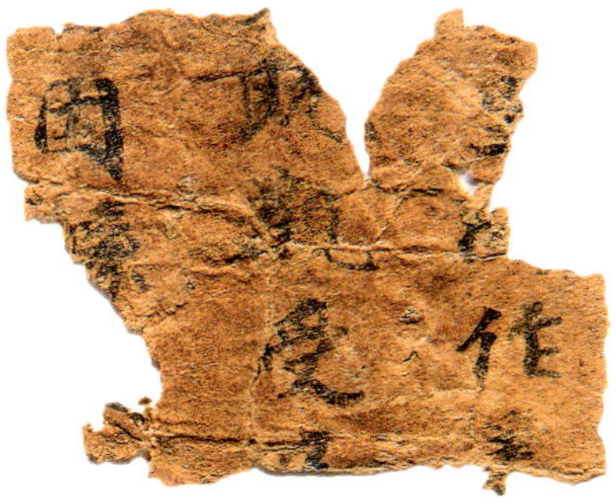

80TBI:738a-6

0　2厘米

80TBI:453-8

0　2厘米

一六三　大般涅槃經（卷三七）迦葉菩薩品第一二之五

《中華大藏經》第一四册　第四一五頁　上欄

《大正新修大藏經》第一二册　第五八四頁　上欄

衆生所作

既觀受已

因緣

〔一〕80TBI:738共有九片，其80TBI:738a-2爲「佛説月燈三昧經一卷」，參見列表序號二九七；80TBI:738a-3爲「妙法蓮華經（卷三）授記品第六」，參見列表序號二三三；80TBI:738a-1、4、5、7~9未定名，見未定名列表序號二三二。本號背面即80TBI:738b爲回鶻文寫本。

一六四　大般涅槃經（卷三七）迦葉菩薩品第一二之五

《中華大藏經》第一四册　第四一六頁　上欄

《大正新修大藏經》第一二册　第五八四頁　中欄

等復有无量想謂无色

〔一〕本號共十片，其中80TBI:453-1~7、9、10未定名，見未定名列表序號二五一。

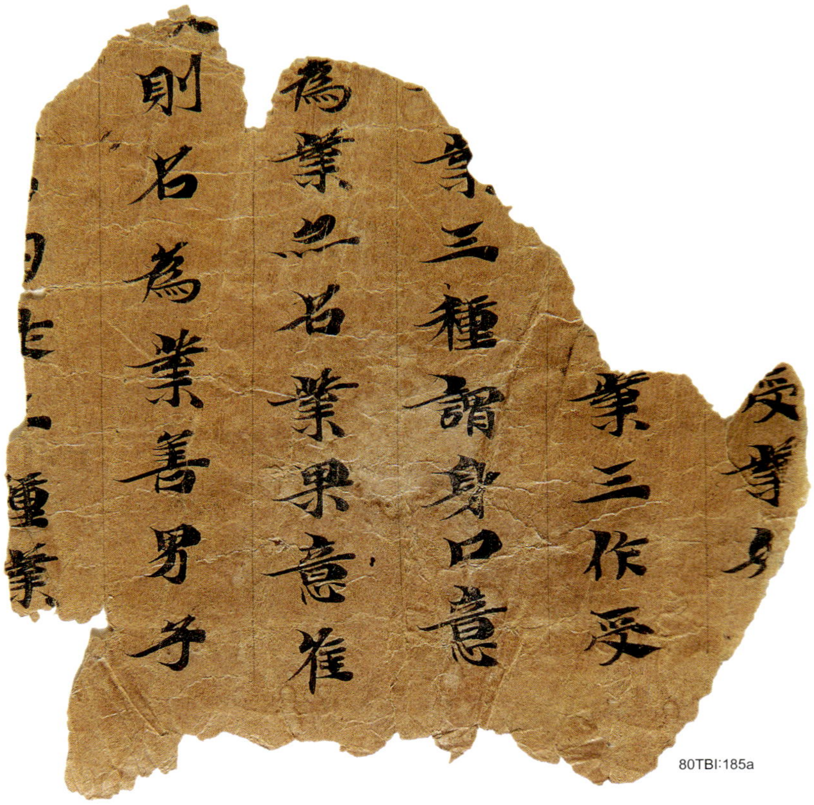

80TBI:185a

0 2厘米

一六五 大般涅槃經（卷三七）迦葉菩薩品第一二之五

《中華大藏經》第一四册 第四一七頁 上欄

《大正新修大藏經》第一二册 第五八五頁 上—中欄

（前缺）受業如□

（前缺）業三〔一〕作受

（前缺）業三種謂身口意

（前缺）爲業亦名業果意唯

（前缺）則名爲業善男子

（前缺）内是三種業□

〔一〕「三」，今本作「二」。

〔二〕本件背面即80TBI:185b未定名，見未定名列表序號二一一。

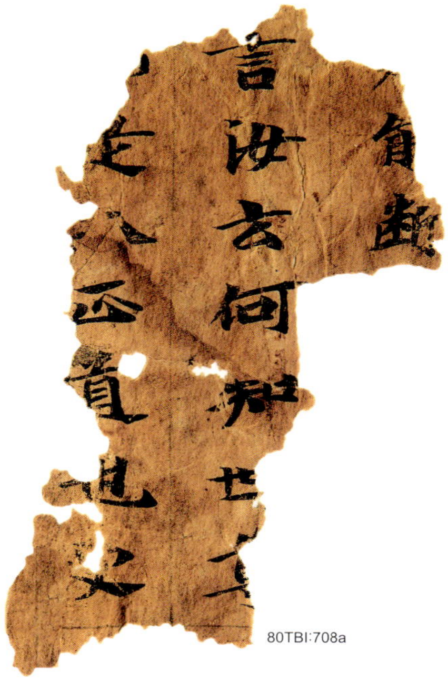

80TBI:708a

80TBI:649a

一六六 大般涅槃經（卷四〇）憍陳如品第一三之二

《中華大藏經》第一四册 第四四五頁 下欄

《大正新修大藏經》第一二册 第六〇〇頁 上欄

□能断□

□言汝云何知世尊

□是八正道也受

〔一〕本片背面即80TBI:708b爲回鶻文寫本。

一六七 大般涅槃經（卷四〇）憍陳如品第一三之二

《中華大藏經》第一四册 第四四七頁 下欄—第四四八頁上欄

《大正新修大藏經》第一二册 第六〇一頁 中欄

具足智慧豫見□

衣食奉給如□

請憍陳如阿□

〔一〕本片背面即80TBI:649b爲回鶻文寫本。

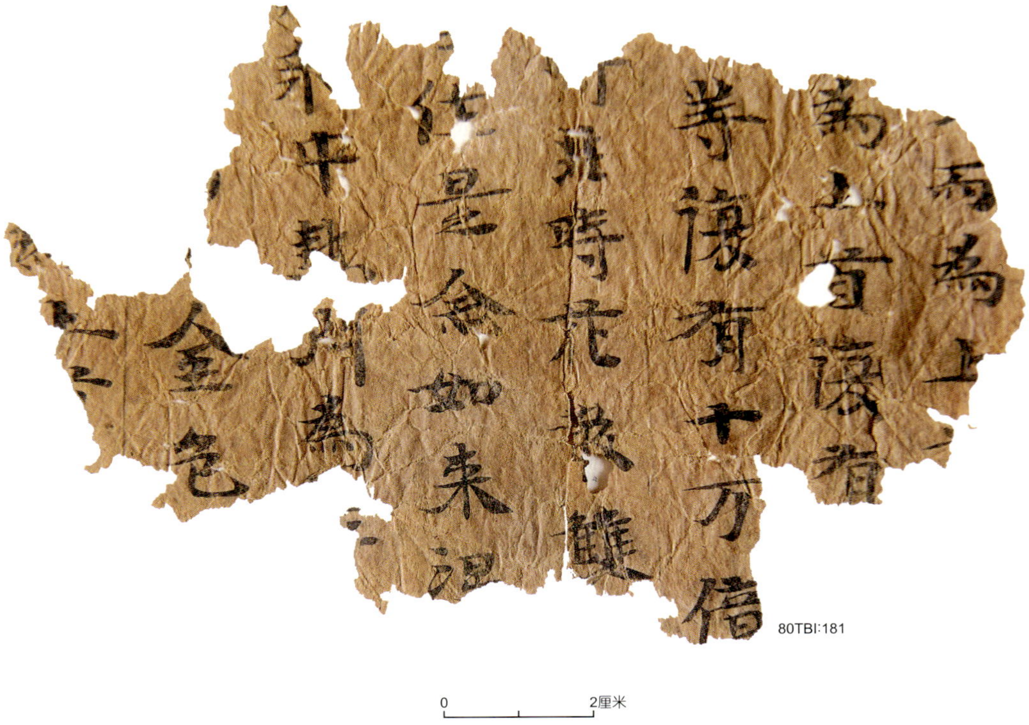

80TBI:181

一六八　大般涅槃經（卷一）序品第一

《中華大藏經》第一四册　第四五九頁　上欄

《大正新修大藏經》第一二册　第六〇八頁　中欄

（前缺）而爲上（後缺）

（前缺）爲上首復有（後缺）

（前缺）等復有十万億（後缺）

（前缺）非時花散雙（後缺）

（前缺）作是念如來涅（後缺）

（前缺）衆中熱悶爲作（後缺）

（前缺）金色（後缺）

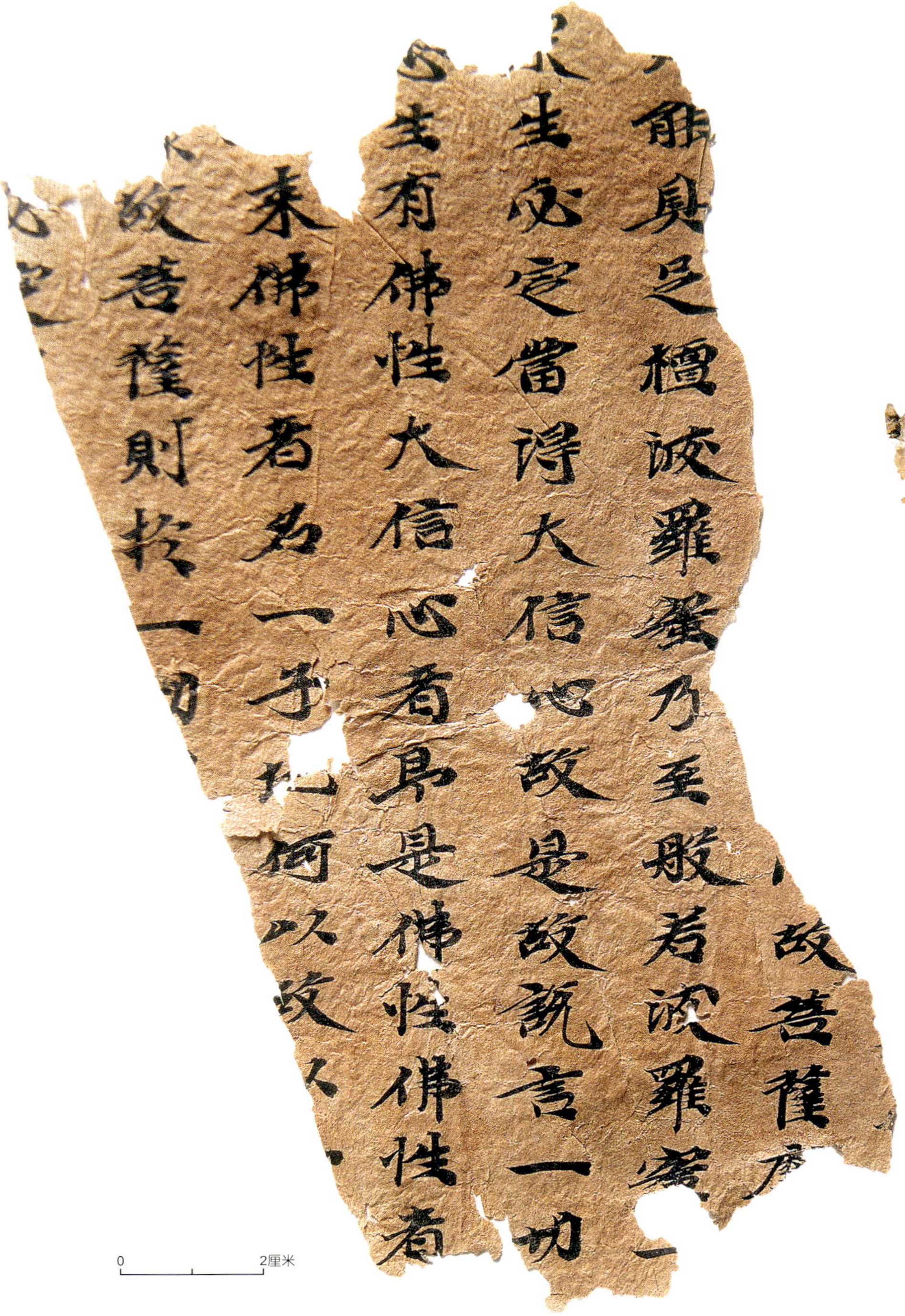

80TBI:101

80TBI:228

一六九 大般涅槃經（卷一三）聖行品之下

《中華大藏經》第一四冊 第六一八頁 下欄

《大正新修大藏經》第一二冊 第六八九頁 上欄

男子眼

終不念言我

善男子

一七〇 大般涅槃經（卷三〇）師子吼菩薩品之六

《中華大藏經》第一四冊 第八四一頁 中欄

《大正新修大藏經》第一二冊 第八〇二頁 下欄—第八〇三頁 上欄

故菩薩摩

能具足檀波羅蜜乃至般若波羅蜜一

衆生必定當得大信心故是故說言一切

悉生[一]有佛性大信心者即是佛性佛性者

來佛性者名一子地何以故以

故菩薩則於一切

必定

〔一〕「悉生」，今本作「生悉」。

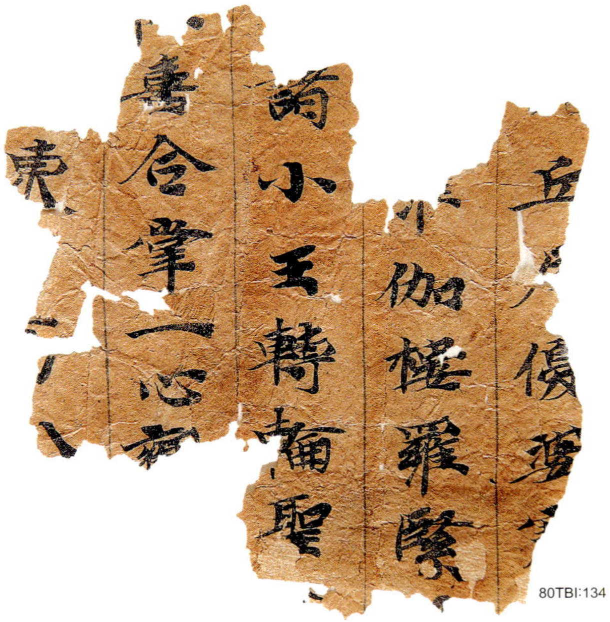

80TBI:134

0 2厘米

80TBI:409

0 2厘米

一七一　妙法蓮華經（卷一）序品第一

《中華大藏經》第一五册　第五〇九頁　上欄

《大正新修大藏經》第九册　第二頁　中欄

□丘尼優婆塞□

□羅伽[一]樓羅緊那□

□諸小王轉輪聖王□

□喜合掌一心觀□

□東□萬八□

〔一〕「伽」，今本作「迦」。

一七二　妙法蓮華經（卷一）序品第一

《中華大藏經》第一五册　第五一〇頁　上欄

《大正新修大藏經》第九册　第三頁　上欄

□薩　馹馬□

□薩　身肉□

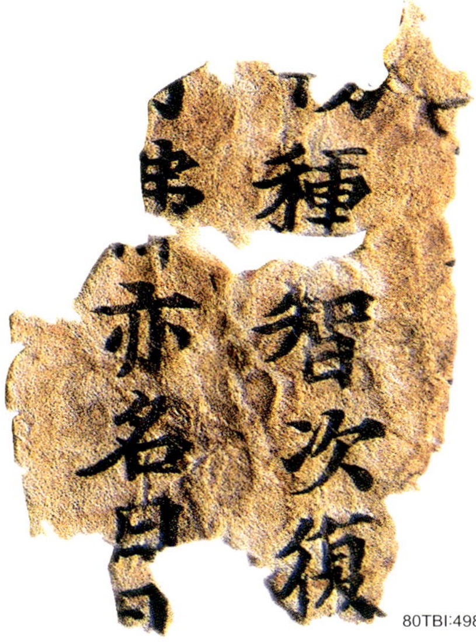

80TBI:498-18

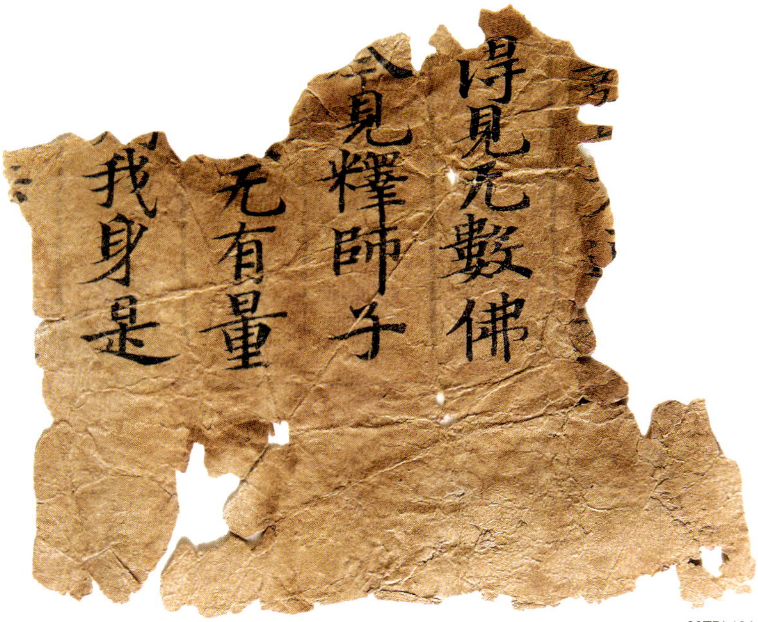

80TBI:184

一七三　妙法蓮華經（卷一）序品第一

《中華大藏經》第一五册　第五一一頁　上欄

《大正新修大藏經》第九册　第三頁　下欄

□[切]種智次復□

□[佛]亦名日[月]□

〔一〕80TBI:498共十八片，其中80TBI:498-3爲「佛説長阿含經（卷五）第一分典尊經第三」，參見列表序號三一六。80TBI:498-4爲「增壹阿含經（卷四九）非常品第五一」，參見列表序號三三九。80TBI:498-10爲「妙法蓮華經（卷三）化城喻品第七」，參見列表序號二一八。80TBI:498-11爲「妙法蓮華經（卷七）妙音菩薩品第二四」，參見列表序號二七九。80TBI:498-12爲「中阿含經（卷五）舍梨子相應品智經第三成就戒經第二」，參見列表序號三二四。80TBI:498-1、2、5~9、13~17未定名，見未定名列表序號一三三三。

一七四　妙法蓮華經（卷一）序品第一

《中華大藏經》第一五册　第五一二頁　下欄

《大正新修大藏經》第九册　第五頁　中欄

□得見无數佛

□[今]見釋師子

□无有量

□我身是

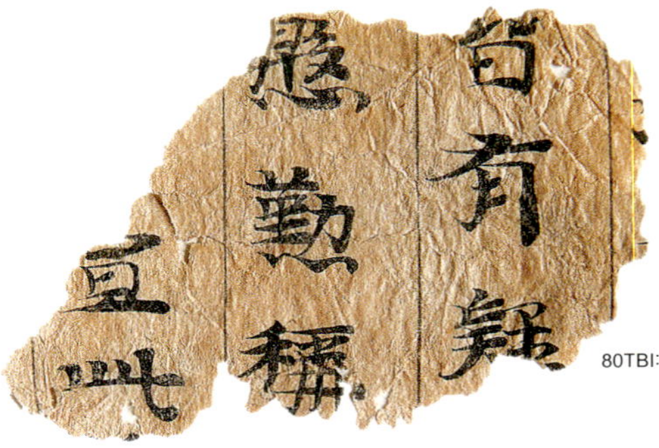

80TBI:114

0　2厘米

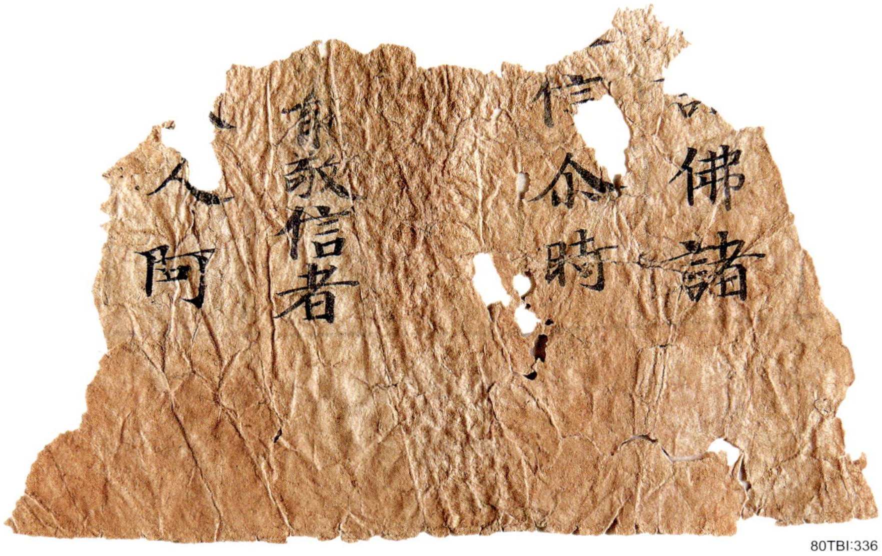

80TBI:336

0　2厘米

一七五　妙法蓮華經（卷一）方便品第二

《中華大藏經》第一五冊　第五一三頁　下欄

《大正新修大藏經》第九冊　第六頁　中欄

□皆有疑□

□慇懃稱□

□宣此□

一七六　妙法蓮華經（卷一）方便品第二

《中華大藏經》第一五冊　第五一四頁　上欄

《大正新修大藏經》第九冊　第六頁　下欄

□佛諸

□信尒時

□能敬信者

□人阿

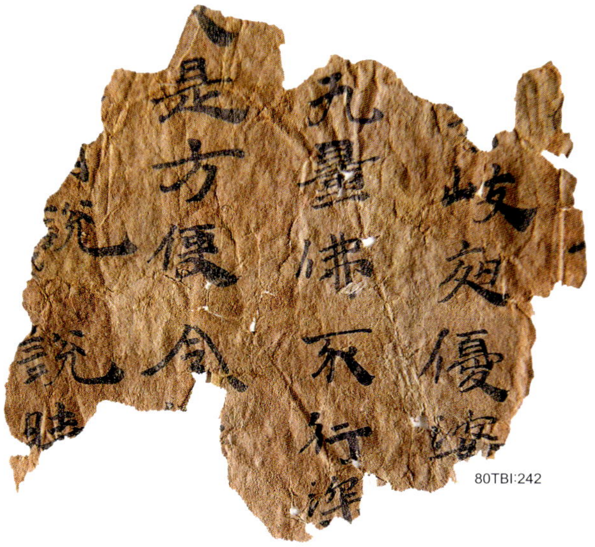

80TBI:242

0 2厘米

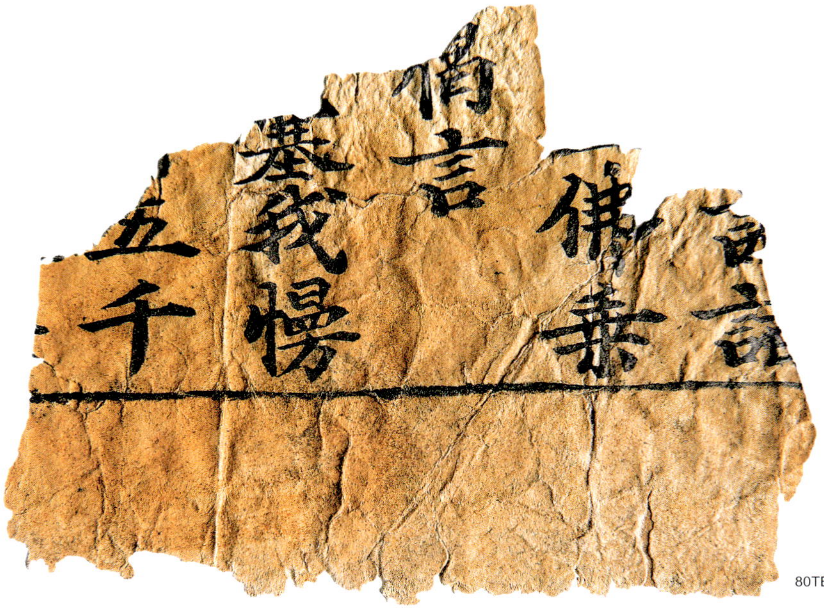

80TBI:516

0 2厘米

一七七 妙法蓮華經（卷一）方便品第二

《中華大藏經》第一五册 第五一五頁 中欄

《大正新修大藏經》第九册 第七頁 下欄

□諸語

□佛乘

□偈言

□塞我慢

□五千

一七八 妙法蓮華經（卷一）方便品第二

《中華大藏經》第一五册 第五一五頁 中—下欄

《大正新修大藏經》第九册 第七頁 下欄—第八頁 上欄

□岐〔一〕夜　優婆〔二〕□

□无量佛　不行深□

□設是方便　令□

□曾説　説時□

〔一〕「岐」，今本作「祇」。

〔二〕「婆」，今本作「波」。

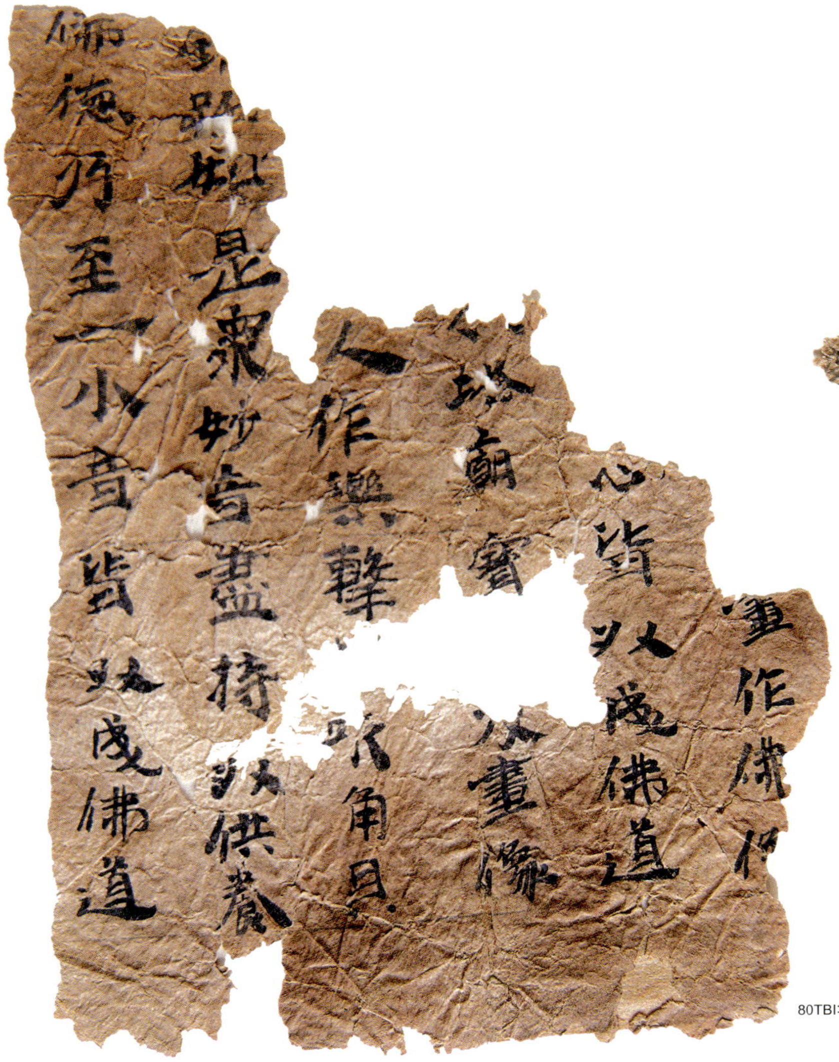

80TBI:189

0　2厘米

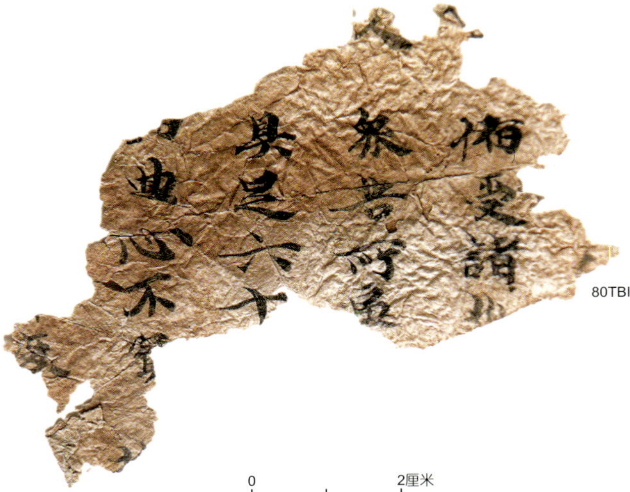

80TBI:265

0　2厘米

一七九　妙法蓮華經（卷一）方便品第二

《中華大藏經》第一五冊　第五一六頁　上欄
《大正新修大藏經》第九冊　第八頁　中欄

俻受諸苦
衆苦所逼
具足六十
諂曲心不實

一八〇　妙法蓮華經（卷一）方便品第二

《中華大藏經》第一五冊　第五一六頁　中欄
《大正新修大藏經》第九冊　第九頁　上欄

畫作佛像
心　皆以[一]成佛道
於塔廟　寶像及畫像
人作樂　擊鼓吹角貝
銅鈸　如是衆妙音　盡持以供養
佛德　乃至一小音　皆以[二]成佛道

[一]、[二]「以」，今本均作「已」。

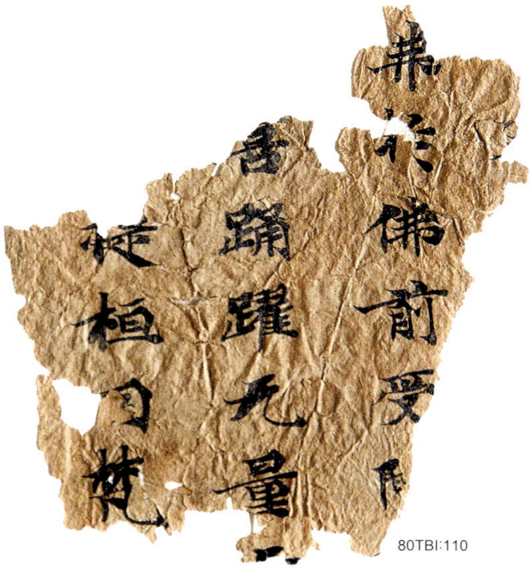

80TBI:110

0　2厘米

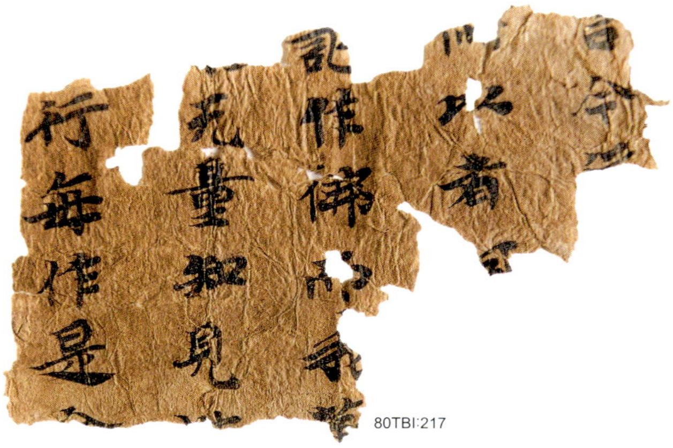

80TBI:217

0　2厘米

一八一　妙法蓮華經（卷二）譬喻品第三

《中華大藏經》第一五冊　第五一九頁　中欄

《大正新修大藏經》第九冊　第一〇頁　下欄

言今從

所以者何

記作佛而我等

无量知見世

行每作是念

一八二　妙法蓮華經（卷二）譬喻品第三

《中華大藏經》第一五冊　第五二〇頁　下欄—第五二一頁上欄

《大正新修大藏經》第九冊　第一二頁　上欄

弗於佛前受阿

喜踊躍无量

提桓因梵

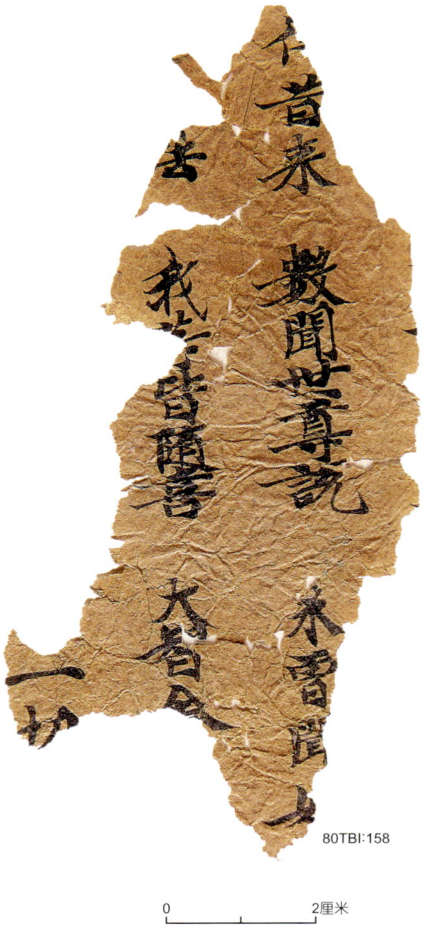

80TBI:158

80TBI:325

一八三　妙法蓮華經（卷二）譬喻品第三

《中華大藏經》第一五册　第五二一頁　上欄

《大正新修大藏經》第九册　第一二頁　上欄

從昔來　數聞世尊説　未曾聞如

法　我等皆隨喜　大智舍

一切

一八四　妙法蓮華經（卷二）譬喻品第三

《中華大藏經》第一五册　第五二一頁　上欄

《大正新修大藏經》第九册　第一二頁　上欄

轉法輪今

天子欲重宣

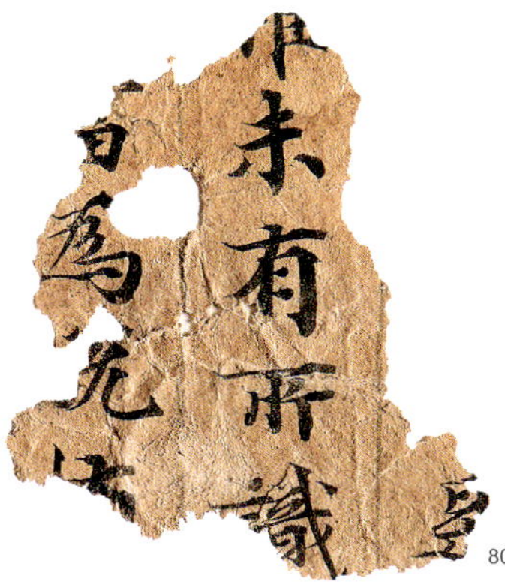

80TBI:297

0 2厘米

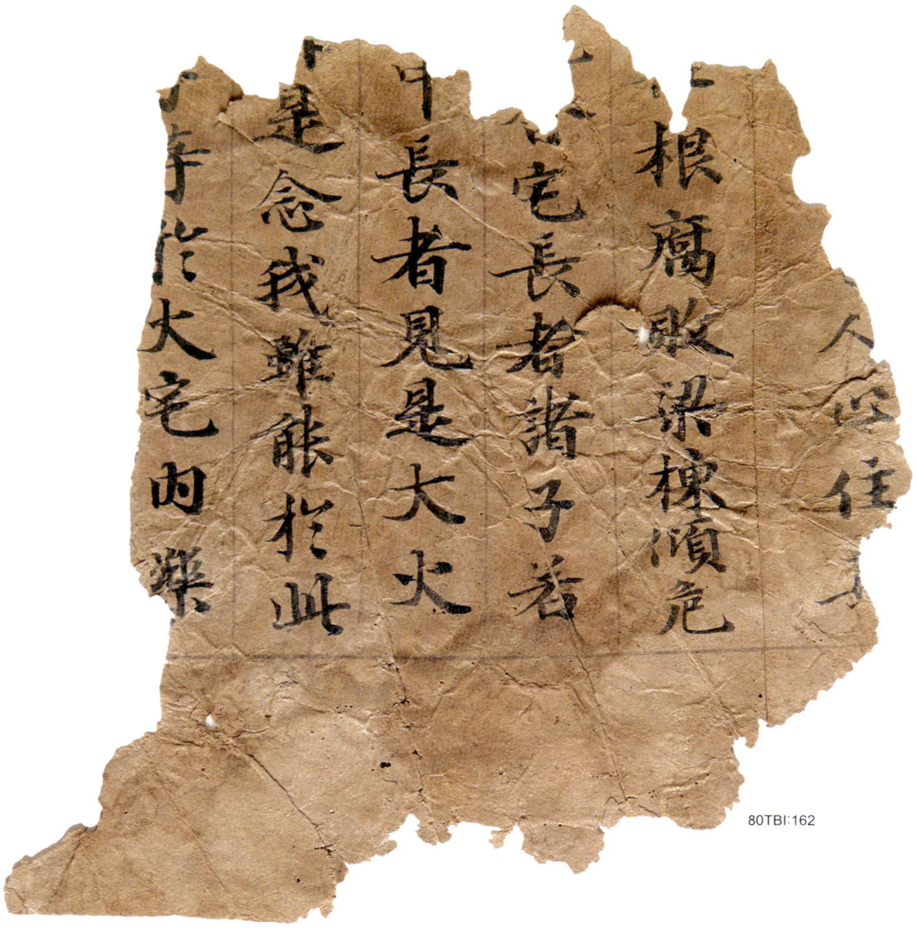

80TBI:162

0 2厘米

一八五 妙法蓮華經（卷二）譬喻品第三

《中華大藏經》第一五册 第五二一頁 中欄

《大正新修大藏經》第九册 第一二頁 中欄

人止住其
根腐敗梁棟傾危
舍宅長者諸子若
中長者見是大火
是念我雖能於此
等於火宅内樂

一八六 妙法蓮華經（卷二）譬喻品第三

《中華大藏經》第一五册 第五二一頁 中—下欄

《大正新修大藏經》第九册 第一二頁 中欄

稚未有所識
當爲說怖

［一］本片可與80TBI:316拼接，見拼合圖一二。

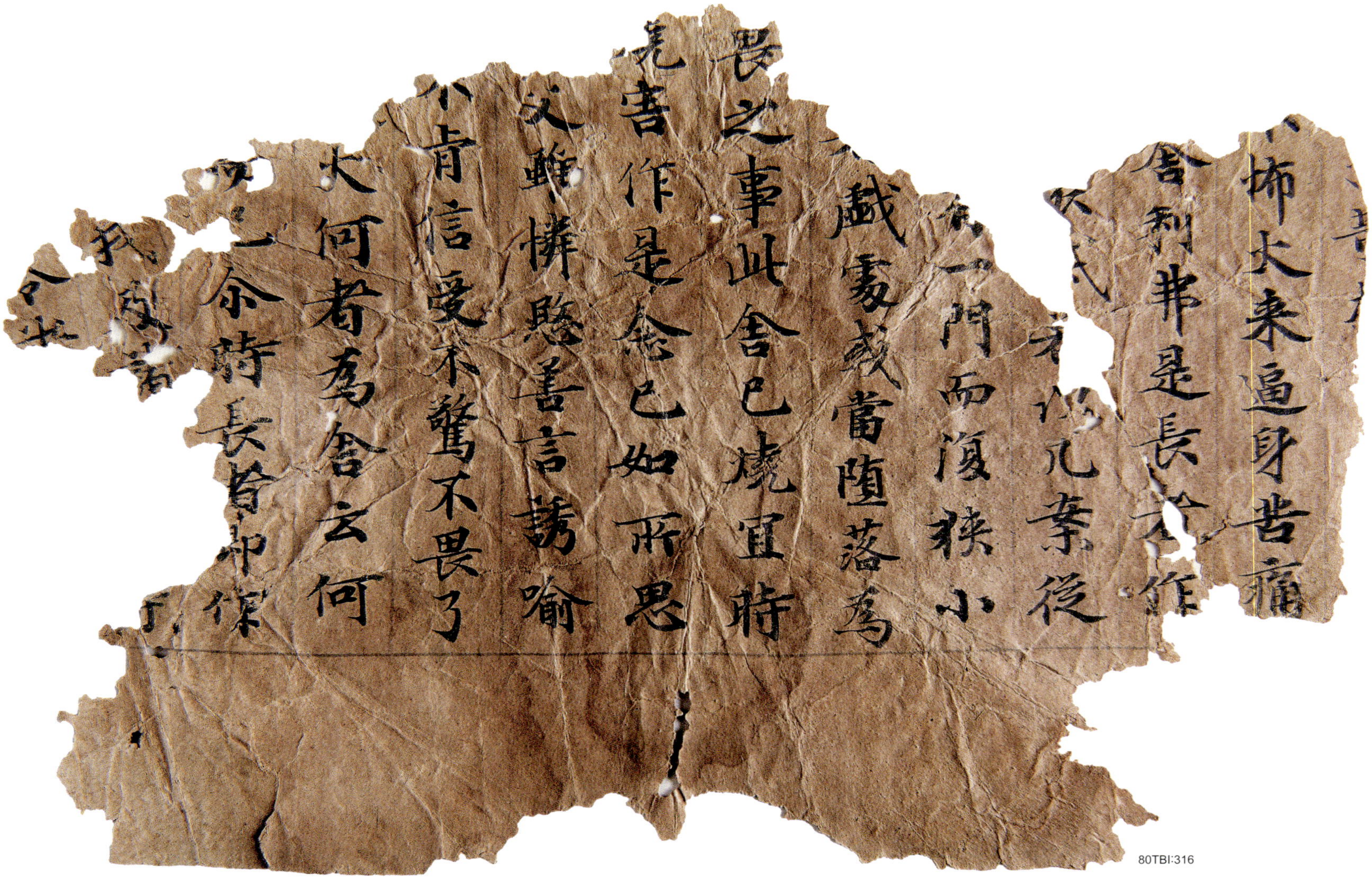
80TBI:316

0　2厘米

一八七　妙法蓮華經（卷二）譬喻品第三

《中華大藏經》第一五册　第五二一頁　中—下欄

《大正新修大藏經》第九册　第一二頁　中—下欄

[ ]怖火來逼身苦痛
[ ]舍利弗是長者作
[ ][若][以]〔一〕几案從
[ ][有]一門而復狹小
[ ]戲處或當墮落爲
[ ]畏之事此舍已燒宜時
[ ][燒]害作是念已如所思
[ ]父雖憐愍善言誘喻
[ ][不]肯信受不驚不畏了
[ ][火]何者爲舍云何
[ ][已]尒時長[者][即]作
[ ]我及諸[ ]
[ ]令[ ]

〔一〕本片可與80TBI:297拼接，見拼合圖二一。

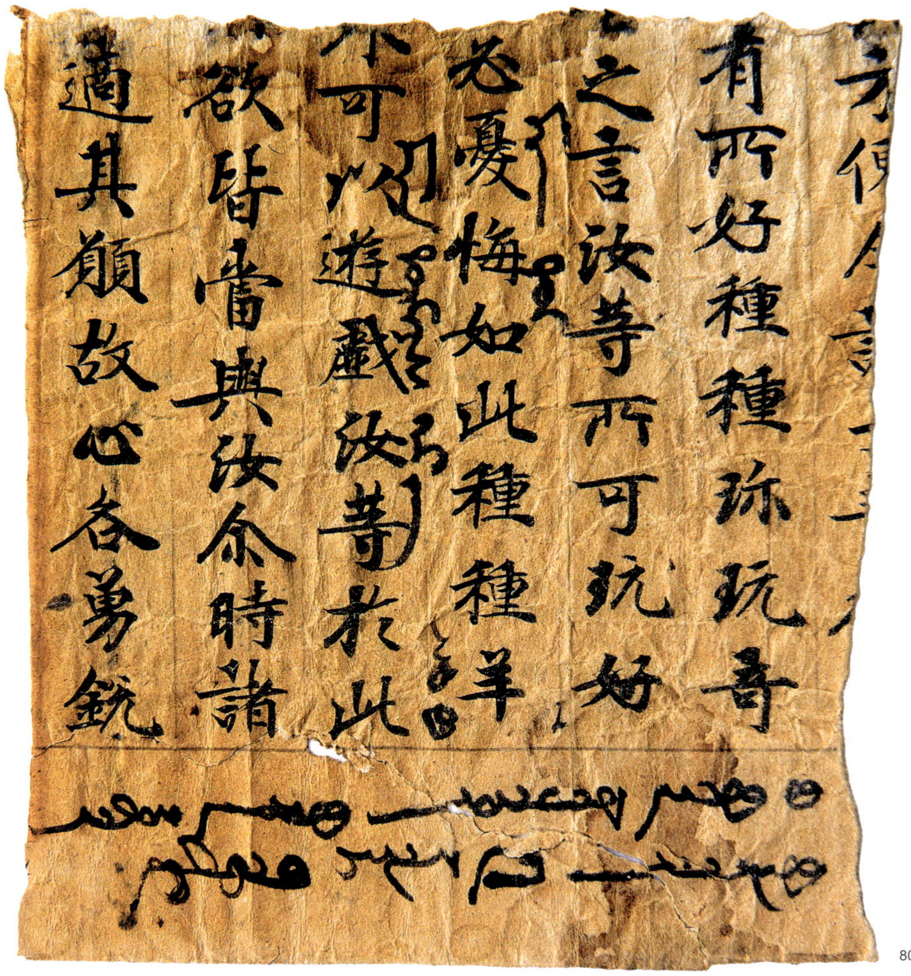

80TBI:750a

0　2厘米

一八八　妙法蓮華經（卷二）譬喻品第三

《中華大藏經》第一五册　第五一二頁　下欄

《大正新修大藏經》第九册　第一二頁　下欄

□[方][便][令][諸][子][等][得]
□有所好種種珎玩奇
□之言汝等所可玩好
□必憂悔如此種種羊
□[外]可以遊戲汝等於此
□欲皆當與汝尒時諸
□適其願故心各勇鋭

〔一〕本片有回鶻文批記。其背面即80TBI：750b爲回鶻文寫本。

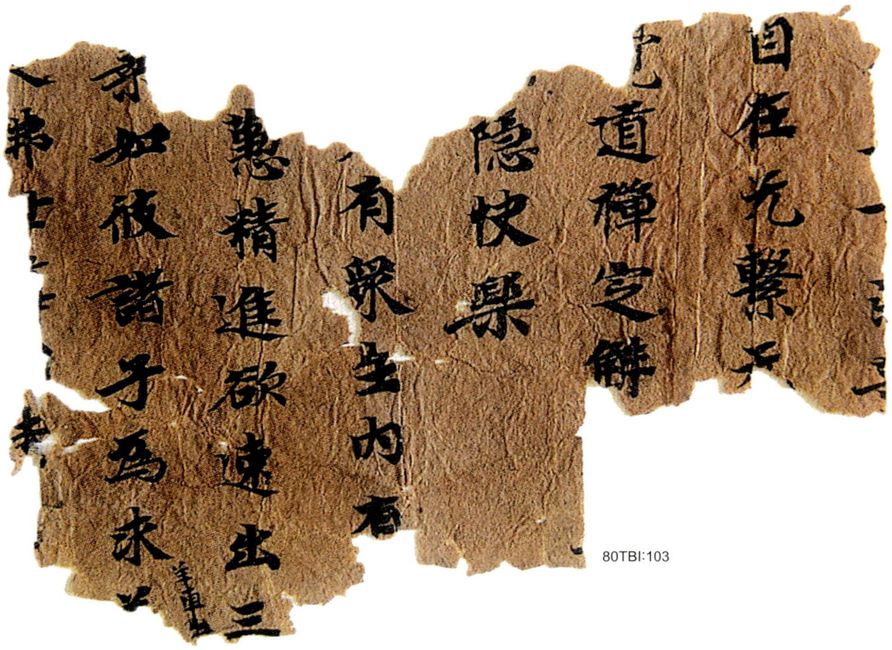

80TBI:103

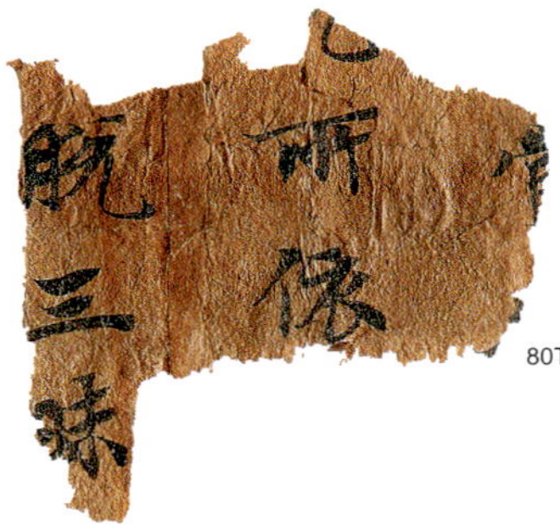

80TBI:411

一八九　妙法蓮華經（卷二）譬喻品第三

《中華大藏經》第一五册　第五二二頁　下欄

《大正新修大藏經》第九册　第一三頁　中欄

□[當]□
□[无]所依□
□脱三昧□

〔一〕本片可與80TBI:373、80TBI:103、80TBI:116、80TBI:481拼接，見拼合圖二二。

一九〇　妙法蓮華經（卷二）譬喻品第三

《中華大藏經》第一五册　第五二二頁　下欄—第五二三頁　上欄

《大正新修大藏經》第九册　第一三頁　中欄

□[是][言][汝][等]□
□自在无繫[无]□
□[覺]道禪定解□
□隱快樂
□[有]衆生内[有]□
□懃〔一〕精進欲速出三□
□[乘]如彼諸子爲求[羊]□
□[從][佛][世][尊][聞][法]□

〔一〕「懃」，今本作「勤」。

〔二〕本片可與80TBI:411、80TBI:373、80TBI:116拼接，見拼合圖二二。

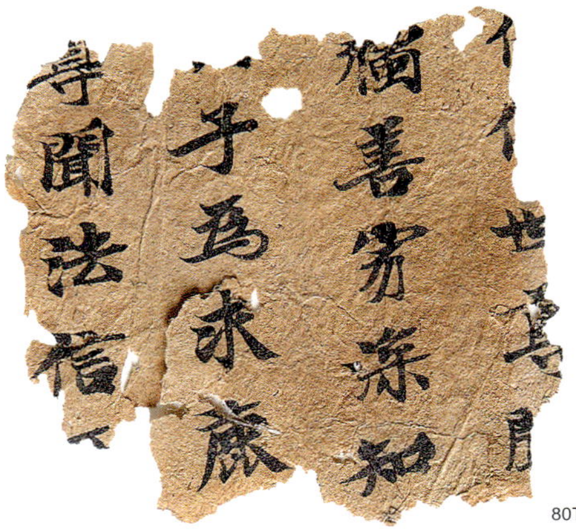

80TBI:116

0 2厘米

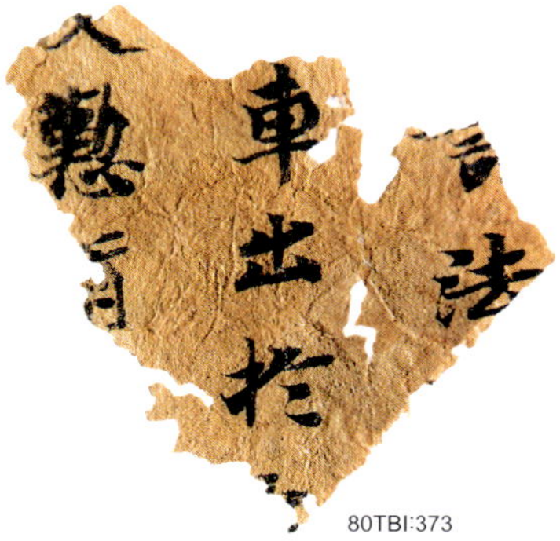

80TBI:373

0 2厘米

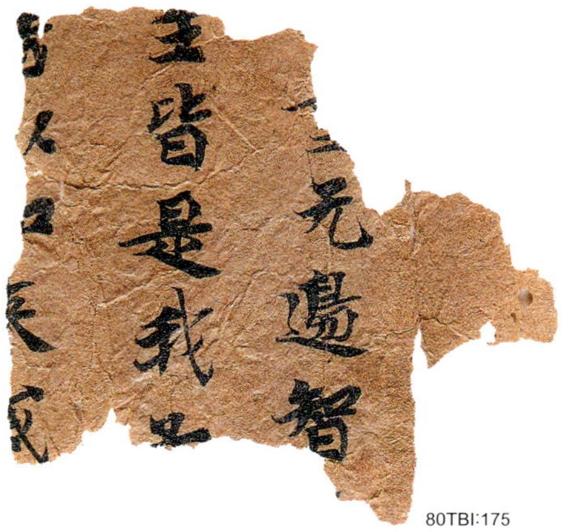

80TBI:175

0 2厘米

一九一 妙法蓮華經（卷二）譬喻品第三

《中華大藏經》第一五冊 第五二二頁 下欄—第五二三頁 上欄

《大正新修大藏經》第九冊 第一三頁 中欄

從佛世尊聞

獨善寂深知

子爲求鹿

尊聞法信受

〔一〕本片可與80TBI:411、80TBI:103、80TBI:373拼接，見拼合圖二二。

一九二 妙法蓮華經（卷二）譬喻品第三

《中華大藏經》第一五冊 第五二三頁 上欄

《大正新修大藏經》第九冊 第一三頁 中欄

諸法

車出於

受勲〔一〕修

〔一〕「勲」，今本作「勤」。

〔二〕本片可與80TBI:411、80TBI:103、80TBI:116拼接，見拼合圖二二。

一九三 妙法蓮華經（卷二）譬喻品第三

《中華大藏經》第一五冊 第五二三頁 上欄

《大正新修大藏經》第九冊 第一三頁 下欄

量无邊智

生皆是我子

皆以如來滅

〔一〕本片可與80TBI:481、80TBI:441、80TBI:471、80TBI:052拼接，見拼合圖二三。

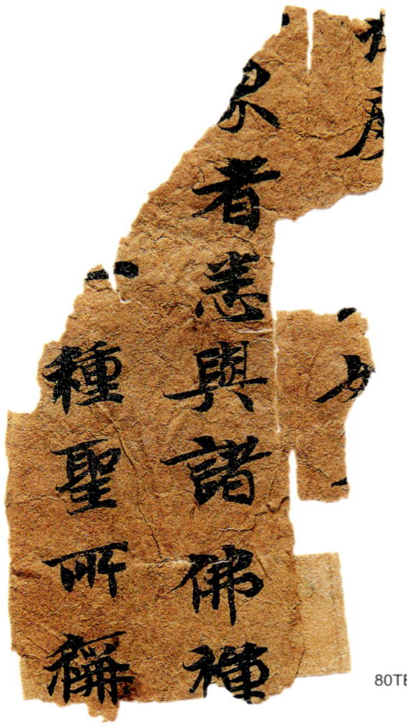

80TBI:481

0 2厘米

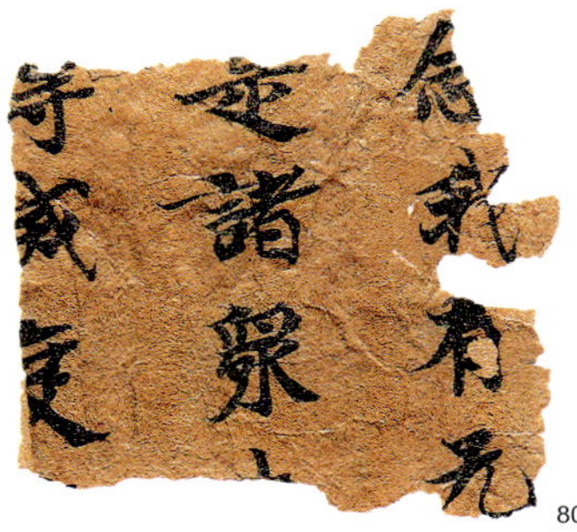

80TBI:441

0 2厘米

一九四 妙法蓮華經（卷二）譬喻品第三

《中華大藏經》第一五册 第五二三頁 上欄

《大正新修大藏經》第九册 第一三頁 下欄

滅度皆以如來

界者悉與諸佛禪

種聖所稱

〔一〕本片可與80TBI:175、80TBI:441、80TBI:052、80TBI:471拼接，見拼合圖二三。

一九五 妙法蓮華經（卷二）譬喻品第三

《中華大藏經》第一五册 第五二三頁 上欄

《大正新修大藏經》第九册 第一三頁 下欄

念我有无

是諸衆

得滅度

〔一〕本片可與80TBI:471、80TBI:175、80TBI:052、80TBI:481拼接，見拼合圖二三。

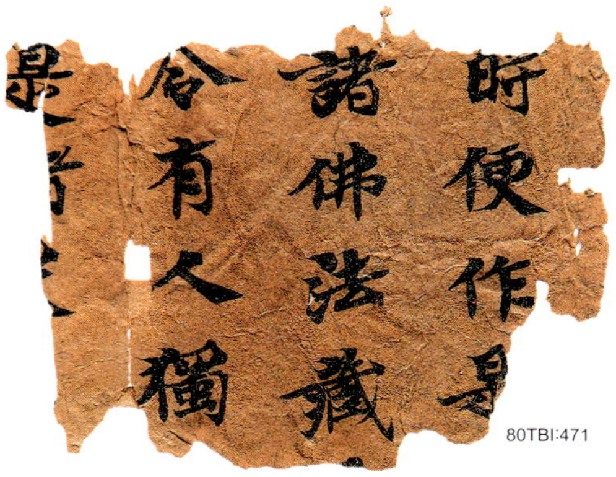

80TBI:471

0　2厘米

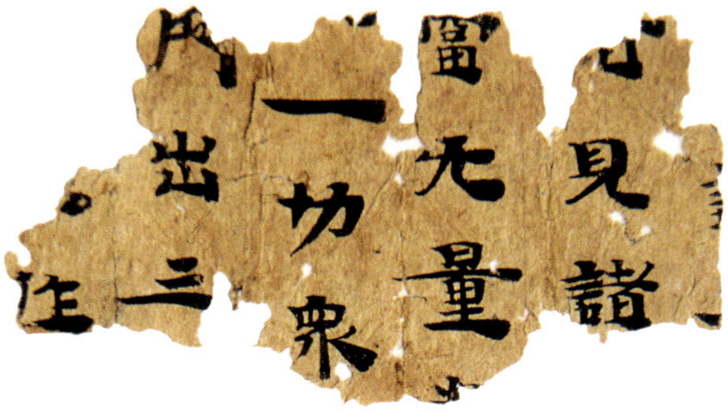

80TBI:720a-1

0　2厘米

一九六　妙法蓮華經（卷二）譬喻品第三

《中華大藏經》第一五册　第五二三頁　上欄

《大正新修大藏經》第九册　第一三頁　下欄

□時便作[是]□

□諸佛法藏□

□今有人獨□

□是[諸][衆][生]□

〔一〕本片可與80TBI:175、80TBI:441、80TBI:052、80TBI:481拚接，見拚合圖一三。

一九七　妙法蓮華經（卷二）譬喻品第三

《中華大藏經》第一五册　第五二三頁　上欄

《大正新修大藏經》第九册　第一三頁　中—下欄

□[者]見諸□

□富无量□

□一切衆□

□門出三□

□[作]□

〔一〕本片背面即80TBI:720b爲回鶻文寫本。

〔二〕80TBI:720a-2未定名，見未定名列表序號二五〇。

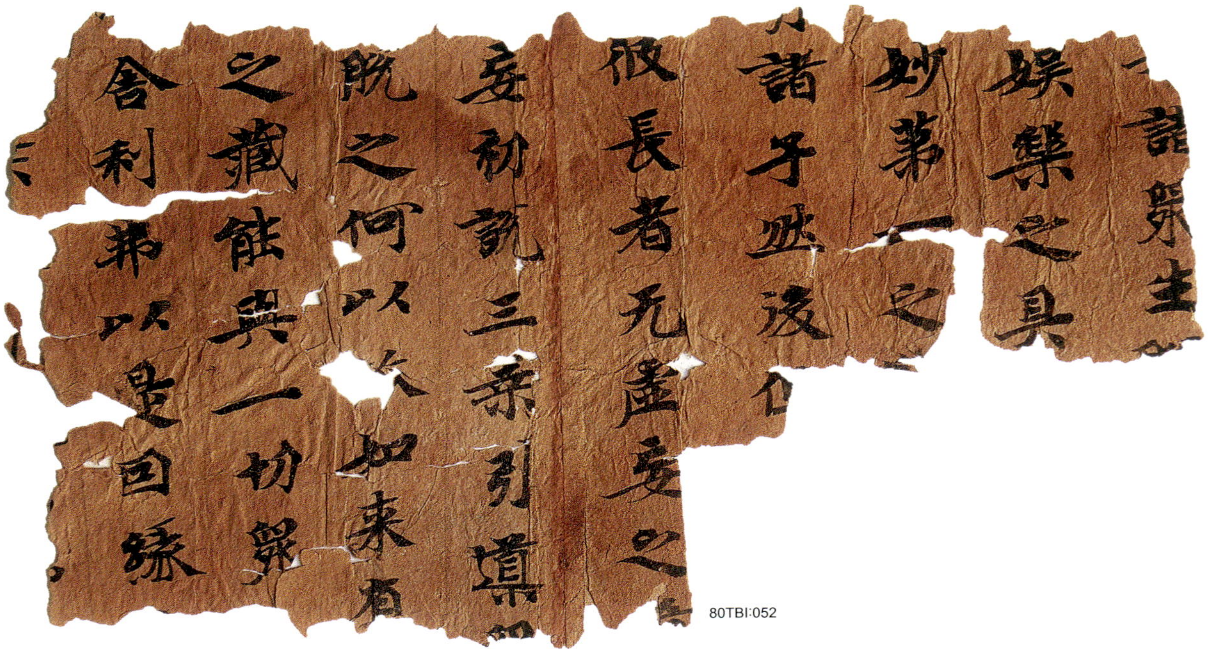

80TBI:052

0　2厘米

一九八　妙法蓮華經（卷二）譬喻品第三

《中華大藏經》第一五册　第五二三頁　上—中欄

《大正新修大藏經》第九册　第一三頁　下欄

是諸衆生脱

娱樂之具

妙第一之

諸子然後但

彼長者无虚妄之咎

妄初說三乘引導衆

脱之何以故如來有

之藏能與一切衆

舍利弗以是因緣

〔一〕本片可與80TBI:471、80TBI:441、80TBI:175、80TBI:481拚接，見拚合圖二三。

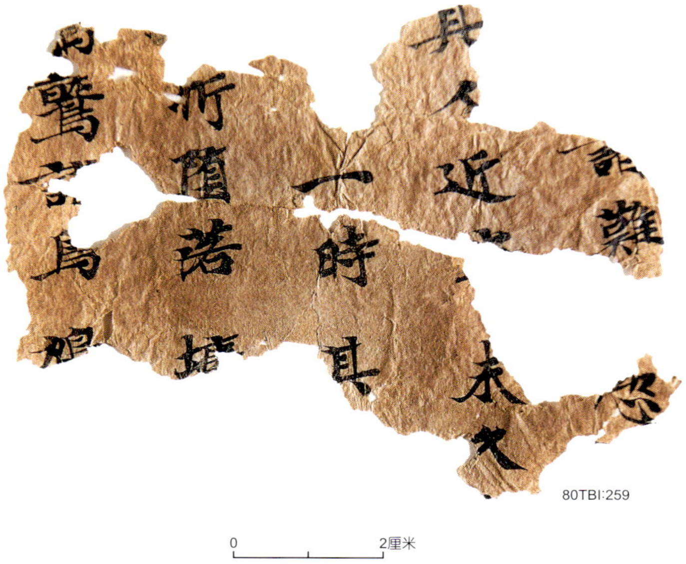

80TBI:259

一九九　妙法蓮華經（卷二）譬喻品第三

《中華大藏經》第一五冊　第五二三頁　下欄

《大正新修大藏經》第九冊　第一四頁　上欄

□諸難　恐□

其人近出　未久□

□一時　其□

□折墮落　牆□

□鵰鷲諸烏　鳩□

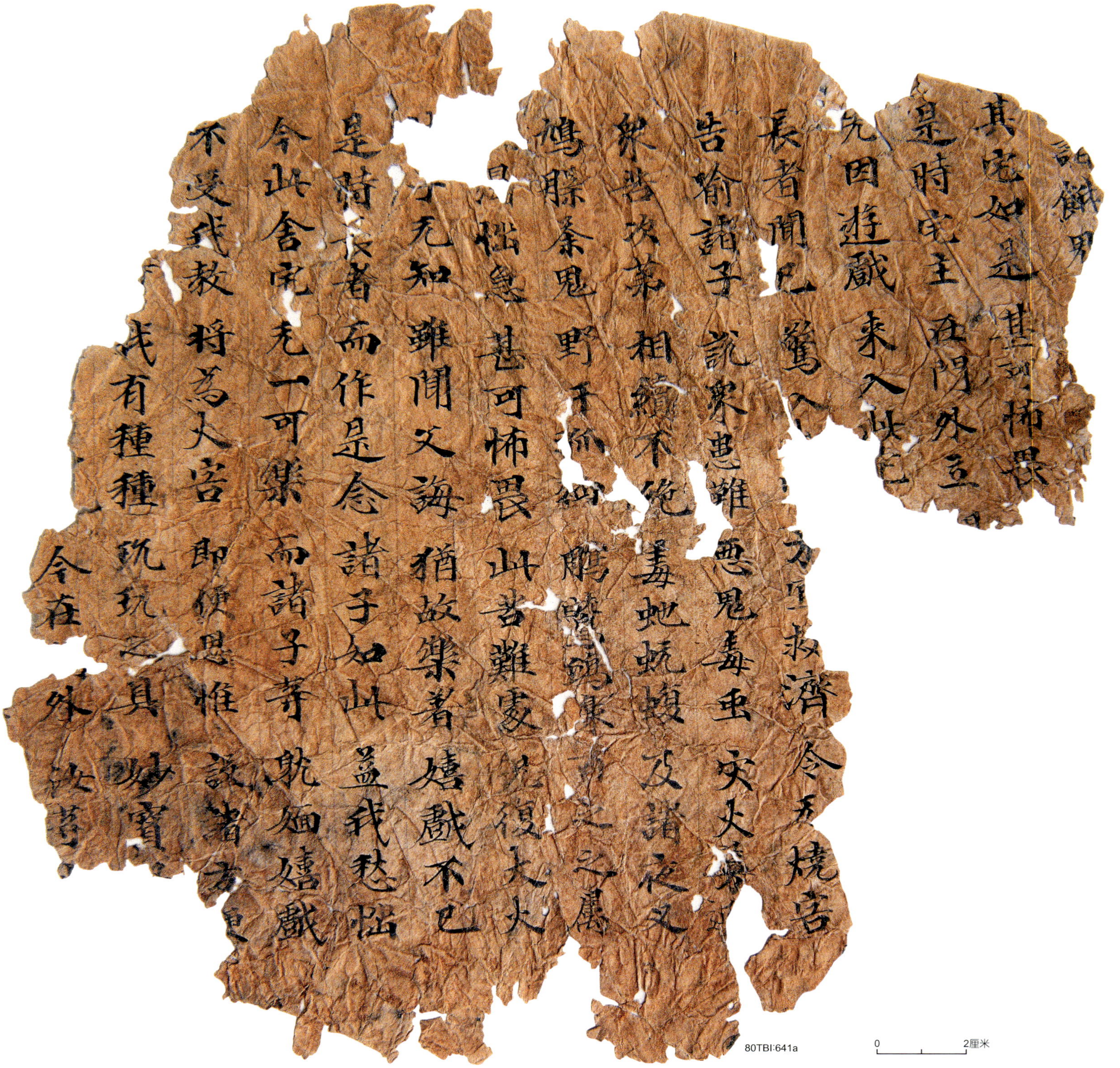

80TBI:641a　0　2厘米

二〇〇　妙法蓮華經（卷二）譬喻品第三

《中華大藏經》第一五册　第五二四頁　上—中欄

《大正新修大藏經》第九册　第一四頁　中欄

□[諸餓鬼]　□　□　□

其宅如是　其可怖畏　□　□

是時宅主　在門外立　□　□

先因遊戲　來入此[宅]　□　□

長者聞已　驚入□　[方宜]救濟　今无燒害

告喻諸子　說衆患難　惡鬼毒虫　灾火□

衆苦次第　相續不絶　毒虵蚖蝮　及諸夜叉

鳩槃荼鬼　野干狐狗　雕鷲鵄梟　百足之屬

□[渴]惱急　甚可怖畏　此苦難處　況復大火

□[子]无知　雖聞父誨　猶故樂著　嬉戲不已

是時長者　而作是念　諸子如此　益我愁惱

今此舍宅　无一可樂　而諸子等　耽湎嬉戲

不受我教　將爲火害　即便思惟　設諸方[便]

□　我有種種　珎玩之具　妙寶□

□　□　今在□外　汝等□

〔一〕本片背面即80TBI:641b爲回鶻文寫本。

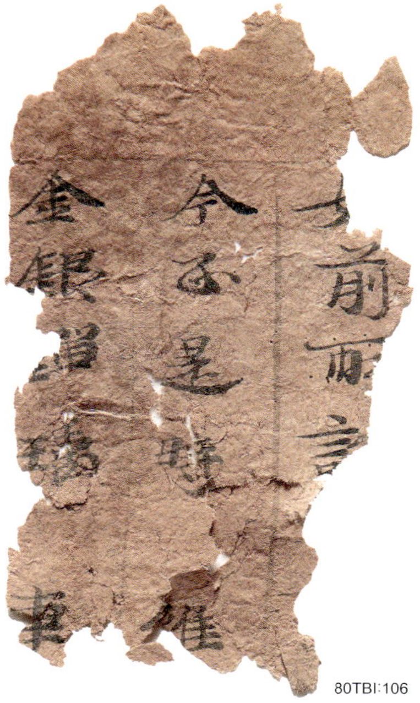

80TBI:106

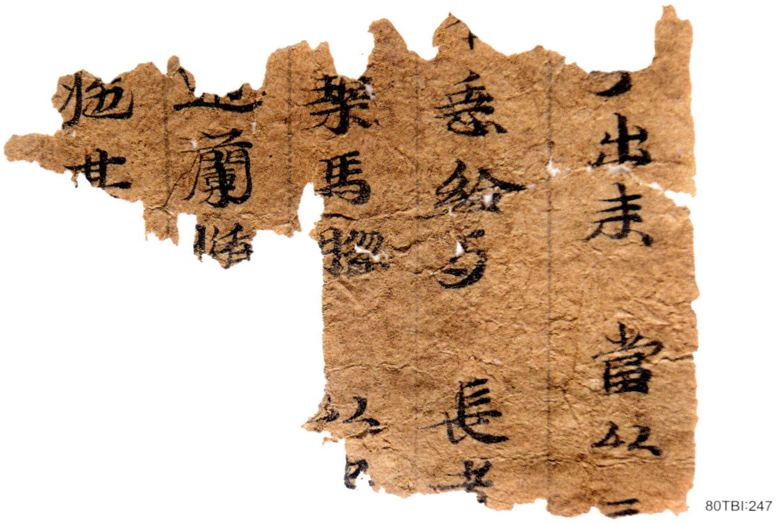

80TBI:247

二〇一 妙法蓮華經（卷二）譬喻品第三

《中華大藏經》第一五冊 第五二四頁 中欄

《大正新修大藏經》第九冊 第一四頁 下欄

如前所許

今正是時 唯

金銀瑠璃 硨

〔一〕本片可與80TBI:247、80TBI:475、80TBI:477拚接，見拚合圖二四。

二〇二 妙法蓮華經（卷二）譬喻品第三

《中華大藏經》第一五冊 第五二四頁 中欄

《大正新修大藏經》第九冊 第一四頁 下欄

子出來 當以三

垂給与 長者

渠馬腦 以衆

匝蘭楯〔一〕

施其

〔一〕「蘭」，今本作「欄」。

〔二〕本片可與80TBI:106、80TBI:475、80TBI:477拚接，見拚合圖二四。

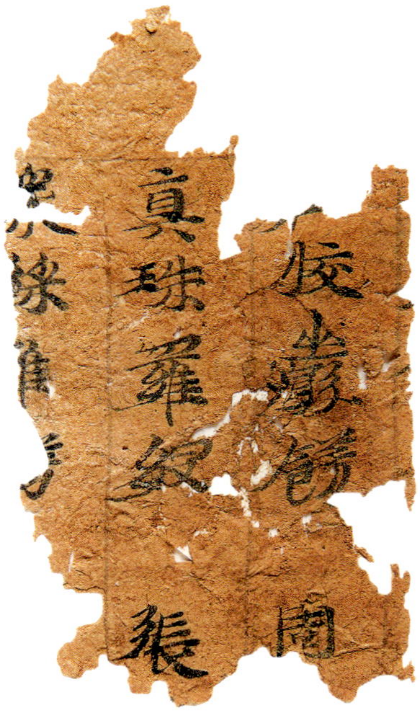

80TBI:475

0 2厘米

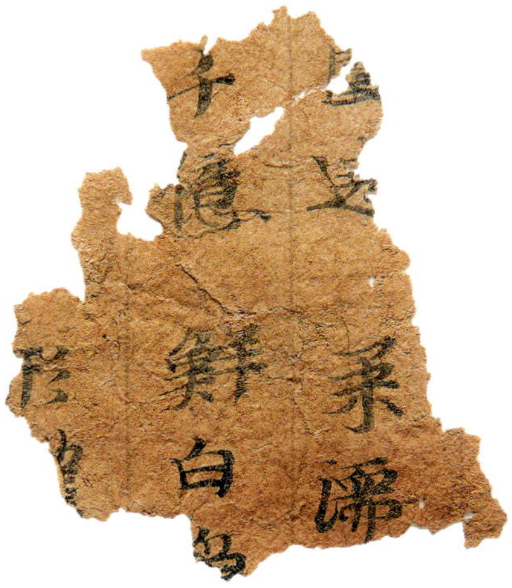

80TBI:477

0 2厘米

二〇三　妙法蓮華經（卷二）譬喻品第三

《中華大藏經》第一五册　第五二四頁　中—下欄

《大正新修大藏經》第九册　第一四頁　下欄

□校嚴飾　周□

真珠羅網　張□

衆綵雜飾□

〔一〕本片可與80TBI:106、80TBI:247、80TBI:477拼接，見拼合圖二四。

二〇四　妙法蓮華經（卷二）譬喻品第三

《中華大藏經》第一五册　第五二四頁　下欄

《大正新修大藏經》第九册　第一四頁　下欄

□圍繞　柔濡〔一〕□

□千億　鮮白淨□

□形體□

〔一〕「濡」，今本爲「軟」。

〔二〕本片可與80TBI:106、80TBI:247、80TBI:475拼接，見拼合圖二四。

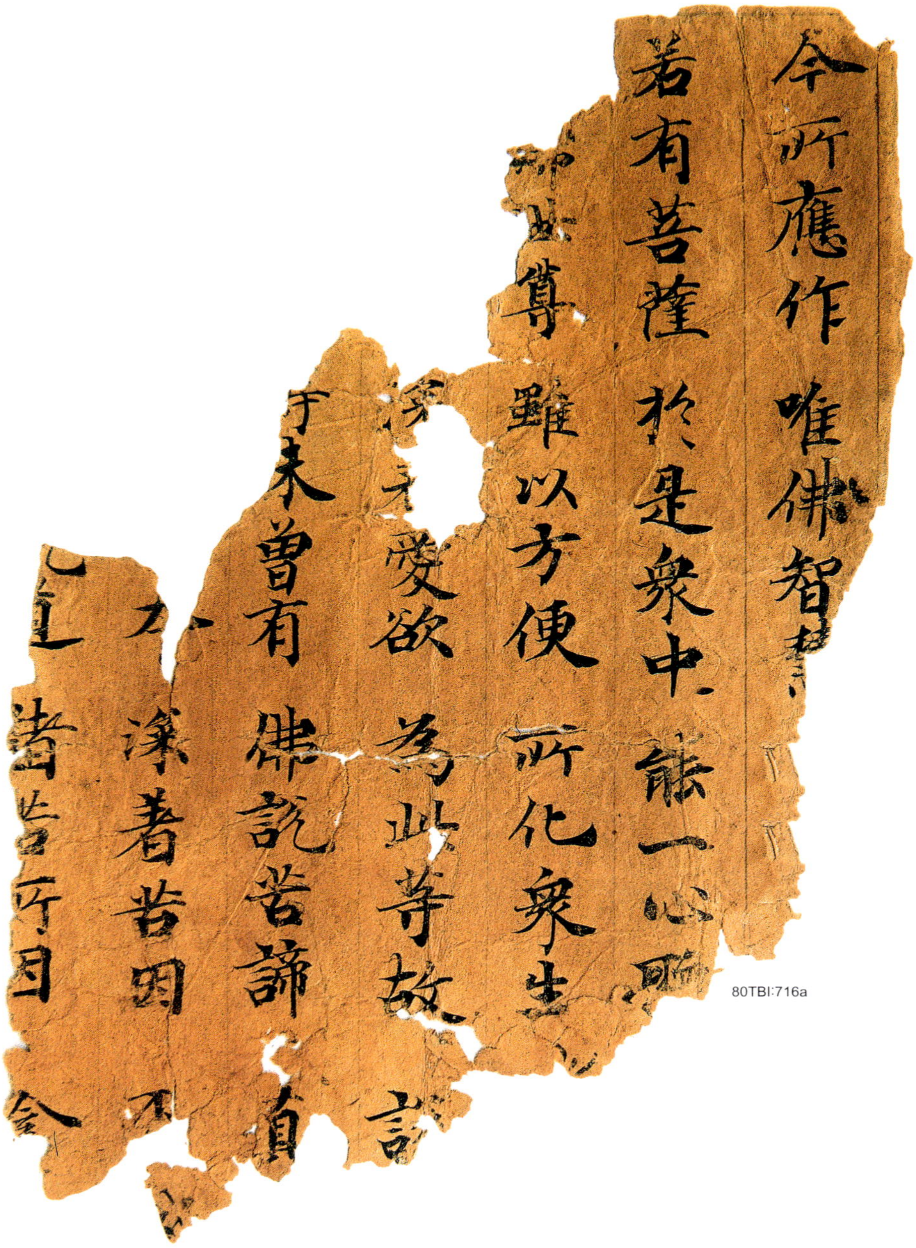

80TBI:716a

0　2厘米

二〇五　妙法蓮華經（卷二）譬喻品第三

《中華大藏經》第一五册　第五二五頁　上欄

《大正新修大藏經》第九册　第一五頁　上欄

今所應作　唯佛智[慧]　□

若有菩薩　於是衆中　能一心[聽]　□

□[世]尊　雖以方便　所化衆生　□

□[深][著]愛欲　爲此等故　[説]□

□[得][未]曾有　佛説苦諦　[真]□

□□[本]　深著苦因　[不]□

□[説]道　[諸][苦][所][因]　[貪]□

〔一〕本片可與80TBI:652a拼接，見拼合圖二五。其背面即80TBI:716b爲回鶻文寫本。

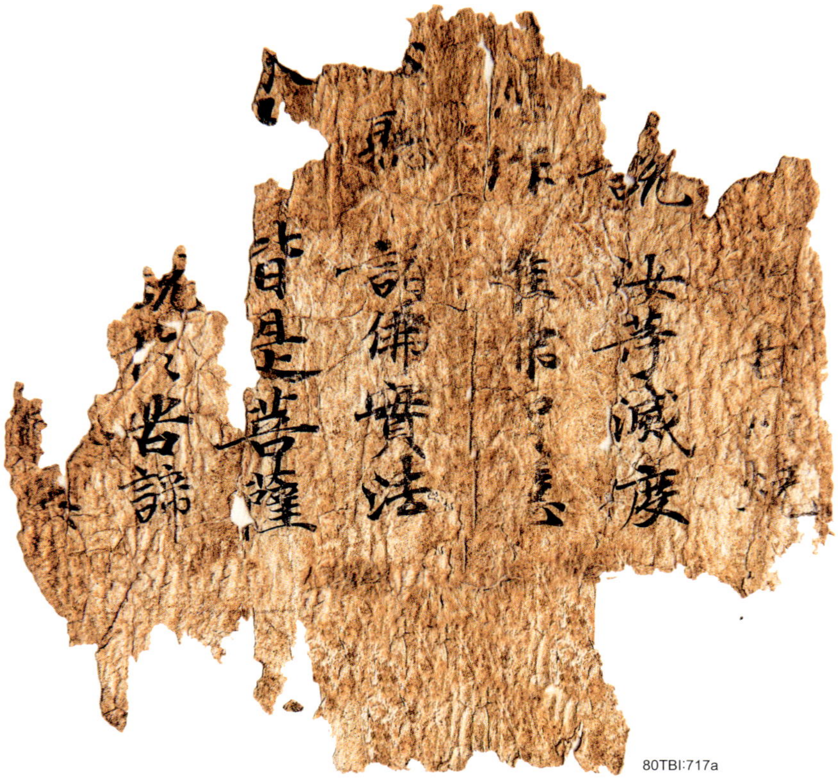

80TBI:717a

0 2厘米

二〇六　妙法蓮華經（卷二）譬喻品第三

《中華大藏經》第一五册 第五二五頁 上欄

《大正新修大藏經》第九册 第一五頁 上欄

說　汝等滅度

所應作　唯佛智慧

心聽　諸佛實法

衆生　皆是菩薩

說於苦諦

〔一〕本片背面即80TBI:717b爲回鶻文寫本。

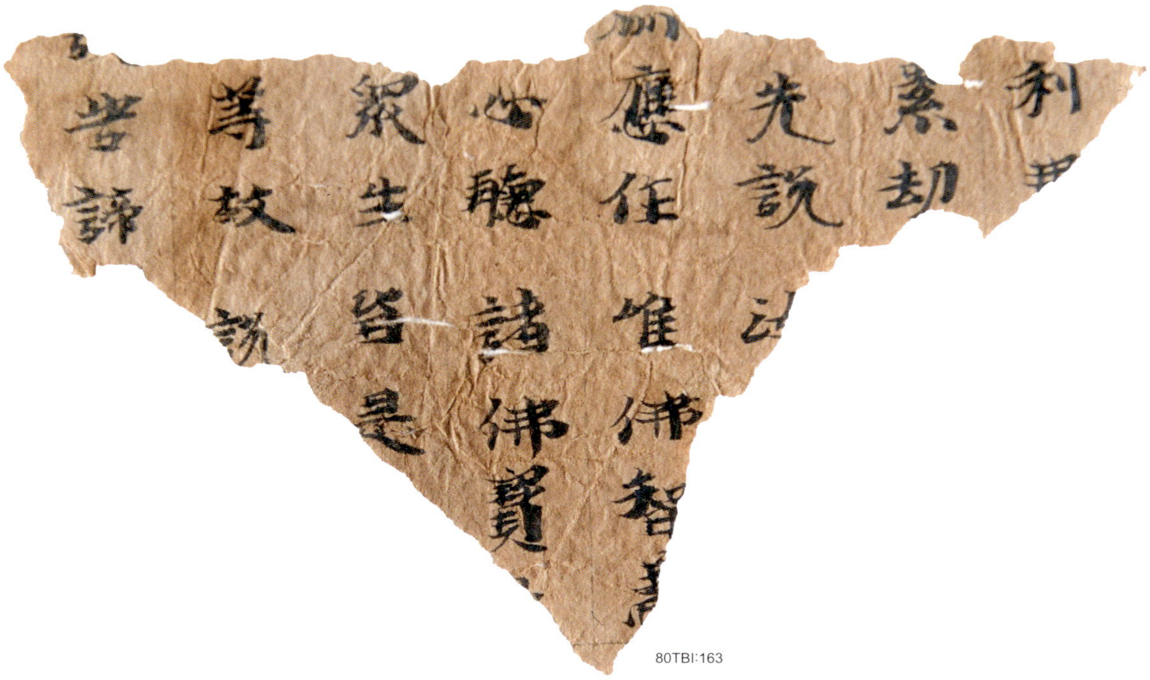

80TBI:163

0 2厘米

二〇七　妙法蓮華經（卷二）譬喻品第三

《中華大藏經》第一五册　第五二五頁　上欄

《大正新修大藏經》第九册　第一五頁　上欄

利[弗]

[累]劫

先説　[汝]

[所]應作　唯佛智[慧]

心聽　諸佛寶[法]

衆生　皆是

等故　[説]

[説]苦諦

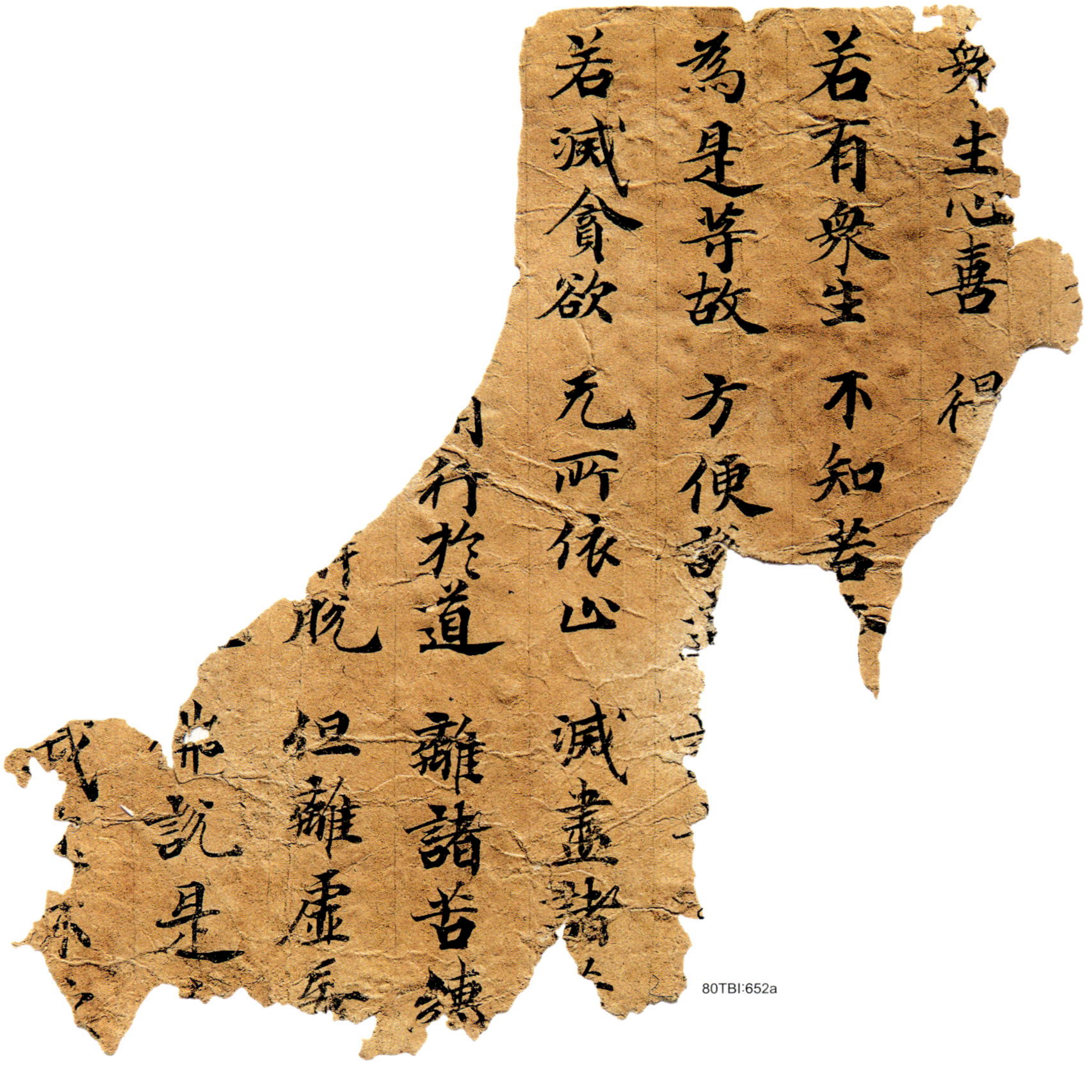

80TBI:652a

0　2厘米

二〇八　妙法蓮華經（卷二）譬喻品第三

《中華大藏經》第一五册　第五二五頁　上—中欄
《大正新修大藏經》第九册　第一五頁　上—中欄

（前缺）
□衆生心喜　得□
□若有衆生　不知苦本　□
□爲是等故　方便說道　諸□
□若滅貪欲　无所依止　滅盡諸苦□
□　修行於道　離諸苦縛□
□解脱　但離虛妄□
□　佛說是人□
□　滅度我爲□

〔一〕本片可與80TBI:716a拼接，見拼合圖二五。其背面即80TBI:652b爲回鶻文寫本。

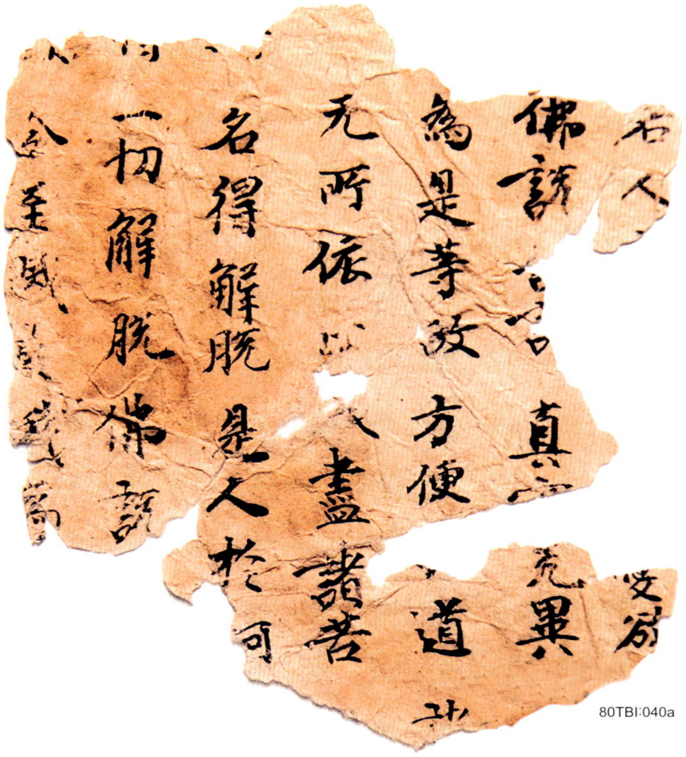

80TBI:040a

0　2厘米

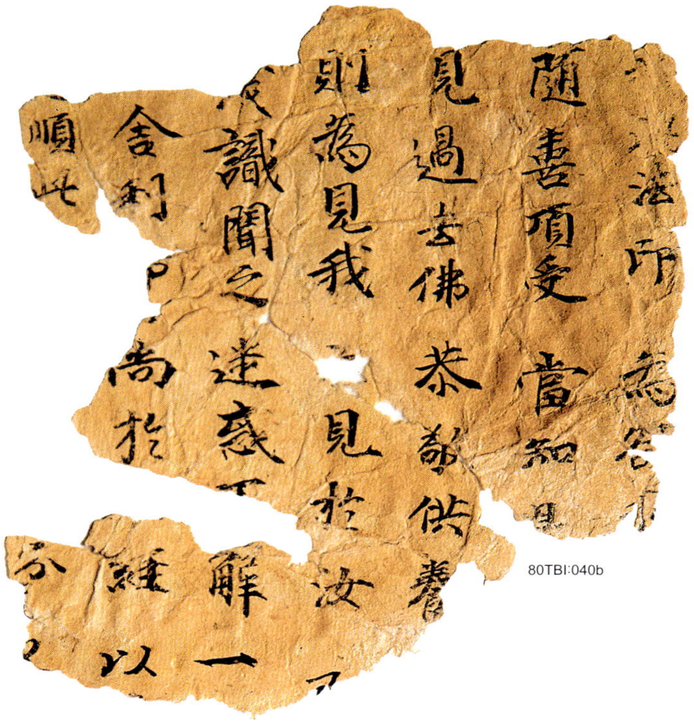

80TBI:040b

0　2厘米

二〇九　妙法蓮華經（卷二）譬喻品第三

《中華大藏經》第一五册　第五二五頁　上—中欄
《大正新修大藏經》第九册　第一五頁　上—中欄

□若人□　□愛欲□　□
□佛説苦諦　真實无異　□
□爲是等故　方便説道　諸□
□无所依止　滅盡諸苦　□
□縛名得解脱　是人於何　□
□得一切解脱　佛説□
□令至滅度　我爲□

二一〇　妙法蓮華經（卷二）譬喻品第三

《中華大藏經》第一五册　第五二五頁　中欄
《大正新修大藏經》第九册　第一五頁　中欄

□我此法印　爲欲利□
□隨喜頂受　當知是□
□見過去佛　恭敬供養□
□則爲見我　亦見於汝□
□淺識聞之　迷惑不解　一□
□舍利佛　尚於此經　以□
□順此□

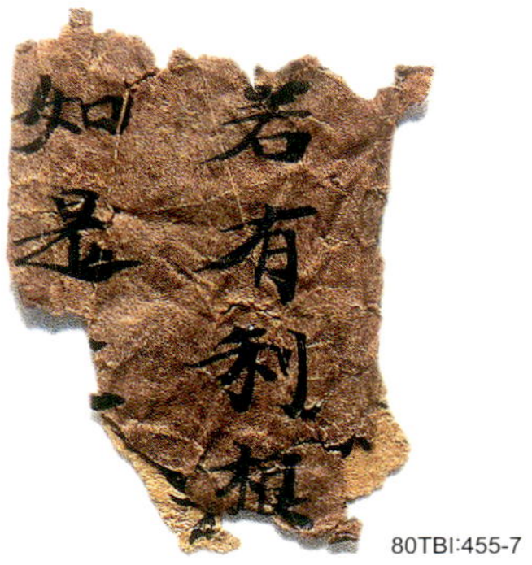
80TBI:455-7

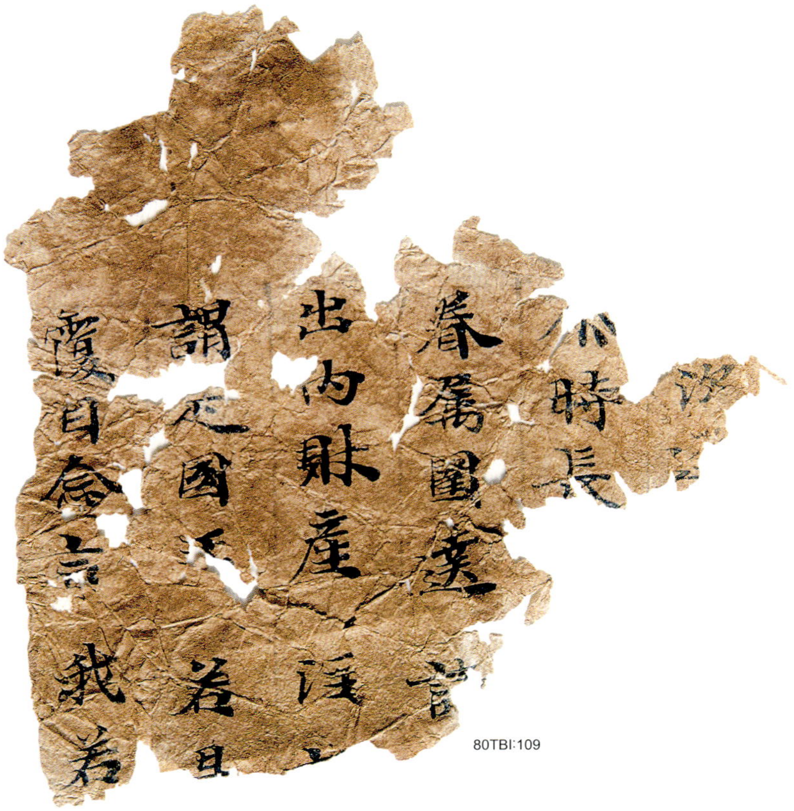
80TBI:109

二一一　妙法蓮華經（卷二）譬喻品第三

《中華大藏經》第一五册　第五二六頁　中欄

《大正新修大藏經》第九册　第一六頁　上欄

□若有利根□

□如是之人□

〔一〕80TBI:455共有十五片，其中80TBI:455-9爲「合部金光明經（卷三）陀羅尼最净地品第六」，參見列表序號二九三。80TBI:455-15爲「請觀世音菩薩消伏毒害陀羅尼咒經（卷一）」，參見列表序號四三八。80TBI:455-1~6、8、10~14未定名，見未定名列表序號二三四。

二一二　妙法蓮華經（卷二）信解品第四

《中華大藏經》第一五册　第五二八頁　下欄—第五二九頁　上欄

《大正新修大藏經》第九册　第一八頁　上欄

□次經□

尒時長□

眷屬圍遶　諸□

出内財産　注記□

謂是國王　若是〔一〕□

覆自念言　我若□

〔一〕「是」，今本作「國」。

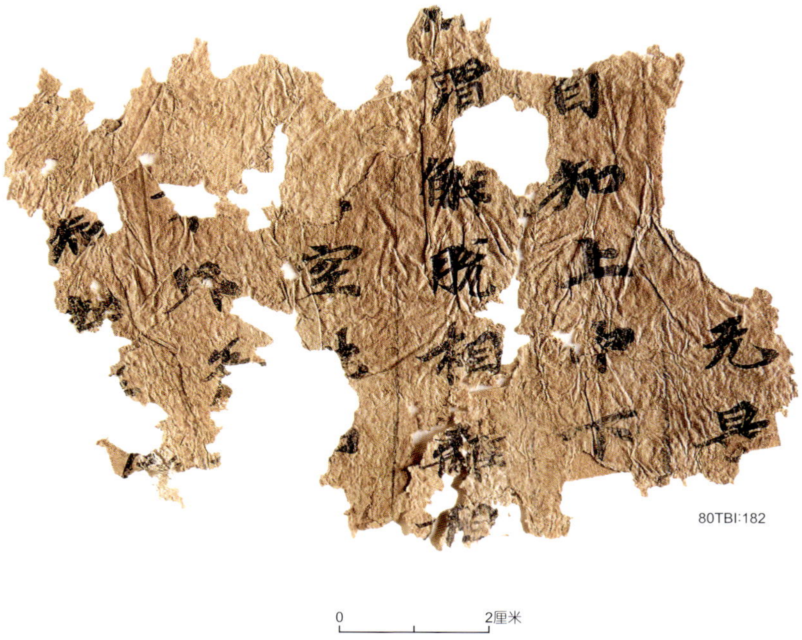

80TBI:182

二一三　妙法蓮華經（卷三）藥草喻品第五

《中華大藏經》第一五册　第五三四頁　上欄

《大正新修大藏經》第九册　第一九頁　下欄

无礙

自知上中下

謂解脱相離相

空佛

即爲

如來

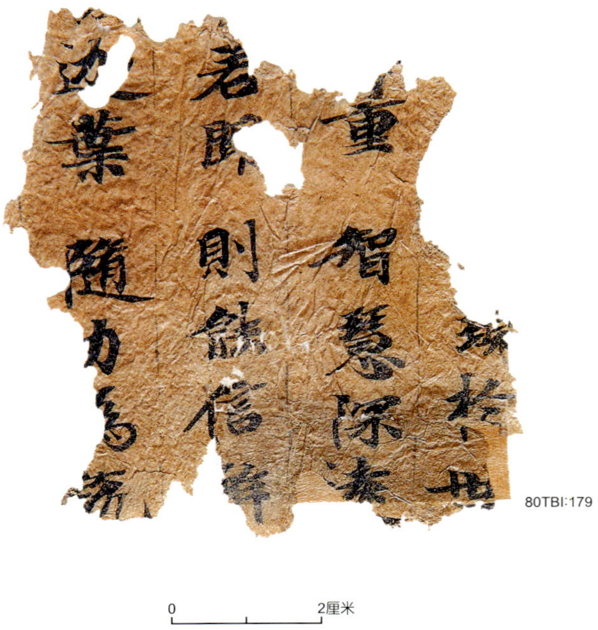
80TBI:179

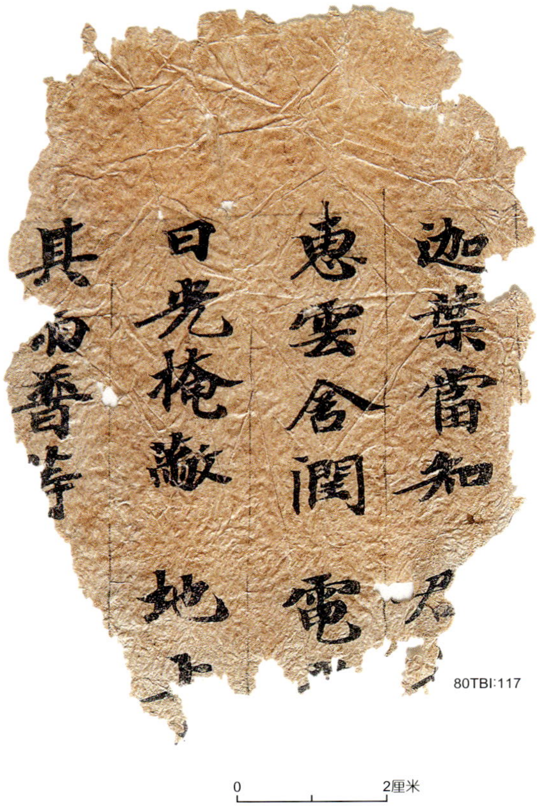
80TBI:117

二一四　妙法蓮華經（卷三）藥草喻品第五

《中華大藏經》第一五册　第五三四頁　上欄
《大正新修大藏經》第九册　第一九頁　下欄

□現於世[一]□
□重　智慧深遠□
□若聞　則能信解□
□迦業　隨力爲説□

〔一〕「現於世」，今本作「現地間」。
〔二〕本片可與80TBI:117拼接，見拼合圖二六。

二一五　妙法蓮華經（卷三）藥草喻品第五

《中華大藏經》第一五册　第五三四頁　上—中欄
《大正新修大藏經》第九册　第一九頁　下欄

迦業當知　辟如□
惠[一]雲含潤　電光□
日光掩蔽　地上□
其雨普等□

〔一〕「惠」，今本作「慧」。
〔二〕本片可與80TBI:179拼接，見拼合圖二六。

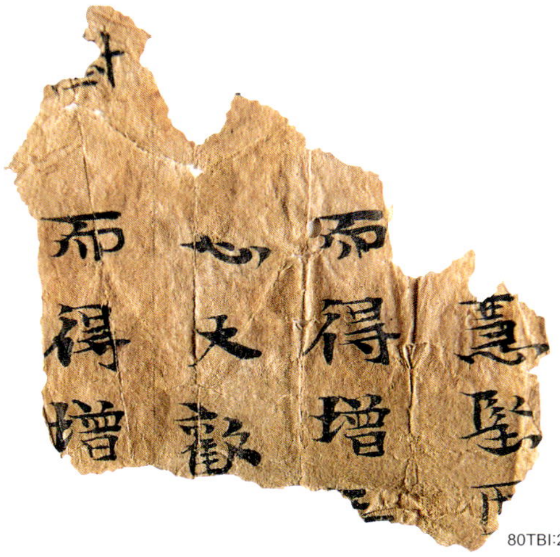

80TBI:221

0　2厘米

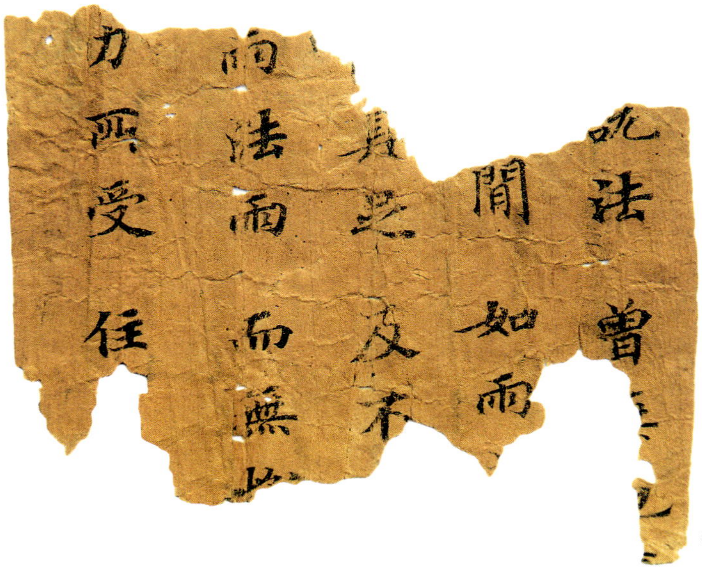

80TBI:728a

0　2厘米

二一六　妙法蓮華經（卷三）藥草喻品第五

《中華大藏經》第一五册　第五三四頁　下欄

《大正新修大藏經》第九册　第二〇頁　上欄

□［說］法　曾［無］□

□間　如雨□

□［具］足　及不□

□雨法雨　而無［懈］□

□［力］所受　住□

〔一〕本片背面即80TBI：728b爲回鶻文寫本。

二一七　妙法蓮華經（卷三）藥草喻品第五

《中華大藏經》第一五册　第五三五頁　上欄

《大正新修大藏經》第九册　第二〇頁　中欄

□［慧］堅［固］□

□而得增［長］□

□心大歡□

□而得增□

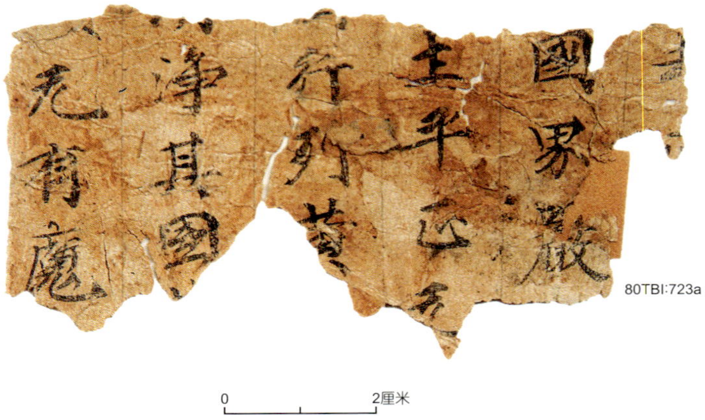
80TBI:723a

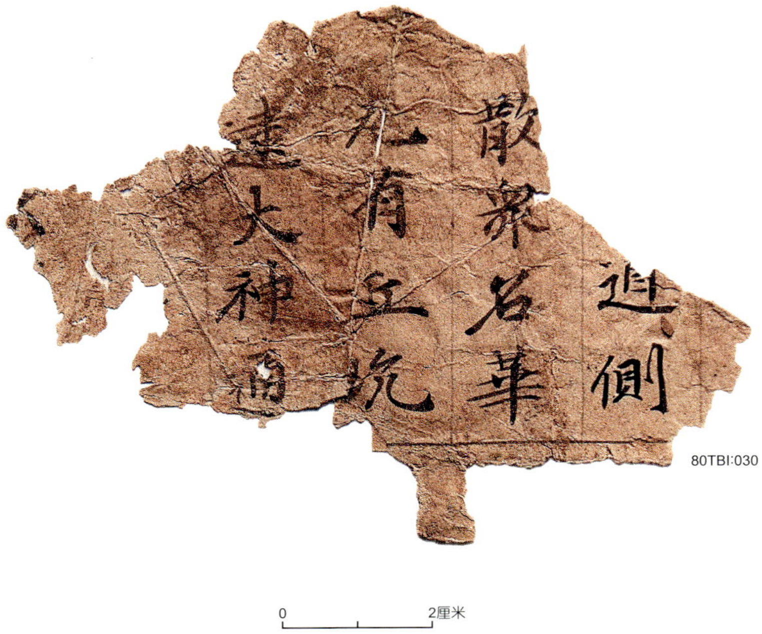
80TBI:030

二一八　妙法蓮華經（卷三）授記品第六

《中華大藏經》第一五册　第五三五頁　中欄

《大正新修大藏經》第九册　第二〇頁　下欄

□國界[嚴]□

□土平正[无]□

□行列[黄]□

□淨其國□

□无有魔□

〔一〕本片可與80TBI:678a、80TBI:065a、80TBI:030、80TBI:180拼接，見拼合圖二七。

〔二〕本片另面即80TBI:723b爲回鶻文寫本。

二一九　妙法蓮華經（卷三）授記品第六

《中華大藏經》第一五册　第五三五頁　中—下欄

《大正新修大藏經》第九册　第二〇頁　下欄

□[道]側

□散衆名華

□无有丘坑

□逮大神通

〔一〕本片可與80TBI:678a、80TBI:065a、80TBI:723a、80TBI:180拼接，見拼合圖二七。

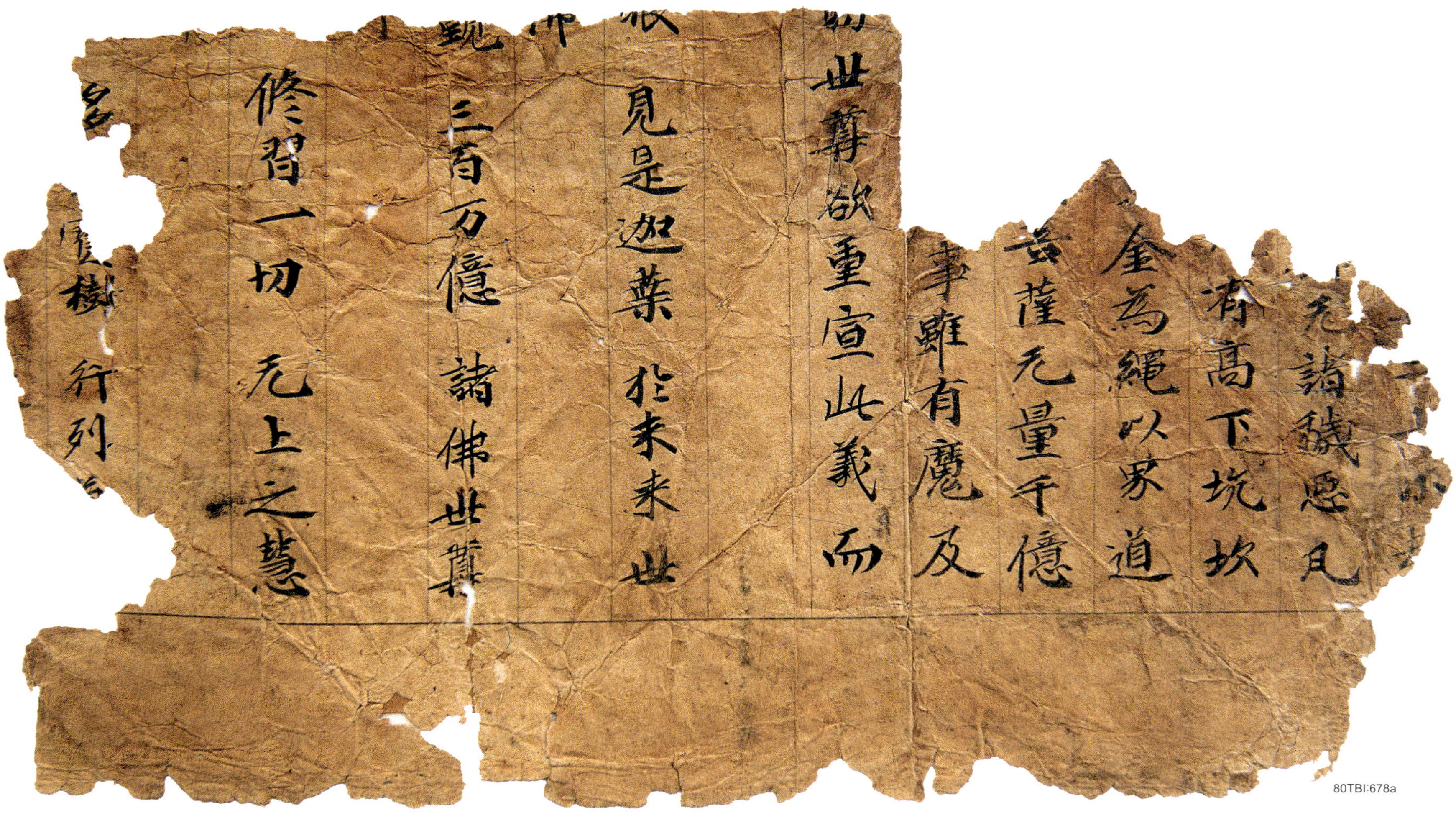

80TBI:678a

二三〇　妙法蓮華經（卷三）授記品第六

《中華大藏經》第一五册　第五三五頁　中欄

《大正新修大藏經》第九册　第二〇頁　下欄

□无諸穢惡瓦

□有高下坑坎

□金爲繩以界道

□菩薩无量千億

□事雖有魔及

□時世尊欲重宣此義而

□

□見是迦業　於未來世

□

□三百万億　諸佛世尊

□

□修習一切　无上之慧

□

□多諸寶樹　行列道□

〔一〕本片可與80TBI:065a、80TBI:030、80TBI:723a、80TBI:180拼接，見拼合圖二七。其背面即80TBI:678b爲回鶻文寫本。

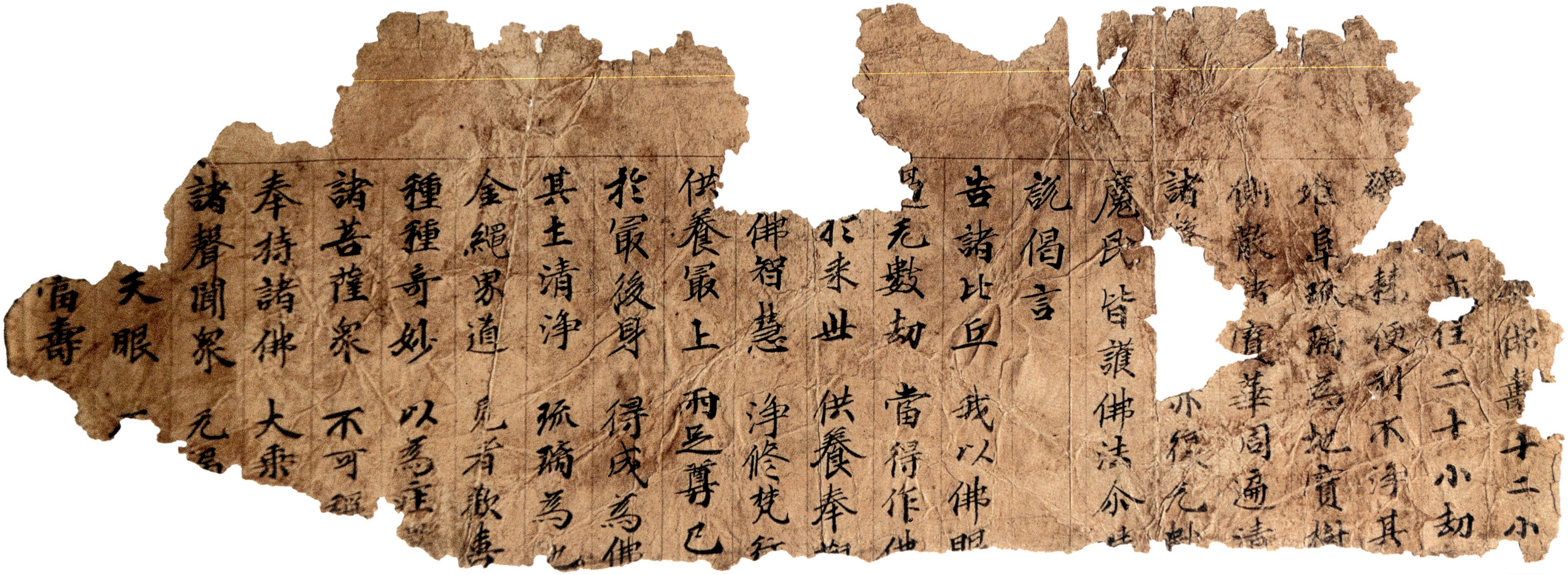

80TBI:065a

0 2厘米

二二一 妙法蓮華經（卷三）授記品第六

《中華大藏經》第一五册 第五三五頁 中—下欄

《大正新修大藏經》第九册 第二〇頁 下欄

□[嚴]佛[壽]十二小□
□[法]亦住二十小劫□
[礫]□棘便利不浄其□
堆阜琉璃爲地寶樹□
側散諸寶華周遍[清]□
諸聲□亦復无[數]□
魔民皆護佛法尒[時]□
説偈言
告諸比丘　我以佛[眼]□
[過]无數劫　當得作[佛]□
□於來世　供養奉[覲]□
□佛智慧　浄修梵[行]□
供養最上　兩〔一〕足尊已□
於最後身　得成爲[佛]□
其土清浄　琉璃爲[地]□
金繩界道　見者歡[喜]□
種種奇妙　以爲莊[嚴]□
諸菩薩衆　不可[稱]□
奉持諸佛　大乘□
諸聲聞衆　无[漏]□
□天眼　□
□[當]壽　□

〔一〕「兩」，今本作「二」。
〔二〕本片可與80TBI:678a、80TBI:030、80TBI:723a、80TBI:180拼接，見拼合圖二七。其背面即80TBI:065b有少量回鶻文批記。

一二二　妙法蓮華經（卷三）授記品第六

《中華大藏經》第一五册　第五三五頁　下欄

《大正新修大藏經》第九册　第二〇頁　下欄

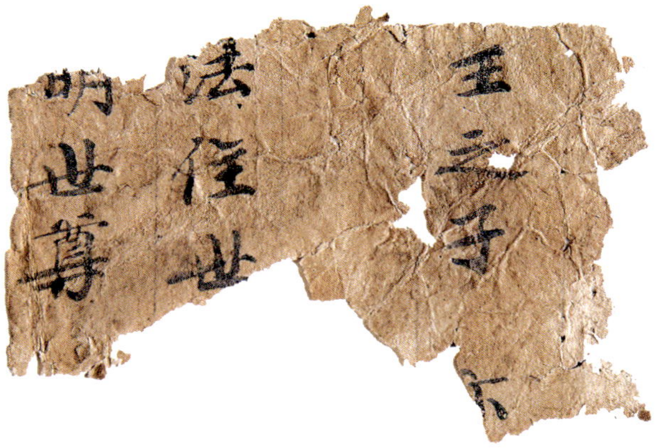

80TBI:180

0　2厘米

□王之子　亦□

□法住世□

□明世尊□

〔一〕本片可與80TBI:723a、80TBI:030、80TBI:678a、80TBI:065a拼接，見拼合圖一七。

一二三　妙法蓮華經（卷三）授記品第六

《中華大藏經》第一五册　第五三六頁　上欄

《大正新修大藏經》第九册　第二一頁　中欄

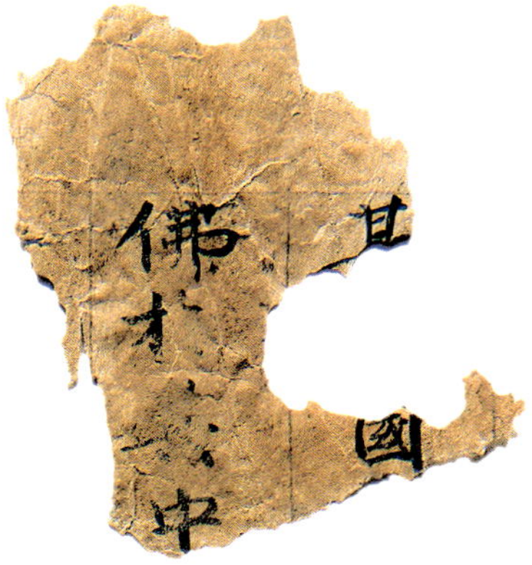

80TBI:738a-3

0　2厘米

其□國□□

佛於其中□

〔一〕80TBI:738共有九片，其中80TBI:738a-2爲「佛說月燈三昧經一卷」，參見列表序號二九七。80TBI:738a-6爲「大般涅槃經（卷三七）迦葉菩薩品第一二之五」，參見列表序號一六三。80TBI:738a-1、4、5、7~9未定名，見未定名列表序號一三二一。本片可與80TBI:765a、80TBI:770a拼接，見拼合圖一八。其背面即80TBI:738b爲回鶻文寫本。

二二四 妙法蓮華經（卷三）授記品第六

《中華大藏經》第一五册 第五三六頁上—中欄

《大正新修大藏經》第九册 第二一頁 中欄

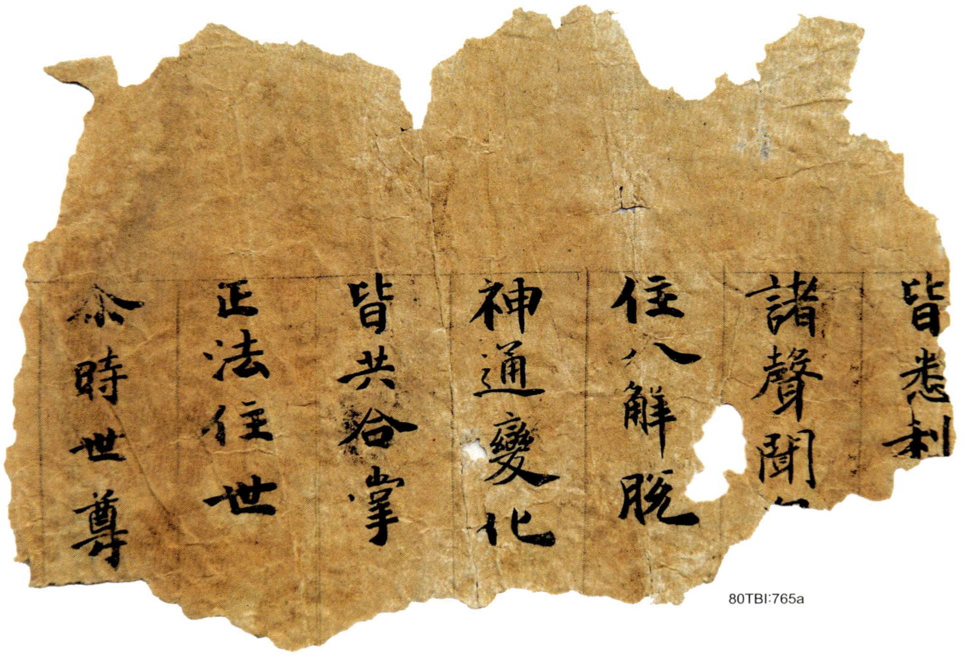

80TBI:765a

0 2厘米

皆悉利□

諸聲聞□

住八解脱□

神通變化□

皆共合掌□

正法住世□

尒時世尊□

〔一〕本片可與80TBI:738a–3、80TBI:770a拚接，見拚合圖二八。其背面即80TBI:765b似爲回鶻文寫本。

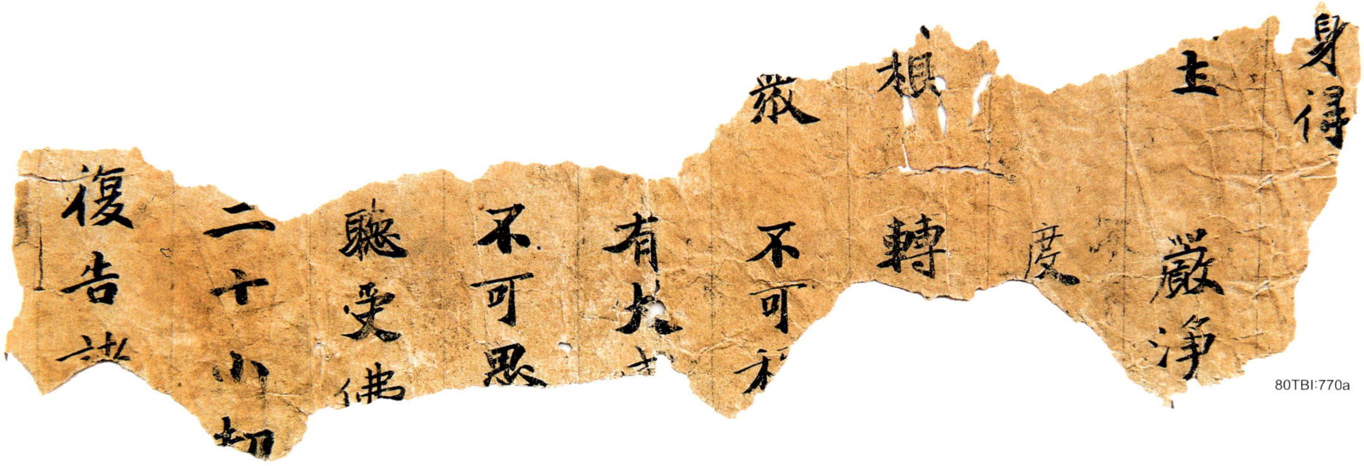

80TBI:770a

0　2厘米

二二五　妙法蓮華經（卷三）授記品第六

《中華大藏經》第一五册　第五三六頁　上—中欄

《大正新修大藏經》第九册　第二一頁　中欄

（前缺）

□身得□

□土　嚴淨□

□度□

□根　轉□

□衆　不可稱□

□有大威□

□不可思□

□聽受佛□

□二十小劫□

□復告諸□

〔一〕本片可與80TBI：738a-3、80TBI：765a拼接，見拼合圖二八。其背面即80TBI：770b似爲回鶻文寫本。

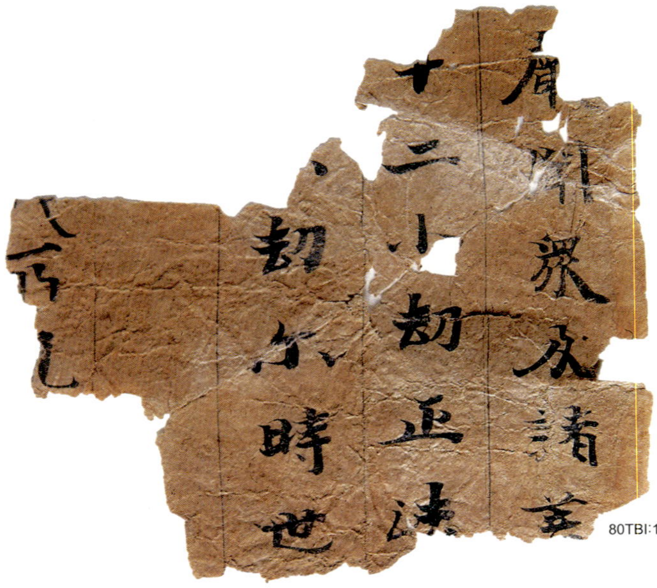
80TBI:167

0　2厘米

80TBI:768a

0　2厘米

二二六　妙法蓮華經（卷三）授記品第六

《中華大藏經》第一五册　第五三六頁　中—下欄

《大正新修大藏經》第九册　第二一頁　中—下欄

□聲聞衆及諸菩□

□十二小劫正法□

□小劫尒時世□

□我所説□

二二七　妙法蓮華經（卷三）授記品第六

《中華大藏經》第一五册　第五三七頁　上欄

《大正新修大藏經》第九册　第二二頁　上欄

□已　　得見八千□

□道故　　供養□

〔一〕本片背面即80TBI:768b似爲回鶻文寫本。

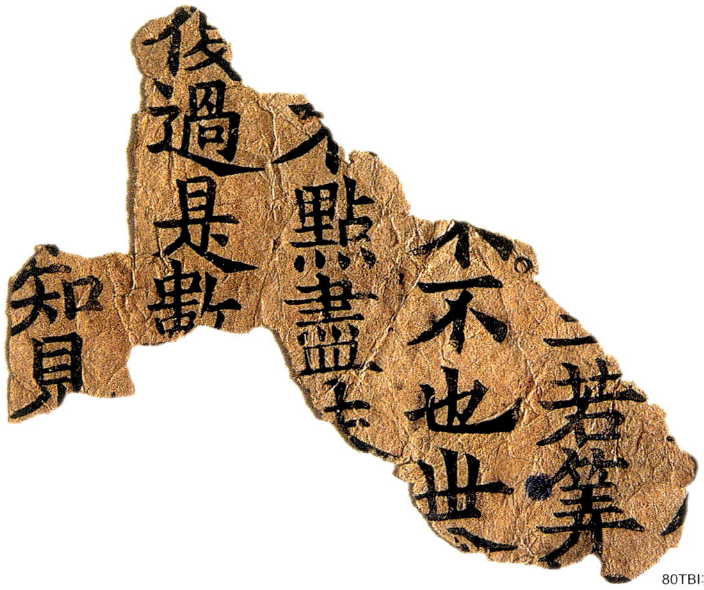

80TBI:498-10

0　2厘米

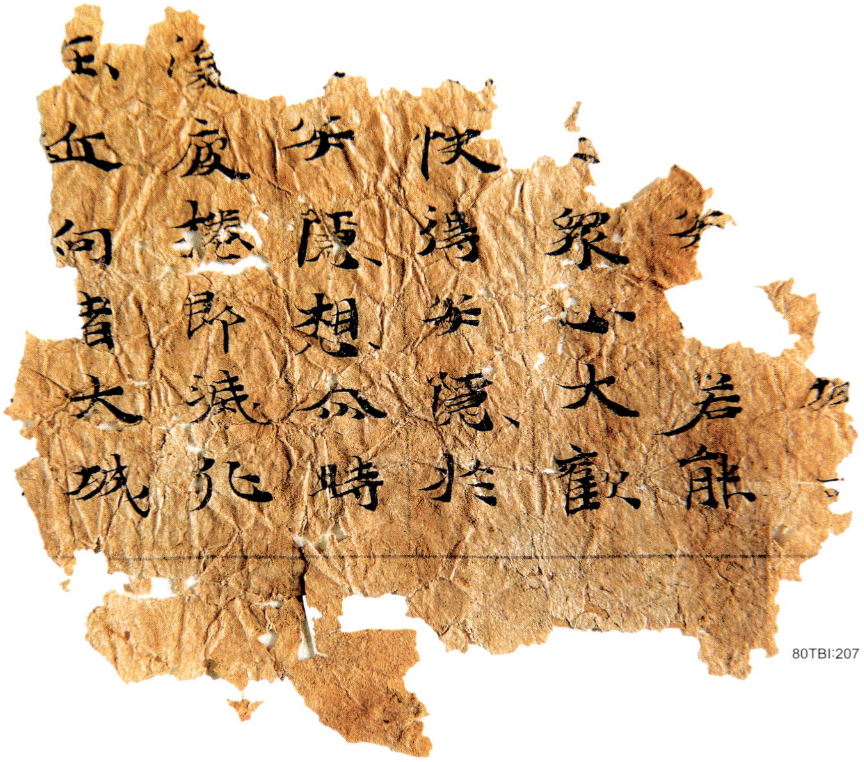

80TBI:207

0　2厘米

二三八 妙法蓮華經（卷三）化城喻品第七

《中華大藏經》第一五册 第五三七頁 中欄

《大正新修大藏經》第九册 第二三頁 上—中欄

[土]若筭

[不]不也世

[不]點盡[林]

[復]過是[數]

知見

[一] 參見列表序號一七三備注。

二三九 妙法蓮華經（卷三）化城喻品第七

《中華大藏經》第一五册 第五四二頁 上欄

《大正新修大藏經》第九册 第二六頁 上欄

若能

衆心大歡

快得安隱於

安隱想尒時

[復]疲惓即滅化

[在][近]向者大城

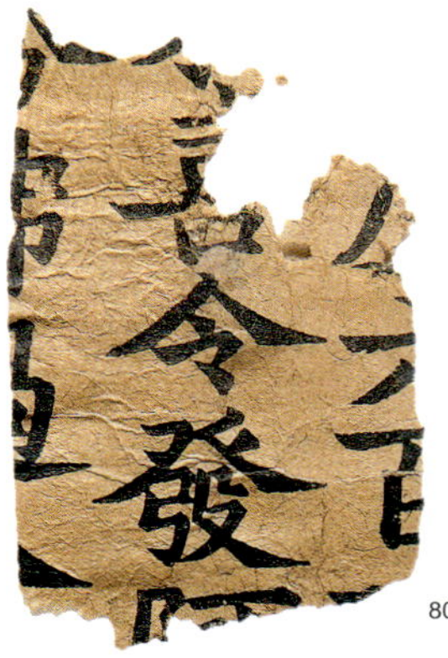

80TBI:480

0 2厘米

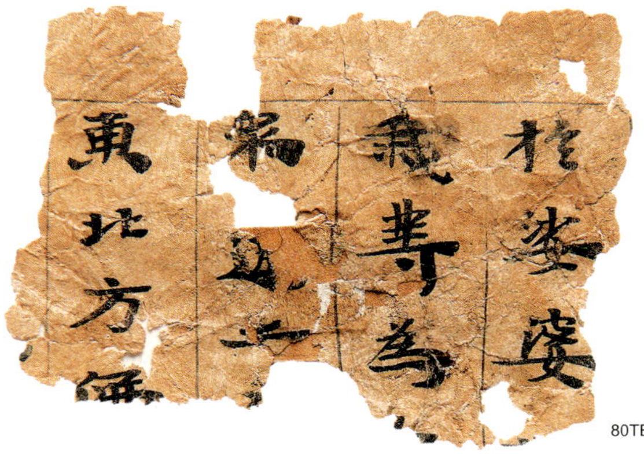

80TBI:479

0 2厘米

二三〇 妙法蓮華經（卷三）化城喻品第七

《中華大藏經》第一五册 第五四一頁 上欄

《大正新修大藏經》第九册 第二五頁 中欄

□度六百萬□

□利喜令發阿□

□勝佛過八□

二三一 妙法蓮華經（卷三）化城喻品第七

《中華大藏經》第一五册 第五四一頁 下欄

《大正新修大藏經》第九册 第二五頁 下欄

於娑婆□

我等爲□

衆生從□

東北方佛□

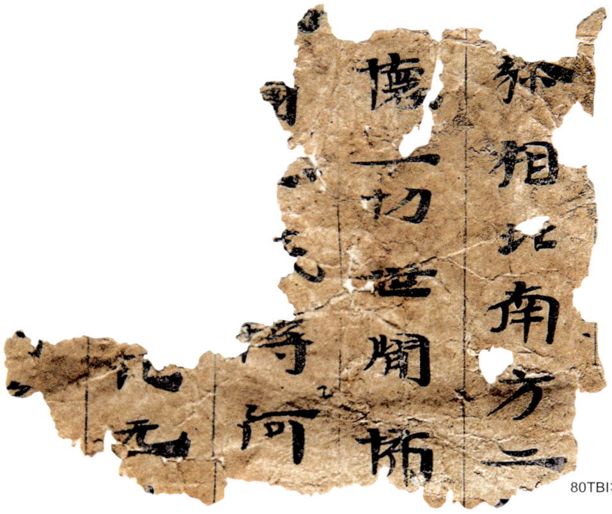
80TBI:234

0　2厘米

80TBI:387

0　2厘米

二三二　妙法蓮華經（卷三）化城喻品第七

《中華大藏經》第一五册　第五四一頁　下欄
《大正新修大藏經》第九册　第二五頁　下欄

彌相北南〔一〕方二
壞一切世間怖
婆國土成耨〔二〕阿
化无量

〔一〕今本無「南」字。
〔二〕「耨阿」，阿字旁有倒勾，故今本作「阿耨」。
〔三〕本片可與80TBI:387拼接，見拼合圖二九。

二三三　妙法蓮華經（卷三）化城喻品第七

《中華大藏經》第一五册　第五四一頁　下欄
《大正新修大藏經》第九册　第二五頁　下欄

界國土成
時各各教
爲阿耨

〔一〕本片可與80TBI:387拼接，見拼合圖二九。

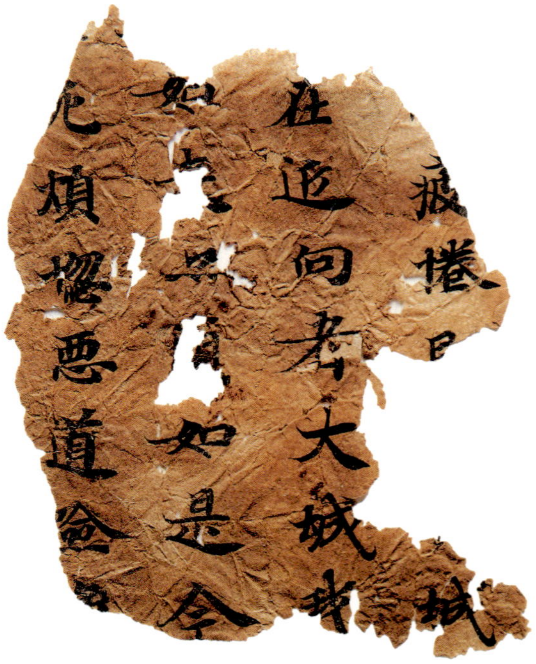
80TBI:356

0　2厘米

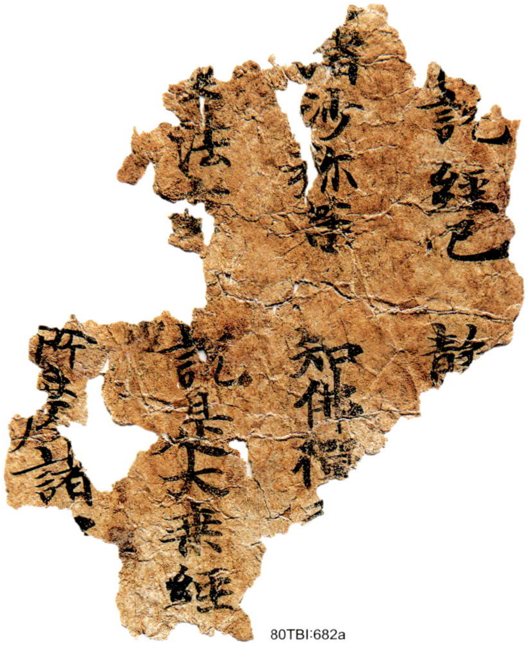
80TBI:682a

0　2厘米

二三四　妙法蓮華經（卷三）化城喻品第七

《中華大藏經》第一五册　第五四二頁　上—中欄
《大正新修大藏經》第九册　第二六頁　上欄

□疲惓即□城□
□在近向者大城我□
□如來亦復如是今□
□死煩惱惡道險難□

二三五　妙法蓮華經（卷三）化城喻品第七

《中華大藏經》第一五册　第五四二頁　下欄—第五四三頁　上欄
《大正新修大藏經》第九册　第二六頁　下欄

□說經已　靜□
□諸沙彌等　知佛禪□
□法座　說是大乘經□
□　所度諸□

〔一〕本片背面即80TBI：682b爲回鶻文寫本。

80TBI:714a

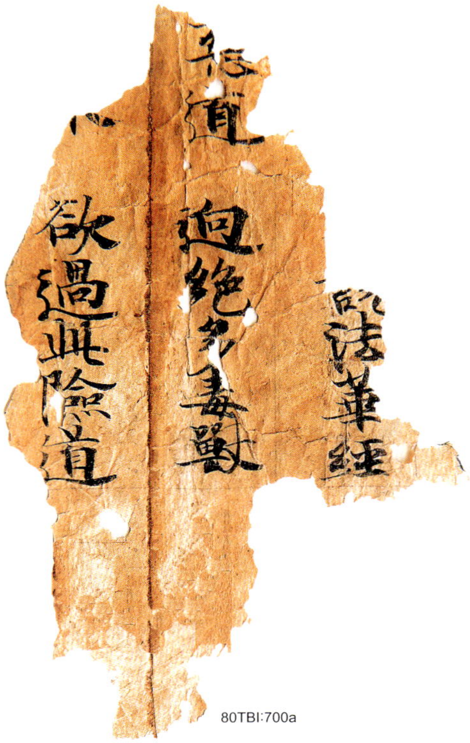

80TBI:700a

二三六 妙法蓮華經（卷三）化城喻品第七

《中華大藏經》第一五册 第五四三頁 上欄

《大正新修大藏經》第九册 第二六頁 下欄

□六數 曾亦□

□因緣 今說□

〔一〕本片可與80TBI:700a拚接，見拚合圖三〇。其背面即80TBI:714b爲回鶻文寫本。

二三七 妙法蓮華經（卷三）化城喻品第七

《中華大藏經》第一五册 第五四三頁 上欄

《大正新修大藏經》第九册 第二六頁 下欄

—第二七頁 上欄

□說法華經

□惡道 迥絕多毒獸

□欲過此險道

〔一〕本片可與80TBI:714a拚接，見拚合圖三〇。其背面即80TBI:700b爲回鶻文寫本。

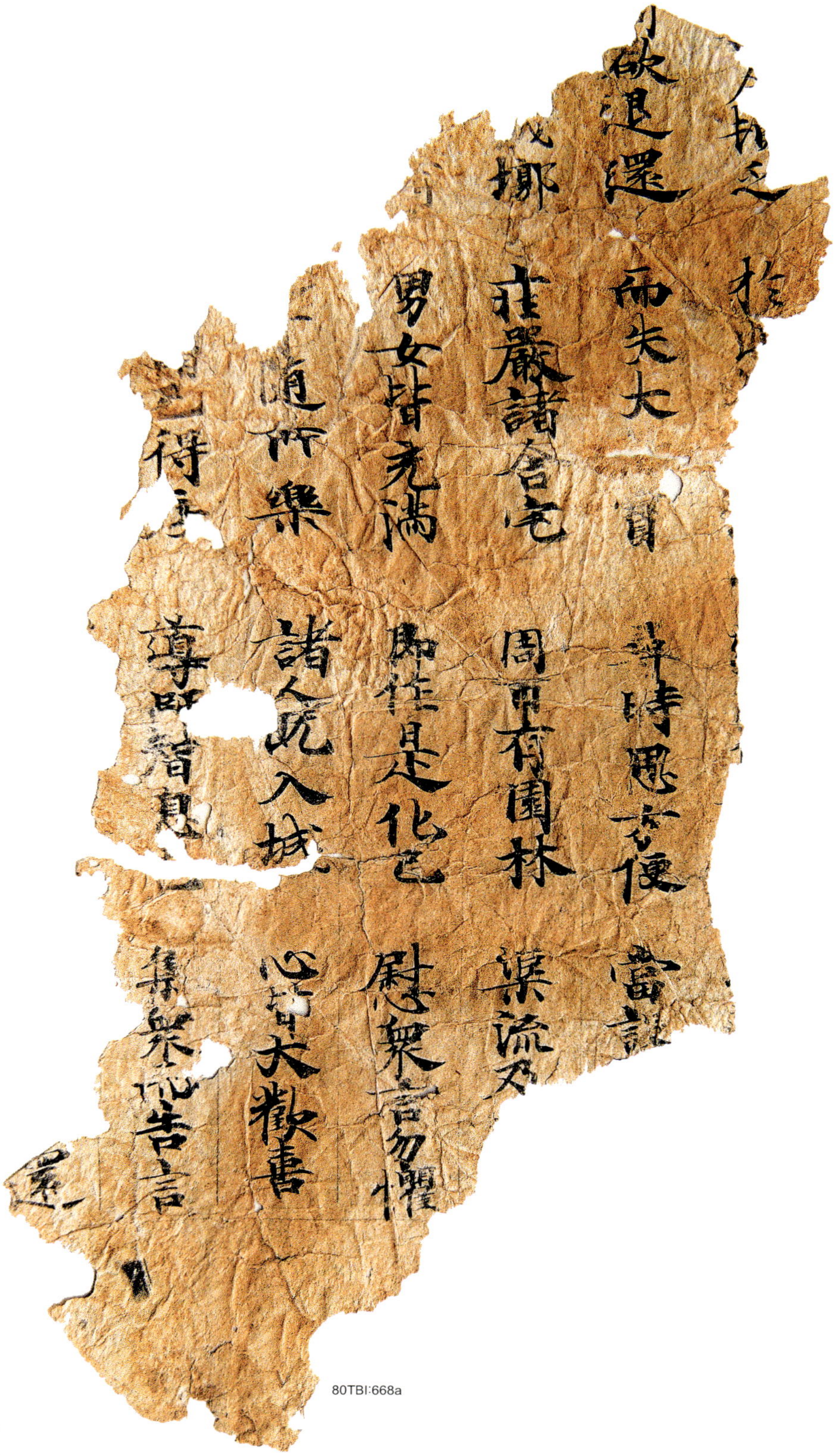

80TBI:668a

0　2厘米

二三八　妙法蓮華經（卷三）化城喻品第七

《中華大藏經》第一五册　第五四三頁　上欄

《大正新修大藏經》第九册　第二七頁　上欄

□頓乏　於此□

□欲退還　而失大□寶　尋時思方便　當設□

□墎　庄嚴諸舍宅　周帀有園林　渠流及□

□　男女皆充滿　即作是化已　慰衆言勿懼

□隨所樂　諸人既入城　心皆大歡喜

□已得度　導師智[一]息已　集衆而告言

□還

〔一〕「智」，今本作「知」。

〔二〕本片背面即80TBI:668b爲回鶻文寫本。

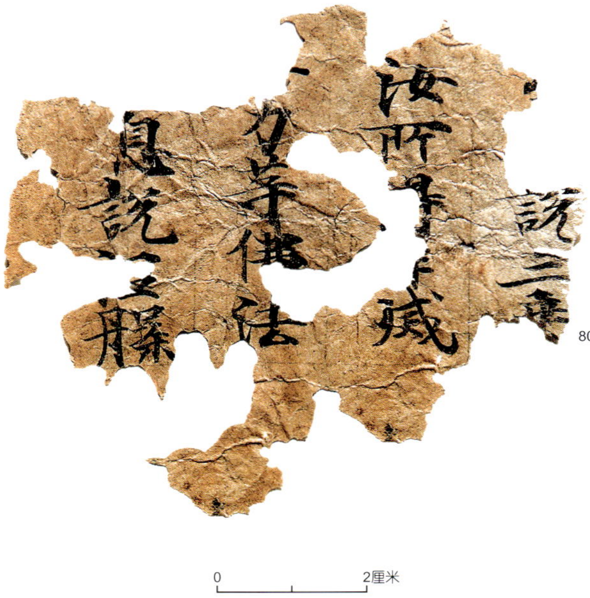
80TBI:684a

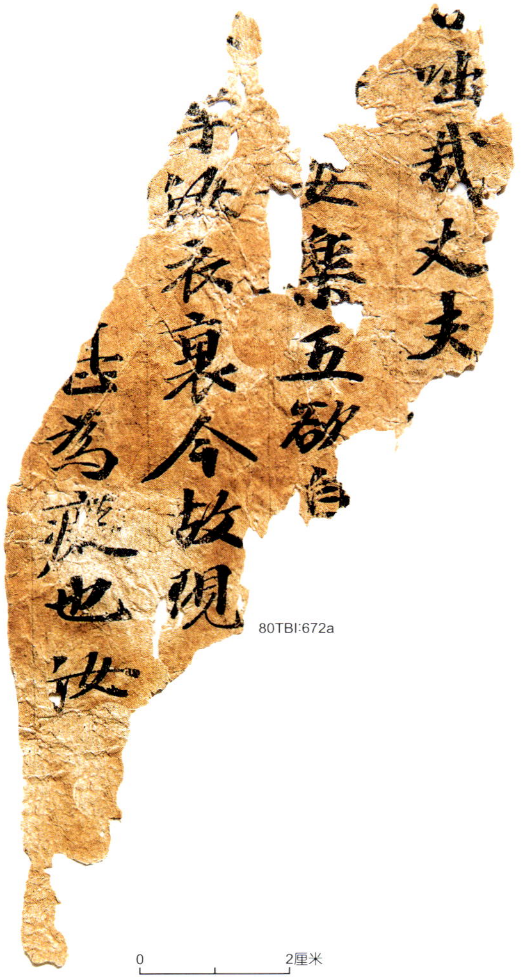
80TBI:672a

二三九　妙法蓮華經（卷三）化城喻品第七

《中華大藏經》第一五册　第五四三頁　中欄

《大正新修大藏經》第九册　第二七頁　中欄

□說三乘
□汝所得非滅
□十力等佛法
□息說涅槃

〔一〕本片背面即80TBI:684b爲回鶻文寫本。

二四〇　妙法蓮華經（卷四）五百弟子受記品第八

《中華大藏經》第一五册　第五四七頁　上欄

《大正新修大藏經》第九册　第二九頁　上欄

□咄哉丈夫□
□安樂五欲自□
□汝衣裏今故現□
□甚爲癡也汝

〔一〕本片背面即80TBI:672b爲婆羅迷文寫本。

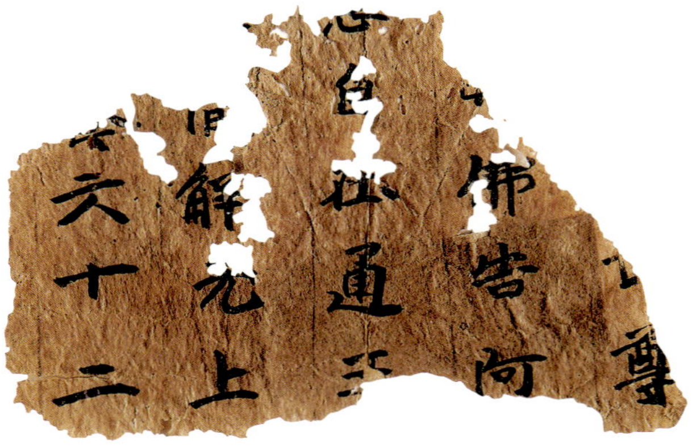

80TBI:225

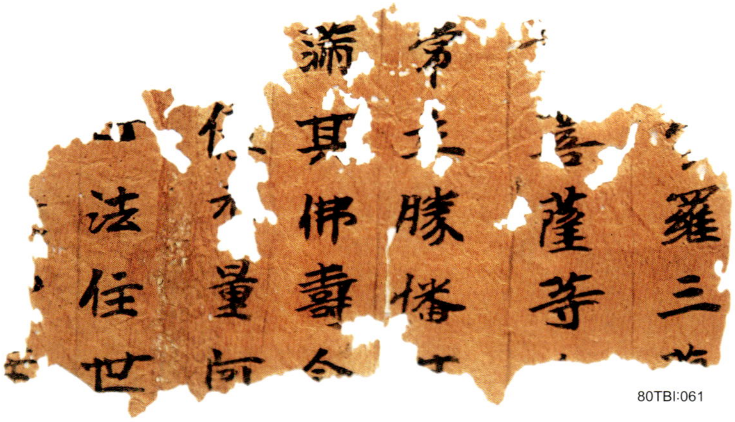

80TBI:061

二四一

妙法蓮華經（卷四）授學無學人記品第九

《中華大藏經》第一五册　第五四七頁　下欄

《大正新修大藏經》第九册　第二九頁　下欄

〼[世]尊〼

佛告阿〼

〼[慧]自[在]通[王]〼

〼[聞]解无上〼

〼[養]六十二〼

〔一〕本片可與80TBI:061、80TBI:204、80TBI:450、80TBI:484拼接，見拼合圖三一。

二四二

妙法蓮華經（卷四）授學無學人記品第九

《中華大藏經》第一五册　第五四七頁　下欄—第五四八頁上欄

《大正新修大藏經》第九册　第二九頁　下欄

〼羅三[藐]〼

〼[菩]薩等〼

〼[常][立]勝幡[其]〼

〼滿起佛壽[命]〼

〼[億][无]量[阿]〼

〼[正]法住世〼

〔一〕本片可與80TBI:225、80TBI:204、80TBI:484、80TBI:450拼接，見拼合圖三一。

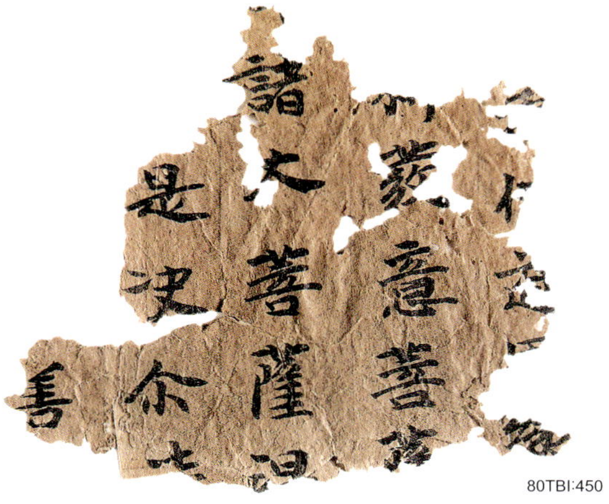

0　2厘米

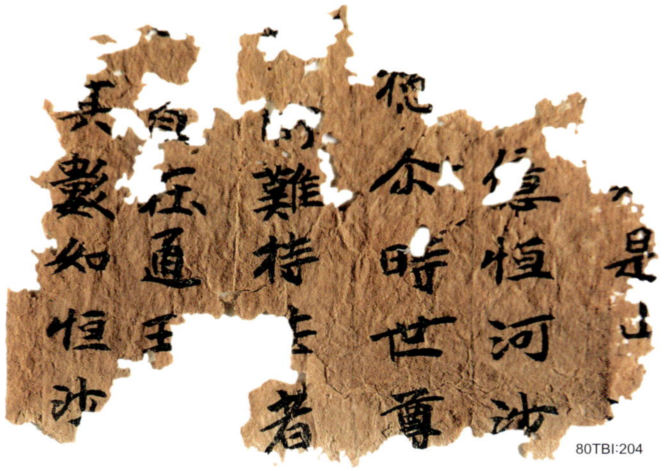

0　2厘米

二四三　妙法蓮華經（卷四）授學無學人記品第九

《中華大藏經》第一五册　第五四八頁　上欄

《大正新修大藏經》第九册　第二九頁　下欄

□是[山]□

□[億]恒河沙□

□[德]尒時世尊□

□[阿]難持[法]者□

□自在通[王]□

□其數如恒沙□

〔一〕本片可與80TBI:225、80TBI:061、80TBI:484、80TBI:450拼接，見拼合圖三一。

二四四　妙法蓮華經（卷四）授學無學人記品第九

《中華大藏經》第一五册　第五四八頁　上欄

《大正新修大藏經》第九册　第二九頁　下欄—第三〇頁上欄

□[佛][道][因][緣]□

□發意菩薩□

□諸大菩薩得□

□是決尒時□

□善□

〔一〕本片可與80TBI:225、80TBI:061、80TBI:204、80TBI:484拼接，見拼合圖三一。

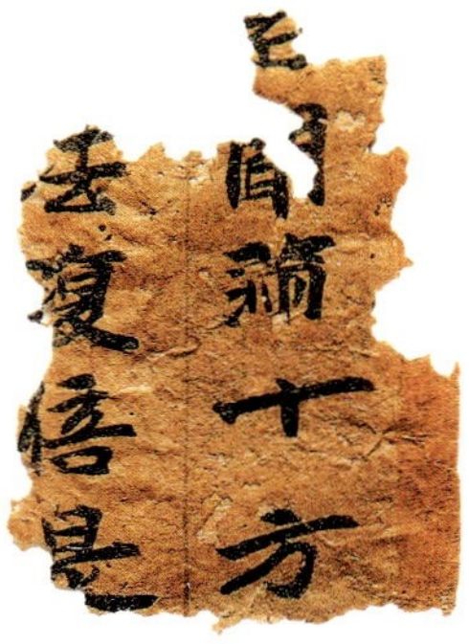

80TBI:484

0　2厘米

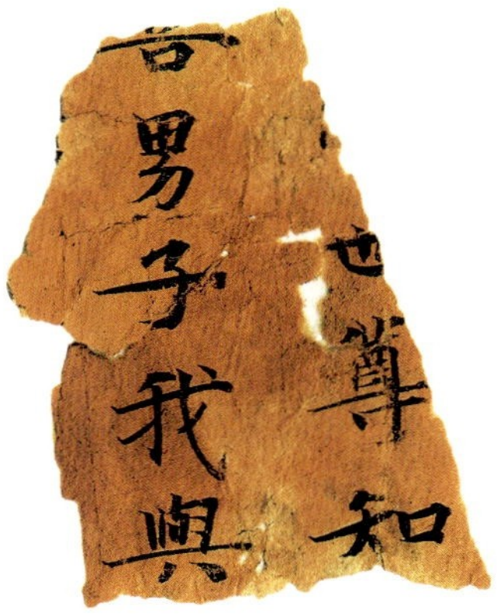

80TBI:745a

0　2厘米

二四五　妙法蓮華經（卷四）授學無學人記品第九

《中華大藏經》第一五册　第五四八頁　上欄

《大正新修大藏經》第九册　第二九頁　下欄

□名聞滿十方□

□法復倍是□

〔一〕本片可與80TBI:225、80TBI:061、80TBI:204、80TBI:450拼接，見拼合圖三二。

二四六　妙法蓮華經（卷四）授學無學人記品第九

《中華大藏經》第一五册　第五四八頁　上欄

《大正新修大藏經》第九册　第三〇頁　上欄

□世尊知□

□善男子我與□

〔一〕本片可與80TBI:661a拼接，見拼合圖三二。其背面即80TBI:745b爲漢文、回鶻文兩種文字寫本。

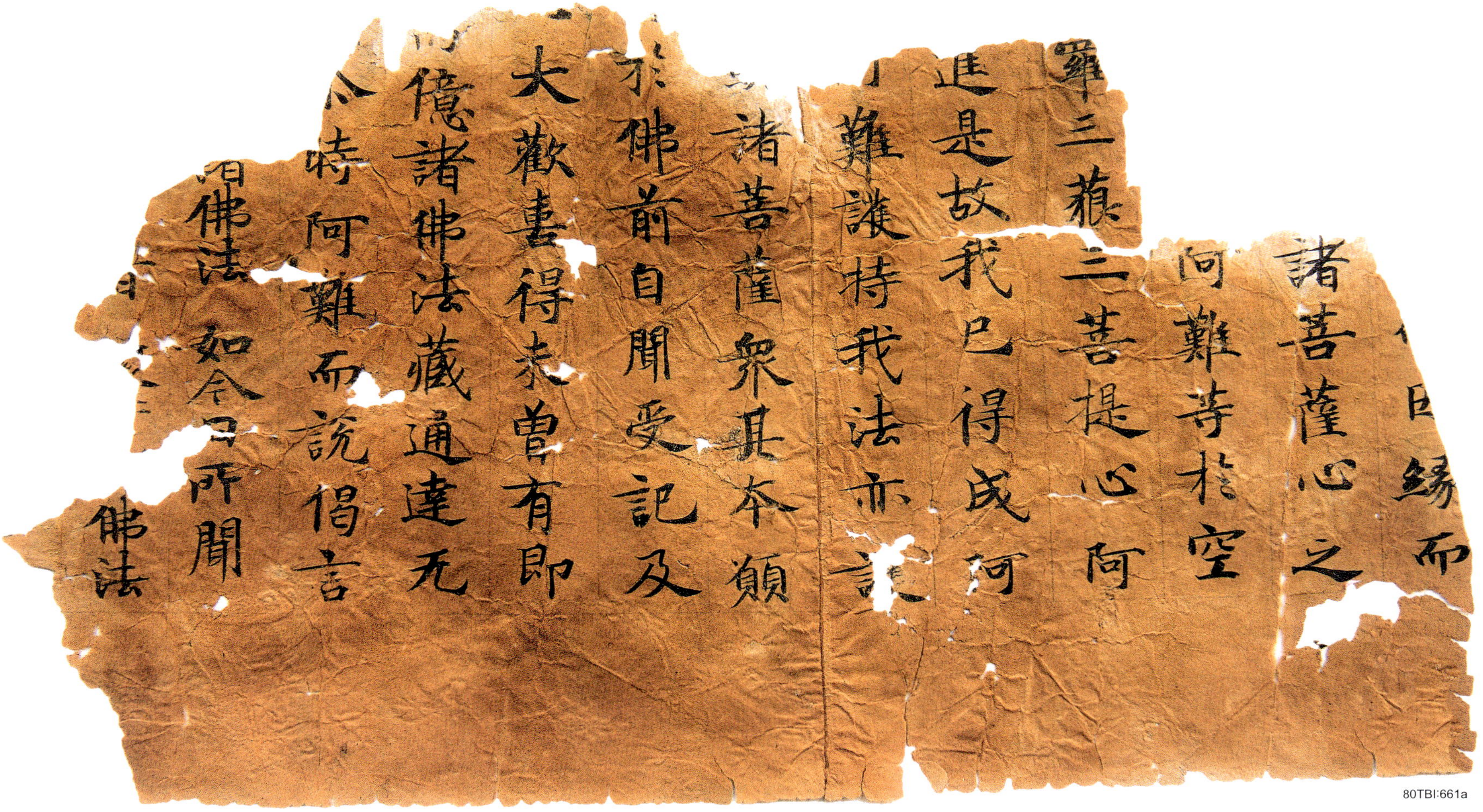

80TBI:661a

0 2厘米

二四七 妙法蓮華經（卷四）授學無學人記品第九

《中華大藏經》第一五册 第五四八頁 上—中欄

《大正新修大藏經》第九册 第二九頁 下欄—第三〇頁 上欄

□[因]緣而
□諸菩薩心之
□阿難等於空
□羅三藐三菩提心阿
□進是故我已得成阿
□難[護]持我法亦[護]
□諸菩薩衆其本願
□[於]佛前自聞受記及
□大歡喜得未曾有即
□億諸佛法藏通達无
□[尒]時阿難而說偈言
□[諸]佛法　如今[日]所聞
□[者]　□佛法

［一］本片可與80TBI:745a拚接，見拚合圖三二一。其背面即80TBI:661b爲回鶻文寫本。

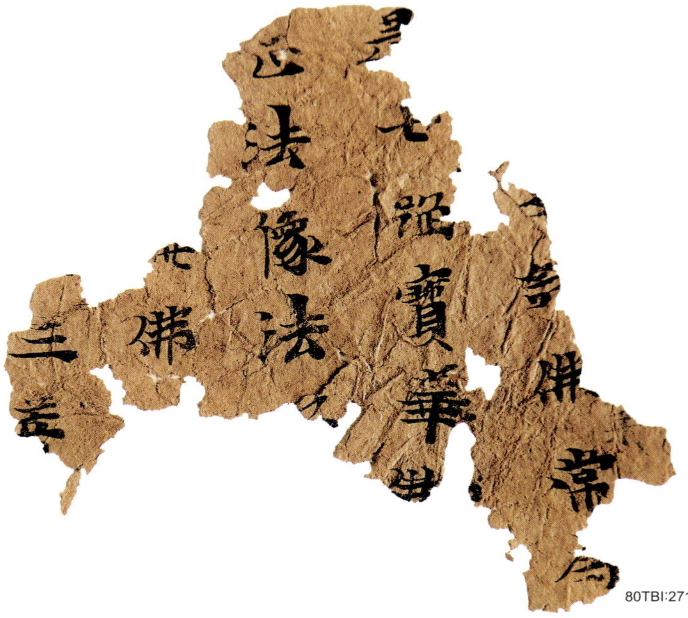

80TBI:271

0 2厘米

二四八　妙法蓮華經（卷四）授學無學人記品第九

《中華大藏經》第一五册　第五四八頁　中欄

《大正新修大藏經》第九册　第三〇頁　上欄

□諸佛[一]常爲□

□七蹈[二]寶華[三]佛□

□正法像法□

□佛□

□三菩□

〔一〕「諸佛」，今本作「諸佛如來常爲」。

〔二〕今本無「蹈」字。

〔三〕「華」，今本作「花」。

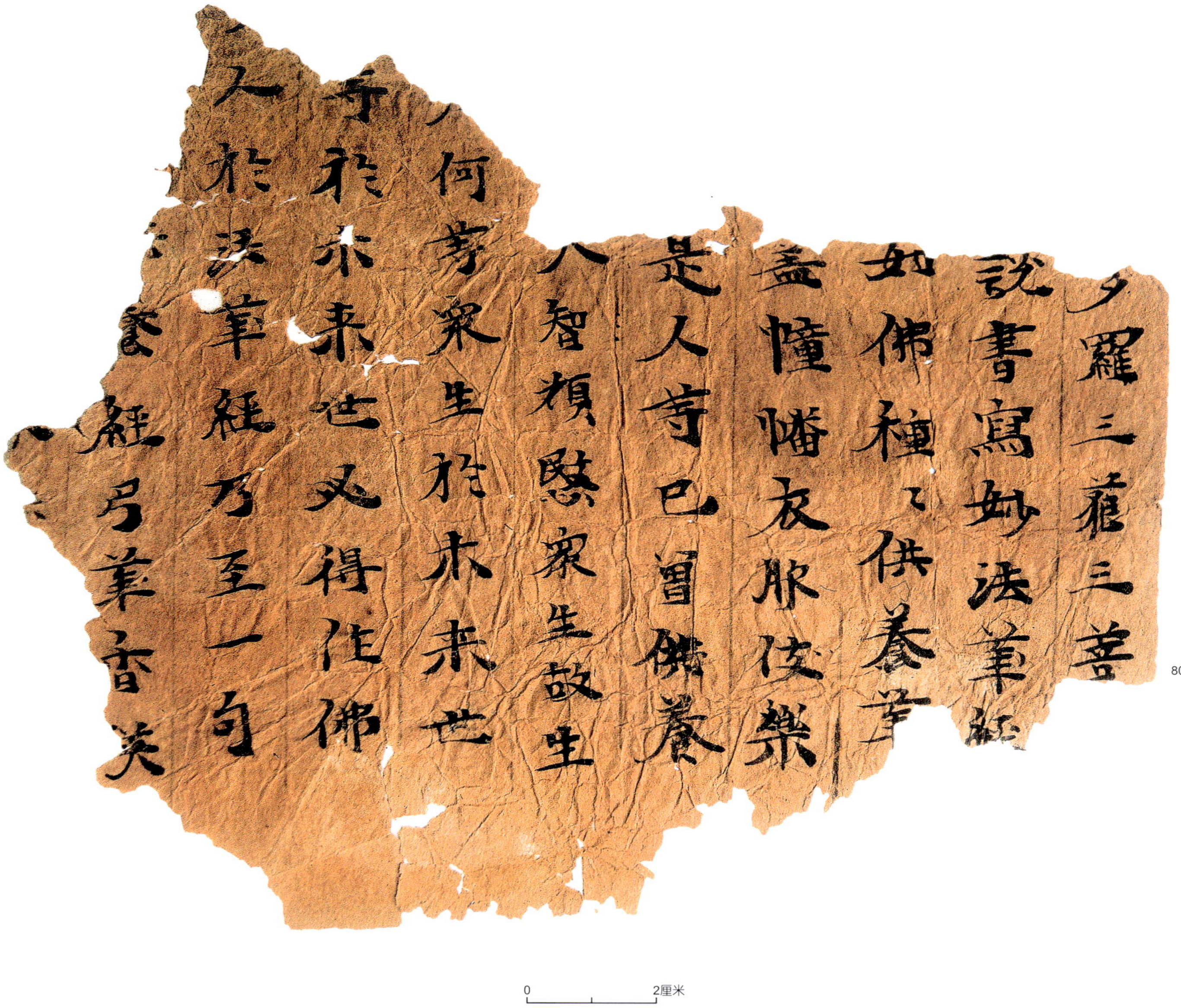

80TBI:090

二四九　妙法蓮華經（卷四）法師品第一〇

《中華大藏經》第一五册　第五四九頁　上—中欄

《大正新修大藏經》第九册　第三〇頁　下欄

多羅三藐三菩
說書寫妙法華經
如佛種種供養華[一]
蓋幢幡衣服伎樂
是人[二]等已曾供養
大智[三]願愍衆生故生
何等衆生於未來世
等於未來世必得作佛
人於法華經乃至一句
養經弓[四]華香瑛[五]

〔一〕「華」，今本作「花」。
〔二〕「是人」，今本作「諸人」。
〔三〕今本無「智」。
〔四〕「弓」，今本作「卷」。
〔五〕「瑛」，今本作「瓔」。

80TBI:320

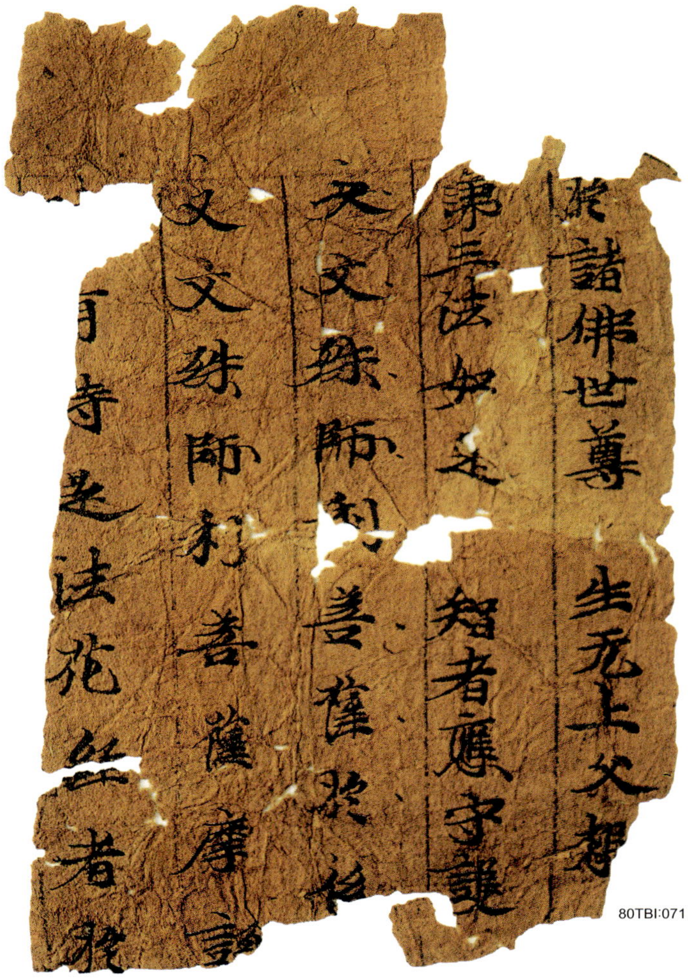
80TBI:071

二五〇　妙法蓮華經（卷四）提婆達多品第一二

《中華大藏經》第一五册　第五五四頁　上欄
《大正新修大藏經》第九册　第三五頁　上欄

□法華經提□
□墮□

二五一　妙法蓮華經（卷五）安樂行品第一四

《中華大藏經》第一五册　第五六一頁　中欄
《大正新修大藏經》第九册　第三八頁　中—下欄

於諸佛世尊　生无上父想□
第三法如是　智者應守護□
又文殊師利菩薩[一]於後□
又文殊師利菩薩摩訶□
□有持是法花[二]經者於□

[一]「菩薩於後」，今本作「菩薩摩訶薩於後」。
[二]「花」，今本作「華」。

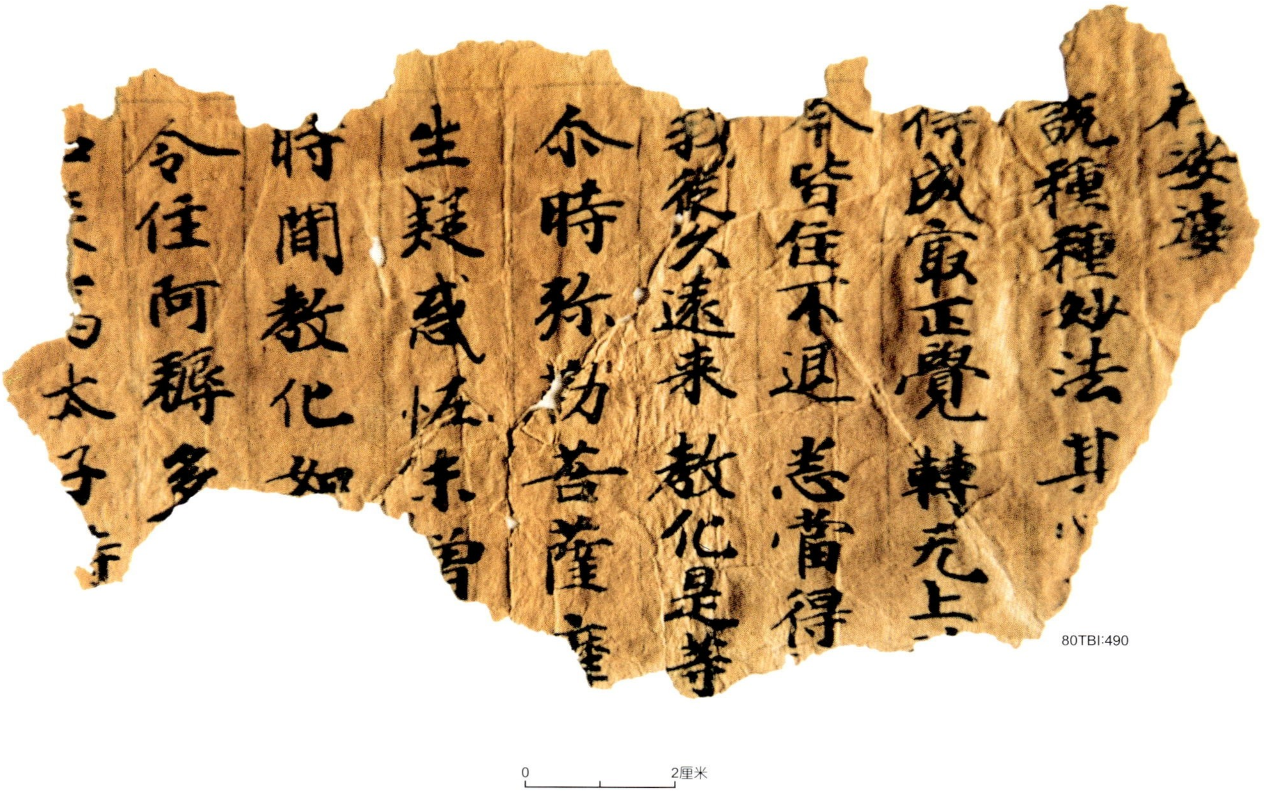

80TBI:490

二五二　妙法蓮華經（卷五）從地踊出品第一五

《中華大藏經》第一五册　第五六五頁　上欄

《大正新修大藏經》第九册　第四一頁　中—下欄

[在]娑婆
說種種妙法　[其][心][ ]
[得]成最正覺　轉无上[法][ ]
今皆住不退　悉當得[ ]
我從久遠來　教化是等[ ]
尒時弥勒菩薩[摩][ ]
生疑惑怪未[曾][ ]
時間教化如[ ]
今住阿耨多[ ]
[如][來][爲]太子[時][ ]

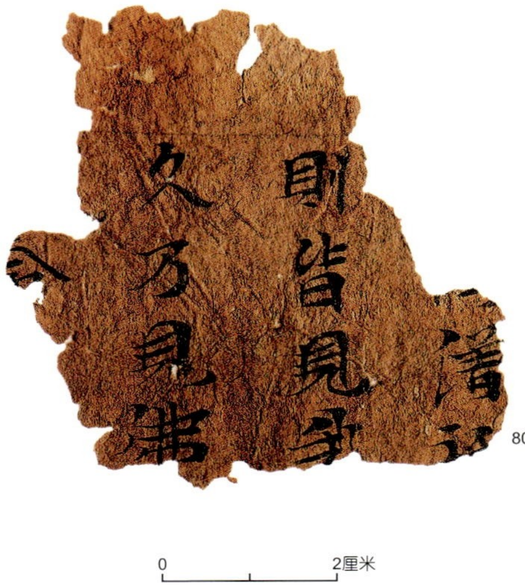

80TBI:352

0　2厘米

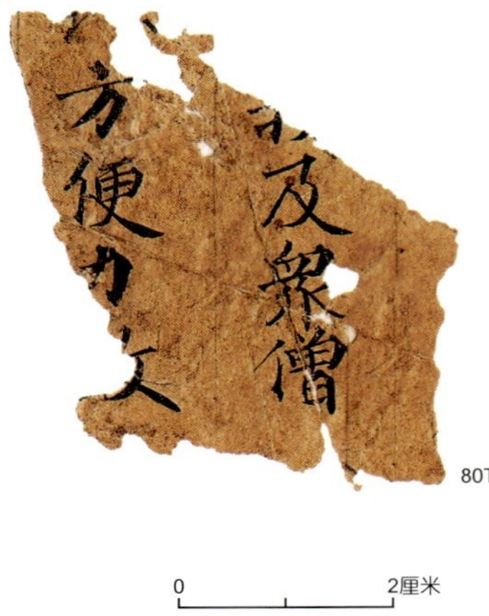

80TBI:707a

0　2厘米

二五三　妙法蓮華經（卷五）如來壽量品第一六

《中華大藏經》第一五册　第五六七頁　中欄

《大正新修大藏經》第九册　第四三頁　中欄

□[我]及衆僧□

□方便[力][故]□

〔一〕本片背面即80TBI：707b爲回鶻文寫本。

二五四　妙法蓮華經（卷五）如來壽量品第一六

《中華大藏經》第一五册　第五六七頁　下欄

《大正新修大藏經》第九册　第四三頁　下欄

□[僧]□

則皆見[我]□

久乃見[佛]□

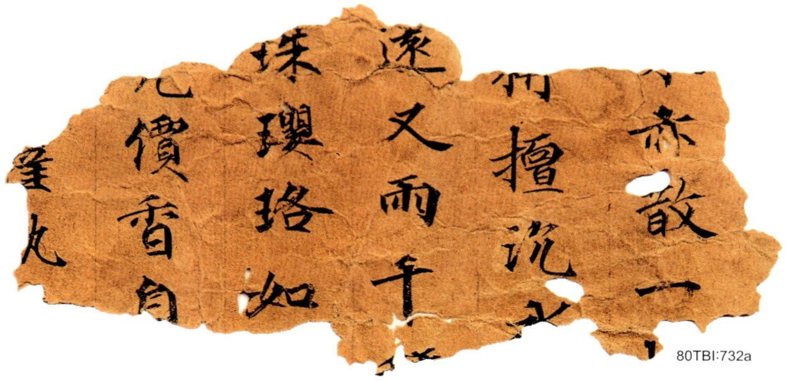
80TBI:732a

0 2厘米

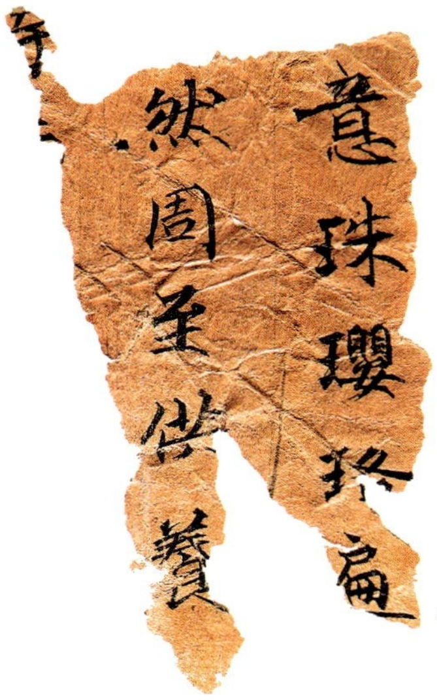
80TBI:305a

0 2厘米

二五五　妙法蓮華經（卷五）分別功德品第一七

《中華大藏經》第一五册　第五六八頁　中欄

《大正新修大藏經》第九册　第四四頁　中欄

□亦散一□

□栴檀沉水□

□遠又雨千□

□珠瓔珞如□

□无價香自□

□薩執□

〔一〕本片可與80TBI:305a拚接，見拚合圖三三。其背面即80TBI:732b爲回鶻文寫本。

二五六　妙法蓮華經（卷五）分別功德品第一七

《中華大藏經》第一五册　第五六八頁　中欄

《大正新修大藏經》第九册　第四四頁　中欄

□意珠瓔珞遍□

□然周至供養□

〔一〕本片可與80TBI:732a拚接，見拚合圖三三。其背面即80TBI:305b爲回鶻文寫本。

80TBI:290

0 2厘米

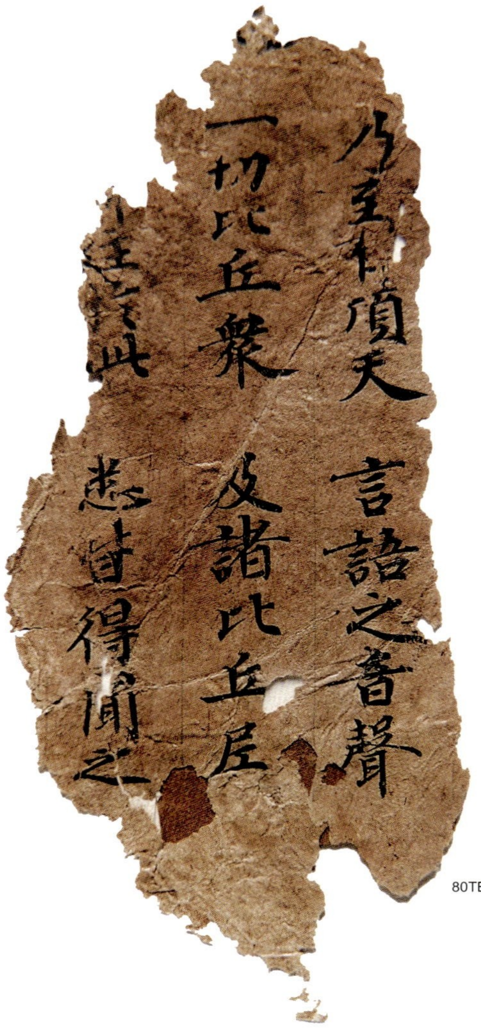

80TBI:145

0 2厘米

二五七 妙法蓮華經（卷五）分別功德品第一七

《中華大藏經》第一五册 第五六九頁 下欄

《大正新修大藏經》第九册 第四五頁 中欄

［ ］僧所以者何［ ］

［ ］典者爲已［ ］

［ ］佛舍利起［ ］

二五八 妙法蓮華經（卷六）法師功德品第一九

《中華大藏經》第一五册 第五七五頁 中欄

《大正新修大藏經》第九册 第四八頁 上—中欄

［ ］乃至有頂天　言語之音聲

［ ］一切比丘衆　及諸比丘尼

［ ］住於此　悉皆得聞之

〔一〕本片可與80TBI:036-1、80TBI:169、80TBI:098拼接，見拼合圖三四。

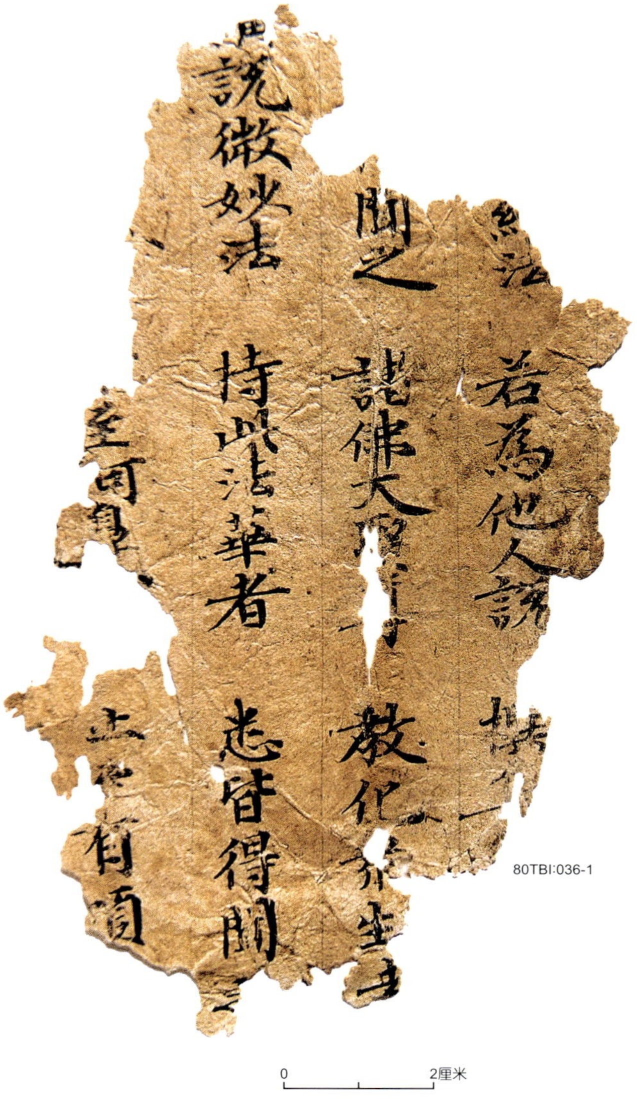

二五九　妙法蓮華經（卷六）法師功德品第一九

《中華大藏經》第一五册　第五七五頁　中欄
《大正新修大藏經》第九册　第四八頁　中欄

□　若爲他人說　撰□
□聞之　諸佛大聖尊　教化衆生者□
□說微妙法　持此法華者　悉皆得聞之□
□　□至阿□　上至有頂□

〔一〕本號共四片，本片可與80TBI:169、80TBI:098、80TBI:145拼接，見拼合圖三四。其餘三片見未定名列表序號二一五。

二六〇　妙法蓮華經（卷六）法師功德品第一九

《中華大藏經》第一五册　第五七五頁　中欄
《大正新修大藏經》第九册　第四八頁　中欄

□但用所生耳　功德已□
□善男子善女人受持□

〔一〕本片可與80TBI:145、80TBI:098、80TBI:036-1拼接，見拼合圖三四。

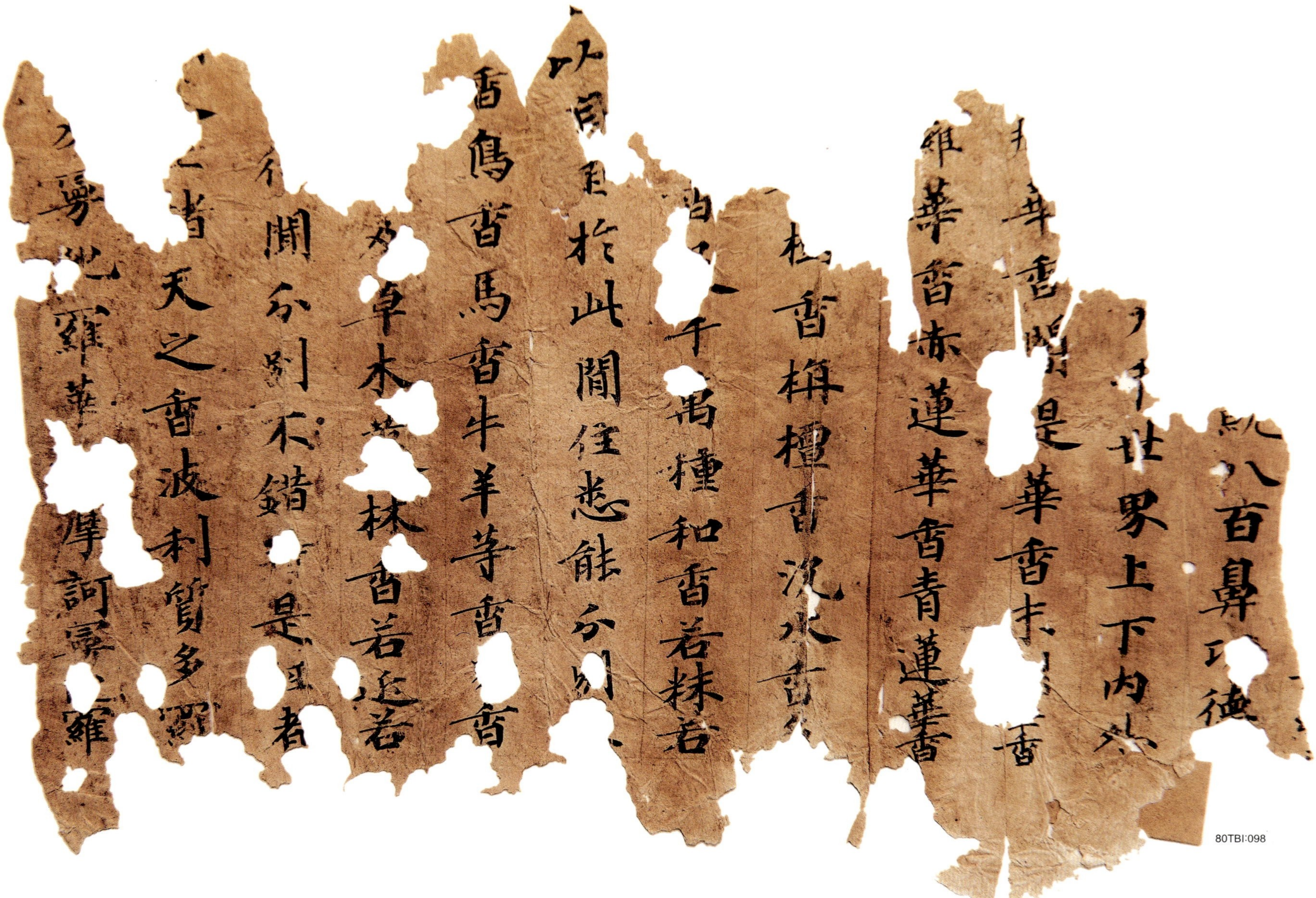

80TBI:098

0 2厘米

二六一 妙法蓮華經（卷六）法師功德品第一九

《中華大藏經》第一五册 第五七五頁 下欄

《大正新修大藏經》第九册 第四八頁 中欄

□八百鼻功德□
□大千世界上下内外
□華香閣提華香末利華香
羅華香赤蓮華香青蓮華香
□樹香栴檀香沉水香多
香及千萬種和香若粖〔一〕若
□者於此間住悉能分別□
□香鳥香馬香牛羊等香男香
□及草木叢林香若近若
□得聞分別不錯持是經者
□諸天之香波利質多羅
□曼陁羅華香摩訶曼陁羅

〔一〕「粖」，今本作「末」。

〔二〕本片可與80TBI：145、80TBI：169、80TBI：036-1拚接，見拚合圖三四。

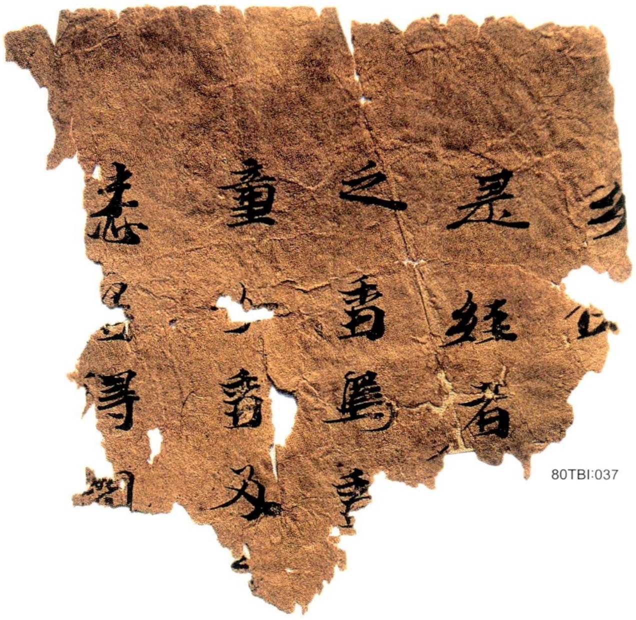

80TBI:037

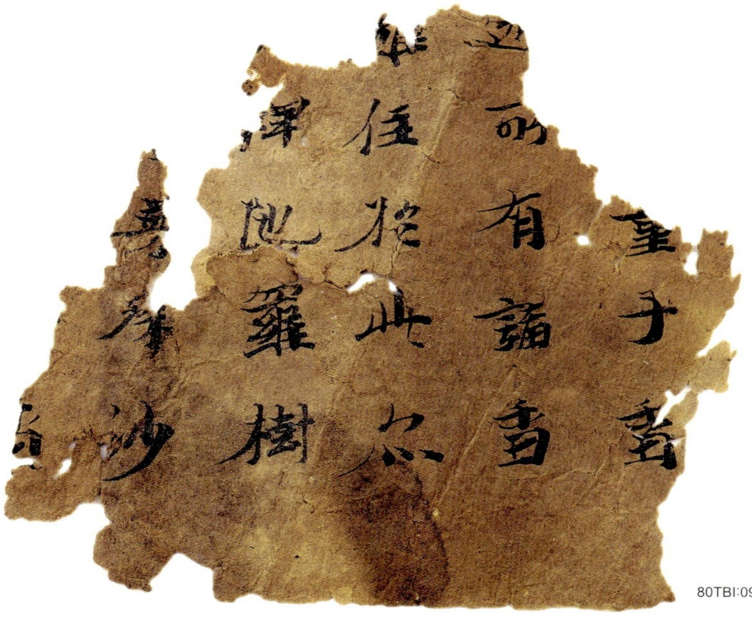

80TBI:093-2

二六二 妙法蓮華經（卷六）法師功德品第一九

《中華大藏經》第一五册 第五七五頁 中欄

《大正新修大藏經》第九册 第四八頁 中—下欄

童子香

所有諸香

住於此亦

鞞陁羅樹

曼殊沙

〔一〕本號共三片，其中80TBI:093-1爲「金光明經（卷三）除病品第一五」，參見列表序號三〇九。80TBI:093-3爲「金光明經（卷三）授記品第一四」，參見列表序號三〇八。本片可與80TBI:037、80TBI:154、80TBI:094、80TBI:434、80TBI:326拚接，見拚合圖三五。

二六三 妙法蓮華經（卷六）法師功德品第一九

《中華大藏經》第一五册 第五七五頁 下欄

《大正新修大藏經》第九册 第四八頁 中欄

多伽

是經者

之香鳥香

童女香及

悉皆得聞

〔一〕本片可與80TBI:093-2、80TBI:154、80TBI:434、80TBI:094、80TBI:326拚接，見拚合圖三五。

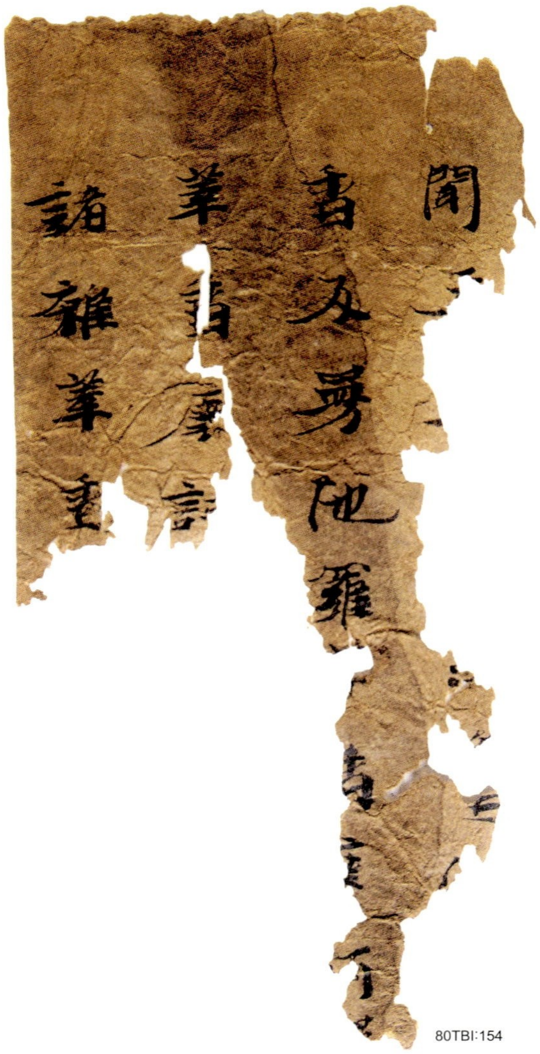

80TBI:154

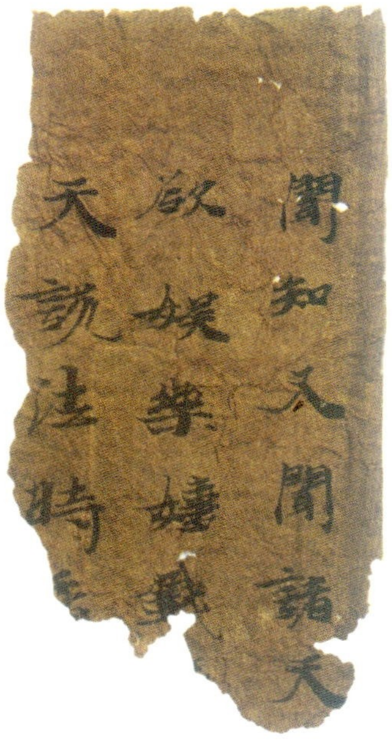

80TBI:094

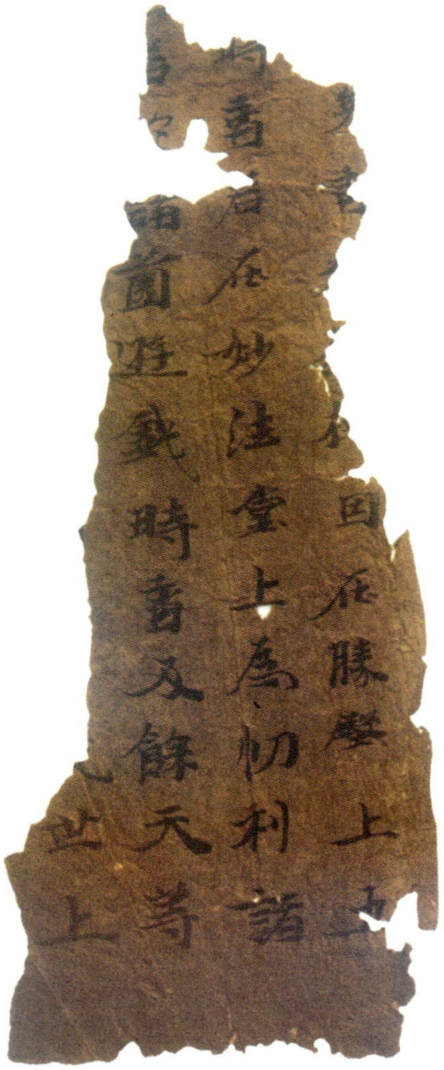

二六四　妙法蓮華經（卷六）法師功德品第一九

《中華大藏經》第一五册　第五七五頁　下欄

《大正新修大藏經》第九册　第四八頁　中—下欄

聞天□

香及曼陁羅華□摩訶曼□

華香摩訶□

諸雜華香□

〔一〕本片可與80TBI:093-2、80TBI:037、80TBI:434、80TBI:326、80TBI:094拼接，見拼合圖三五。

二六五　妙法蓮華經（卷六）法師功德品第一九

《中華大藏經》第一五册　第五七五頁　下欄

《大正新修大藏經》第九册　第四八頁　下欄

聞知又聞諸天□

欲娛樂嬉戲□

天説法時香□

□身香釋提桓因在勝殿上五

□時香若在妙法堂上爲忉利諸

□若於諸園遊戲時香及餘天等

□梵世上

〔一〕本片與80TBI:093-2、80TBI:037、80TBI:154、80TBI:434、80TBI:326可以拼接，見拼合圖三五。

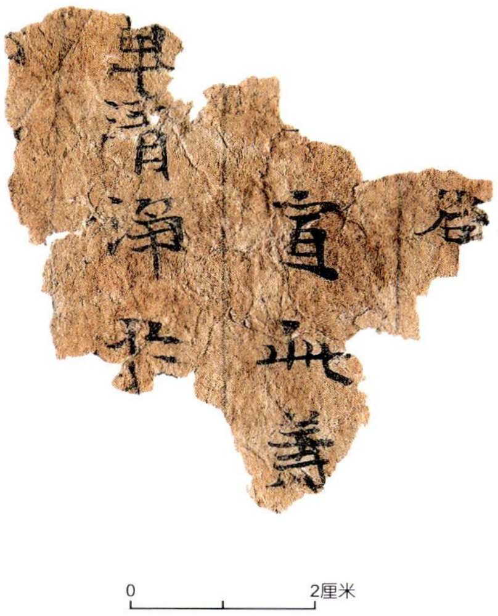

80TBI:326

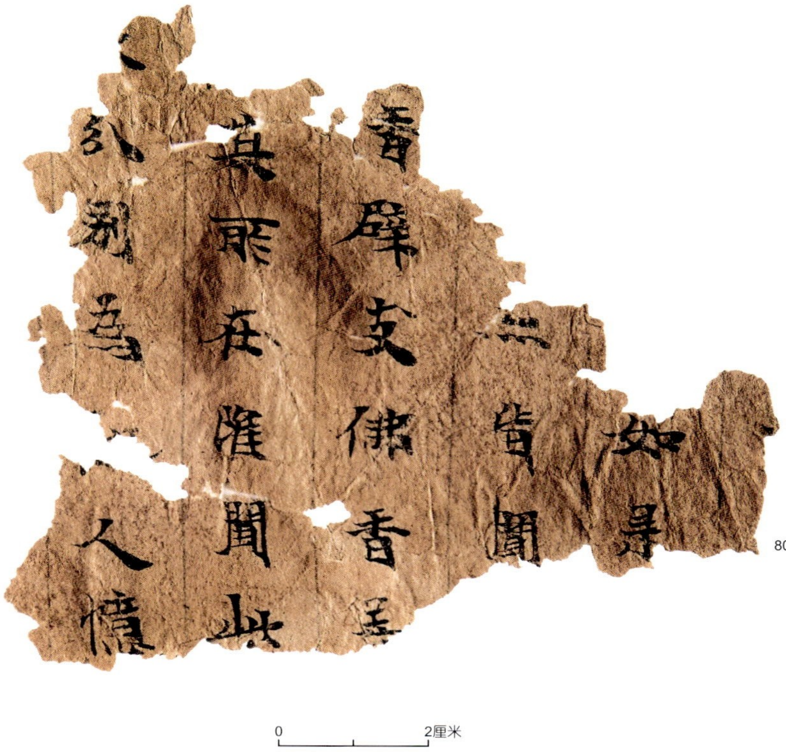

80TBI:434

二六六　妙法蓮華經（卷六）法師功德品第一九

《中華大藏經》第一五册　第五七五頁　下欄—第五七六頁上欄

《大正新修大藏經》第九册　第四八頁　下欄

□如是□

□亦皆聞□

□香辟支佛香菩□

□其所在雖聞此□

□欲分別爲他人憶〔一〕□

〔一〕「他人憶」，今本作「他人說憶」。

〔二〕本片可與80TBI:093-2、80TBI:037、80TBI:154、80TBI:094、80TBI:434、80TBI:326拼接，見拼合圖三五。

二六七　妙法蓮華經（卷六）法師功德品第一九

《中華大藏經》第一五册　第五七六頁　上欄

《大正新修大藏經》第九册　第四八頁　下欄

□欲□

□宣此義□

□鼻清淨於□

〔一〕本片可與80TBI:093-2、80TBI:037、80TBI:154、80TBI:094、80TBI:434拼接，見拼合圖三五。

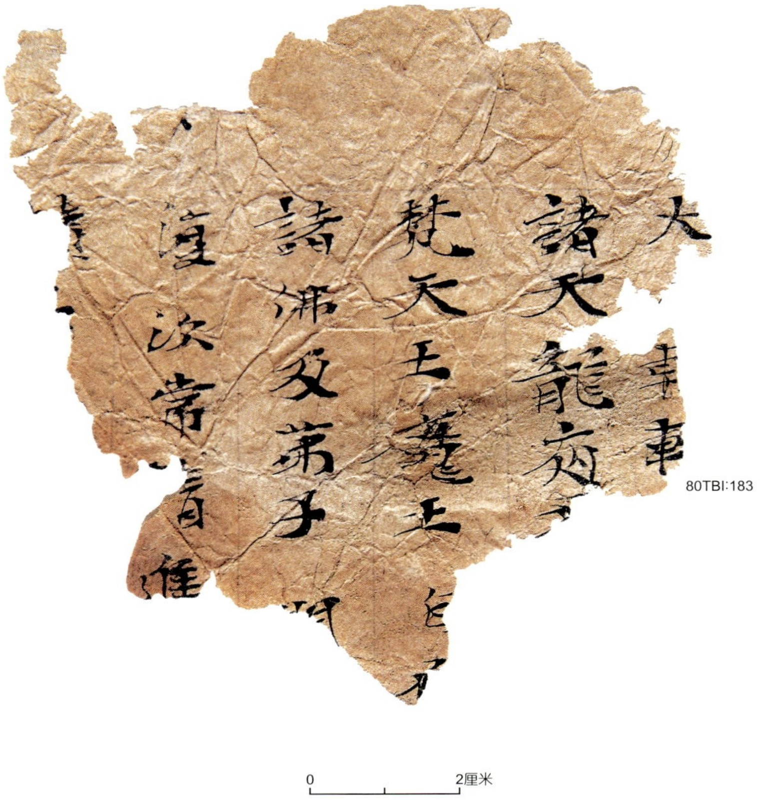

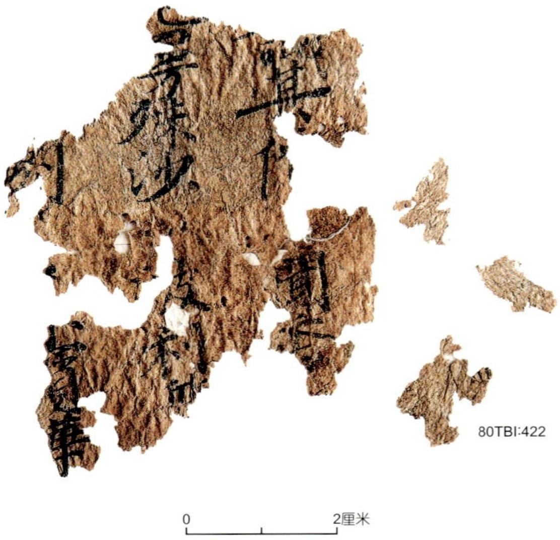

二六八　妙法蓮華經（卷六）法師功德品第一九

《中華大藏經》第一五册　第五七六頁　中欄

《大正新修大藏經》第九册　第四九頁　上欄

□識其價　聞香□

□曼殊沙　波利□

□寶華〔一〕□

〔一〕「華」，今本作「花」。

二六九　妙法蓮華經（卷六）法師功德品第一九

《中華大藏經》第一五册　第五七七頁　上欄

《大正新修大藏經》第九册　第四九頁　下欄

大小轉輪□

諸天龍夜叉□

梵天王魔王□

諸佛及弟子□

復次常精進□

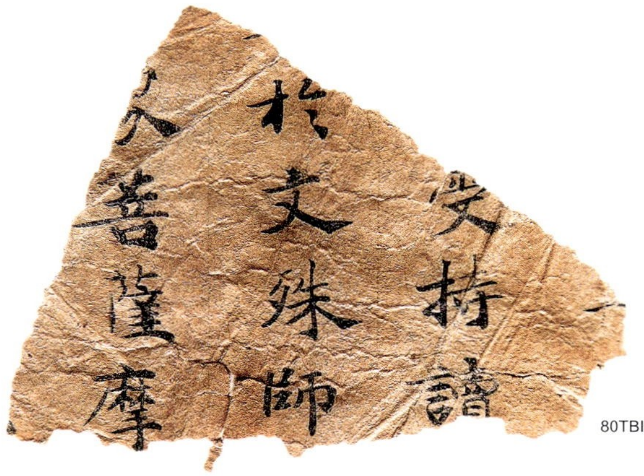

80TBI:226

0　2厘米

80TBI:211

0　2厘米

二七〇　妙法蓮華經（卷六）如來神力品第二一

《中華大藏經》第一五册　第五七九頁　中欄

《大正新修大藏經》第九册　第五一頁　下欄

受持讀

於文殊師

界菩薩摩

二七一　妙法蓮華經（卷六）藥王菩薩本事品第二三

《中華大藏經》第一五册　第五八一頁　上欄

《大正新修大藏經》第九册　第五三頁　上欄

那羅摩

及此聲聞皆歡[一]

量恒河沙劫有

〔一〕「及此聲聞皆歡」，今本作「及此聲聞衆聞皆歡」。

80TBI:023

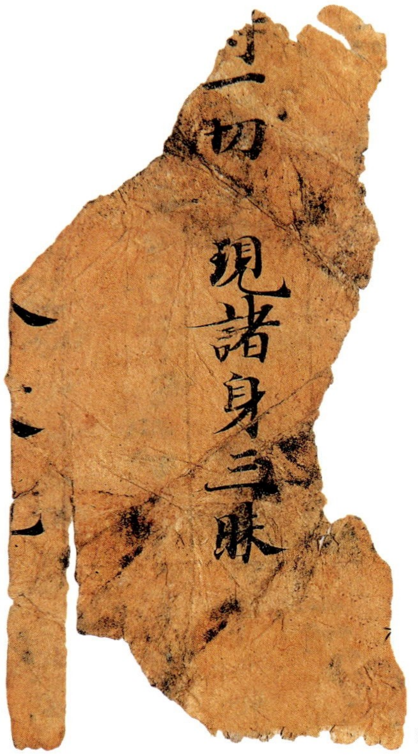

80TBI:771a

二七二　妙法蓮華經（卷六）藥王菩薩本事品第二三

《中華大藏經》第一五册　第五八一頁　中欄

《大正新修大藏經》第九册　第五三頁　上欄

亦等

及等[一]

樹莊嚴寶帳

周遍國界七寶

盡一箭道此諸

[一]「及等」，今本作「等及」。

二七三　妙法蓮華經（卷六）藥王菩薩本事品第二三

《中華大藏經》第一五册　第五八一頁　下欄

《大正新修大藏經》第九册　第五三頁　中欄

得一切　現諸身三昧

[一] 本片背面即80TBI:771b爲婆羅迷文寫本。

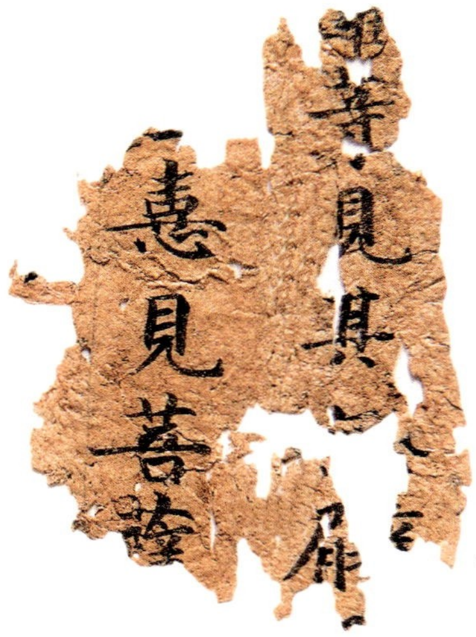

80TBI:740a-5

0　2厘米

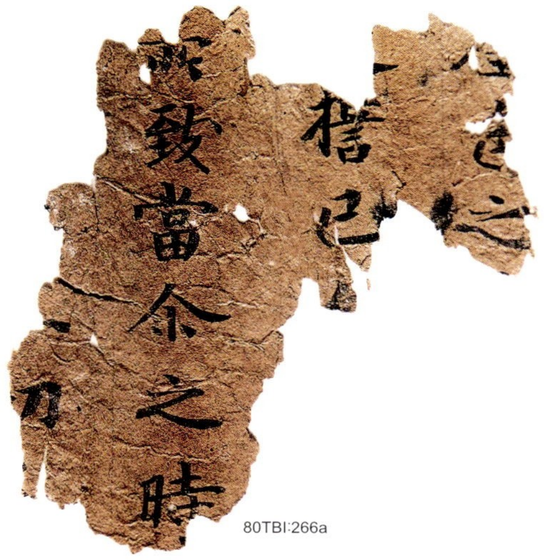

80TBI:266a

0　2厘米

二七四　妙法蓮華經（卷六）藥王菩薩本事品第二三

《中華大藏經》第一五册　第五八二頁　中欄

《大正新修大藏經》第九册　第五四頁　上欄

羅等見其無

憙見菩薩

〔一〕80TBI:740a共九片，其中80TBI:740a-1～4、6～9未定名，見未定名列表序號二三五。本片背面即80TBI:740b爲回鶻文寫本。

二七五　妙法蓮華經（卷六）藥王菩薩本事品第二三

《中華大藏經》第一五册　第五八二頁　中欄

《大正新修大藏經》第九册　第五四頁　上欄

金色之

誓已

所致當尒之時

一切

〔一〕本片可與80TBI:086a-2、086a-1拼接，見拼合圖三六。其背面即80TBI:266b未定名，見未定名列表序號二一八。

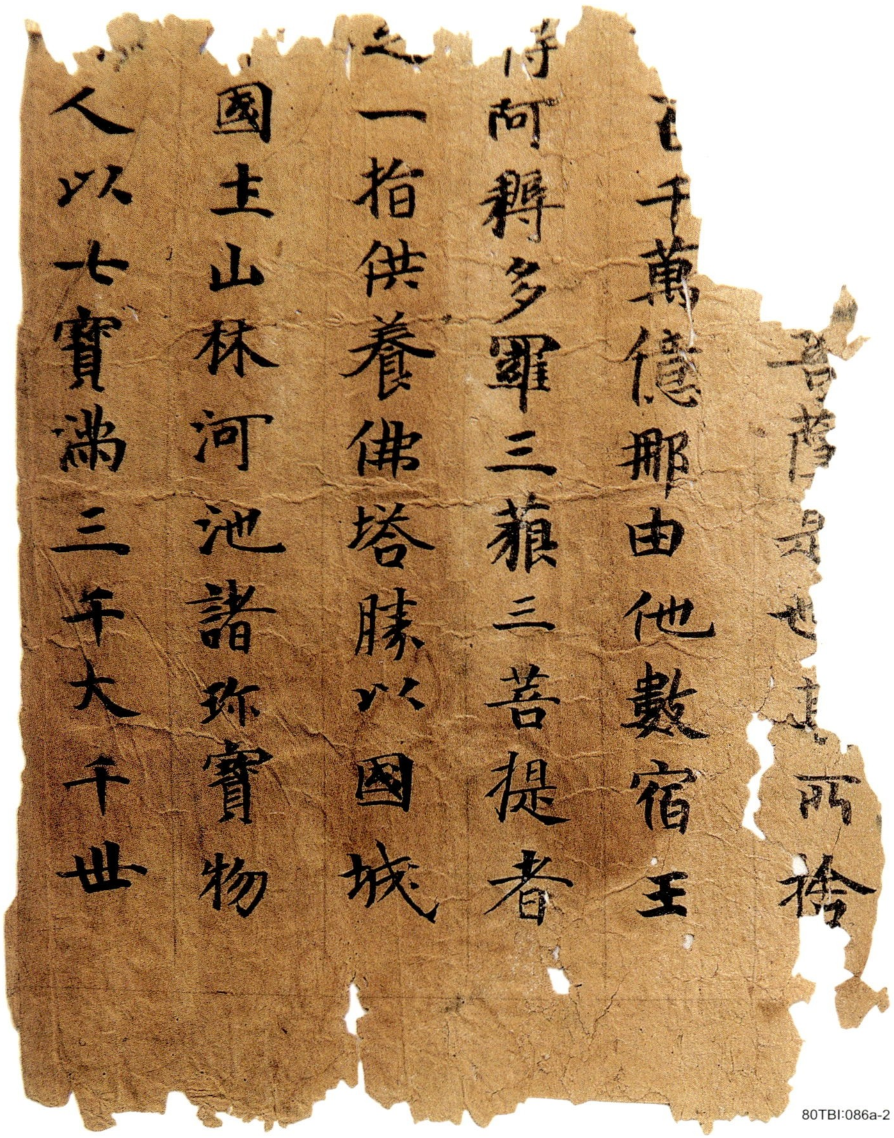
80TBI:086a-2

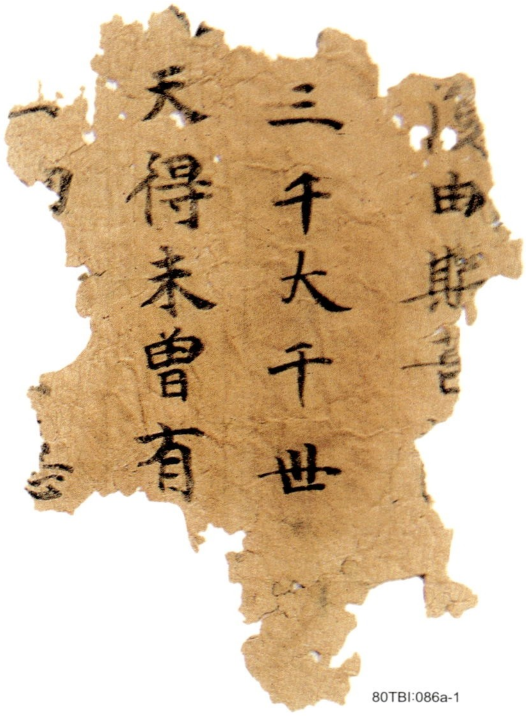
80TBI:086a-1

二七六　妙法蓮華經（卷六）藥王菩薩本事品第二三

《中華大藏經》第一五册　第五八二頁　中—下欄
《大正新修大藏經》第九册　第五四頁　上欄

復由斯菩薩
三千大千世
天得未曾有
一切

菩薩是也其所捨
百千萬億那由他數宿王
得阿耨多羅三藐三菩提者
足一指供養佛塔勝以國城
國土山林河池諸珎寶物
人以七寶滿三千大千世

〔一〕本片可與80TBI:266a拼接，見拼合圖三六。其背面即80TBI:266b-1、2未定名，見未定名列表序號八九。

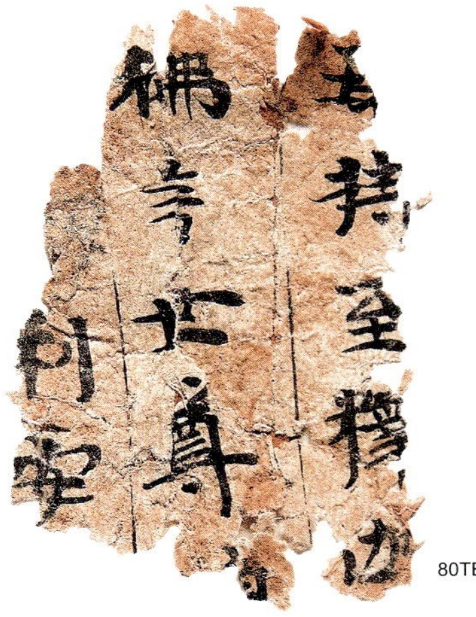

80TBI:376

0　2厘米

80TBI:683a

0　2厘米

二七七　妙法蓮華經（卷七）妙音菩薩品第二四

《中華大藏經》第一五册　第五八七頁　上—中欄
《大正新修大藏經》第九册　第五五頁　下欄

│不
│使和合百
│色无量百千
│諸相〔一〕具足□那羅
│地七多

〔一〕「相」，今本作「根」。
〔二〕本片可與80TBI:376拼接，見拼合圖三七。其背面即80TBI:683b爲回鶻文寫本。

二七八　妙法蓮華經（卷七）妙音菩薩品第二四

《中華大藏經》第一五册　第五八七頁　中欄
《大正新修大藏經》第九册　第五五頁　下欄

│路持至釋迦│
│佛言世尊│
│利安│

〔一〕本片可與80TBI:683a拼接，見拼合圖三七。

80TBI:099

0　2厘米

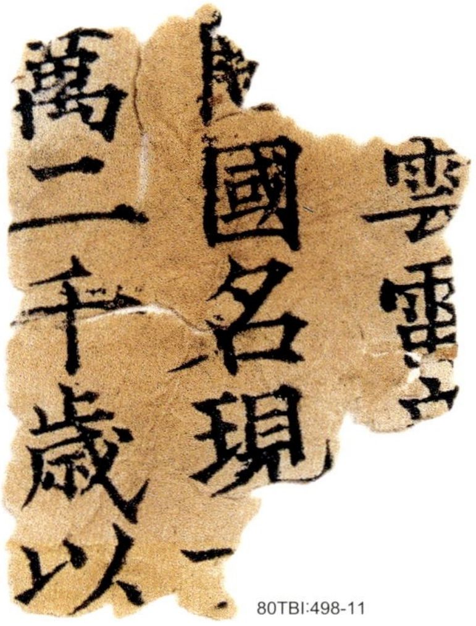

80TBI:498-11

0　2厘米

二七九　妙法蓮華經（卷七）妙音菩薩品第二四

《中華大藏經》第一五册　第五八七頁　中—下欄

《大正新修大藏經》第九册　第五六頁　上欄

□雲雷音□

□陁國名現□

□萬二千歲以□

〔一〕參見序號一七三備注。

二八〇　妙法蓮華經（卷七）觀世音菩薩普門品第二五

《中華大藏經》第一五册　第五八九頁　上欄

《大正新修大藏經》第九册　第五七頁　上欄

□衆生□

□若有人受□

□復盡形供養□

云何是善男子善□

甚多世尊佛言若□

□号无〔一〕乃至一□

〔一〕「无」字旁標有三點，表示删除，故今本爲「號乃」。

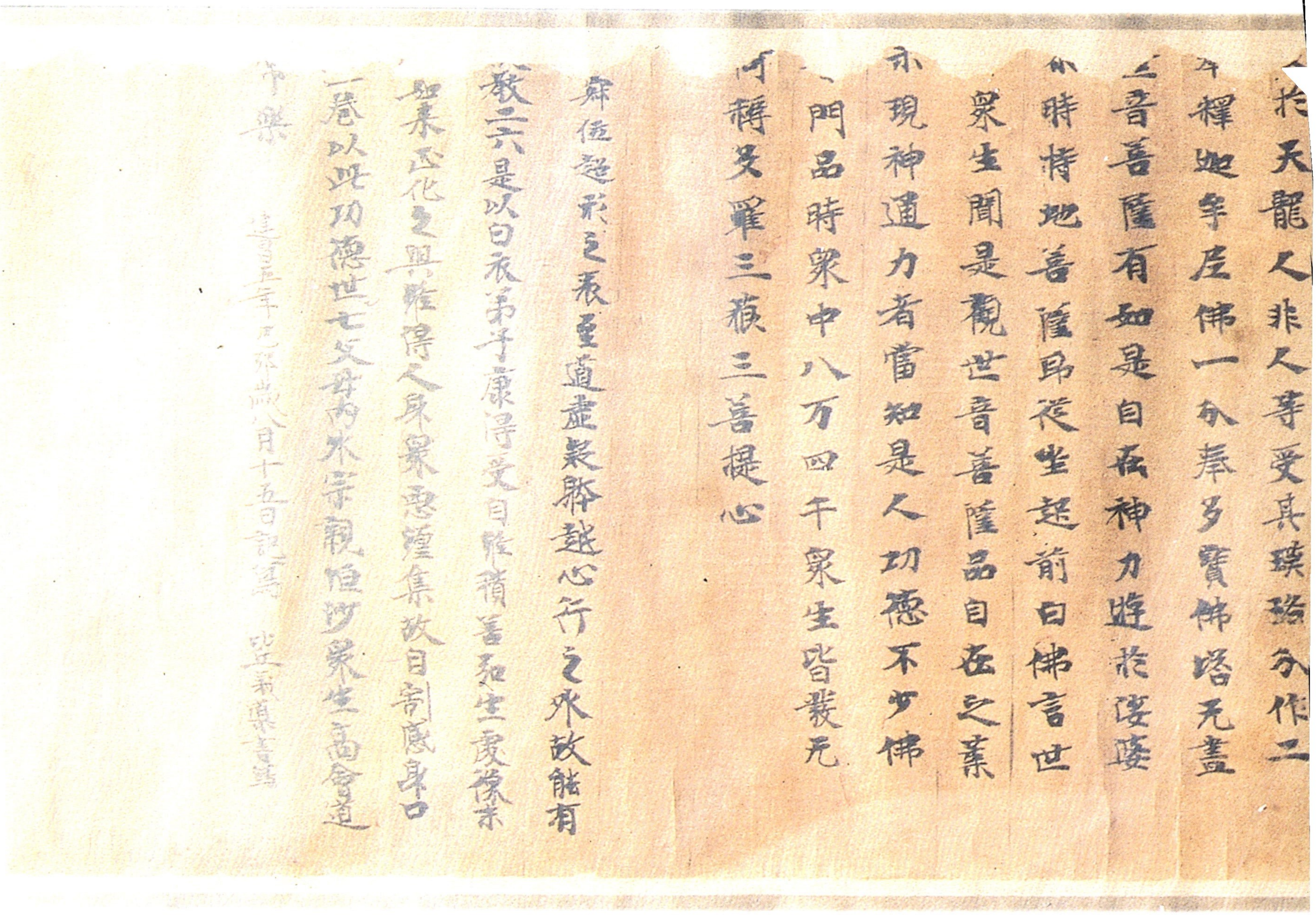

衆生聞是觀世音菩薩品自在之業

現神通力者當知是人功德不少佛

門品時衆中八萬四千衆生皆發無

阿耨多羅三藐三菩提心

寂位超形之表至道虛疑躲越心行之外故能有

教二六是以白衣弟子康得受自維積善弘生處像末

如來正化之與維得人身衆惡纏集故自割感身口

一巷以此功德七世父母内外宗親恒沙衆生高會道

常樂　　建昌五年己卯歲八月十五日記寫　　比丘義導書寫

〔一〕今本無「毗」字。

〔二〕「意觀世」，今本作「意是觀世」。

〔三〕「摩訶於」，今本作「摩訶薩於」。

〔四〕「佛言我今當」，今本作「佛言世尊我今當」。

〔五〕「衆寶瑛」，今本作「衆寶珠瓔」。

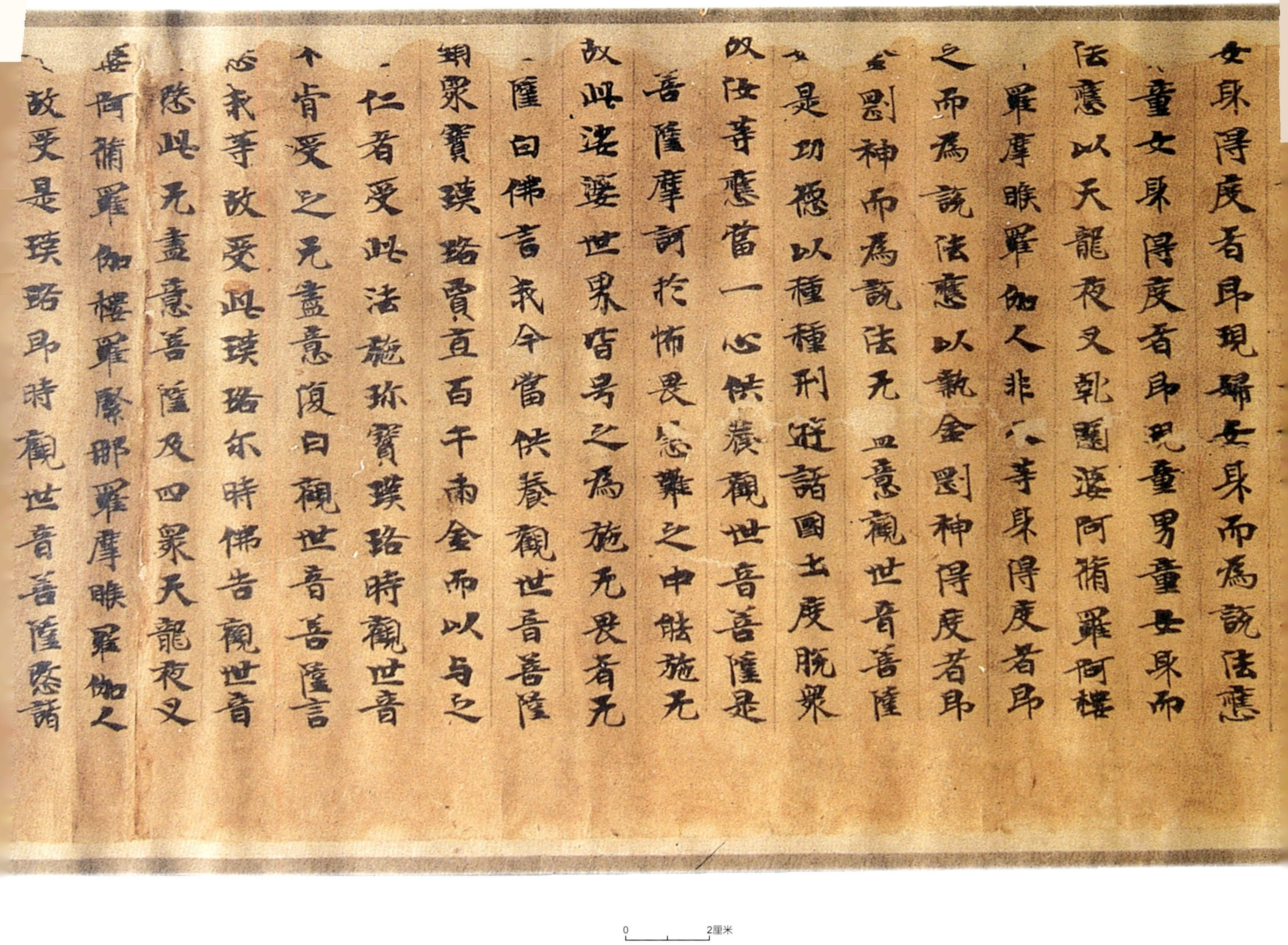

應以毗沙門身得度者即現毗沙門
說法應以小王身得度者即現小王
說法應以長者身得度者即現長者
說法應以居士身得度者即現居士
說法應以宰官身得度者即現宰官
說法應以毗[一]比丘比丘尼優婆塞優
得度者即現比丘比丘尼優婆塞優
而爲說法應以長者居士宰官婆羅
身得度者即現婦女身而爲說法應
童女身得度者即現童男童女身而
應以天龍夜叉乾闥婆阿脩羅迦樓
羅摩睺羅伽人非人等身得度者即
而爲說法應以執金剛神得度者即
剛神而爲說法無盡意[二]觀世音菩薩
是功德以種種刑遊諸國土度脱衆
故汝等應當一心供養觀世音菩薩是
菩薩摩[三]訶於怖畏急難之中能施無
此娑婆世界皆號之畏施無畏者無
薩白佛[四]言我今當供養觀世音菩薩
衆[五]寶瑛珞價直百千兩金而以與之
仁者受此法施珎寶瓔珞時觀世音
肯受之無盡意復白觀世音菩薩言
我等故受此瓔珞尒時佛告觀世音
愍此無盡意菩薩及四衆天龍夜叉
故受是瓔珞即時觀世音菩薩愍諸
阿脩羅伽樓羅緊那羅摩睺羅伽人
於天龍人非人等受其瓔珞分作二
釋伽牟尼佛一分奉多寶佛塔無盡
音菩薩有如是自在神力遊於娑婆
時持地菩薩即從座起前白佛言世

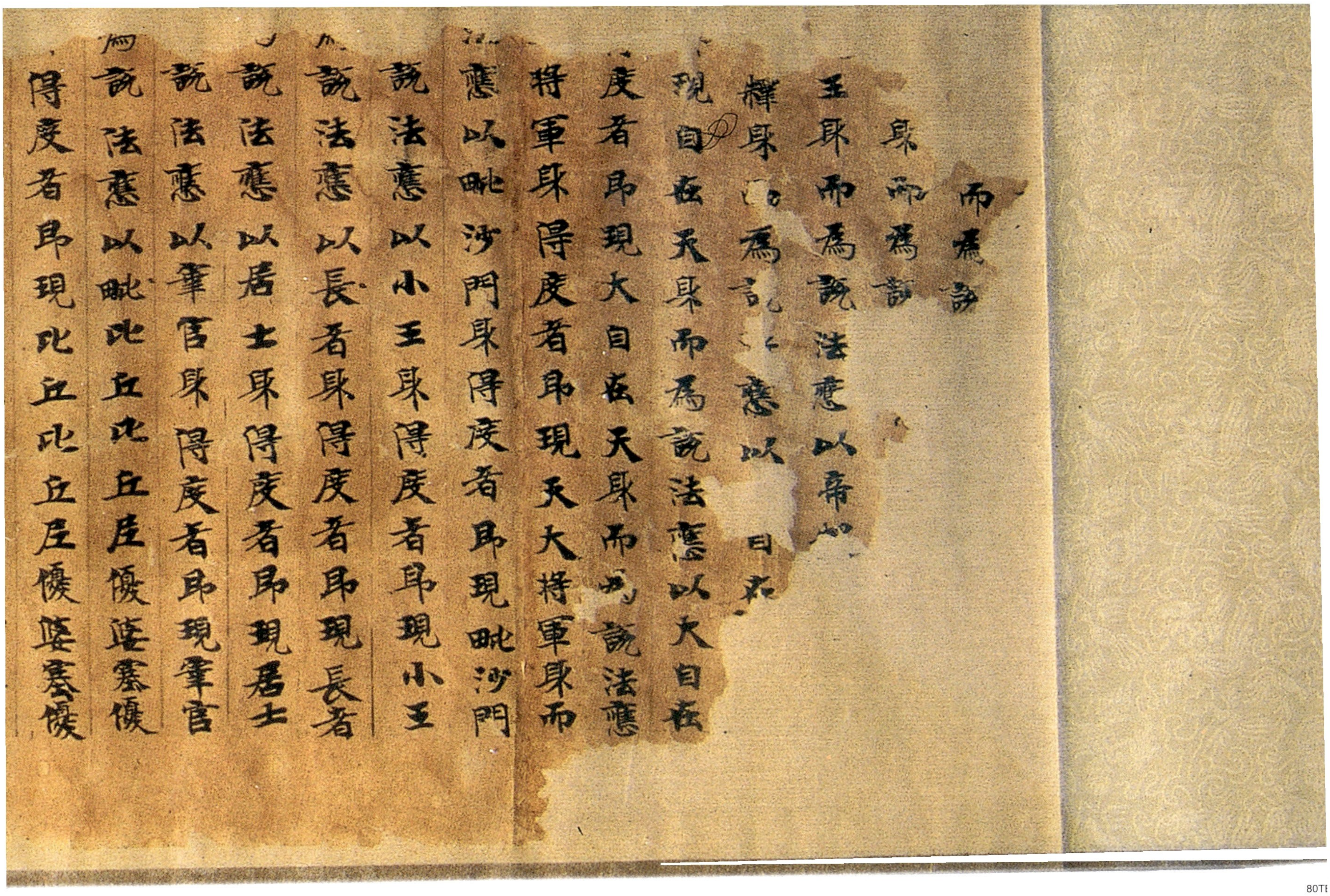

80T

二八一　妙法蓮華經（卷七）觀世音菩薩普門品第二五

《中華大藏經》第一五册　第五八九頁　中欄—
第五九〇頁　下欄

《大正新修大藏經》第九册　第五七頁　上欄—
第五八頁　中欄

「而爲説」
「身而爲説」
「王身而爲説法應以帝」
「釋身而爲説法應以自在」
「現自在天身而爲説法應以大自在
「度者即現大自在天身而爲説法應

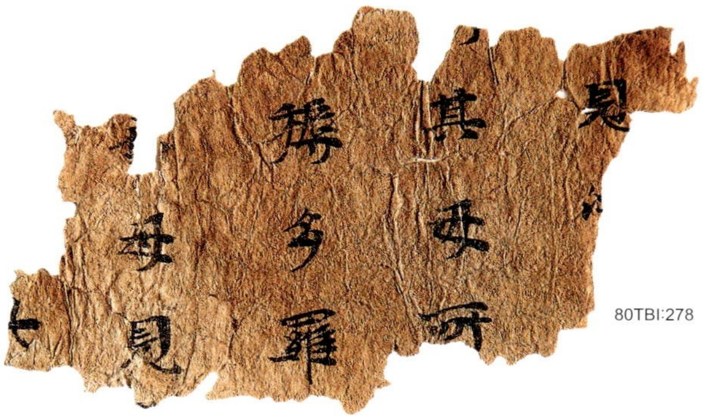

80TBI:278

0　2厘米

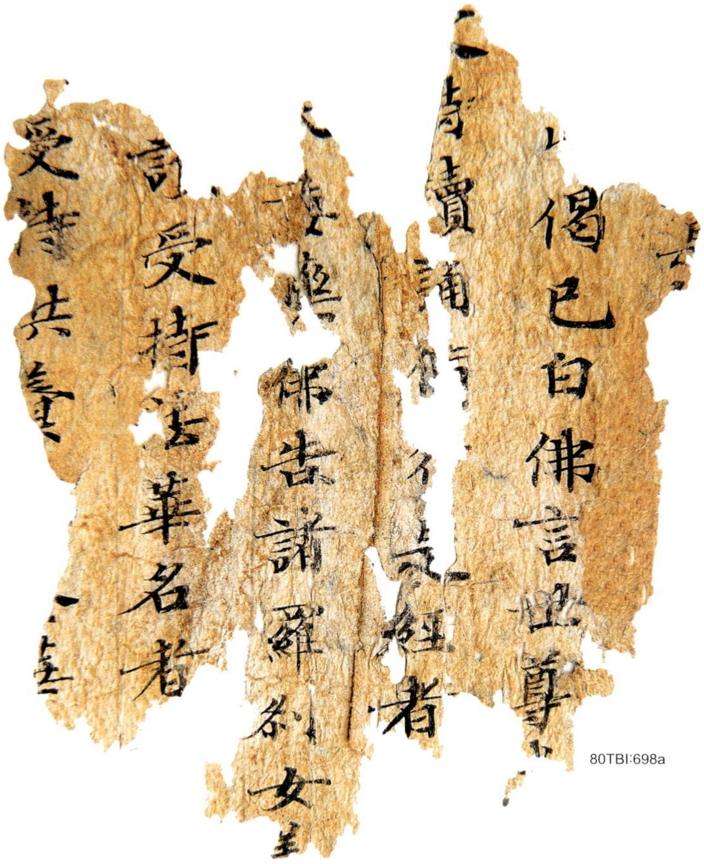

80TBI:698a

0　2厘米

二八二　妙法蓮華經（卷七）陀羅尼品第二六

《中華大藏經》第一五册　第五九二頁　上欄

《大正新修大藏經》第九册　第五九頁　中欄

□偈已白佛言世尊□
□持讀誦修行是經者□
□衆毒藥佛告諸羅刹女□
□護受持法華名者□
□受持供養經□

〔一〕本片背面即80TBI:698b爲回鶻文寫本。

二八三　妙法蓮華經（卷七）妙莊嚴王本事品第二七

《中華大藏經》第一五册　第五九二頁　下欄

《大正新修大藏經》第九册　第六〇頁　上欄

□見汝□
□其母所□
□槈多羅□
□願母見□

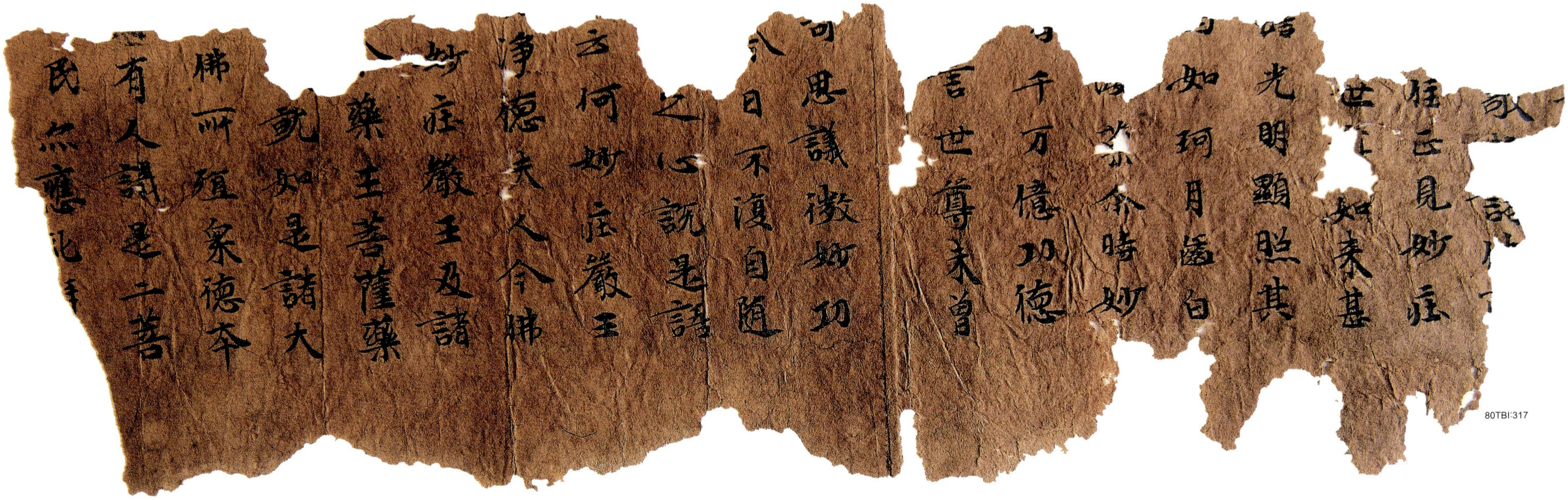

80TBI:317

0　2厘米

二八四　妙法蓮華經（卷七）妙莊嚴王本事品第二七

《中華大藏經》第一五册　第五九三頁　中—下欄

《大正新修大藏經》第九册　第六〇頁下欄—第六一頁　上欄

敬於諸佛所
住正見妙庄
世尊如來甚
醫光明顯照其
白如珂月齒白
婆果尒時妙
白千万億功德
言世尊未曾

可思議微妙功
今日不復自隨
之心說是語
云何妙庄嚴王
淨德夫人今佛
妙庄嚴王及諸
藥王菩薩藥
就如是[一]諸大
佛所殖[二]衆德本
有人識是二菩
民亦應禮拜

〔一〕「是」，今本作「此」。
〔二〕「殖」，今本作「植」。

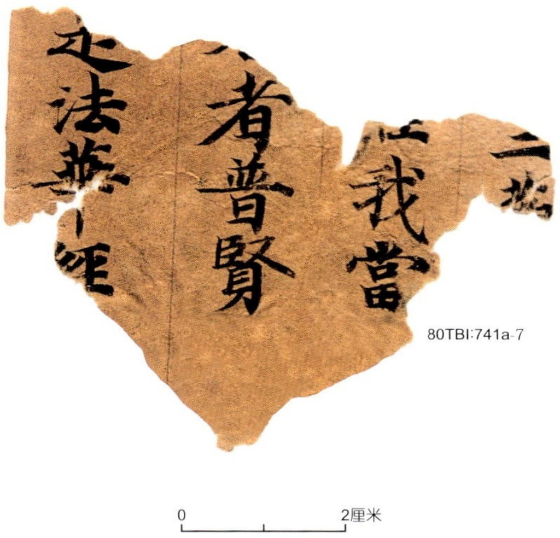

二八五　妙法蓮華經（卷七）普賢菩薩勸發品第二八

《中華大藏經》第一五册　第五九五頁　上欄
《大正新修大藏經》第九册　第六一頁　下欄

□三藐□
□經我當
□者普賢
□是法華經

〔一〕80TBI:741a號共有八片，其中80TBI:741a-1～6、8未定名，見未定名列表序號二五二。其背面即80TBI:741b-7爲回鶻文寫本。

二八六　妙法蓮華經（卷七）普賢菩薩勸發品第二八

《中華大藏經》第一五册　第五九五頁　中欄
《大正新修大藏經》第九册　第六二頁　上欄

□外道經□
□及諸惡者若屠兒若畜□
□若衒賣女色是人心意質□
□三毒所□
□惱是□

〔一〕本片可與80TBI:688a拼接，見拼合圖三八。其背面即80TBI:729b爲回鶻文寫本。

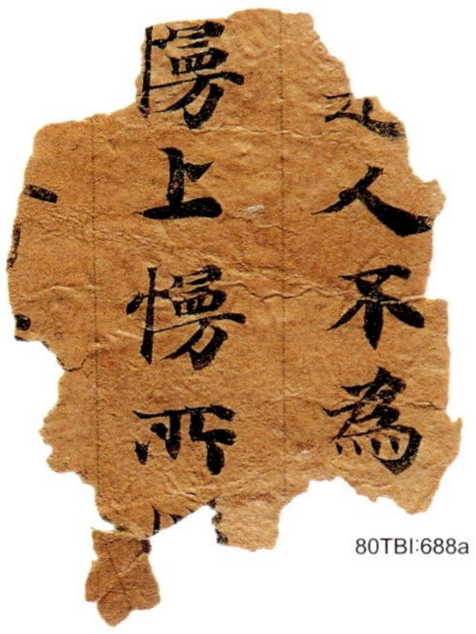

80TBI:688a

0　2厘米

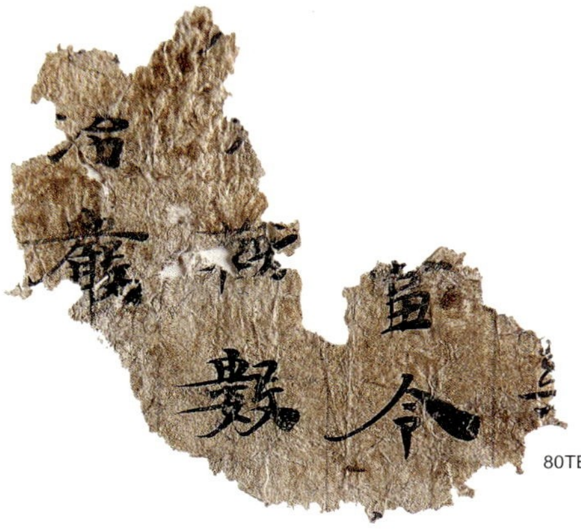

80TBI:244

0　2厘米

二八七　妙法蓮華經（卷七）普賢菩薩勸發品第二八

《中華大藏經》第一五册　第五九五頁　中欄

《大正新修大藏經》第九册　第六二頁　上欄

□是人不爲□

□慢上慢所□

〔一〕本片可與80TBI：729a拼接，見拼合圖三八。其背面即80TBI：688b爲回鶻文寫本。

二八八　正法華經（卷六）七寶塔品第一一

《中華大藏經》第一五册　第六七二頁　下欄

《大正新修大藏經》第九册　第一〇四頁　中欄

□當今□

□鞅〔一〕數□

□治嚴□

〔一〕「鞅」，今本作「央」。

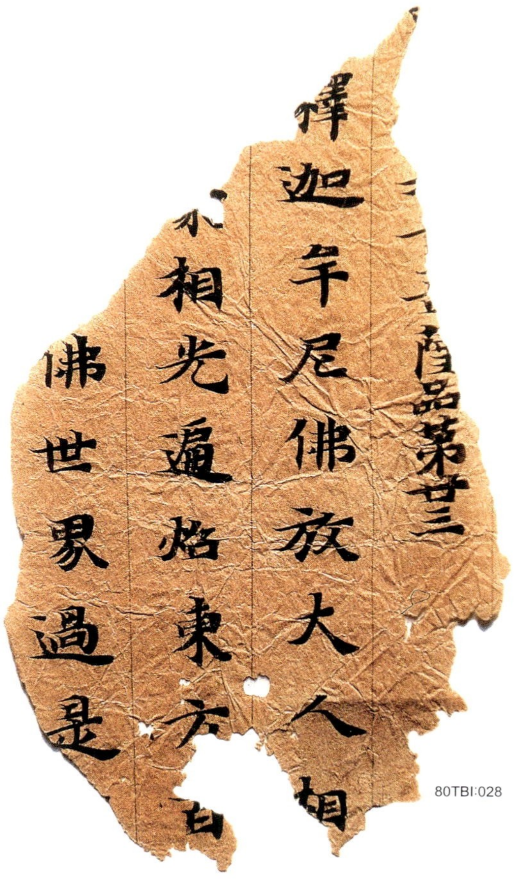

80TBI:028

0 2厘米

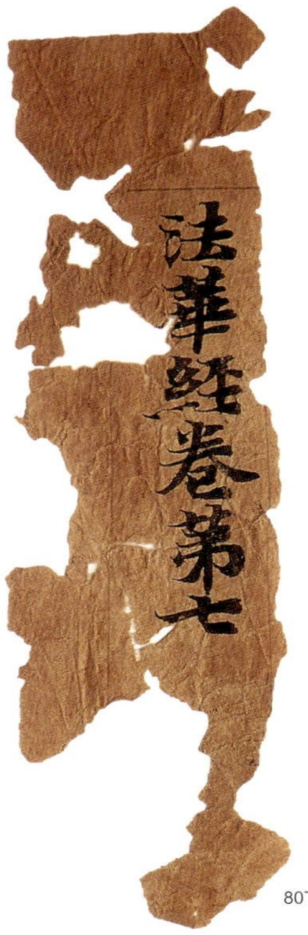

80TBI:066

0 2厘米

二八九 正法華經（卷第七）

《中華大藏經》第一五册 第六八四頁 中欄

《大正新修大藏經》第九册 第一〇七頁 中欄

法華經卷第七

二九〇 添品妙法蓮華經（卷七）妙音菩薩品第二三

《中華大藏經》第一五册 第八二一頁 上欄

《大正新修大藏經》第九册 第一九〇頁 上欄

（前缺）妙音菩薩品第廿三

釋迦牟尼佛放大人相

毫相光遍炤〔一〕東方百

佛世界過是

〔一〕「炤」，今本作「照」。

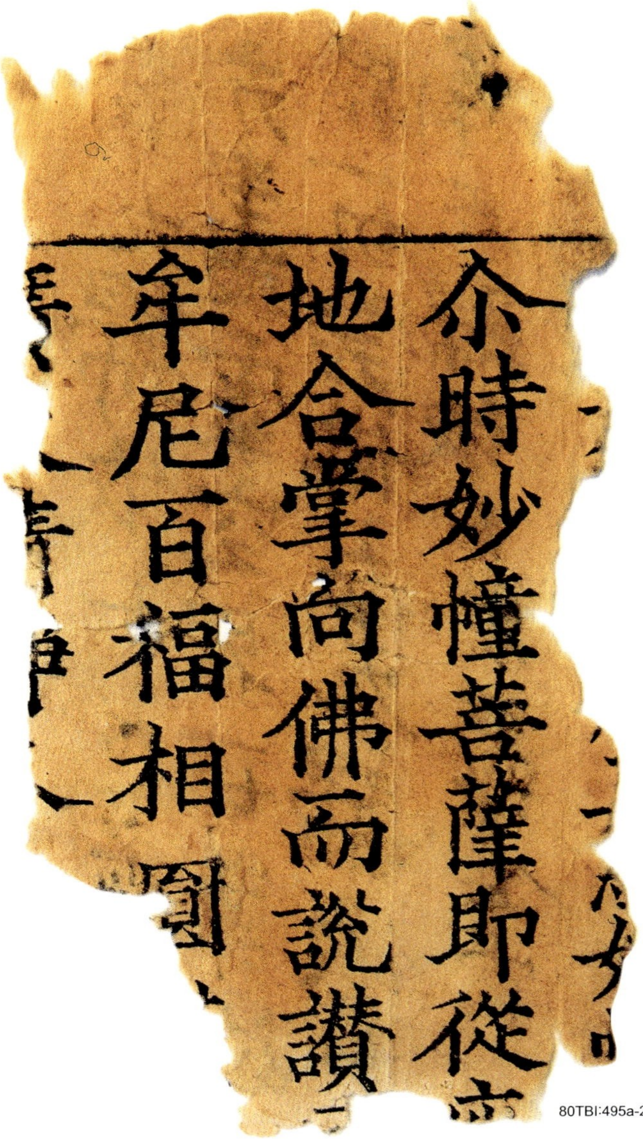

80TBI:495a-2

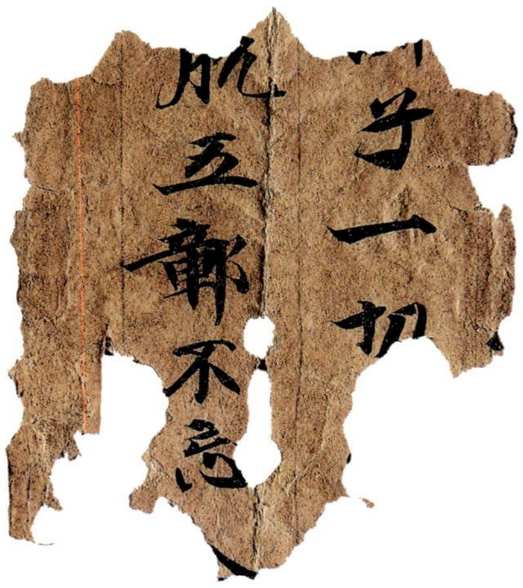

80TBI:315a

二九一　金光明最勝王經（卷一〇）妙幢菩薩讚歎品第二八

《中華大藏經》第一六册　第三三二頁　上欄

《大正新修大藏經》第一六册　第四五四頁　下欄

—四五五頁　上欄

尒時妙幢[一]菩薩即從□

地合掌向佛而説讚□

牟尼百福相圓□

廣大清淨□

[一]《中華大藏經》作「憧」，《大正新修大藏經》作「幢」。

[二] 80TBI:495a-2共二片，80TBI:495b-2爲「瑜伽集要焰口施食儀」，參見列表序號四六九。80TBI:495a-1和80TBI:495b-1未定名，見未定名列表序號二三六、二四八。

二九二　合部金光明經（卷三）陀羅尼最淨地品第六

《中華大藏經》第一六册　第三六六頁　中欄

《大正新修大藏經》第一六册　第三七五頁　中欄

□子一切□

□脱五障不忘念□

[一] 本片背面即80TBI:315b爲回鶻文寫本。

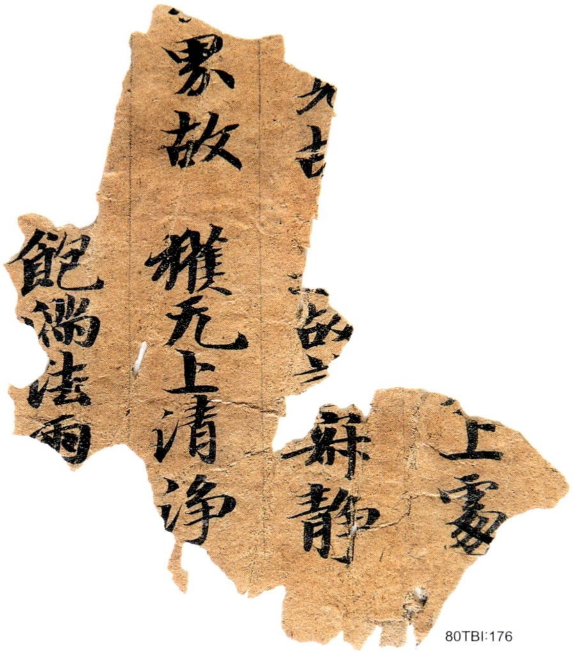
80TBI:176

0　2厘米

80TBI:455-9

0　2厘米

二九三　合部金光明經（卷三）陀羅尼最淨地品第六

《中華大藏經》第一六冊　第三六七頁　下欄

《大正新修大藏經》第一六冊　第三七六頁　中欄

□名過十□

□羅尼□

〔一〕參見序號二一一備注。

二九四　合部金光明經（卷三）陀羅尼最淨地品第六

《中華大藏經》第一六冊　第三六七頁　下欄

《大正新修大藏經》第一六冊　第三七六頁　下欄

□上處

□見故　□故證寂静

□界故　獲无上清浄

□　飽滿法雨□

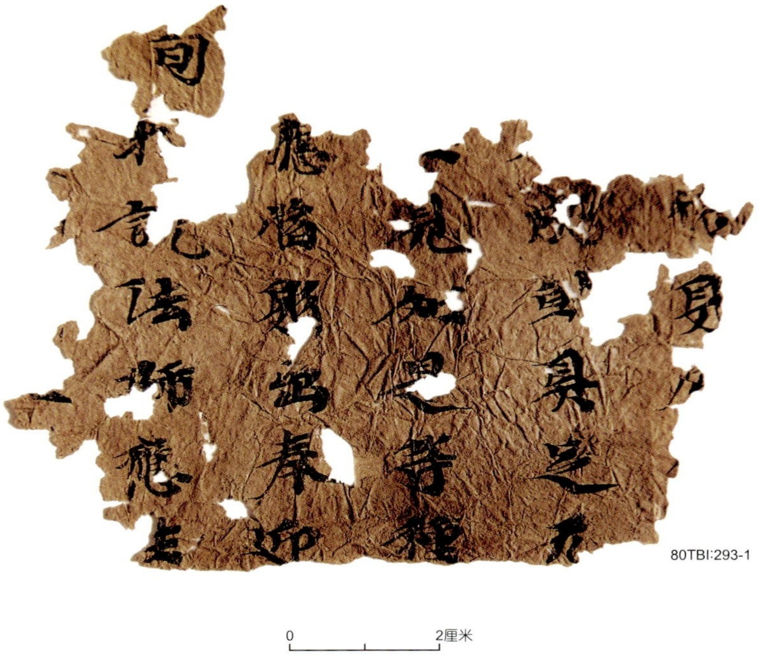
80TBI:293-1

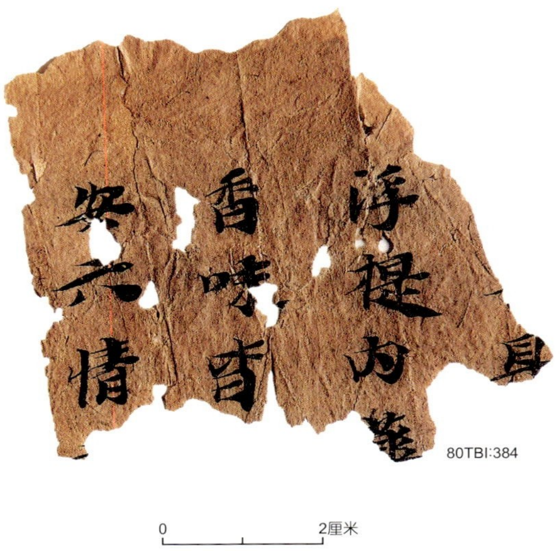
80TBI:384

二九五　金光明經（卷二）四天王品第六

《中華大藏經》第六七册　第九四二頁　上欄

《大正新修大藏經》第一六册　第三四二頁　中欄

［　］身［　］

［　］成就具足無［　］

［　］見如是等種［　］

［　］應當躬出奉迎［　］

［　］句於說法師應生［　］

〔一〕80TBI:293共兩片，80TBI:293－2未定名，見未定名列表序號二三七。

二九六　金光明經（卷二）堅牢地神品第九

《中華大藏經》第六七册　第九四六頁　中欄

《大正新修大藏經》第一六册　第三四五頁　下欄

浮提內藥［　］

香味皆［　］

安六情［　］

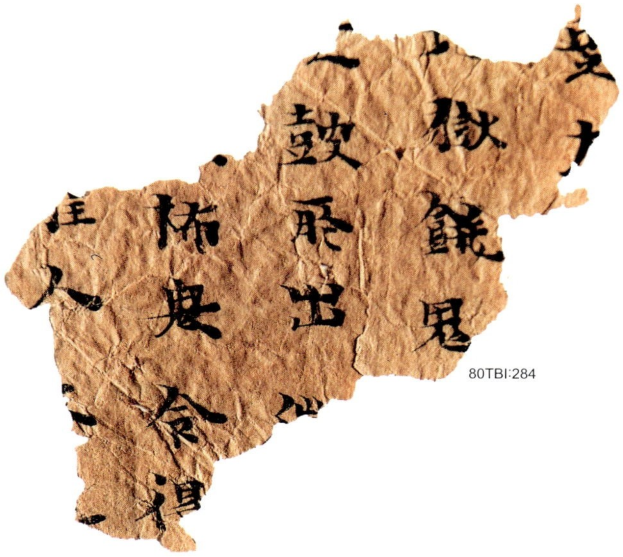
80TBI:284

0　2厘米

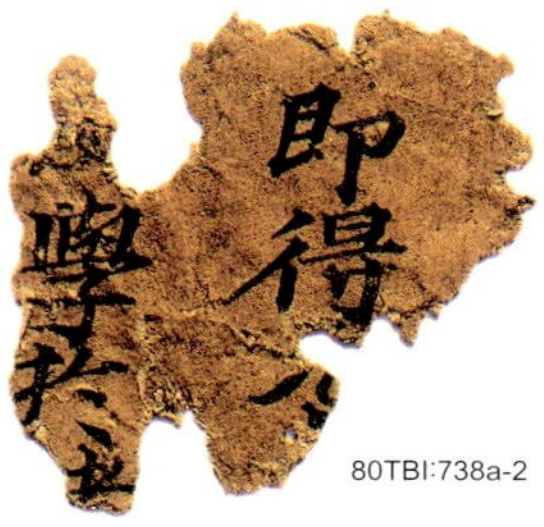
80TBI:738a-2

0　2厘米

二九七　佛説月燈三昧經一卷

《中華大藏經》第六七册　第五六二頁　中欄

《大正新修大藏經》第一五册　第六二一頁　下欄—第六二二頁上欄

□即得無□

□學於諸□

〔一〕本片背面即80TBI:738b爲回鶻文寫本。其餘參見列表序號一六三備注。

二九八　金光明經（卷一）懺悔品第三

《中華大藏經》第六七册　第九三四頁　上欄

《大正新修大藏經》第一六册　第三三六頁　中—下欄

□是大□

□地獄餓鬼□

□是鼓所出　微□

□怖畏　令得□

□聖人　所□

〔一〕本片可與80TBI:172拚接，見拚合圖三九。

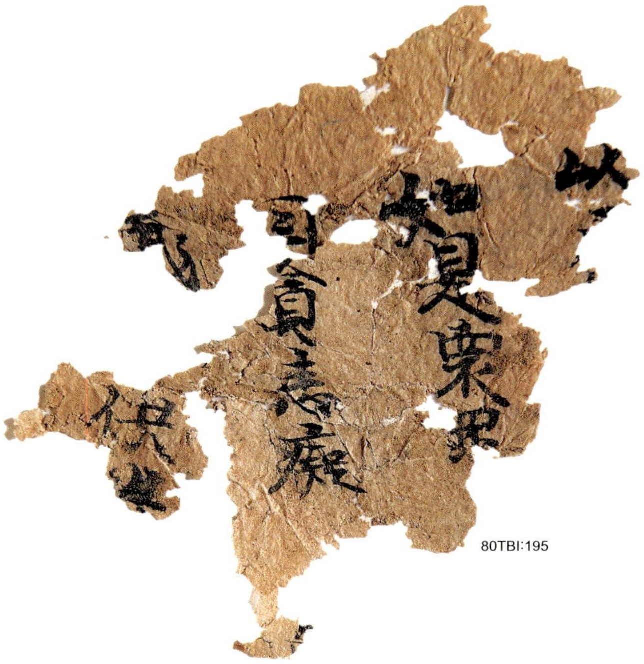

80TBI:195

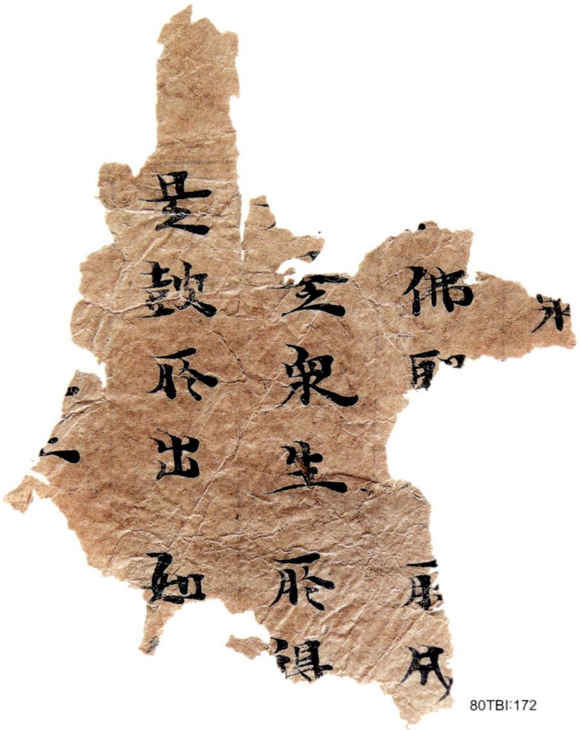

80TBI:172

二九九 金光明經（卷一）懺悔品第三

《中華大藏經》第六七册 第九三四頁 上欄

《大正新修大藏經》第一六册 第三三六頁 下欄

□佛聖□ 所成□

□是衆生 所得□

是鼓所出 如□

〔一〕本片可與80TBI:284拼接，見拚合圖三九。

三〇〇 金光明經（卷一）懺悔品第三

《中華大藏經》第六七册 第九三四頁 中—下欄

《大正新修大藏經》第一六册 第三三七頁 上欄

以无□

如是衆罪□

因貪恚癡□

我□供養□

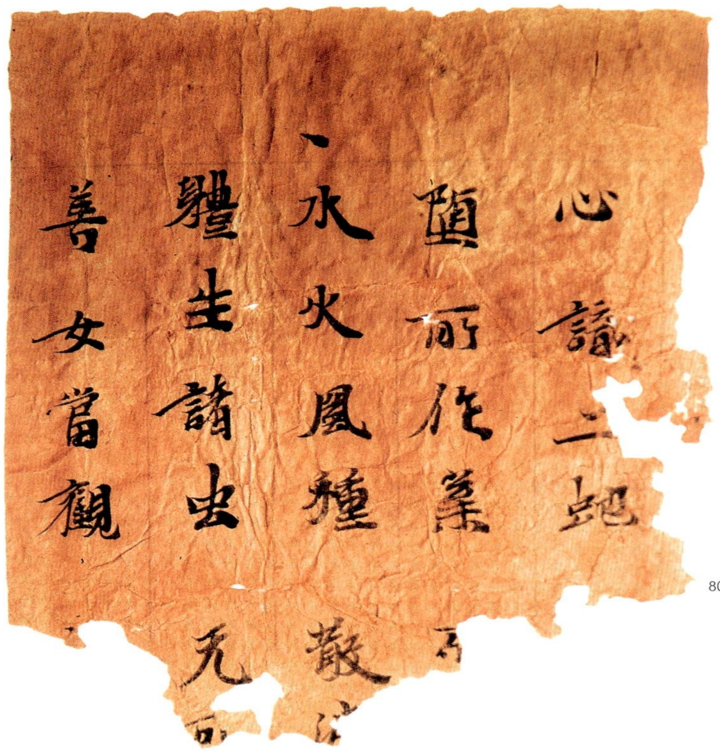

80TBI:062

0 2厘米

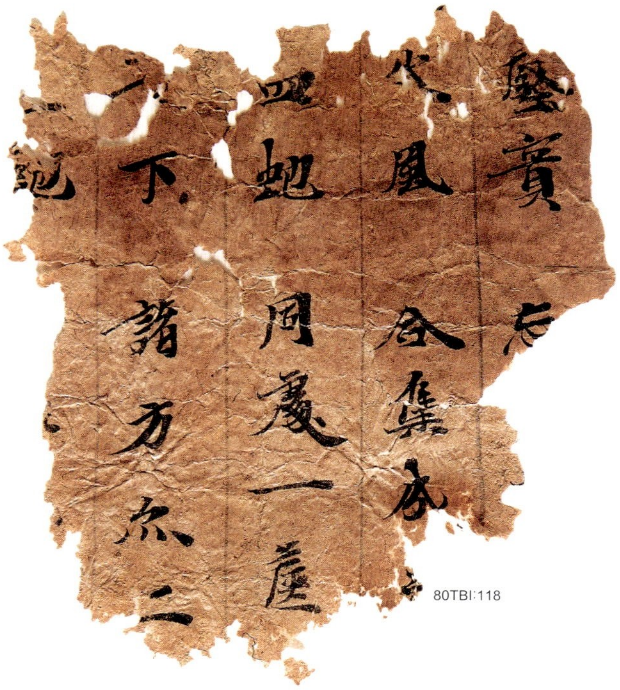

80TBI:118

0 2厘米

三〇一　金光明經（卷一）空品第五

《中華大藏經》第六七册　第九三七頁　中—下欄

《大正新修大藏經》第一六册　第三四〇頁　上—中欄

□堅實　忘[一]　□

□火風　合集成立　□

□四虵　同處一篋　□

□二下　諸方亦二　□

〔一〕「忘」，今本作「妄」。

〔二〕本片可與80TBI:062拼接，見拼合圖四〇。

三〇二　金光明經（卷一）空品第五

《中華大藏經》第六七册　第九三七頁　下欄

《大正新修大藏經》第一六册　第三四〇頁　中欄

心識二虵[一]　□

堕所作業　□

水火風種　散滅　□

體生諸虫　无可　□

善女當觀　□

〔一〕「虵」，今本作「性」。

〔二〕本片可與80TBI:118拼接，見拼合圖四〇。

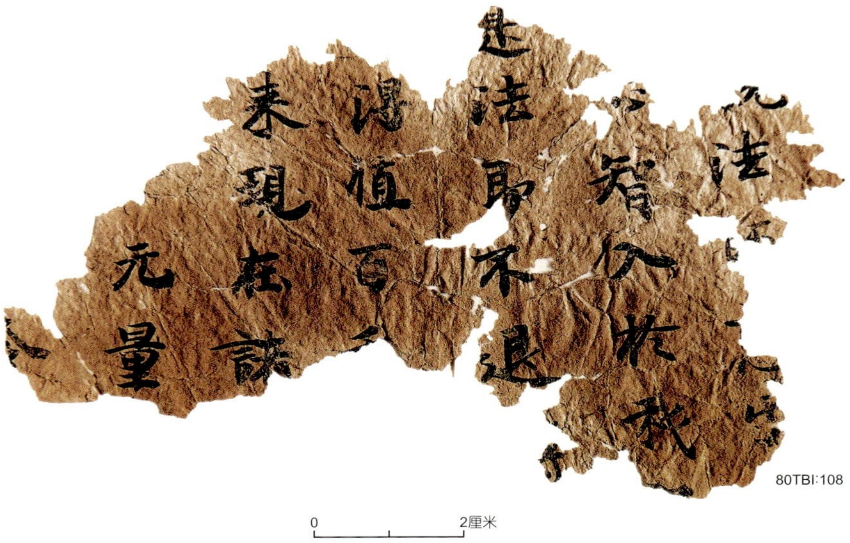

80TBI:108

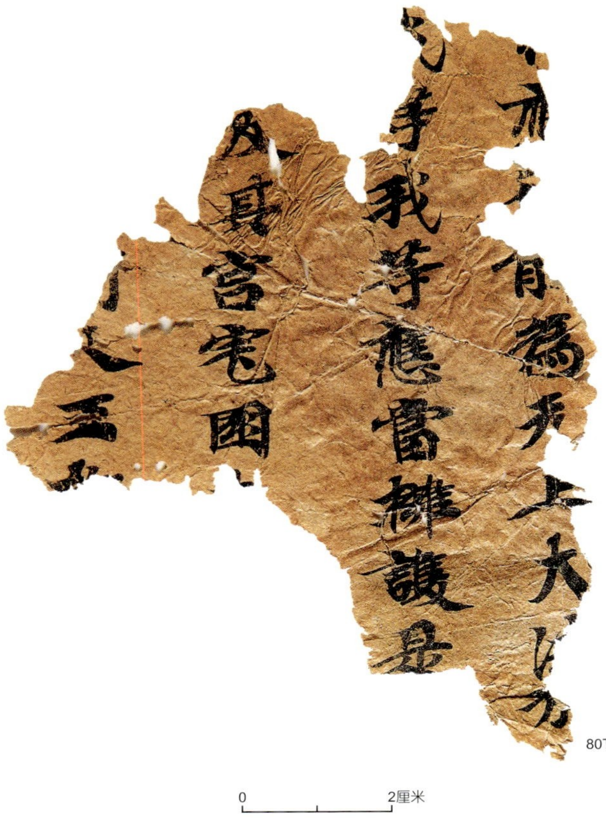

80TBI:220

三〇三　金光明經（卷二）四天王品第六

《中華大藏經》第六七册　第九四二頁　上—中欄

《大正新修大藏經》第一六册　第三四二頁　中欄

説法

智入於我

是法即不退

得值百千

來現在諸

无量

三〇四　金光明經（卷二）四天王品第六

《中華大藏經》第六七册　第九四三頁　中欄

《大正新修大藏經》第一六册　第三四三頁　中欄

能爲无上大法施

我等我等應當擁護是

及其宮宅國

人王於

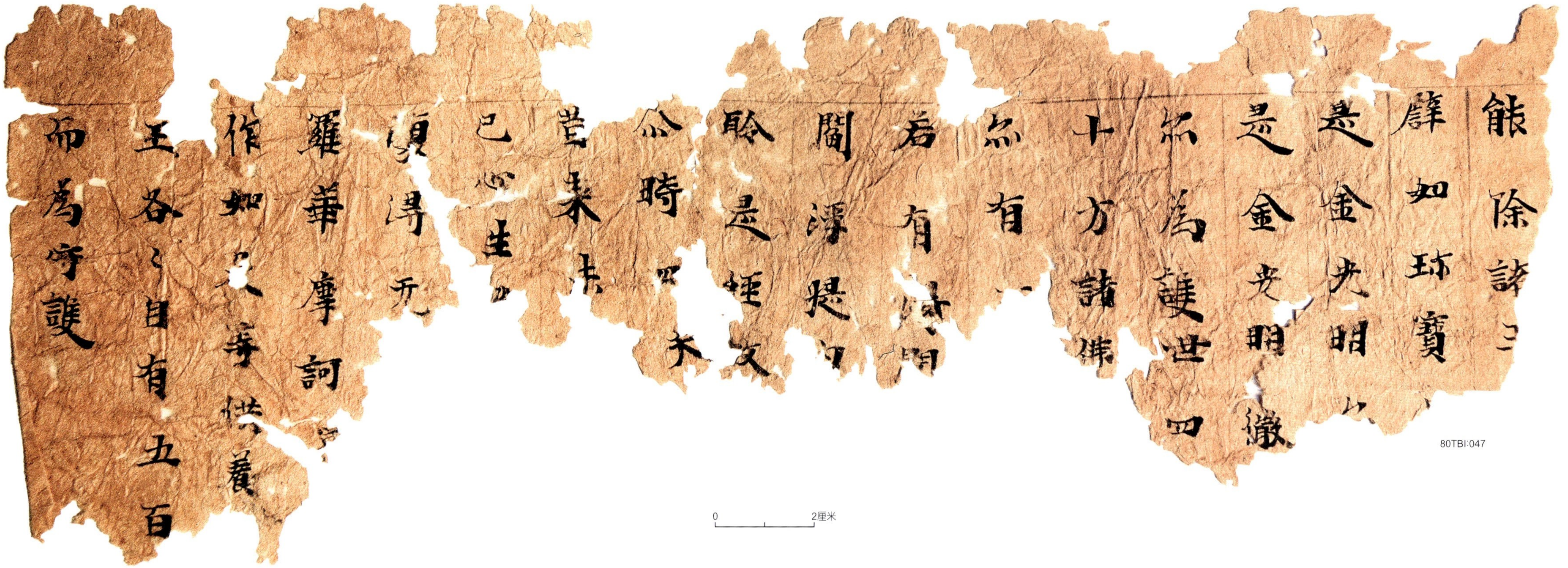

80TBI:047

0 2厘米

三〇五 金光明經（卷二）四天王品第六

《中華大藏經》第六七册 第九四四頁下欄—第九四五頁 上欄

《大正新修大藏經》第一六册 第三四四頁中—下欄

能除諸王□

譬如珎寶□

是金光明 亦□

是金光明 微□

亦爲護世 四□

十方諸佛□

亦有□

若有得聞□

閻浮提内□

聆[一]是經故□

尒時四天□

昔來未□

已心生□

復得无□

羅華摩訶□

作如是等供養□

王各各自有五百□

而爲守護

〔一〕「聆」，今本爲「聽」。

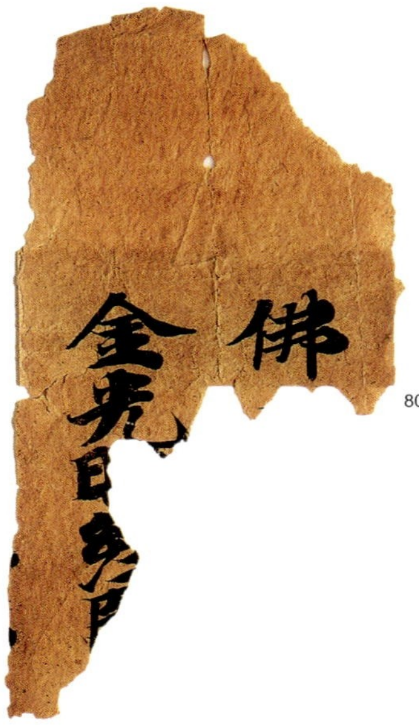

80TBI:067

0　2厘米

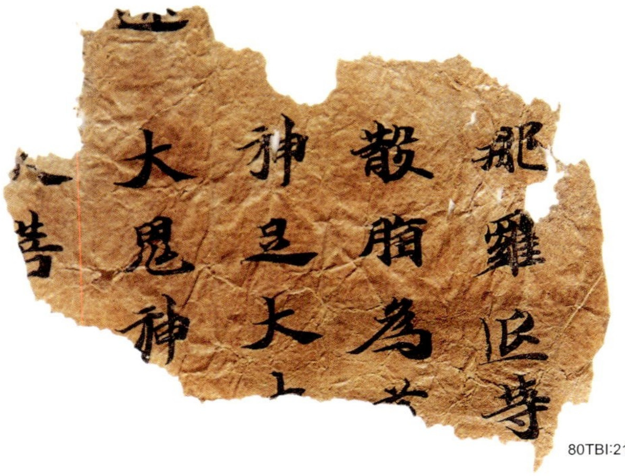

80TBI:215

0　2厘米

三〇六　金光明經（卷二）

《中華大藏經》第六七冊　第九四六頁　上欄

《大正新修大藏經》第一六冊　第三四五頁　下欄

佛□

金光明經堅□

三〇七　金光明經（卷三）鬼神品第一三

《中華大藏經》第六七冊　第九五二頁　中—下欄

《大正新修大藏經》第一六冊　第三五〇頁　上欄

□那羅延等□

□散脂爲首□

□神足大力□

□大鬼神□

□大菩□

80TBI:093-1

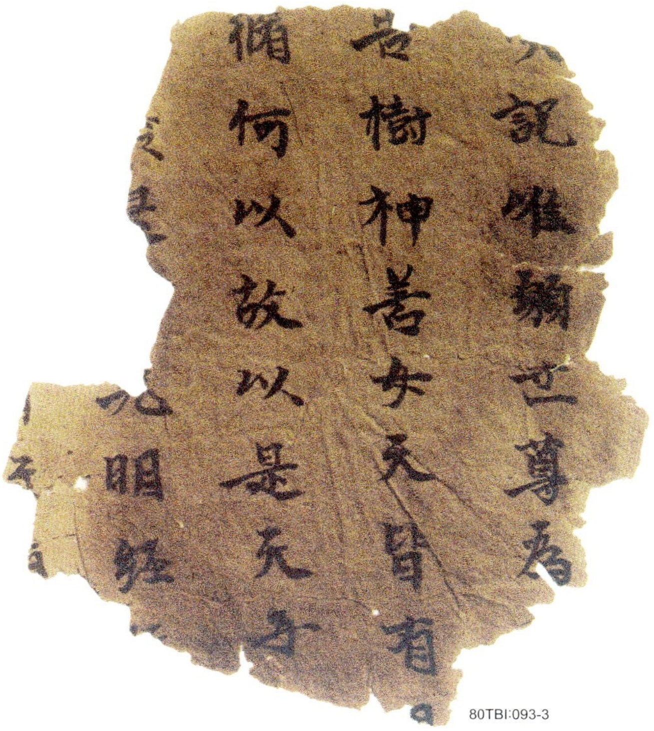

80TBI:093-3

0　2厘米

0　2厘米

三〇八　金光明經（卷三）授記品第一四

《中華大藏經》第六七册　第九五四頁　上欄

《大正新修大藏經》第一六册　第三五一頁　中欄

□記唯願世尊爲□

□[告]樹神善女天皆有□

□修何以故以是天子□

□[光]明經□

〔一〕本片可與80TBI:152、80TBI:088、80TBI:093-1拼合，見拼合圖四一。

三〇九　金光明經（卷三）除病品第一五

《中華大藏經》第六七册　第九五四頁　上欄

《大正新修大藏經》第一六册　第三五一頁　中欄

□[菩][提][樹]□

□當爲汝演□

□思議阿僧□

□勝如來應□

〔一〕80TBI:093-2爲「妙法蓮華經（卷六）法師功德品第一九」，參見列表序號二六二。其餘參見序號三〇八備注。

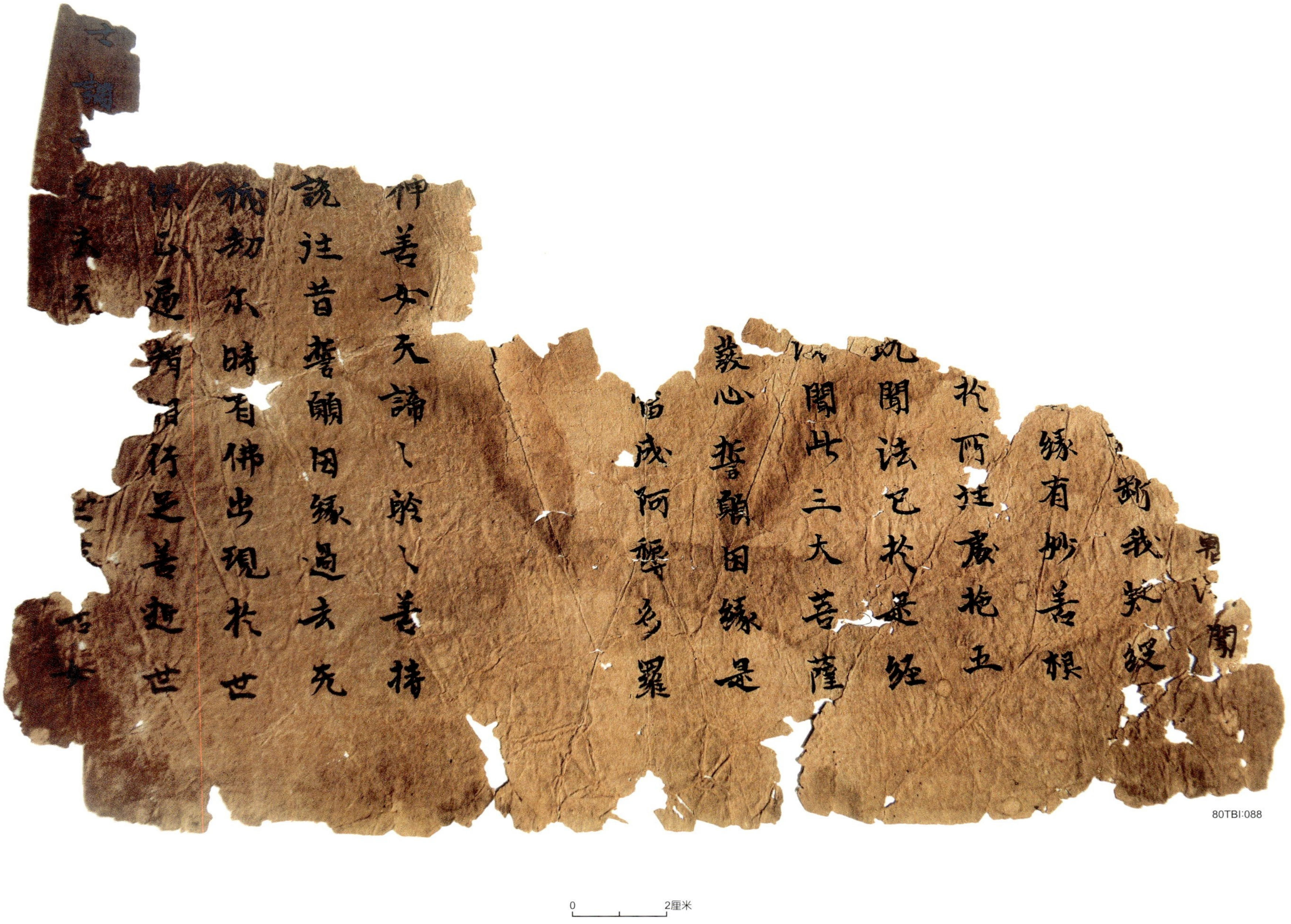

80TBI:088

三一〇　金光明經（卷三）除病品第一五

《中華大藏經》第六七冊　第九五四頁　上欄
《大正新修大藏經》第一六冊　第三五一頁　中欄

□暫得聞
□断我疑網
□緣有妙善根
□於所住處施[一]五
□既聞法已於是经
□得聞此三大菩薩
□發心誓願因緣是
□當成阿耨多羅
□神善女天[二]諦聆諦聆善持
□說往昔誓願因緣過去无
□祇劫尔時有佛出現於世
□供正遍知明行足善逝世
□士調御丈夫天□善女

〔一〕「施」，今本作「捨」。
〔二〕「諦聆諦聆」，今本作「諦聽諦聽」。
〔三〕參見三〇八備注。

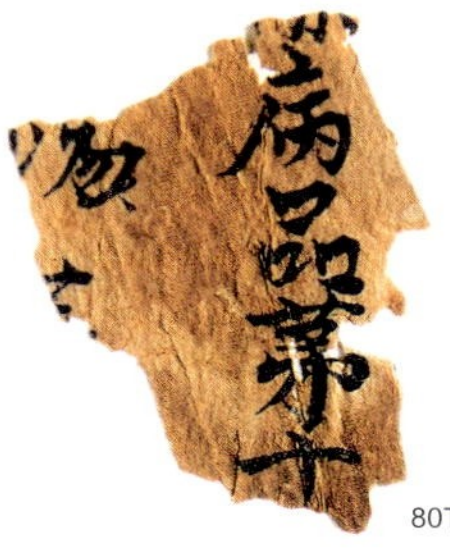

80TBI:152

0　2厘米

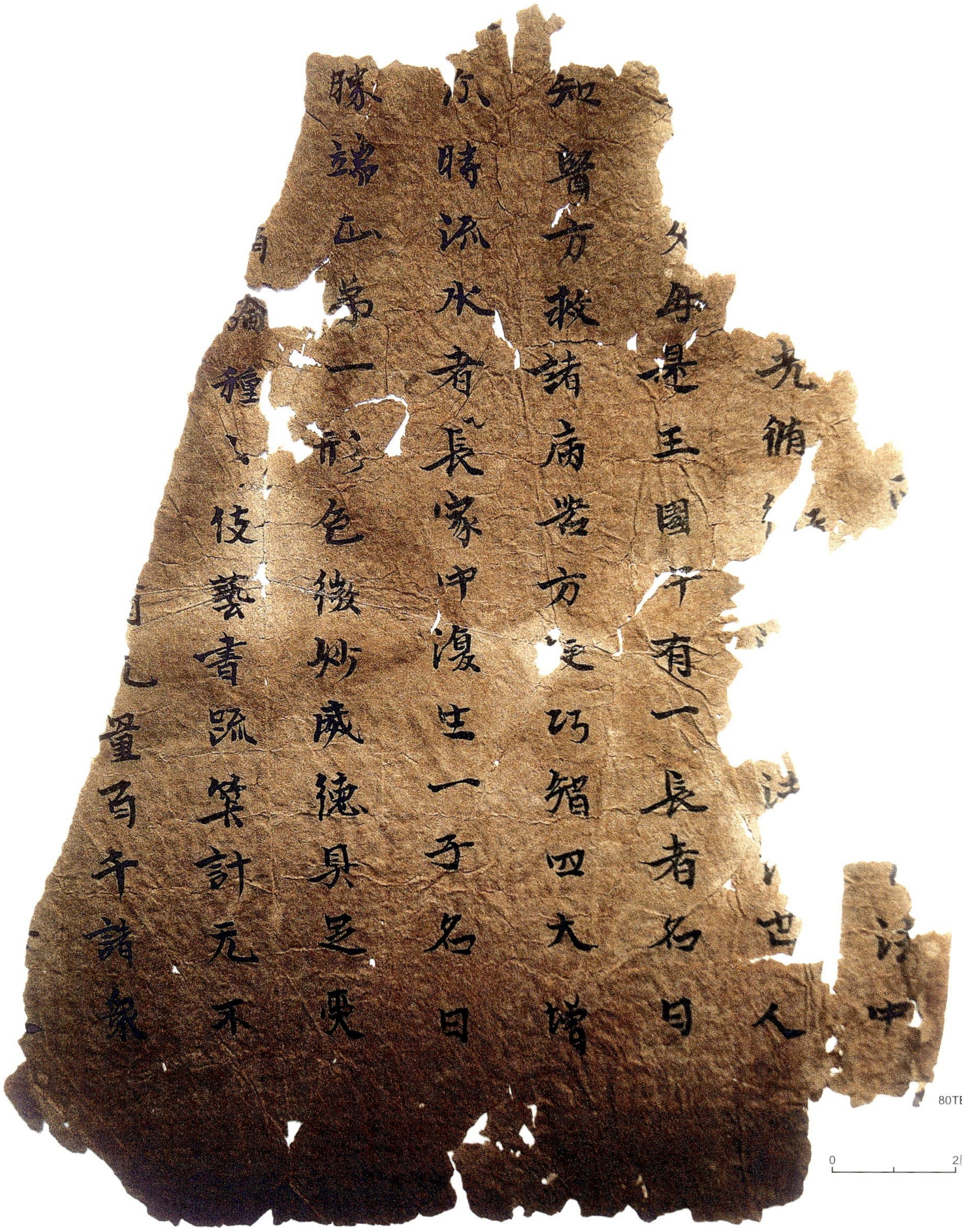

80TBI:087

0　2厘米

三一一　金光明經（卷三）除病品第一五

《中華大藏經》第六七册　第九五四頁　上欄

《大正新修大藏經》第一六册　第三五一頁　中欄

□病品第十□

□場菩□

〔一〕參見列表序號三〇八備注。

三一二　金光明經（卷三）除病品第一五

《中華大藏經》第六七册　第九五四頁　上—中欄

《大正新修大藏經》第一六册　第三五一頁　中—下欄

□法中

□光修□世人

□[父]母是王國中有一長者名曰

□知〔一〕醫方救諸病苦方便巧智四大增

□尔時流〔二〕水者長〔三〕家中復〔四〕生一子名曰

□勝端正第一形色微妙威德具足受

□[論]種種伎藝書疏算計无不

□[有]无量百千諸衆

〔一〕「智」，今本作「知」。

〔二〕「流」，今本作「持」。

〔三〕「者長」間有倒文勾，故今本作「長者」。

〔四〕「復」，今本作「後」。

80TBI:382

0 2厘米

三一三　金光明經（卷四）讚佛品第一八

《中華大藏經》第六七册　第九六一頁　上欄

《大正新修大藏經》第一六册　第三五七頁　上欄

□遠照　无□

□就　无量□

□生　生憐□

□　第□□

（五）阿含部

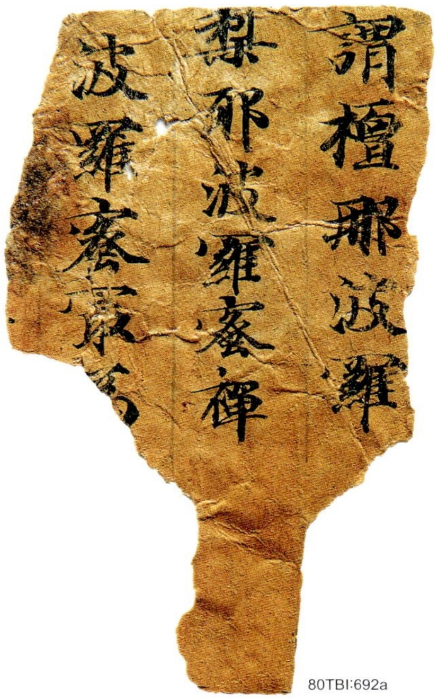

80TBI:692a

0　2厘米

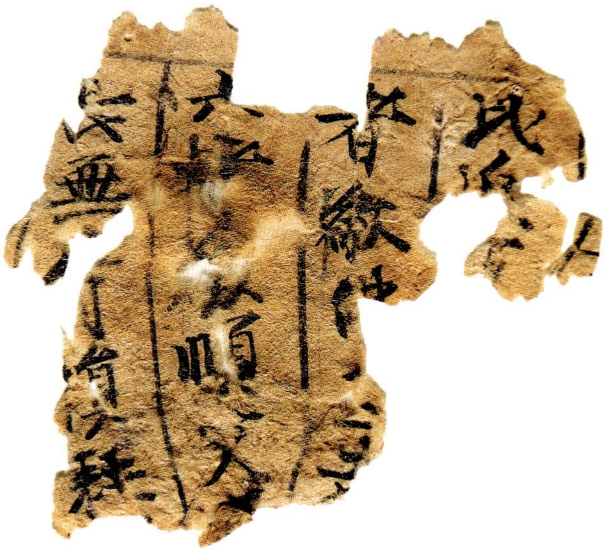

80TBI:136

0　2厘米

三一四　大法炬陀羅尼經（卷一〇）六度品第二四之一

《中華大藏經》第二一册　第五四九頁　下欄

《大正新修大藏經》第二一册　第七〇五頁　下欄

□謂檀那波羅

□梨耶波羅蜜禪

□波羅蜜最爲

〔一〕本片背面即80TBI:692b爲回鶻文寫本。

三一五　佛説長阿含經（卷二）第一分遊行經第二初

《中華大藏經》第三一册　第一九頁　上欄

《大正新修大藏經》第一册　第一一頁　下欄

比丘□

者敬佛□

六耆敬順父母□

長無有損耗□

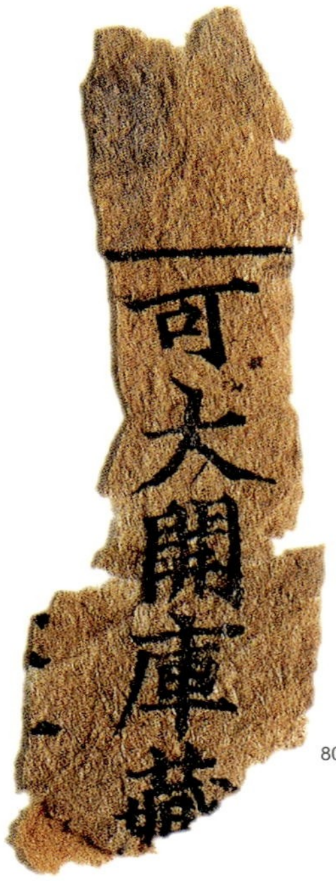

80TBI:498-3

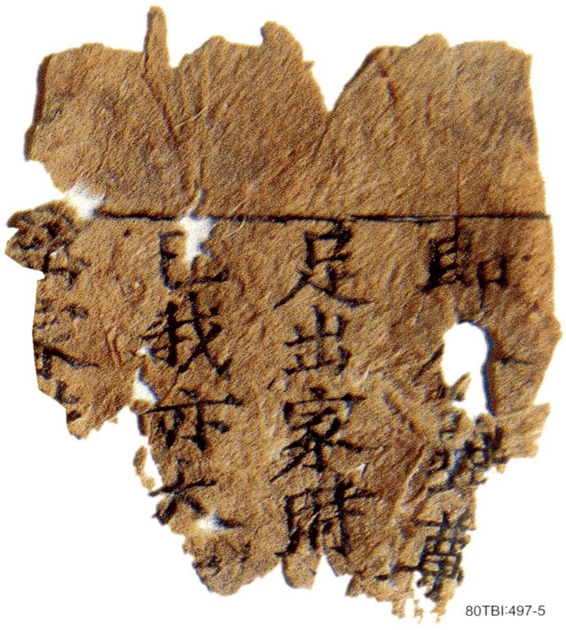

80TBI:497-5

三一六　佛說長阿含經（卷五）第一分典尊經第三

《中華大藏經》第三一册　第五九頁　下欄

《大正新修大藏經》第一册　第三三頁　上欄

可大開庫藏

〔一〕參見列表序號一七三備注。

三一七　佛說長阿含經（卷五）第一分典尊經第三

《中華大藏經》第三一册　第五九頁　下欄—第六〇頁　上欄

《大正新修大藏經》第一册　第三三頁　上欄

即命典尊

足出家時

已我亦大

出家

〔一〕80TBI:497共有二十一片，除本片外還有三片80TBI:497-4、11、21已定名，分別見列表序號三一八、三四六、三二九。其餘十七片80TBI:497-1～3、6～10、12～20未定名，見未定名列表序號二三八。

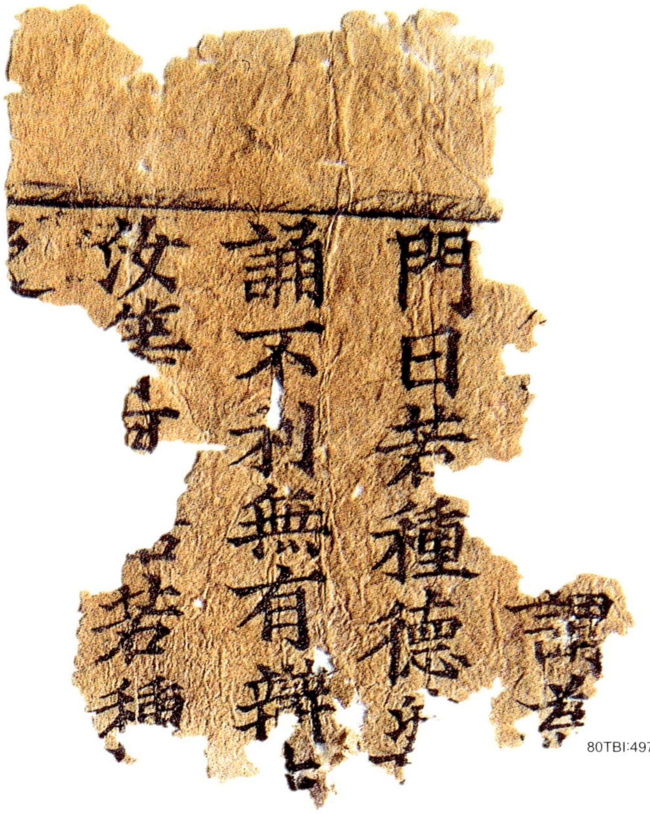

80TBI:497-4

0　2厘米

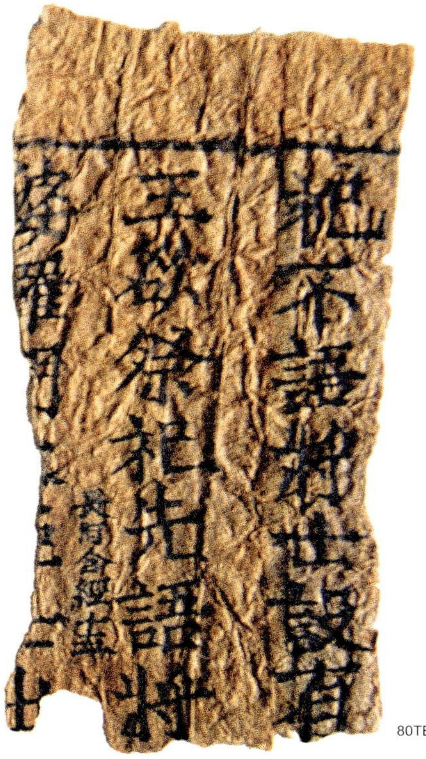

80TBI:493a-3

0　2厘米

三一八　佛説長阿含經（卷一五）第三分種德經第三

《中華大藏經》第三一册　第一八五頁　中欄

《大正新修大藏經》第一册　第九六頁　上欄

□謂爲□

門曰若種德婆□

誦不利無有辯□

汝等可語若種□

［一］參見列表序號三一七備注。

三一九　佛説長阿含經（卷一五）第三分種德經第三

《中華大藏經》第三一册　第一九〇頁　中欄

《大正新修大藏經》第一册　第九九頁　下欄

祀不語將士設有□

王欲祭祀先語將□

［一］

婆羅門大臣七世□

［一］二、三行間夾印一行小字「長阿含經十五」。

［二］參見列表序號四〇備注。

80TBI:519

0　2厘米

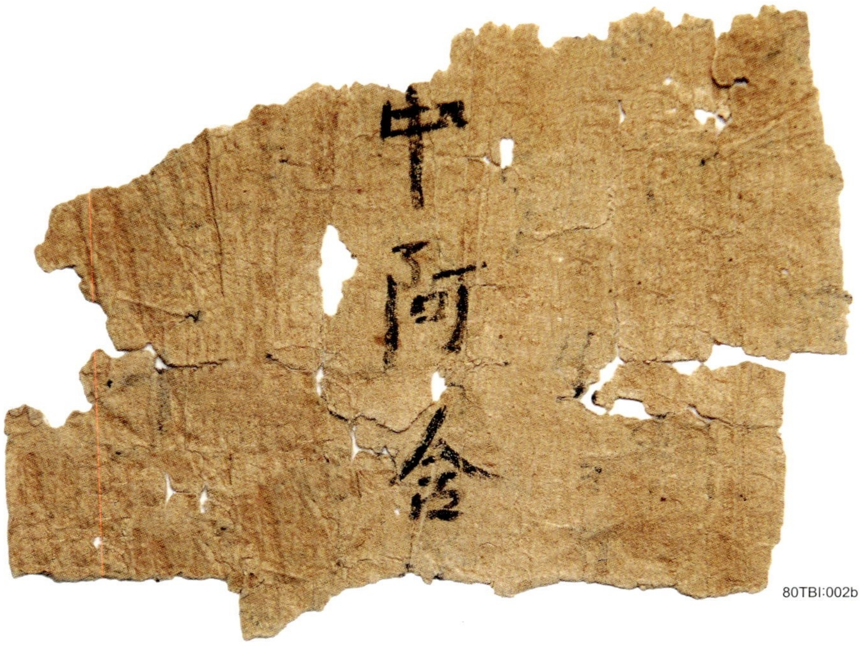

80TBI:002b

0　2厘米

三二〇　佛説長阿含經（卷一五）第三分種德經第三

《中華大藏經》第三一册　第一九一頁　下欄

《大正新修大藏經》第一册　第一〇〇頁　下欄

□具并供養衆僧□

□起僧房堂閣此施最

三二一　「中阿含經」題頭

《中華大藏經》第三一册　第三〇〇頁—第一〇一〇頁

《大正新修大藏經》第一册　第四二一頁—第八〇五頁

□中阿含□

〔一〕本片另面即80TBI:002a未定名，見未定名列表序號四一。

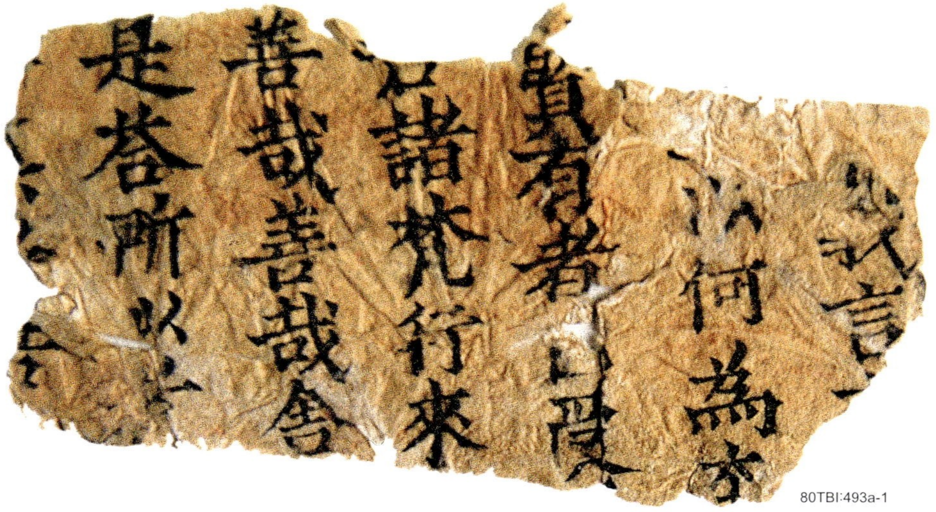

80TBI:493a-1

0　2厘米

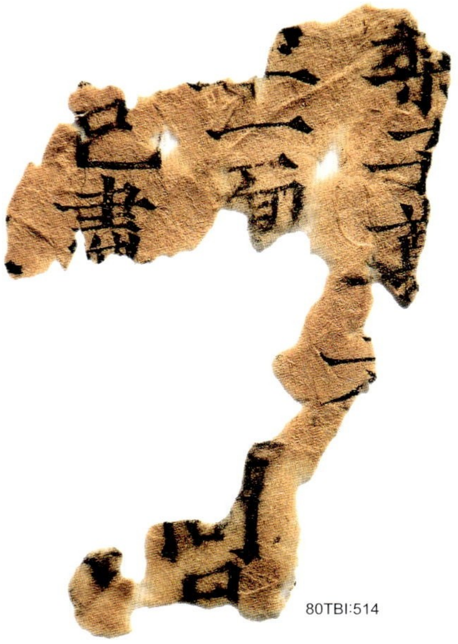

80TBI:514

0　2厘米

三二二　中阿含經（卷五）捨梨子相應品智經第三

《中華大藏經》第三一册　第三五四頁　下欄

《大正新修大藏經》第一册　第四五一頁　上欄

□梨子尊□

□坐一面□□問曰□

□已盡□

三二三　中阿含經（卷五）捨梨子相應品智經第三

《中華大藏經》第三一册　第三五五頁　中欄

《大正新修大藏經》第一册　第四五一頁　中欄

□我言□

□以何爲本□

□賢有者因受□

□若諸梵行來□

□善哉善哉舍□

□是答所以者□

〔一〕參見列表序號四〇號備注。

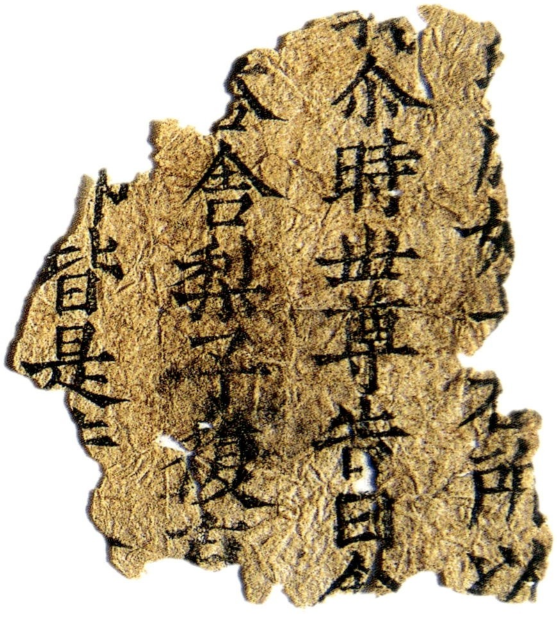

80TBI:498-12

0 2厘米

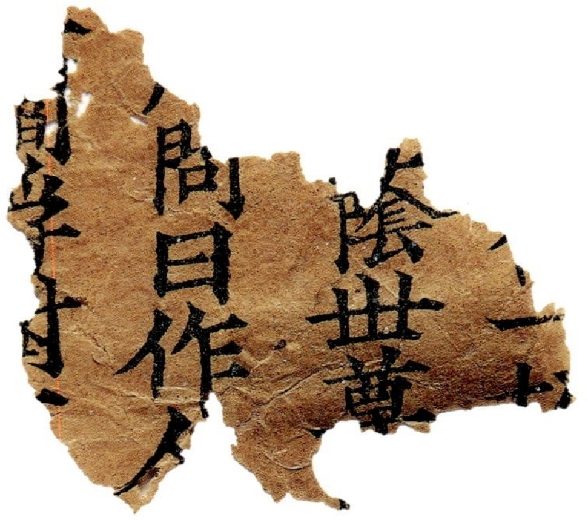

80TBI:515

0 2厘米

三二四 中阿含經（卷五）捨梨子相應品智經第三

《中華大藏經》第三一册 第三五五頁 下欄—第三五六頁 上欄

《大正新修大藏經》第一册 第四五一頁 下欄—第四五二頁 上欄

□汝應如是答所以□

□尒時世尊告曰□

□答舍梨子復有□

□即皆是□

〔一〕參見列表序號一七三備注。

三二五 中阿含經（卷八）未曾有法品第四

《中華大藏經》第三一册 第三九〇頁 下欄

《大正新修大藏經》第一册 第四七〇頁 下欄

□陰世尊□

□問曰作人□

□閻浮樹□

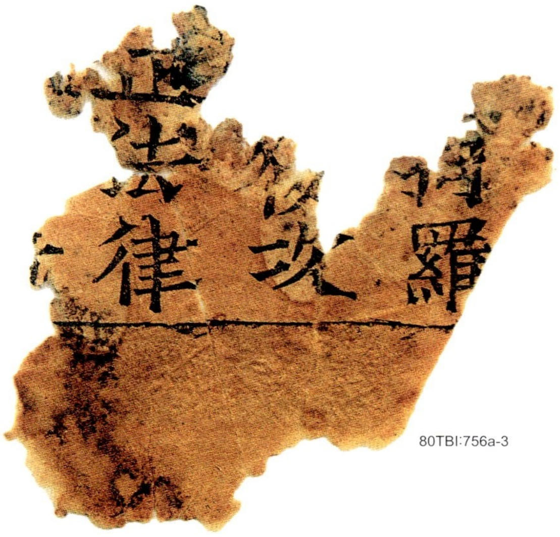

80TBI:756a-3

0 2厘米

三二六 中阿含經（卷八）未曾有法品薄拘羅經第三

《中華大藏經》第三一册 第三九七頁 下欄

《大正新修大藏經》第一册 第四七五頁 中欄

□拘羅

□復次

□正法律

〔一〕80TBI:756a共有四片，其中本片與序號三二七號可以拼接，見拼合圖四二，其背面爲回鶻文寫本，另外兩片80TBI:756a-1、80TBI:756a-2未定名，參見未定名列表序號三四〇。

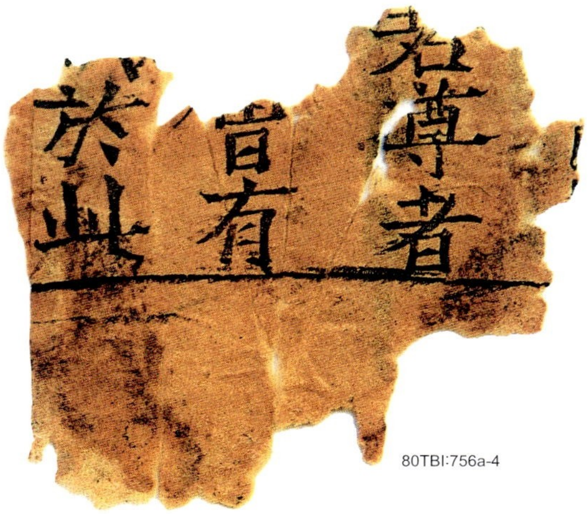

80TBI:756a-4

0 2厘米

三二七 中阿含經（卷八）未曾有法品薄拘羅經第三

《中華大藏經》第三一册 第三九七頁 下欄

《大正新修大藏經》第一册 第四七五頁 中欄

□若尊者

□曾有

□於此

〔一〕參見列表序號三二六備注。

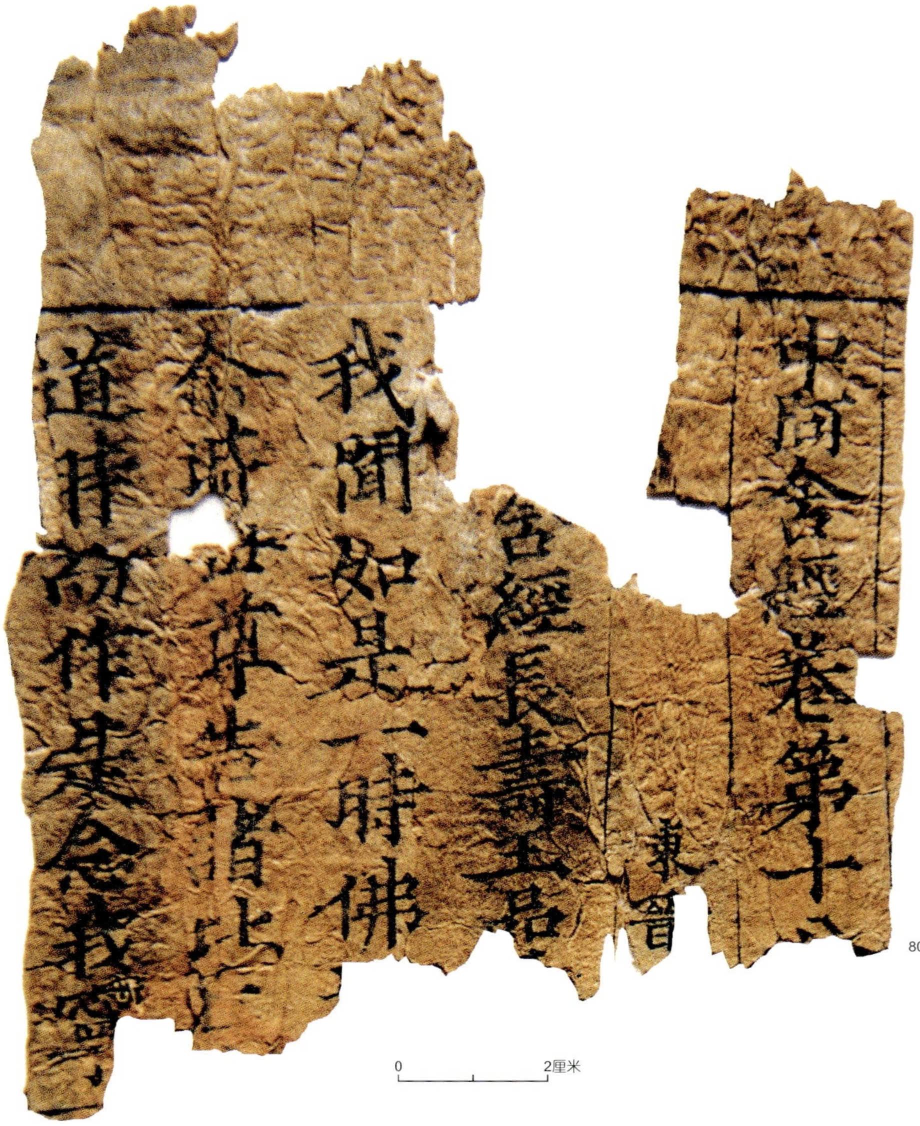

80TBI:517-2

0　2厘米

三二八　中阿含經（卷一八）長壽王品天經第一

《中華大藏經》第三一册 第五一四頁 中欄

《大正新修大藏經》第一册 第五三九頁 中欄

中阿含經卷第十八□

東晉□

□含經長壽王品〔一〕□

我聞如是一時佛遊□

尒時世尊告諸比丘□

道時而作是念我寧可□

〔一〕「含經長壽」，今本作「含長壽」。

〔二〕本件共二片，80TBI:517-1爲「優波離問佛經」，參見列表序號三八二。本片可與80TBI:497-21拚接，見拚合圖四三。

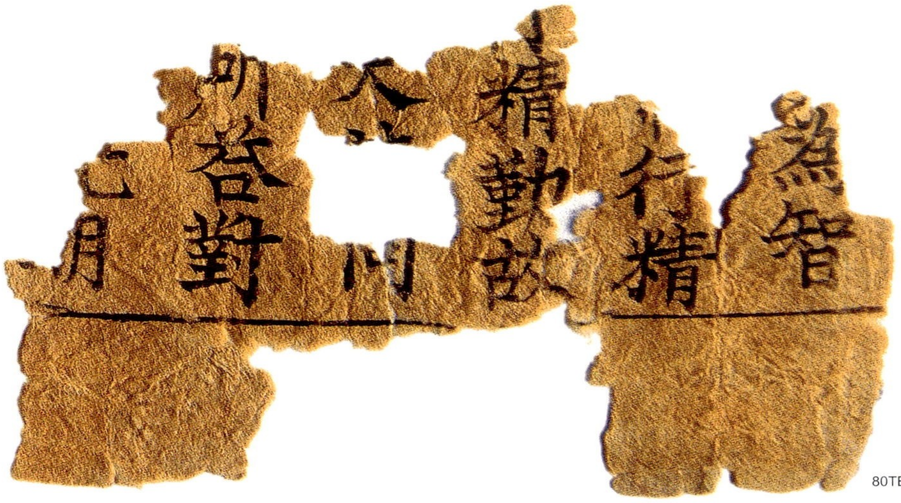

80TBI:497-21

0 2厘米

三二九　中阿含經（卷一八）長壽王品天經第二

《中華大藏經》第三一册　第五一四頁　中—下欄

《大正新修大藏經》第一册　第五三九頁　中—下欄

□爲智

□行精

□精勤故

□天共同

□所答對

□光明

〔一〕參見序號三一七備注。本片可以與80TBI:517-2拼接，見拼合圖四三。

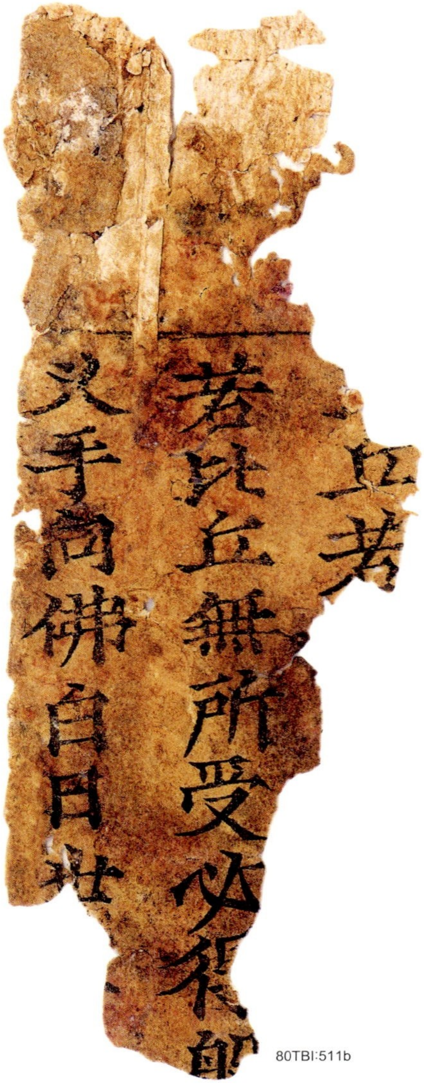

80TBI:511b

0　2厘米

80TBI:513

0　2厘米

二三〇　中阿含經（卷一八）長壽王品浄不動道經第四

《中華大藏經》第三一册　第五一九頁　下欄

《大正新修大藏經》第一册　第五四三頁　中欄

丘若

若比丘無所受必得

叉手向佛白曰世尊

〔一〕本片另面即80TBI:511a未定名，見未定名列表序號二一九。

二三一　中阿含經（卷一九）長壽王品梵天請佛經第七

《中華大藏經》第三一册　第五二七頁　中欄

《大正新修大藏經》第一册　第五四七頁　上欄

過其上有勝

梵天

說存不要

說出要

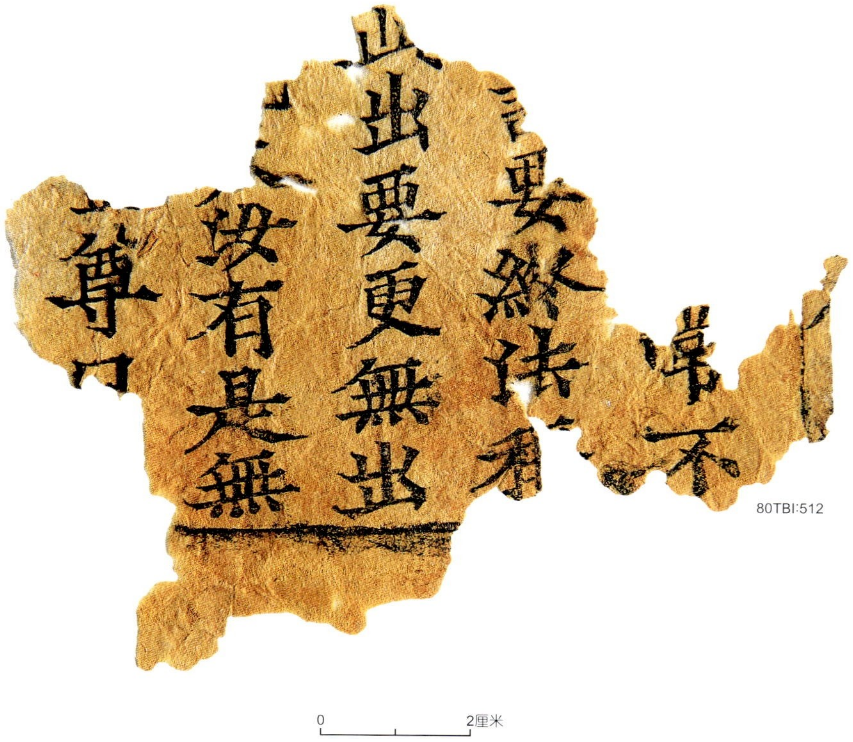

80TBI:512

三三二　中阿含經（卷一九）長壽王品梵天請佛經第七

《中華大藏經》第三一册　第五二八頁　上—中欄

《大正新修大藏經》第一册　第五四七頁　下欄

□常不

□說要終法稱

□此出要更無出

□梵天汝有是無

□世尊曰□

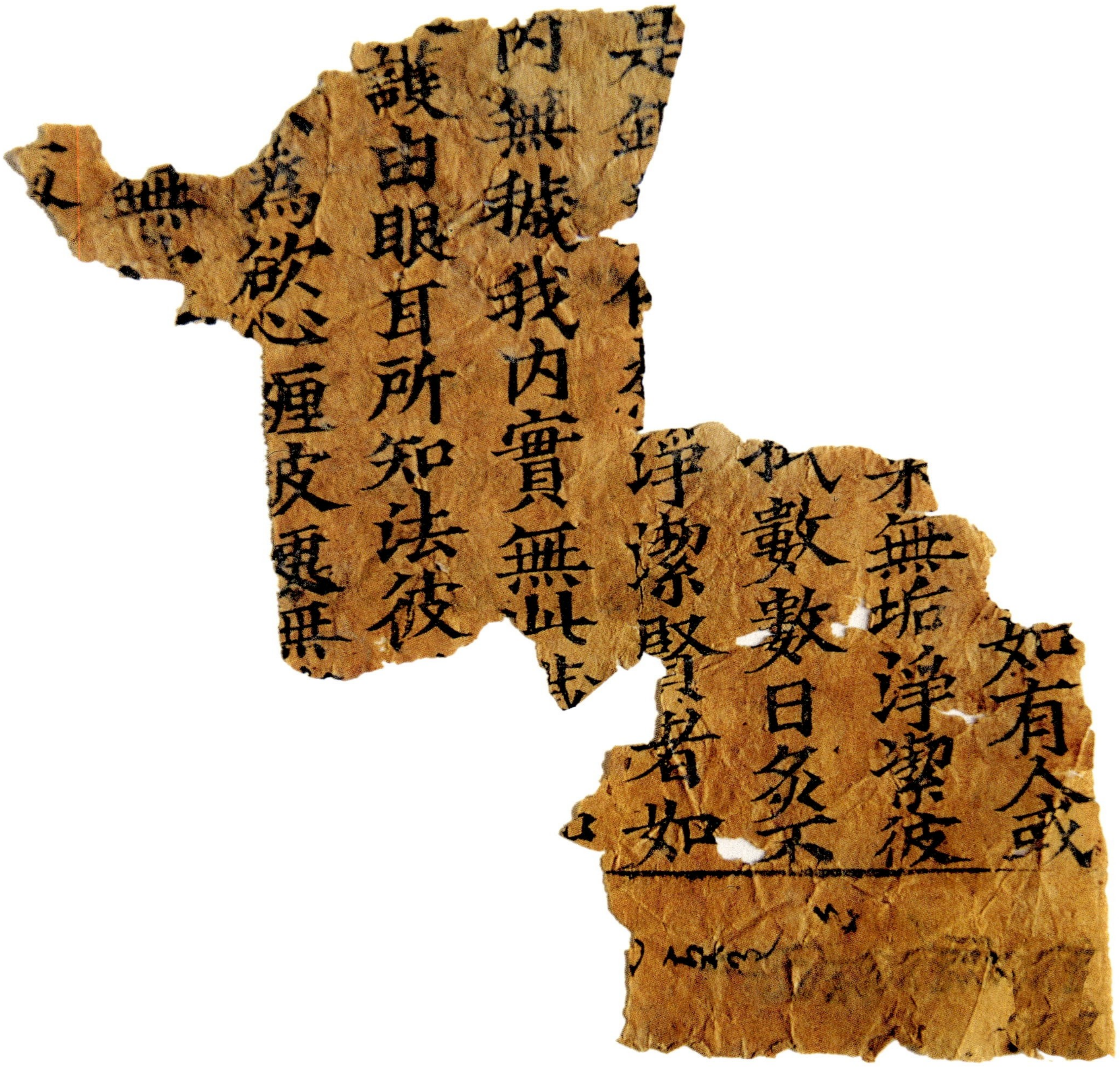

80TBI:500a-1

0　2厘米

二三三　中阿含經（卷二一）穢品經第一

《中華大藏經》第三一冊　第五六三頁　中欄

《大正新修大藏經》第一冊　第五六六頁　下欄

□如有人或

□[來]無垢淨潔彼

□[試]數數日炙不

□是[銅]□[便][極]淨潔賢者如

□[內]無穢我內實無此[穢]□

□護由眼耳所知法彼□

□爲欲心纏彼便無□

□無□□□

〔一〕80TBI:500號共有五片，本片背面即80TBI:500b-1未定名。其底部空白處，有少量回鶻文字。其餘四片80TBI:500a-2～5未定名，參見未定名列表序號二四一、二一六。

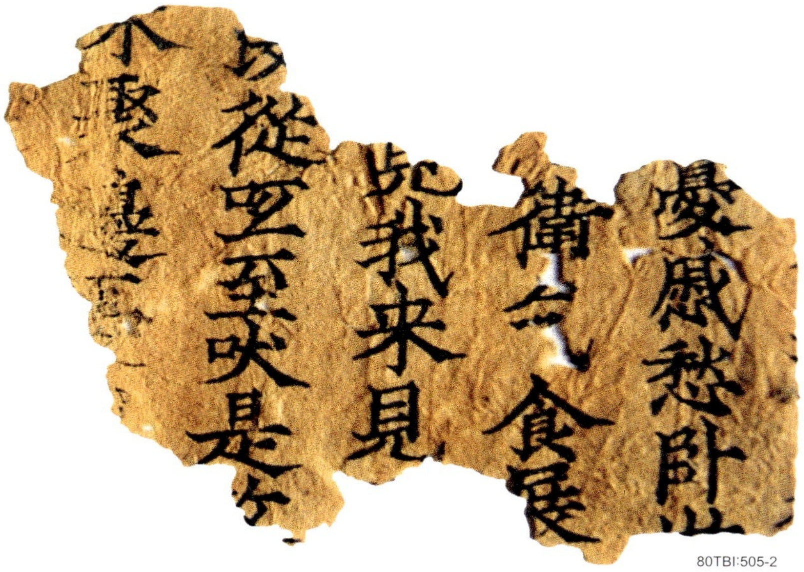

80TBI:505-2

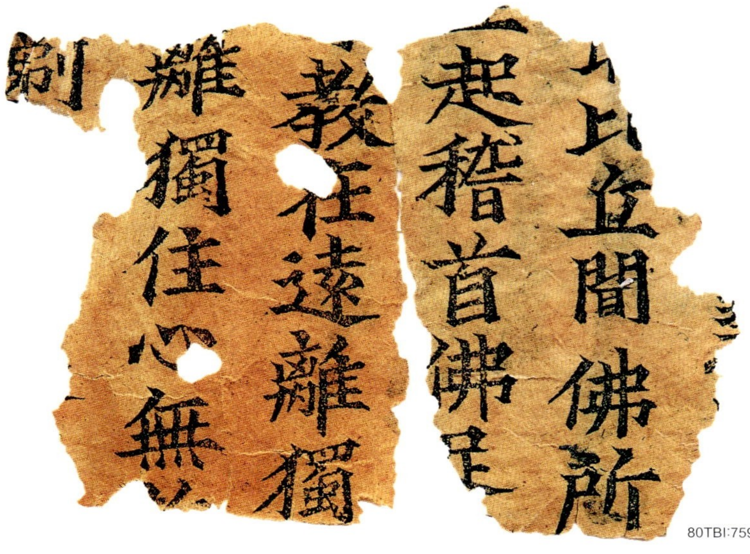

80TBI:759a

三三四　中阿含經（卷四四）根本分别品鸚鵡經第九

《中華大藏經》第三一册　第八一八頁　下欄

《大正新修大藏經》第一册　第七〇四頁　上欄

（前缺）……憂慼愁卧世……

……衛乞食展……

……[見]我來見……

……[汝]從[呧]至吠是……

……木聚[邊][憂]……

〔一〕80TBI:505共有二片，另一片80TBI:505-1未定名，參見未定名列表序號二四三。

三三五　中阿含經（卷四五）心品心經第一

《中華大藏經》第三一册　第八二九頁　中欄

《大正新修大藏經》第一册　第七〇九頁　下欄

……[時]比丘聞佛所……

……[坐]起稽首佛[足]……

……教在遠離獨……

……離獨住心無……

……[剃]……

〔一〕本件背面即80TBI:759b爲回鶻文寫本。

80TBI:241

0 2厘米

80TBI:697a

0 2厘米

三三六 增壹阿含經（卷一六）高幢品第二四之三

《中華大藏經》第三二册 第一六七頁 上—中欄

《大正新修大藏經》第二册 第六三〇頁 中欄

三昧彼云何

悉空虛是

謂无想者

爲无想三

諸法亦不

□久在

〔一〕本片背面即80TBI:697b爲回鶻文寫本。

三三七 增壹阿含經（卷三二）力品第三八之二

《中華大藏經》第三二册 第三六五頁 下欄

《大正新修大藏經》第二册 第七二三頁 中欄

諸辟支佛

世无二

中終无二導師

界无二尊号所

中有王名喜益彼

畜生之痛尒時彼王便

苦痛

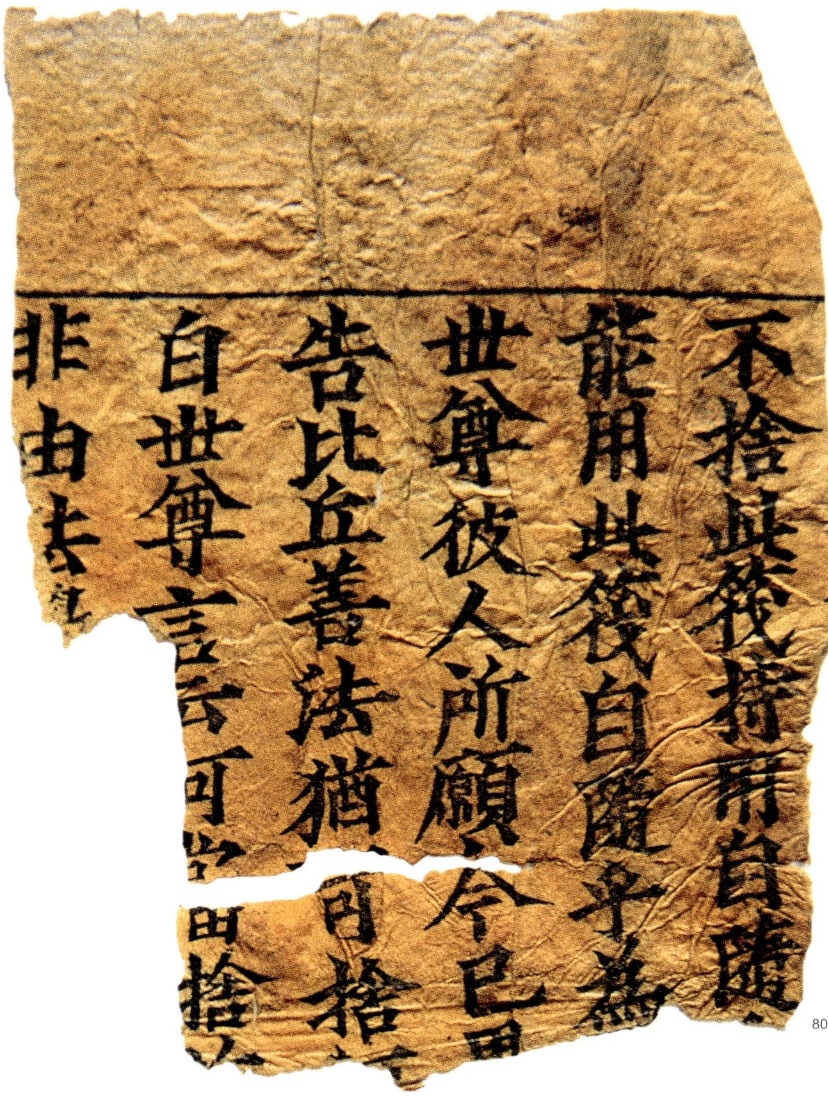

80TBI:504-2

0　2厘米

三三八　增壹阿含經（卷三八）馬血天子問八政品第四三

《中華大藏經》第三二册　第四四九頁上欄

《大正新修大藏經》第二册　第七六〇頁上欄

不捨此筏持用自隨[ ]

能用此筏自隨乎[爲]

世尊彼人所願今巳[果]

告比丘善法猶可捨[ ]

白世尊言云何當捨[ ]

非由法[ ]

［一］80TBI:504共有四片，其中三片80TBI:504-1、3、4未定名，參見未定名列表序號二四三。

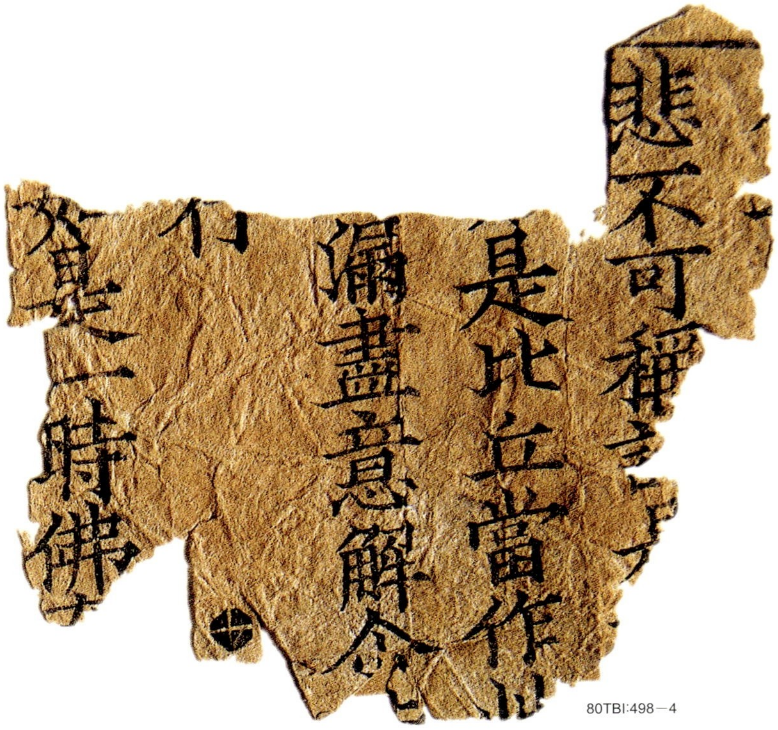

80TBI:498－4

0 2釐米

三三九　增壹阿含經（卷四九）非常品第五一

《中華大藏經》第三二册　第五七二頁　中欄

《大正新修大藏經》第二册　第八一四頁　中欄

悲[一]不可稱計是□

□是比丘當作此□

□漏盡意解尒時□

□行

□如是一時佛□

〔一〕今本「悲」下有「泣」字。

〔二〕參見列表序號一七三備注。

三四〇　增壹阿含經（卷五〇）大愛道般涅槃品第五二

《中華大藏經》第三二册　第五九四頁　上—中欄

《大正新修大藏經》第二册　第八二三頁　中—下欄

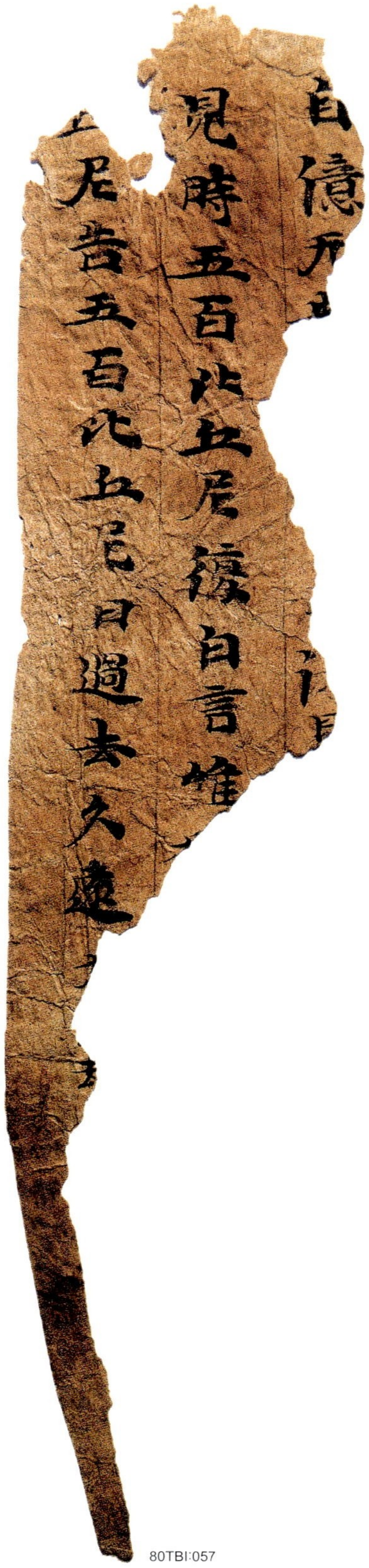

80TBI:057

0　2厘米

自億无數□

見時五百比丘尼復白言唯□

丘尼告五百比丘尼曰過去久遠□

［一］本片可與80TBI:022、80TBI:019、80TBI:240、80TBI:138拼接，見拼合圖四四。

三四一　增壹阿含經（卷五〇）大愛道般涅槃品第五二

《中華大藏經》第三二册　第五九四頁　中欄

《大正新修大藏經》第二册　第八二三頁　下欄

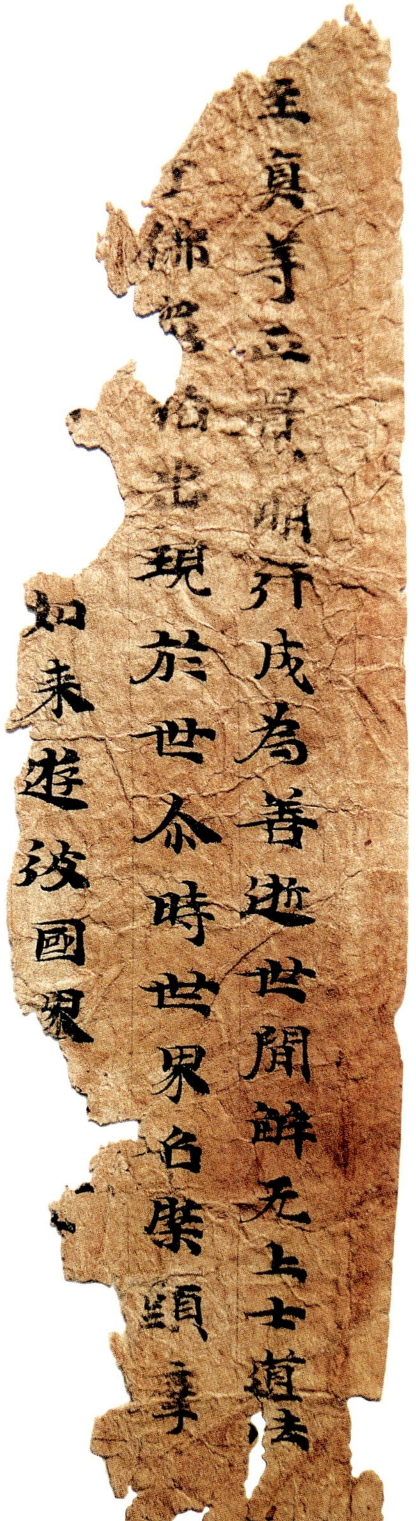

80TBI:022

0　2厘米

□至真等正覺明行成爲善逝世間解无上士道法

□佛衆佑出現於世尒時世界名槃頭摩

□如來遊彼國界□

［一］本片可與80TBI:138、80TBI:240、80TBI:019、80TBI:057拼接，見拼合圖四四。

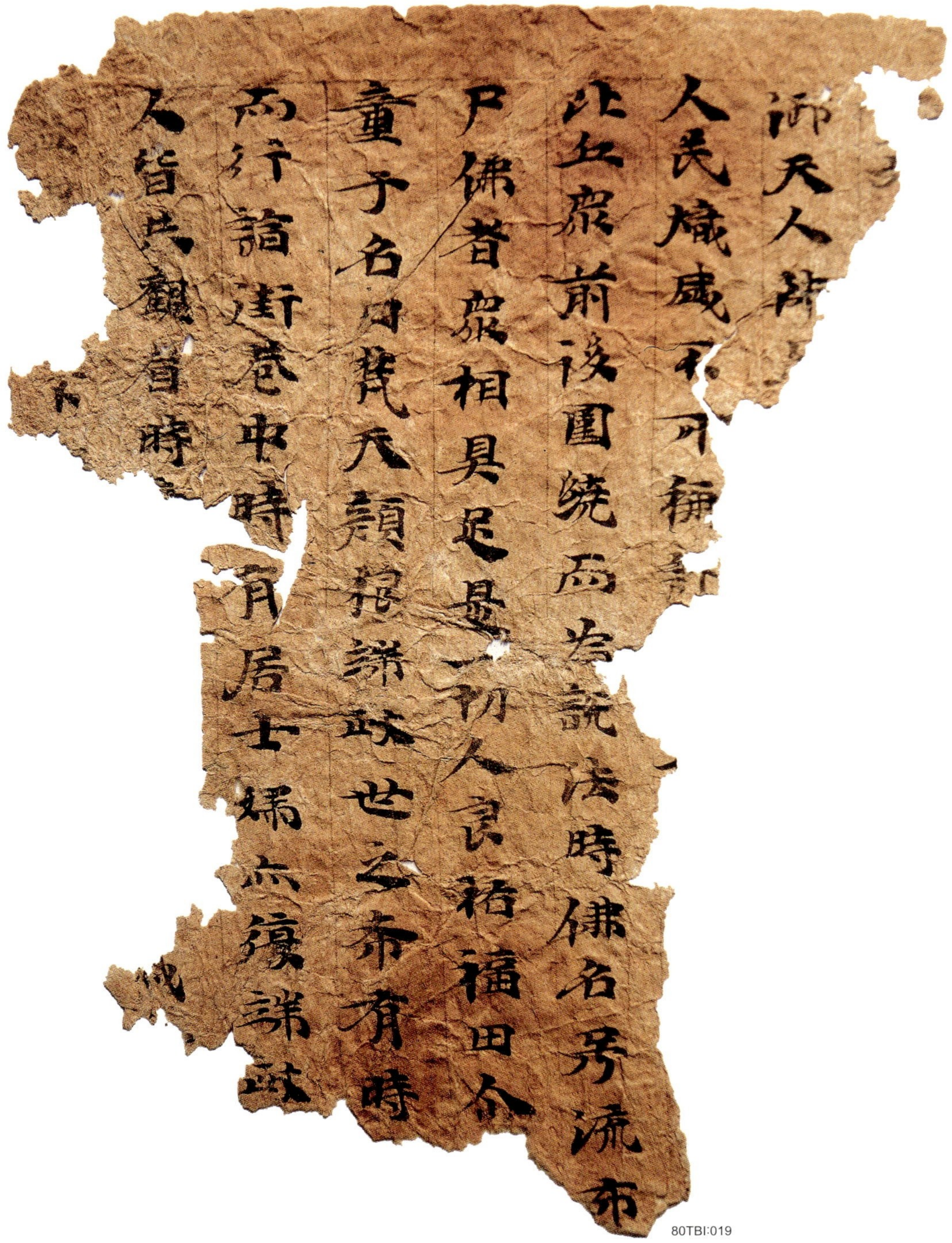

80TBI:019

0 2厘米

三四二　增壹阿含經（卷五〇）大愛道般涅槃品第五二

《中華大藏經》第三二册　第五九四頁　中欄

《大正新修大藏經》第二册　第八二三頁　下欄

御天人師□

人民熾盛不可稱計□

比丘衆前後圍繞[一]而爲説法時佛名号流布□

尸佛者衆相具足是一切人良祐福田尒□

童子名曰梵天顔貌端政[二]世之希有時□

而行諸街巷中時有居士婦亦復端政□

人皆共觀看時□

[一]「繞」，今本作「選」。

[二]「政」，今本作「正」。

[三] 本片可與80TBI:057、80TBI:022、80TBI:240、80TBI:138拚接，見拚合圖四四。

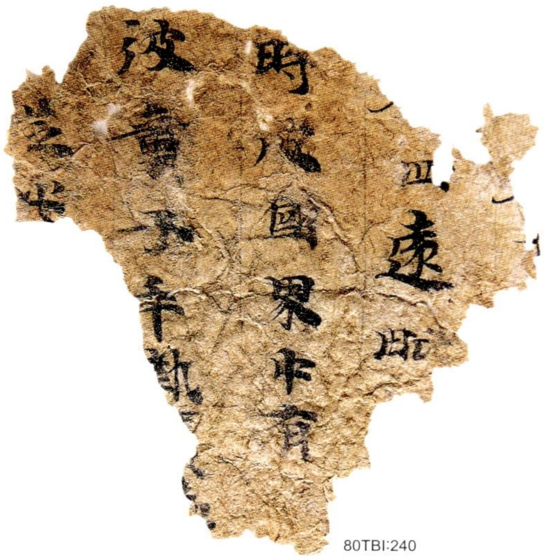

80TBI:240

80TBI:138

三四三　增壹阿含經（卷五〇）大愛道般涅槃品第五二

《中華大藏經》第三二册　第五九四頁　中欄

《大正新修大藏經》第二册　第八二三頁　下欄

□四遠毗□

□時彼國界中有□

彼童子手執寶□

□從此□

［一］本片可與80TBI:057、80TBI:022、80TBI:019、80TBI:138拼接，見拼合圖四四。

三四四　增壹阿含經（卷五〇）大愛道般涅槃品第五二

《中華大藏經》第三二册　第五九四頁　中欄

《大正新修大藏經》第二册　第八二三頁　下欄

□童子便作是念□

□視我□

［一］本片可與80TBI:057、80TBI:022、80TBI:019、80TBI:240拼接，見拼合圖四四。

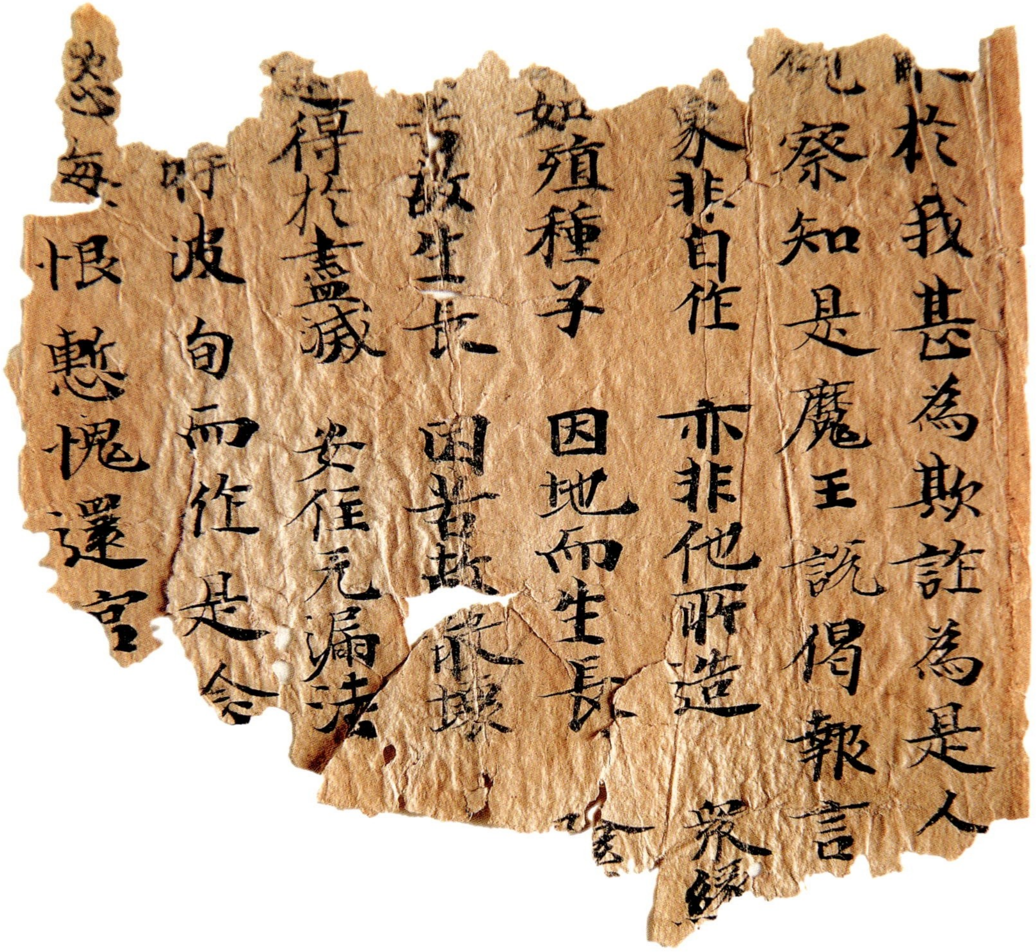

80TBI:126

0　2厘米

三四五　別譯雜阿含經（卷一二）

《中華大藏經》第三三册　第四〇〇頁　上—中欄

《大正新修大藏經》第二册　第四五五頁　上—中欄

□亂於我甚爲欺詐爲是人□

□觀察知是魔王説偈報言□

□象非自作　亦非他所造　衆緣□

□如殖種子　因地而生長□

□苦故生長　困苦故散壞□

□得於盡滅　安住无漏法□

□時波旬而作是念□

□愁悔恨慚愧還宫□

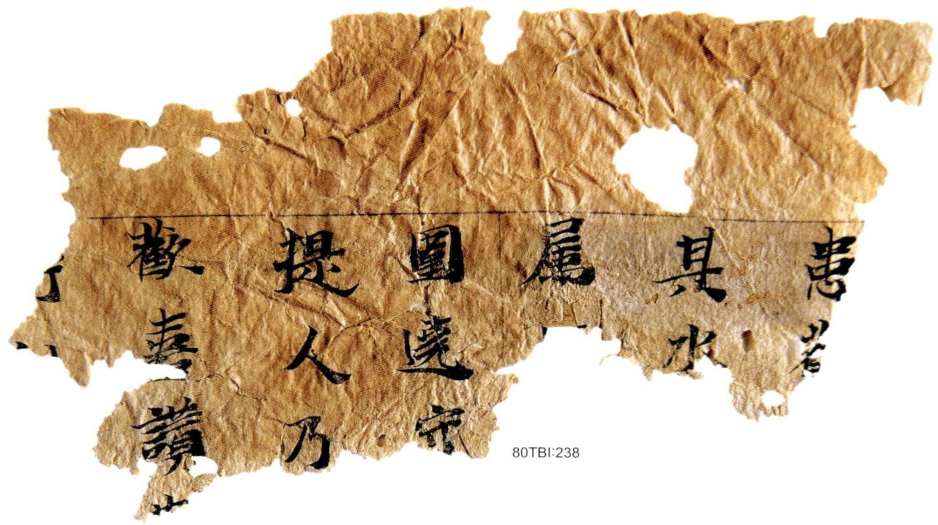

80TBI:238

0　2厘米

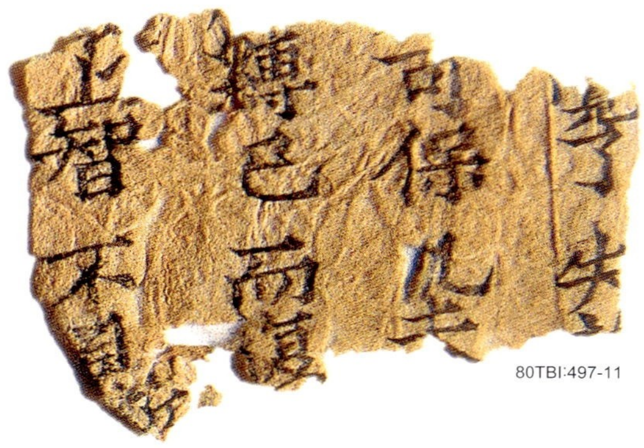

80TBI:497-11

0　2厘米

三四六　別譯雜阿含經（卷一六）

《中華大藏經》第三三冊　第四五八頁　下欄—第四五九頁　上欄

《大正新修大藏經》第二冊　第四八九頁　下欄

□覺了　失於□

□可保　凡夫□

□縛已　而復□

□上智　不具斷□

〔一〕參見列表序號三一七備注。

三四七　過去現在因果經（卷一）

《中華大藏經》第三四冊　第五一九頁　中欄

《大正新修大藏經》第三冊　第六二五頁　中欄

患歡□

其水□

屬□

圍遶守□

提人乃□

歡喜讚□

〔一〕本片可與80TBI：318拼接，見拼合圖四五。

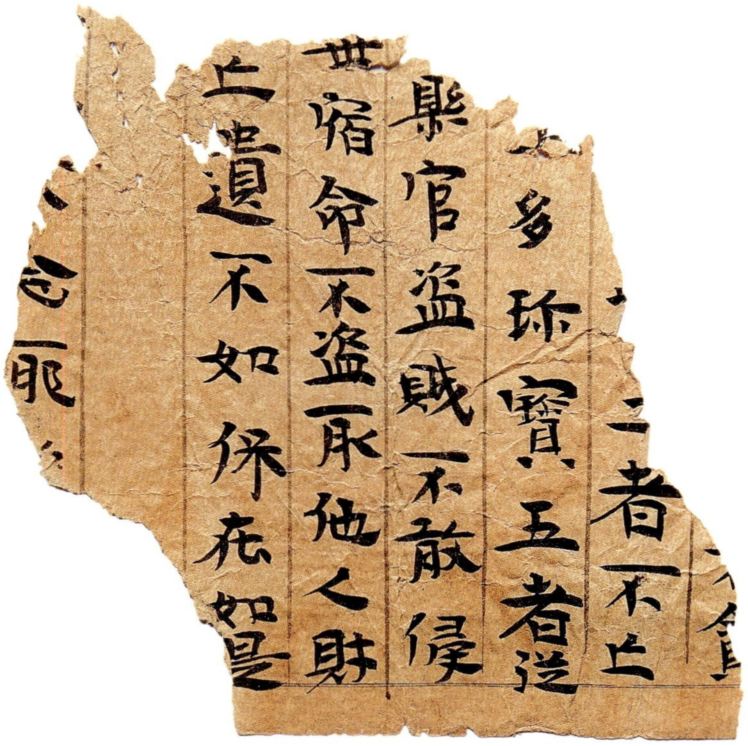

80TBI:012

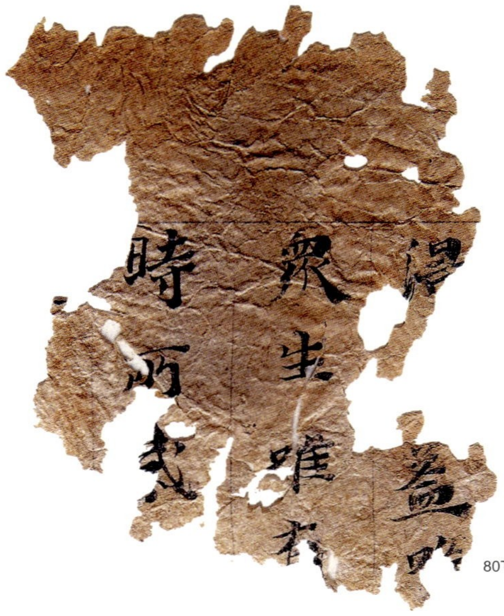

80TBI:318

三四八　過去現在因果經（卷一）

《中華大藏經》第三四冊 第五一九頁 中欄
《大正新修大藏經》第三冊 第六二五頁 中欄

得□益唯
衆生唯有
時所感

〔一〕本片可與80TBI：238拼接，見拼合圖四五。

三四九　佛説分別善惡所起經

《中華大藏經》第三六冊 第一七六頁 下欄
《大正新修大藏經》第一七冊 第五一七頁 上欄

□三者不亡
□多珎寶五者從
□縣官盜賊不敢侵
□世宿命不盜〔一〕取他人財
□亡遺不如保在如是
□念邪

〔一〕「盜」，今本作「敢」。

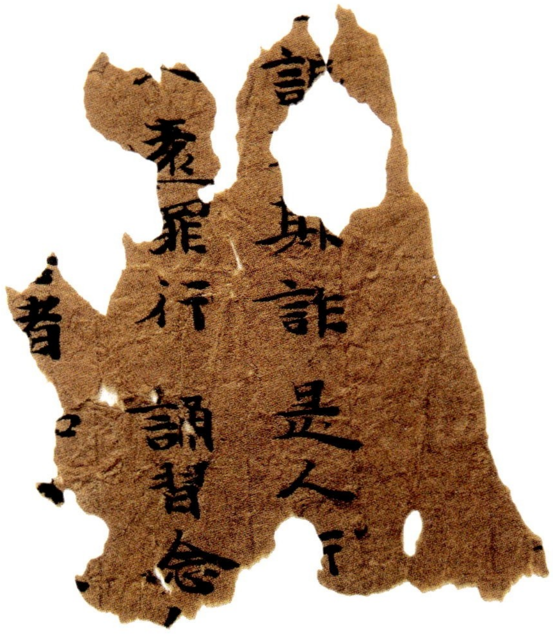

80TBI:137

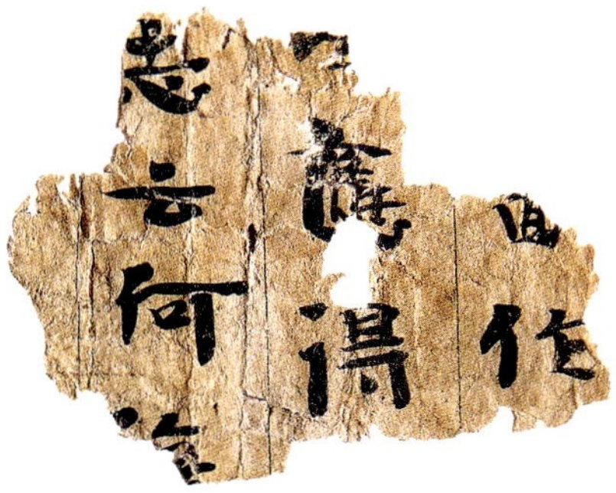

80TBI:307

三五〇 辯意長者子經（卷一）

《中華大藏經》第三六冊 第三五五頁 上欄

《大正新修大藏經》第一四冊 第八三八頁 下欄

□誠□欺詐[一] 是人行[二]□

□人遠罪行 誦習念□

□者□

[一]「詐」，今本作「誑」。

[二]「人行」，今本作「行人」。

三五一 法向譬喻經（卷一）放逸品第一〇

《中華大藏經》第五二冊 第一九五頁 中欄

《大正新修大藏經》第四冊 第五八四頁 上欄

□面作□

□法應得□

□志云何復□

80TBI:093-1

0　2厘米

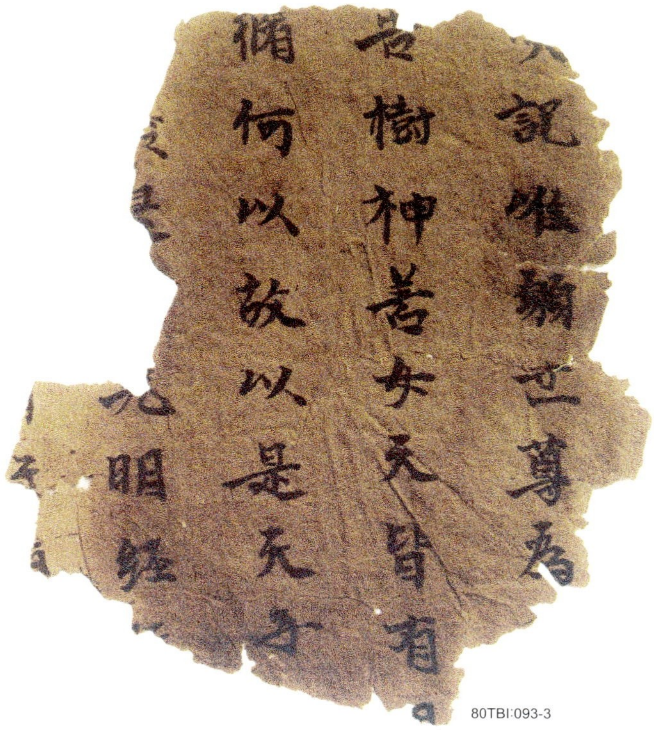

80TBI:093-3

0　2厘米

三〇八　金光明經（卷三）授記品第一四

《中華大藏經》第六七册　第九五四頁　上欄

《大正新修大藏經》第一六册　第三五一頁　中欄

記唯願世尊爲

告樹神善女天皆有

修何以故以是天子

光明經

〔一〕本片可與80TBI:152、80TBI:088、80TBI:093-1拚合，見拚合圖四一。

三〇九　金光明經（卷三）除病品第一五

《中華大藏經》第六七册　第九五四頁　上欄

《大正新修大藏經》第一六册　第三五一頁　中欄

菩提樹

當爲汝演

思議阿僧

勝如來應

〔一〕80TBI:093-2爲「妙法蓮華經（卷六）法師功德品第一九」，參見列表序號二六二。其餘參見序號三〇八備注。

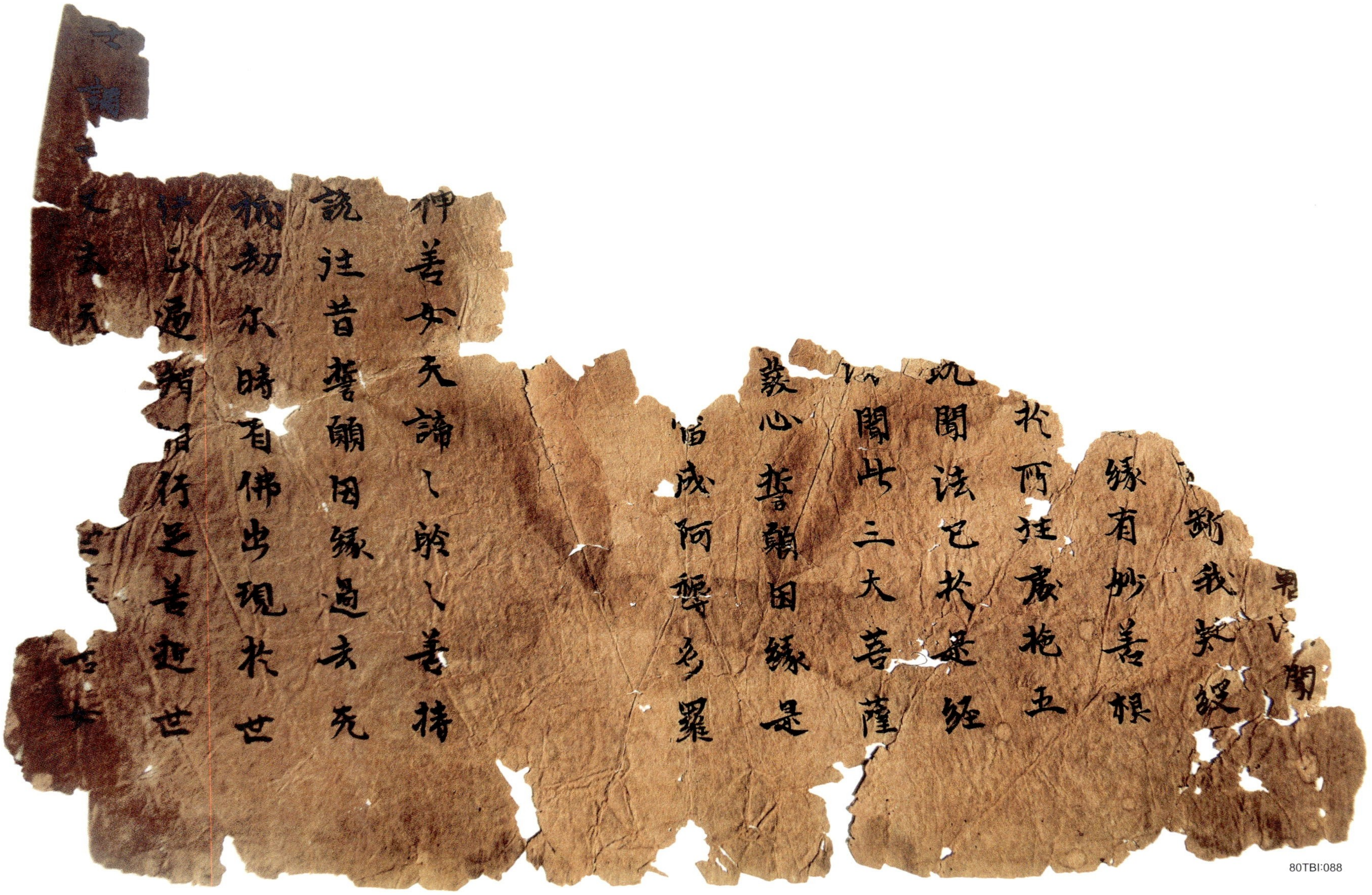

80TBI:088

0 2厘米

三一〇 金光明經（卷三）除病品第一五

《中華大藏經》第六七册 第九五四頁 上欄

《大正新修大藏經》第一六册 第三五一頁 中欄

□暫得聞
□斷我疑網
□緣有妙善根
□於所住處施[一]五
□既聞法已於是经
□得聞此三大菩薩
□發心誓願因緣是
□當成阿耨多羅

□神善女天諦聆諦聆[二]善持
□說往昔誓願因緣過去无
□祇劫尔時有佛出現於世
□供正遍知明行足善逝世
□士調御丈夫天□善女

〔一〕「施」，今本作「捨」。

〔二〕「諦聆諦聆」，今本作「諦聽諦聽」。

〔三〕參見三〇八備注。

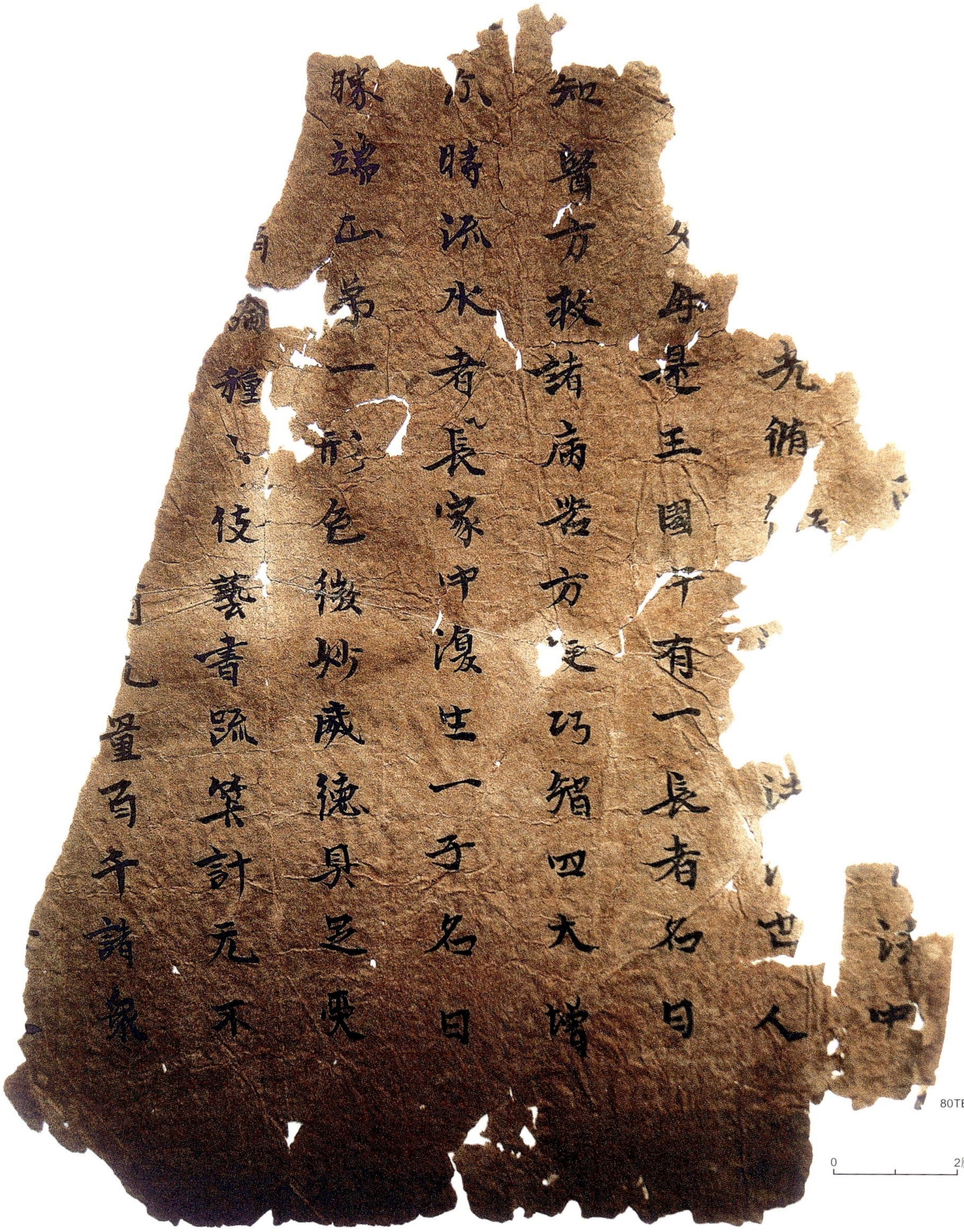

80TBI:087

0　2厘米

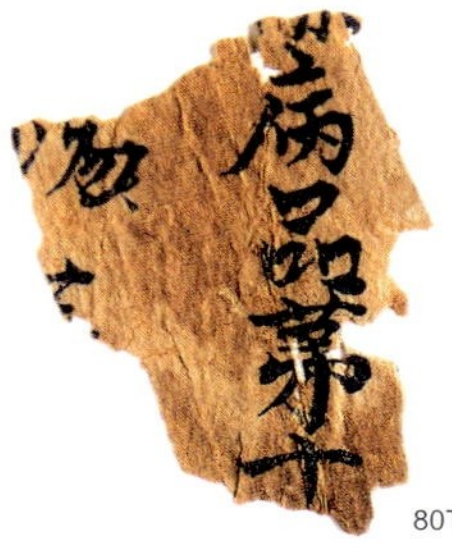

80TBI:152

0　2厘米

三一一　金光明經（卷三）除病品第一五

《中華大藏經》第六七册　第九五四頁　上欄

《大正新修大藏經》第一六册　第三五一頁　中欄

□病品第十□

□場菩□

〔一〕參見列表序號三〇八備注。

三一二　金光明經（卷三）除病品第一五

《中華大藏經》第六七册　第九五四頁　上—中欄

《大正新修大藏經》第一六册　第三五一頁　中—下欄

□法中

□光修□世人

□父母是王國中有一長者名曰

□知醫方救諸病苦方便巧智〔一〕四大增

□尔時流〔二〕水者長〔三〕家中復〔四〕生一子名曰

□勝端正第一形色微妙威德具足受

□論種種伎藝書疏算計无不

□有无量百千諸衆

〔一〕「智」，今本作「知」。

〔二〕「流」，今本作「持」。

〔三〕「者長」間有倒文勾，故今本作「長者」。

〔四〕「復」，今本作「後」。

80TBI:382

0　　2厘米

三一三　金光明經（卷四）讚佛品第一八

《中華大藏經》第六七册　第九六一頁　上欄

《大正新修大藏經》第一六册　第三五七頁　上欄

□遠照　无□

□就　无量□

□生　生憐□

□　第□□

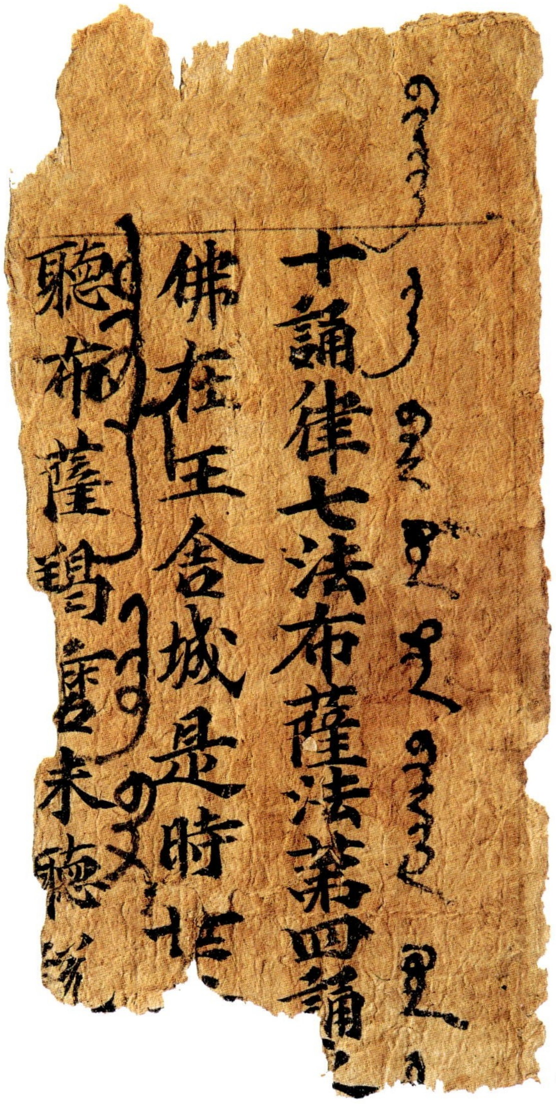

80TBI:753a

0　2厘米

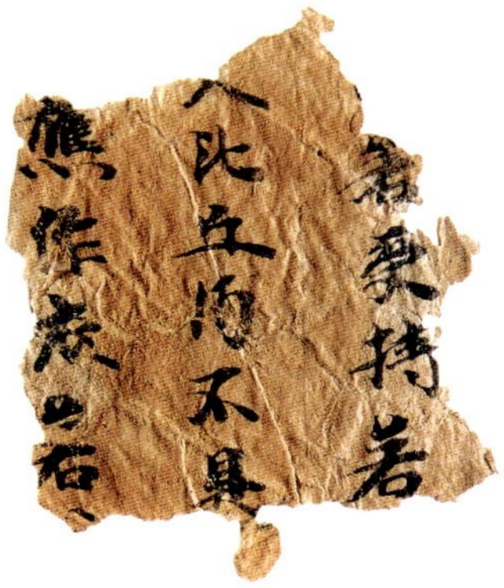

80TBI:416

0　2厘米

三五七　十誦律（卷五）明三十尼薩耆法之一

《中華大藏經》第三七册　第二三四頁　中欄

《大正新修大藏經》第二三册　第三五頁　中欄

……若受持若……

……又比丘得不具……

……應作衣若與……

三五八　十誦律（卷二二）七法中布薩法第二

《中華大藏經》第三七册　第五〇四頁　中欄

《大正新修大藏經》第二三册　第一五八頁　上欄

十誦律七法布薩法第四誦之……

佛在王舍城是時世……

聽布薩羯磨未聽説……

〔一〕本片部分行中夾寫有回鶻文。其背面即80TBI:753b爲「十誦律（卷二二）七法中布薩法第二」，參見列表序號三五九。

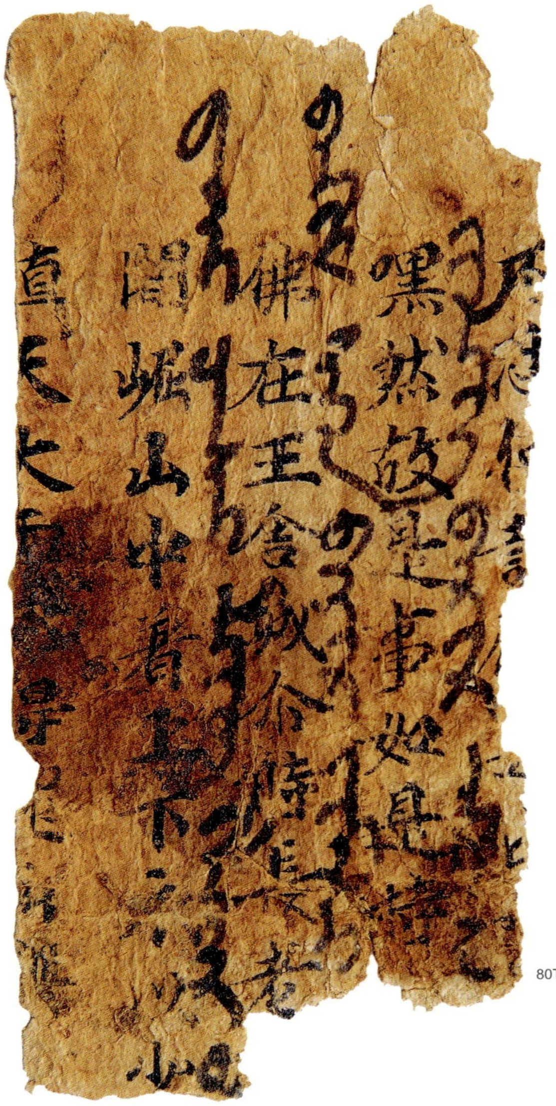

80TBI:753b

0　2厘米

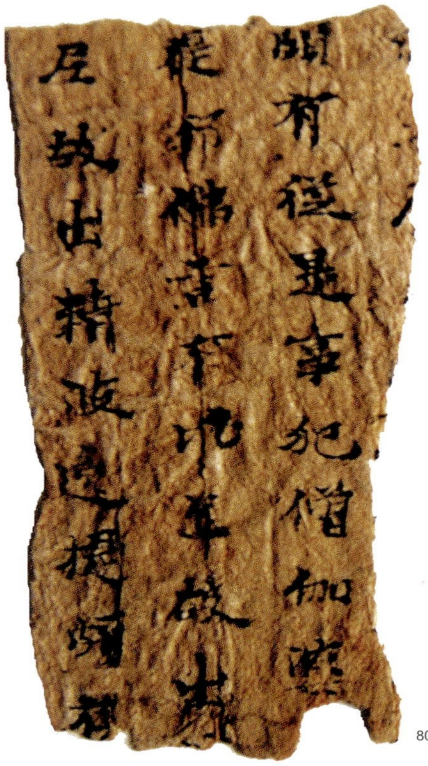

80TBI:493b-1

0　2厘米

三五九　十誦律（卷二二）七法中布薩法第二

《中華大藏經》第三七册　第五〇五頁　上欄

《大正新修大藏經》第二三册　第一五八頁　中欄

[一]嘿然故是事如是持□

佛在王舍城尒時長老□

阇崛山中著上下衣以少□

值天大雨不得還山□

〔一〕「嘿」，今本作「默」。

〔二〕本片部分行中夾寫有回鶻文批記，其餘參見列表序號三五八。

三六〇　十誦律（卷五一）第八誦之四增十一相初

《中華大藏經》第三八册　第一一二頁　上欄

《大正新修大藏經》第二三册　第三七八頁　上欄

□頗有從是事犯僧伽婆□

□提耶佛言有比丘故出□

□尼故出精波逸提頗有□

〔一〕參見列表序號四〇備注。

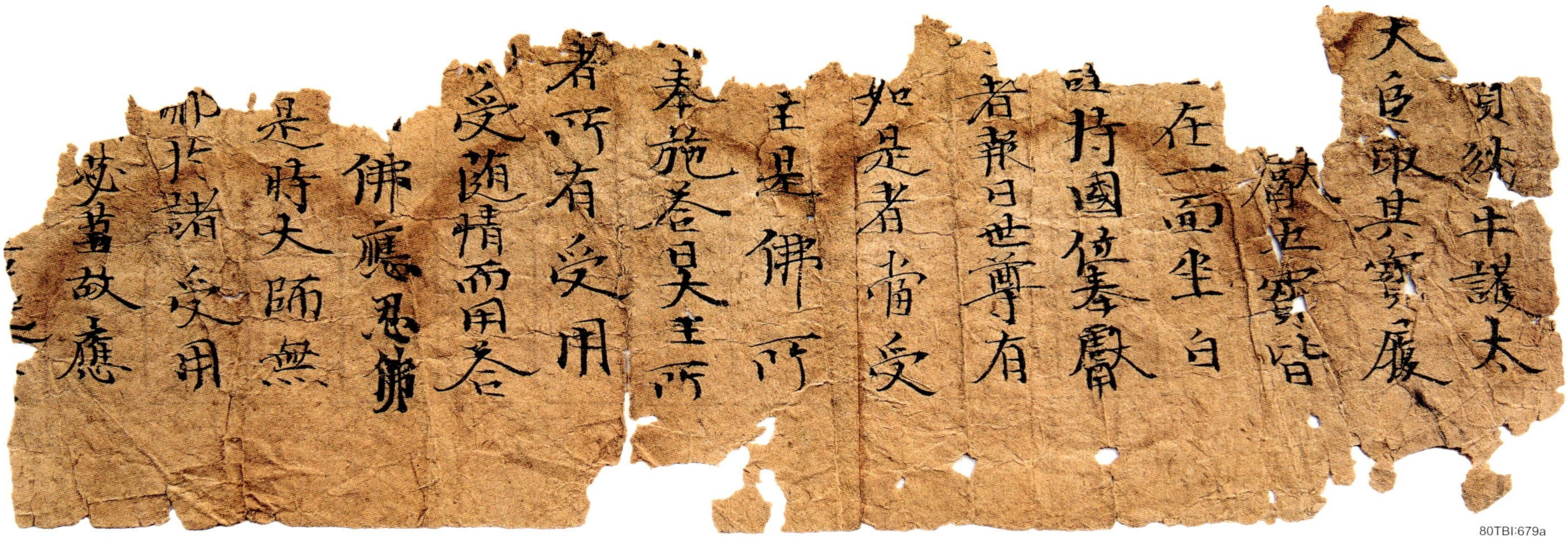

80TBI:679a

0 2厘米

三六一　根本說一切有部毗奈耶雜事（卷二四）

《中華大藏經》第三九冊　第二一六頁　中—下欄

《大正新修大藏經》第二四冊　第三一九頁　下欄—第三二〇頁　上欄

□寶綟牛護太

□大臣取其寶履

□獻五寶皆

□在一面坐白

□謹持國位奉獻

□者報曰世尊有

□如是者當受

□主是佛所

□奉施答曰大王所

□者所有受用

□受隨情而用答

□佛應忍佛

□是時大師無

□那於諸受用

□苾芻故應

［一］本片可與80TBI:253、80TBI:223、80TBI:078、80TBI:059拚接，見拚合圖四六。其背面即80TBI:679b有回鶻文批記。

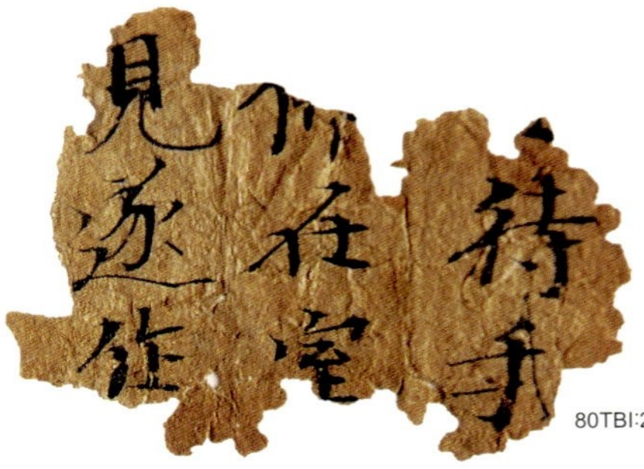

80TBI:253

0 2厘米

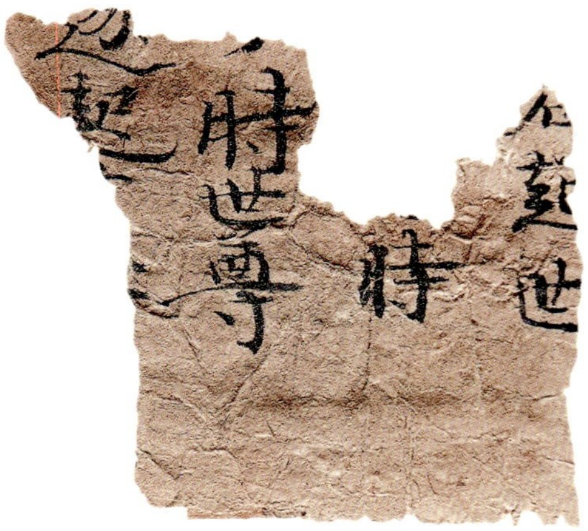

80TBI:223

0 2厘米

三六二　根本說一切有部毗奈耶雜事（卷二四）

《中華大藏經》第三九册　第二一六頁　中—下欄

《大正新修大藏經》第二四册　第三二〇頁　上欄

□待我□

□佛在室□

□見遂作□

〔一〕本片可與80TBI:679a、80TBI:223、80TBI:078、80TBI:059拼接，見拼合圖四六。

三六三　根本說一切有部毗奈耶雜事（卷二四）

《中華大藏經》第三九册　第二一六頁　下欄

《大正新修大藏經》第二四册　第三二〇頁　上欄

□若起世

□時

□時世尊

□遂起世□

〔一〕本片可與80TBI:679a、80TBI:253、80TBI:078、80TBI:059拼接，見拼合圖四六。

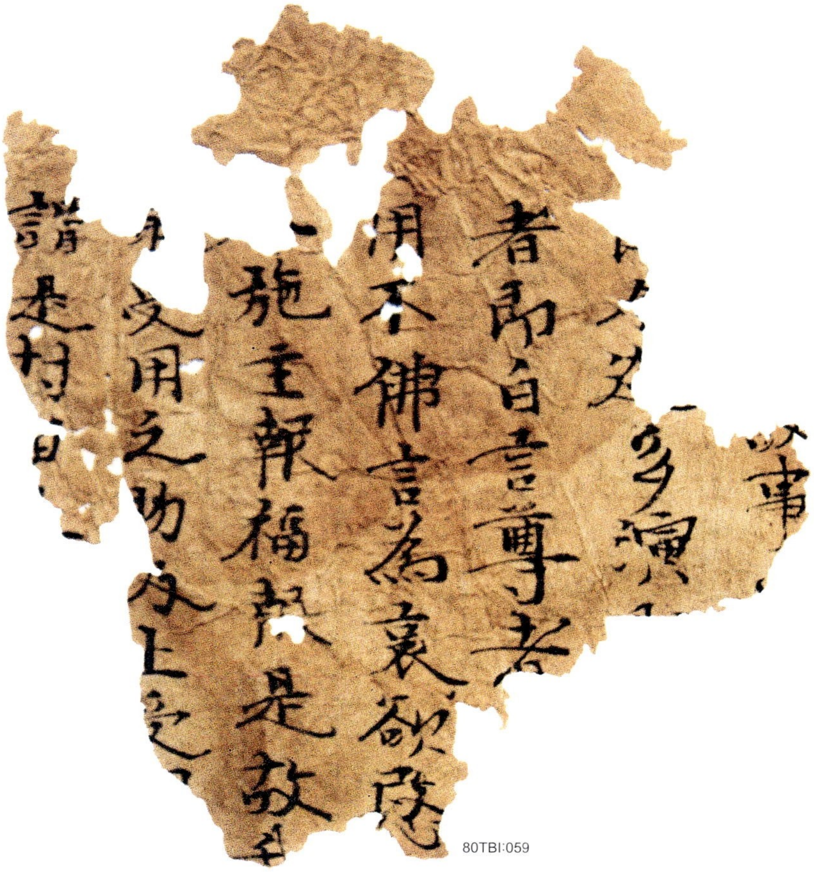

80TBI:059

0　2厘米

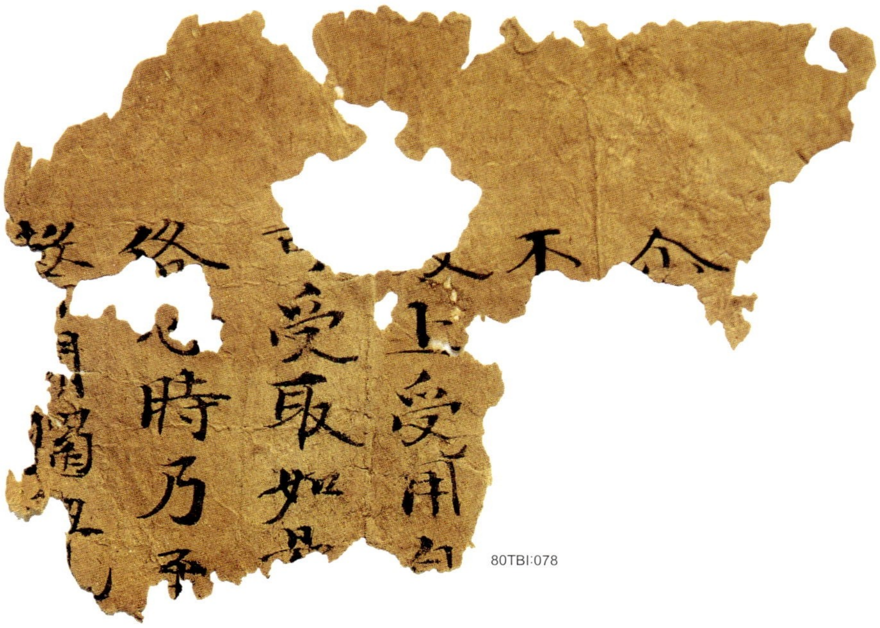

80TBI:078

0　2厘米

三六四　根本説一切有部毗奈耶雜事（卷二四）

《中華大藏經》第三九册　第二一六頁　中—下欄

《大正新修大藏經》第二四册　第三二〇頁　上欄

尒□

不□

及上受用自□

可受取如是□

俗心時乃至□

聲聞獨覺□

〔一〕本片可與80TBI:679a、80TBI:253、80TBI:223、80TBI:059拚接，見拚合圖四六。

三六五　根本説一切有部毗奈耶雜事（卷二四）

《中華大藏經》第三九册　第二一六頁　下欄

《大正新修大藏經》第二四册　第三二〇頁　上欄

□斷事□

□令迦多演那□

者即白言尊者□

用不佛言爲哀欲愍□

□施主報福報是故□

取受用之物及上受□

謂是村田□

〔一〕本片可與80TBI:679a、80TBI:253、80TBI:223、80TBI:078拚接，見拚合圖四六。

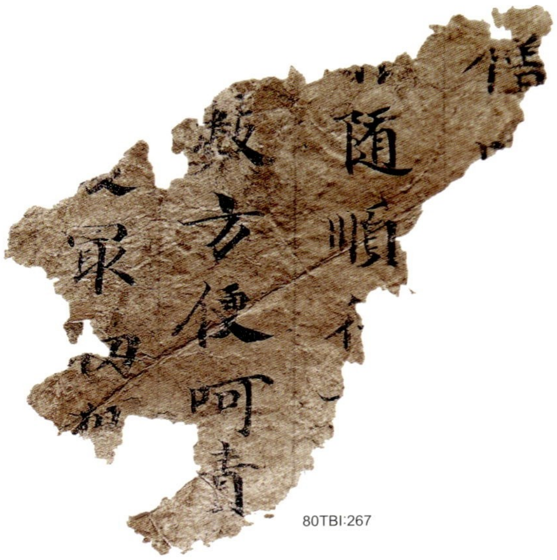
80TBI:267

三六六　四分律（卷八）三十捨墮法之三

《中華大藏經》第四〇册　第三二六頁　上欄
《大正新修大藏經》第二二册　第六一五頁　上欄

僧呵
非隨順行
數方便呵責
處最初犯戒

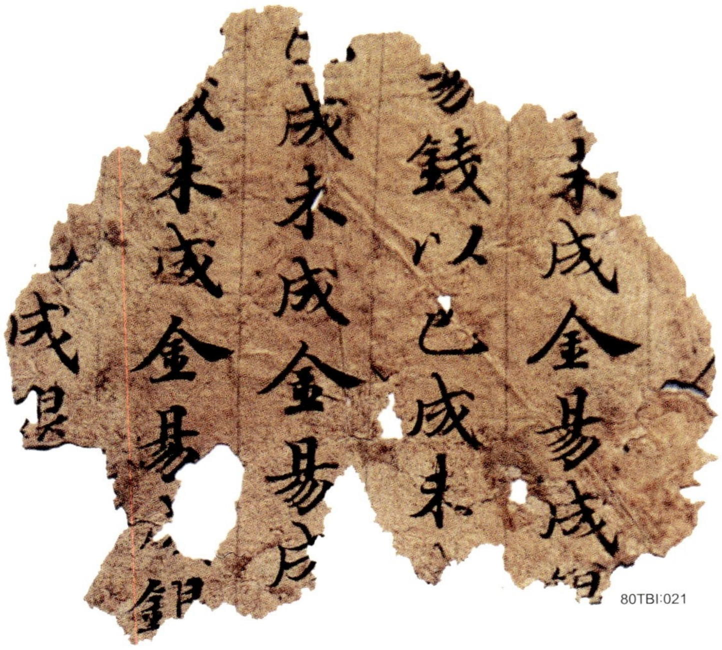
80TBI:021

三六七　四分律（卷八）三十捨墮法之三

《中華大藏經》第四〇册　第三三三頁　上—中欄
《大正新修大藏經》第二二册　第六二〇頁　上欄

未成金易成銀
易錢以已成未
成未成金易成
成未成金易成銀
成銀

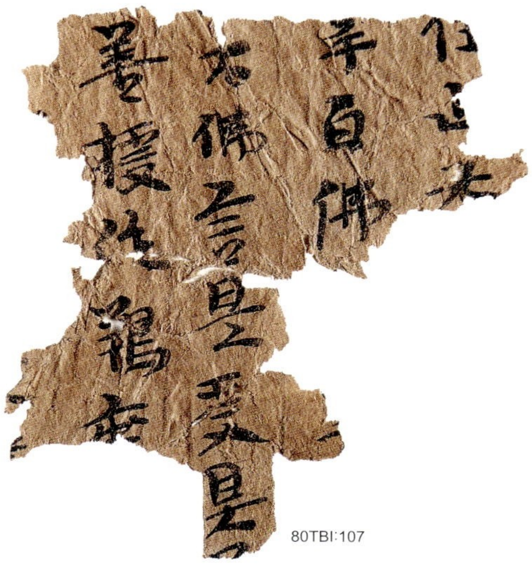

80TBI:107

0　2厘米

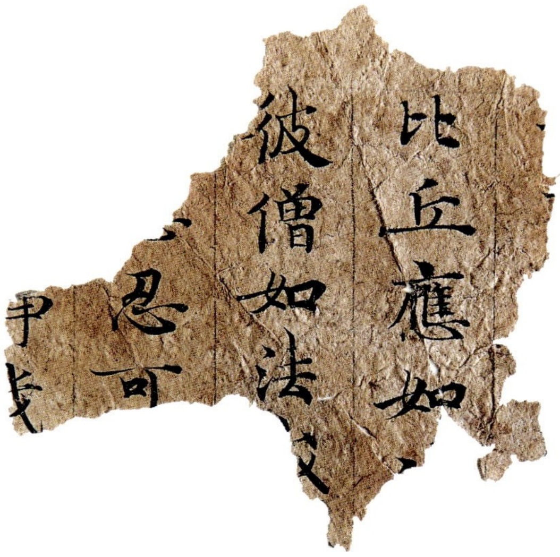

80TBI:205

0　2厘米

三六八　四分律（卷三五）受戒犍度之五

《中華大藏經》第四〇册　第七一六頁　中欄

《大正新修大藏經》第二二册　第八一六頁　上欄

□住止无□

□掌白佛□

□不佛言是受具□

□善授作羯磨□

三六九　四分律（卷四七）滅諍犍度第一六之一

《中華大藏經》第四〇册　第九二〇頁　下欄—第九二一頁上欄

《大正新修大藏經》第二二册　第九一八頁　下欄

比丘應如法□

彼僧如法滅□

□忍可□

□諍我□

〔一〕本片可與80TBI:115、80TBI:051拼接，見拼合圖四七。

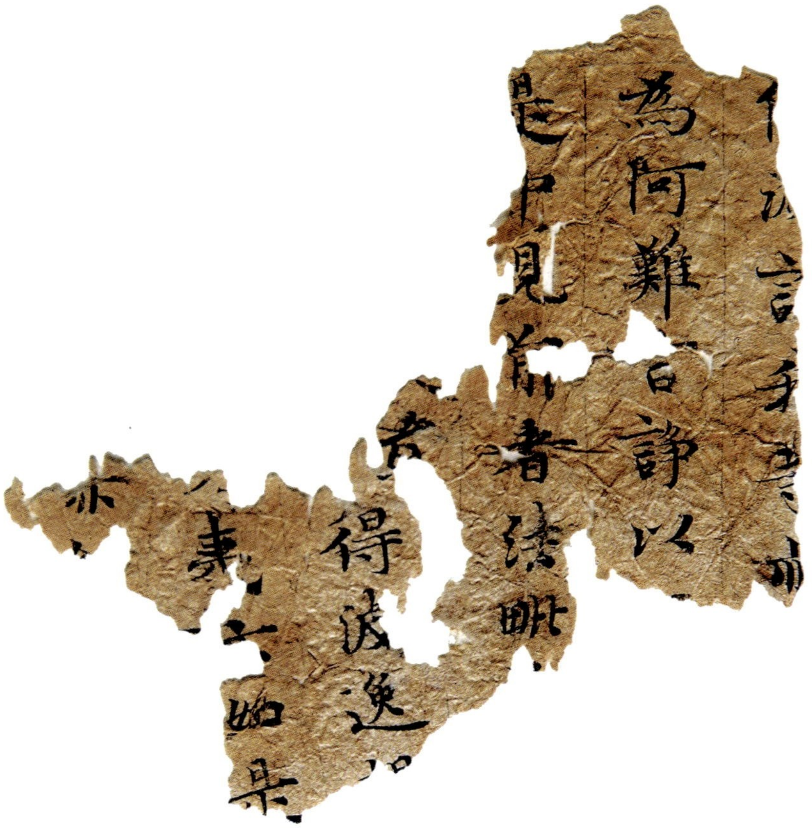

80TBI:115

0　2厘米

三七〇　四分律（卷四七）滅諍揵度第一六之一

《中華大藏經》第四〇册　第九二一頁　上欄

《大正新修大藏經》第二二册　第九一八頁　下欄

僧滅諍我等亦□

爲阿難言諍以一□

是中現前者法毗□

□得波逸提□

□夷亦如是□

〔一〕本片可與80TBI:205、80TBI:051拚接，見拚合圖四七。

（五）阿含部

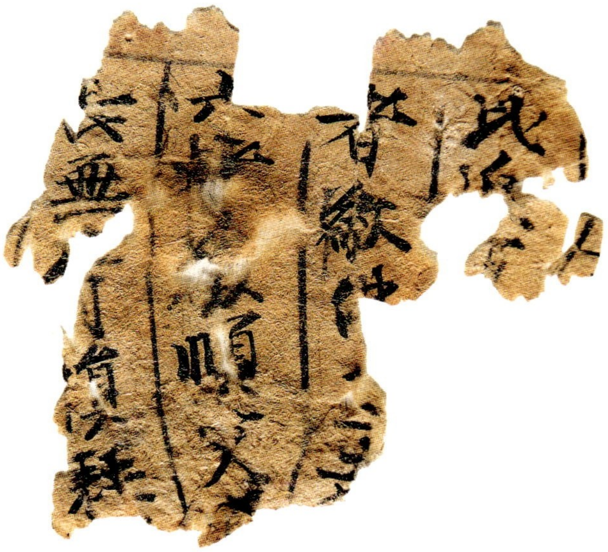

80TBI:136

0　2厘米

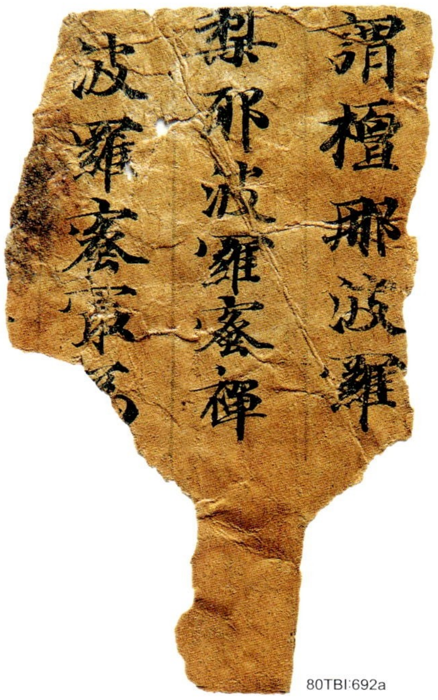

80TBI:692a

0　2厘米

三一四　大法炬陀羅尼經（卷一〇）六度品第二四之一

《中華大藏經》第二一册　第五四九頁　下欄

《大正新修大藏經》第二一册　第七〇五頁　下欄

□謂檀那波羅

□梨耶波羅蜜禪

□波羅蜜最爲

〔一〕本片背面即80TBI:692b爲回鶻文寫本。

三一五　佛説長阿含經（卷二）第一分遊行經第二初

《中華大藏經》第三一册　第一九頁　上欄

《大正新修大藏經》第一册　第一一頁　下欄

比丘□

者敬佛□

六者敬順父母□

長無有損耗□

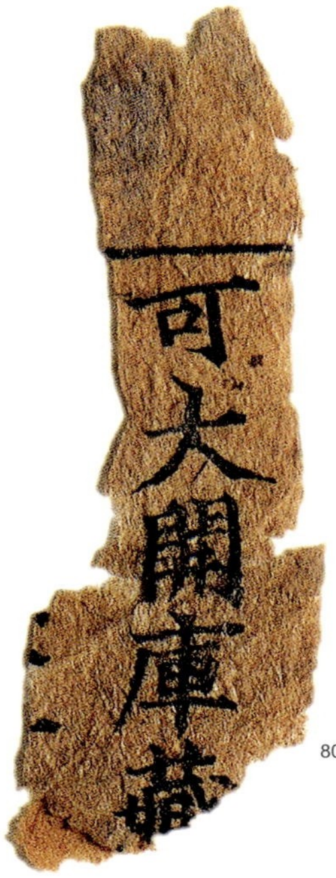

80TBI:498-3

0　2厘米

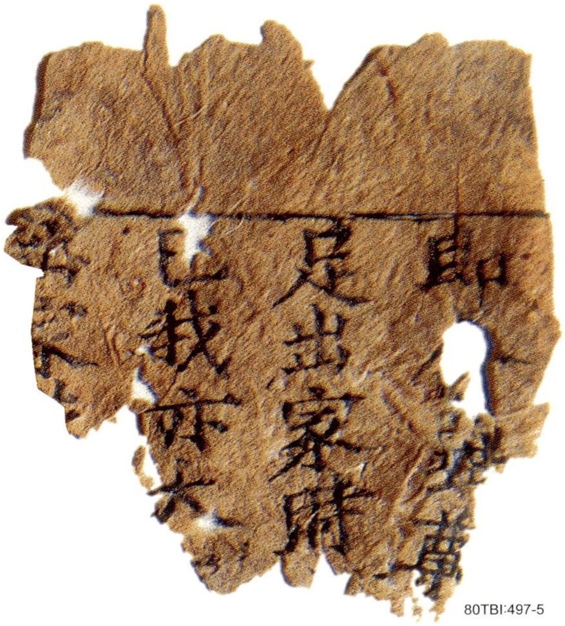

80TBI:497-5

0　2厘米

三一六　佛説長阿含經（卷五）第一分典尊經第三

《中華大藏經》第三一册　第五九頁　下欄

《大正新修大藏經》第一册　第三三頁　上欄

可大開庫藏

〔一〕參見列表序號一七三備注。

三一七　佛説長阿含經（卷五）第一分典尊經第三

《中華大藏經》第三一册　第五九頁　下欄—第六〇頁　上欄

《大正新修大藏經》第一册　第三三頁　上欄

即命典尊

足出家時

已我亦大

出家

〔一〕80TBI:497共有二十一片，除本片外還有三片80TBI:497-4、11、21已定名，分別見列表序號三一八、三四六、三一九。其餘十七片80TBI:497-1～3、6～10、12～20未定名，見未定名列表序號二三八。

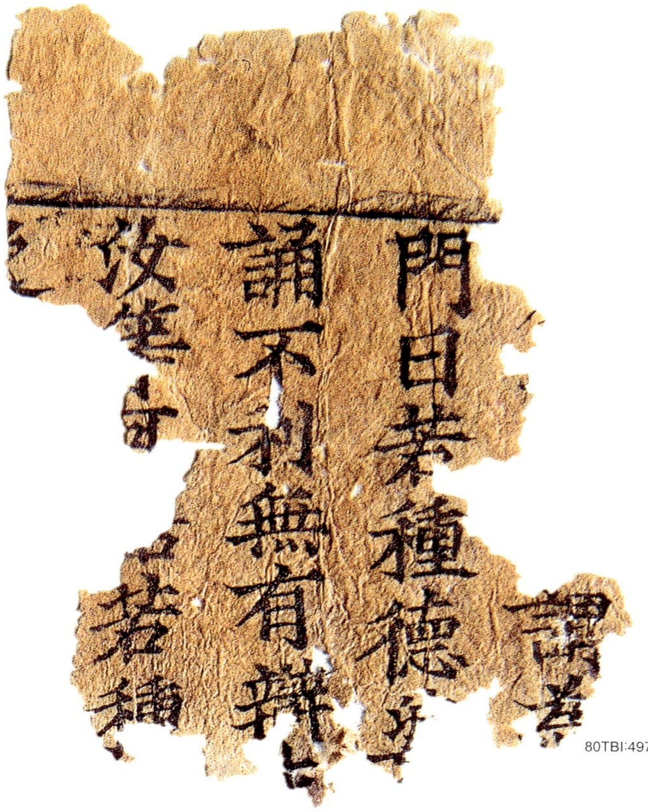

80TBI:497-4

0　2厘米

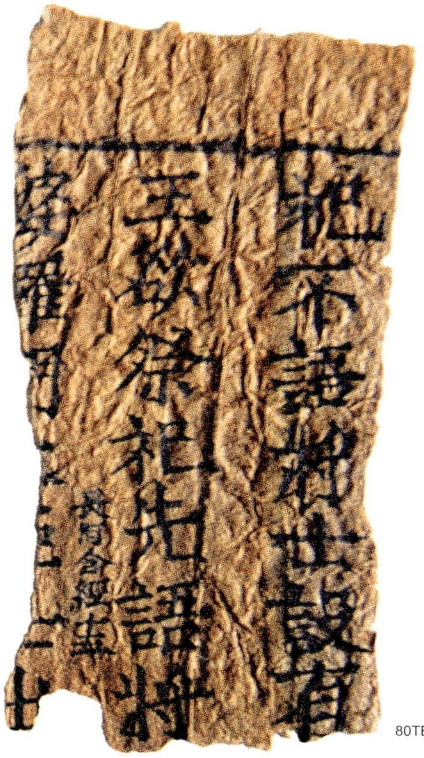

80TBI:493a-3

0　2厘米

三一八　佛說長阿含經（卷一五）第三分種德經第三

《中華大藏經》第三一册　第一八五頁　中欄

《大正新修大藏經》第一册　第九六頁　上欄

□謂爲□［一］

門曰若種德［婆］□

誦不利無有辯□

汝等［可］［語］若種□

［一］參見列表序號三一七備注。

三一九　佛說長阿含經（卷一五）第三分種德經第三

《中華大藏經》第三一册　第一九〇頁　中欄

《大正新修大藏經》第一册　第九九頁　下欄

祀不語將士設有□

王欲祭祀先語將□［一］

婆羅［門］［大］［臣］［七］［世］□［二］

［一］二、三行間夾印一行小字「長阿含經十五」。

［二］參見列表序號四〇備注。

80TBI:519

0 2厘米

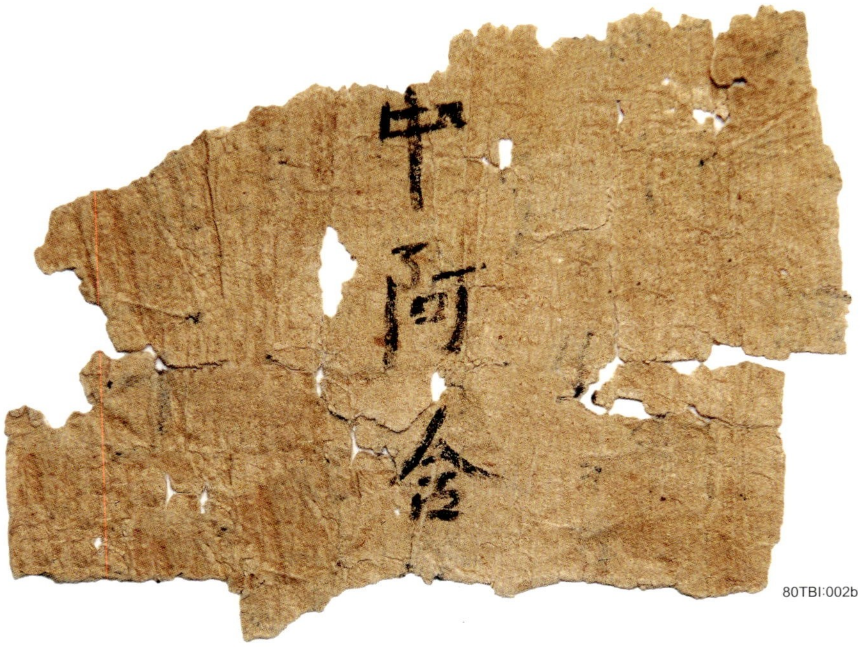

80TBI:002b

0 2厘米

三三〇　佛說長阿含經（卷一五）第三分種德經第三

《中華大藏經》第三一册　第一九一頁　下欄

《大正新修大藏經》第一册　第一〇〇頁　下欄

□具并供養衆僧□

□起僧房堂閣此施最

三三一　「中阿含經」題頭

《中華大藏經》第三一册　第三〇〇頁—第一〇一〇頁

《大正新修大藏經》第一册　第四二一頁—第八〇五頁

□中阿含□

〔一〕本片另面即80TBI:002a未定名，見未定名列表序號四一。

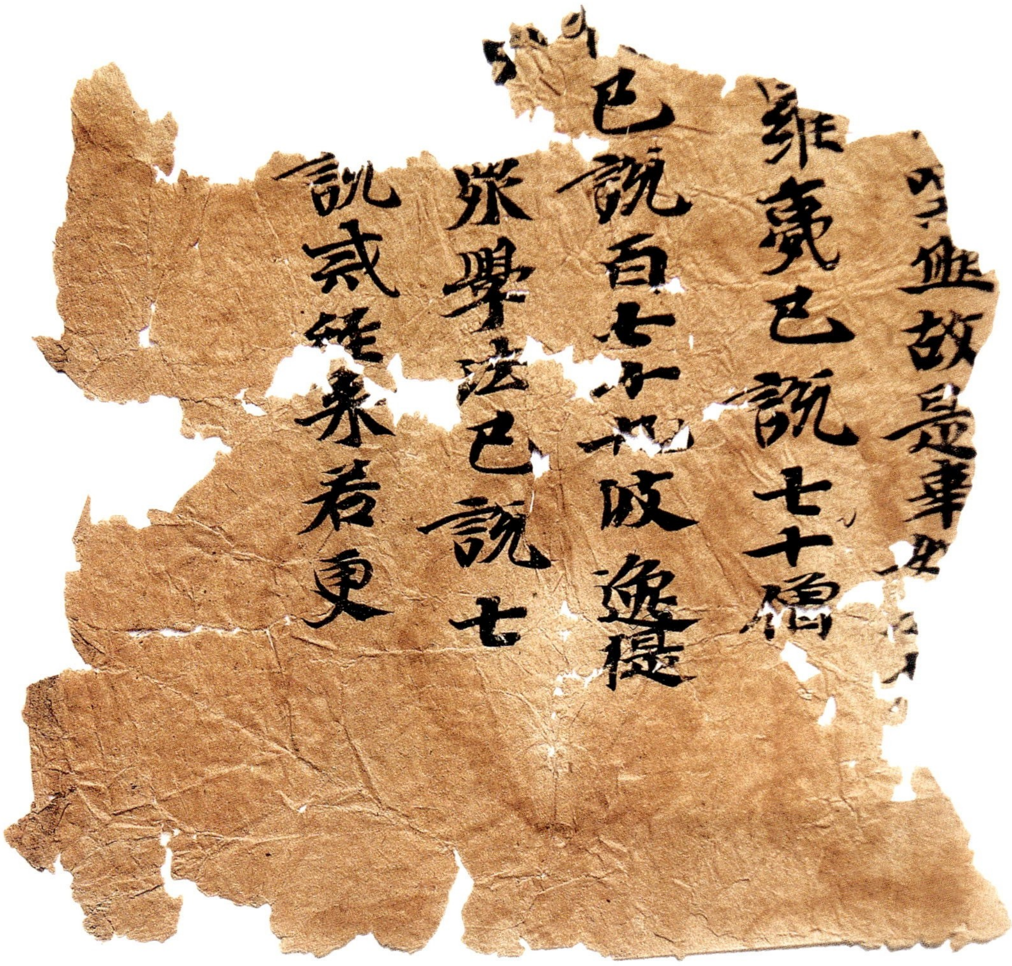

80TBI:020

0　2厘米

三七七　四分律比丘尼戒本

《中華大藏經》第四一册 第三五九頁 下欄

《大正新修大藏經》第二二册 第一〇四〇頁 中欄

□嘿[一]然故是[事][如]□□

□[羅]夷已説七十[二]僧

□已説百七十九[三]波逸提

□[衆]學法已説七

□[説]戒經來若更

〔一〕「嘿」，今本作「默」。

〔二〕「七十」間有倒勾，今本作「十七」。

〔三〕「百七十九」，今本作「一百七十八」。

〔四〕本片可與80TBI:053拚接，見拚合圖四八。

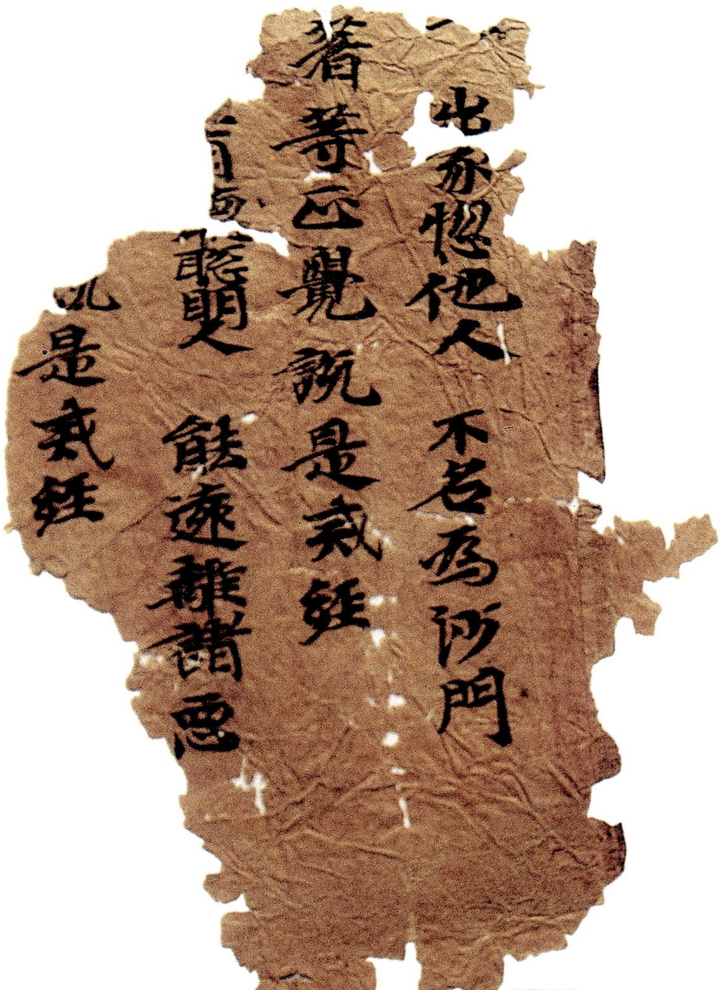

80TBI:053

0　2厘米

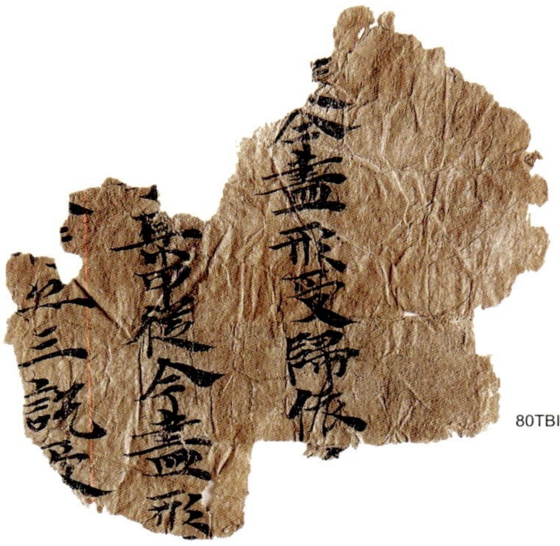

80TBI:407

0　2厘米

三七八　四分律比丘尼戒本

《中華大藏經》第四一册　第三五九頁　下欄

《大正新修大藏經》第二二册　第一〇四〇頁　中欄

□出家惱他人　不名爲沙門
□著等正覺説是戒經
□聰明人　能遠離諸惡
□説是戒經

［一］本片可與80TBI:020拼接，見拼合圖四八。

三七九　彌沙塞羯摩本

《中華大藏經》第四一册　第五四二頁　下欄—五四三頁　上欄

《大正新修大藏經》第二二册　第二一六頁　上欄

□今盡形受歸依□
□某甲從今盡形□
□亦三説受□

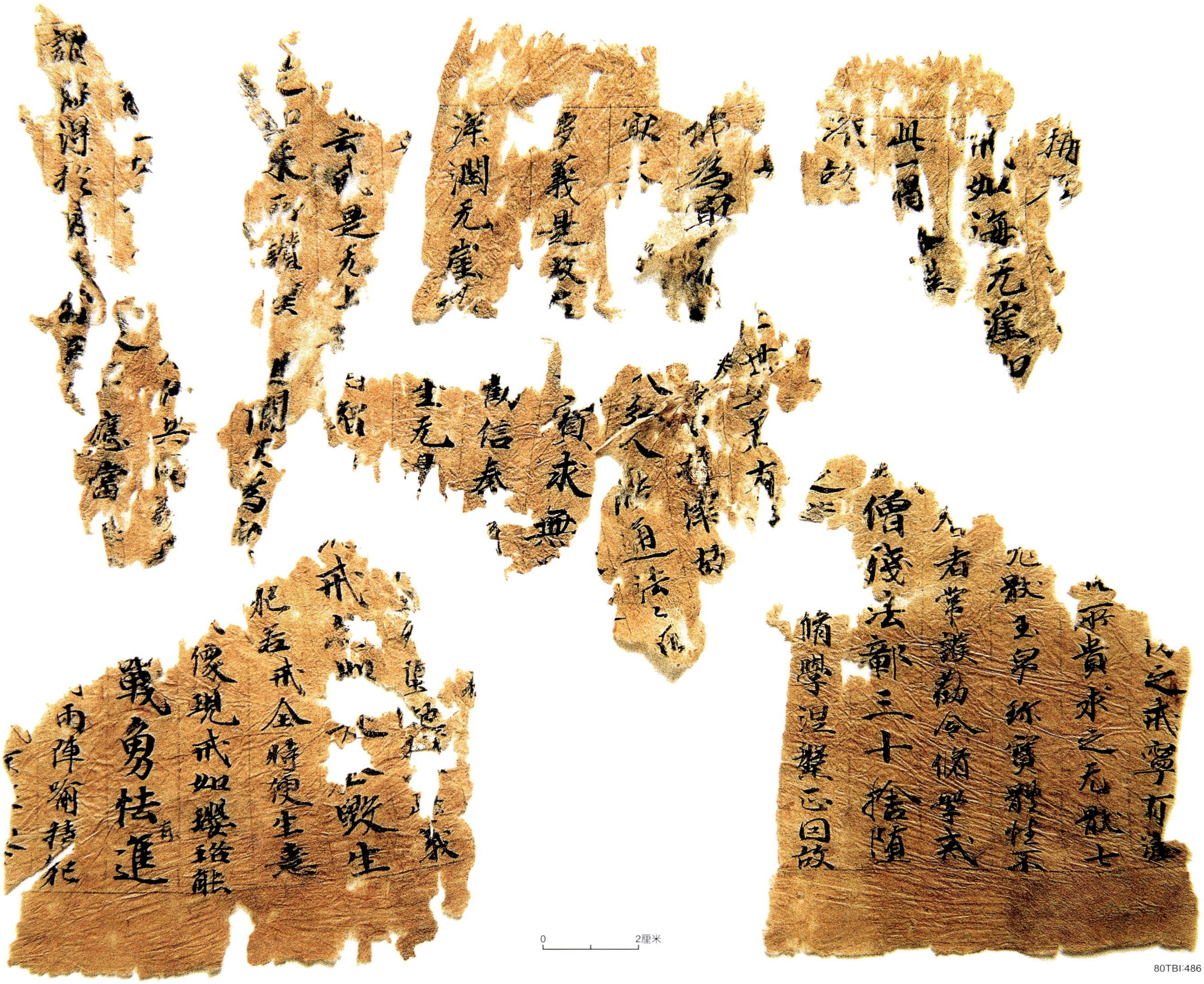

80TBI:486

三八〇　四分律比丘尼戒本

《中華大藏經》第四一册　第三六三頁　上欄

《大正新修大藏經》第二二册　第一〇三一頁　上欄

〔一〕本號有七片，均屬一卷佛經，其中字體較大者出自《四分律比丘尼戒本》，字體較小者則無記載，疑爲該經的注釋部分，釋文略。

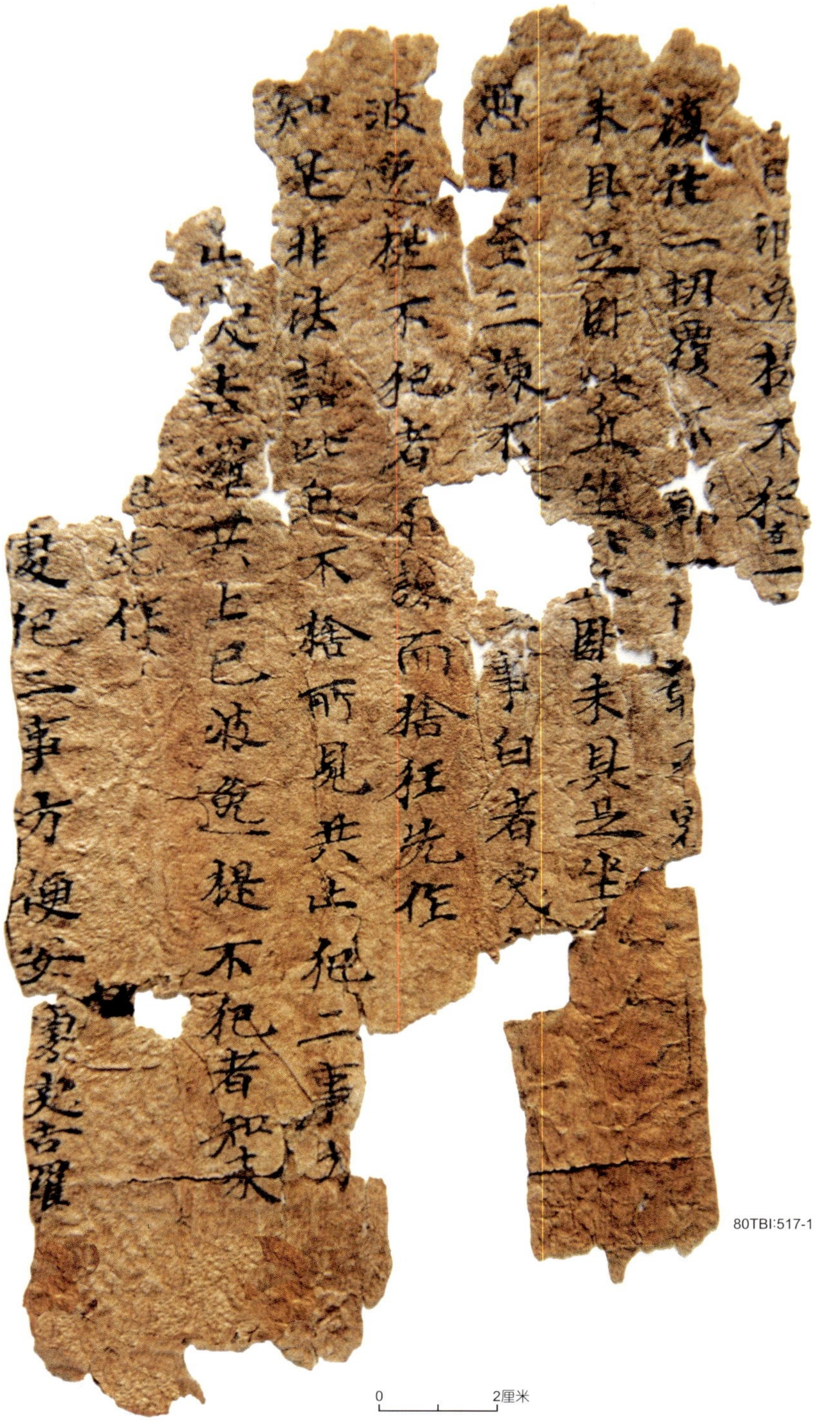

80TBI:517-1

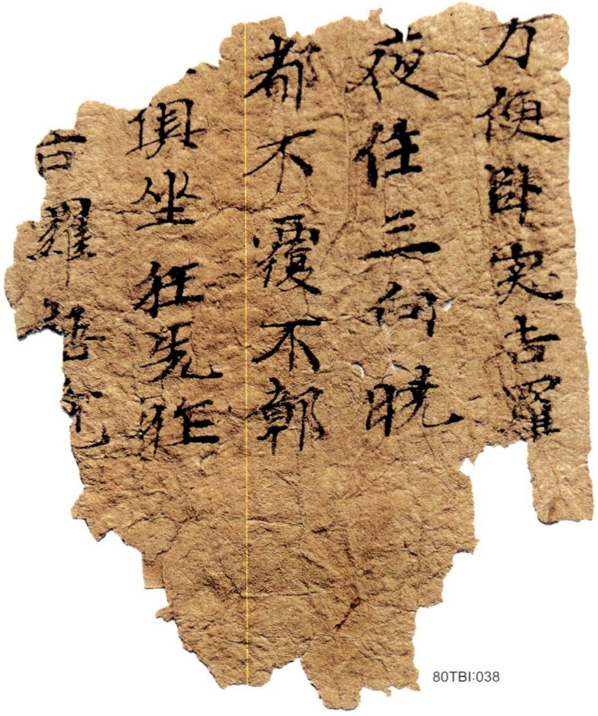

80TBI:038

三八一　優波離問佛經

《中華大藏經》第四一册　第六三七頁　中欄
《大正新修大藏經》第二四册　第九〇七頁　中欄

□方便卧突吉羅
□夜住三向曉
□都不覆不鄣
□俱坐狂先作
□吉羅語竟

〔一〕本片可與80TBI:517–1拼接，見拚合圖四九。

三八二　優波離問佛經

《中華大藏經》第四一册　第六三七頁　中—下欄
《大正新修大藏經》第二四册　第九〇七頁　中欄

已波逸提不犯者二□
復住一切覆不鄣一切鄣不覆□
未具足卧比丘坐比丘卧未具足坐□
惡見至三諫不□二事白者突□
波逸提不犯者不諫而捨狂先作
知是非法語比丘不捨所見共止犯二事方
□止突吉羅共上已波逸提不犯者知求
□狂先作
□處犯二事方便安處突吉羅

〔一〕本件共二片，80TBI:517–2爲「中阿含經（卷一八）長壽王品天經第二」，參見列表序號三二八。
〔二〕本片可與80TBI:038拼接，見拚合圖四九。

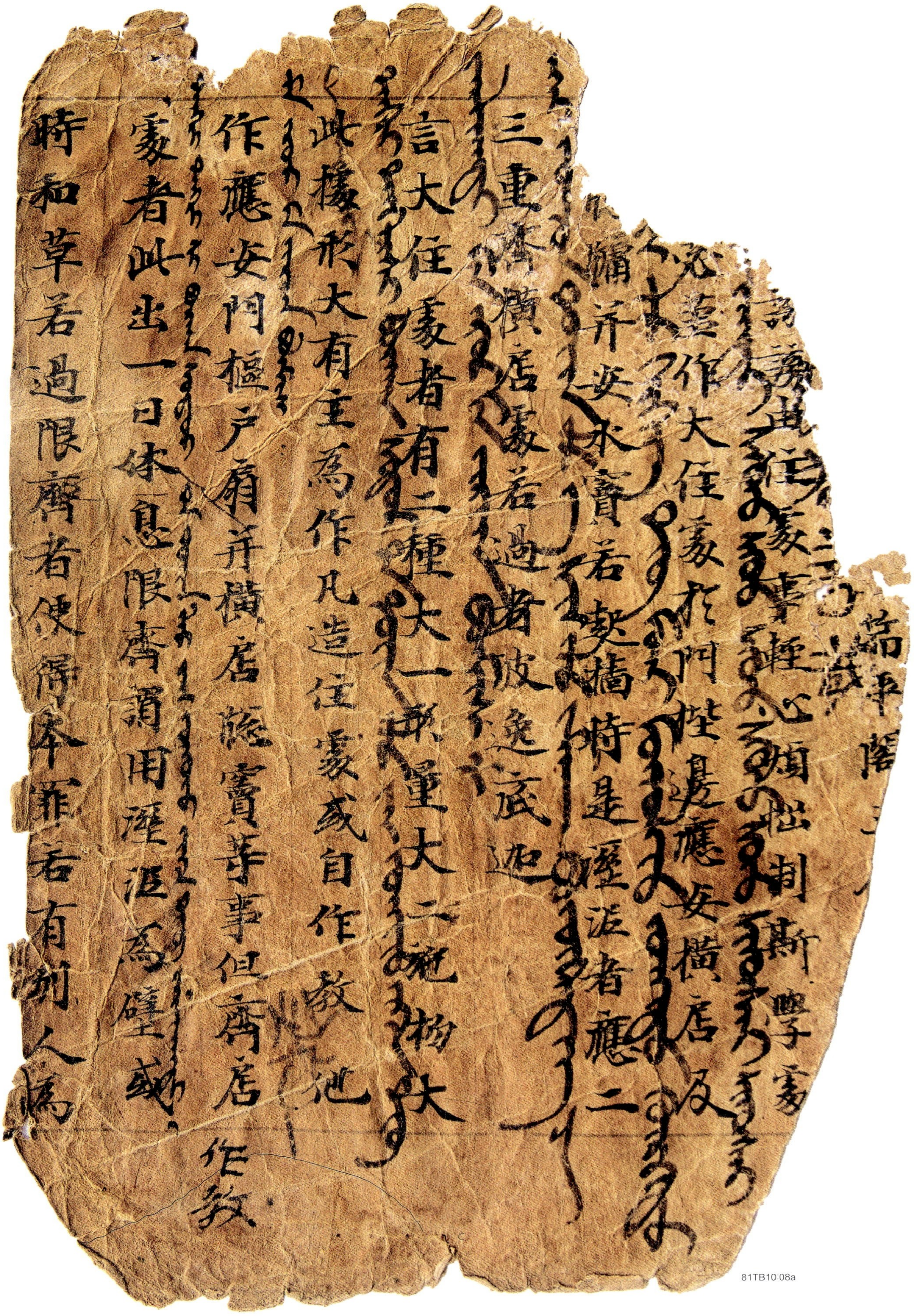

81TB10:08a

0 2厘米

三八三　根本菩薩多部律攝（卷一〇）造大寺過限學處第二〇

《中華大藏經》第四二册　第一一三頁　下欄

《大正新修大藏經》第二四册　第五八一頁　中—下欄

□篇平閣□
□譏謗由住處事輕心煩惱制斯學處
□苾芻作大住處於門梐邊應安橫居及
□牖并安水竇若起牆時是溼泥者應二
三重齊橫居處若過者波逸底迦
言大住處者有二種大一形量大二施物大
此據形大有主爲作凡造住處或自作教他
作應安門樞户扇并橫居牕竇等事但齊居作教
處者此出一日休息限齊謂用溼泥爲壁或
時和草若過限齊者便得本罪若有別人爲

〔一〕本片行間夾寫有回鶻文。第八行下部有「作教」二字。其背面即81TBI10:08b爲回鶻文寫本。

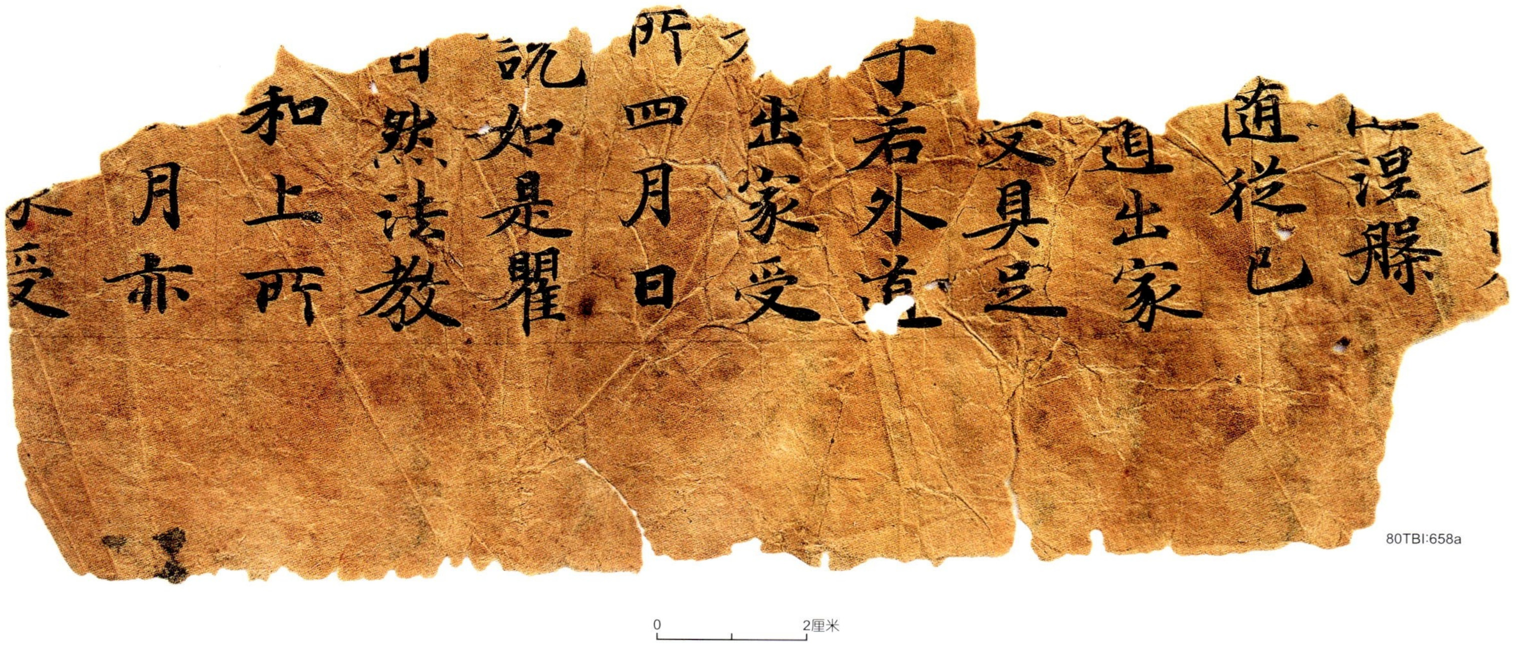

三八四　佛阿毗曇經出家相品第一（卷上）

《中華大藏經》第四二册　第六七五頁　上欄

《大正新修大藏經》第二四册　第九六三頁　下欄

—第九六四頁　上欄

□隨涅槃

□隨從已

□道出家

□受具足

□子若外道

□出家受

□所四月日

□說如是瞿

□自然法教

□和上所

□月亦

□家受

〔一〕本片背面即80TBI:658b爲回鶻文寫本。

三八五

賢愚經（卷一）梵天請法六事品第一

《中華大藏經》第五一册 第二頁 中欄

《大正新修大藏經》第四册 第三五〇頁 上欄

□亦墮　合□
□已而便灸火當□
无悔恨自立誓願我今求法□成佛道後得
佛時當以智慧光明照悟衆生結縛黑闇作
是誓已天地大動乃至淨居諸天宮殿動摇
□下□菩薩作法供養毁壞身躰不
□空啼哭之淚猶如
□天帝釋下至其

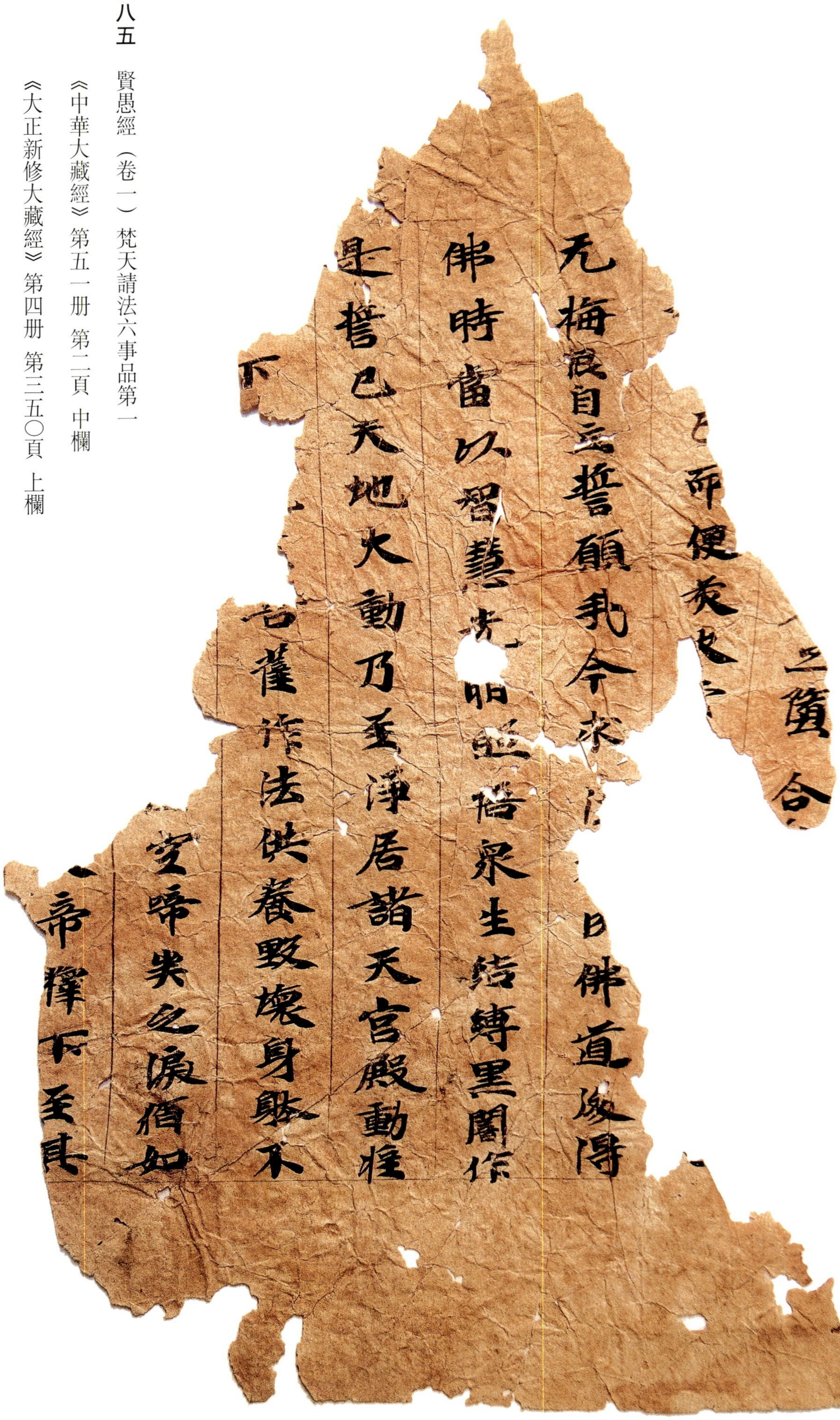

80TBI:015

0　2厘米

三八六

賢愚經（卷一〇）須達起精捨品第四一

《中華大藏經》第五一册 第一五三頁 上欄

《大正新修大藏經》第四册 第四二〇頁 上欄

□長跪□
□舍利弗經□
□肩上徐痒□

80TBI:344

0　2厘米

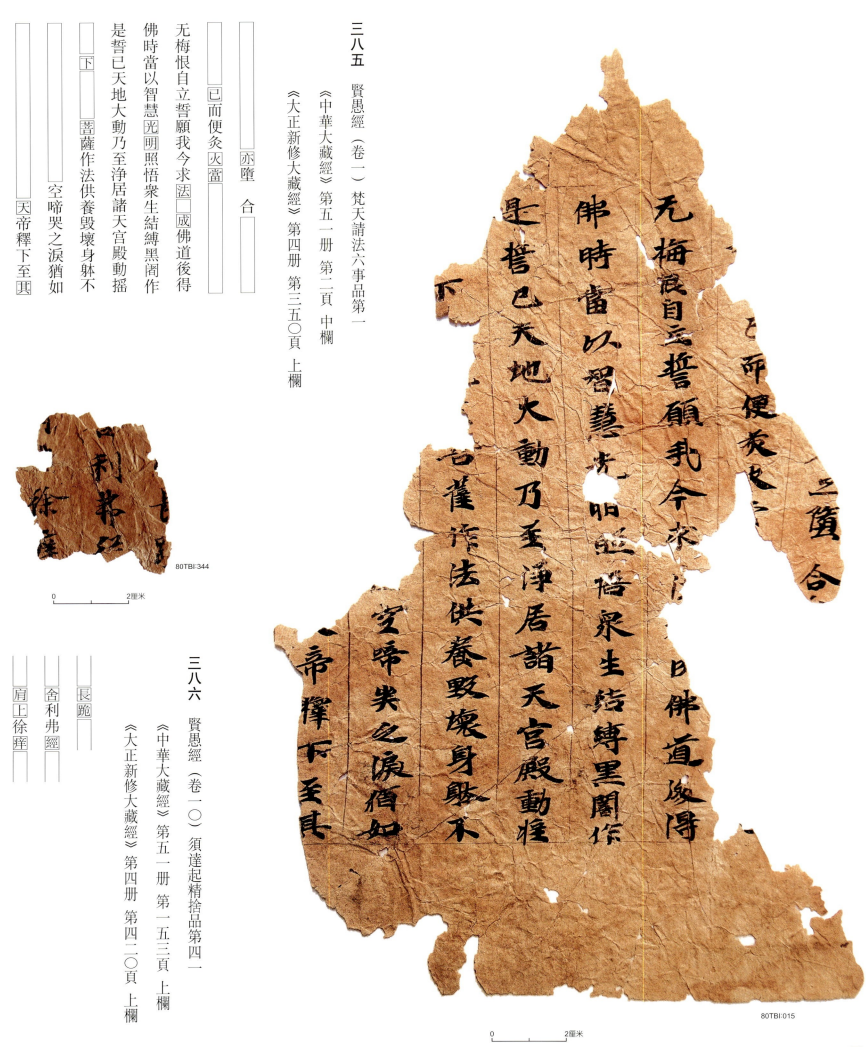

三　論藏部分

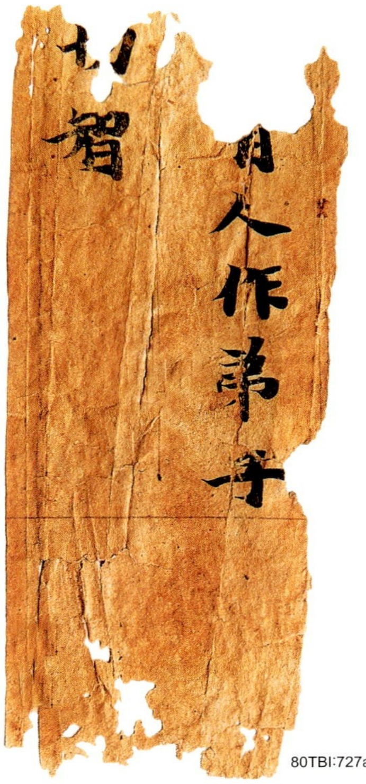

80TBI:727a

0　2厘米

三八七　大智度論（卷二）初品中婆伽婆釋論第四

《中華大藏經》第二五冊　第一三六頁　中欄

《大正新修大藏經》第二五冊　第七三頁　上欄

□有人作弟子

□切智

〔一〕本片可與80TBI:724b、80TBI:695a、80TBI:719a–1、80TBI:719a–2、80TBI:694a拼接，見拼合圖五〇。其背面即80TBI:727b爲回鶻文寫本。

80TBI:724b

80TBI:695a

三八八　大智度論（卷二）初品中婆伽婆釋論第四

《中華大藏經》第二五册　第一三六頁　中欄

《大正新修大藏經》第二五册　第七三頁　上欄

□瞋恚憍慢心著

〔一〕本片可與80TBI:727a、80TBI:695a、80TBI:719a-1、80TBI:719a-2、80TBI:694a拚接，見拚合圖五〇。其另面即80TBI:724a爲回鶻文寫本。

三八九　大智度論（卷二）初品中婆伽婆釋論第四

《中華大藏經》第二五册　第一三六頁　下欄

《大正新修大藏經》第二五册　第七三頁　上欄

□聞經中天及讚天

□各手執諸兵杖

□怖他

〔一〕本片可與80TBI:727a、80TBI:724b、80TBI:719a-1、80TBI:719a-2、80TBI:694a拚接，見拚合圖五〇。其背面即80TBI:695b爲回鶻文寫本。

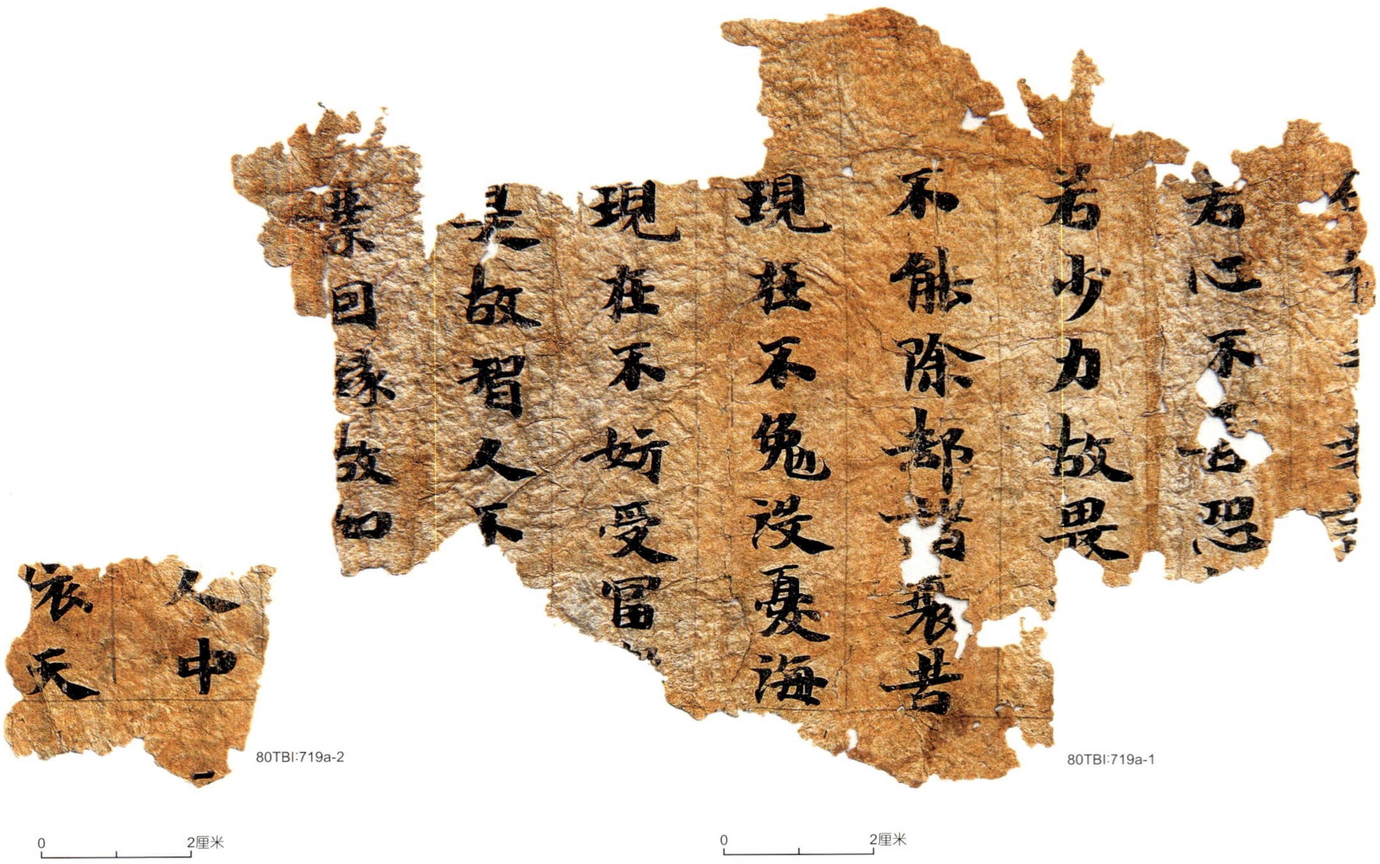
80TBI:719a-2 80TBI:719a-1

三九〇 大智度論（卷二）初品中婆伽婆釋論第四

《中華大藏經》第二五冊 第一三六頁 下欄
《大正新修大藏經》第二五冊 第七三頁 上欄

各各手執諸□
若心不善恐□
若少力故畏□
不能除却諸衰苦
現在[一]不勉[二]没憂海
現在不妨受富□
是故智人不□
業因緣故如□

〔一〕「在」，今本作「世」。
〔二〕「勉」，今本作「免」。
〔三〕本片可與80TBI:727a、80TBI:724b、80TBI:695a、80TBI:719a-2、80TBI:694a拼接，見拼合圖五〇。其背面爲回鶻文寫本。

三九一 大智度論（卷二）初品中婆伽婆釋論第四

《中華大藏經》第二五冊 第一三六頁 下欄
《大正新修大藏經》第二五冊 第七三頁 上欄

□人中
□依天

〔一〕本片可與80TBI:724b、80TBI:695a、80TBI:727a、80TBI:719a-1、80TBI:694a拼接，見拼合圖五〇。其背面80TBI:695b爲回鶻文寫本。

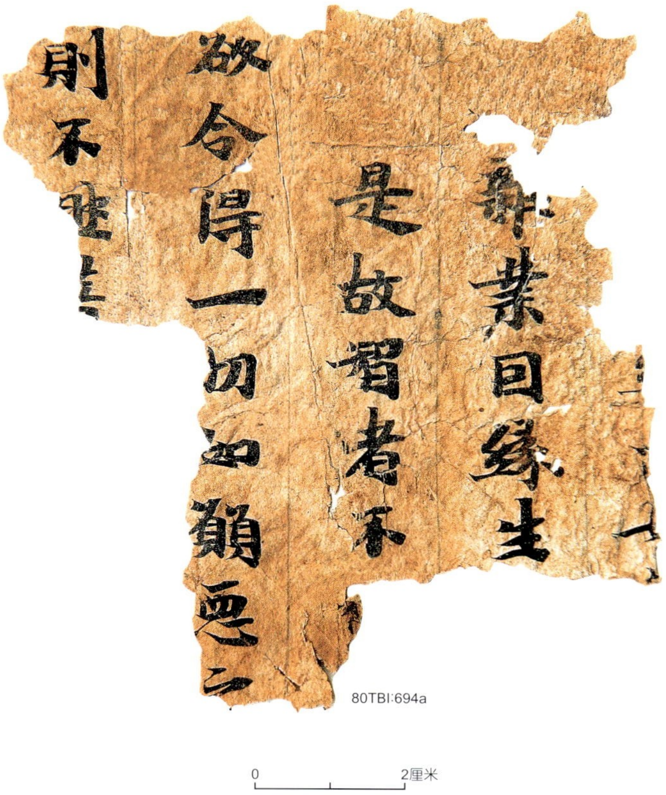

80TBI:694a

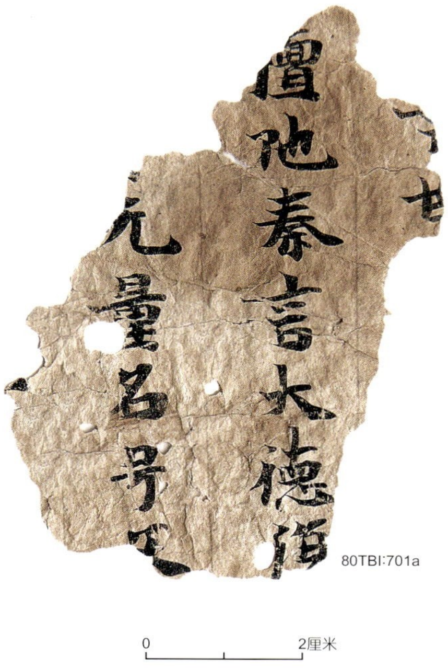

80TBI:701a

三九二　大智度論（卷二）初品中婆伽婆釋論第四

《中華大藏經》第二五册　第一三六頁　下欄

《大正新修大藏經》第二五册　第七三頁　上欄

雜業因緣生〔一〕
是故智者不
欲令得一切如願惡之
則〔二〕不然〔三〕菩

〔一〕「生」，今本作「故」。

〔二〕「則」，今本作「佛」。

〔三〕「然」，今本作「尒」。

〔四〕本片可與80TBI:727a、80TBI:724b、80TBI:695a、80TBI:719a–1、80TBI:719a–2拼接，見拼合圖五〇。其背面即80TBI:694b爲回鶻文寫本。

三九三　大智度論（卷二）初品中婆伽婆釋論第四

《中華大藏經》第二五册　第一三七頁　上欄

《大正新修大藏經》第二五册　第七三頁　中欄

言世
檀陀秦言大德復
无量名号父

〔一〕本片背面即80TBI:701b爲回鶻文寫本。

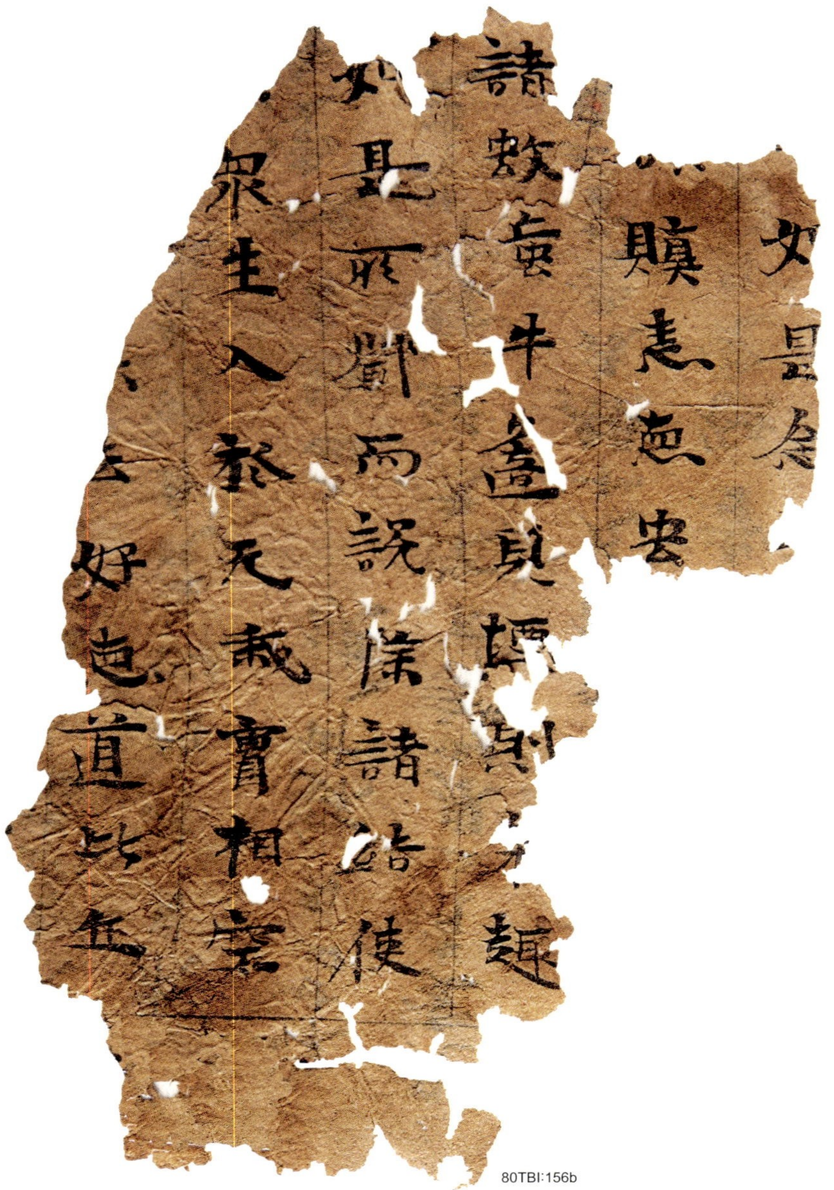

80TBI:156b

三九四　大智度論（卷二）初品中婆伽婆釋論第四

《中華大藏經》第二五册　第一三七頁　下欄—第一三八頁　上欄

《大正新修大藏經》第二五册　第七四頁　上欄

□如是念□

□瞋恚惡虫□

□諸蚊虻牛遥見煙則來趣

〔一〕如是所聞而説除諸結使

□衆生入於无我實相空

□去好惡道比丘

〔一〕「如是所」，今本作「如是如所」。

〔二〕本片另面即80TBI:156a未定名。參見未定名列表序號二二一。

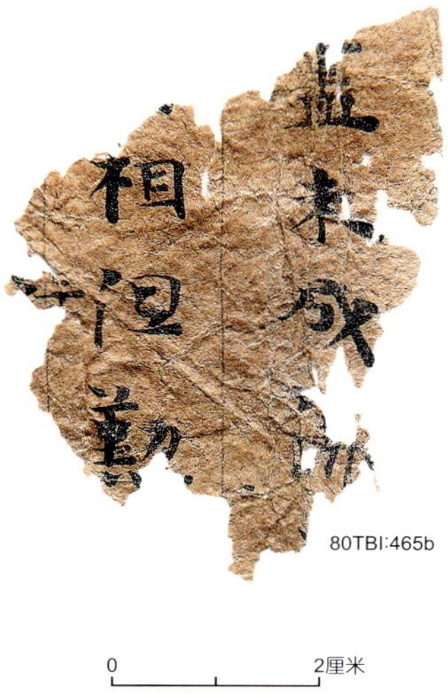

三九五　大智度論（卷一五）釋初品中毗梨耶波羅蜜義第二六

《中華大藏經》第二五册　第三七二頁　下欄

《大正新修大藏經》第二五册　第一七三頁　下欄

是若一心□

決大石不□

廢能破□

三九六　大智度論（卷五四）釋天主品第二七

《中華大藏經》第二六册　第四五頁　下欄

《大正新修大藏經》第二五册　第四四五頁　上欄

□盡未成佛□

□相但懃□

〔一〕本片背面即80TBI:465a爲「阿毗曇八犍度論（卷一三）智犍度智相應跋渠第五之一」，參見列表序號四一一。

〔二〕本片可與80TBI:188a、80TBI:112b拚接，見拚合圖五一。

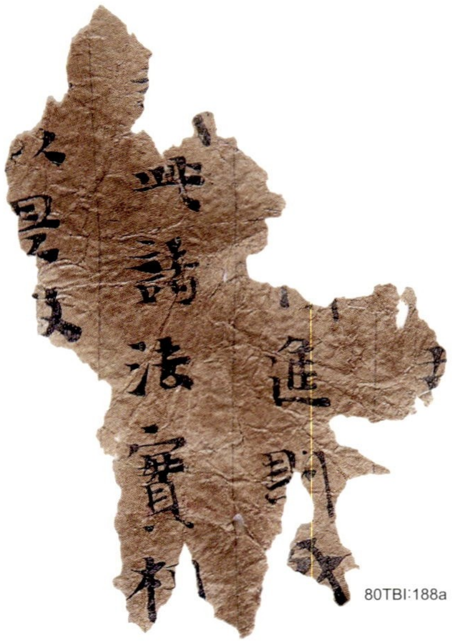

80TBI:188a

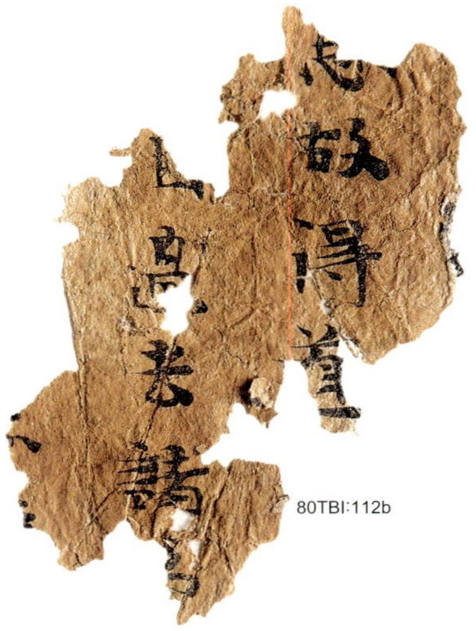

80TBI:112b

三九七　大智度論（卷五四）釋天主品第二七

《中華大藏經》第二六册　第四五頁　下欄—第四六頁　上欄

《大正新修大藏經》第二五册　第四四五頁　上欄

進則成

此諸法實相

以是故

［一］本片背面即80TBI:188b爲「阿毗曇八犍度論（卷一三）智犍度智相應跋渠之餘第五之一」，參見列表序號四一三。

［二］本片可與80TBI:465a、80TBI:112b拼接，見拼合圖五一。

三九八　大智度論（卷五四）釋天主品第二七

《中華大藏經》第二六册　第四六頁　上欄

《大正新修大藏經》第二五册　第四四五頁　上欄

恩故得道

因過去諸佛

［一］本片另面即80TBI:112a爲「阿毗曇八犍度論（卷一三）智犍度智相應跋渠第五之二」，參見列表序號四一二。

［二］本片可與80TBI:465a、80TBI:188a拼接，見拼合圖五一。

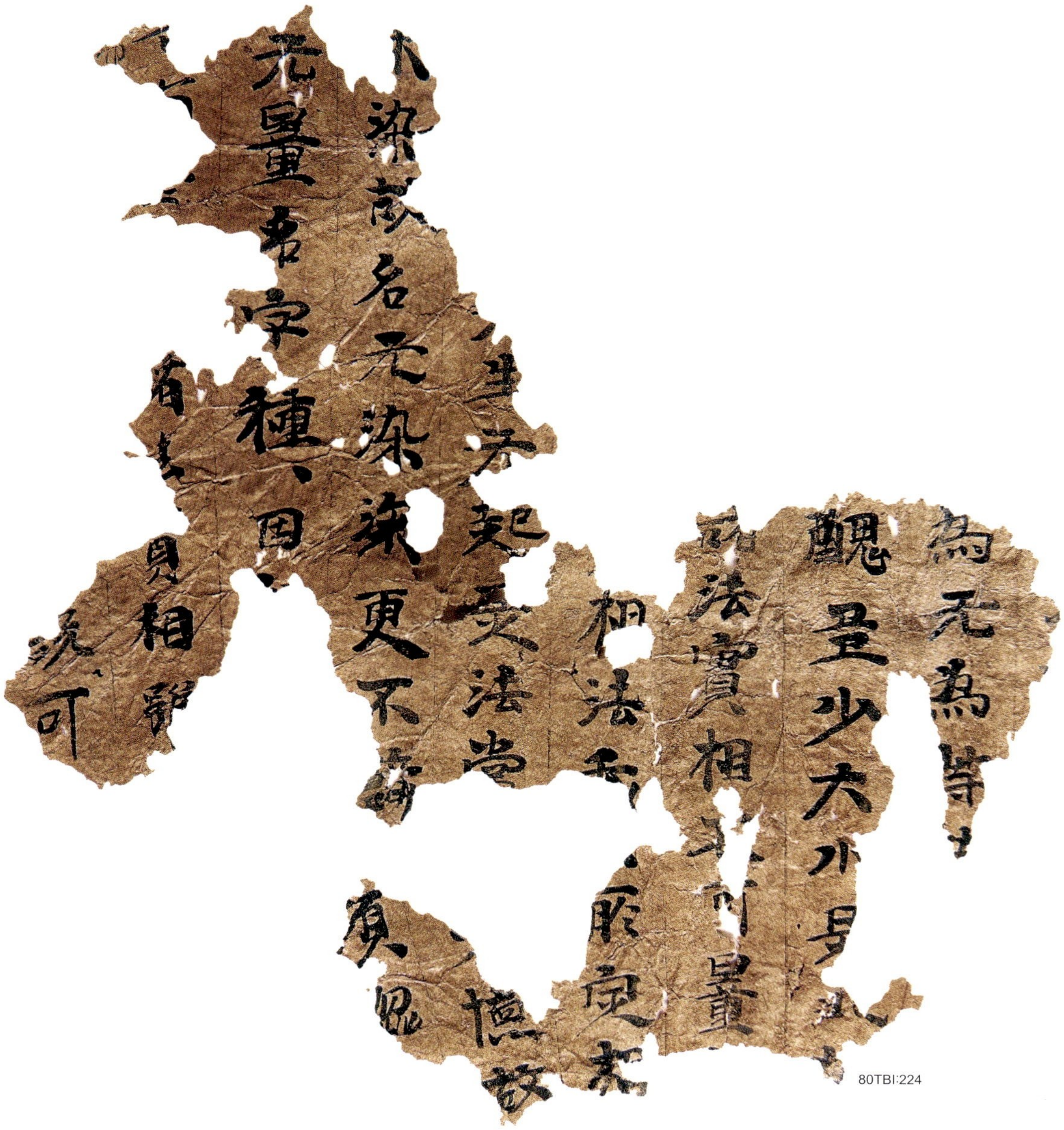

80TBI:224

三九九

大智度論（卷七四）釋燈炷品第五七
《中華大藏經》第二六冊　第三三三頁　下欄
《大正新修大藏經》第二五冊　第五八四頁　中欄

爲无爲等諸
醜多少大小是非等
諸法實相不可量
相法我我所定相
坐[一]无[二]起是法常　懷故
界染故名无染染[三]更不纖煩惱
无量名字種種因
諸法實相雖
說可[四]

[一]「坐」，今本作「作」。
[二]「无」，今本作「不」。
[三]「染染」，今本作「染」。
[四]「說可」，今本作「可說」。

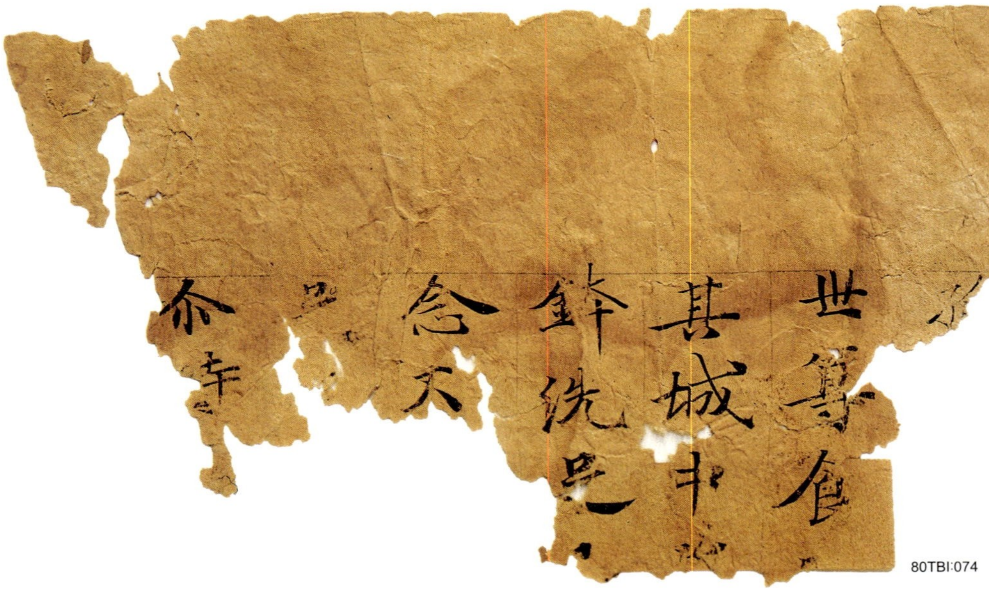

80TBI:074

0 2厘米

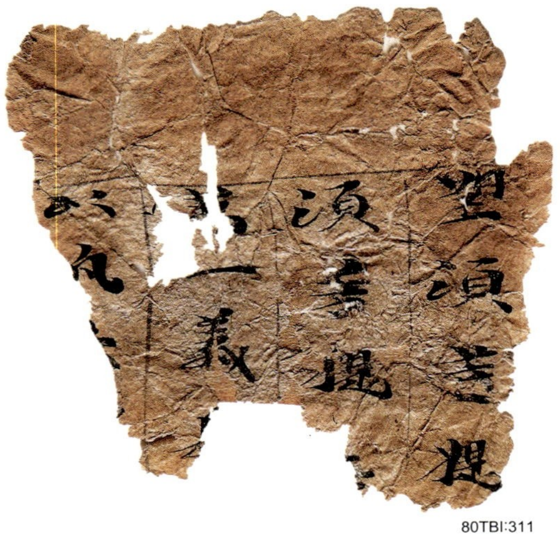

80TBI:311

0 2厘米

四〇〇 大智度論（卷八九）釋四攝品第七八之餘

《中華大藏經》第二六冊 第五四六頁 中—下欄

《大正新修大藏經》第二五冊 第六八七頁 中欄

聖須菩提

須菩提

第一義

以凡

四〇一 金剛般若波羅蜜經論（卷上）

《中華大藏經》第二七冊 第八六頁 下欄

《大正新修大藏經》第二五冊 第七六七頁 中—下欄

世尊食

其城中

鉢洗足

念不

尒時

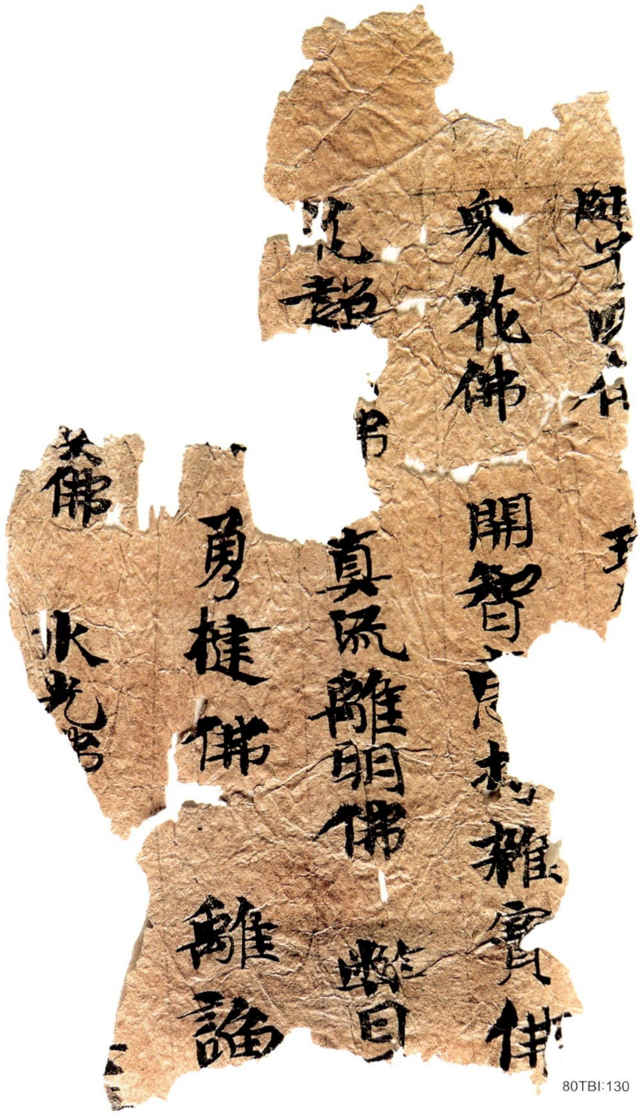
80TBI:130

0 2厘米

四〇二 十住毗婆沙論（卷五）聖者龍樹造易行品第九

《中華大藏經》第二九册 第二八二頁 中欄

《大正新修大藏經》第二六册 第四二頁 下欄—第四三頁 上欄

師子吼佛 珠寶

衆花[一]佛 開智惠持雜寶佛

花超出佛 真流離[二]明佛 弊[三]日

勇健佛 離諂

映佛 水光佛

〔一〕「花」，今本作「華」。

〔二〕「離」，今本作「璃」。

〔三〕「弊」，今本作「蔽」。

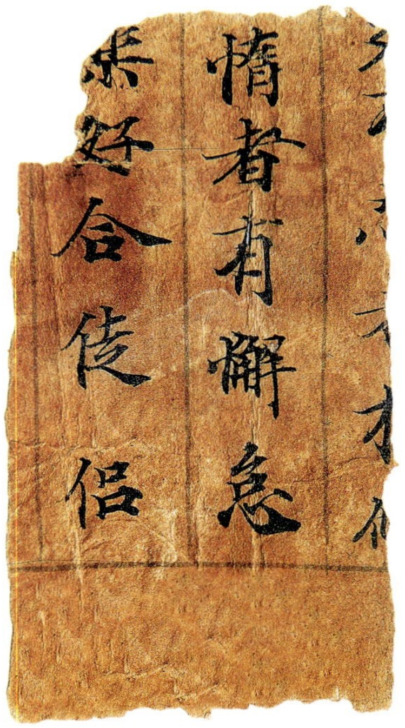

80TBI:693a

0　2厘米

四〇三　瑜伽師地論（卷四〇）一五菩薩地

《中華大藏經》第二七册　第七四八頁　下欄—第七四九頁　上欄

《大正新修大藏經》第三〇册　第五一五頁　上—中欄

（前缺）

多不忍者於他

惰者有懈怠

樂好合徒侶

〔一〕本片背面即80TBI:693b爲回鶻文寫本。

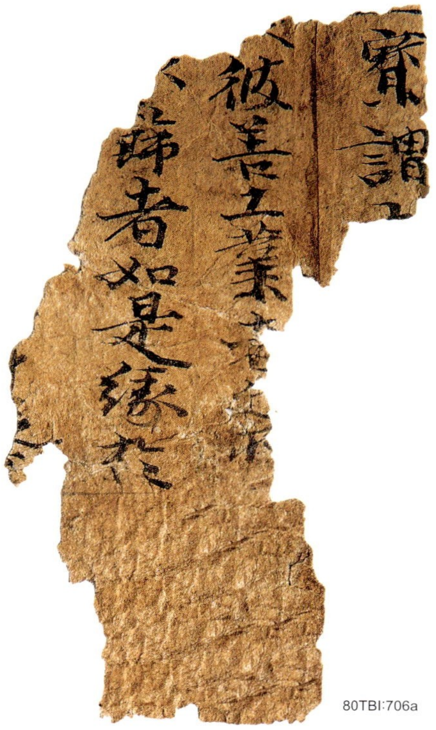

80TBI:706a

0　2厘米

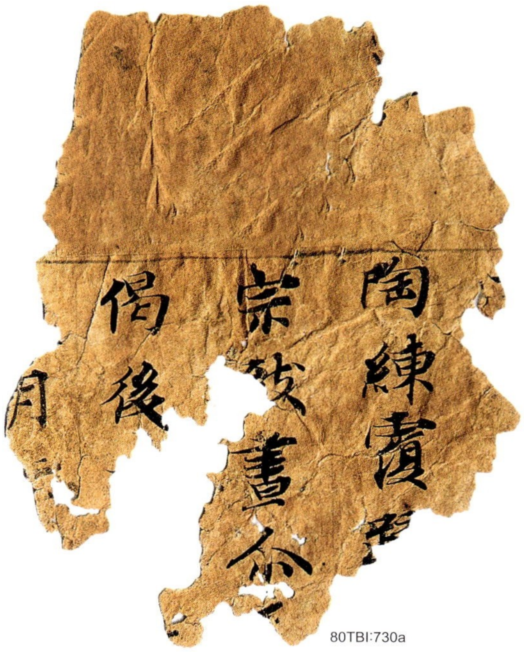

80TBI:730a

0　2厘米

四〇四　瑜伽師地論（卷七八）攝決擇分中菩薩地之七

《中華大藏經》第二八册　第一六九頁　下欄

《大正新修大藏經》第三〇册　第七三六頁　中欄

□寶謂□

□彼善工業者之所

□飾者如是緣於

〔一〕本片背面即80TBI:706b爲回鶻文寫本。

四〇五　百論序

《中華大藏經》第二九册　第八九頁　下欄

《大正新修大藏經》第三〇册　第一六八頁　上欄

陶練覆疏□

宗致畫尒□

偈後□

□明□

〔一〕本片背面即80TBI:730b爲回鶻文寫本。

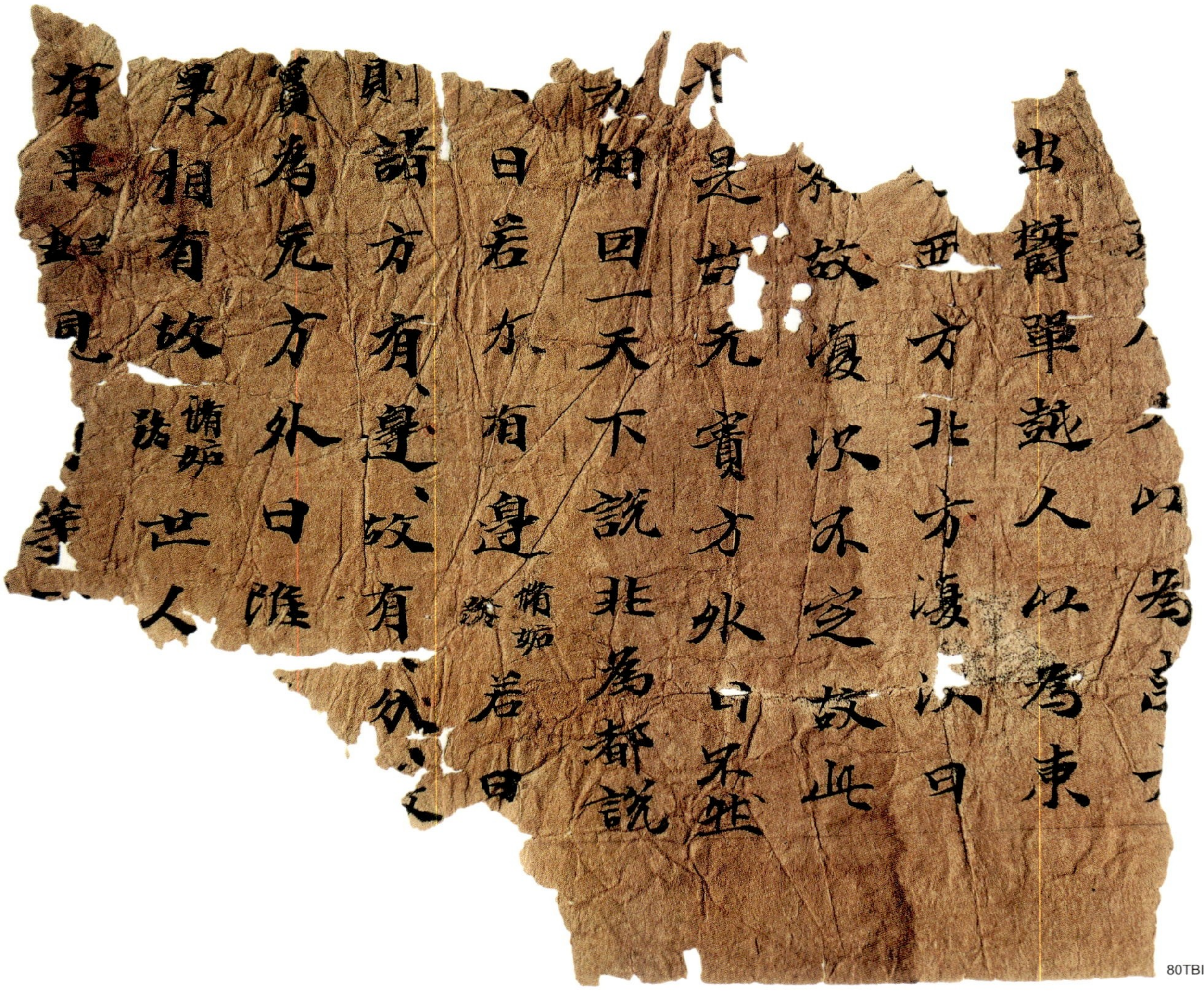

80TBI:095a

0　2厘米

四〇六　百論（卷下）破常品第九

《中華大藏經》第二九册　第一一〇頁　中欄

《大正新修大藏經》第三〇册　第一八〇頁　中欄

□耶尼人以爲東方

□出欝單越人以爲東

□西方北方復次日

□相故復次不定故此

□是故無實方外曰不然

□方相因一天下説非爲都説

□曰若尔有邊修妬路若曰

□則諸方有邊有邊故有分有

□實爲无方外曰雖□

□果相有故修妬路世人□

□有果如見芽等□

〔一〕本片背面即80TBI:095b未定名，參見未定名列表序號二一一五。

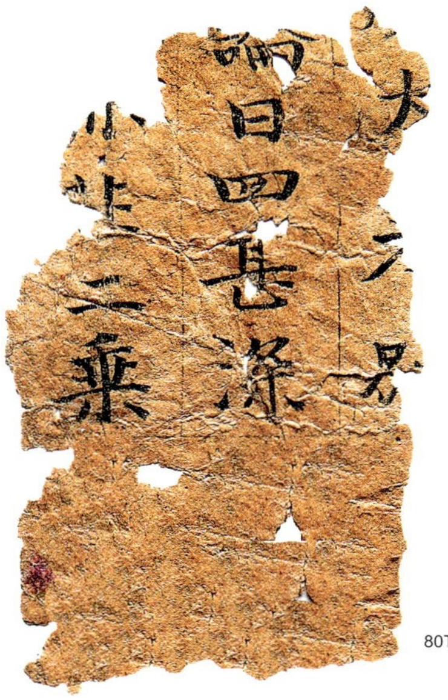

80TBI:681a

0　2厘米

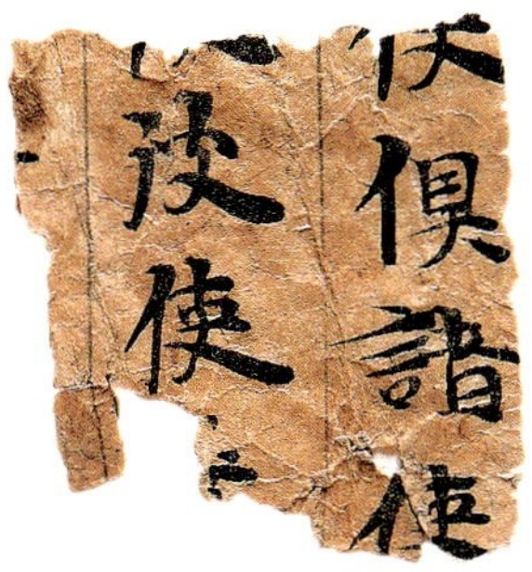

80TBI:442a

0　2厘米

四〇七　攝大乘論釋（卷一一）釋依戒學勝相第六

《中華大藏經》第二九册　第九四二頁　中—下欄

《大正新修大藏經》第三一册　第二三二頁　中欄

□大差別

□論曰四甚深

□亦非二乘

〔一〕本片背面即80TBI:681b爲回鶻文寫本。

四〇八　阿毗曇八犍度論（卷一）智跋渠第二

《中華大藏經》第四三册　第四頁　中欄

《大正新修大藏經》第二六册　第七七三頁　上欄

□使俱諸使□

□使彼使□

〔一〕本片背面即80TBI:442b未定名，參見未定名列表序號一〇八。

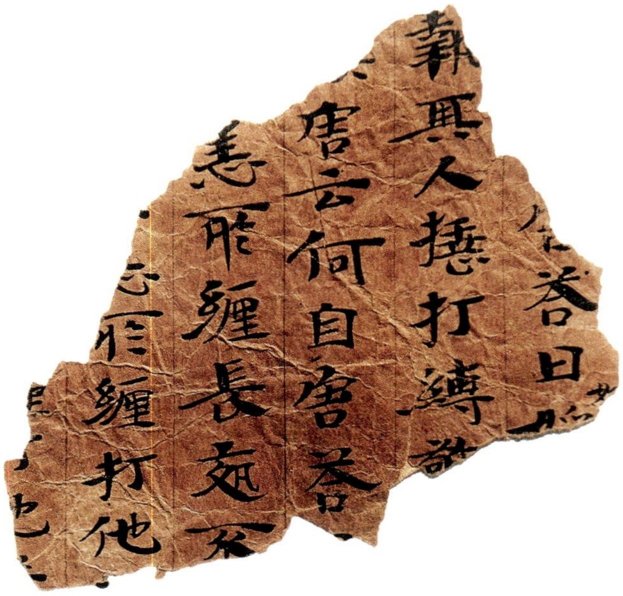

80TBI:027

0　2厘米

四〇九　阿毗曇八犍度論（卷三）　思跋渠首第八

《中華大藏經》第四三冊　第二六頁　上—中欄

《大正新修大藏經》第二六冊　第七八三頁　中欄

□害答曰□

□執其人捶打縛殺□

□害云何自害答□

□恚所纏長夜不□

□恚所纏打他□

□打他若□

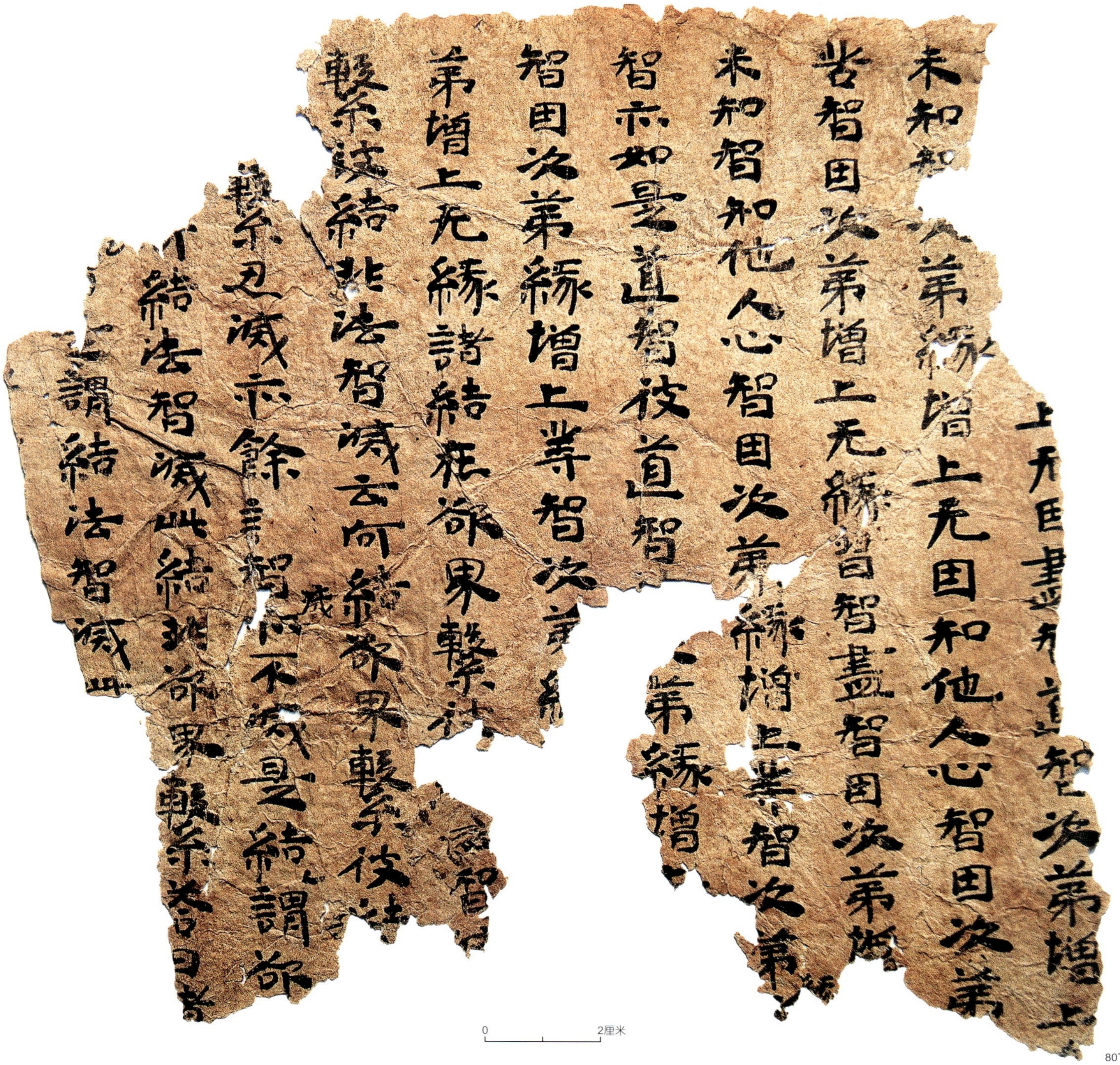

80TBI:046a

四一〇 阿毗曇八犍度論（卷一二）智犍度之四修智跋渠之餘

《中華大藏經》第四三册 第一一八頁 上欄

《大正新修大藏經》第二六册 第八二九頁 上欄

□上无因盡智道智次第增上□
未知智次第緣增上无因知他人心智因次第□
苦智因次第增上无緣習智盡智因次第增□
未知智知他人心智因次第緣增上等智次第□
智亦如是道智彼道智□第緣增□
智因次第緣增上等智次第緣□
第增上无緣諸結在欲界繫彼□智□
繫彼結非法智滅云何結欲〔二〕界繫彼結□
□繫忍滅亦餘言智亦（成）不滅是結謂〔一〕欲□
□結法智滅此結非欲界繫答曰諸□
□是謂結法智滅此□

〔一〕「結謂」旁有倒勾，今本作「謂結」。
〔二〕「何結欲」，今本作「何結在欲」。
〔三〕本片背面即80TBI:046b未定名，參見未定名列表序號一五六。

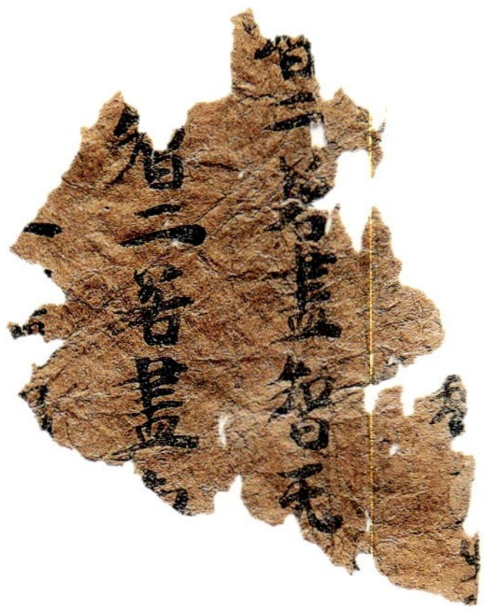

80TBI:465a

0 2厘米

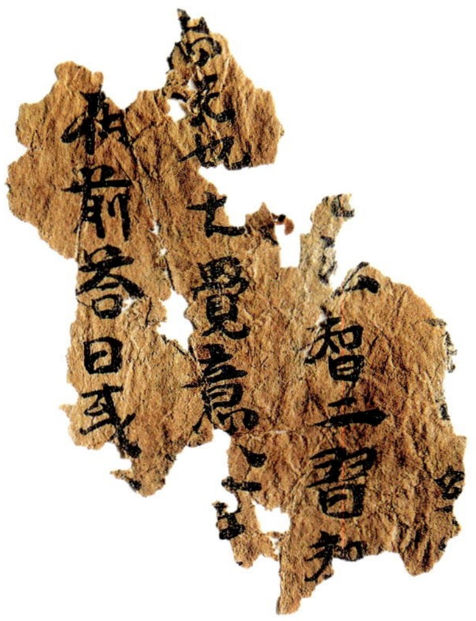

80TBI:112a

0 2厘米

四一一　阿毗曇八犍度論（卷一三）智犍度智相應跋渠第五之一

《中華大藏經》第四三册　第一二六頁　中欄
《大正新修大藏經》第二六册　第八三二頁　下欄

（前缺）
智二若盡智无
智二若盡
（後缺）

〔一〕本片背面即80TBI:465b爲「大智度論（卷五四）釋天主品第二七」，參見列表序號三九六。

四一二　阿毗曇八犍度論（卷一三）智犍度智相應跋渠第五之一

《中華大藏經》第四三册　第一二七頁　下欄
《大正新修大藏經》第二六册　第八三三頁　下欄

（前缺）
法智二習智
忍无也七覺意八
在前答曰或
（後缺）

〔一〕本片背面即80TBI:112b爲「大智度論（卷五四）釋天主品第二七」，參見列表序號三九八。

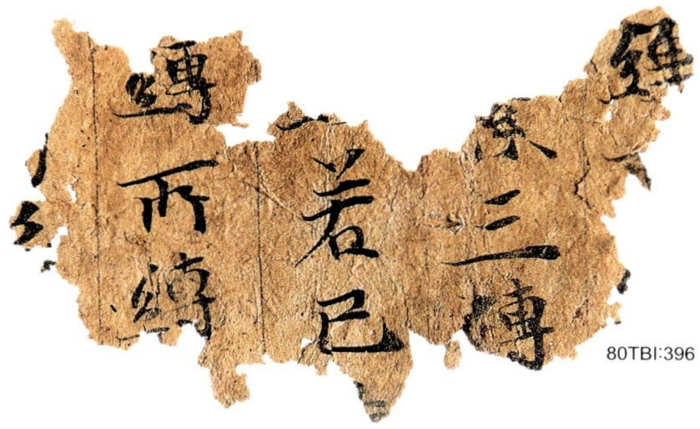

80TBI:396

0　2厘米

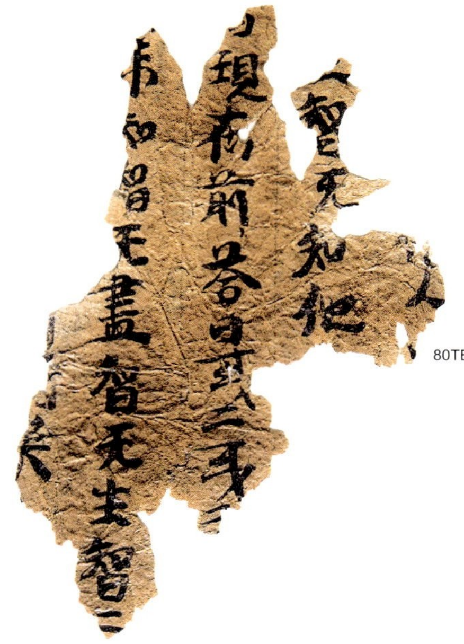

80TBI:188b

0　2厘米

四一三　阿毗曇八犍度論（卷一三）智犍度智相應跋渠第五之一

《中華大藏經》第四三册　第一二七頁　下欄

《大正新修大藏經》第二六册　第八三三頁　下欄

智无知他

現在前答曰或二或三

未知智无盡智无生智二

［一］本片另面即80TBI:188a爲「大智度論（卷五四）釋天主品第二七」，參見列表序號三九七。

四一四　阿毗達磨大毗婆沙論（卷九二）結藴第二中十門納息第四之二一

《中華大藏經》第四五册　第八一三頁　上欄

《大正新修大藏經》第二七册　第四七六頁　中—下欄

纏

繫三縛

若已

縛所縛

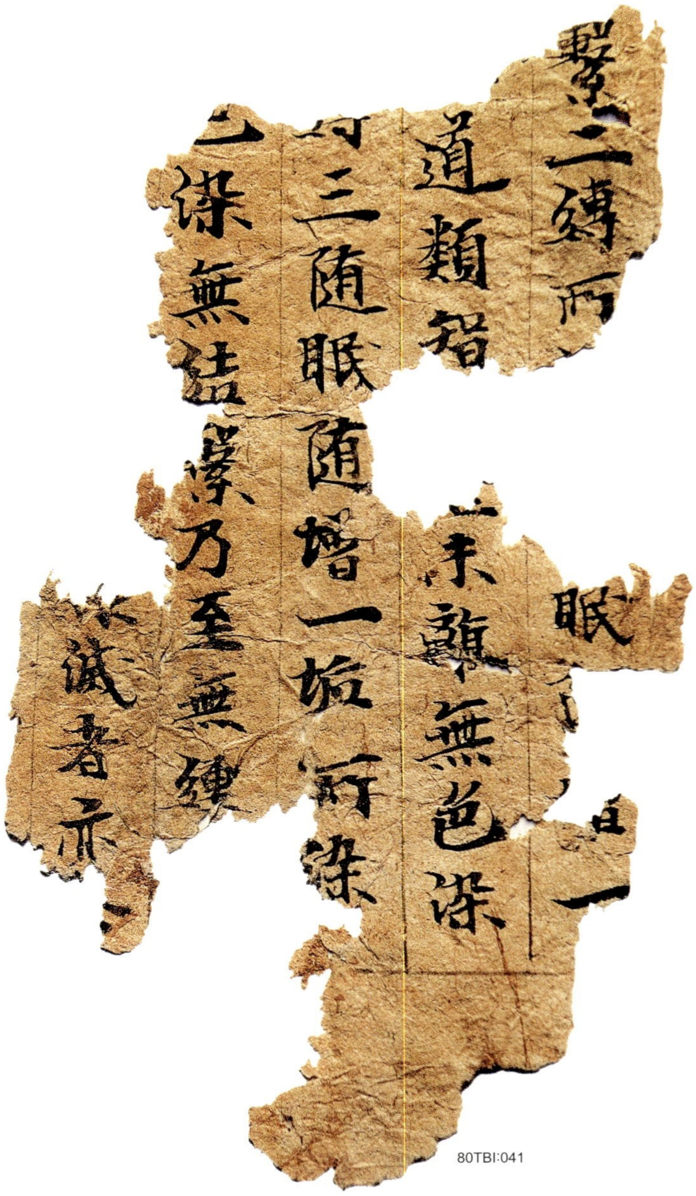

80TBI:041

0　2厘米

四一五　阿毗達磨大毗婆沙論（卷九二）結蘊第二中十門納息第四之二二

《中華大藏經》第四五册　第八一三頁　中—下欄

《大正新修大藏經》第二七册　第四七七頁　上欄

繫二縛所　眠隨增一

道類智　未離無色染

縛三隨眠隨增一垢所染

色染無結繫乃至無纏

根滅者亦

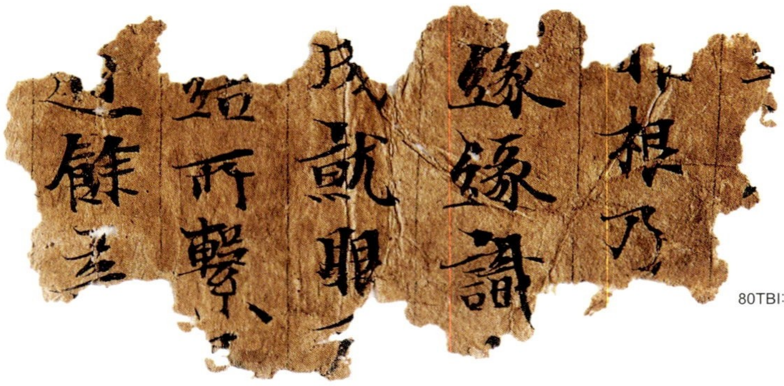

80TBI:128

0　2厘米

四一六　阿毗達磨大毗婆沙論（卷九二）結蘊第二中十門納息第四之二二

《中華大藏經》第四五册　第八一四頁　上欄

《大正新修大藏經》第二七册　第四七六頁　下欄

眼根乃

緣緣識

成就眼

結所繫

通餘章

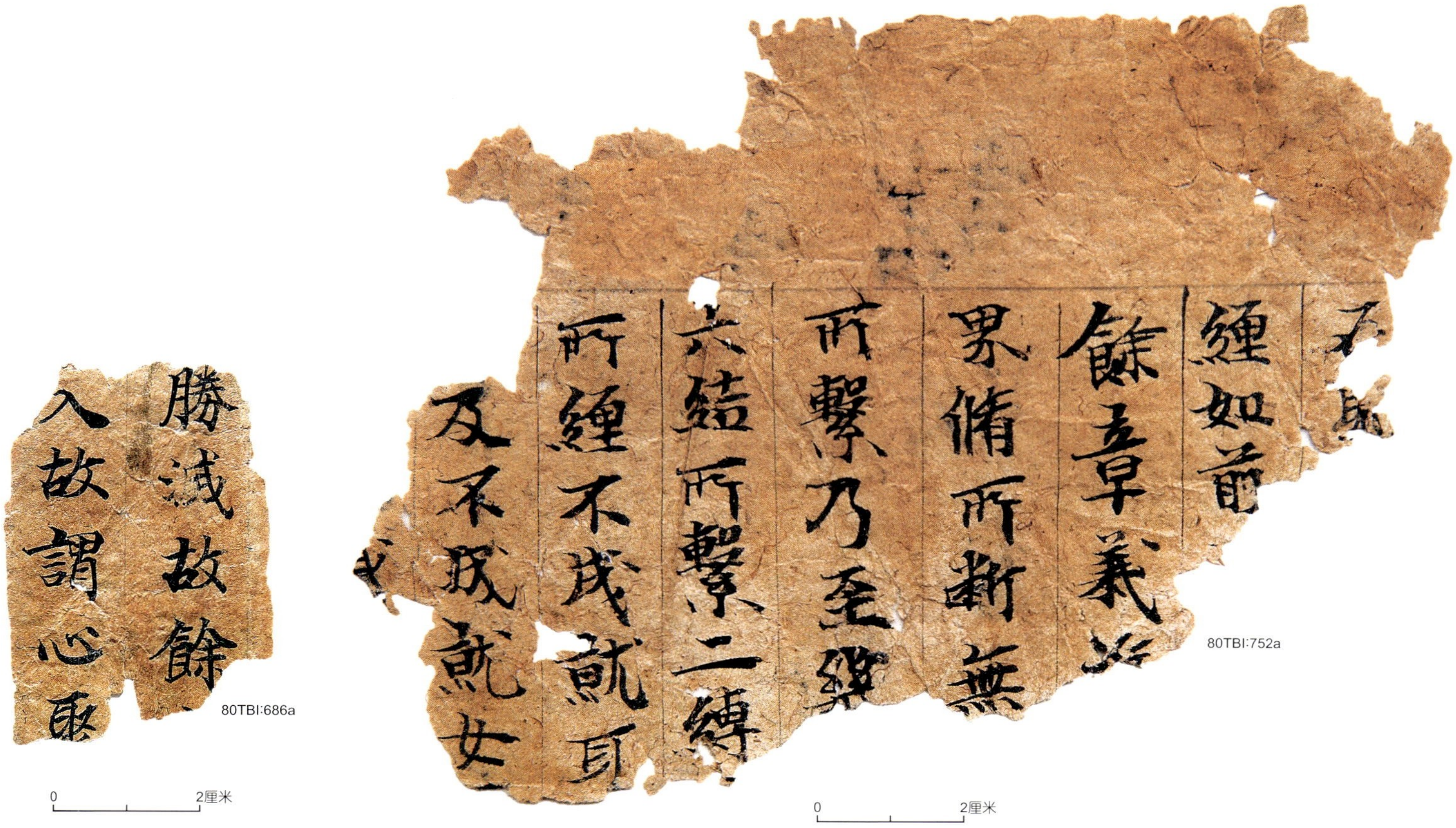

四一七 阿毗達磨大毗婆沙論（卷九二）結蘊第二中十門納息第四之二二

《中華大藏經》第四五册 第八一五頁 上欄

《大正新修大藏經》第二七册 第四七八頁 上欄

在見□

纏如前□

餘章義准□

界修所斷無□

所繫乃至幾□

六結所繫二縛□

所纏不成就耳□

□及不成就女□

〔一〕本片背面即80TBI:752b未定名。參見未定名列表序號二二三。

四一八 阿毗達磨達毗婆沙論（卷一五二）根蘊第六中等心納息第四之二

《中華大藏經》第四六册 第三五一頁 上欄

《大正新修大藏經》第二七册 第七七五頁 上欄

□勝滅故餘□

□入故謂心聚□

〔一〕本片背面即80TBI:686b爲回鶻文寫本。

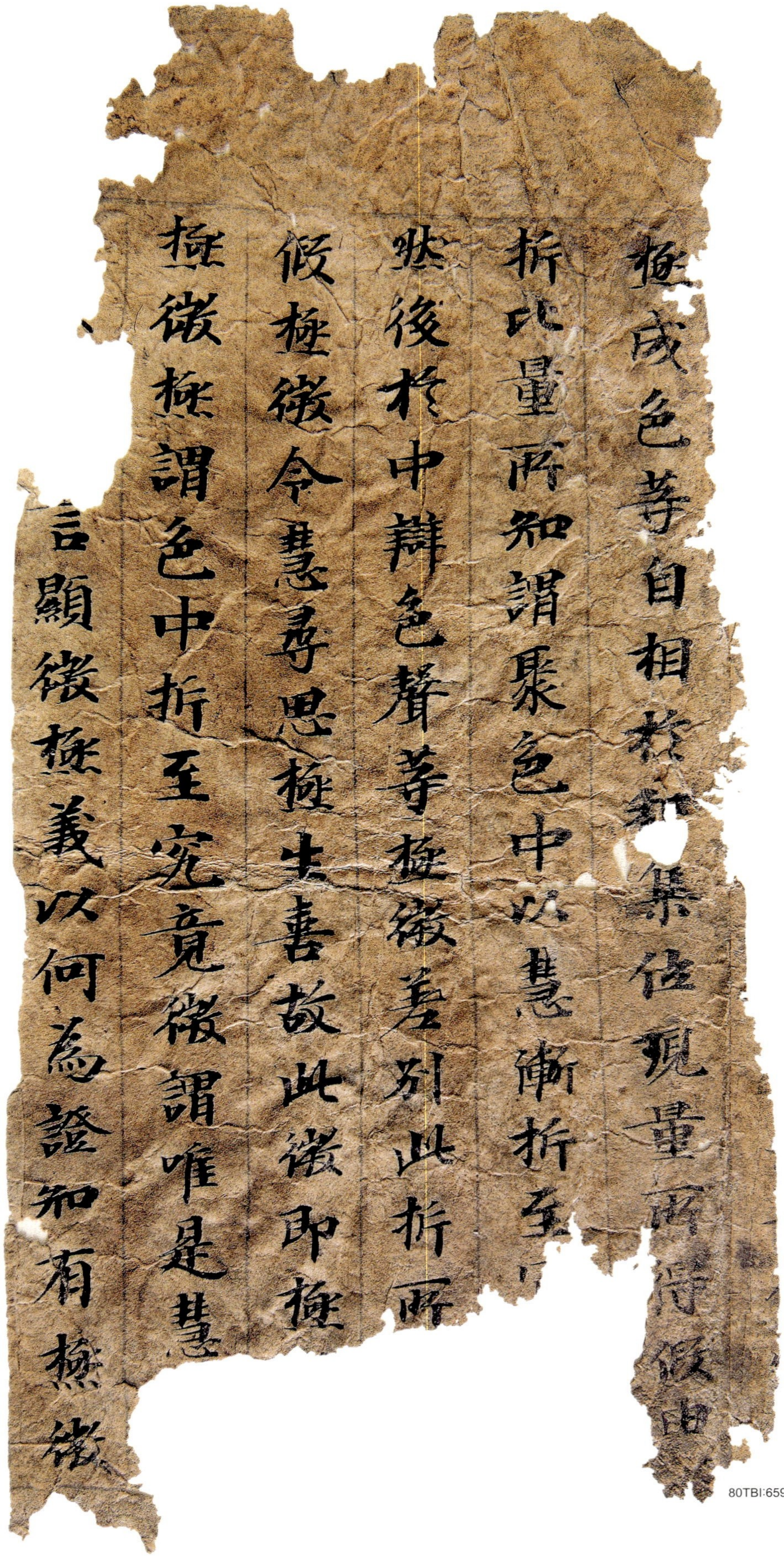

80TBI:659a

0　2厘米

四一九　阿毗達磨藏顯宗論（卷一七）辯緣起品第四之六

《中華大藏經》第四八册　第二三七頁　上欄

《大正新修大藏經》第二九册　第八五五頁　中—下欄

極成色等自相於和集位現量所得假由[分]

析比量所知謂聚色中以慧漸析至□

然後於中辯色聲等極微差別此析所□

假極微令慧尋思極生喜故此微即極□

極微極謂色中析至究竟微謂唯是慧□

□[言]顯微極義以何爲證知有極微

〔一〕本片背面即80TBI:659b爲回鶻文寫本。

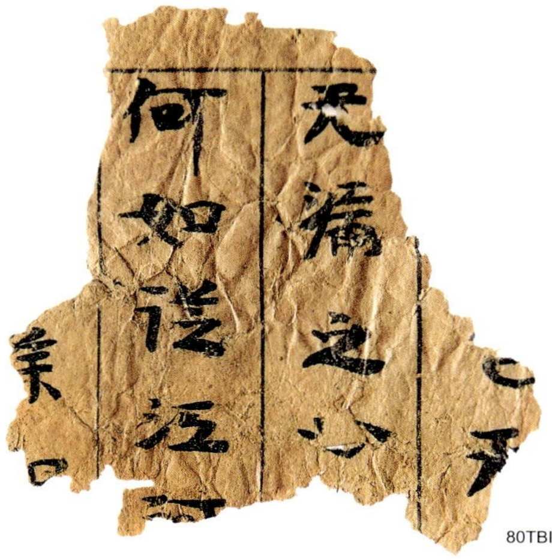

80TBI:435

0 2厘米

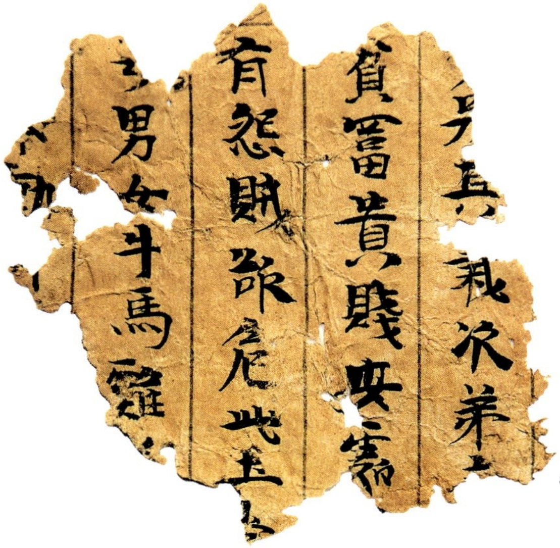

80TBI:029a

0 2厘米

四二〇 修行道地經（卷五）數息品第二三

《中華大藏經》第五一册 第三〇一頁 下欄—第三〇二頁 上欄

《大正新修大藏經》第一五册 第二一八頁 下欄

□色无□

无漏之心□

何如從江河□

□餘□

四二一 修行道地經（卷六）學地品第二五

《中華大藏經》第五一册 第三一七頁 上欄

《大正新修大藏經》第一五册 第二二一頁 上欄

□別其義次弟[一]章□

貧富貴賤安處□

有怨賊欲危此土當□

□男女牛馬鷄□

〔一〕「弟」，今本作「第」。

〔二〕本片背面即80TBI:029b爲「未來星宿劫千佛名經」，參見列表序號一一五。

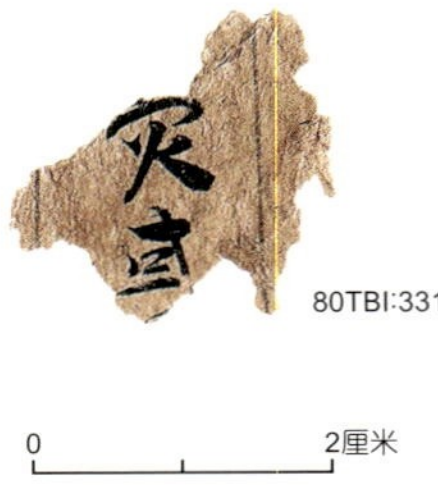

80TBI:331a-1

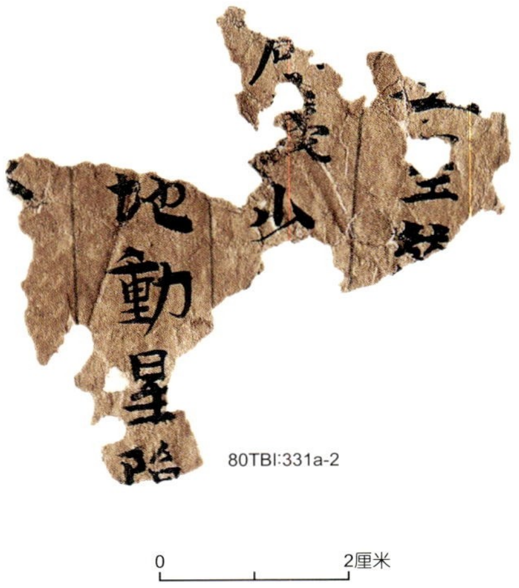

80TBI:331a-2

四二二　修行道地經（卷六）學地品第二五

《中華大藏經》第五一冊　第三一七頁　上欄

《大正新修大藏經》第一五冊　第二二一頁　上欄

□熒惑□

〔一〕80TBI:331共二片，可拚接，見拚合圖五二。其背面即80TBI:331b未定名，見未定名列表序號九。

四二三　修行道地經（卷六）學地品第二五

《中華大藏經》第五一冊　第三一七頁　上欄

《大正新修大藏經》第一五冊　第二二一頁　上欄

□五星熒□

□痍少□

□地動星損□

〔一〕80TBI:331共二片，可拚接，見拚合圖五二。其背面即80TBI:331b未定名，見未定名列表序號九。

四　密藏部分

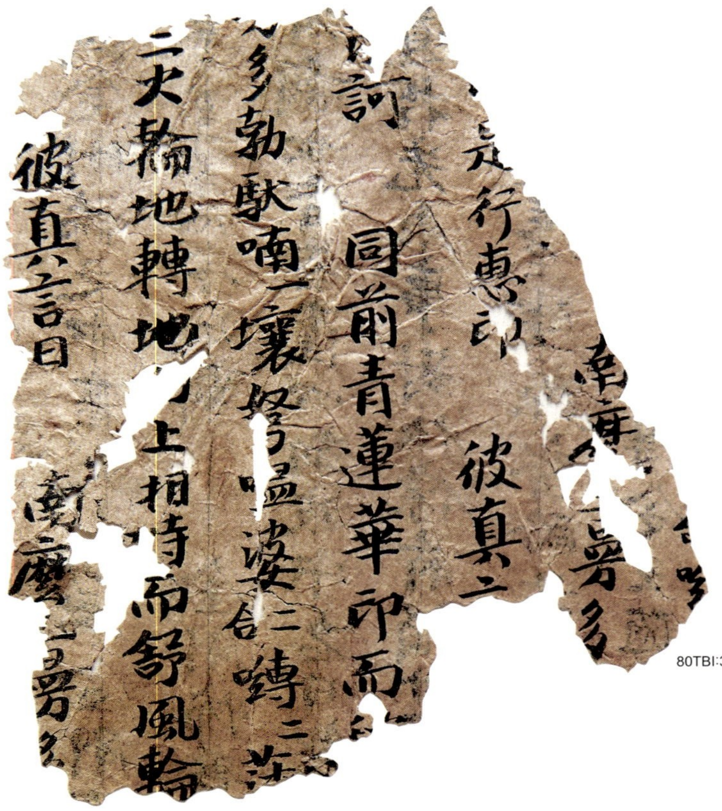

80TBI:337a

0　2厘米

四二四　大毗盧遮那成佛神變加持經（卷四）密印品第九

《中華大藏經》第二三册　第六〇九頁　中欄

《大正新修大藏經》第一八册　第二八頁　上—中欄

南麼三曼多

是行惠印　彼真言

莎訶　同前青蓮華印而

多勃馱喃一壞弩嗢婆合二噂二莎

二火輪地轉地〔一〕向上相持而舒風輪

彼真言曰　南麼三曼多

〔一〕「轉」，今本作「輪」。

〔二〕本片背面即80TBI:337b未定名，參見未定名列表序號二二三。

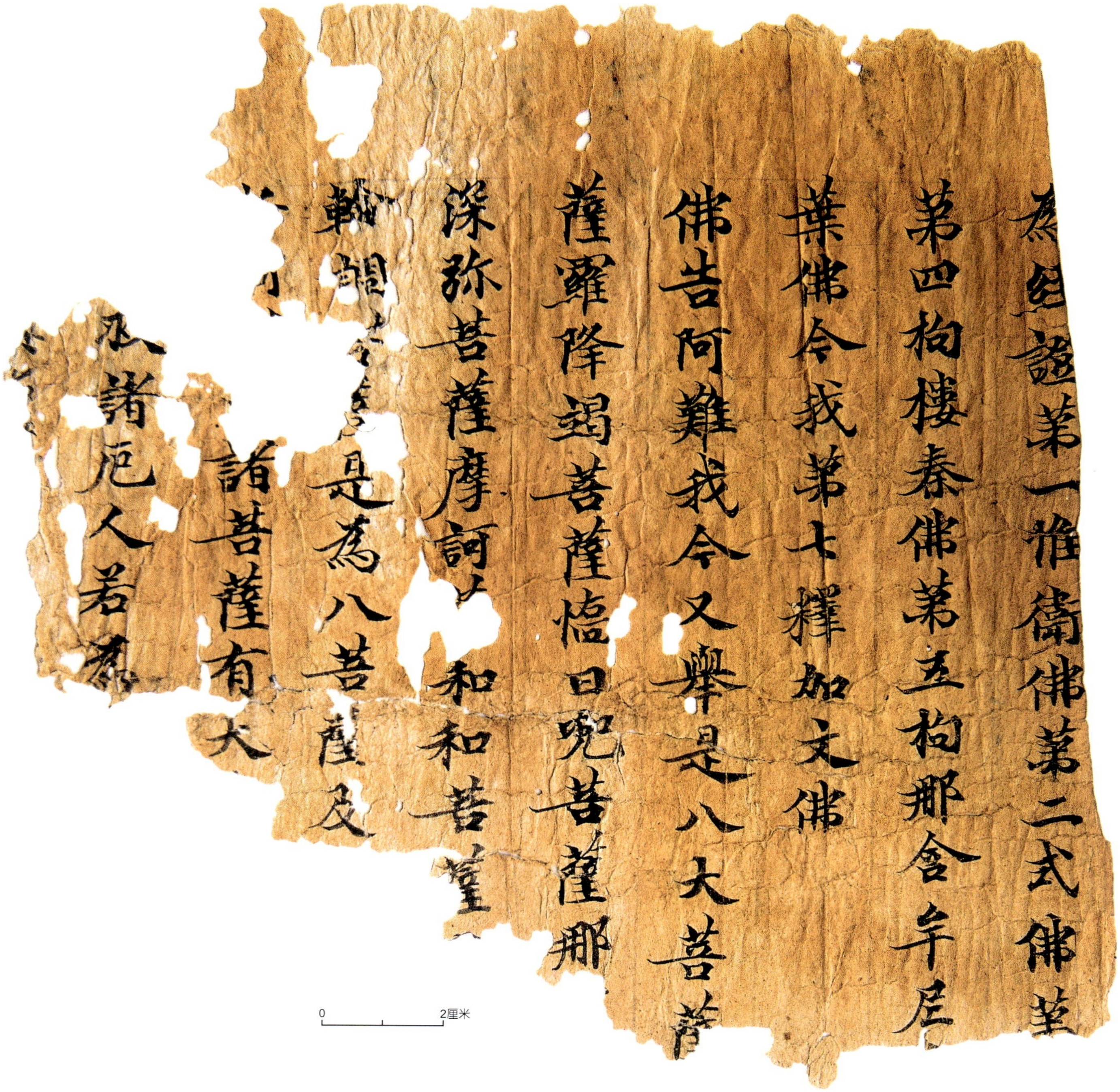

0 2厘米

80TBI:656a

四二五 佛説灌頂摩尼羅亶大神咒經（卷八）

《中華大藏經》第一八册 第二七八頁 上欄

《大正新修大藏經》第二一册 第五一七頁 下欄

爲經證第一惟衛佛第二式佛第□
第四拘樓秦佛第五拘那含牟尼□
業佛今我第七釋加文佛
佛告阿難我今又舉是八大菩薩□
薩羅降竭菩薩憍日兜菩薩那□
深弥菩薩摩訶薩和和菩薩□
輪調菩薩是爲八菩薩及□
□諸菩薩有大□
□救諸厄人若爲□

〔一〕本片背面即80TBI:656b爲回鶻文寫本。

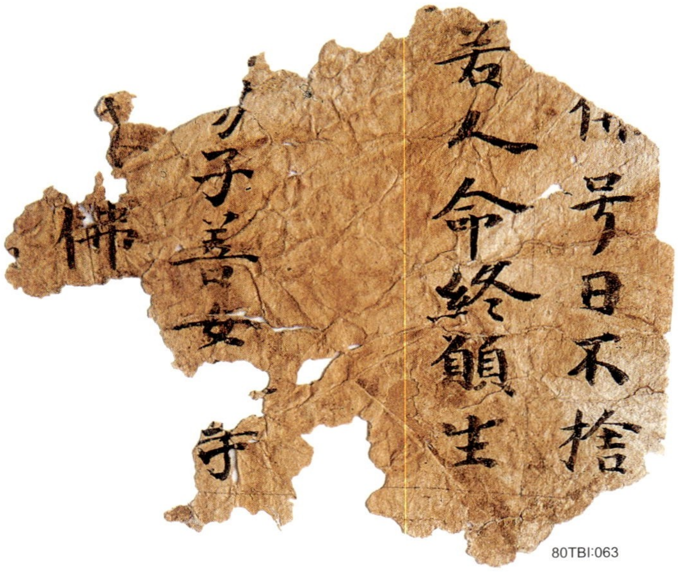

80TBI:063

0 2厘米

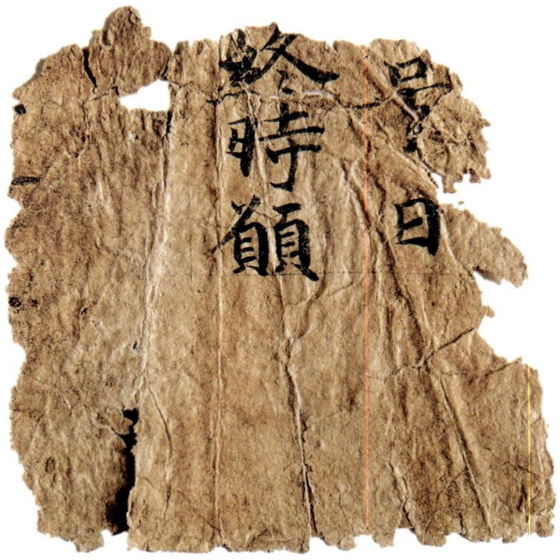

80TBI:262

0 2厘米

四二六　佛說灌頂隨願往生十方淨土經（卷一一）

《中華大藏經》第一八册　第三〇四頁　下欄

《大正新修大藏經》第二一册　第五二九頁　上欄

□佛号日不捨

□若人命終願生

□男子善女人等

□佛□

〔一〕本片可與80TBI:262拼接，見拼合圖五三。

四二七　佛說灌頂隨願往生十方淨土經（卷一一）

《中華大藏經》第一八册　第三〇四頁　下欄

《大正新修大藏經》第二一册　第五二九頁　上欄

□号日

□終時願

〔一〕本片可與80TBI:063拼接，見拼合圖五三。

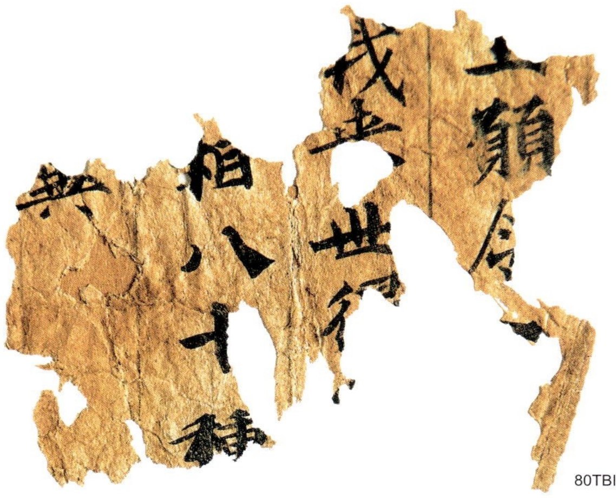

0　2厘米

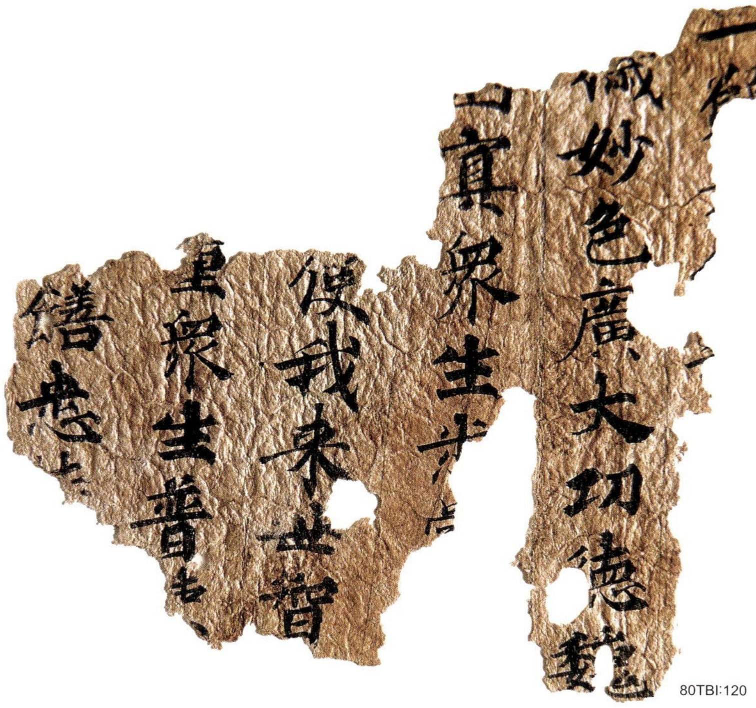

0　2厘米

四二八　佛説灌頂拔除過罪生死得度經（卷一二）

《中華大藏經》第一八册　第三一三頁　下欄
《大正新修大藏經》第二一册　第五三二頁　下欄

（一）□上願令□
□我來世得□
□相八十種□
□異

〔一〕本片可與80TBI:120拼接，見拼合圖五四。

四二九　佛説灌頂拔除過罪生死得度經（卷一二）

《中華大藏經》第一八册　第三一三頁　下欄
《大正新修大藏經》第二一册　第五三二頁　下欄

□二願□
□歲妙色廣大功德巍□
□幽冥衆生悉□
□使我來世智□
□量衆生普使□
□饍悉□

〔一〕本片可與80TBI:469拼接，見拼合圖五四。

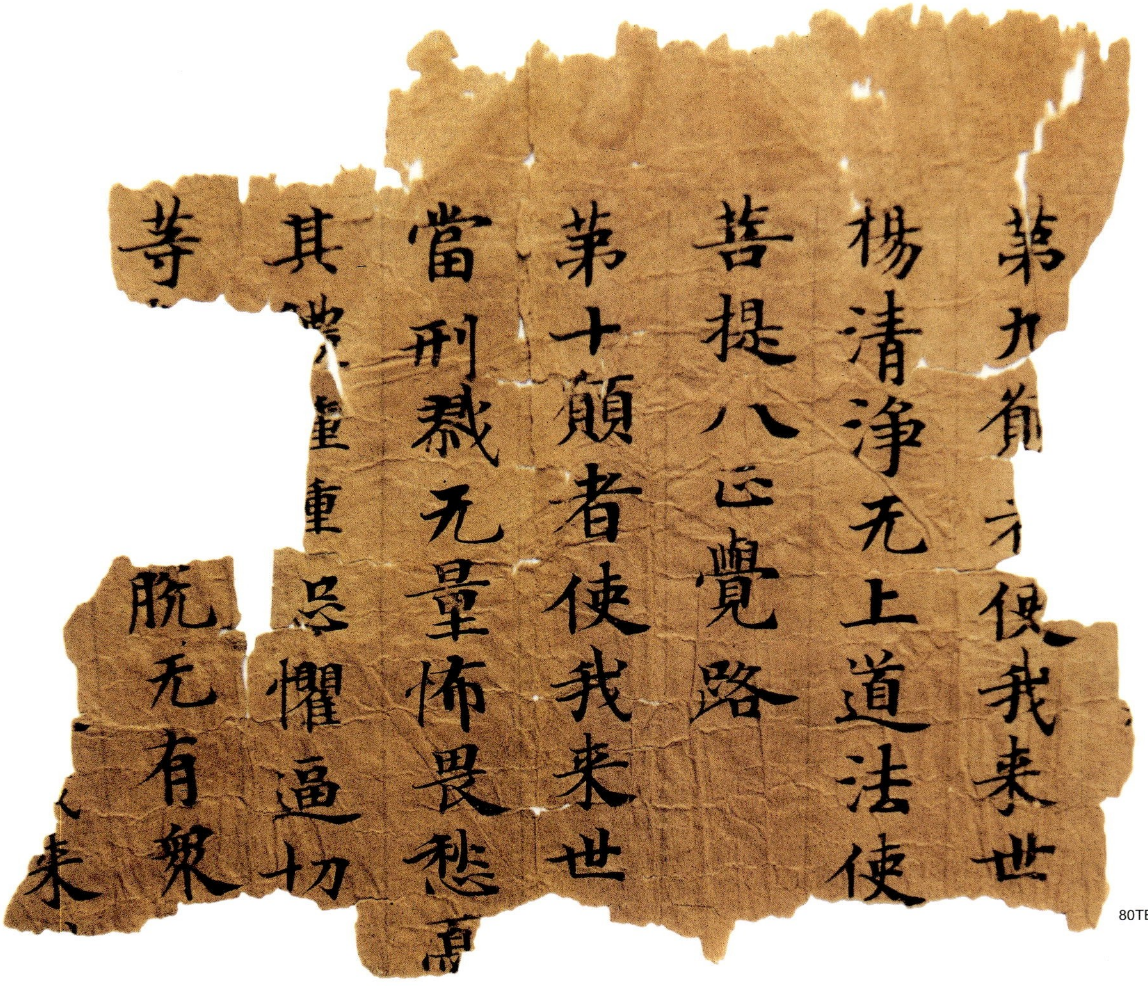

80TBI:092a

0 2厘米

四三〇 佛説灌頂拔除過罪生死得度經（卷一二）

《中華大藏經》第一八册 第三一四頁 上欄

《大正新修大藏經》第二一册 第五三三頁 下欄—

第五三三頁 上欄

第九願者使我來世

楊〔一〕清淨无上道法使

菩提八正覺路

第十願者使我來世

當刑戮无量怖畏愁憂

其體種種恐懼逼切

等 脱无有衆

我來

〔一〕「楊」，今本作「揚」。

〔二〕本片背面即80TBI:092b爲回鶻文寫本。

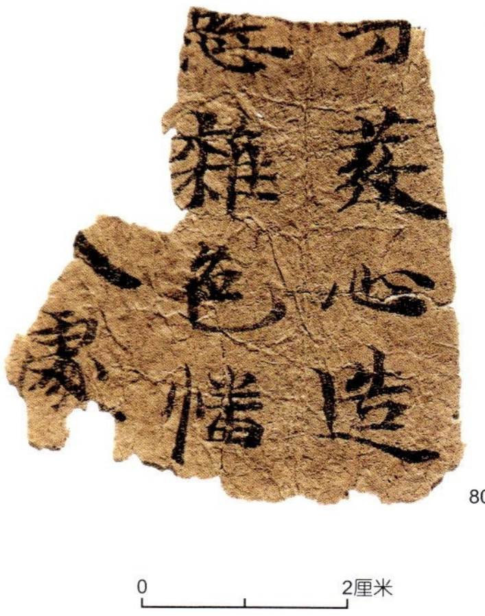

80TBI:367

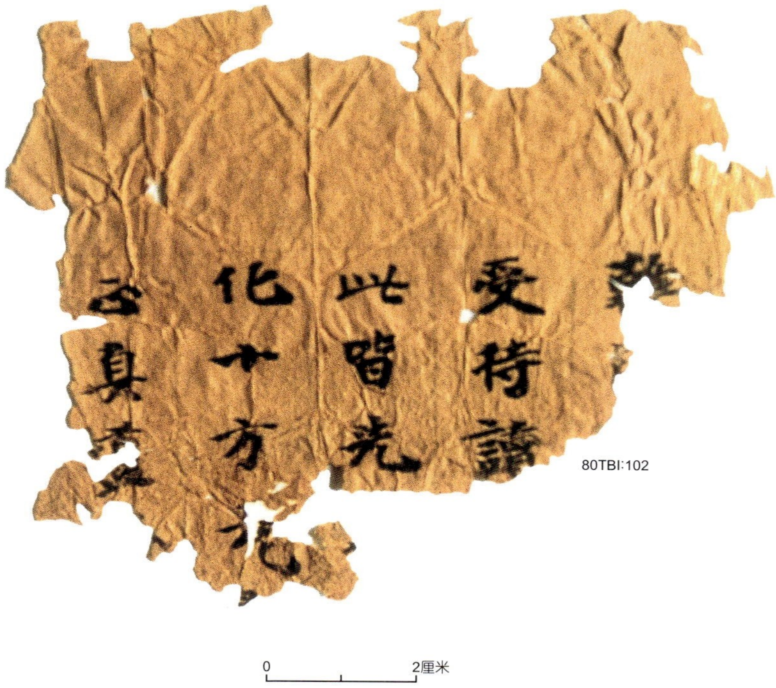

80TBI:102

四三一　佛説灌頂拔除過罪生死得度經（卷一二）

《中華大藏經》第一八册　第三一五頁　下欄

《大正新修大藏經》第二一册　第五三三頁　下欄—第五三四頁　上欄

□等發心造□

□懸雜色幡□

□□處□

四三二　佛説灌頂拔除過罪生死得度經（卷一二）

《中華大藏經》第一八册　第三一七頁　中欄

《大正新修大藏經》第二一册　第五三五頁　上欄

難得□

受持讀□

此皆光□

化十方无□

正真道也□

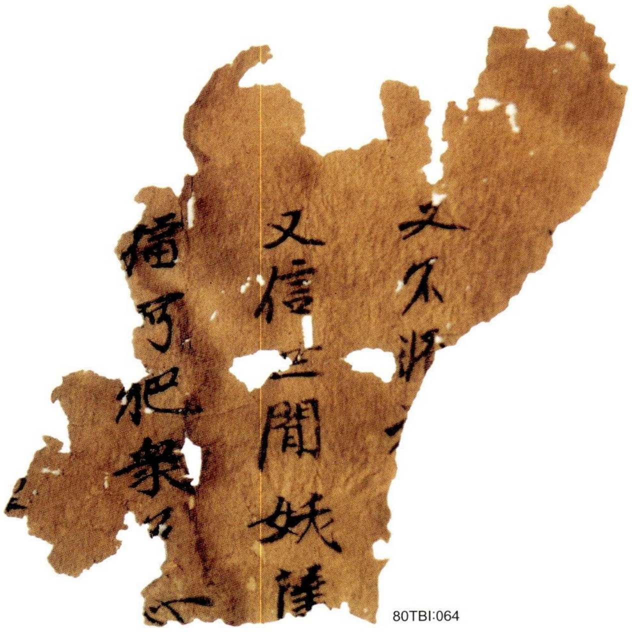

80TBI:064

0 2厘米

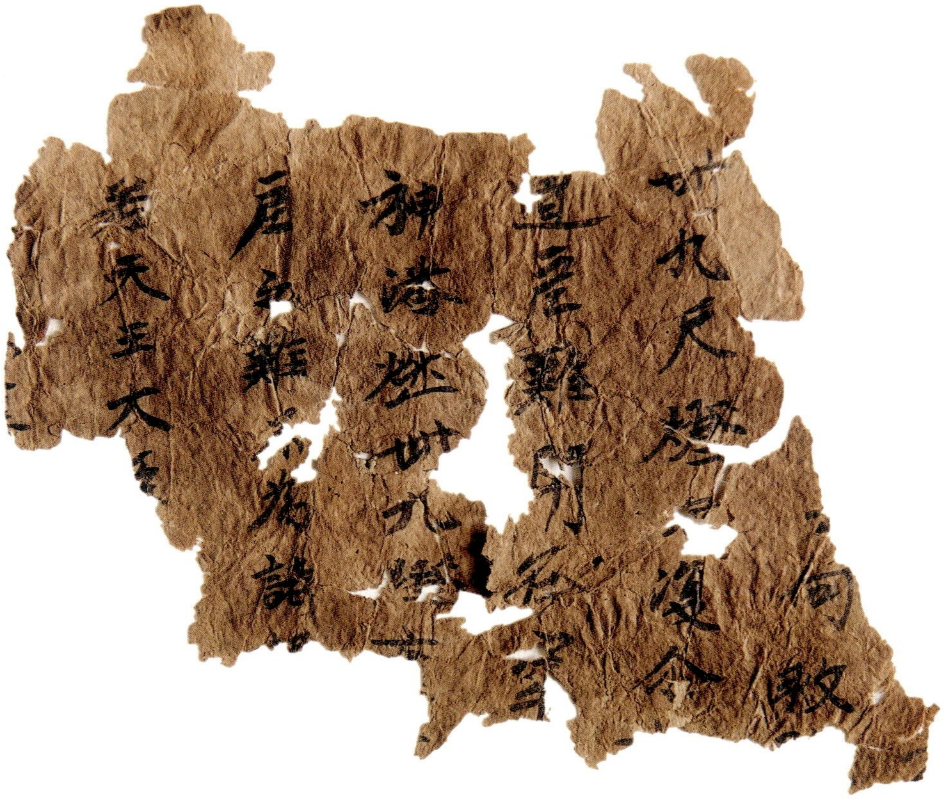

80TBI:121

0 2厘米

四三三 佛說灌頂拔除過罪生死得度經（卷一二）

《中華大藏經》第一八册 第三一七頁 下欄

《大正新修大藏經》第二一册 第五三五頁 中欄

□何救□

卌九尺燈[亦][復][尒]□

遭厄難[閉][在][牢][獄]□

神幡燃卌九[燈][應]□

厄之難不爲諸□

若天〔一〕王大[臣]□

〔一〕「天」，今本作「國」。

四三四 佛說灌頂拔除過罪生死得度經（卷一二）

《中華大藏經》第一八册 第三一八頁 中欄

《大正新修大藏經》第二一册 第五三五頁 下欄

又不[修][福]□

又信世間妖孽□

[福][所][犯]衆〔一〕[多][心]□

〔一〕「衆」，今本作「者」。

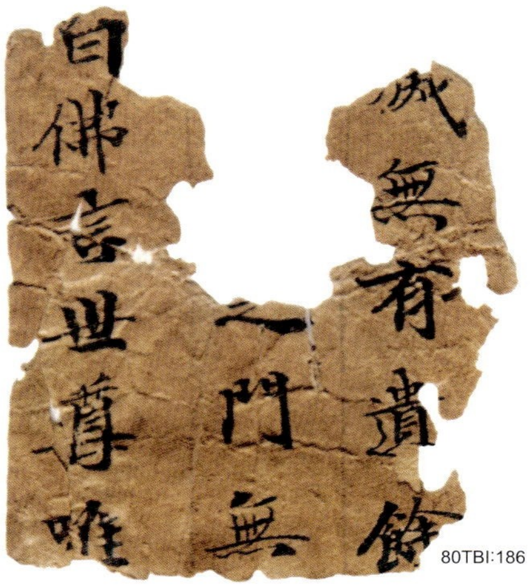

80TBI:186

0　2厘米

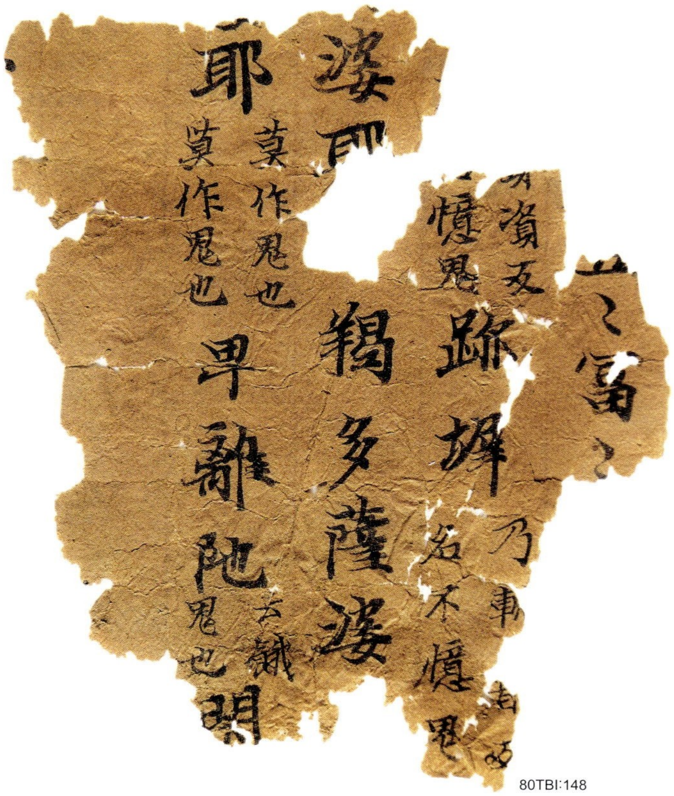

80TBI:148

0　2厘米

四三五　佛頂尊勝陀羅尼經

《中華大藏經》第二〇册　第三二二頁　上欄

《大正新修大藏經》第一九册　第三五〇頁　中欄

□滅無有遺餘□

□之門無□

□白佛言世尊唯□

四三六　請觀世音菩薩消伏毒害陀羅尼咒經（卷一）

《中華大藏經》第二〇册　第四八八頁　中—下欄

《大正新修大藏經》第二〇册　第三五頁　中欄

□豆豆富富□

□賔資反名憶鬼跡墀乃軫□反名不憶鬼□

□婆耶□□羯多薩婆□

□耶莫作鬼也莫作鬼也卑離陁云餓鬼也閉□

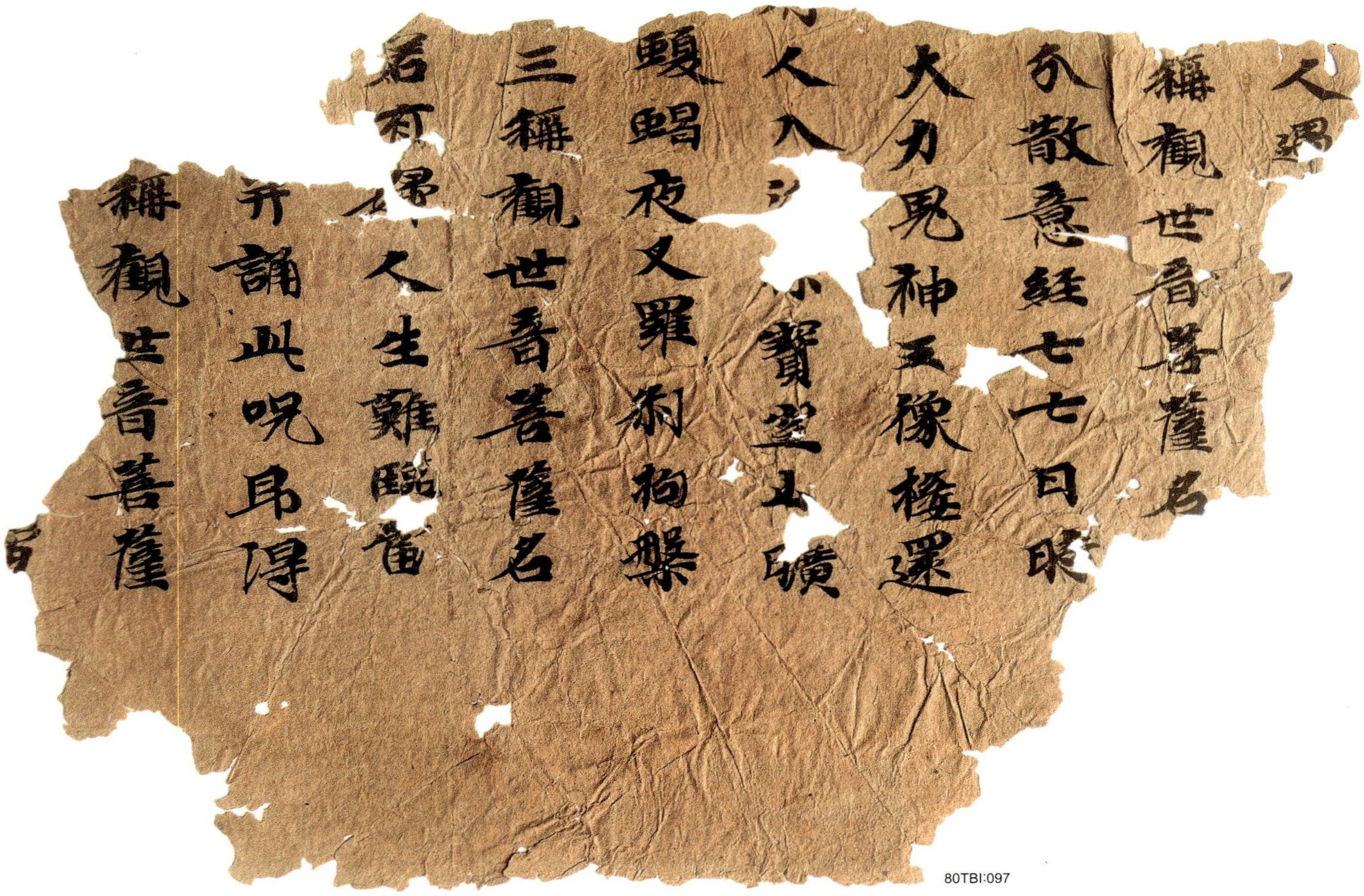

80TBI:097

0 2厘米

四三七 請觀世音菩薩消伏毒害陀羅尼咒經（卷一）

《中華大藏經》第二〇册 第四八九頁 中—下欄

《大正新修大藏經》第二〇册 第三六頁 上欄

□人遇□
□稱觀世音菩薩名□
□分散意經七七日時
□大力鬼神王像接還
□人入海采寶空山曠
□蝮蝎夜叉羅刹拘槃
□三稱觀世音菩薩名
□若有婦人生難[一]臨當
□并誦此[二]咒即得
□稱觀世音菩薩

〔一〕「生難」，今本作「生産難者」。

〔二〕「誦此」，今本作「誦持此」。

〔三〕本片可與80TBI:455–15拚接，見拚合圖五五。

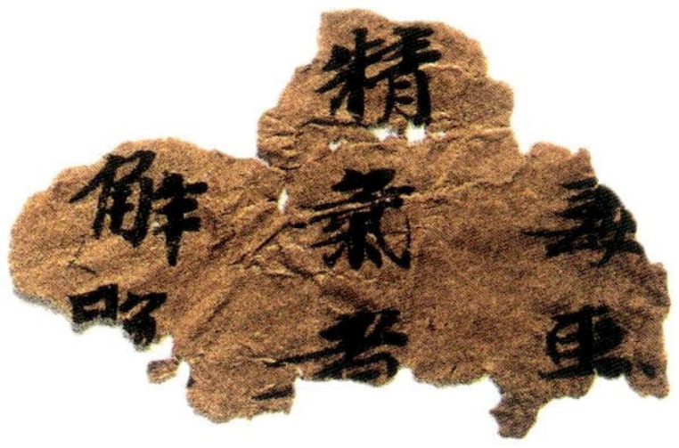

80TBI:455-15

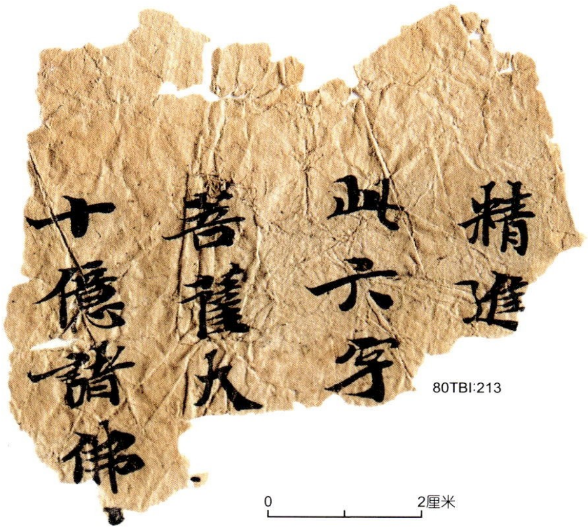

80TBI:213

四三八

請觀世音菩薩消伏毒害陀羅尼咒經（卷一）

《中華大藏經》第二〇册　第四八九頁　下欄

《大正新修大藏經》第二〇册　第三六頁　上欄

□毒虫□

□精氣者□

□解脱□

〔一〕本片可與80TBI:097拚接，見拚合圖五五。其餘參見列表序號二一一備注。

四三九

請觀世音菩薩消伏毒害陀羅尼咒經（卷一）

《中華大藏經》第二〇册　第四八九頁　下欄—第四九〇頁　上欄

《大正新修大藏經》第二〇册　第三六頁　中欄

精進□

此六字□

菩薩大□

十億諸佛□

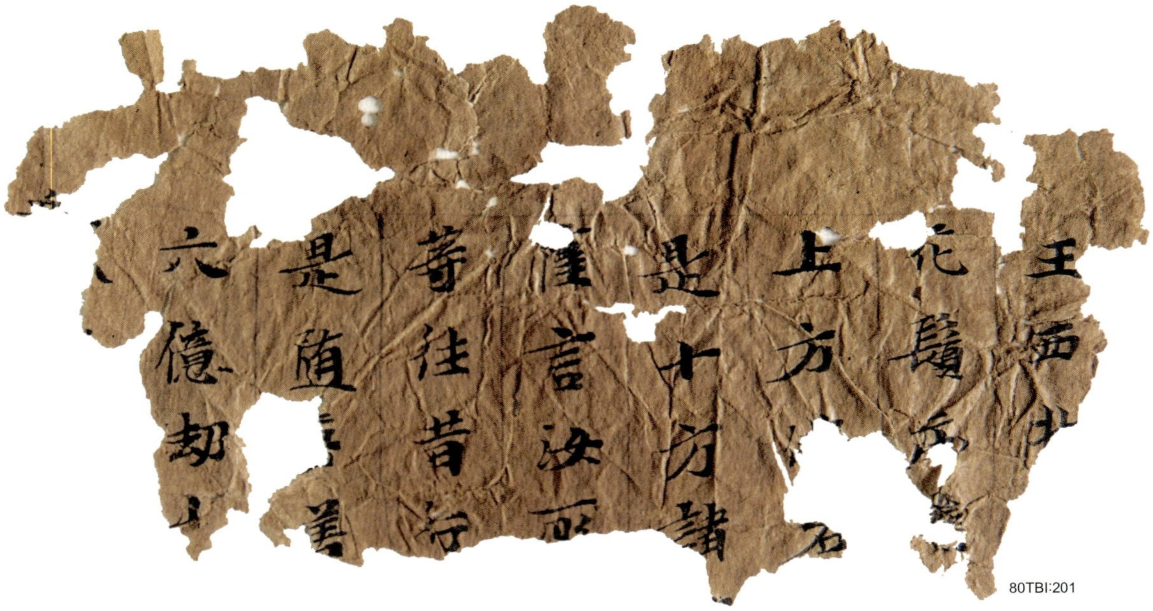

80TBI:201

0 2厘米

四四〇　佛説觀藥王藥上二菩薩經

《中華大藏經》第二〇册　第八五九頁　中欄

《大正新修大藏經》第二〇册　第六六二頁　上欄

王西北

花〔一〕鬚莊嚴

上方佛名

是十方諸

薩言汝所

等往昔行

是随喜善

六億劫生

〔一〕「花」，今本作「華」。

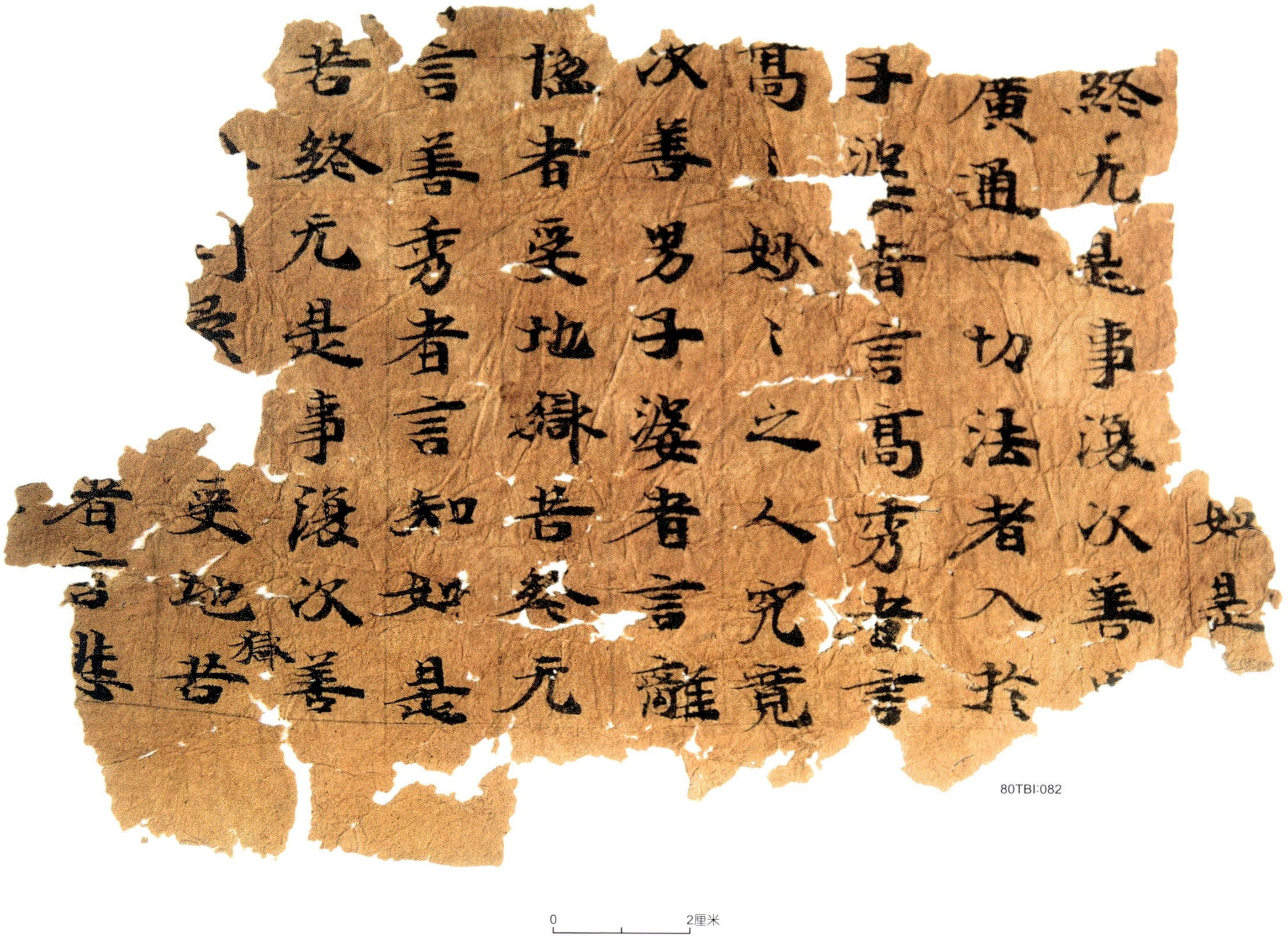

四四一　大方等陀羅尼經初分（卷一）

《中華大藏經》第二二册　第三四二頁　中欄

《大正新修大藏經》第二一册　第六四三頁　下欄

□如是□

□終无是事復次善男

□廣通一切法者入於[一]

□子婆者言高秀者言

□高高妙妙之人究竟

□次善男子婆者言離

□惚[二]者受地獄苦終无

□言善秀者言知如是

□苦終无是事復次善

□受地獄苦

□者言悲

〔一〕「法者入於」，今本作「云何究竟入於」。

〔二〕「惚」，今本作「當」。

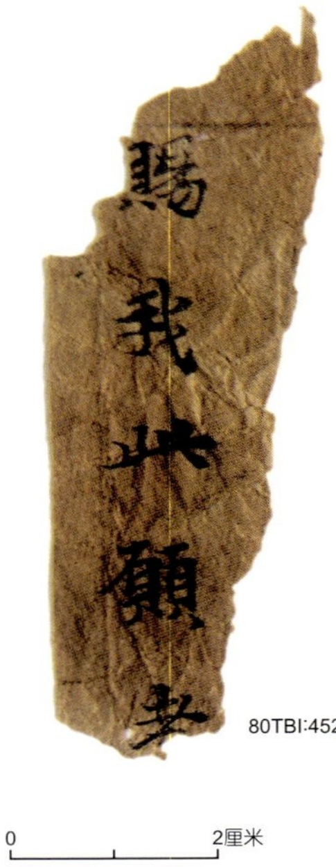

80TBI:452-1

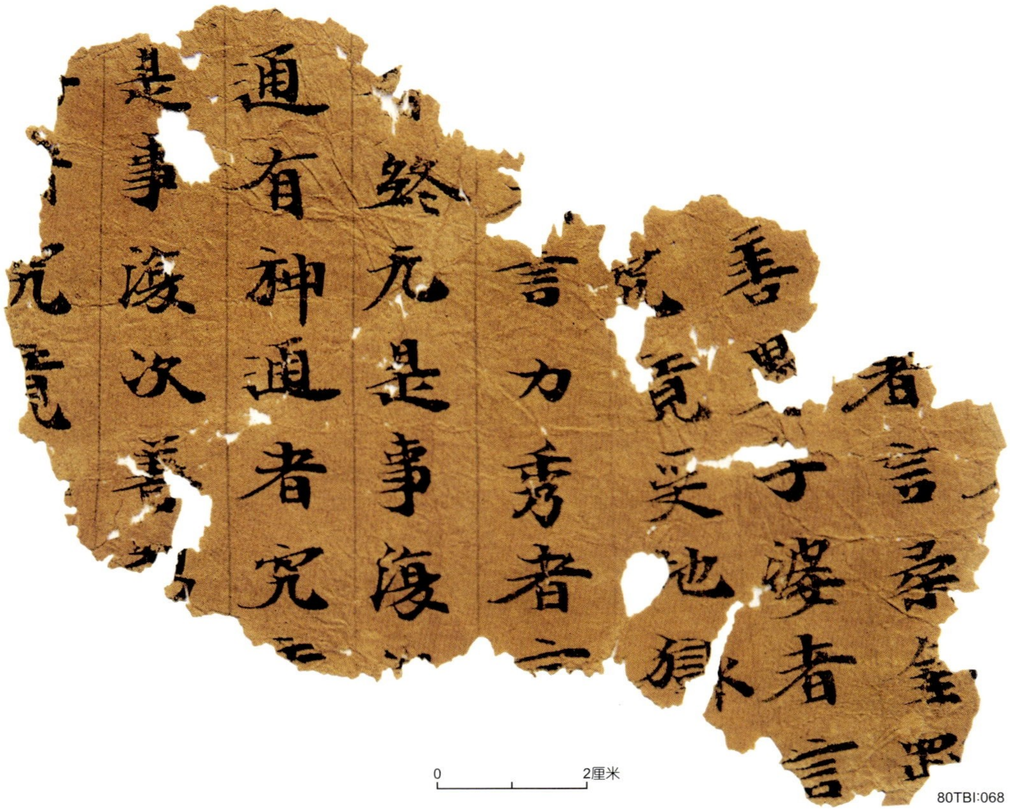

80TBI:068

四四二　大方等陀羅尼經初分（卷一）

《中華大藏經》第二二册　第三四二頁　中—下欄

《大正新修大藏經》第二一册　第六四三頁　下欄—第六四四頁　上欄

者言柔金剛

善男子婆者言

究竟受地獄

言力秀〔一〕者言

終无是事復

通有神通者究

是事復次善男

云何究竟

〔一〕「秀」，今本作「莠」。

四四三　大方等陀羅尼經夢行分（卷三）

《中華大藏經》第二二册　第三七一頁　下欄—第三七二頁　上欄

《大正新修大藏經》第二一册　第六五三頁　下欄

賜我此願著

〔一〕80TBI:452共有九片，其餘八片未定名，參見未定名列表序號二四四。

80TBI:482

0　2厘米

80TBI:279

0　2厘米

四四四　大方等陀羅尼經夢行分（卷三）

《中華大藏經》第二二册　第三七三頁　下欄

《大正新修大藏經》第二一册　第六五五頁　上欄

次善男子我欲[一]□

〔一〕「欲」，今本作「於」。

〔二〕將該片與80TBI:068和80TBI:082兩片對照，發現兩者的字體（如「子」字）相似，其紙質及格式也相近，故定其爲「大方等陀羅尼經夢行分」（卷三）。

四四五　大方等陀羅尼經護戒分（卷四）

《中華大藏經》第二二册　第三八三頁　上欄

《大正新修大藏經》第二一册　第六五六頁　下欄

□我□

□業甚爲□

□如是等□

□尼典得□

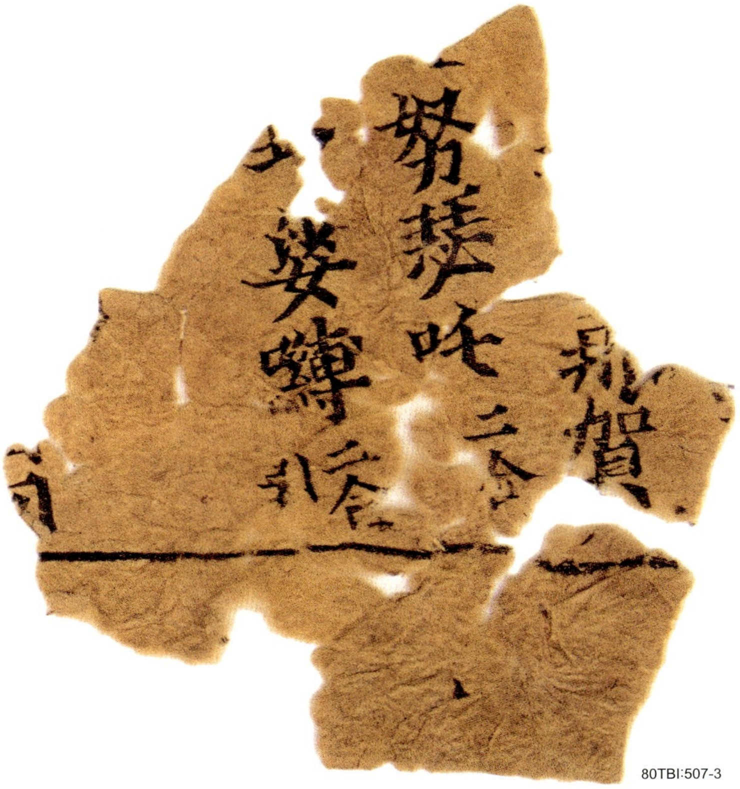

80TBI:507-3

0　2厘米

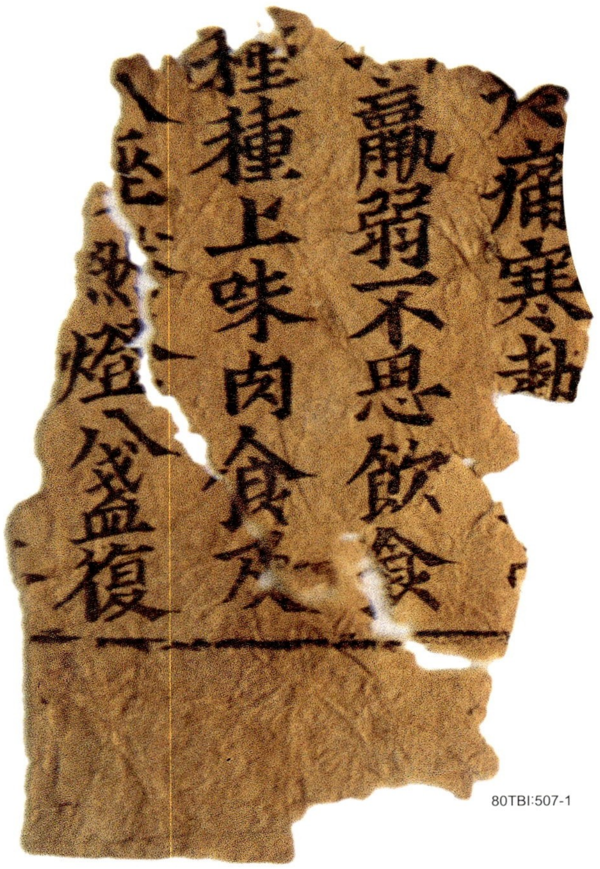

80TBI:507-1

0　2厘米

四四六　佛說大摩裏支菩薩經（卷一）

《中華大藏經》第六四册　第二三七頁　上欄

《大正新修大藏經》第二一册　第二六二頁　中欄

□[引]賀

□努瑟吒二合[引]

□娑縛二合引

〔一〕80TBI:507共有八片，除本片外，還有兩片即80TBI:507-1、2已定名，參見列表序號四四七、四四八。其餘五片即80TBI:507-4～8未定名，參見未定名列表序號二四五。

四四七　囉嚩拏說救療小兒疾病經（卷一）

《中華大藏經》第六四册　第七三七頁　上欄

《大正新修大藏經》第二一册　第四九二頁　中欄

□[疼]痛寒[熱]□□

□羸弱不思飲食

□[種]種上味肉食及

□[八][座][燃]燈八盞復

〔一〕參見列表序號四四六備注。

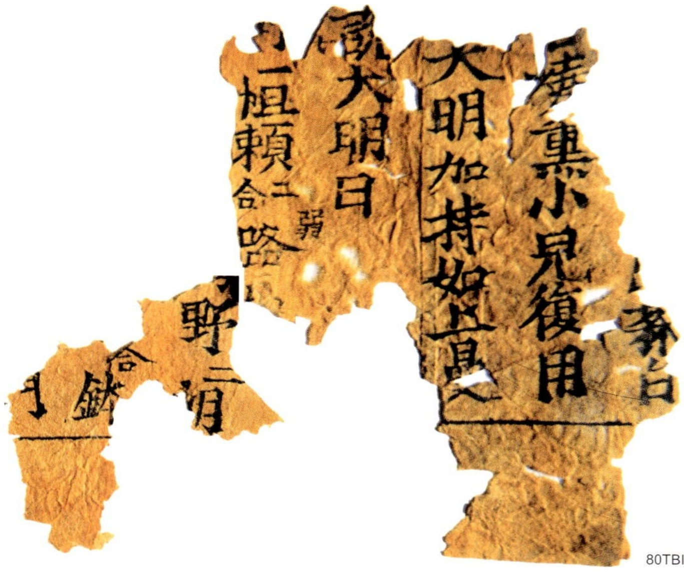

80TBI:506-2

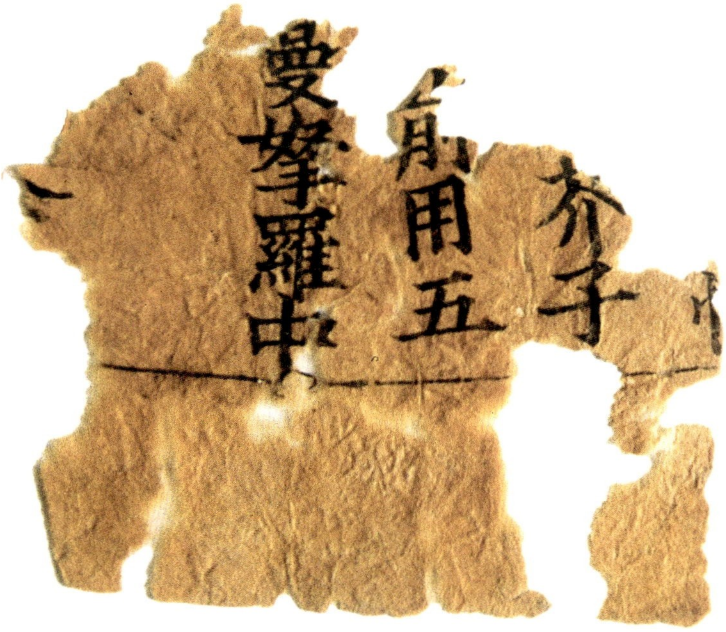

80TBI:507-2

四四八　囉嚩拏說救療小兒疾病經（卷一）

《中華大藏經》第六四冊　第七三八頁　上欄

《大正新修大藏經》第二一冊　第四九三頁　中欄

□芥子

□前用五〔一〕

□曼拏羅中

〔一〕「用五」，今本作「用同前五」。

〔二〕參見列表序號四四六備注。

四四九　囉嚩拏說救療小兒疾病經（卷一）

《中華大藏經》第六四冊　第七三八頁　下欄

《大正新修大藏經》第二一冊　第四九三頁　中欄

□蒜白

□燒熏小兒復用

□大明加持如上曼〔一〕

□說大明曰

□怛賴二合路弱二□

□野二朗

□合鉢

□吽

〔一〕該字《中華大藏經》作「止」，《大正大藏經》作「上」。

〔二〕「朗」，今本作「末」。

〔三〕80TBI:506共四片，其中80TBI:506-1、3、4未定名。參見未定名列表序號二四六。

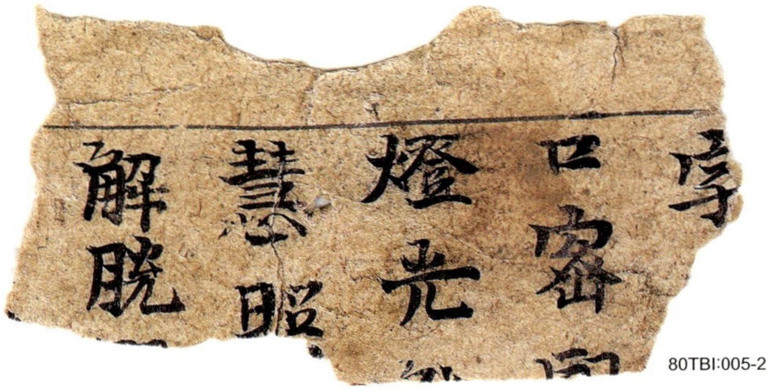
80TBI:005-2

0 2厘米

四五〇 大乘瑜伽金剛性海曼殊室利千臂千鉢大教王經（卷六）

《中華大藏經》第六七册 第一二八頁 下欄

《大正新修大藏經》第二〇册 第七五三頁 下欄

字□

口密印□

燈光焰□

慧照□

解脱□

〔一〕80TBI:005號共有五片，其中80TBI:005-1爲「大乘瑜伽金剛性海曼殊室利千臂千鉢大教王經（卷六）」，參見列表序號四六〇。80TBI:005-3爲「大乘瑜伽金剛性海曼殊室利千臂千鉢大教王經（卷六）」，參見列表序號四五六。80TBI:005-5爲「大乘瑜伽金剛性海曼殊室利千臂千鉢大教王經（卷六）」，參見列表序號四五七。80TBI:005-4未定名，參見未定名列表序號二四七。

〔二〕本片可與80TBI:784a-5、67TBI-2-2拼接，見拼合圖五六。

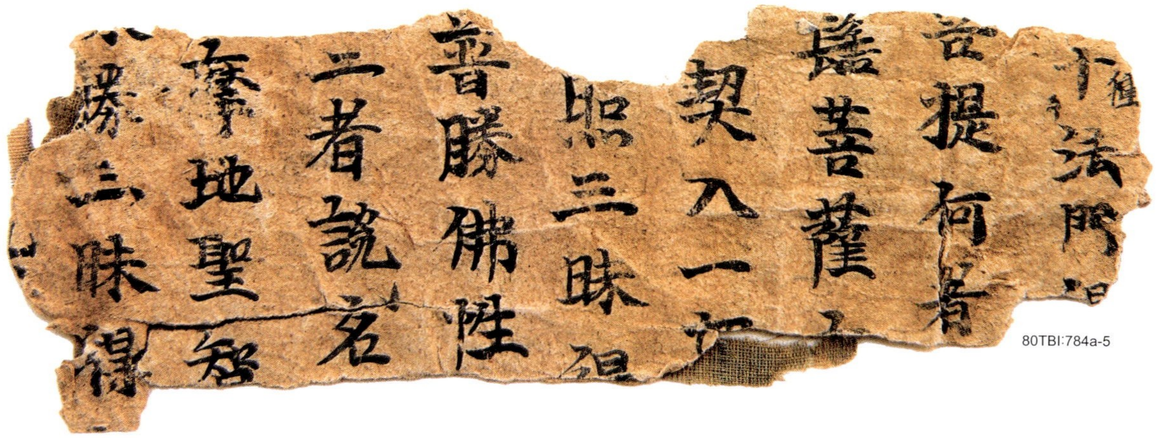

80TBI:784a-5

0　2厘米

四五一　大乘瑜伽金剛性海曼殊室利千臂千鉢大教王經（卷六）

《中華大藏經》第六七册　第一一八頁　下欄

《大正新修大藏經》第二〇册　第七五三頁　下欄

十住法門

菩提何者

髻菩薩摩

契入一切

照三昧得

普勝佛性

二者說[一]名

摩地聖智

勝三昧得

〔一〕「說名」間有倒勾，今本作「名說」。

〔二〕本號共五片，其中80TBI:784a-1～4未定名，見未定名列表序號二五三。本片可與80TBI:005-2、67TBI-2-2拼接，見拼合圖五六。其背面即80TBI:784b爲佛像殘片。

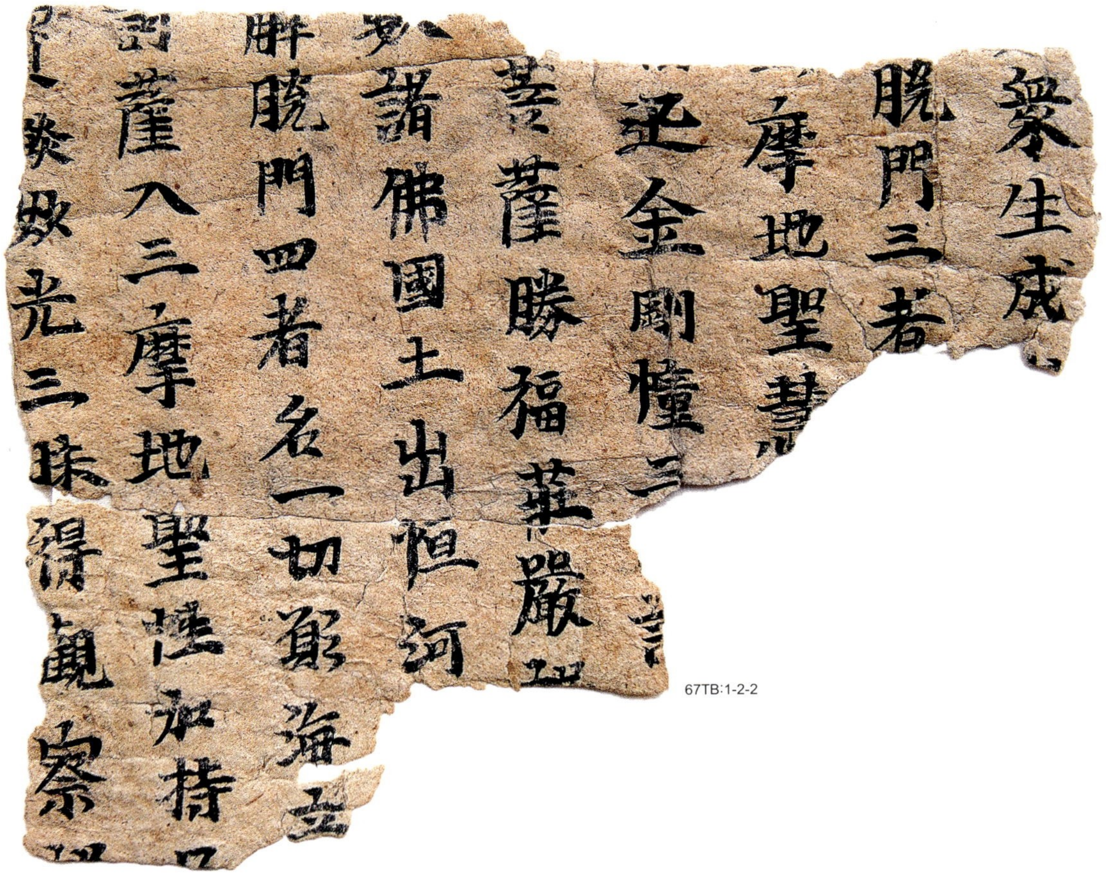

67TB:1-2-2〔二〕

0　2厘米

四五二　大乘瑜伽金剛性海曼殊室利千臂千鉢大教王經（卷六）

《中華大藏經》第六七册　第一一二八頁　下欄—第一一二九頁　上欄

《大正新修大藏經》第二〇册　第七五三頁　下欄—第七五四頁　上欄

□衆生成□

□脱門三者□

□摩地聖[慧]□

□迅金剛幢[三]□

□菩薩勝福莊嚴□

□諸佛國土出恒河〔一〕□

□[解]脱門四者名一切願海[音]□

□[訶]薩入三摩地聖性加持[曰]□

□[寶][焰]妙光三昧得觀察[諸]□

〔一〕「恒河」，今本作「殑伽」。

〔二〕67TB:1-2號共有四片，67TB:1-2-1、3、4爲「大乘瑜伽金剛性海曼殊室利千臂千鉢大教王經（卷六）」，分別參見列表序號四五八、四五三、四五四。

〔三〕本片可與80TBI:005-2、80TBI:784a-5拼接，見拼合圖五六。

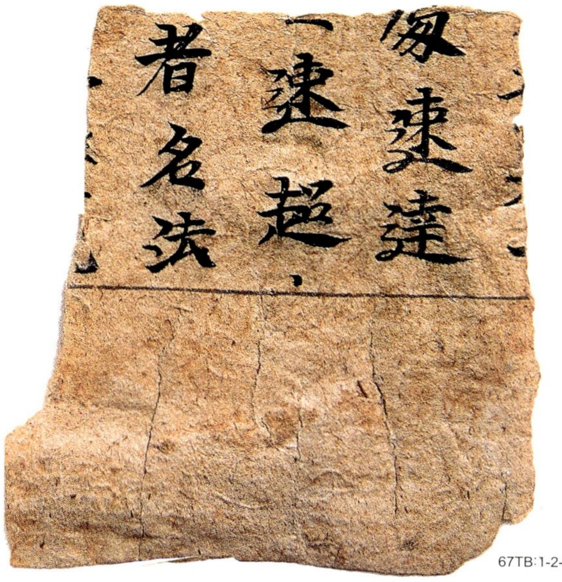

67TB:1-2-3

0 2厘米

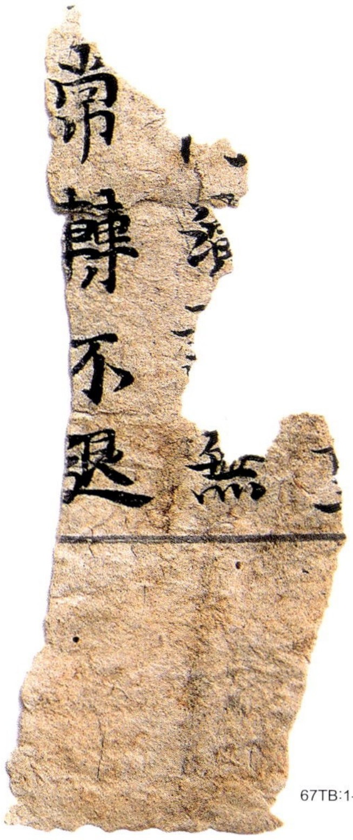

67TB:1-2-4

0 2厘米

四五三　大乘瑜伽金剛性海曼殊室利千臂千鉢大教王經（卷六）

《中華大藏經》第六七册　第一三二頁　中欄

《大正新修大藏經》第二〇册　第七五五頁　中欄

（前缺）

處速達

令速超

者名法

（後缺）

〔一〕參見列表序號四五二備注。

四五四　大乘瑜伽金剛性海曼殊室利千臂千鉢大教王經（卷六）

《中華大藏經》第六七册　第一三二頁　中欄

《大正新修大藏經》第二〇册　第七五五頁　中欄

（前缺）

門演説無

常轉不退

（後缺）

〔一〕本片可與80TBI:011−1拼接，見拼合圖五七。其餘參見列表序號四五二備注。

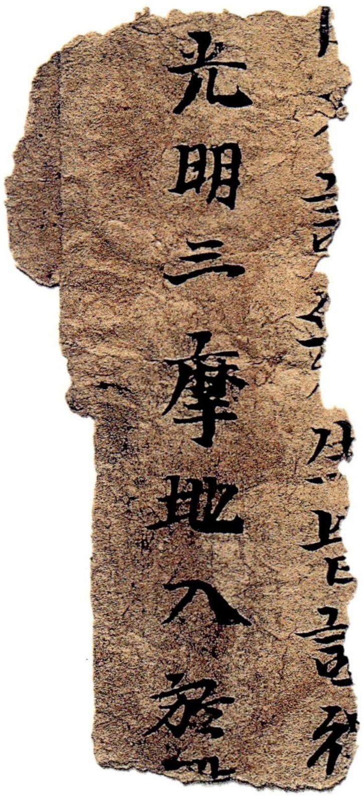

80TBI:011-1

0　2厘米

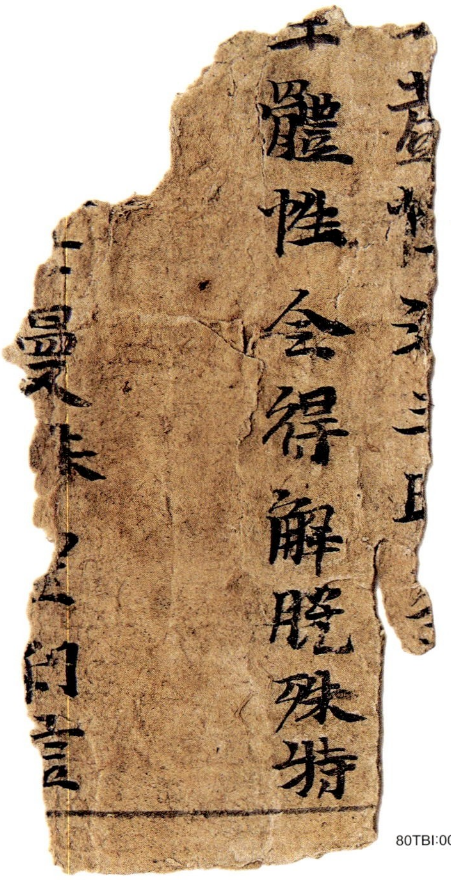

80TBI:005-3

0　2厘米

四五五　大乘瑜伽金剛性海曼殊室利千臂千鉢大教王經（卷六）

《中華大藏經》第六七册　第一三一頁　中欄

《大正新修大藏經》第二〇册　第七五五頁　中—下欄

□及諸衆生皆證得

□光明三摩地入於殊

〔一〕80TBI:011共有三片，80TBI:011–2爲「大乘瑜伽金剛性海曼殊室利千臂千鉢大教王經（卷六）」，參見列表序號四五九。80TBI:011–3爲「大乘瑜伽金剛性海曼殊室利千臂千鉢大教王經（卷六）」，參見列表序號四六一。本片可與67TB1–2–4拼接，見拼合圖五七。

四五六　大乘瑜伽金剛性海曼殊室利千臂千鉢大教王經（卷六）

《中華大藏經》第六七册　第一三一頁　下欄

《大正新修大藏經》第二〇册　第七五五頁　下欄

□法藏性海三昧

□體性令得解脱殊特

□士曼殊室利言

〔一〕本片可與80TBI:005–5拼接，見拼合圖五八。其餘參見列表序號四五〇備注。

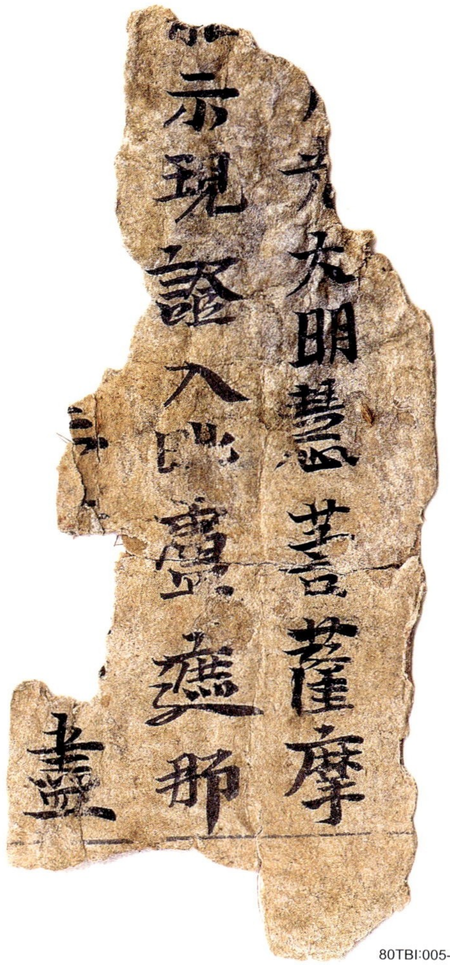

80TBI:005-5

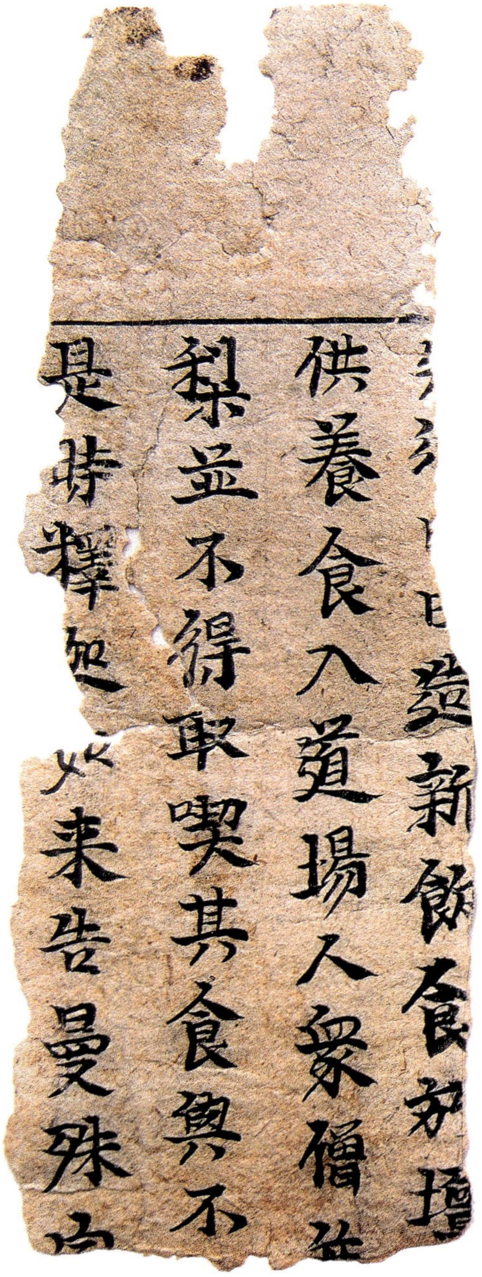

67TB:1-2-1

四五七　大乘瑜伽金剛性海曼殊室利千臂千鉢大教王經（卷六）

《中華大藏經》第六七册　第一三二頁　下欄

《大正新修大藏經》第二〇册　第七五五頁　下欄

□大明慧菩薩摩

□示現證入[毗]盧遮那

□盡

〔一〕本片可與80TBI:005–3拼接，見拼合圖五八。其餘參見列表序號四五〇備注。

四五八　大乘瑜伽金剛性海曼殊室利千臂千鉢大教王經（卷六）

《中華大藏經》第六七册　第一三二頁　中欄

《大正新修大藏經》第二〇册　第七五六頁　上欄

[先][須][日][日]造新飲[食][於][壇]□

供養食入道場人衆僧[等]□

梨並不得取喫其食與不□

[是]時釋迦[如]來告曼殊室[室]□

〔一〕參見列表序號四五二及備注。

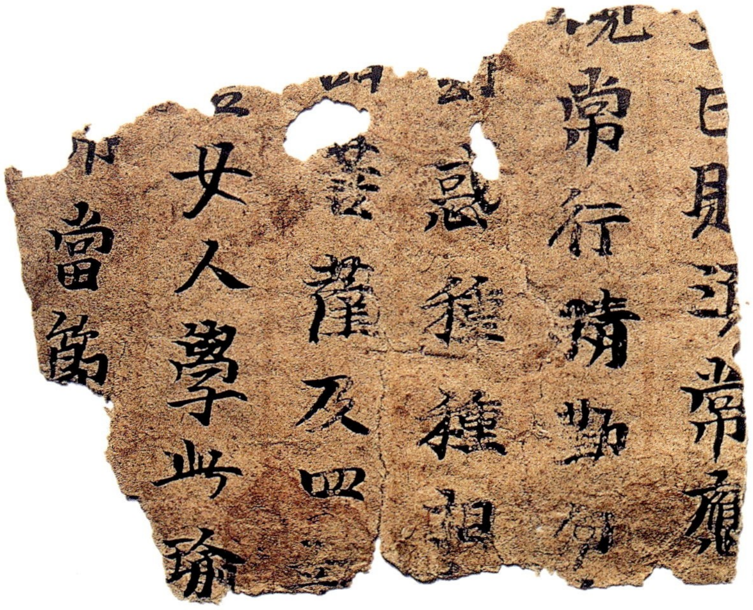

80TBI:011-2

0　2厘米

四五九　大乘瑜伽金剛性海曼殊室利千臂千鉢大教王經（卷六）

《中華大藏經》第六七册　第一三二頁　中—下欄

《大正新修大藏經》第二〇册　第七五六頁　中欄

（前缺）

法已則須常應

觀常行精勤勿

幻惑種種相

諸菩薩及四部

善女人學此瑜

常當節

（後缺）

〔一〕參見列表序號四四九及備注。

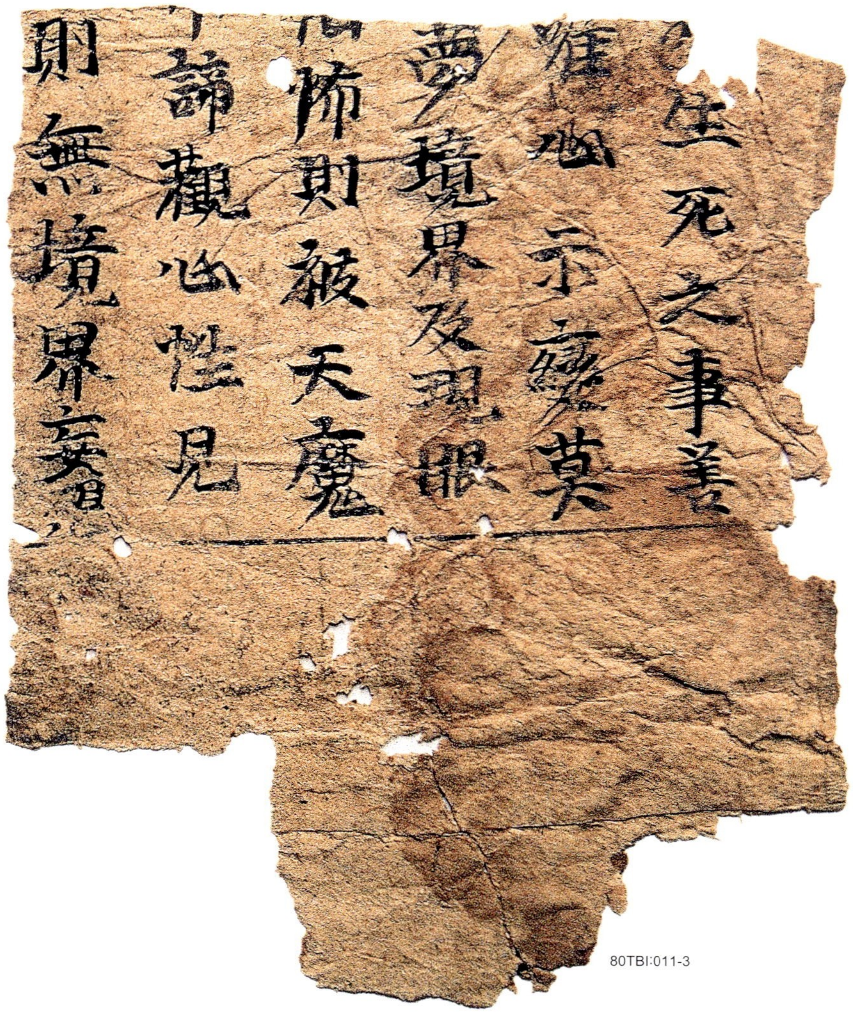

80TBI:011-3

0　2厘米

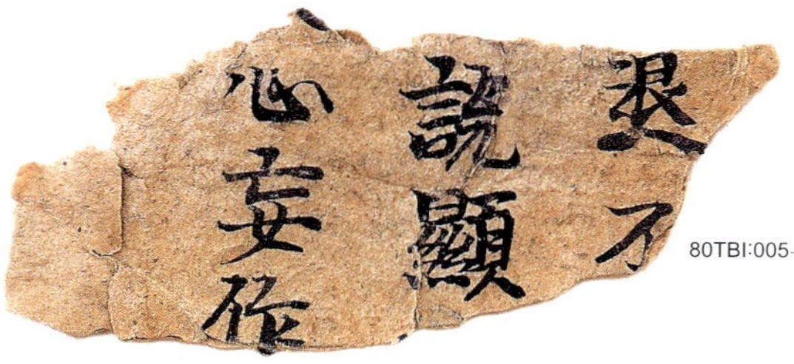

80TBI:005-1

0　2厘米

四六〇　大乘瑜伽金剛性海曼殊室利千臂千鉢大教王經（卷六）

《中華大藏經》第六七冊　第一三二頁　下欄

《大正新修大藏經》第二〇冊　第七五六頁　中欄

□退[不]□

□説顯□

心妄作□

〔一〕本片可與80TBI:011-3拼接，見拼合圖五九。其餘參見列表序號四五〇及備注。

四六一　大乘瑜伽金剛性海曼殊室利千臂千鉢大教王經（卷六）

《中華大藏經》第六七冊　第一三二頁　下欄—第一三三頁　上欄

《大正新修大藏經》第二〇冊　第七五六頁　中—下欄

□生死之事善

□[唯]心示變莫

□夢境界及現眼

□[怕]怖則被天魔

□[常]諦觀心性見

□則無境界妄[想]

〔一〕本片可與80TBI:005-1拼接，見拼合圖五九。其餘參見列表序號四五五及備注。

五　撰述部分

80TBI:327

0 2厘米

四六二　注維摩詰經（卷六）不思議品第六

《中華大藏經》第九八册　第八六九頁　中—下欄

《大正新修大藏經》第三八册　第三八三頁　上欄

（前缺）

1 ［摩詰］

2 是住［不］

3 云信解

4 亦有［信］

5 十方［无］

（後缺）

［一］本片可與80TBI:466拼接，見拼合圖六〇。

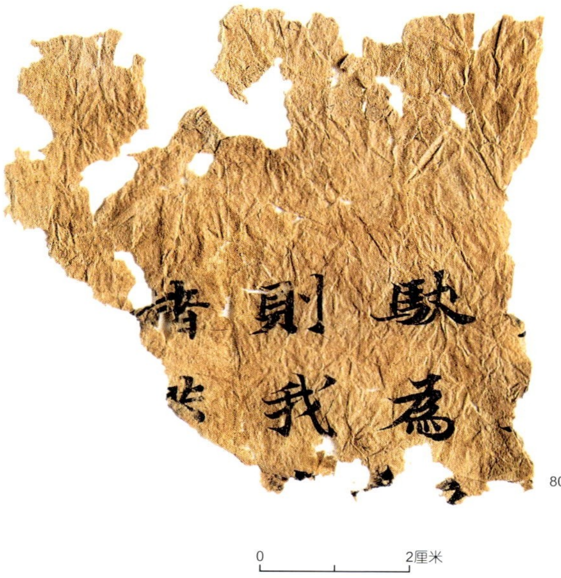

80TBI:111

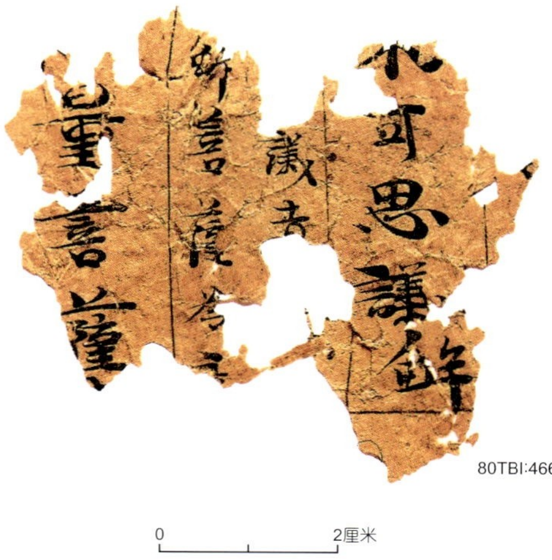

80TBI:466

四六三 注維摩詰經（卷六）不思議品第六

《中華大藏經》第九八册 第八六九頁 中—下欄

《大正新修大藏經》第三八册 第三八三頁 上欄

……[不]可思議[解]……

……議者……

……[解]菩薩爲……

……量菩薩……

〔一〕本片可與80TBI:327拚接，見拚合圖六〇。

四六四 注維摩詰經（卷一〇）法供養品第一三

《中華大藏經》第九八册 第九一三頁 下欄

《大正新修大藏經》第三八册 第四一八頁 上欄

駄爲……

則我……

[諸][供]……

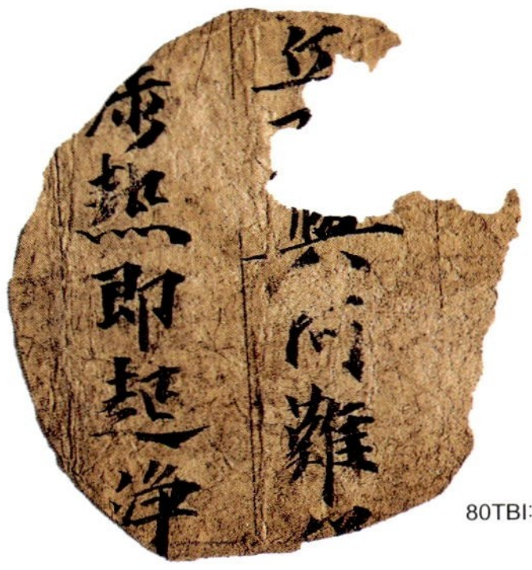

80TBI:390b

0　2厘米

四六五　諸經要集（卷四）懸幡緣第四

《中華大藏經》第五三冊　第五四三頁　下欄

《大正新修大藏經》第五四冊　第三八頁　中欄

（前缺）

丘及與阿難從

涉熱即起浄

（後缺）

〔一〕本片另面即80TBI：390a爲「諸經要集（卷五）供養録第二」，參見列表序號四六六。

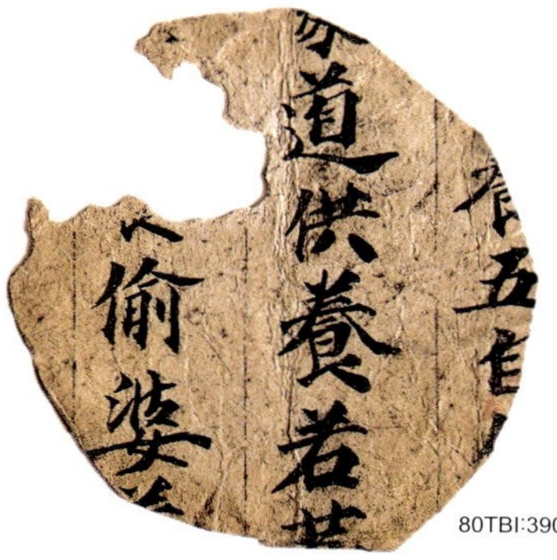

80TBI:390a

四六六　諸經要集（卷五）供養録第二

《中華大藏經》第五三册　第五四八頁　下欄

《大正新修大藏經》第五四册　第三九頁　上欄

養五自作

處道供養若菩

養偷婆

〔一〕本片背面即80TBI:390b爲「諸經要集（卷四）懸幡緣第四」，參見列表序號四六五。

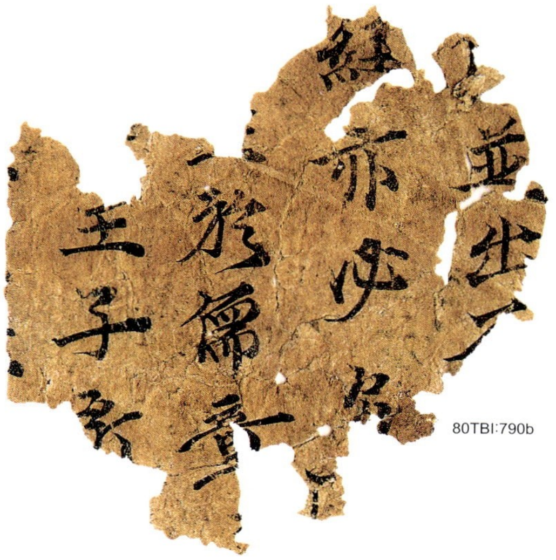

80TBI:790b

四六七　廣弘明集（卷九）辯惑篇第二之五

《中華大藏經》第六二册　第一〇四八頁　下欄

《大正新修大藏經》第五二册　第一四六頁　上欄

並出不

經亦必多

至於儒童

王子所

〔一〕本片另面即80TBI:790a爲佛像殘片。

（三）吕澂《新編漢文大藏經目録》未收部分

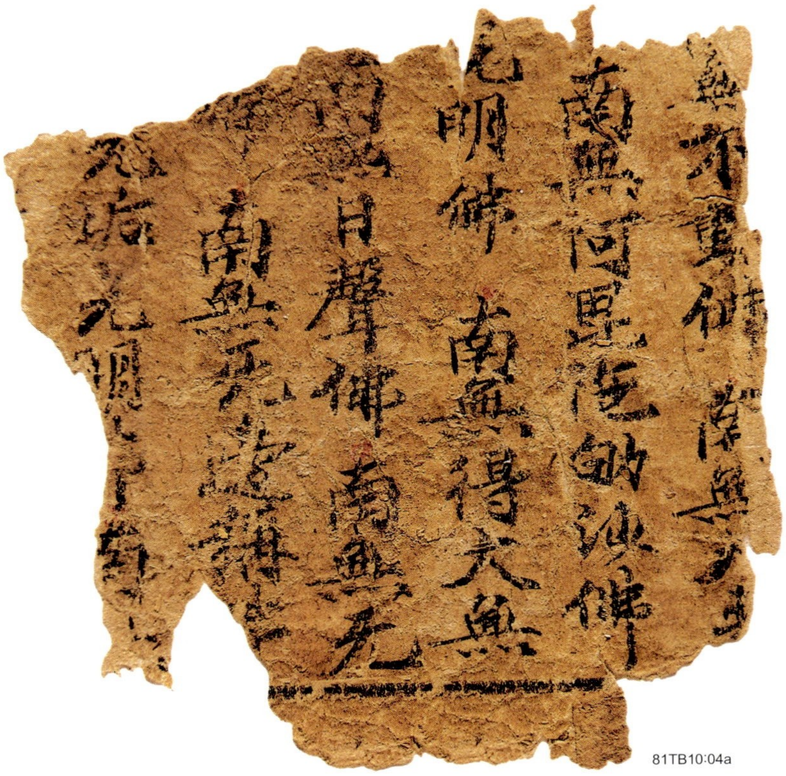

81TB10:04a

0　2厘米

四六八　集諸經禮懺儀（卷上）

《中華大藏經》第六三册　第五八三頁　下欄—第五八四頁　上欄

《大正新修大藏經》第四七册　第四五六頁　下欄

無不動佛　南無大光

南無阿毘[一]陁劬沙佛

光明佛　南無得大無

寶聲佛南無无

南無无邊稱佛

无垢光明佛南

〔一〕「毘」，今本作「弥」。

〔二〕本片背面即81TB10:04b未定名，參見未定名列表序號一八〇。

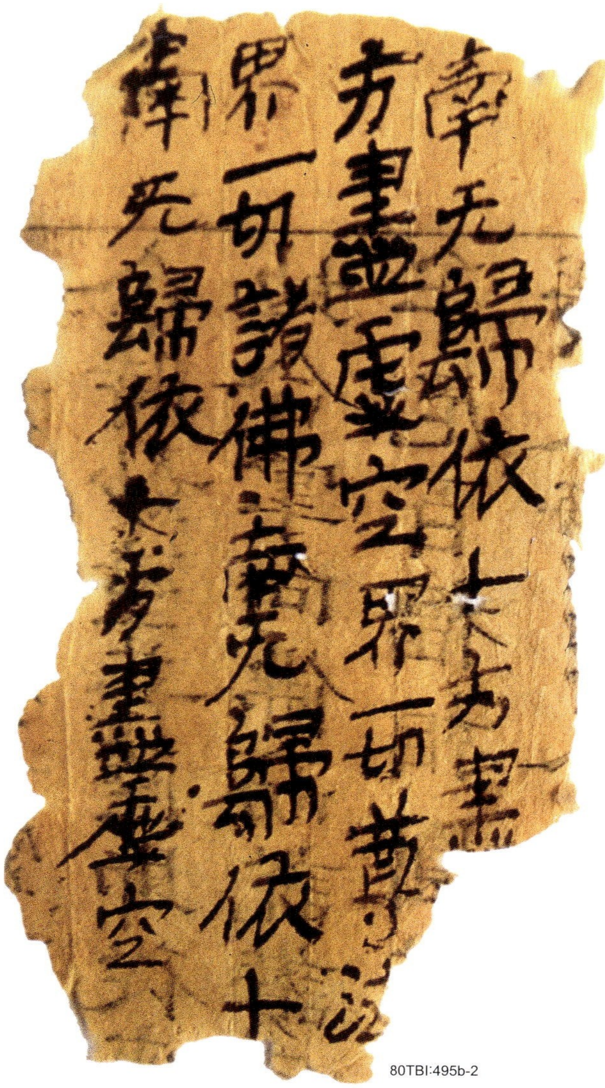

80TBI:495b-2

0 2厘米

四六九 瑜珈集要焰口施食儀

《中華大藏經》第六六冊 第三五八頁 下欄

《大正新修大藏經》第二一冊 第四七四頁 中欄

［ ］南无歸依十方[盡]［ ］
［ ］[十]方盡虛空界一切尊[法]［ ］
［ ］界一切諸佛南无歸依十［ ］
［ ］南无歸依十方盡虛空［ ］

〔一〕本片另面即80TBI:495a-2爲「金光明最勝王經（卷一〇）妙幢菩薩讚嘆品第二八」，參見列表序號二九一。

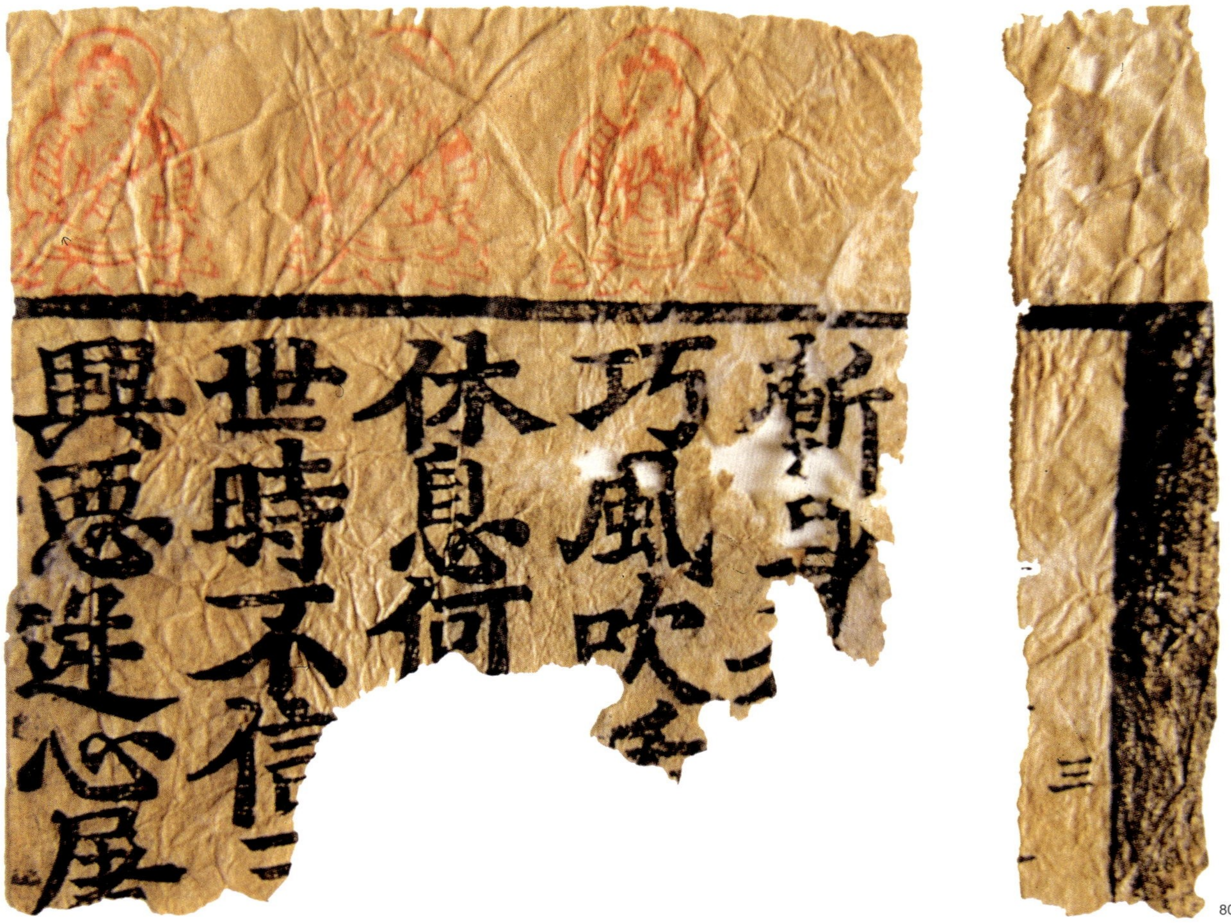

四七〇 慈悲道場懺法（卷三）顯果報第一

《中華大藏經》第一〇五册 第五五八頁 中欄

《大正新修大藏經》第四五册 第九三四頁 上欄

斬身

巧風吹

休息何

世時不信三

興惡逆心屠

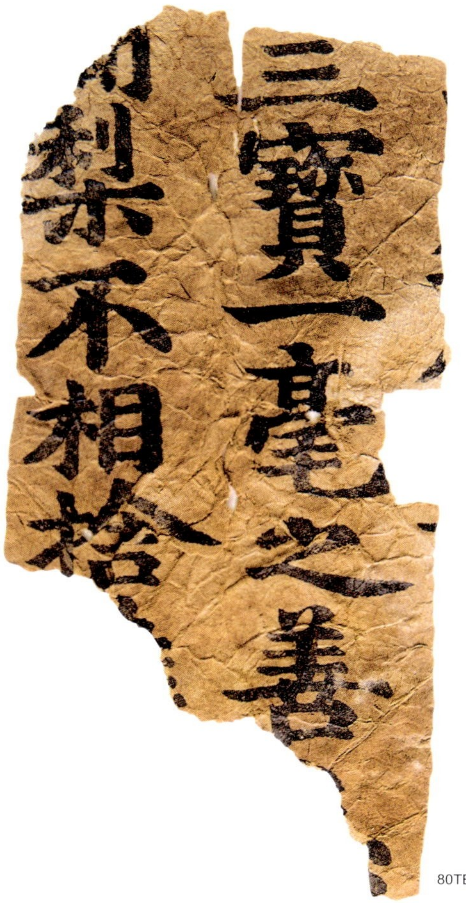

80TBI:210

0　2厘米

四七一　慈悲道場懺法（卷六）解怨結之餘

《中華大藏經》第一〇五冊　第五九五頁　下欄

《大正新修大藏經》第四五冊　第九四九頁　下欄

□三寶一毫之善□

□闍梨〔一〕不相捨□

〔一〕「梨」，今本作「黎」。

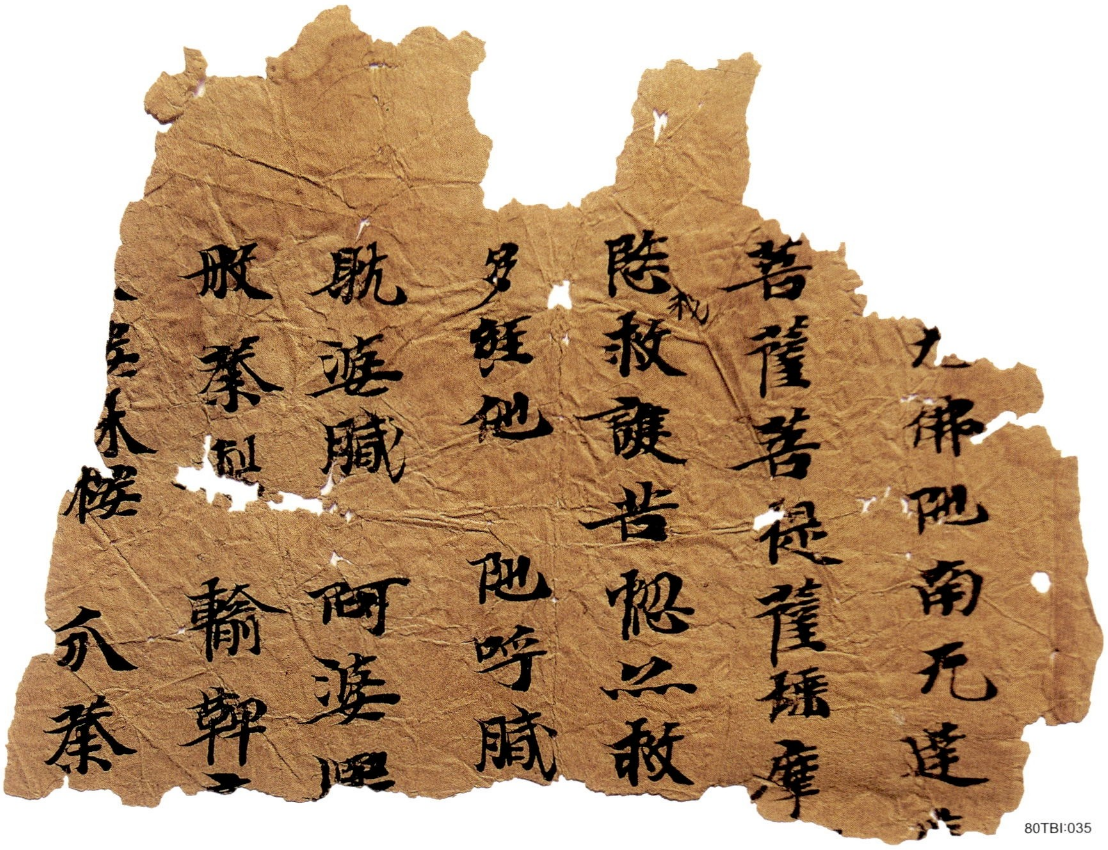

80TBI:035

0　2厘米

四七二　請觀世音菩薩消伏毒害陀羅尼三昧儀經明正意第二

《中華大藏經》第一〇五册　第六八九頁　下欄

《大正新修大藏經》第四六册　第九七一頁　中欄

[无]佛陁南无達□

菩薩〔一〕菩提薩埵摩□

愍我救護苦惱亦救□

多〔二〕經他　陁呼膩□

耽婆膩　阿婆[熙]□

般〔三〕荼[梨]　輸鞞[帝]□

[樓][休]樓　分荼□

〔一〕「菩薩」，今本作「觀世音」。

〔二〕「多」，今本作「怛」。

〔三〕「般」，今本作「槃」。

六　音義部分

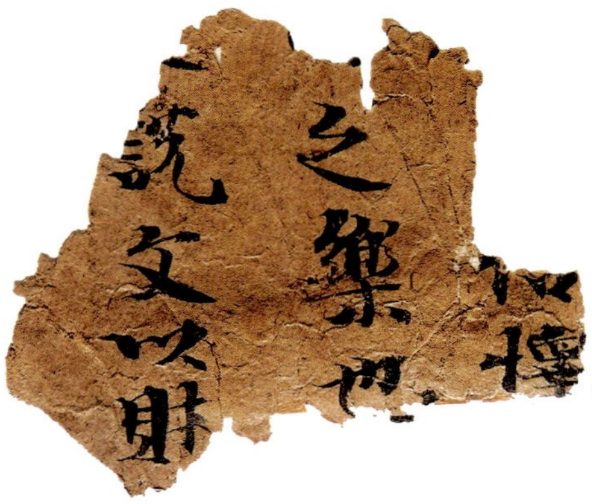

80TBI:304

0　2厘米

四七三　一切經音義（卷五七）佛滅度後金棺葬送經

《中華大藏經》第五八册　第五九八頁　下欄—第五九九頁　上欄

《大正新修大藏經》第五四册　第六九〇頁　上欄

［　］恰懌［　］

［　］之樂也［　］

［　］説文以財［　］

《中華大藏經》未收録部分

80TBI:069-1

80TBI:431

四七四　十方千五百佛名經

《中華大藏經》

《大正新修大藏經》第一四册　第三一二頁　中欄

□嚴佛　懷衆疑□

□怨賊佛□

四七五　現在十方千五百佛名並雜佛同號

《中華大藏經》

《大正新修大藏經》第八五册　第一四四八頁　下欄

□同号金剛等佛

□号普功德佛

□境界佛

□林佛

〔一〕80TBI:069共有二片，80TBI:069-2爲「十方千五百佛名經」，參見列表序號四七六。

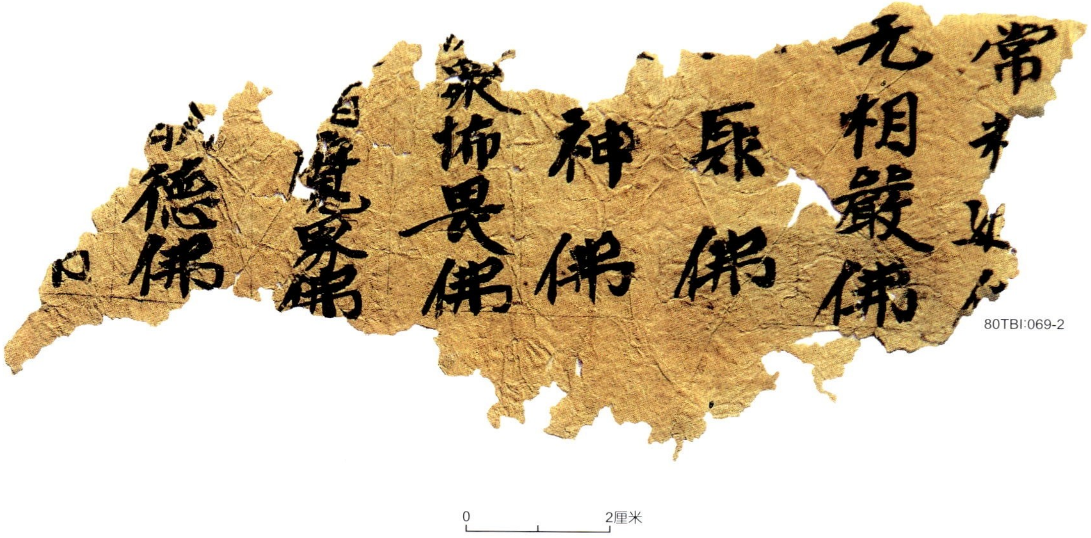

80TBI:069-2

四七六　十方千五百佛名經

《中華大藏經》

《大正新修大藏經》第一四册　第三一三頁　上欄

常精進佛

无相嚴佛

藏佛

神佛

衆怖畏佛

諸魔界佛

德佛

〔一〕參見序號四七五及備注。

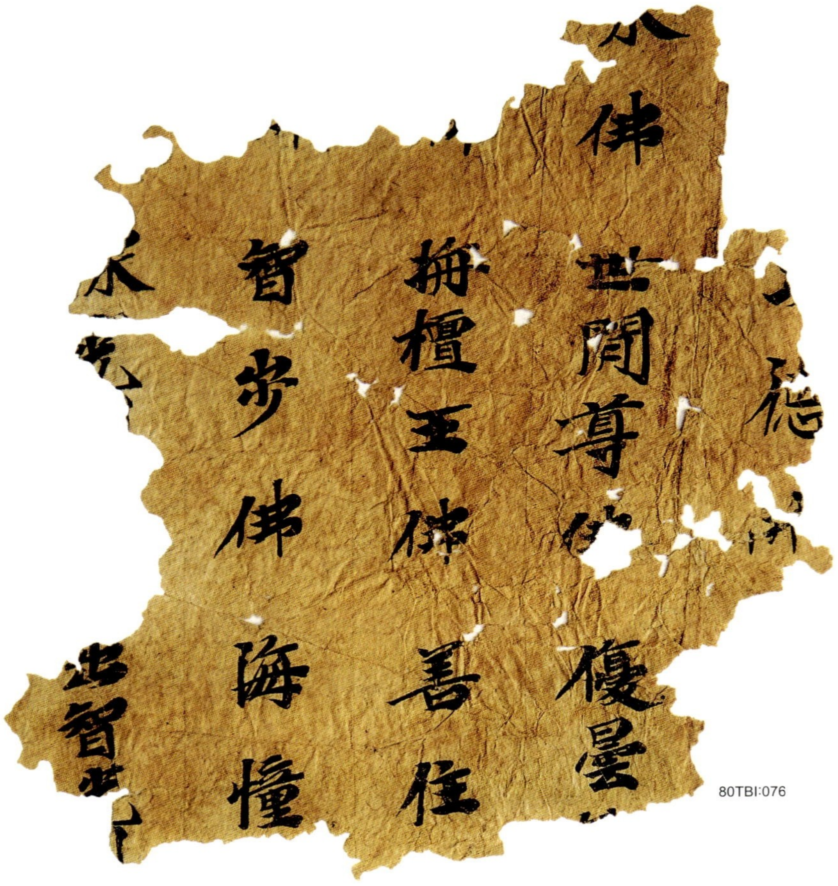

80TBI:076

0　2厘米

四七七　十方千五百佛名經

《中華大藏經》

《大正新修大藏經》第一四册　第三一三頁　中欄

……德佛……

……眾佛　世間尊佛　優曇……

……旃檀王佛　善住……

……智步佛　海幢……

……眾光　出智光……

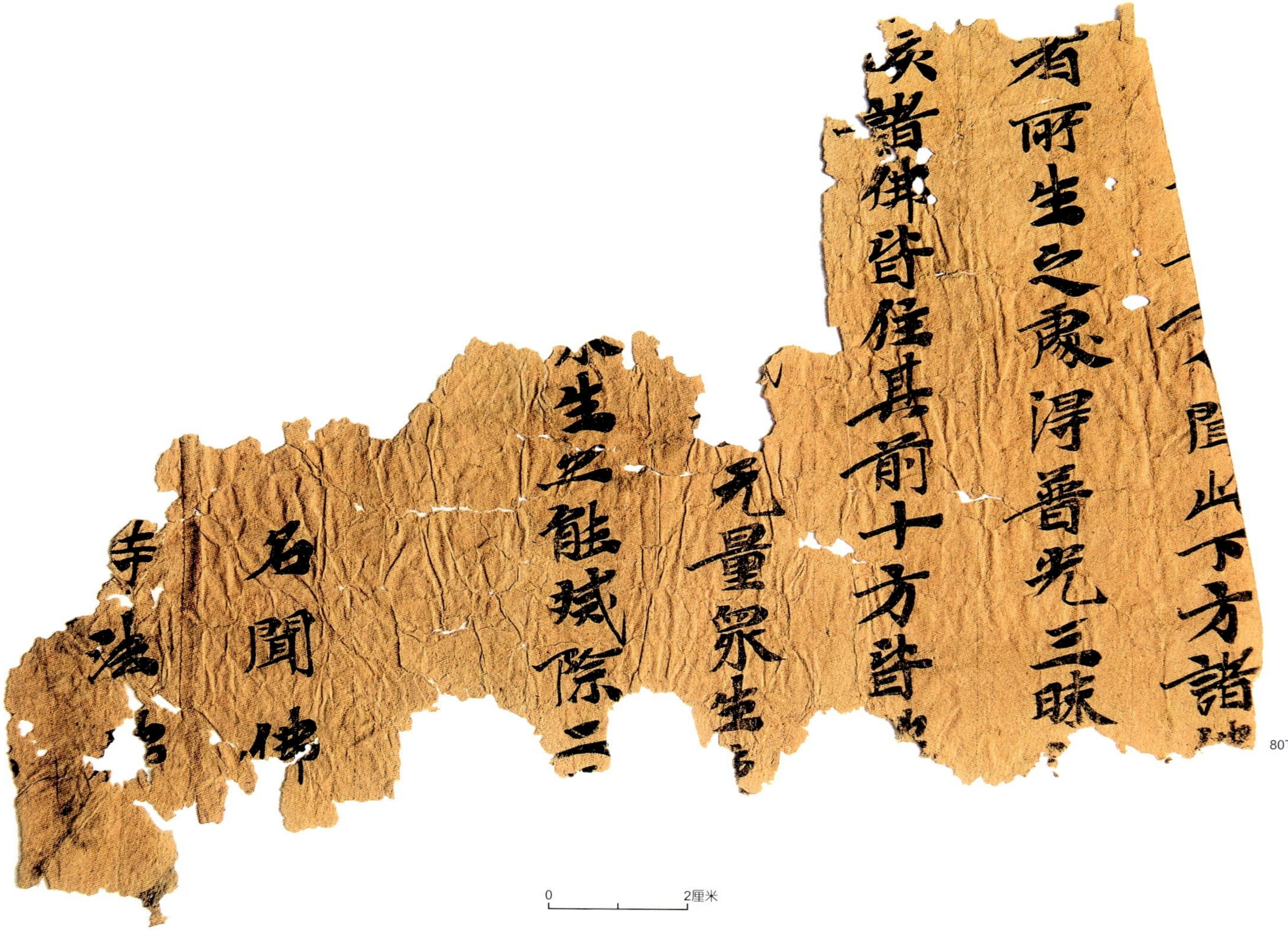

80TBI:049a

0 2厘米

四七八　十方千五百佛名經

《中華大藏經》

《大正新修大藏經》第一四册　第三一七頁　中欄

□閻山下方諸□

□者所生之處得普光三昧□

□侅諸佛皆住其前十方皆然□

□无量衆生□

□衆生亦能滅除二□

□名聞佛□

□持法佛□

〔一〕本片背面即80TBI:049b爲回鶻文寫本。

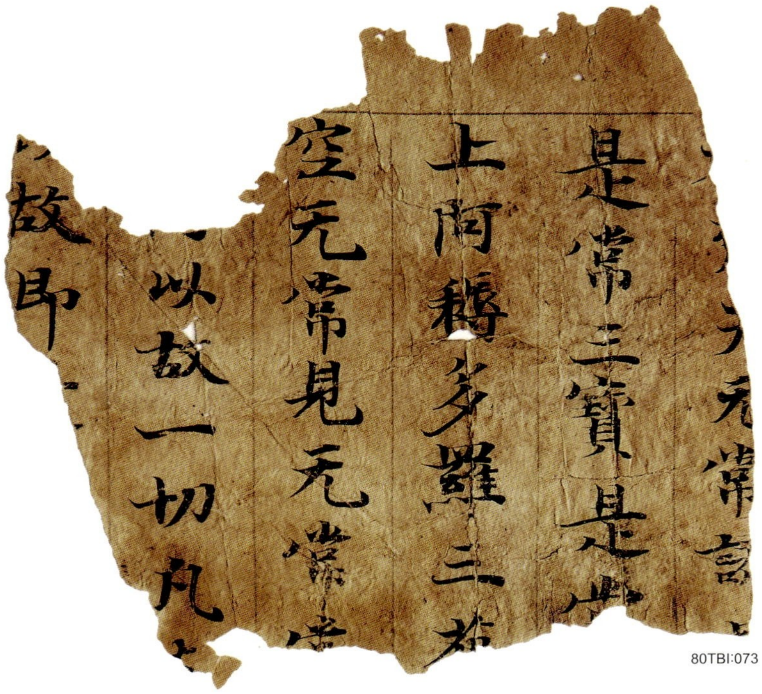
80TBI:073

0 2厘米

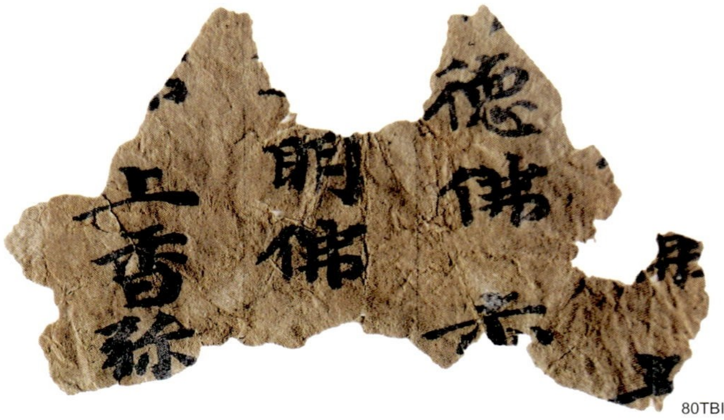
80TBI:257

0 2厘米

四七九 十方千五百佛名經

《中華大藏經》

《大正新修大藏經》第一四冊 第三一六頁 上—中欄

□佛 上□

□德佛 赤□

□明佛□

□上香弥

四八〇 大般涅槃經集解（卷五四）

《中華大藏經》

《大正新修大藏經》第三七冊 第五四五頁 下欄—

第五四六頁上欄

□无常識□

是常三寶是常□

上阿耨多羅三藐□

空无常見无常空□

□以故一切凡夫□

以故即□

四八一　四分律删繁補闕行事鈔卷上之二結界方法篇第六

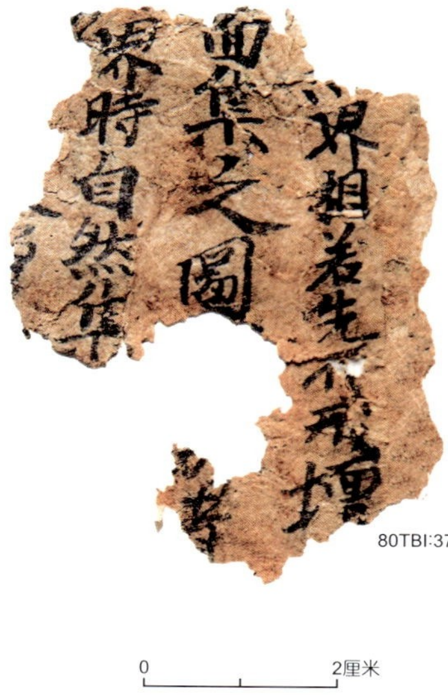

《中華大藏經》

《大正新修大藏經》第四〇册　第一六頁　上欄

界相若先在戒[壇]

面集之圖

界時自然[集]

〔一〕本片背面即80TBI:377a爲「大方等大集經（卷五九）十方菩薩品第一三」，參見列表序號二一〇。

四八二　金剛經疏

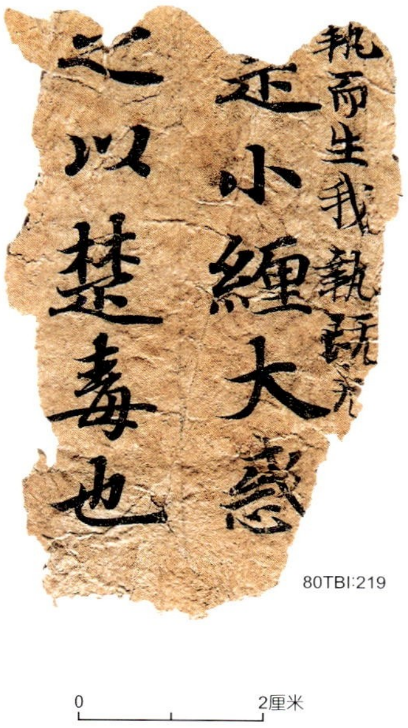

《中華大藏經》

《大正新修大藏經》第八五册　第一二九頁　下欄

[執]而生我執既[无]

[是]小纏大惑

之以楚毒也

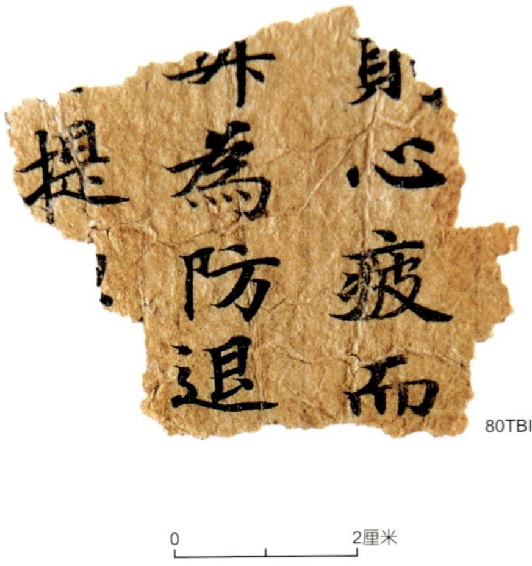

80TBI:239

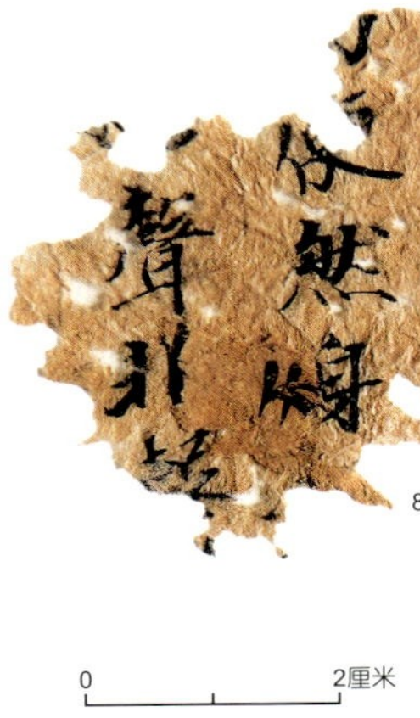

80TBI:401-1

四八三　金剛經疏

《中華大藏經》

《大正新修大藏經》第八五册　第一二九頁　下欄—第一三〇頁　上欄

□則心疲而□

□昇爲防退□

□提□

四八四　四分戒本疏（卷一）

《中華大藏經》

《大正新修大藏經》第八五册　第五六九頁　下欄

□便然身□

□以聲非報□

〔一〕80TBI:401共二片，其中80TBI:401-2未定名，參見未定名列表序號二四九。

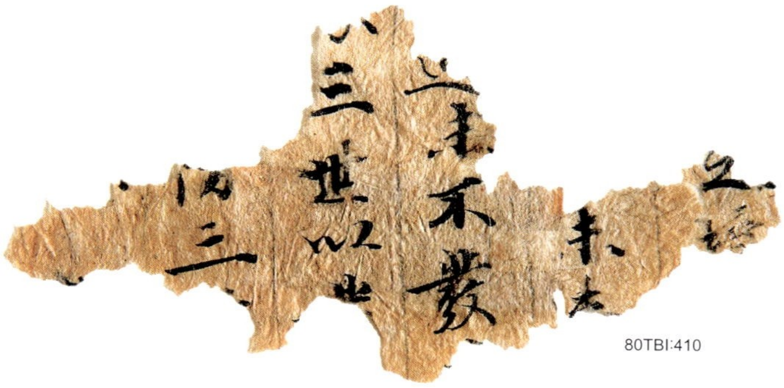

80TBI:410

0　2厘米

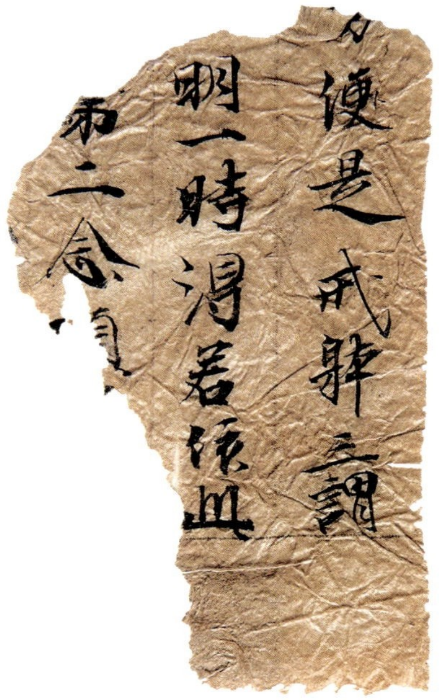

80TBI:310

0　2厘米

四八五　四分戒本疏（卷一）

《中華大藏經》

《大正新修大藏經》第八五册　第五七〇頁　下欄

之境

未來

過未不發

三世以發

防三

四八六　四分戒本疏（卷一）

《中華大藏經》

《大正新修大藏經》第八五册　第五七〇頁　上欄

〔一〕方便是戒躰三謂

明一時得若依此

第二念頌

〔一〕「方便是戒體三謂」，今本作「方是戒體三謂」。

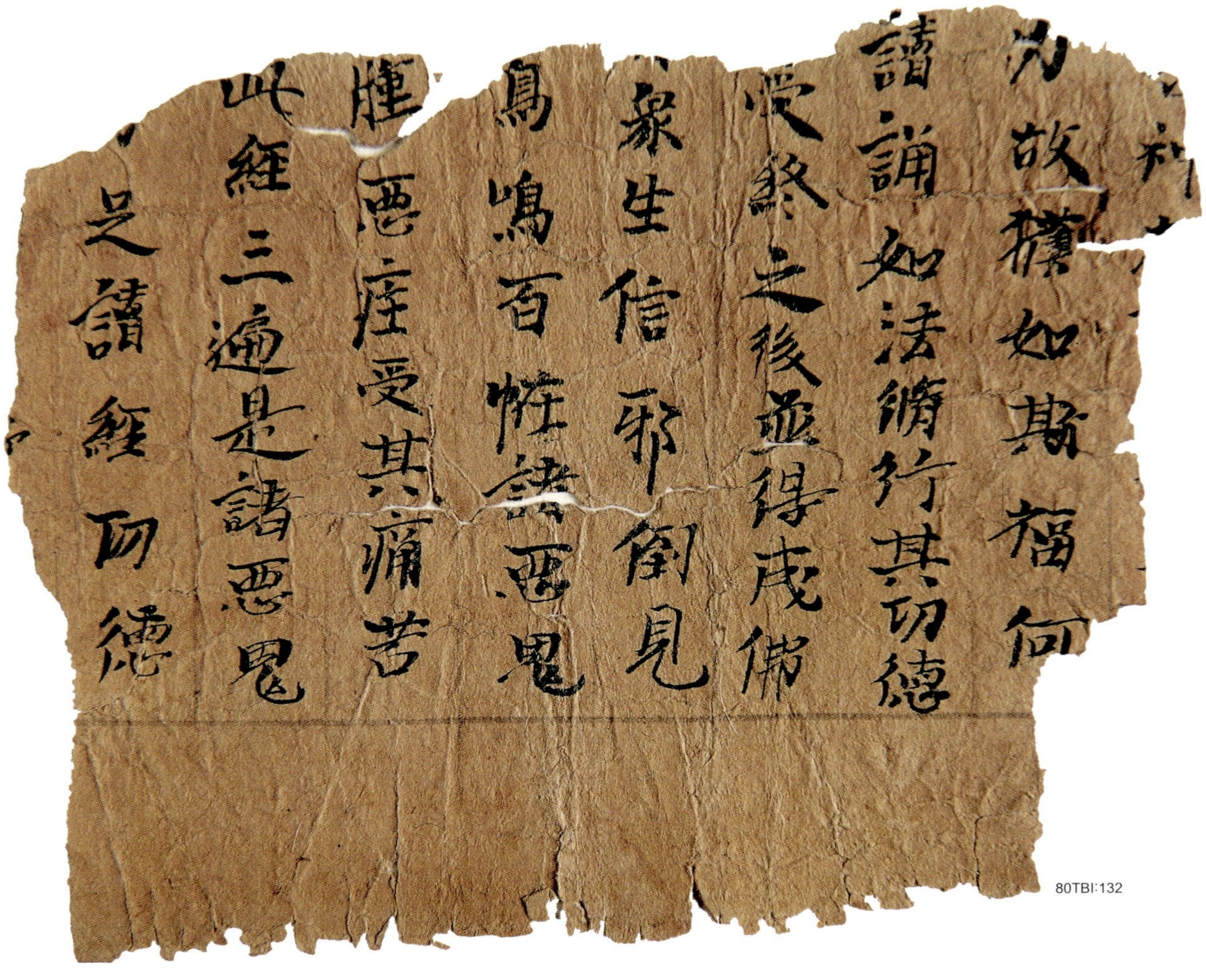

80TBI:132

0 2厘米

四八七 佛説天地八陽神咒經

《中華大藏經》

《大正新修大藏經》第八五册 第一四二二頁 下欄

善神加
力故獲如斯〔一〕福何
讀誦如法修行其〔二〕功德
受〔三〕終之後並得成佛
衆生信邪倒見
鳥鳴百恠諸惡鬼
種惡疰〔四〕受其痛苦〔五〕
此經三遍是諸惡鬼
力足讀經功德

〔一〕「斯」，今本作「是」。
〔二〕「其」，今本作「行其」。
〔三〕「受」，今本作「壽」。
〔四〕「疰」，今本作「注」。
〔五〕「痛苦」，今本作「苦痛」。

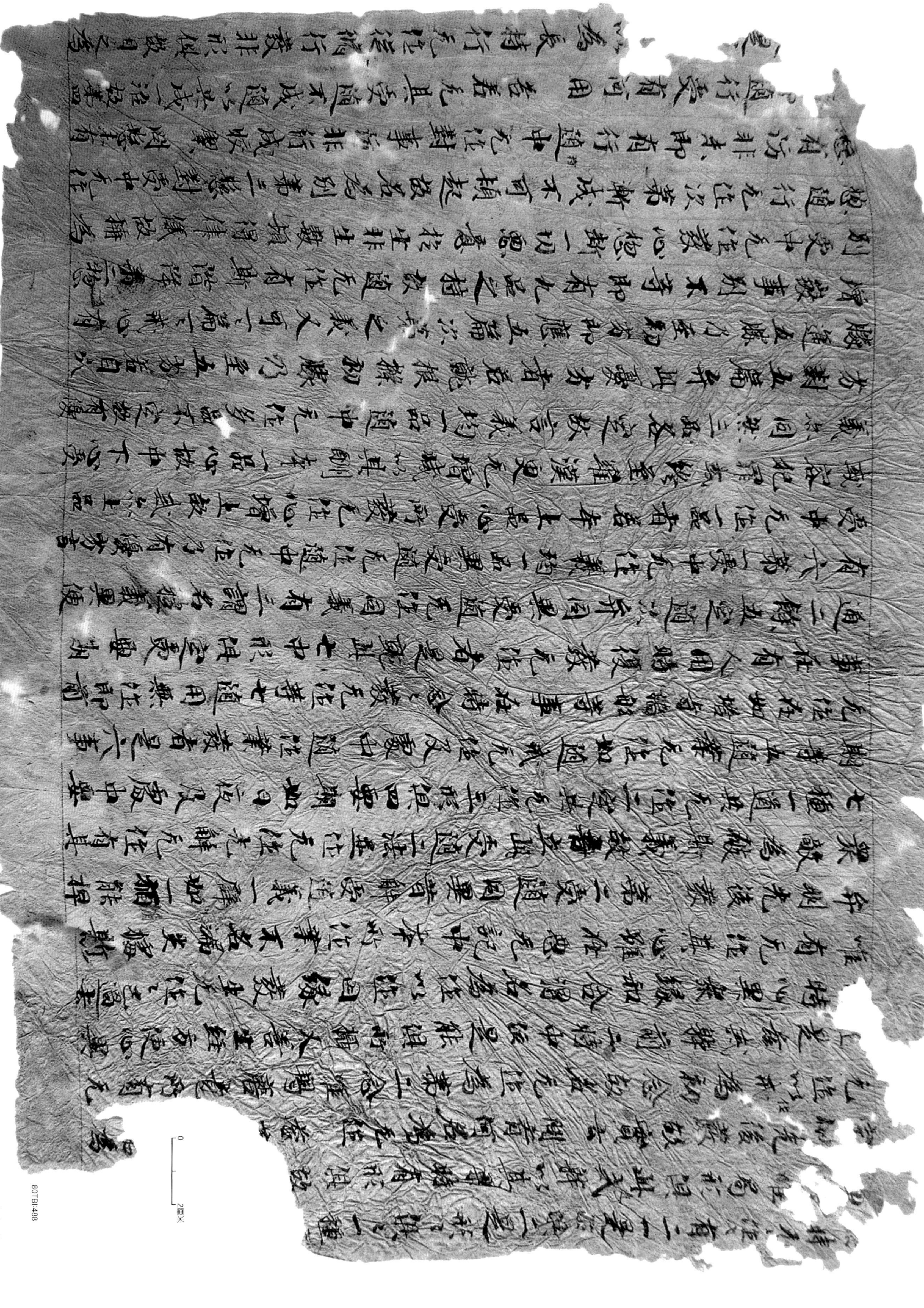

80TBI:488

0 2厘米

《中華大藏經》
《大正新修大藏經》第八五册　第五七〇頁　上—中欄

□時无作无作有二一是作俱二是形俱形俱一種□
□唯局形俱此戒[一]躰以其果時有形俱故□
宗以先後發故實云問齊何名爲无作答□爲
无作以作戒爲初念故名无作爲第二念唯羯磨竟所有无
□是玆戒躰前二時中位是能俱所攝又善生經方便心異
□時心異衆緣和合得名爲作以作因緣發生無作作已過去
唯有无作其心雖在惡无記中本所作業不名漏失據斯
弁明先後發第二受隨同異昔解受隨義一譬如一楯能捍
衆敵爲破斯義故立此受隨二法並作无作先解无作有其
七種一道共无作二定共无作三形俱四要期如日夜及處中要
期等五隨業无作如隨戒无作及處中隨作業發者是六事
无作在如塔寺橋船等事在時念念發无作等七隨用无作即前
事在有人用時復發无作者是就此七中形俱定受要期
通二餘五定隨次弁同異受隨无作同義有三謂名體義異便
有六第一受中无作義均一品異[二]受隨无作隨中无作乃有優劣言
受中无作一品者若本上品心受所發无作心增上故戒亦上品
或容犯罪或終至羅漢更无增減以其酬本一品心故中下心受
義亦同然三品各定故言義均一品隨中无作多品不定故有[三]優
劣對五篇弁此憂劣若就根條初勝乃至五劣若自分
勝進五勝乃至[四]初劣即應五篇次第之義又可一一篇一一戒心有
增嶶事别不等即有九品之持故隨无作有斯階降第二總
别受中无作發心總斷一切惡意於生非生數頓得律儀故稱爲
總隨行无作次第漸成不可頓起故名爲别第三懸對受中无作
懸有防非未即有行隨中无作對事防非行成皎潔　問懸未有
□隨行受有何用　答若无其受隨不成隨以共成一治故第四
□是□以爲長[五]持行无作從修行發非形俱故目之爲

〔一〕「此戒」字，今本作「此是戒」。
〔二〕今本無「異受隨無作」。
〔三〕「有」字，今本無「有」字。
〔四〕「至」字，今本無「至」字。
〔五〕「時」字，今本作「隨」字。

第五有□有□中无作通道三二解唯善故无作者解非□

尔此據對性分別受隨俱善餘二並狹合約有无有通□

是形俱通在餘二性中故說為寬隨是作俱等局善性中所以言

狹此就一心自作為言若先後心及以教人餘二性中隨亦通有

如教相所詮犯不犯中亦同此狹□犯行中无不犯行若通就先

後心及教人犯行中亦有不犯行此即受隨俱寬作此解者然

用約以為三善為善性俱狹受隨同善性故若隨中教人等

□故若以自作隨行對受分別方有寬狹此准

□若依實□□不別□長短然復受中无

其於二種以道□作寬長故尒第六受是

作因果因義有五謂名體義寬狹□

品多品二總別之亦懸對四亦根攝比說可

解受隨義一□三□發戒緣者若依

□□□□全故若准惠宗

80TBI:489

0 2厘米

《中華大藏經》

《大正新修大藏經》第八五册　第五七〇頁　中—下欄

短第五有□者受中无作通三躰唯善隨无作者躰非□
兩此據尅性分別受隨俱善餘二並狹今約有无有〔一〕通受不□
是形俱通在餘二性中故說爲寬隨是作俱等局善性中所以言
狹此就一心自作爲言若先後心及以教人餘二性中隨亦通有
如教相所詮犯不犯中亦同此狹故犯行中无不犯行若通就先
後心即教人犯行中亦有不犯行此即受隨俱寬作此解者然
須約以爲三若局善性俱狹受隨同善性故若隨中〔二〕教人等
□故若以自作隨行對受分別方有寬狹此准
□若〔三〕依實論不別□長短然後受中無作
□具於二種以道无作寬長〔四〕故尔第六受是根
□作同異同義有五謂名體義寬狹長
□品多品二惣別三亦懸對四〔五〕亦根條比說可
□解受隨義一〔六〕　第三弁發戒緣者若依□
□生故若准德宗□

〔一〕今本無「有」字。
〔二〕今本無「中教」二字。
〔三〕「依實」，今本作「實依」。
〔四〕今本無「故」字。
〔五〕今本無「亦」字。
〔六〕今本無「一」字。

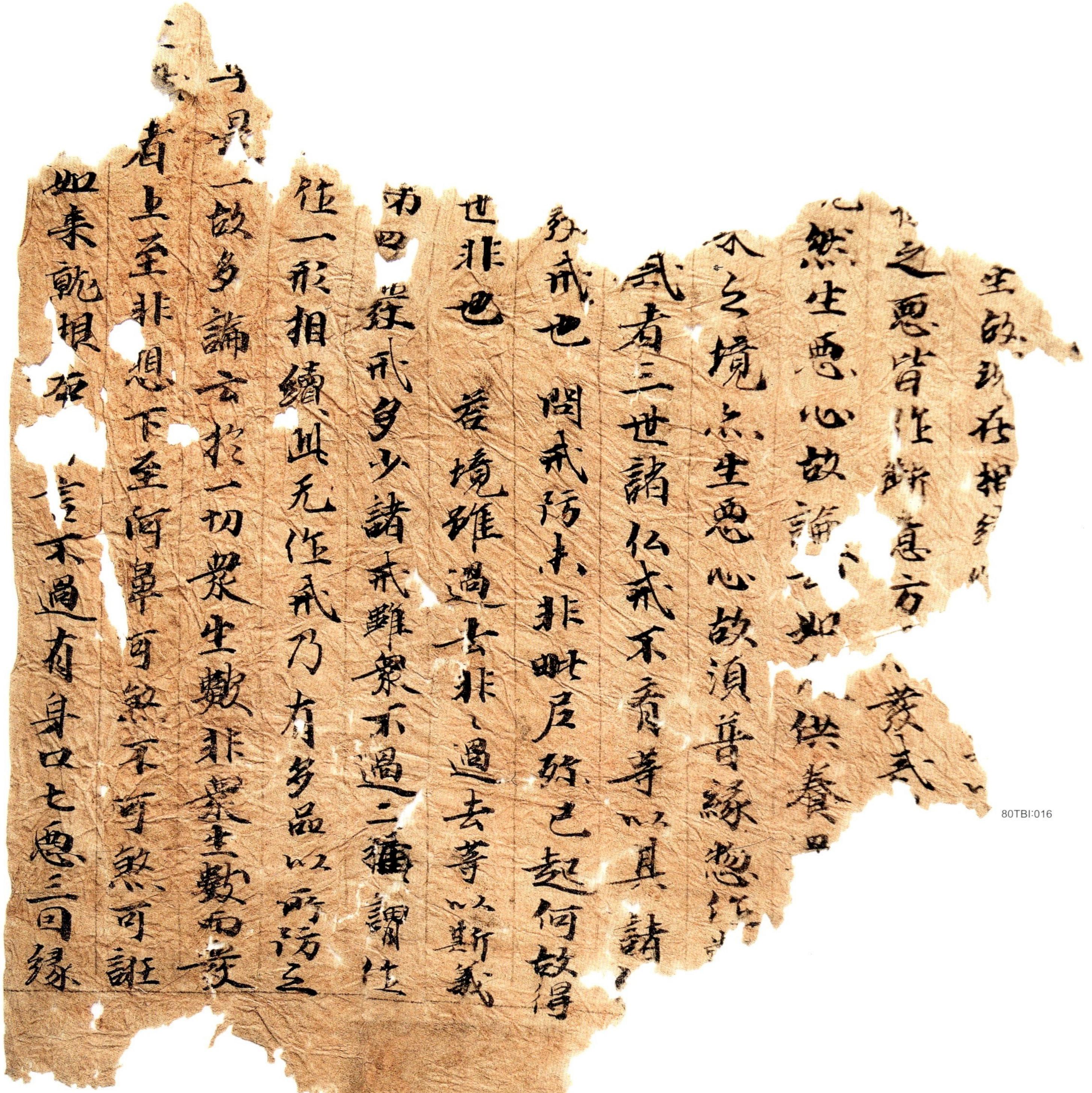

80TBI:016

四九〇　四分戒本疏（卷一）

《中華大藏經》

《大正新修大藏經》第八五册　第五七〇頁 下欄—第五七一頁 上欄

□生故現在相□
□之惡皆作断意方□發戒
□然[一]生惡心故論□如□供養□
□來之境亦生惡心故須普緣惣作□
□戒者三世諸仏戒不齐等以其諸□
□發戒也　問戒防未非毗尼殄已起何故得
□世非也　答境雖過去非非過去等以斯義
□第四發戒多少諸戒雖衆不過二種謂作
□作一形相續此无作戒乃有多品以所防之
□□是一故多論云於一切衆生數非衆生數而發
□者上至非想[二]下至阿鼻可煞[三]不可煞[四]可誑
□如來就根本□言不過有身口七惡三因緣

〔一〕「然」字，今本作「能」字。
〔二〕「想」字，今本作「相」字。
〔三〕「煞」字，今本作「殺」字。
〔四〕今本無「不可煞」。

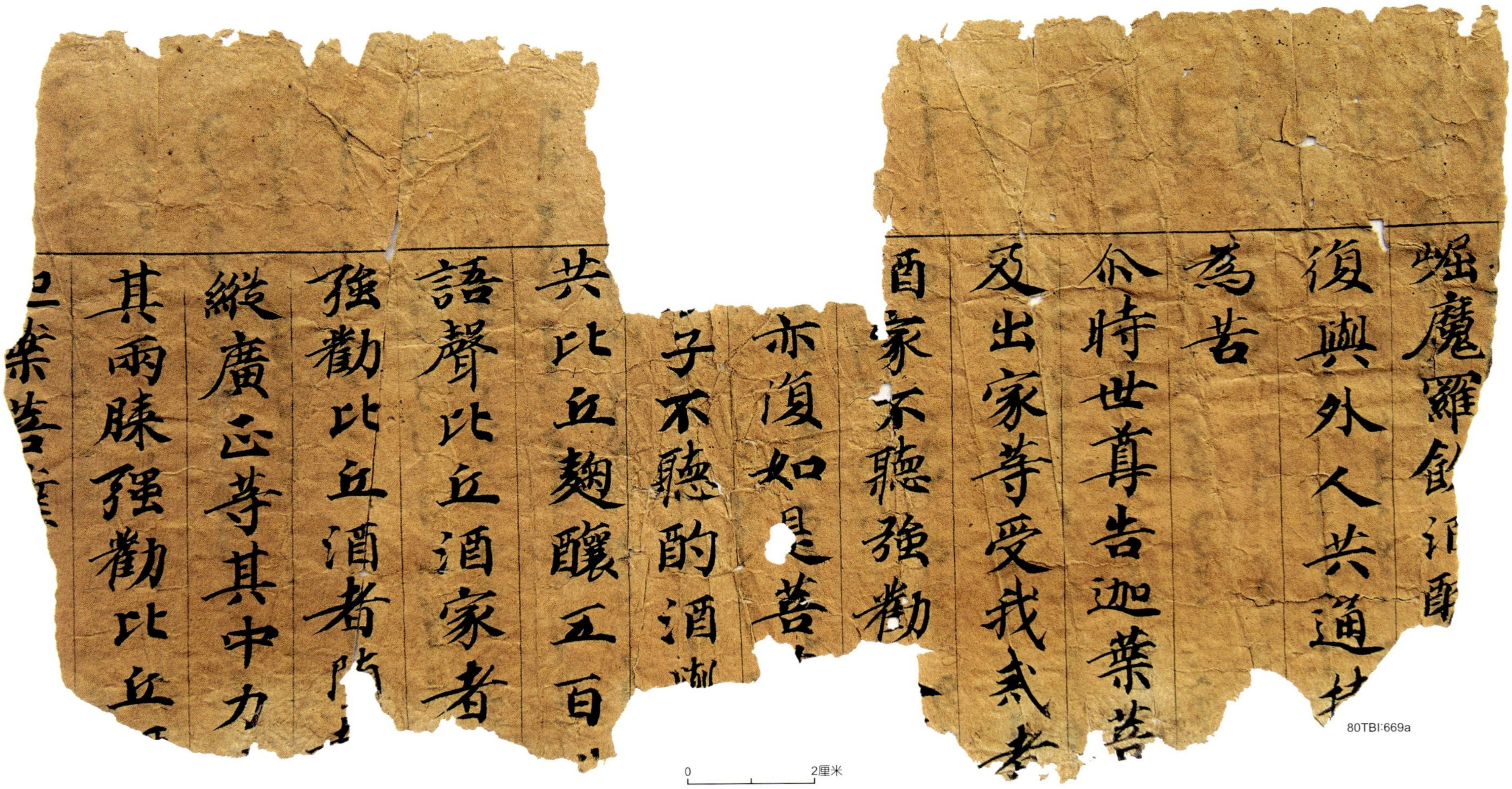

80TBI:669a

四九一　大方廣華嚴十惡品經

《中華大藏經》

《大正新修大藏經》第八五册　第一三六〇頁　上欄

崛魔羅飲酒醉

復與外人共通持

爲苦

尒時世尊告迦葉菩

及出家等受我戒者

酒家不聽强勸

□亦復如是菩

□子不聽酌酒與

共比丘麴釀五百

語聲比丘酒家者

强勸比丘酒者墮

縱廣正等其中力

其兩膝强勸比丘

迦葉菩

〔一〕本片背面即80TBI:669b爲回鶻文寫本。

80TBI:301

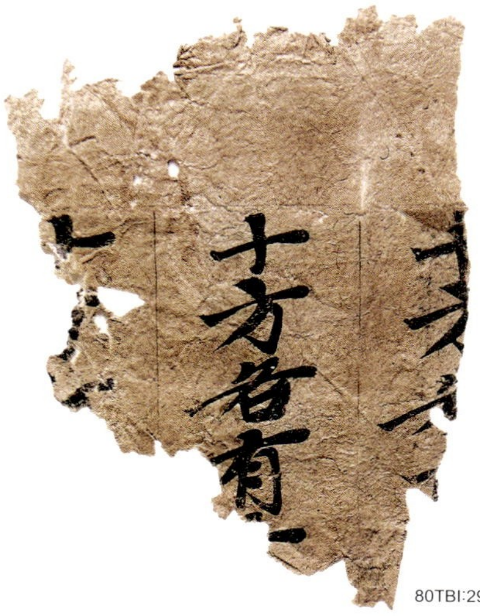
80TBI:291

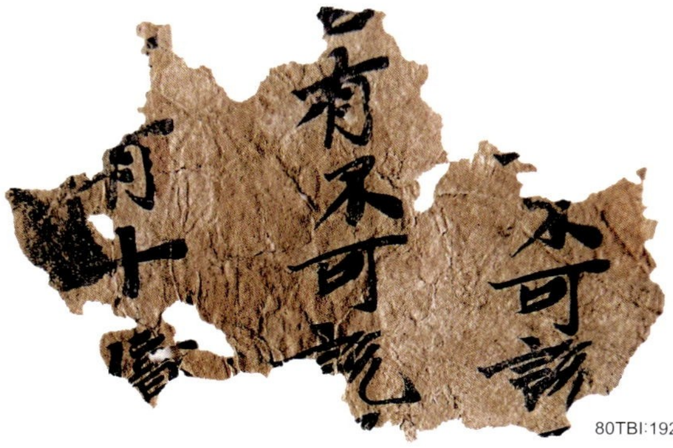
80TBI:192

四九二　妙法蓮花經馬明菩薩品第三十

《中華大藏經》

《大正新修大藏經》第八五册　第一四二七頁　下欄

□□或星西方太白

四九三　現在十方千五百佛名並雜佛同號

《中華大藏經》

《大正新修大藏經》第八五册　第一四四八頁　下欄

十方各有□

十方各有□

十方各□

四九四　現在十方千五百佛名並雜佛同號

《中華大藏經》

《大正新修大藏經》第八五册　第一四四八頁　下欄

□不可説□

□有不可説□

□有十億□

道

藏

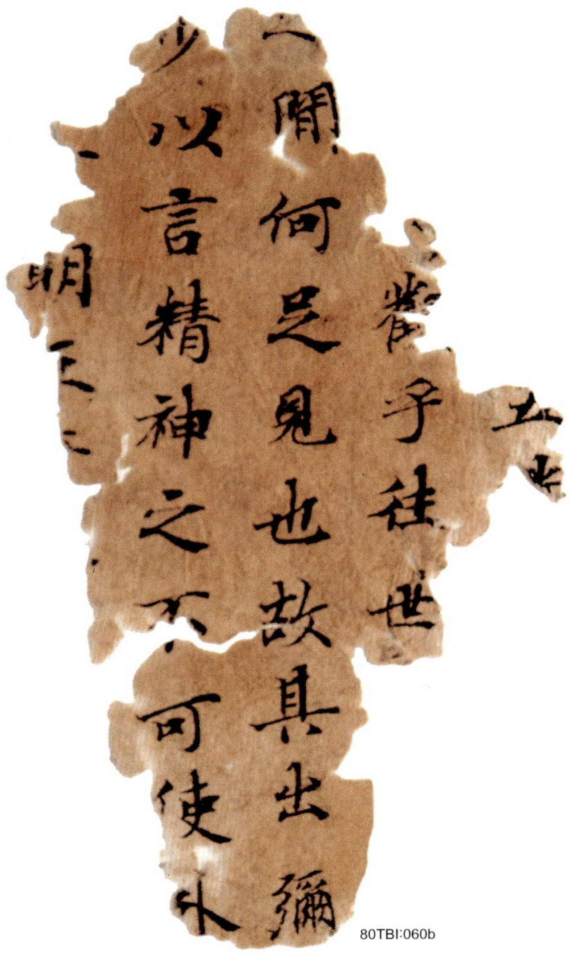

80TBI:060b

0　2厘米

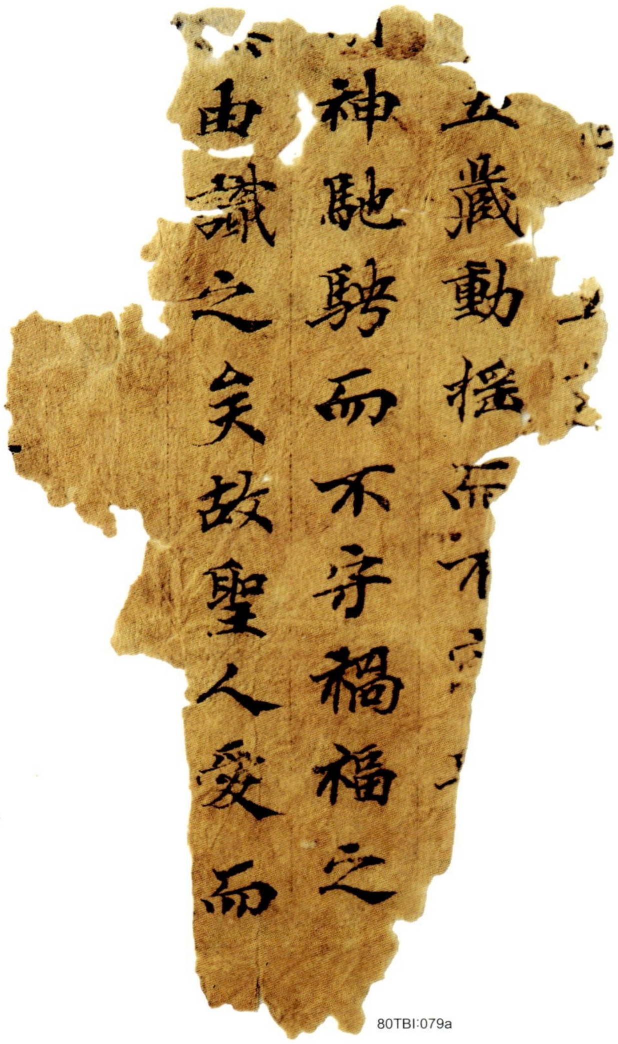

80TBI:079a

0　2厘米

四九五　道藏《通玄真經》（卷三）《九守篇》殘片

《道藏》第一六册　第八三八頁　下欄

五藏動搖而

神馳騁而不守禍福之

由識之矣故聖人愛而

〔一〕本片可與80TBI:060b拚接，見拚合圖六一。其背面即80TBI:079b未定名，參見未定名列表序號一四。

四九六　道藏《通玄真經》（卷三）《九守篇》殘片

《道藏》第一六册　第八三八頁　下欄

五藏

觀子往世

之間〔一〕何足見也故其出彌

少以言精神之不可使外

明五

〔一〕「間」，今本作「門」。

〔二〕本片可與80TBI:079a拚接，見拚合圖六一。其另面即80TBI:060a未定名，參見未定名列表序號一三。

世俗文書

80TBI:131

0 2厘米

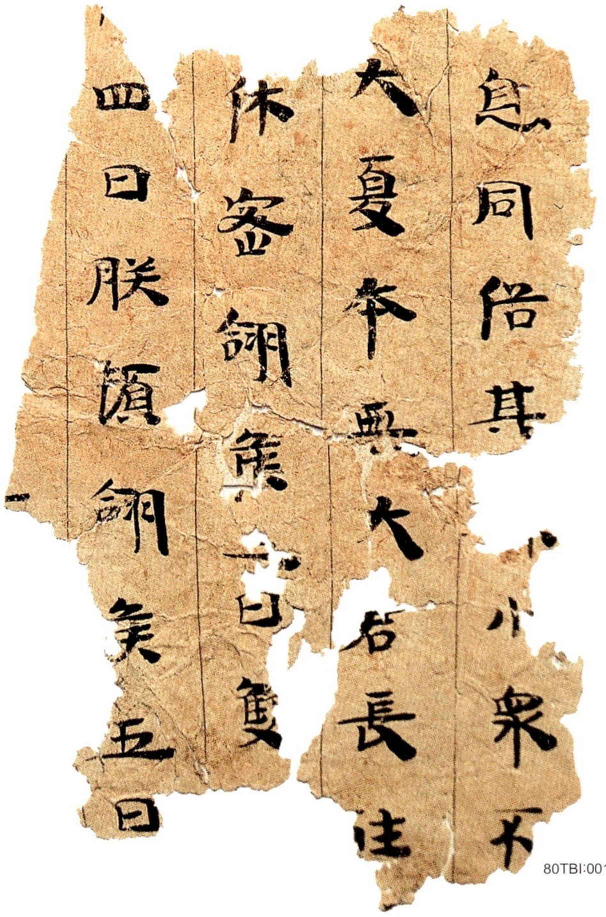
80TBI:001a

0 2厘米

四九七　高昌國高崇息乾茂等寫經題記

□高崇息乹茂文煥乹秀文遷文楷文[朥]文□

□金剛般若一部□

四九八　晉寫本東漢荀悅撰《前漢紀》《前漢孝武皇帝紀》殘卷

□息同俗其[餘][小]衆不□

□大夏本無大[君]長往□

□休密翎侯[二]曰雙□

□四曰朕頓翎侯五曰□

〔一〕本片背面即80TBI:001b未定名。參見未定名列表序號三六。

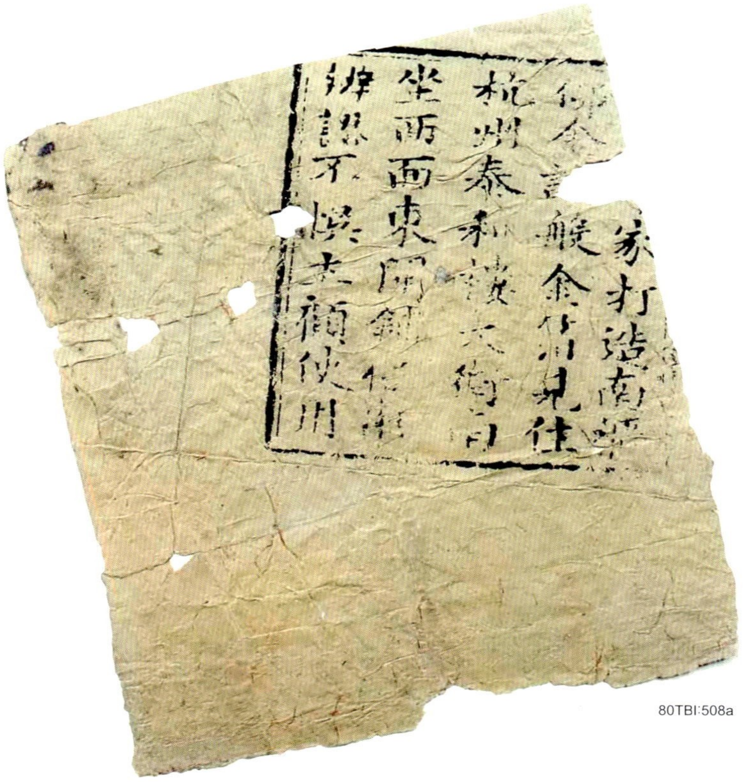

80TBI:508a

0　2厘米

四九九　元代杭州金箔鋪裹貼紙

□□□家打造南無
佛金諸般金箔見住
杭州泰和樓大街南
坐西面東開鋪□□
辨認不悮主顧使用

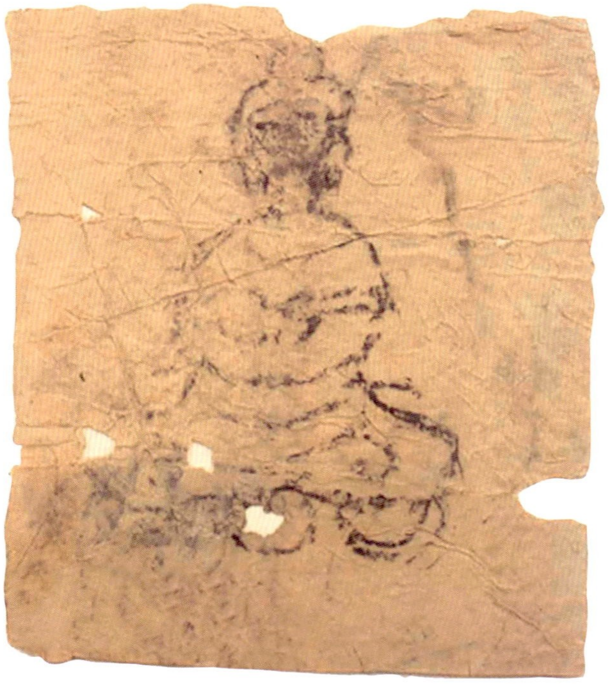

80TBI:508b

0　2厘米

五〇〇　元代杭州金箔鋪裹貼紙背面小佛像

80TBI:725

0　2厘米

五〇一　唐高昌縣户籍

□壹歲[一]□

[一] 壹下有朱印文，爲「高昌縣之印」上半部。

吐魯番學研究叢書　甲種本之一

吐魯番柏孜克里克石窟出土漢文佛教典籍

新疆維吾爾自治區吐魯番學研究院
武漢大學中國三至九世紀研究所
編著

文物出版社

拼合圖

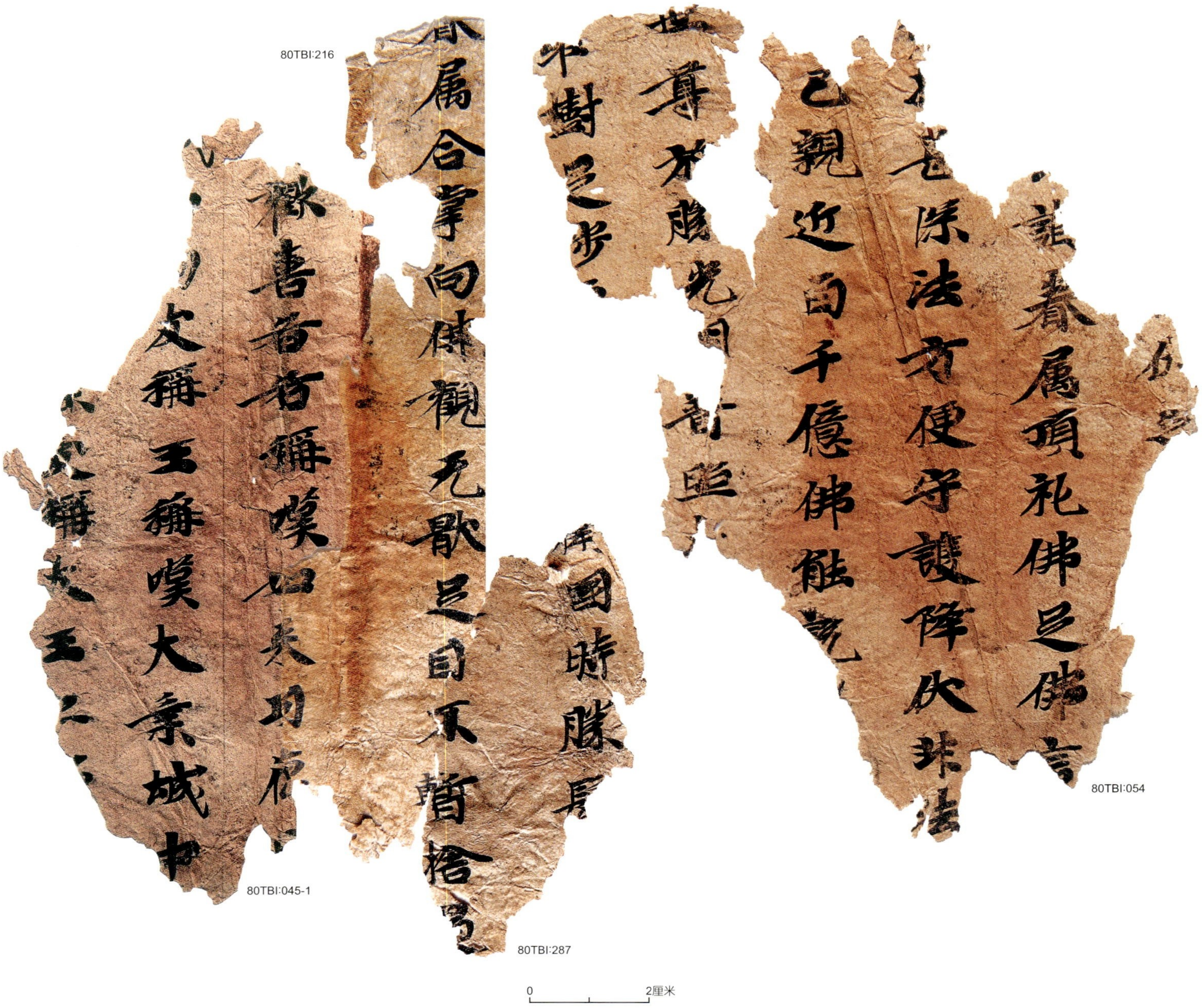

拼合圖一 勝鬘師子吼一乘大方便方廣經勝鬘章第一五

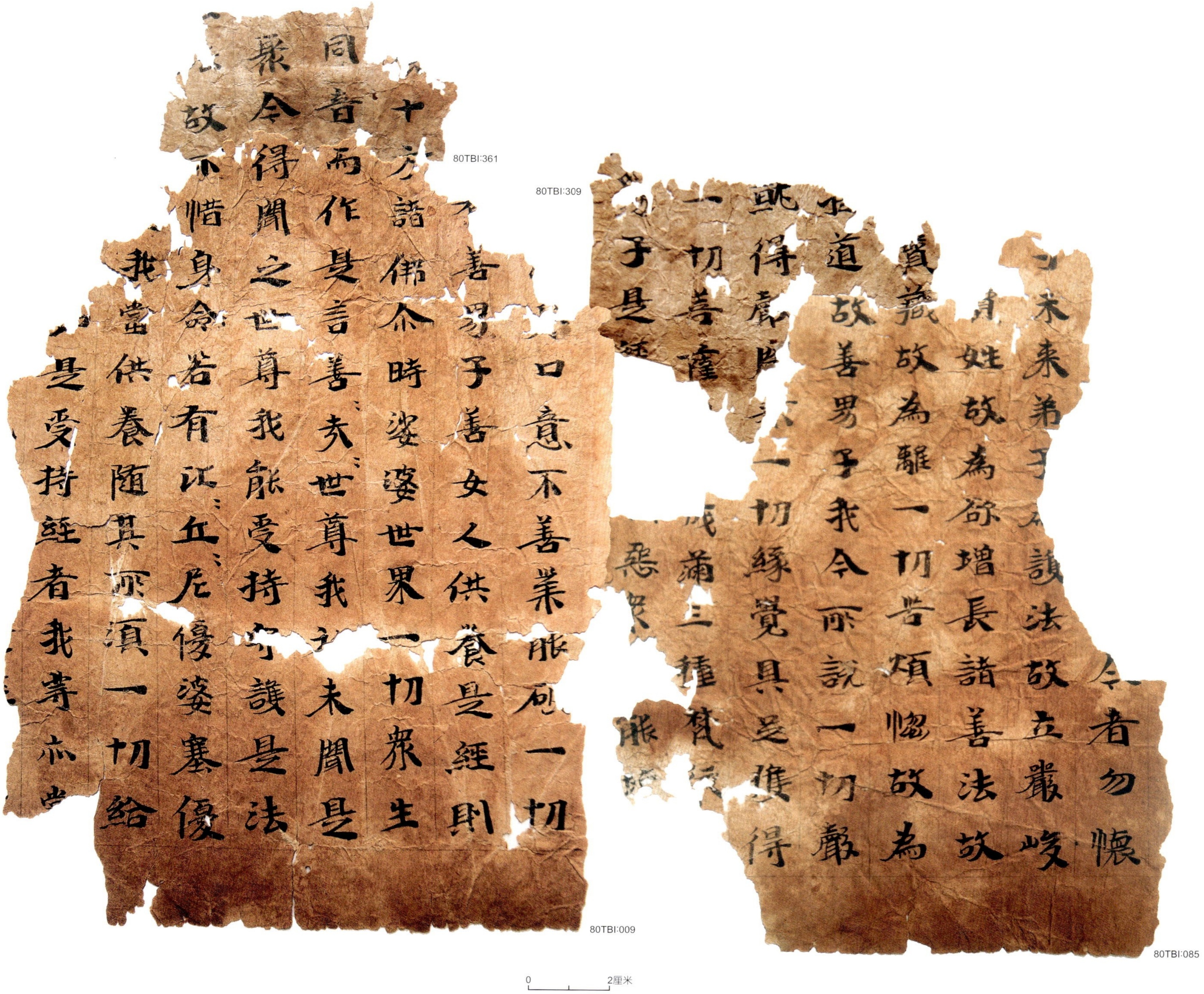

拼合圖二　大方等大集經（卷二四）虛空目分中大衆還品第一〇

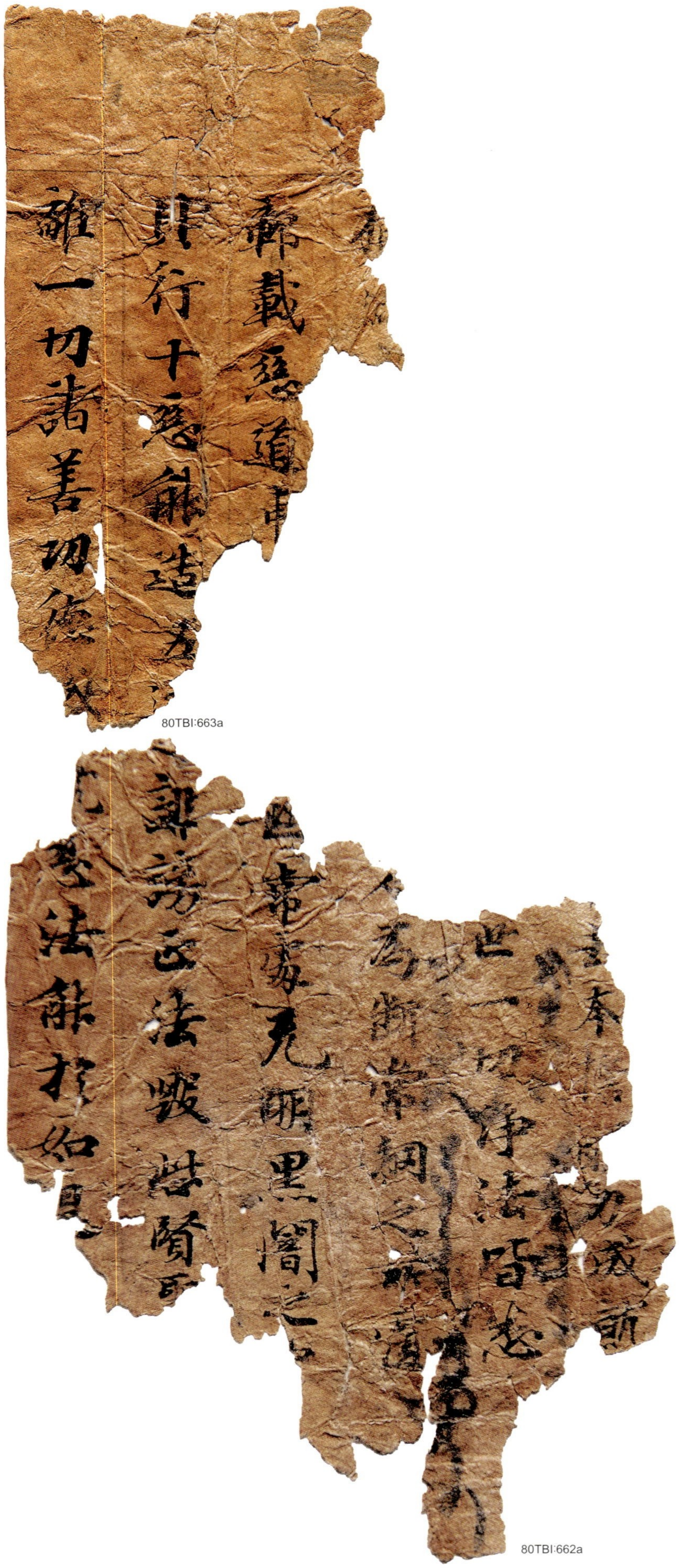

拚合圖三　大方廣十輪經（卷二）發問本業斷結品第三

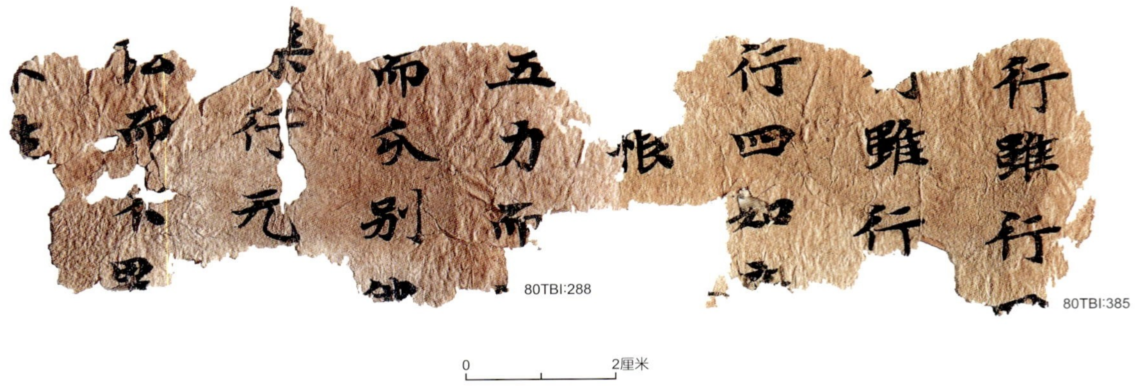

拚合圖四　維摩詰所説經（卷中）文殊師利問疾品第五

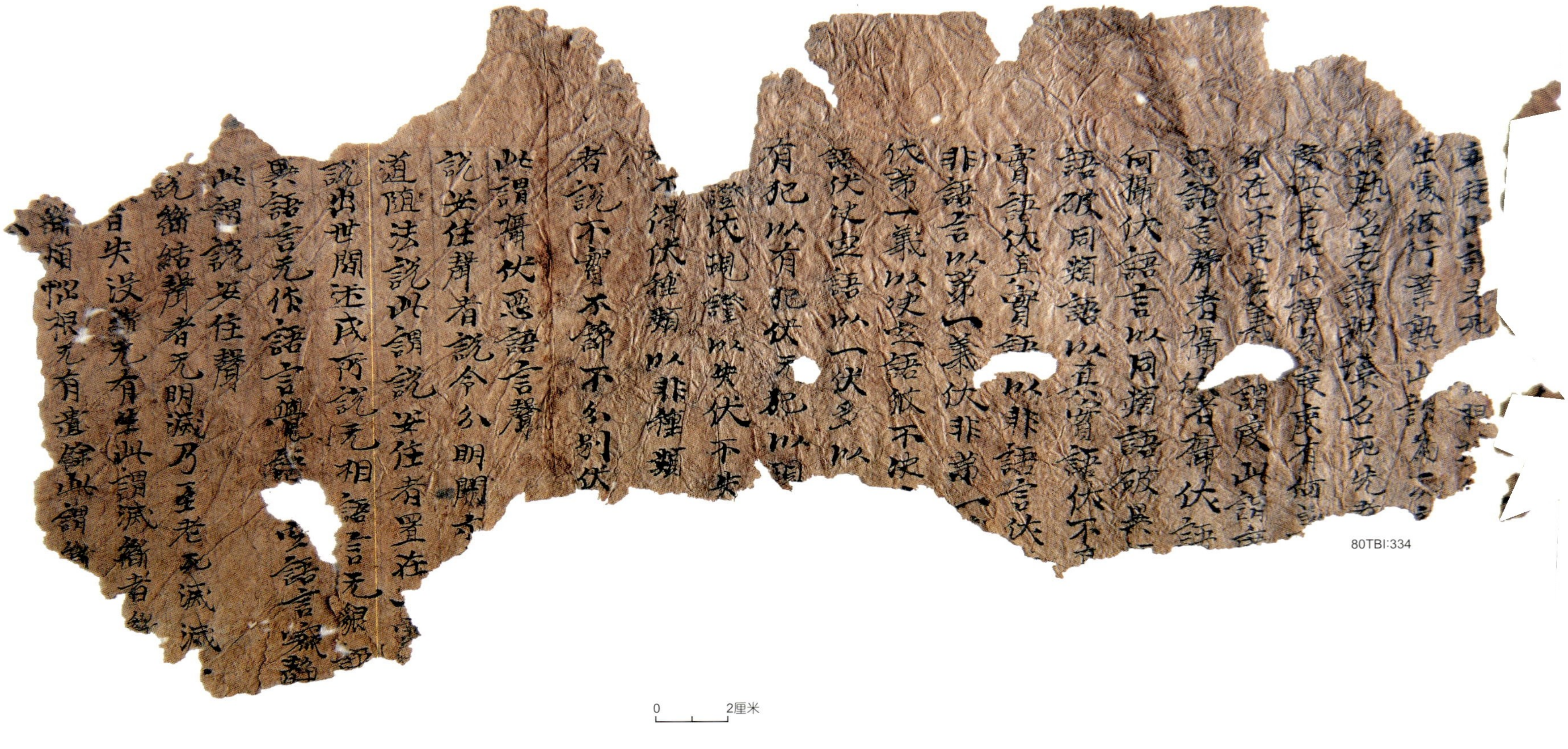

拚合圖五　文殊師利問經（卷上）字母品第一四

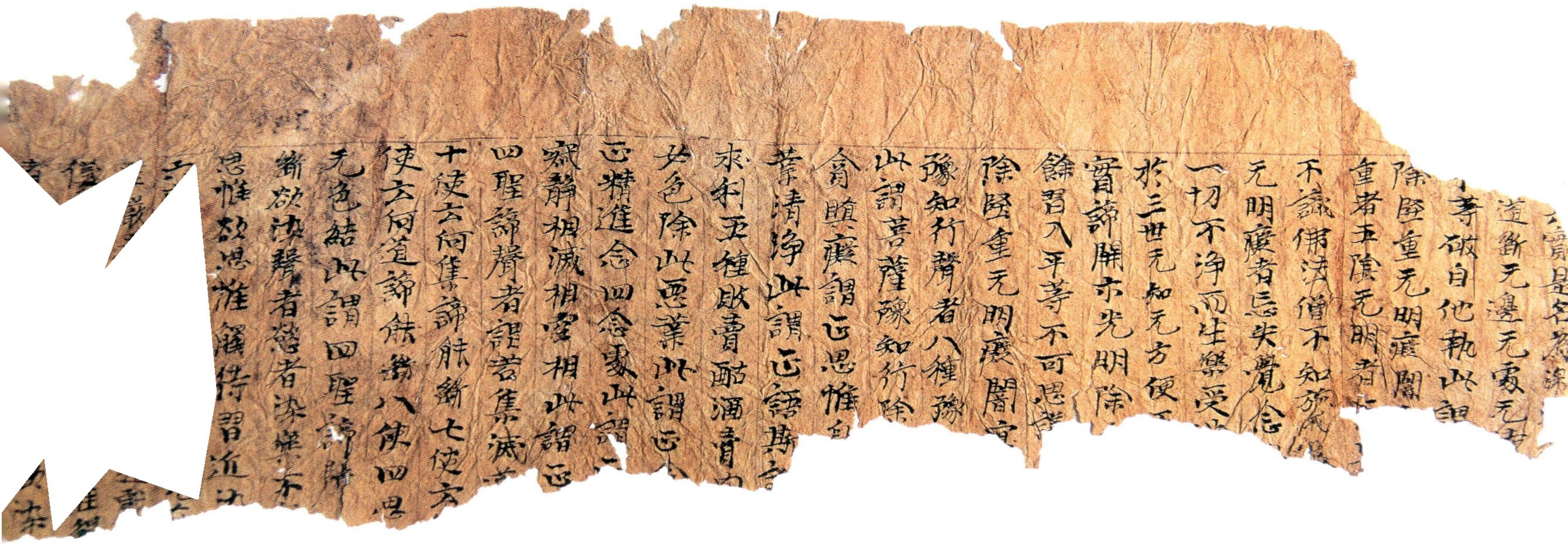
實是名為染
道斷无邊无處无
等破自他執此細
除堅重无明癡闇
重者五陰无明者
不識佛法僧不知施
无明癡者忘失覺念
一切不淨而生樂受
於三世无知无方便
實諦開示光明除
餘習入平等不可思
除堅重无明癡闇
緣知行聲者八種緣
此謂菩薩緣知行除
貪瞋癡謂正思惟
業清淨此謂正語
求利五種邪命酤酒
女色除此惡業此謂正
正精進念四念處此謂
寂靜相滅相空相此謂正
四聖諦聲者謂苦集滅
十使云何集諦能斷七使云
使云何道諦能斷八使四思
无色結此謂四聖諦聲
斷欲染聲者染者染樂
思惟数思惟觀行習近

80TBI:0C

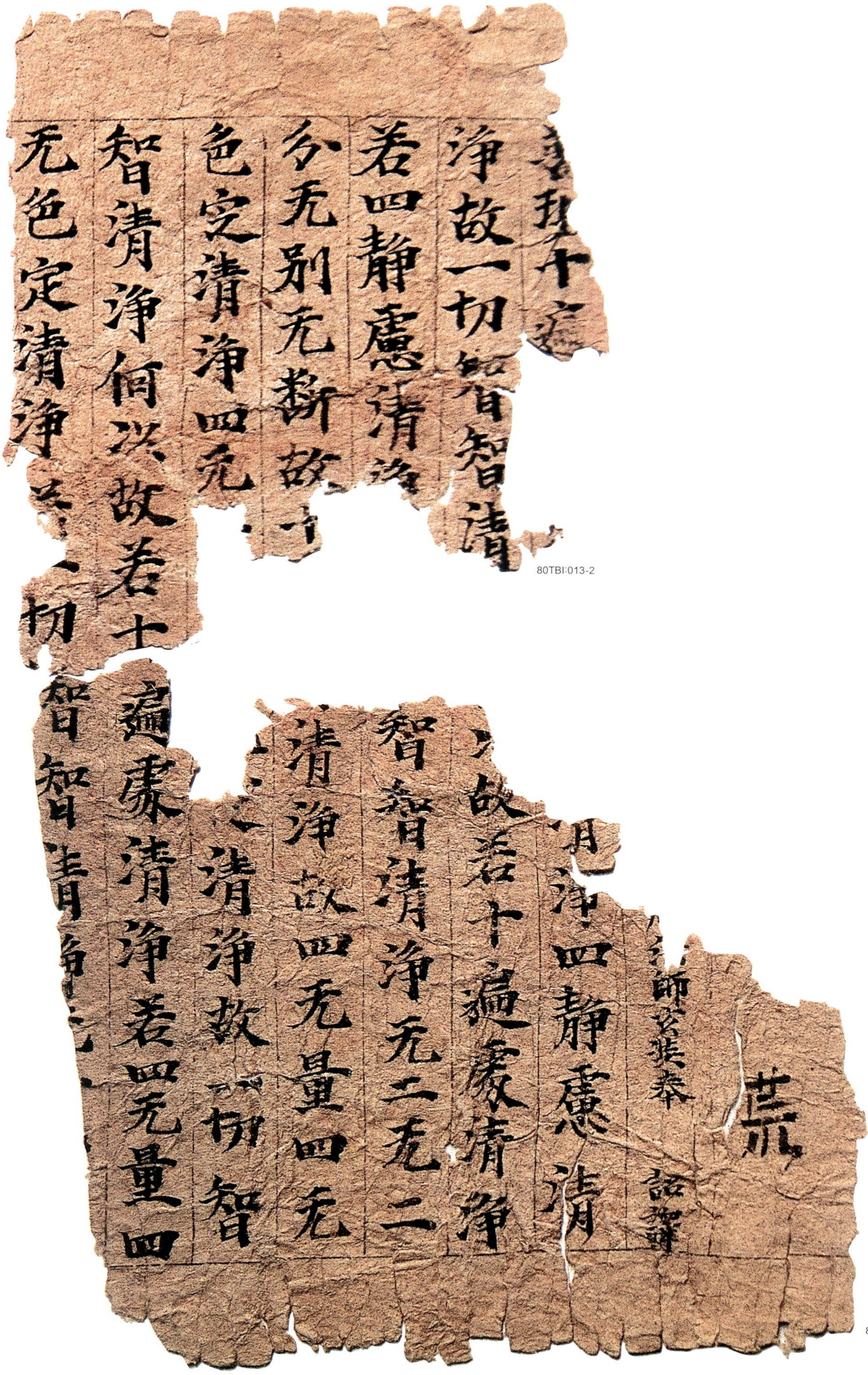

處故十遍
淨故一切智智清
若四靜慮清淨
分无別无斷故十
色定清淨四无
智清淨何以故若十
无色定清淨若一切

80TBI:013-2

荒
法師玄奘奉 詔譯
淨四靜慮清
故若十遍處清淨
智智清淨无二无二
清淨故四无量四无
清淨故一切智
遍處清淨若四无量四
智智清

80TBI:013-1

0 2厘米

拚合圖六 大般若波羅蜜多經（卷二二八）初分難信解品第三四之四七

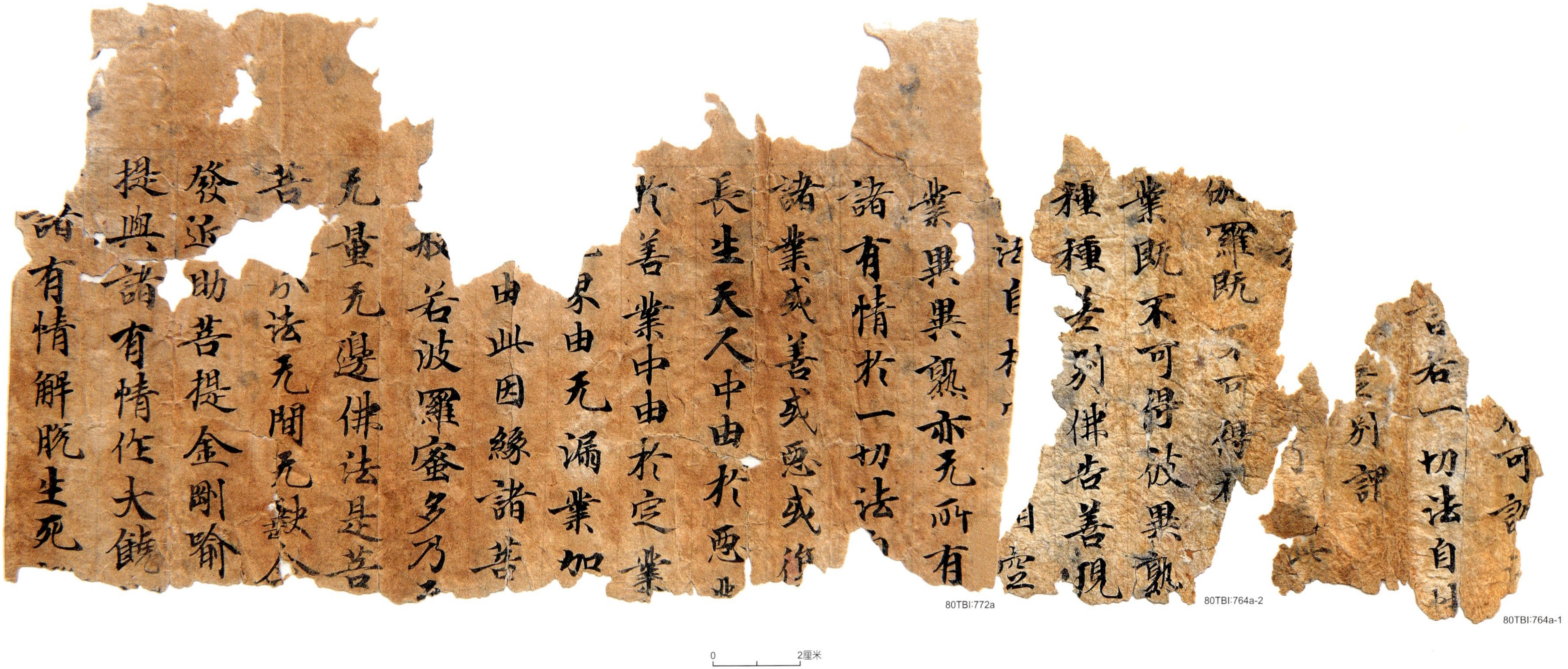

拼合圖七 大般若波羅蜜多經（卷五三六）第三分宣化品第三一之一

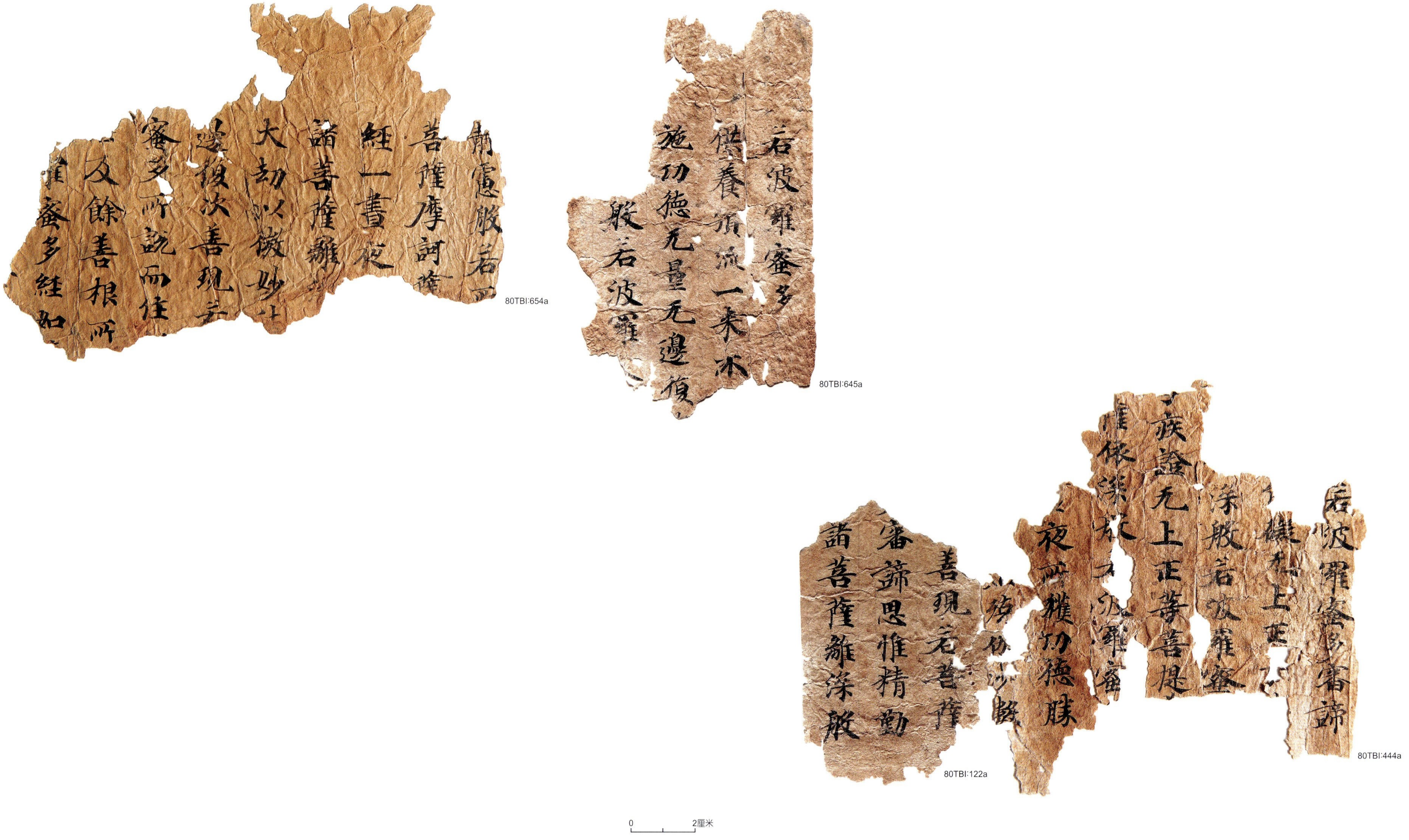

拼合圖八 大般若波羅蜜多經（卷五四九）第四分空相品第一八之一

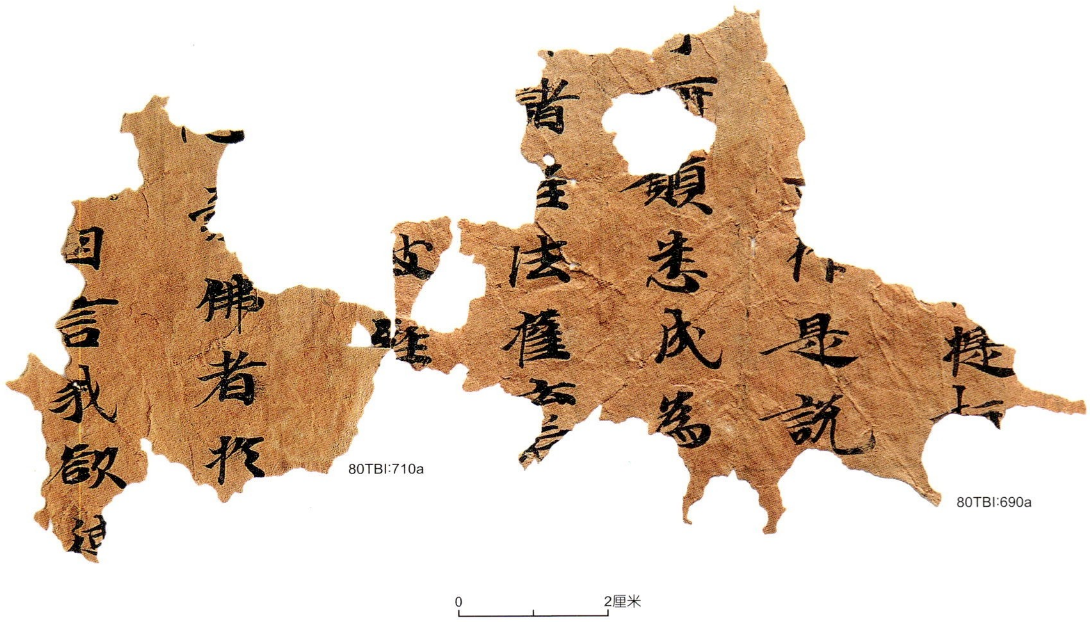

拚合圖九　道行般若經（卷八）摩訶般若波羅蜜道行經守行品第二三

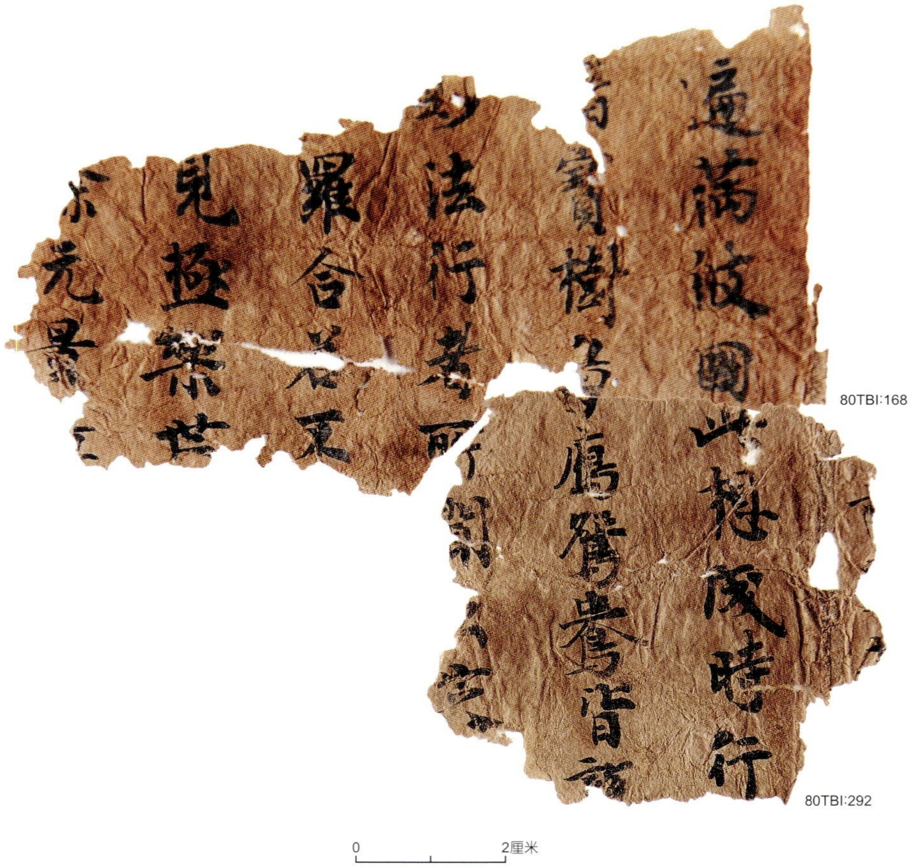

拚合圖一〇　佛説觀無量壽佛經

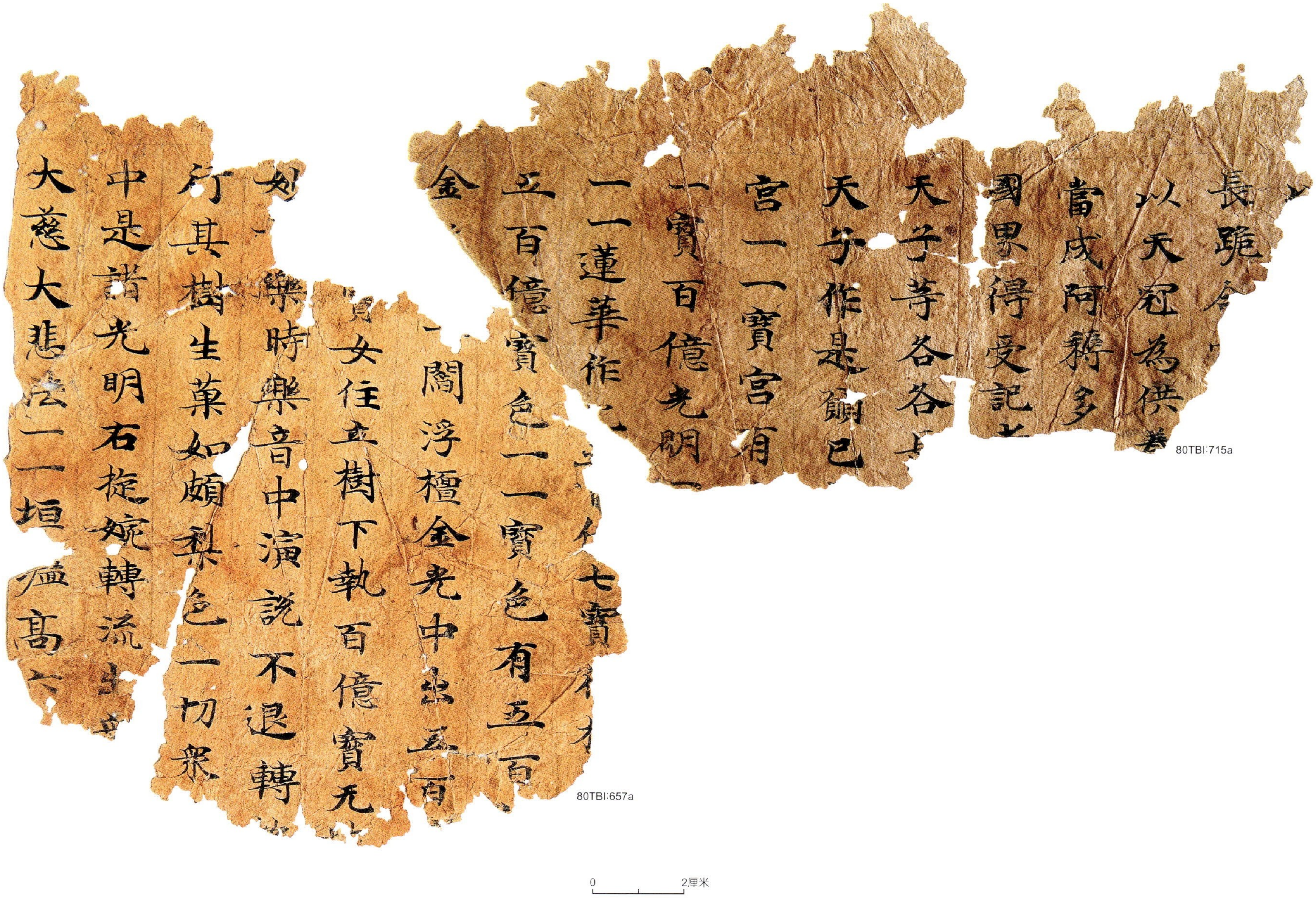

拚合圖一一　佛説觀彌勒菩薩上生兜率天經

拼合圖一二　佛說觀彌勒菩薩上生兜率天經

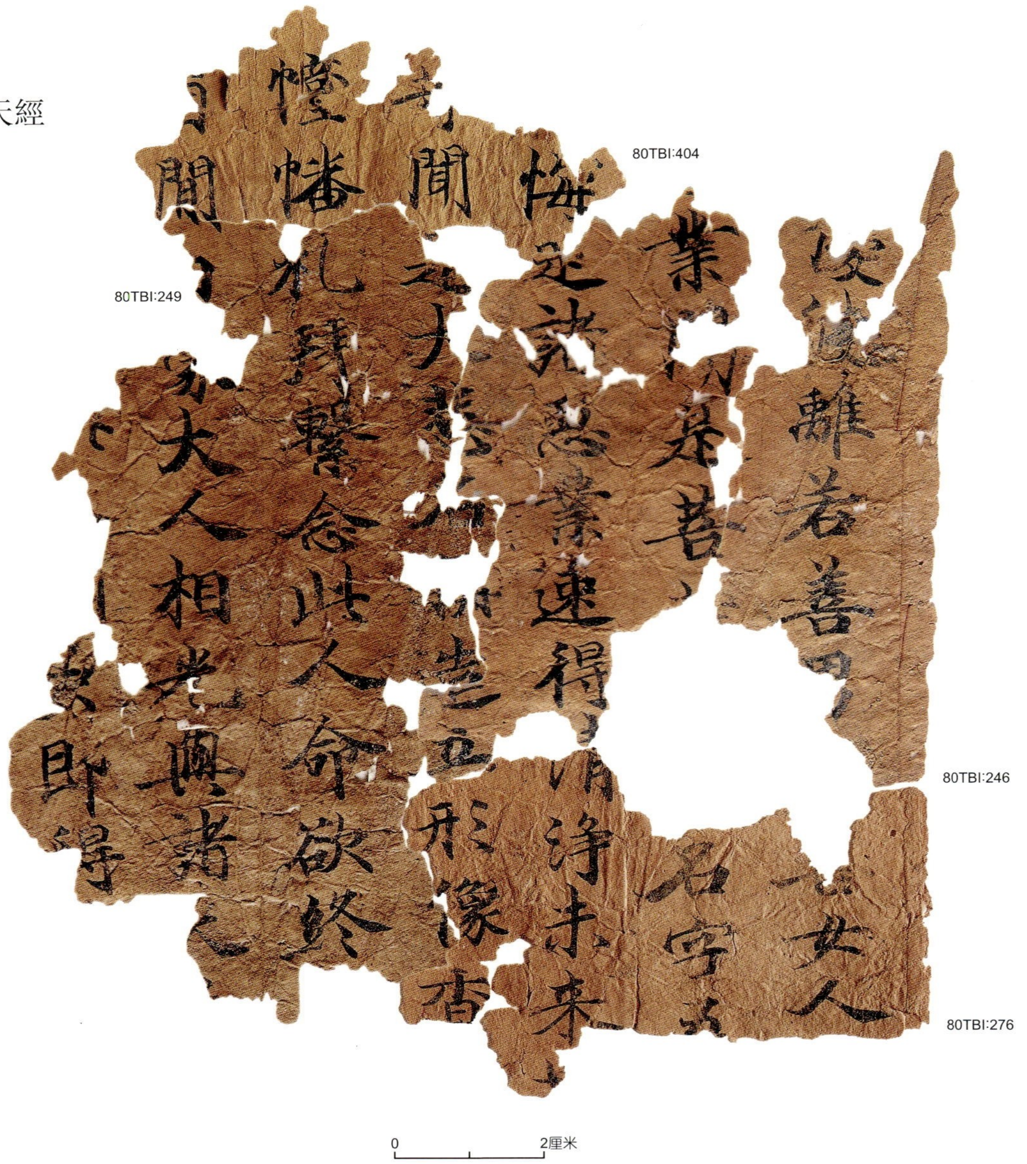

拼合圖一三　大般涅槃經（卷二）壽命品第一之二

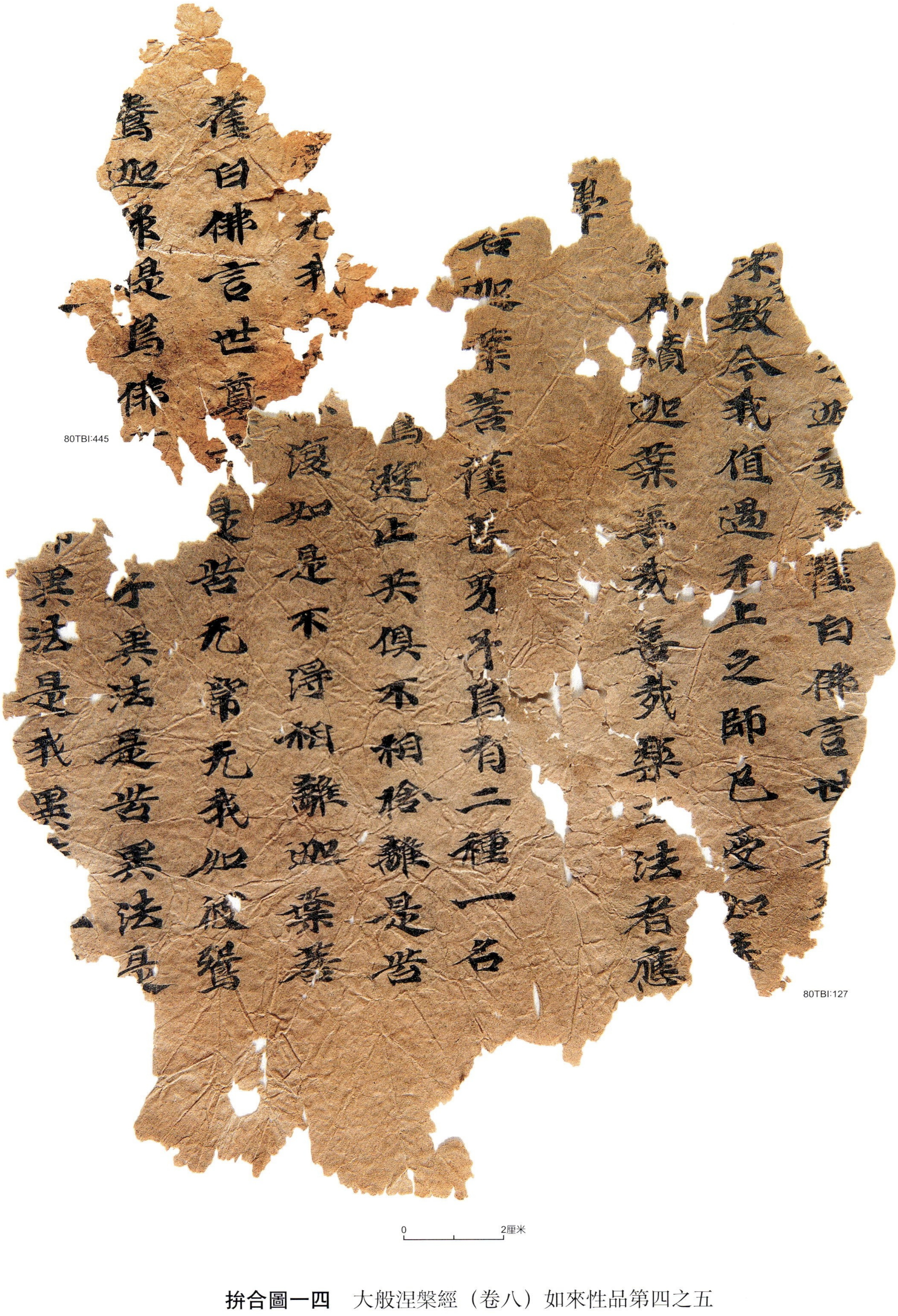

拼合圖一四　大般涅槃經（卷八）如來性品第四之五

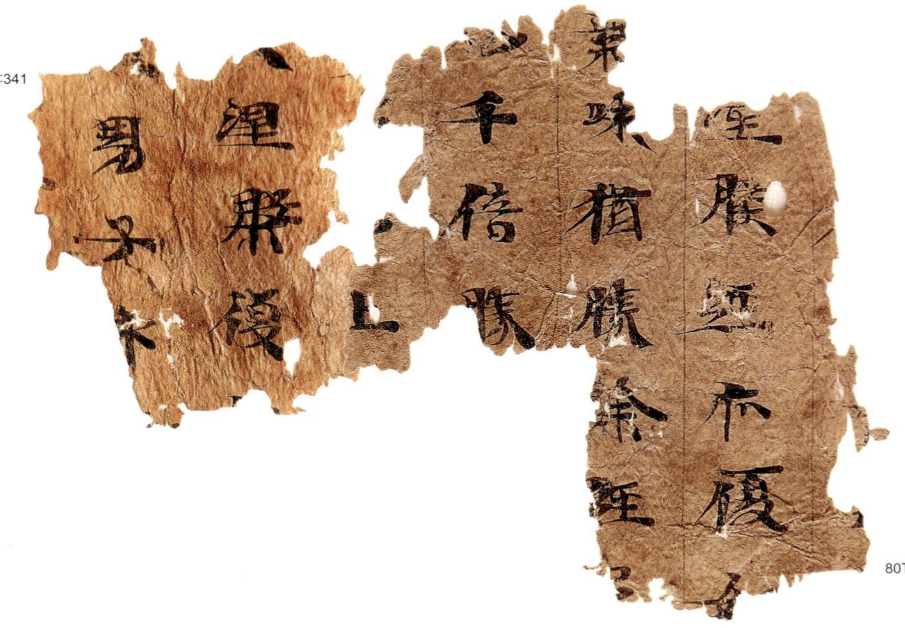

拚合圖一五　大般涅槃經（卷九）如來性品第四之六

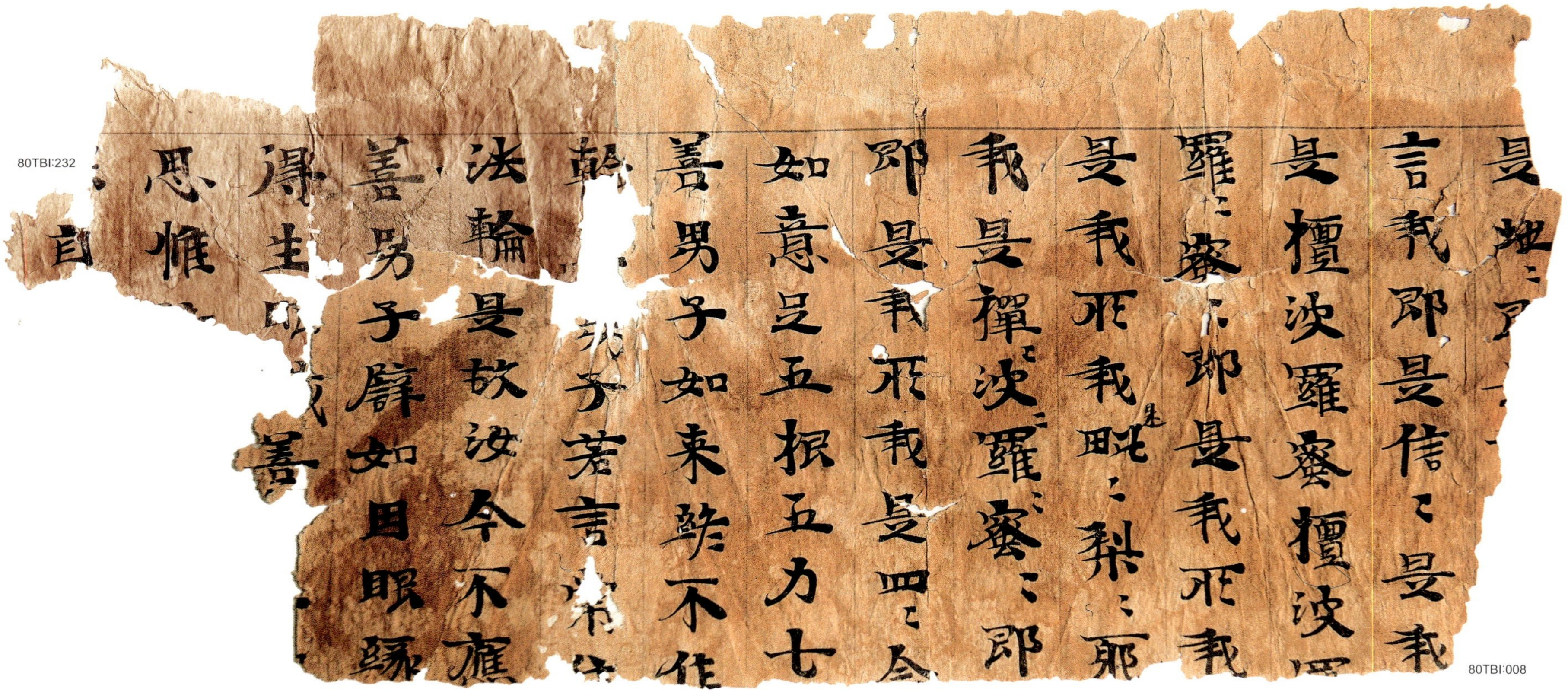

拚合圖一六　大般涅槃經（卷一四）聖行品第七之四

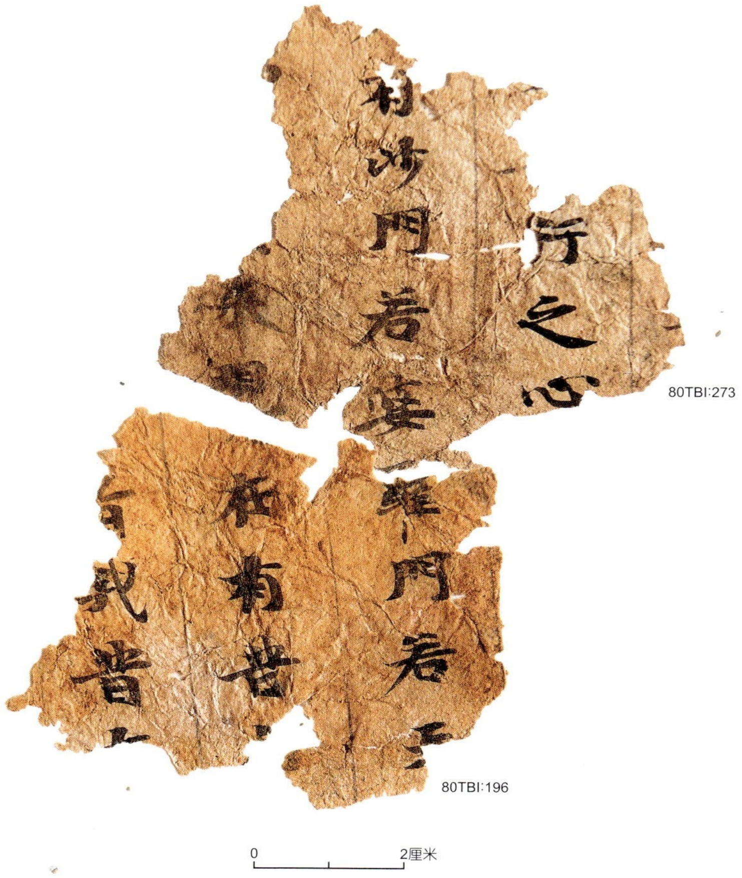

拼合圖一七　大般涅槃經（卷一七）梵行品第八之三

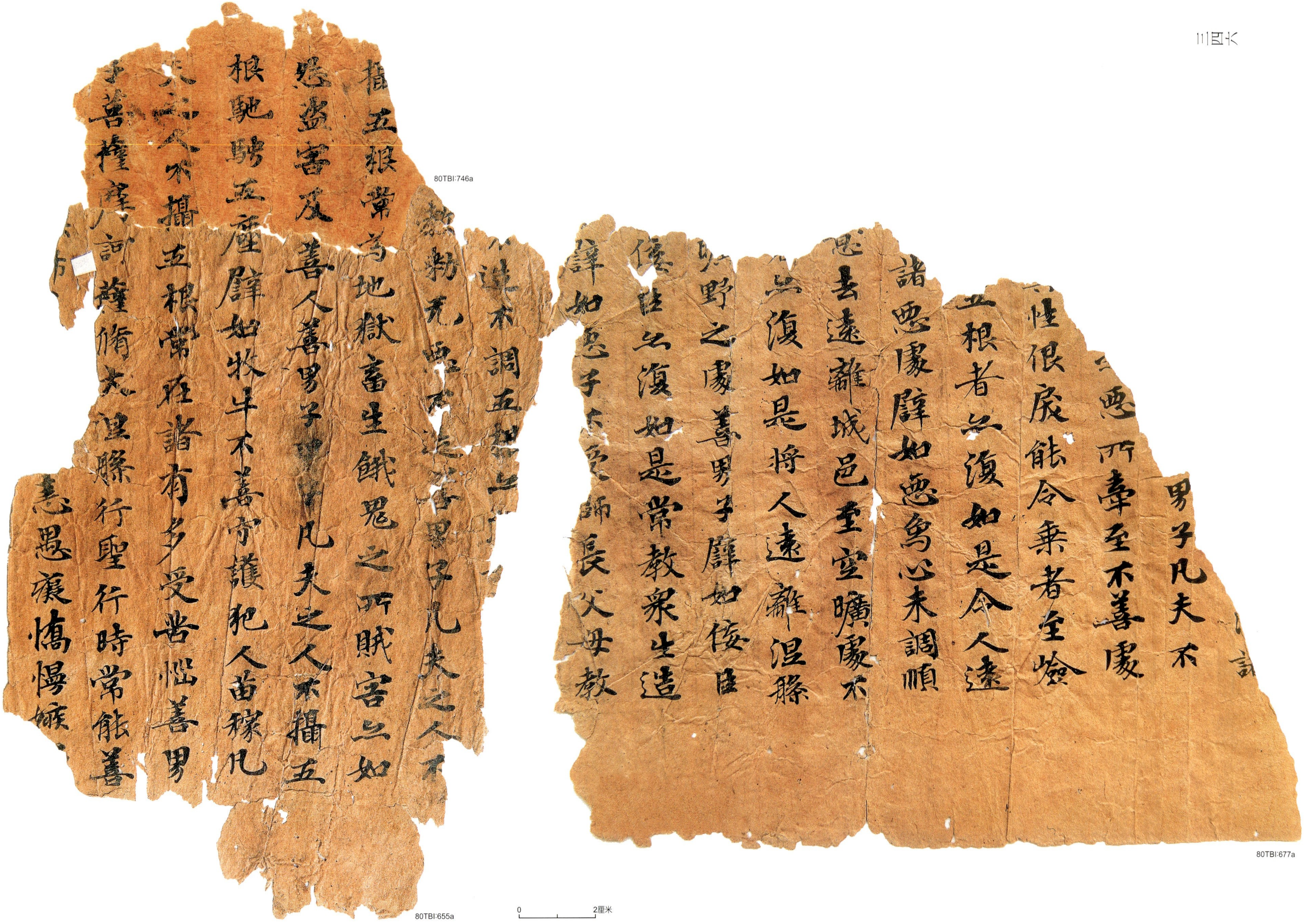

拚合圖一八　大般涅槃經（卷二二）光明遍照高貴德王菩薩品第一〇之二

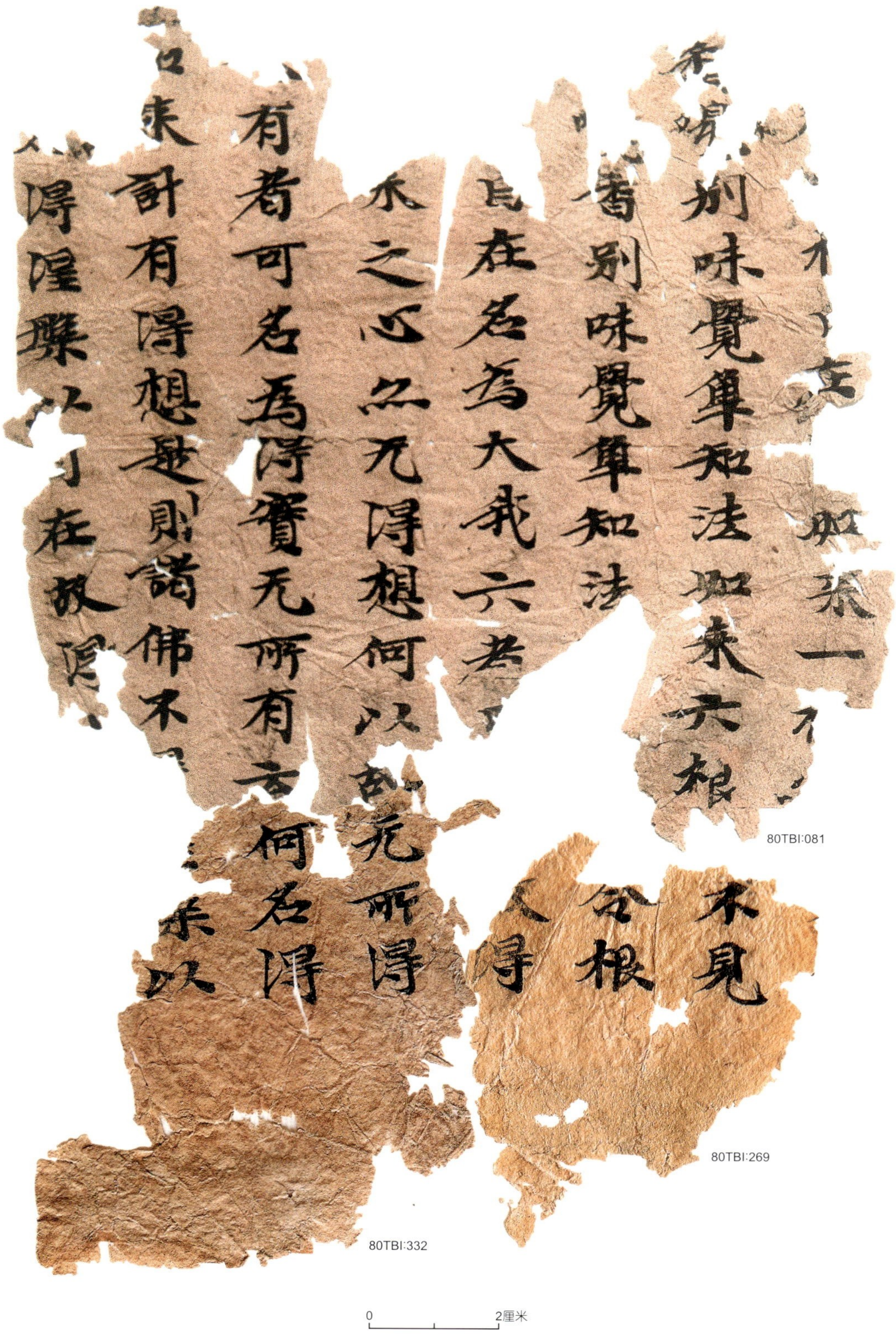

拼合圖一九 大般涅槃經（卷二三）光明遍照高貴德王菩薩品第一〇之三

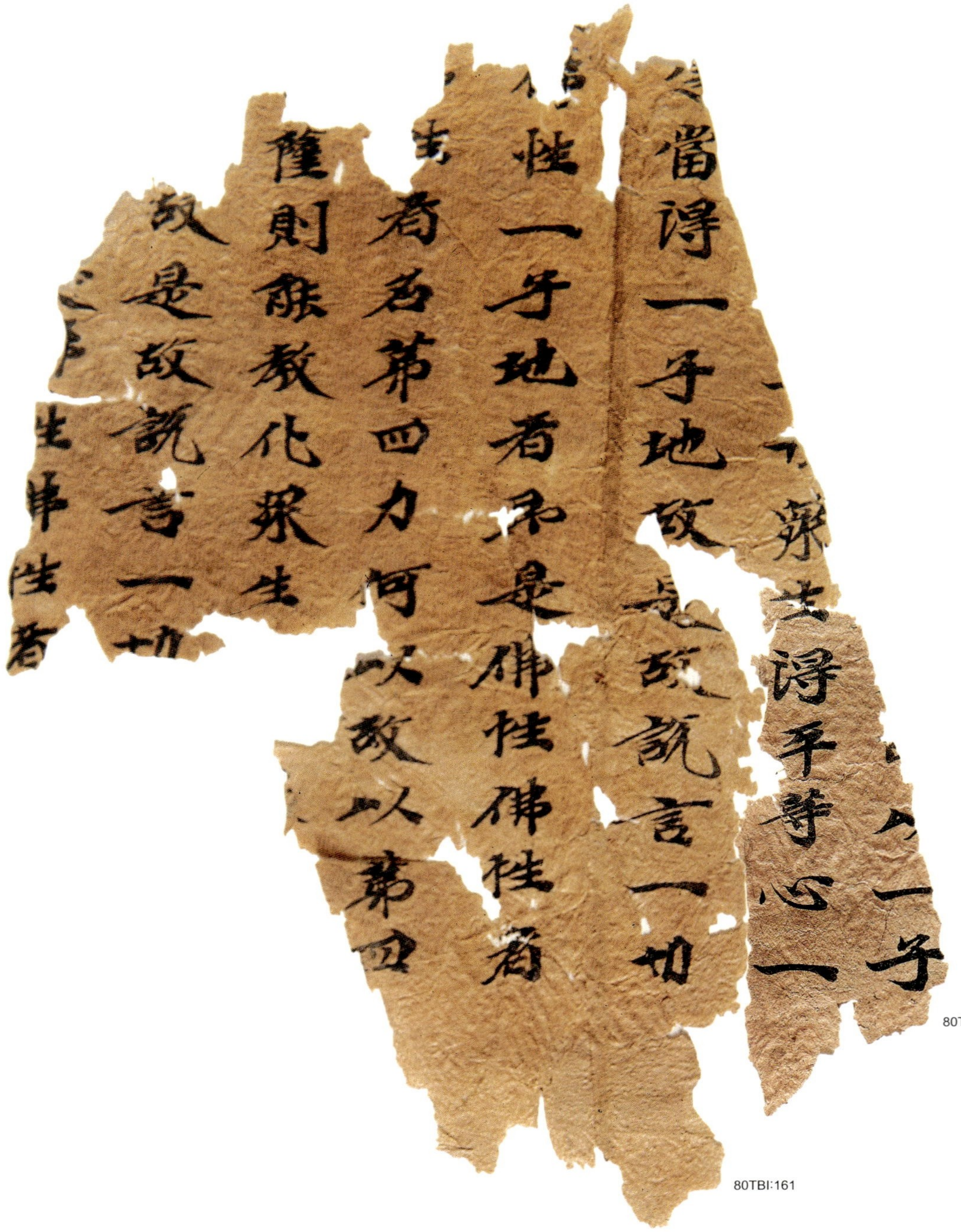
一子
衆生淨平等心一
當淨一子地故是故說言一切
性一子地者即是佛性佛性者
者名第四力何以故以第四
薩則能教化衆生
故是故說言一切
生佛性者

80TBI:449

80TBI:161

0 2厘米

拼合圖二〇 大般涅槃經（卷三二）師子吼菩薩品第一一之六

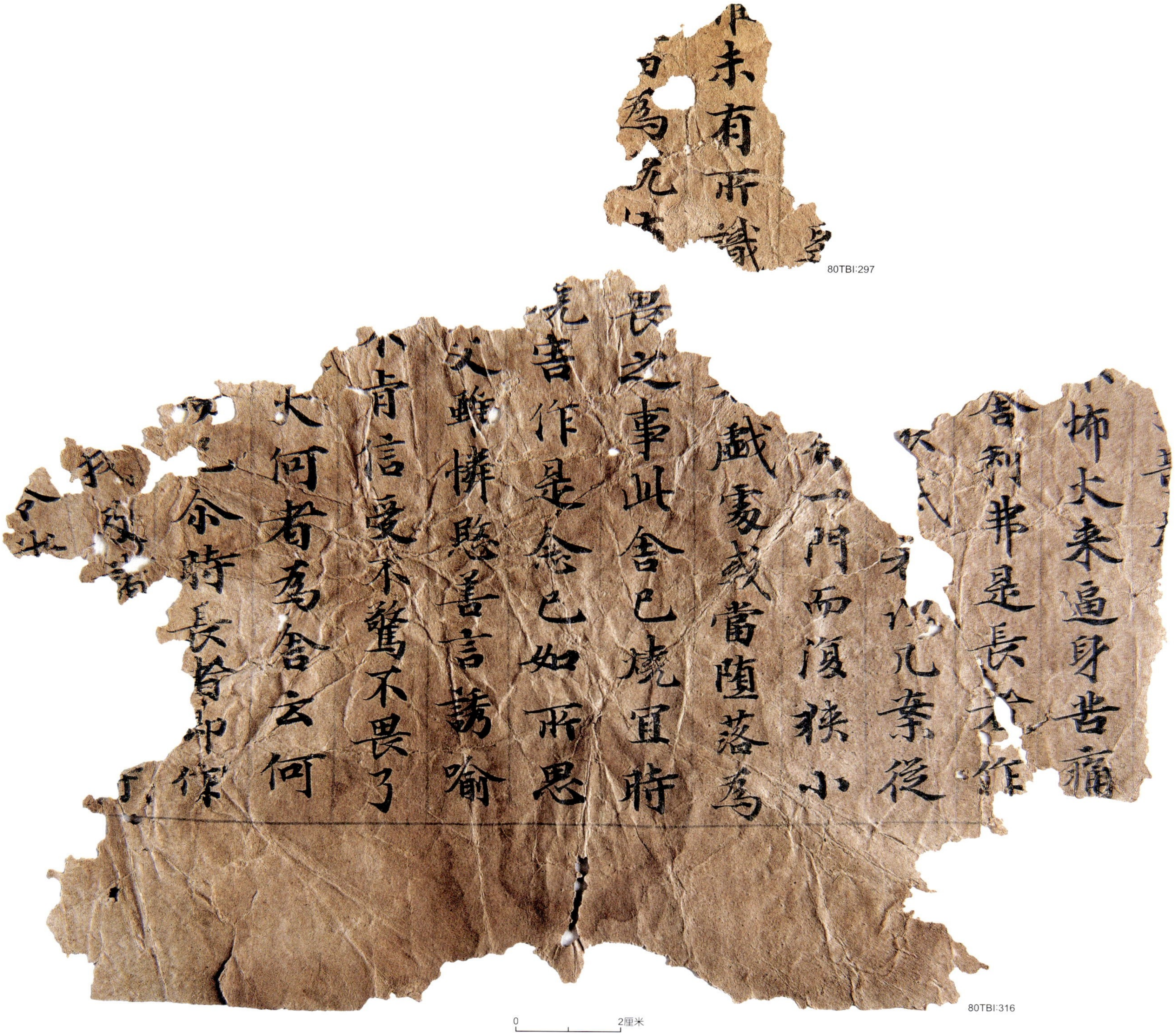

拚合圖二一　妙法蓮華經（卷二）譬喻品第三

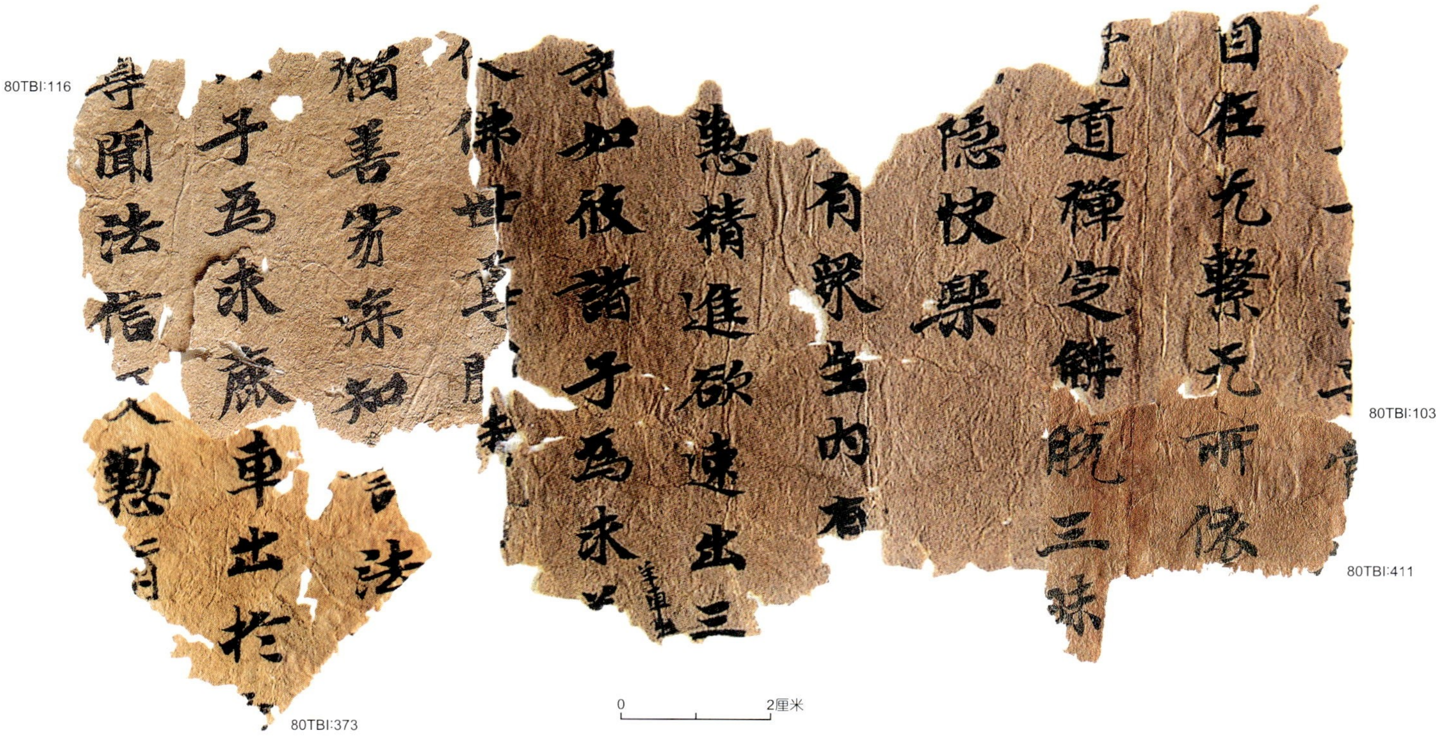

拚合圖二二　妙法蓮華經（卷二）譬喻品第三

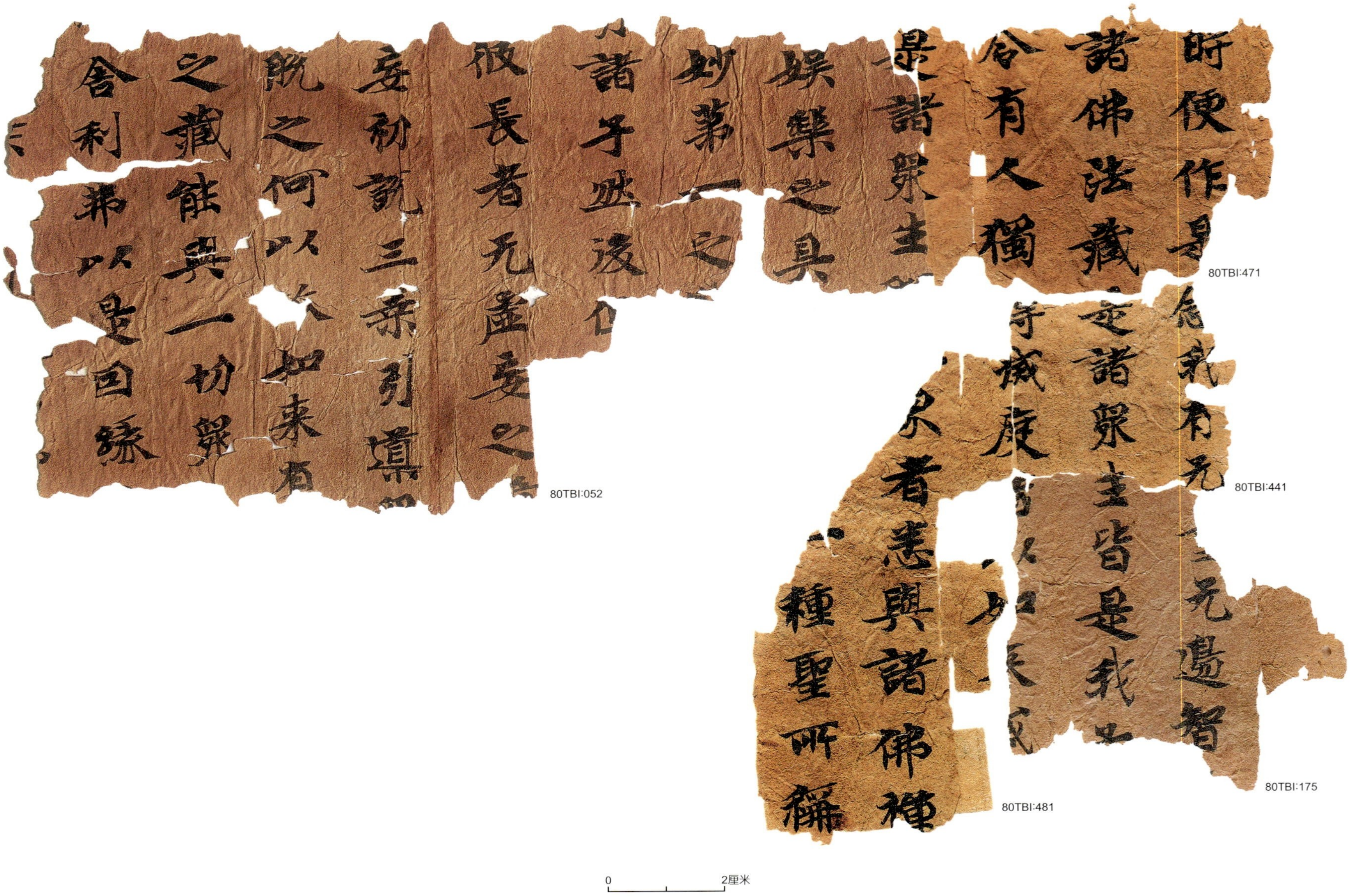

拼合圖二三　妙法蓮華經（卷二）譬喻品第三

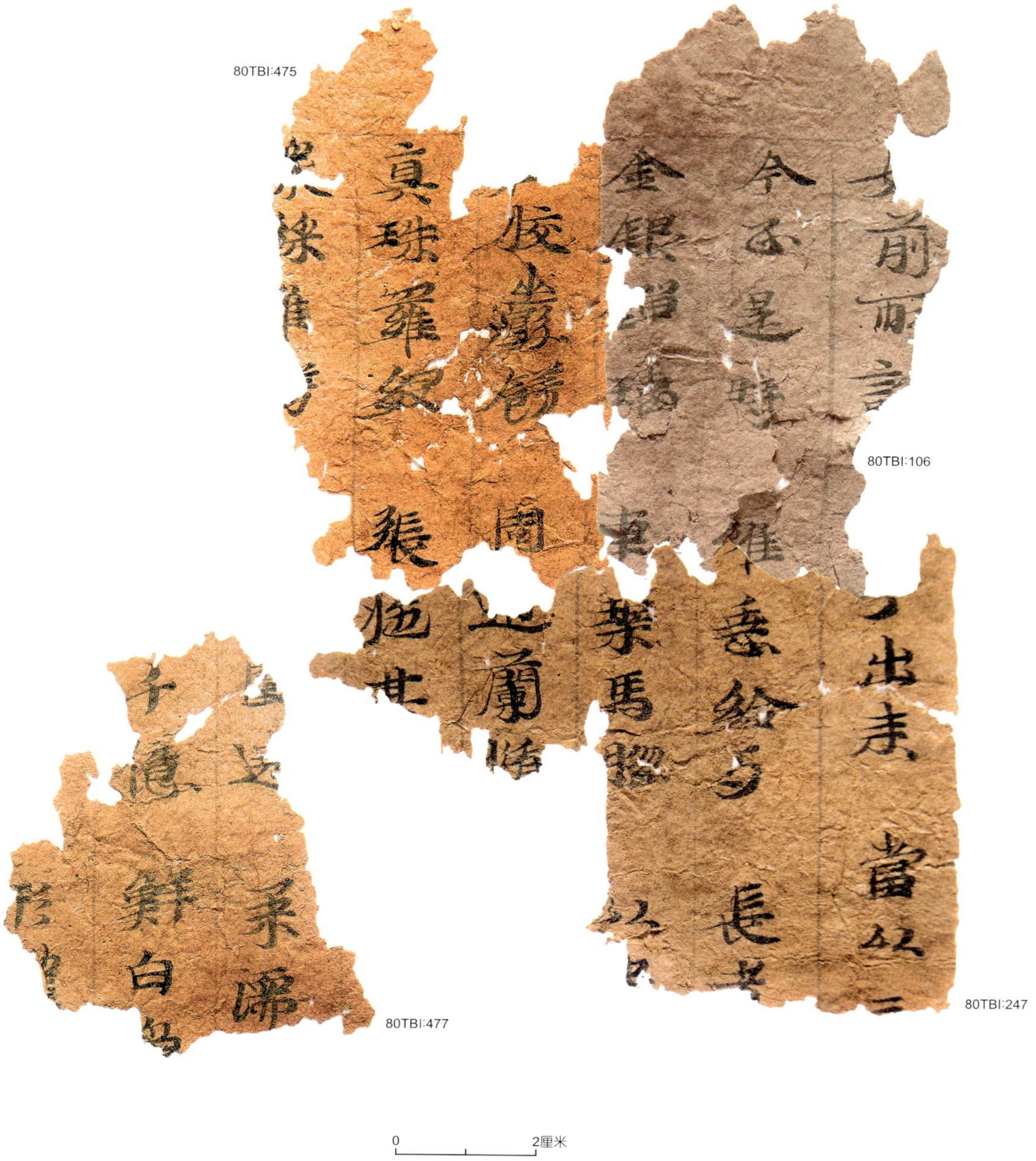

拚合圖二四　妙法蓮華經（卷二）譬喻品第三

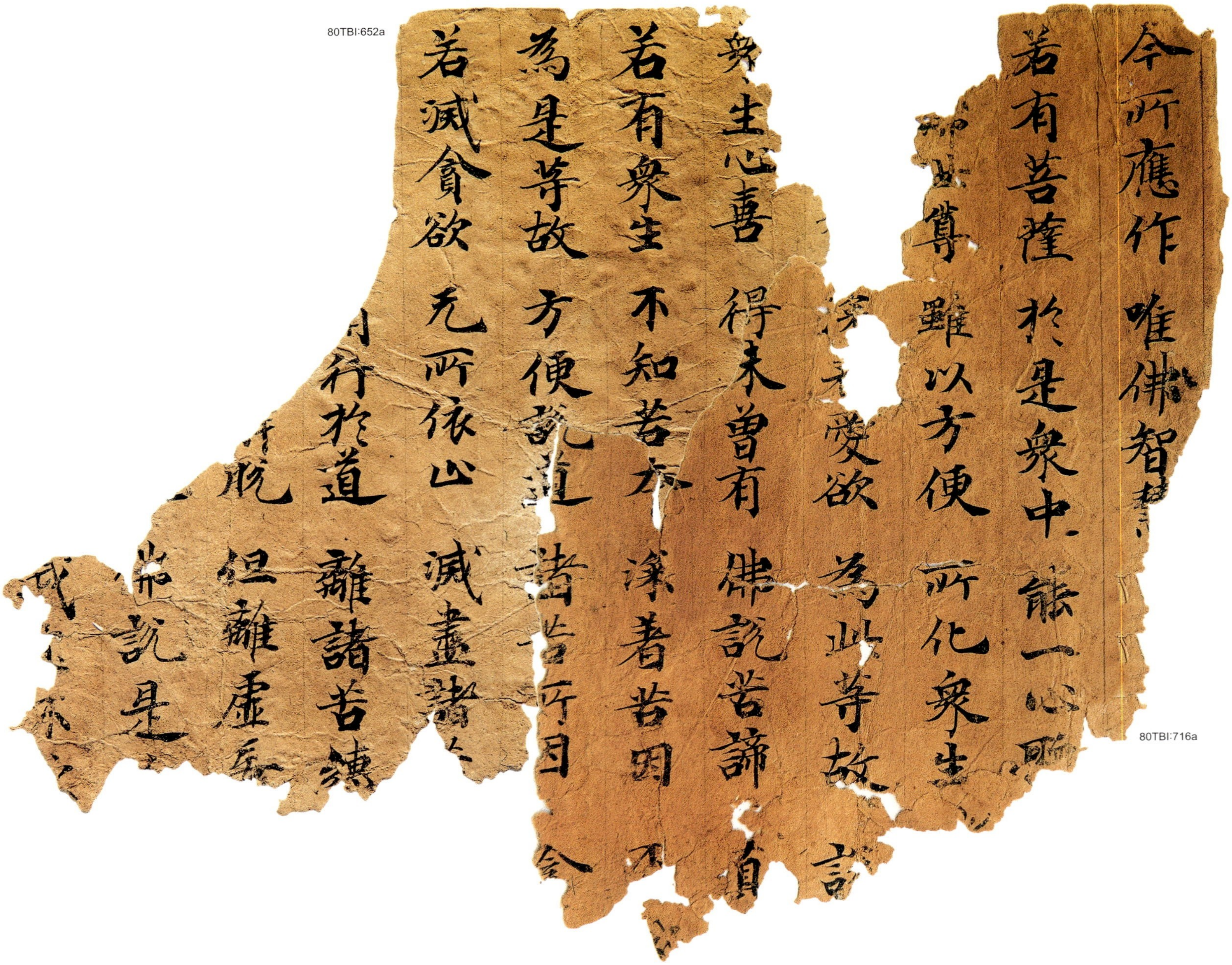

拚合圖二五 妙法蓮華經（卷二）譬喻品第三

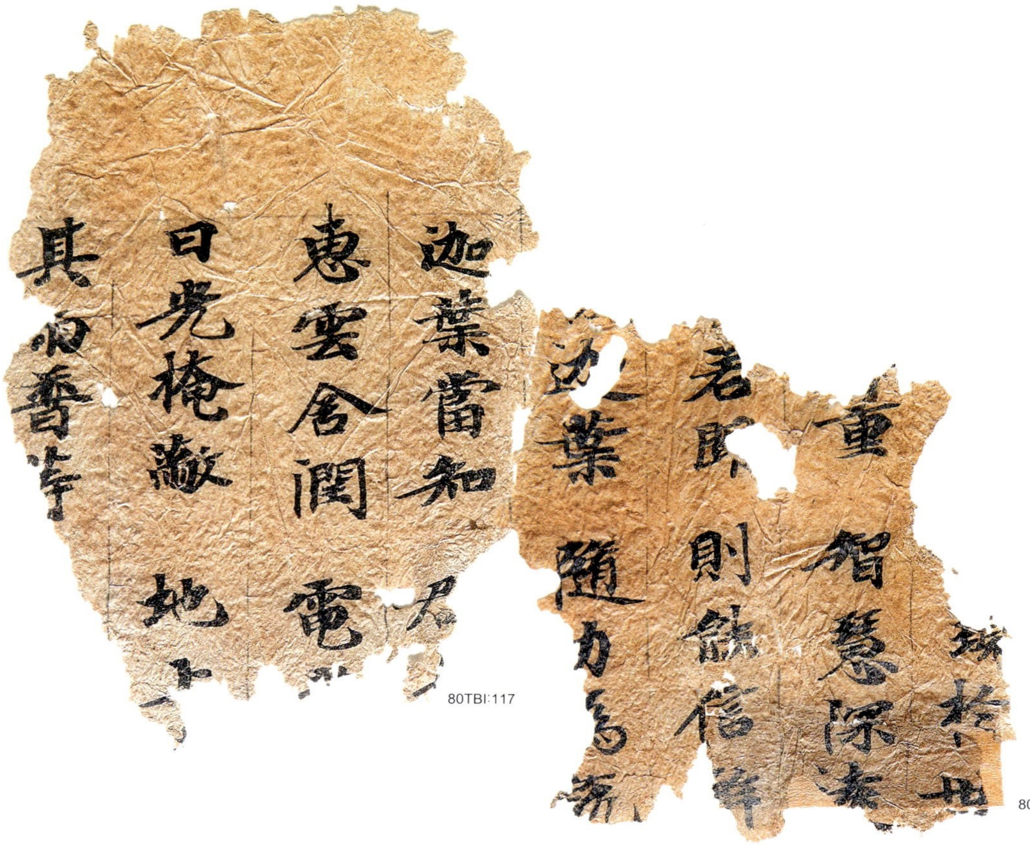

0 2厘米

拚合圖二六 妙法蓮華經（卷三）藥草喻品第五

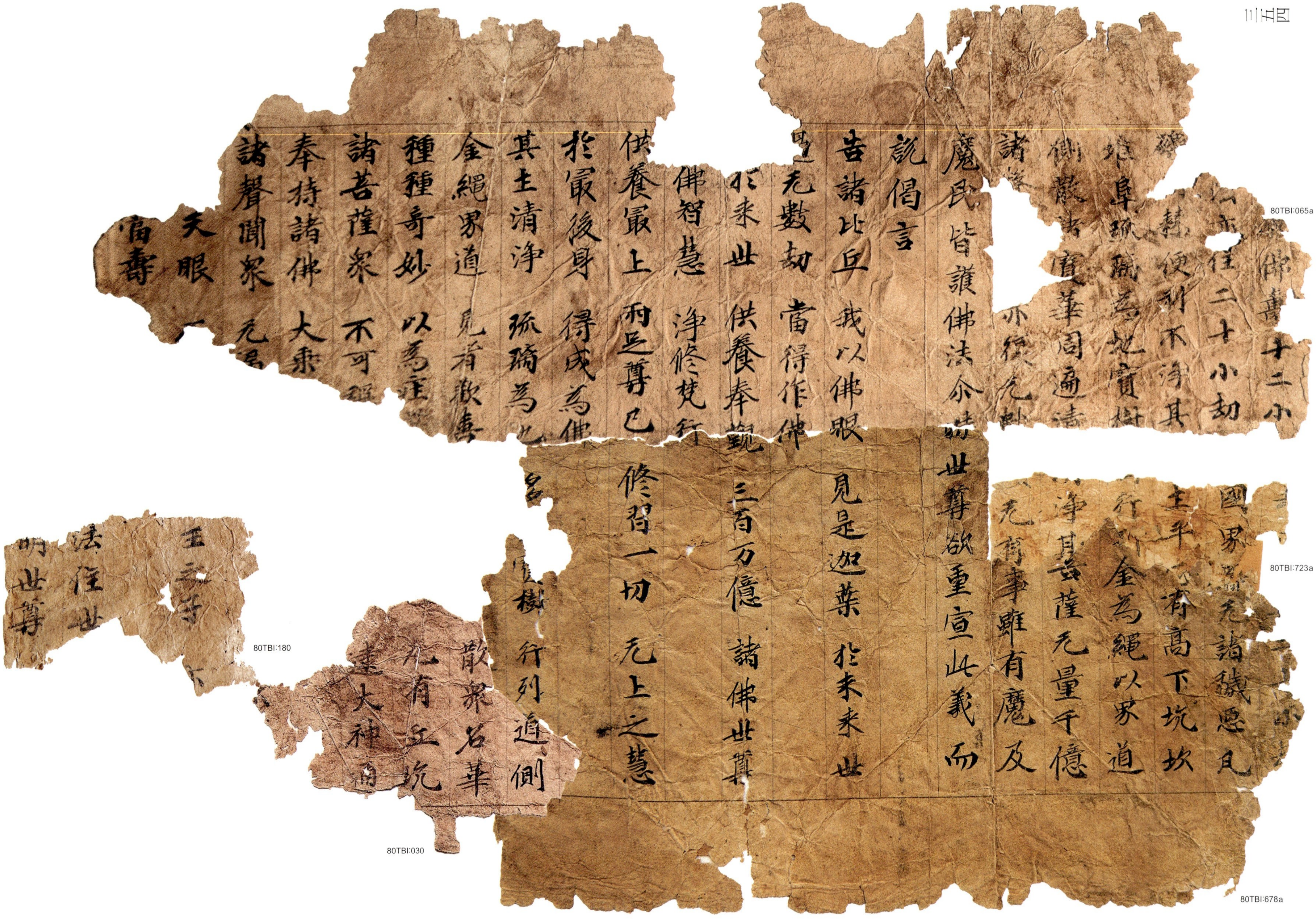

拚合圖二七 妙法蓮華經（卷三）授記品第六

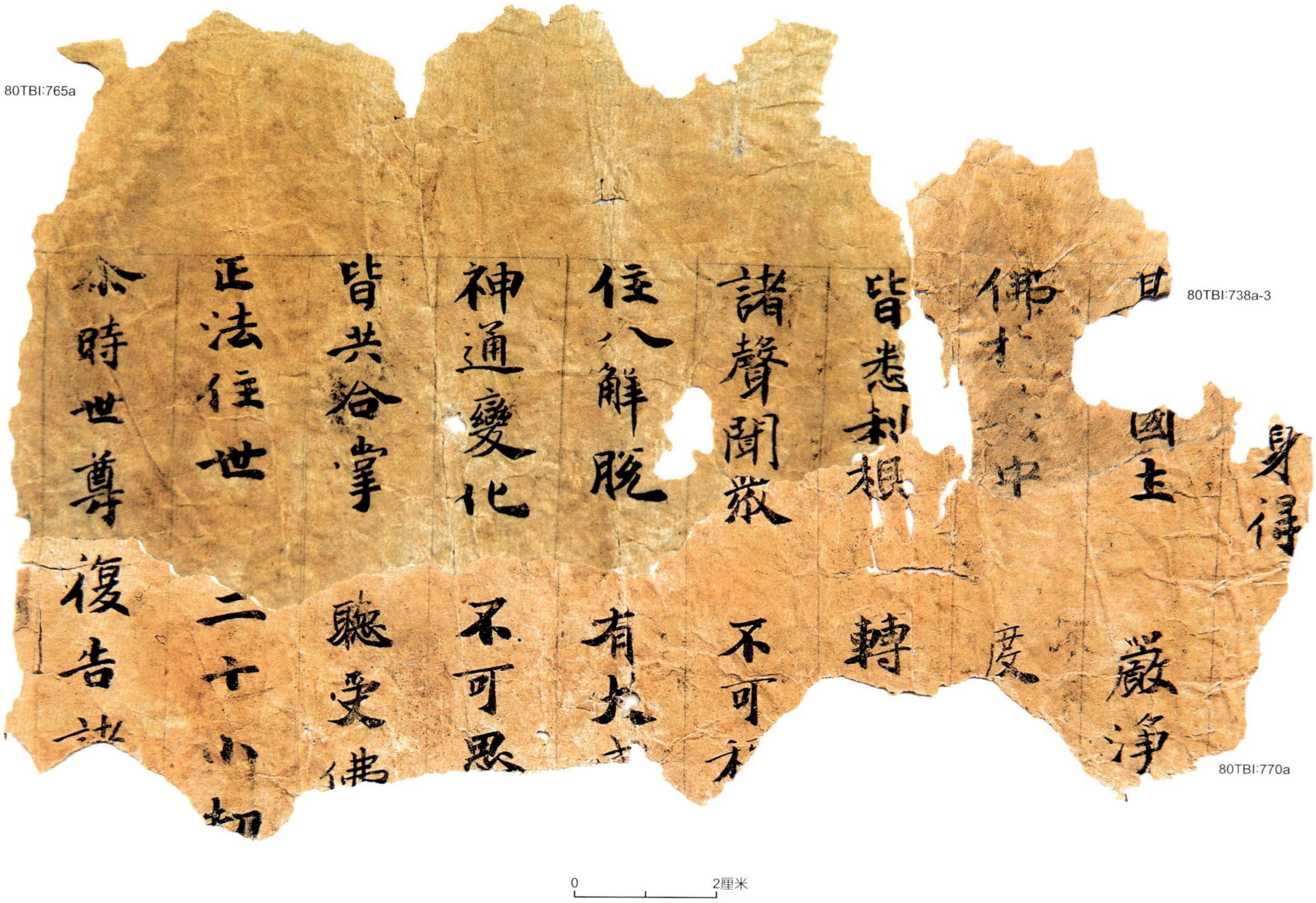

拼合圖二八　妙法蓮華經（卷三）授記品第六

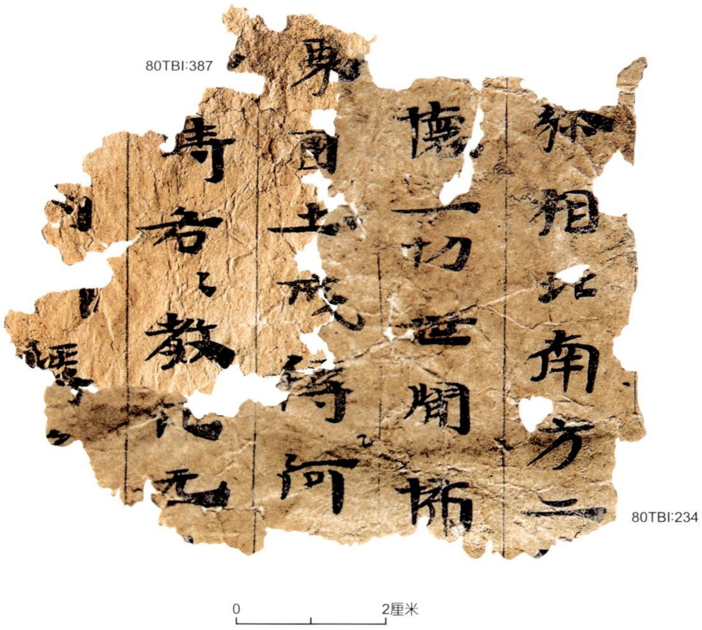

拼合圖二九　妙法蓮華經（卷三）化城喻品第七

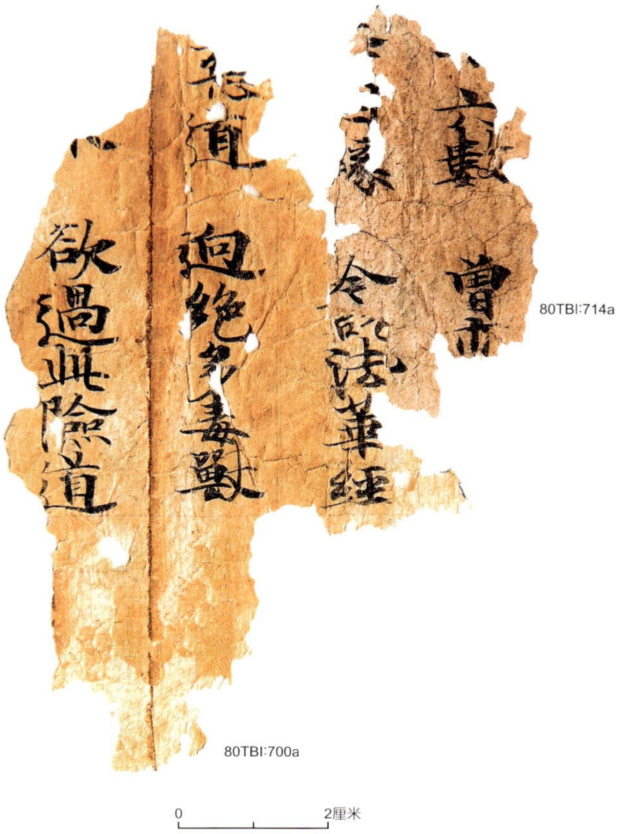

拼合圖三〇　妙法蓮華經（卷三）化城喻品第七

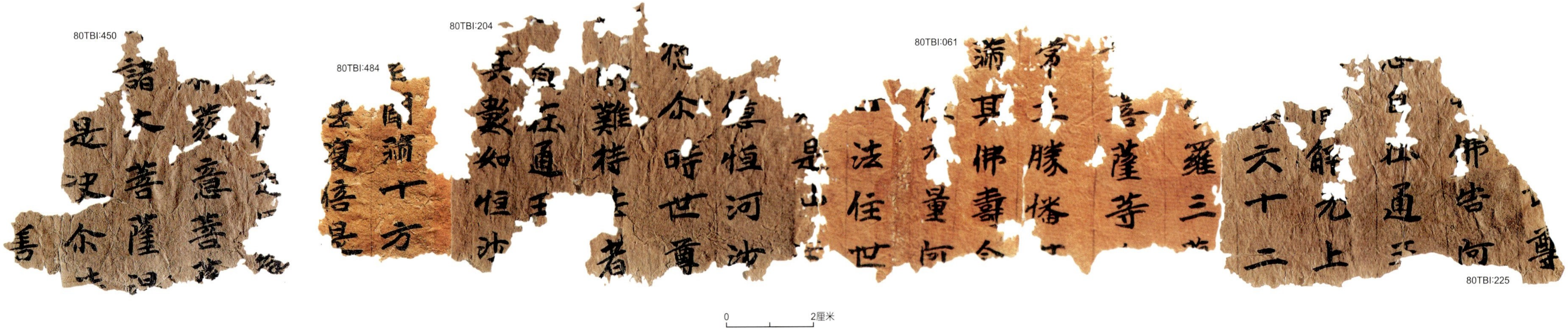

拼合圖三一　妙法蓮華經（卷四）授學無學人記品第九

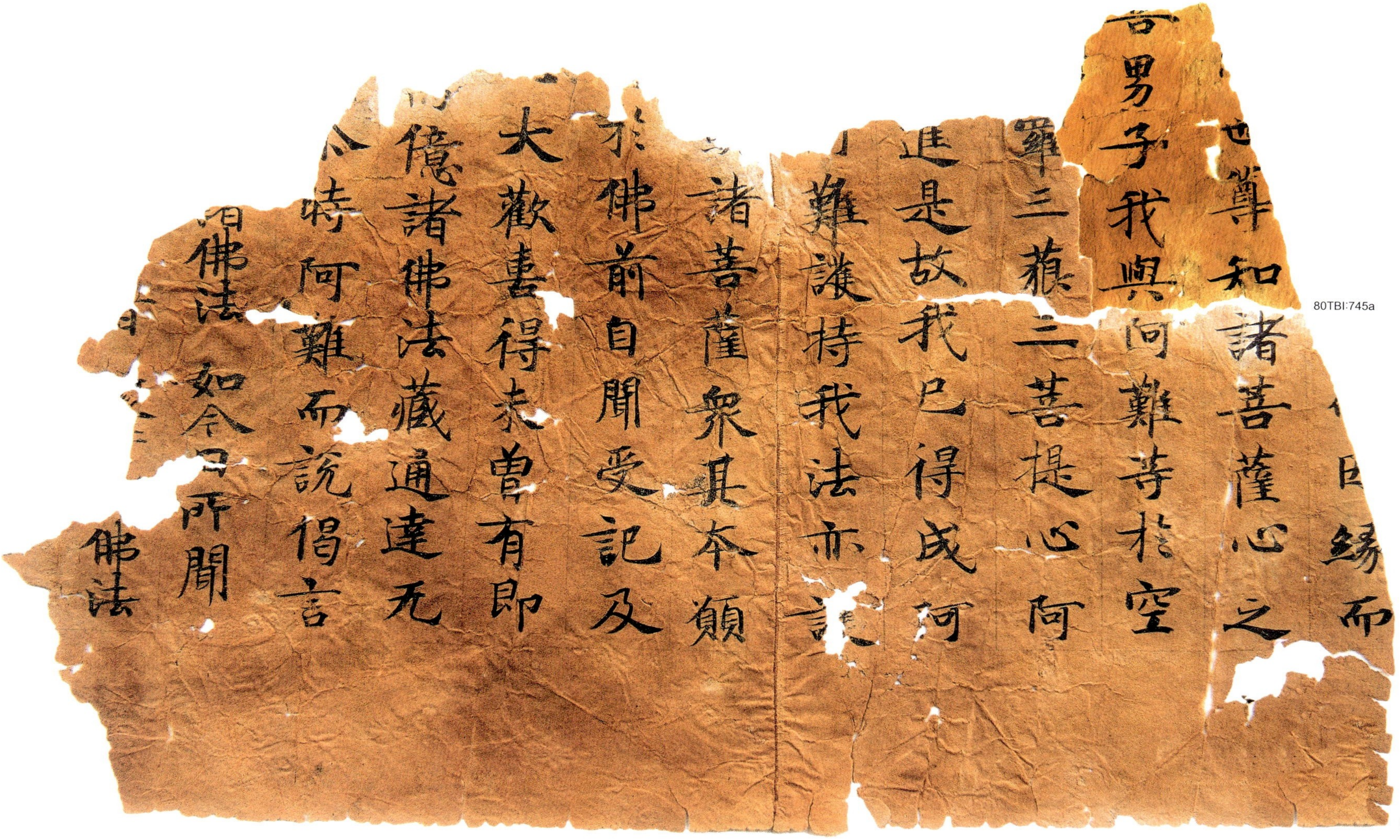
緣而
世尊知諸菩薩心之
男子我與阿難等於空
羅三藐三菩提心阿
進是故我已得成阿
難護持我法亦護
諸菩薩衆其本願
於佛前自聞受記及
大歡喜得未曾有即
億諸佛法藏通達无
時阿難而說偈言
佛法 如今日所聞
佛法

80TBI:745a

80TBI:661a

0 2厘米

拚合圖三二 妙法蓮華經（卷四）授學無學人記品第九

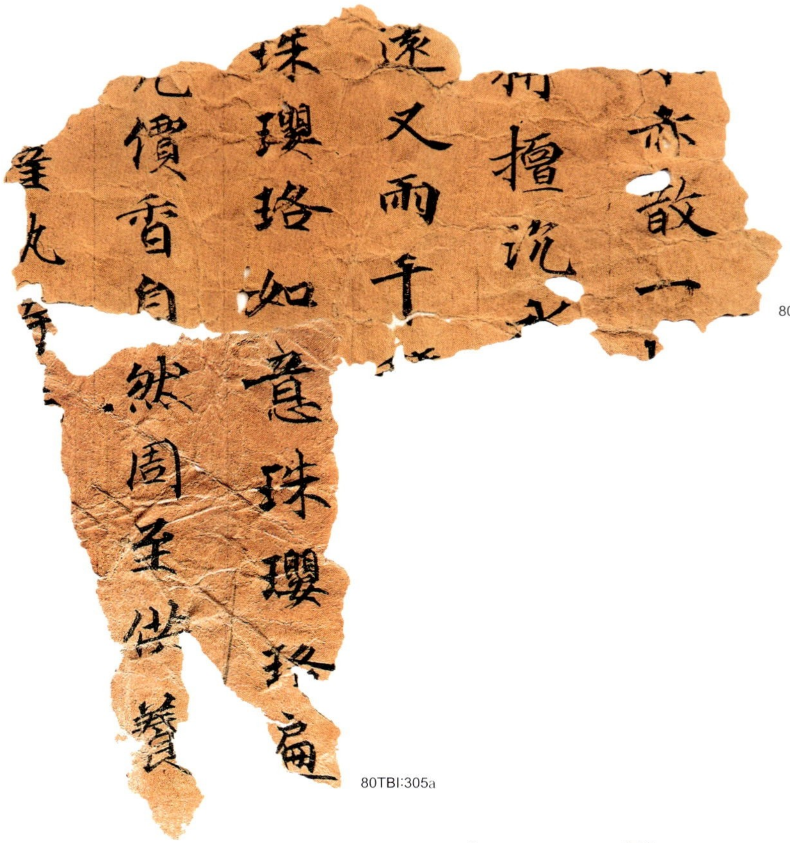
亦散一
栴檀沉水
遂又雨千
珠瓔珞如意珠瓔珞遍
價香自然周至供養

80TBI:732a

80TBI:305a

0 2厘米

拚合圖三三 妙法蓮華經（卷五）分別功德品第一七

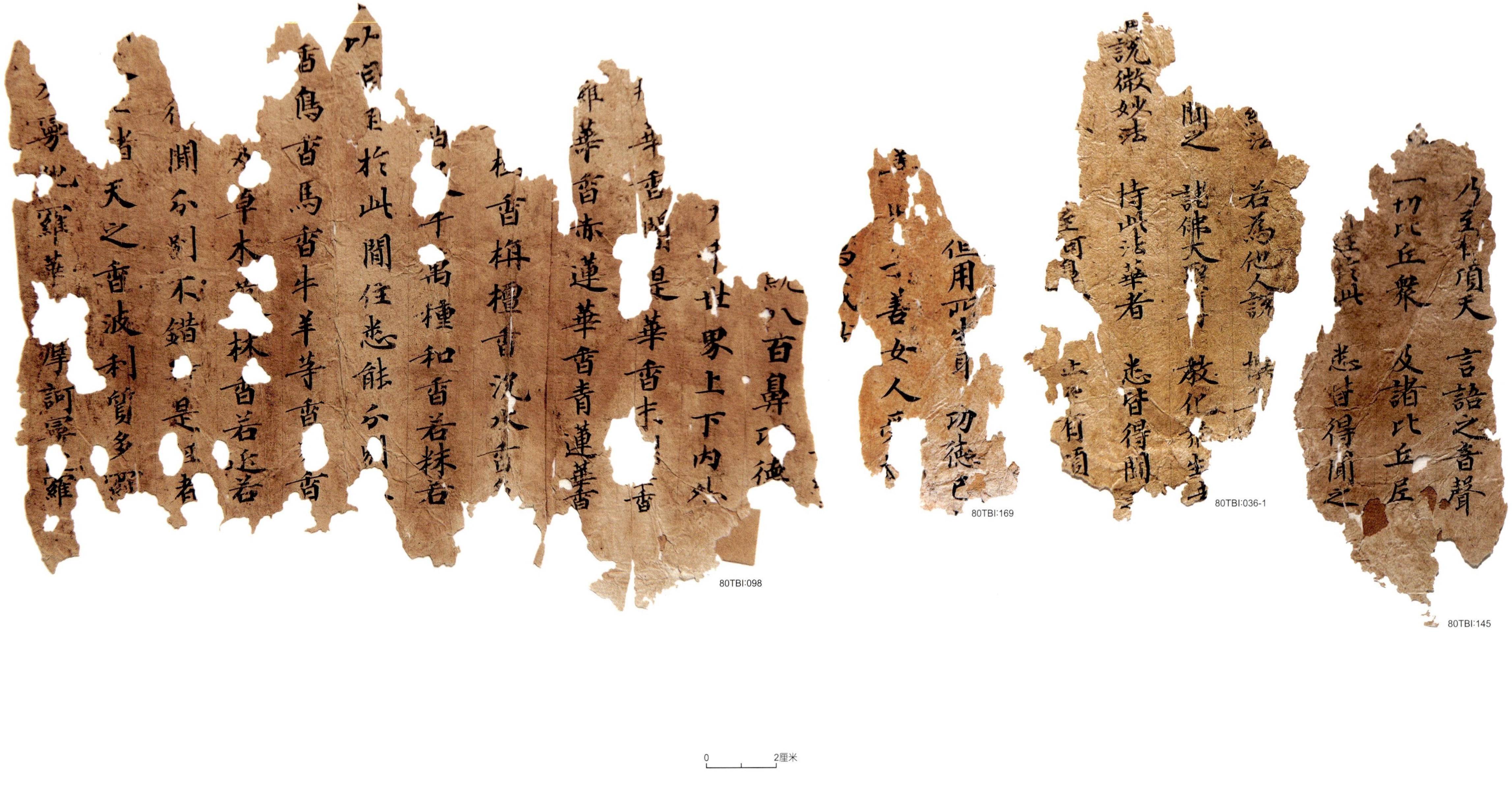

拼合圖三四　妙法蓮華經（卷六）法師功德品第一九

拼合圖三五　妙法蓮華經（卷六）法師功德品第一九

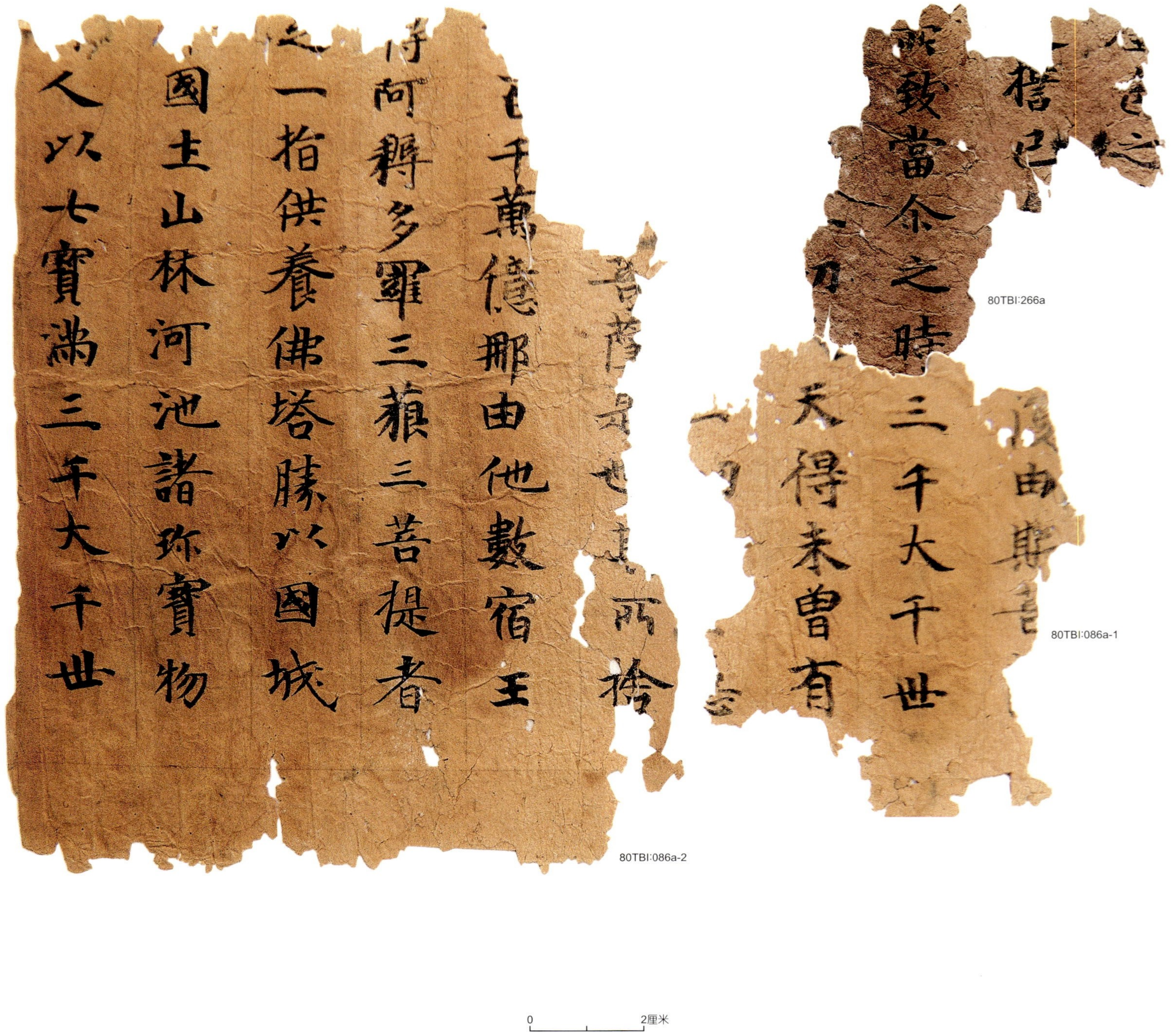

拚合圖三六　妙法蓮華經（卷六）藥王菩薩本事品第二三

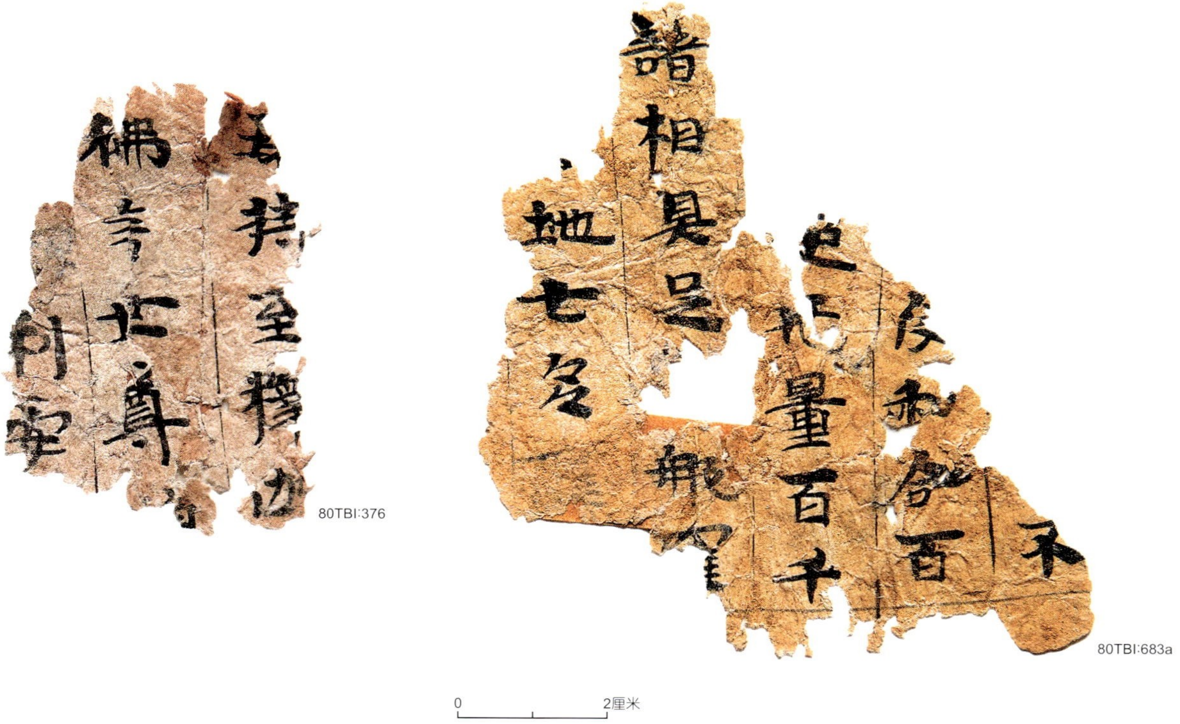

拚合圖三七　妙法蓮華經（卷七）妙音菩薩品第二四

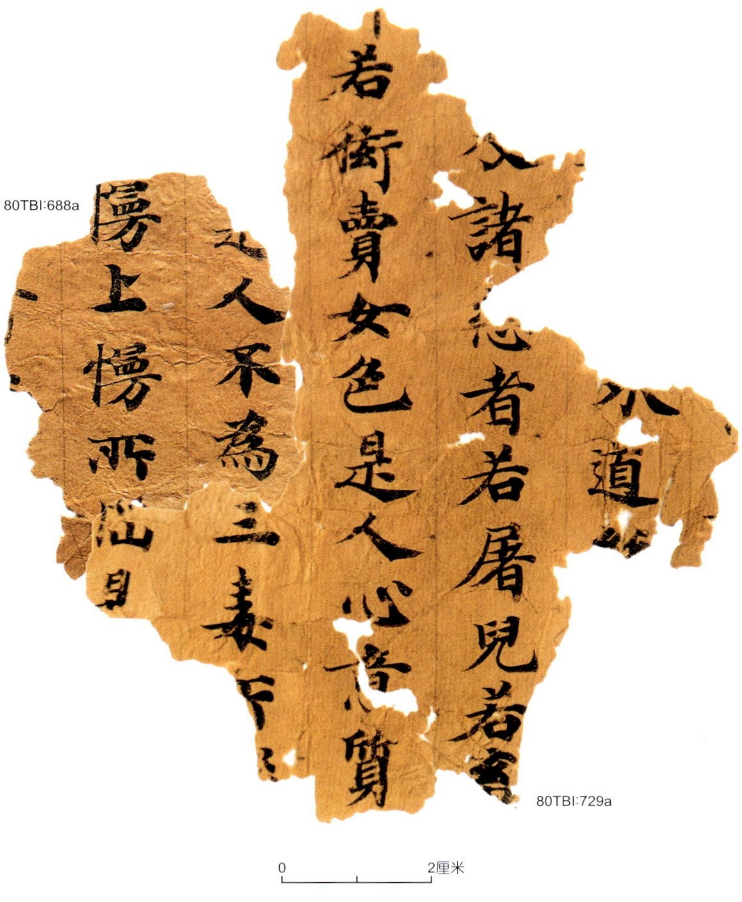

拚合圖三八　妙法蓮華經（卷七）普賢菩薩勸發品第二八

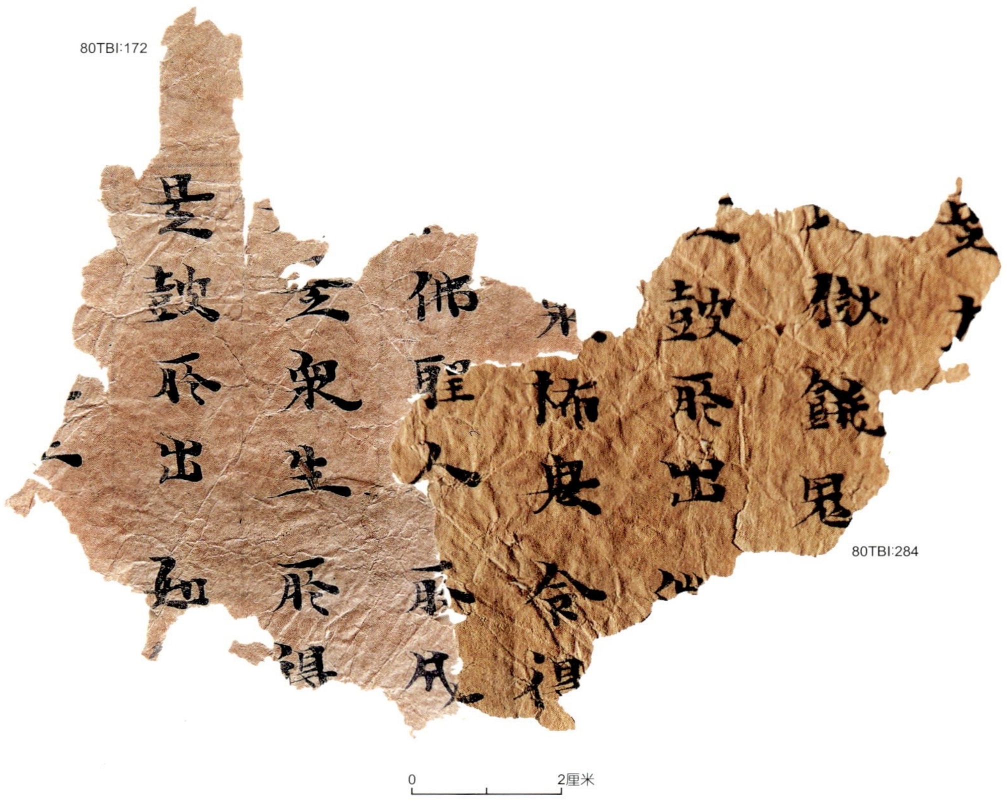

拚合圖三九　金光明經（卷一）懺悔品第三

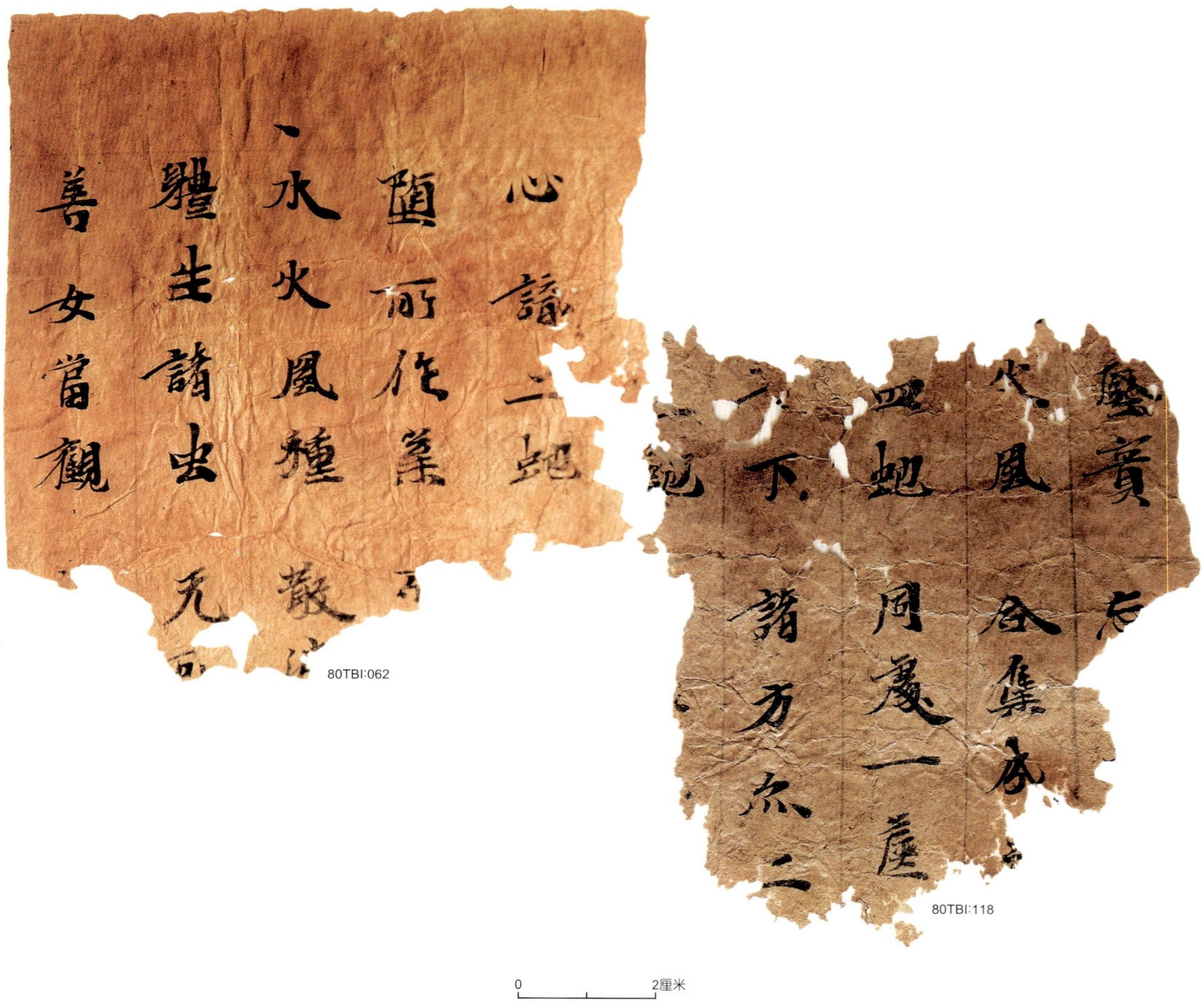

拚合圖四〇　金光明經（卷一）空品第五

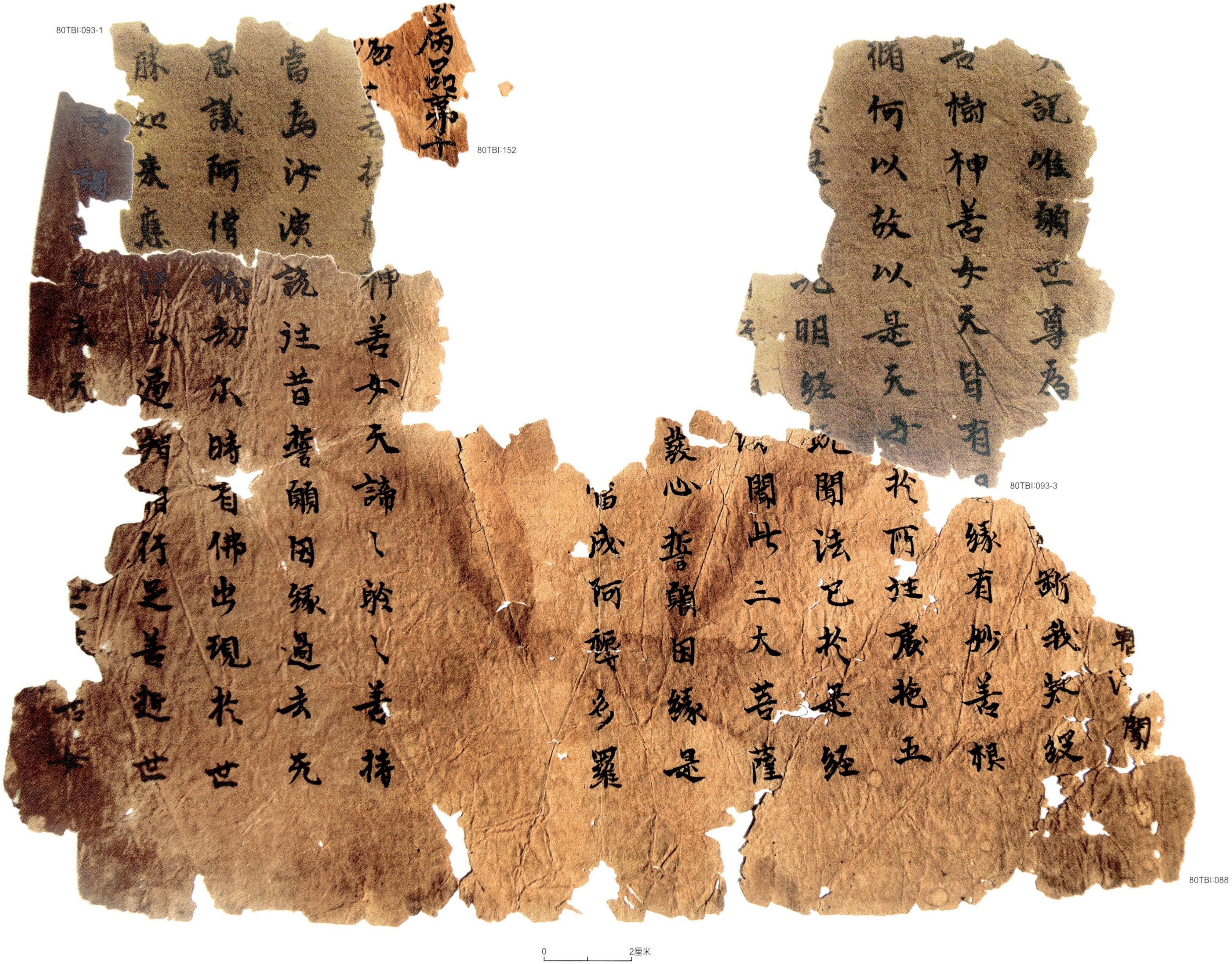

拼合圖四一　金光明經（卷三）授記品第一四—除病品第一五

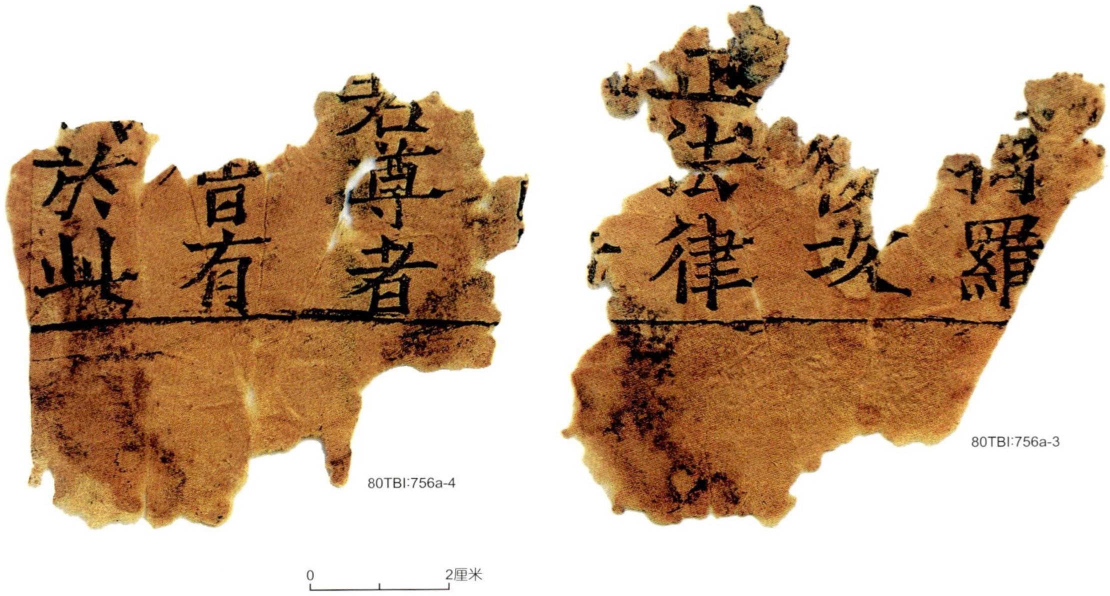

拼合圖四二 中阿含經（卷八）未曾有法品薄拘羅經第三

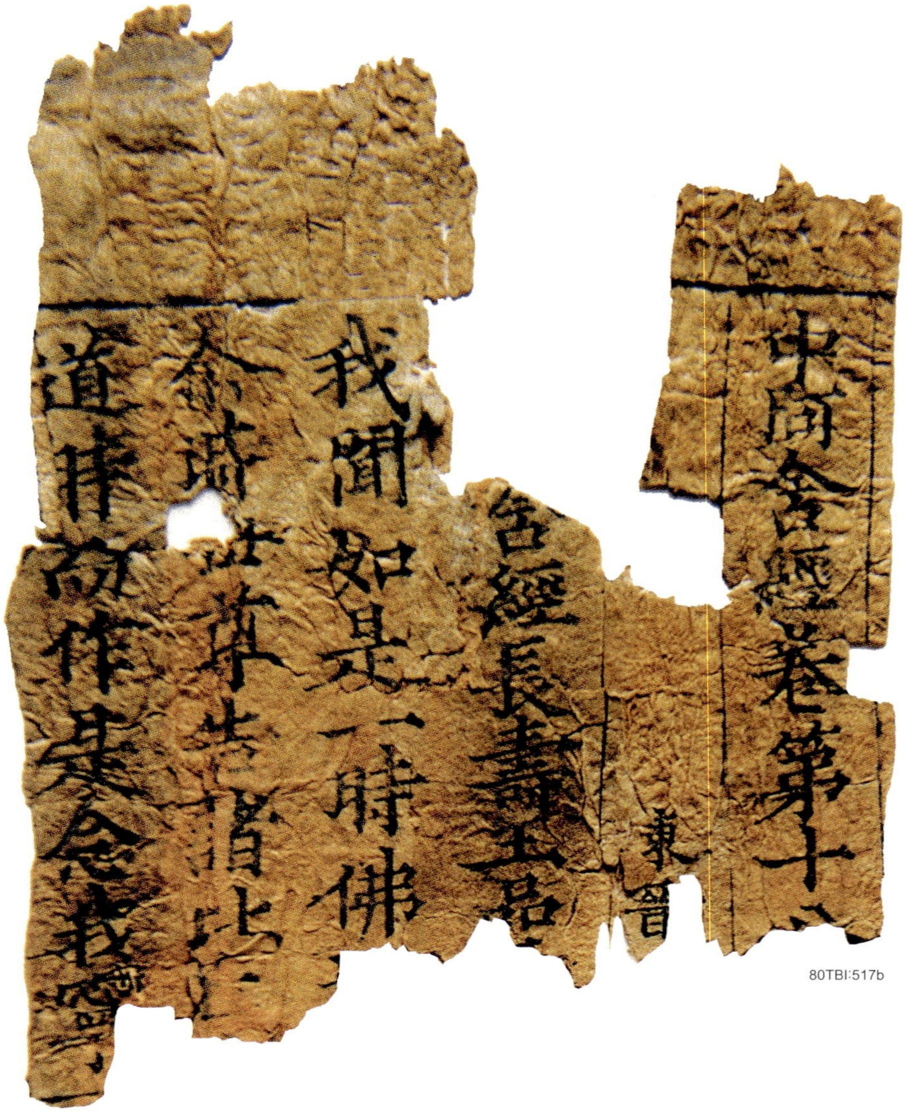

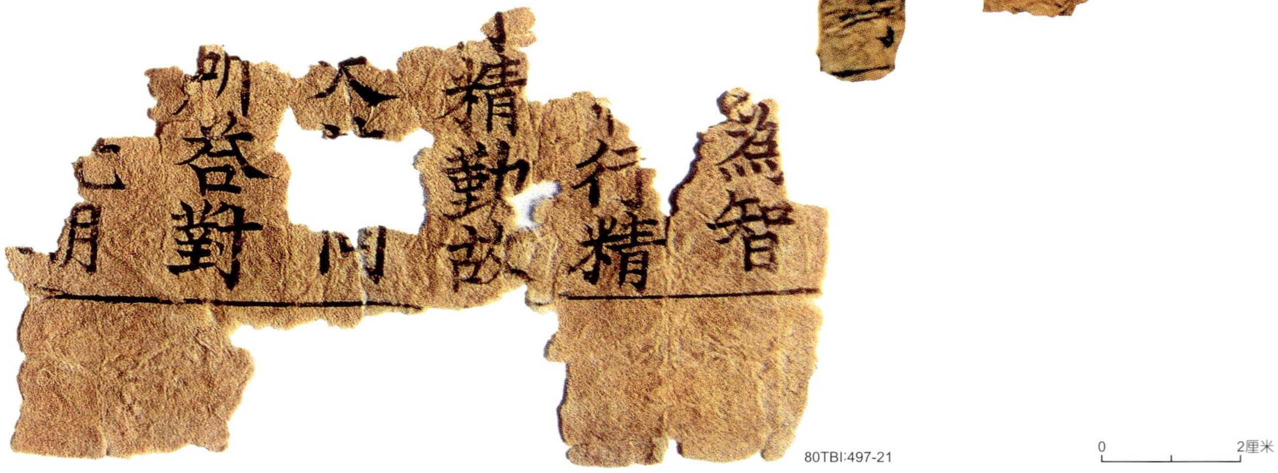

拼合圖四三 中阿含經（卷一八）長壽王品天經第二

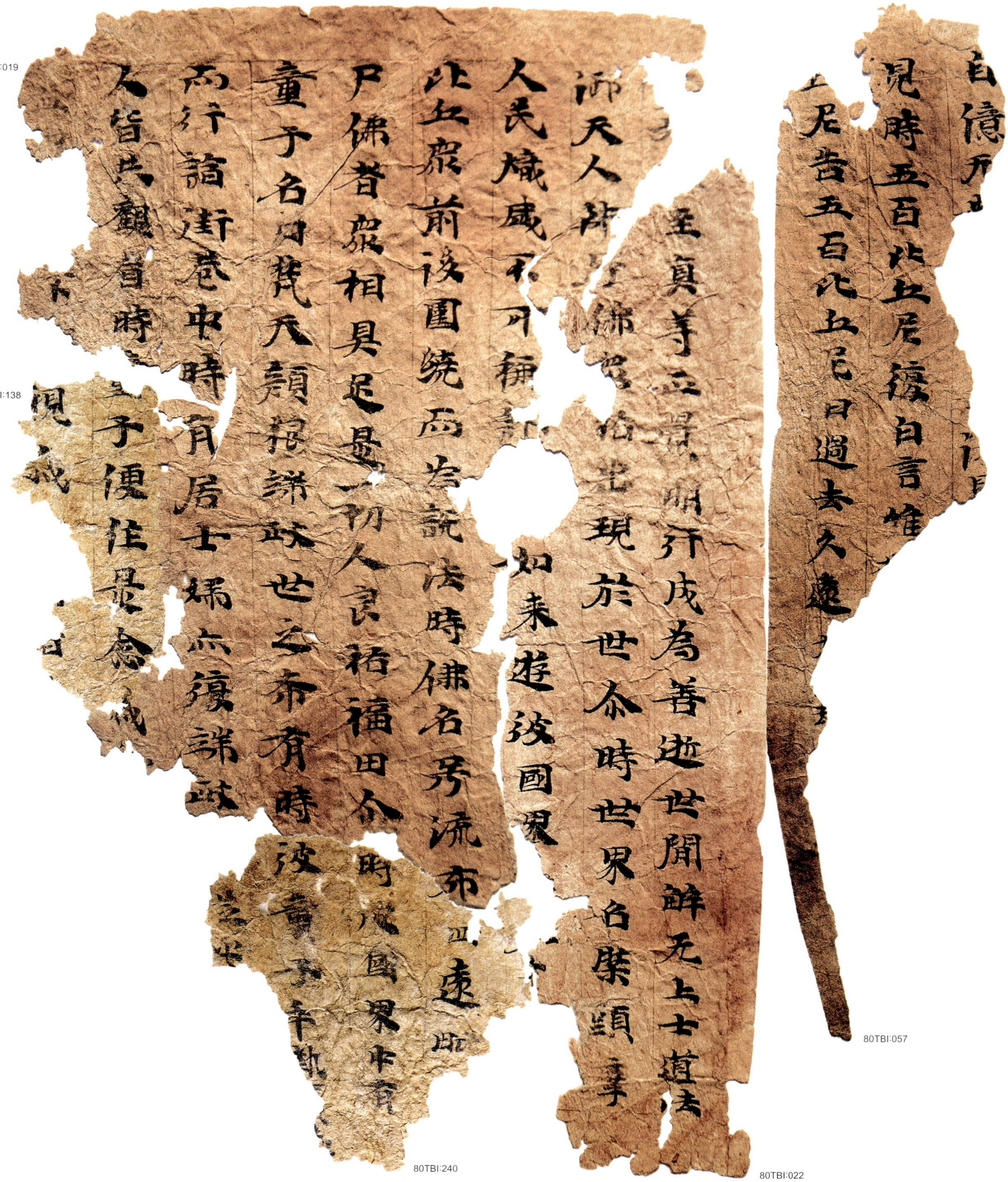

拼合圖四四　增壹阿含經（卷五〇）大愛道般涅槃品第五二

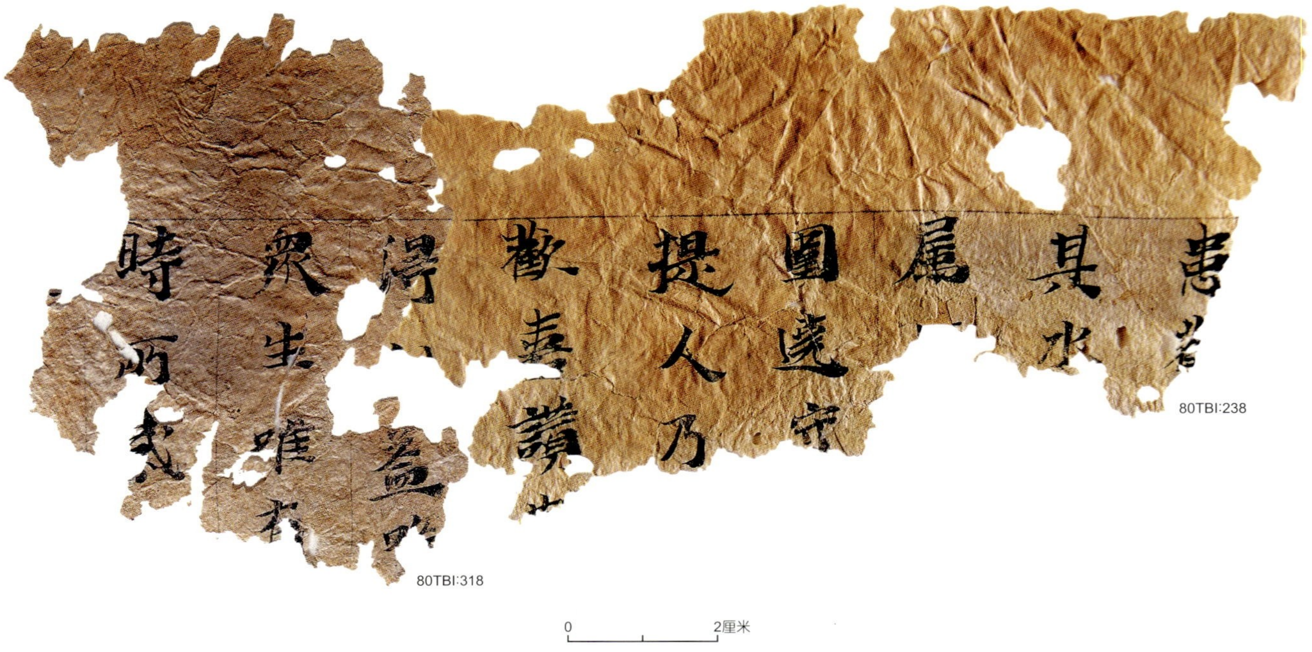

拚合圖四五　過去現在因果經（卷一）

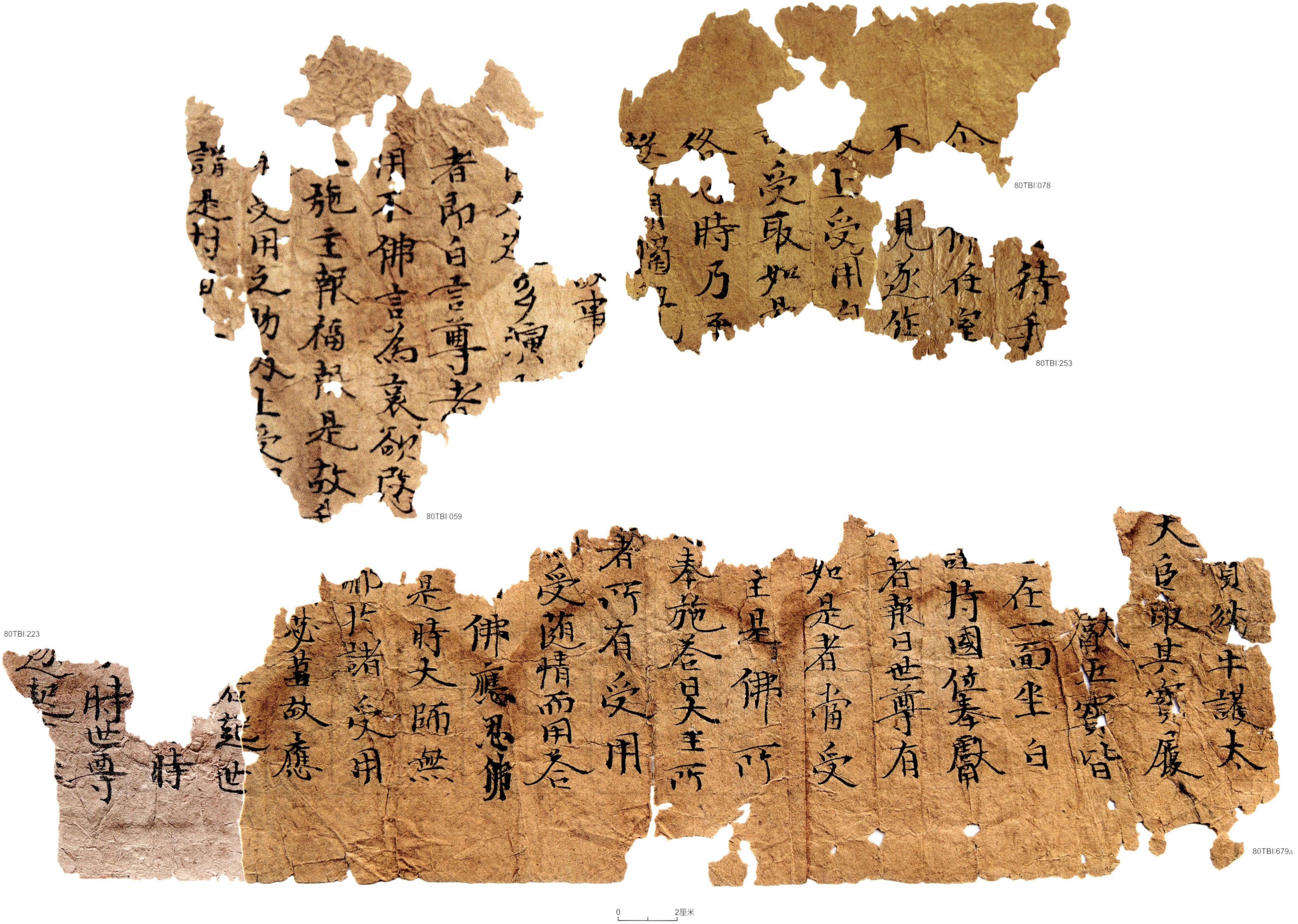

拼合圖四六　根本説一切有部毗奈耶雜事（卷二四）

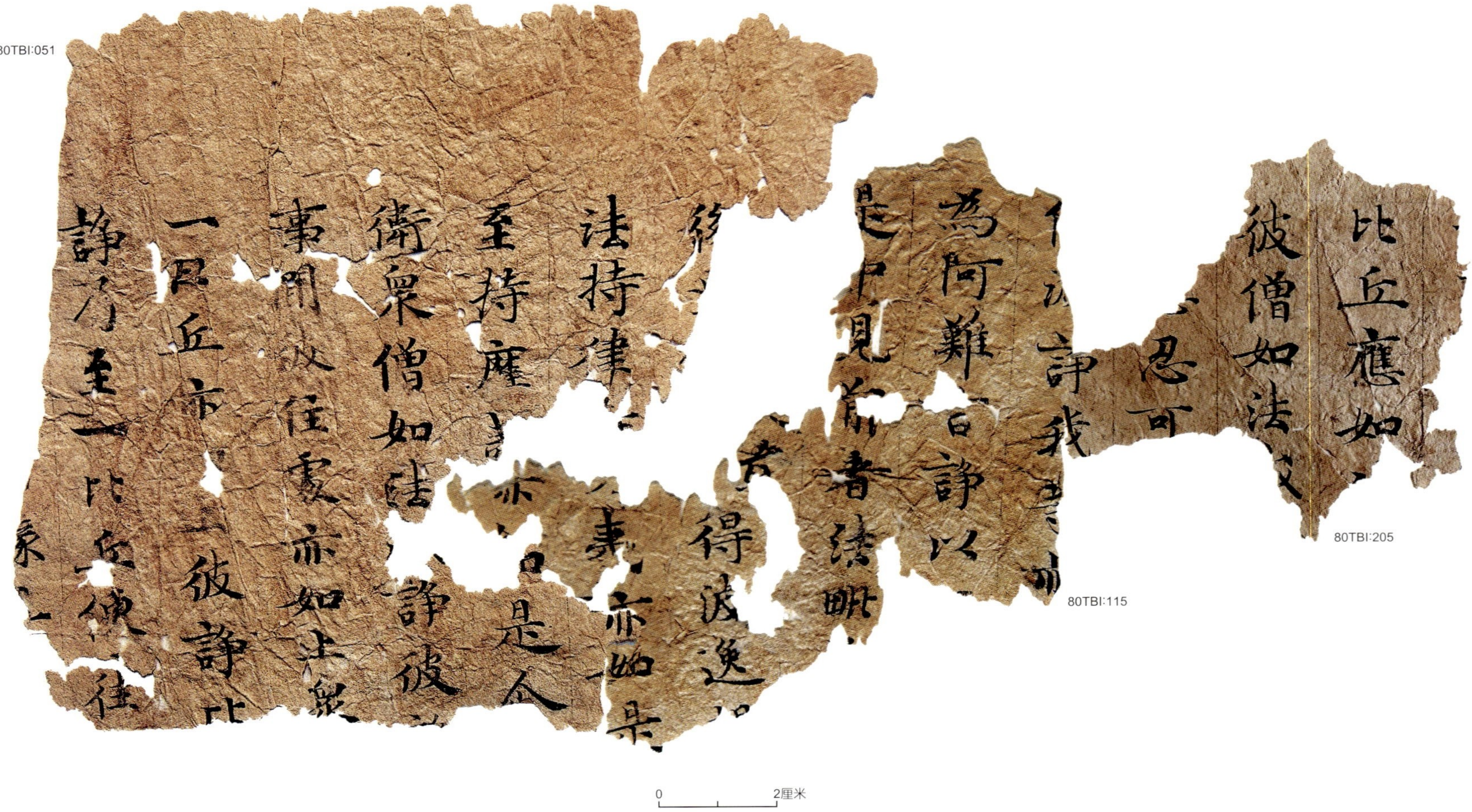

拚合圖四七　四分律（卷四七）滅諍犍度第一六之一

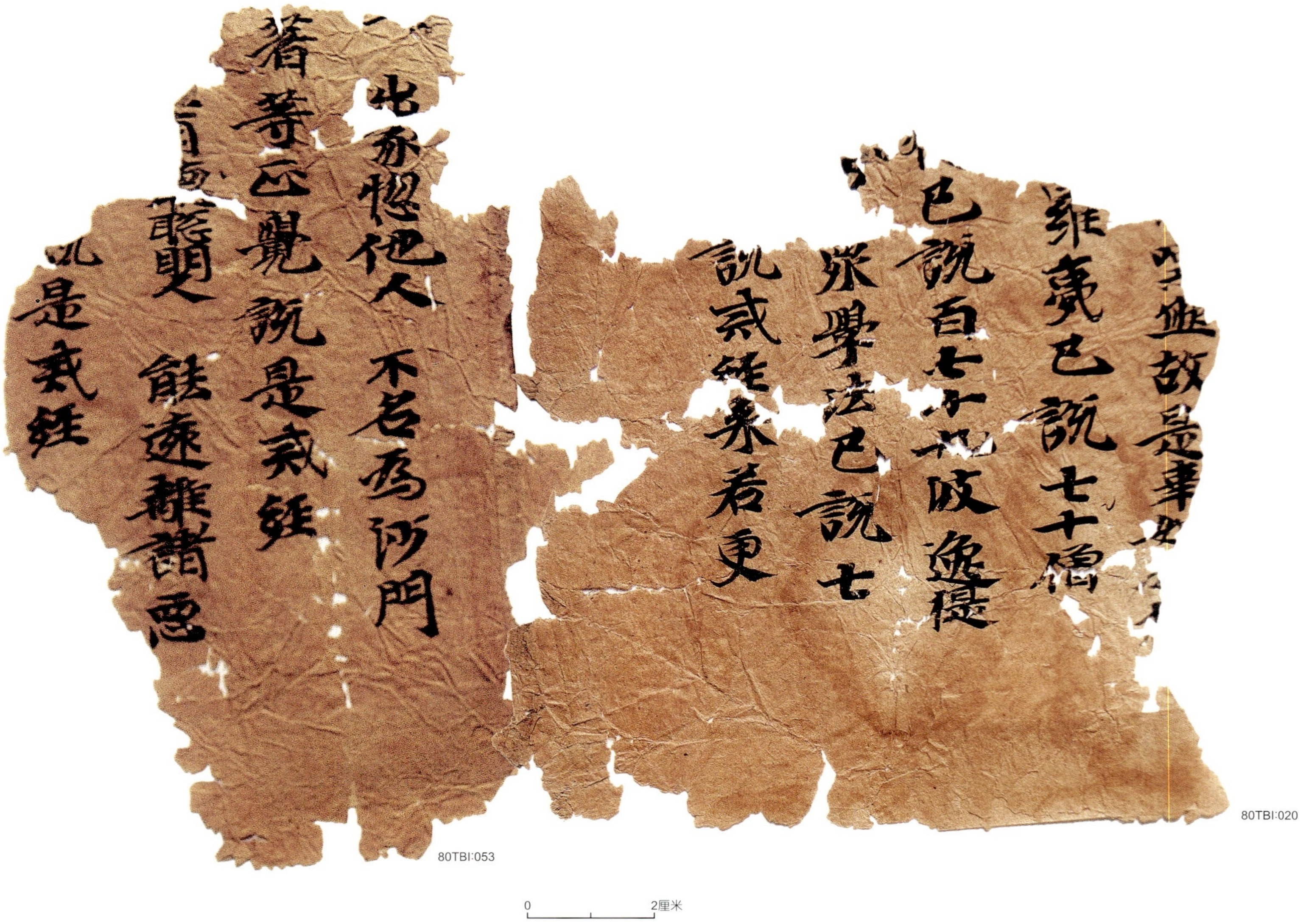

拚合圖四八　四分律比丘戒本

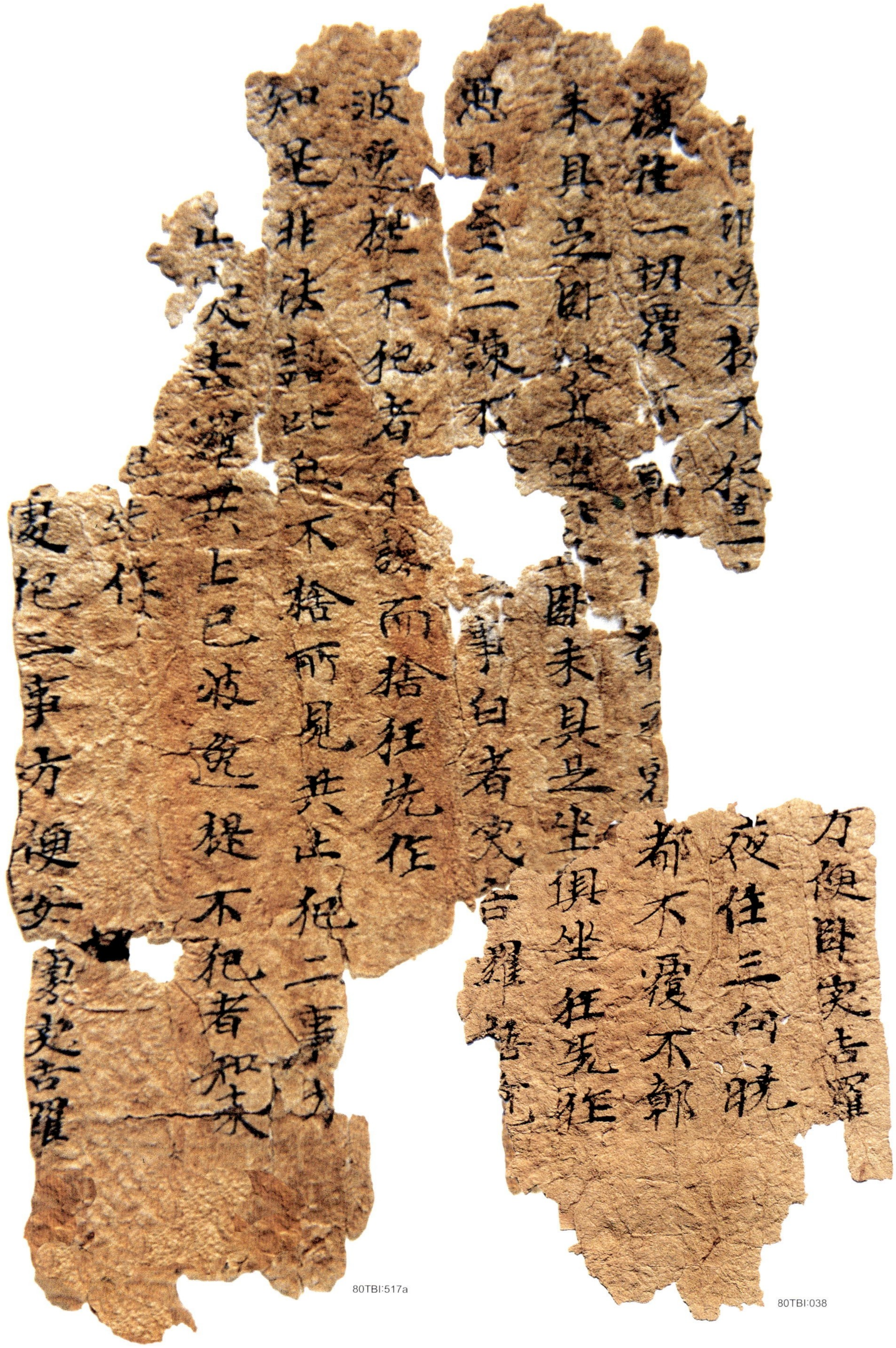

0　2厘米

拼合圖四九　優波離問佛經

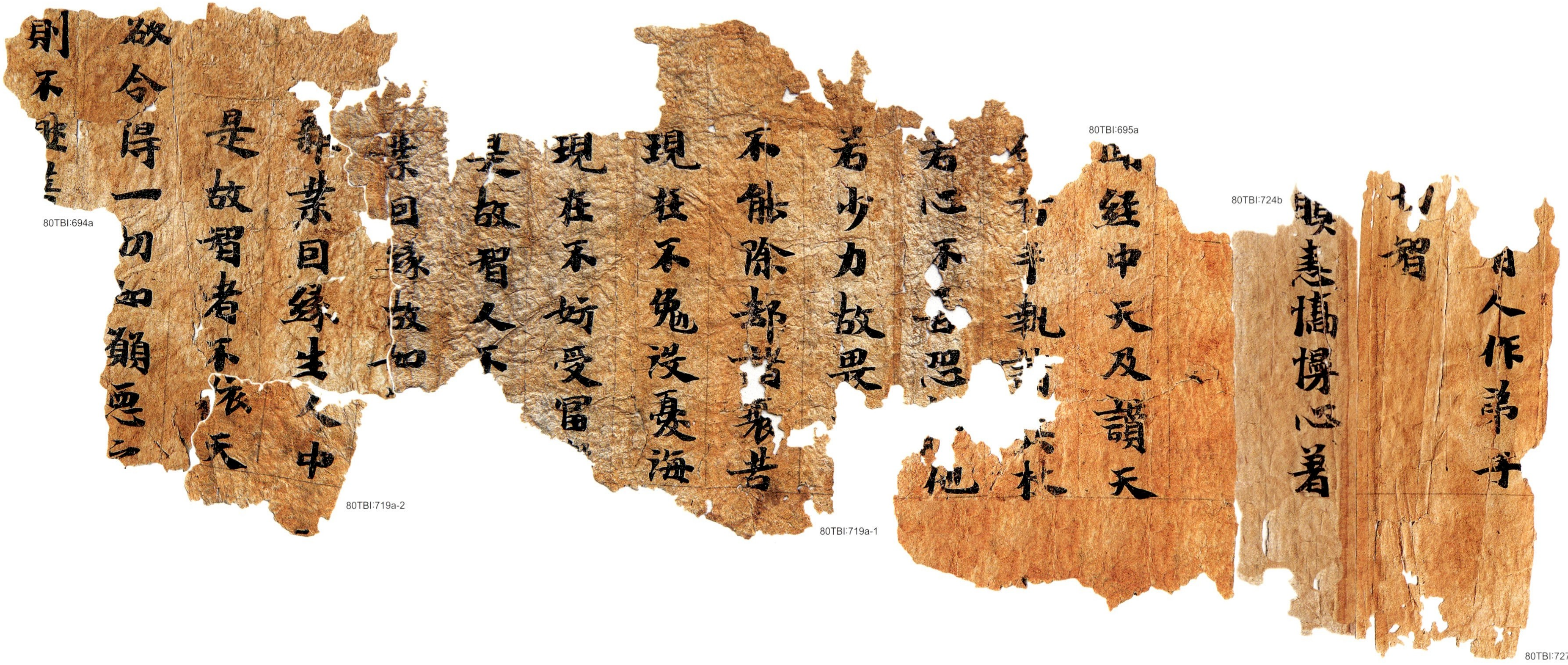

拼合圖五〇　大智度論（卷二）初品中婆伽婆釋論第四

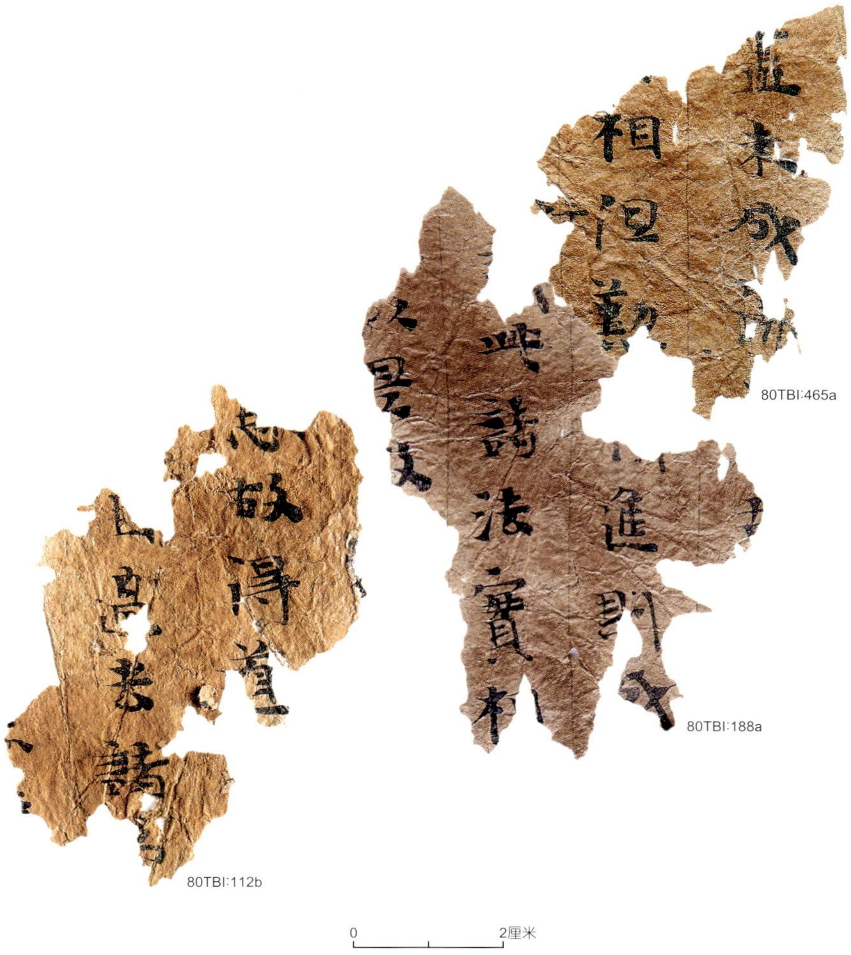

拼合圖五一　大智度論（卷五四）釋天主品第二七

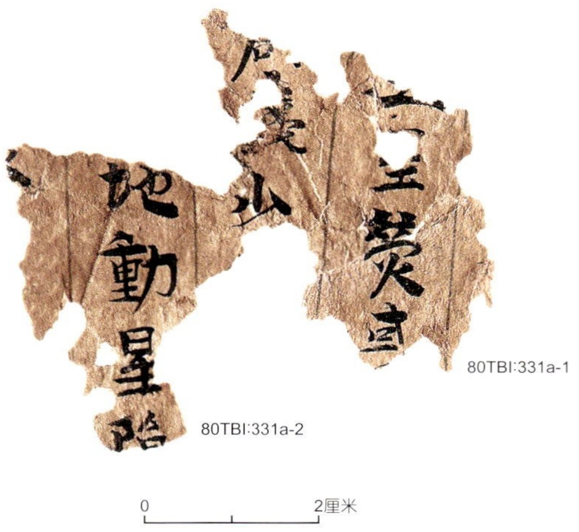

拼合圖五二　修行道地經（卷六）學地品第二五

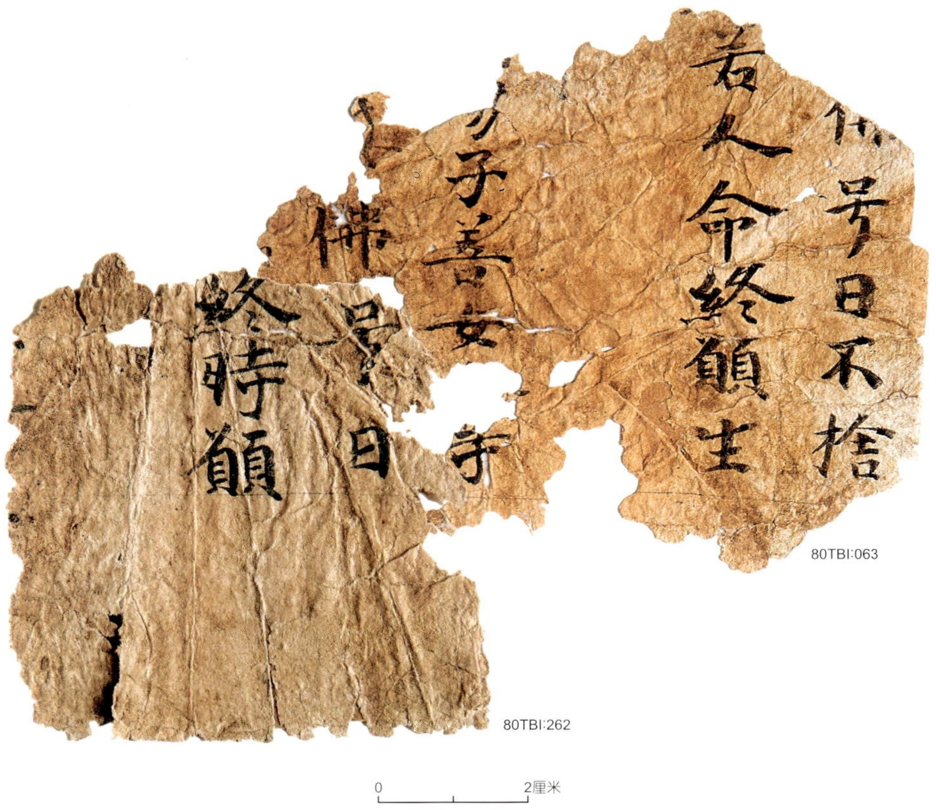

拼合圖五三　佛説灌頂隨願往生十方浄土經（卷一一）

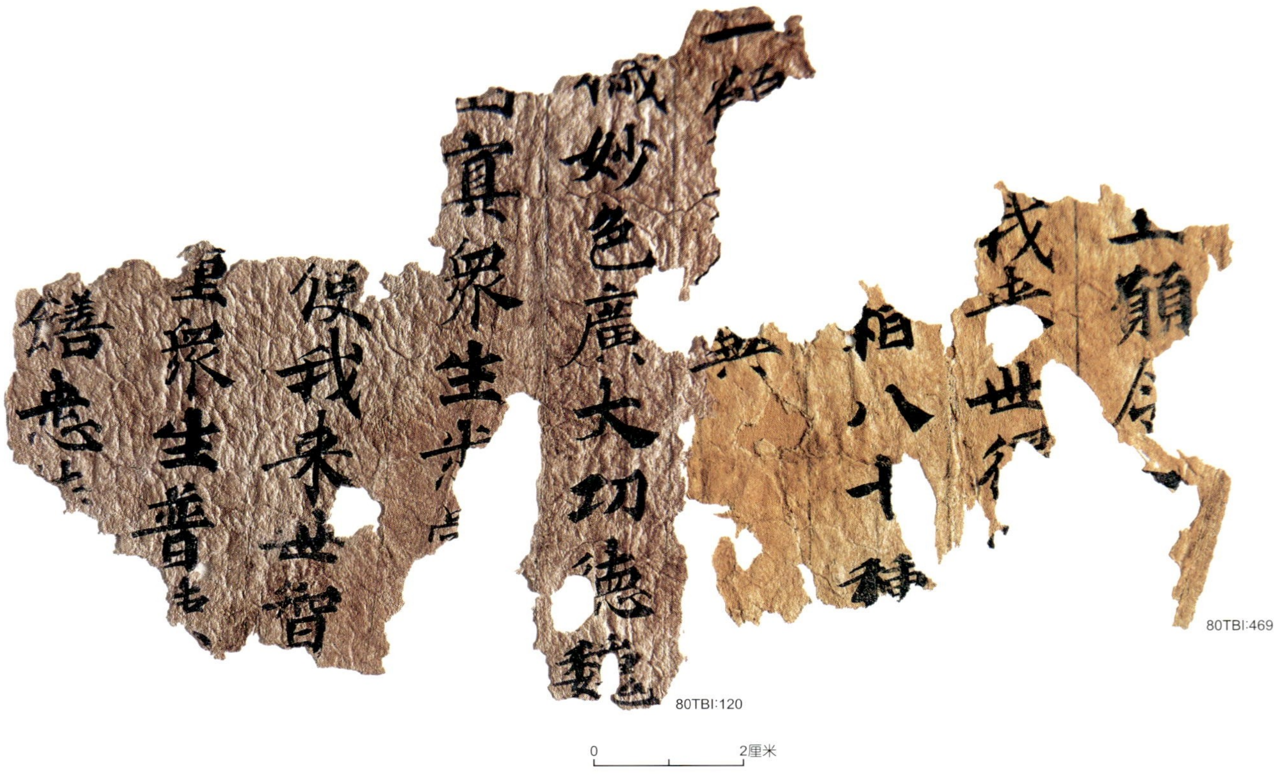

拚合圖五四　佛説灌頂拔除過罪生死得度經（卷一二）

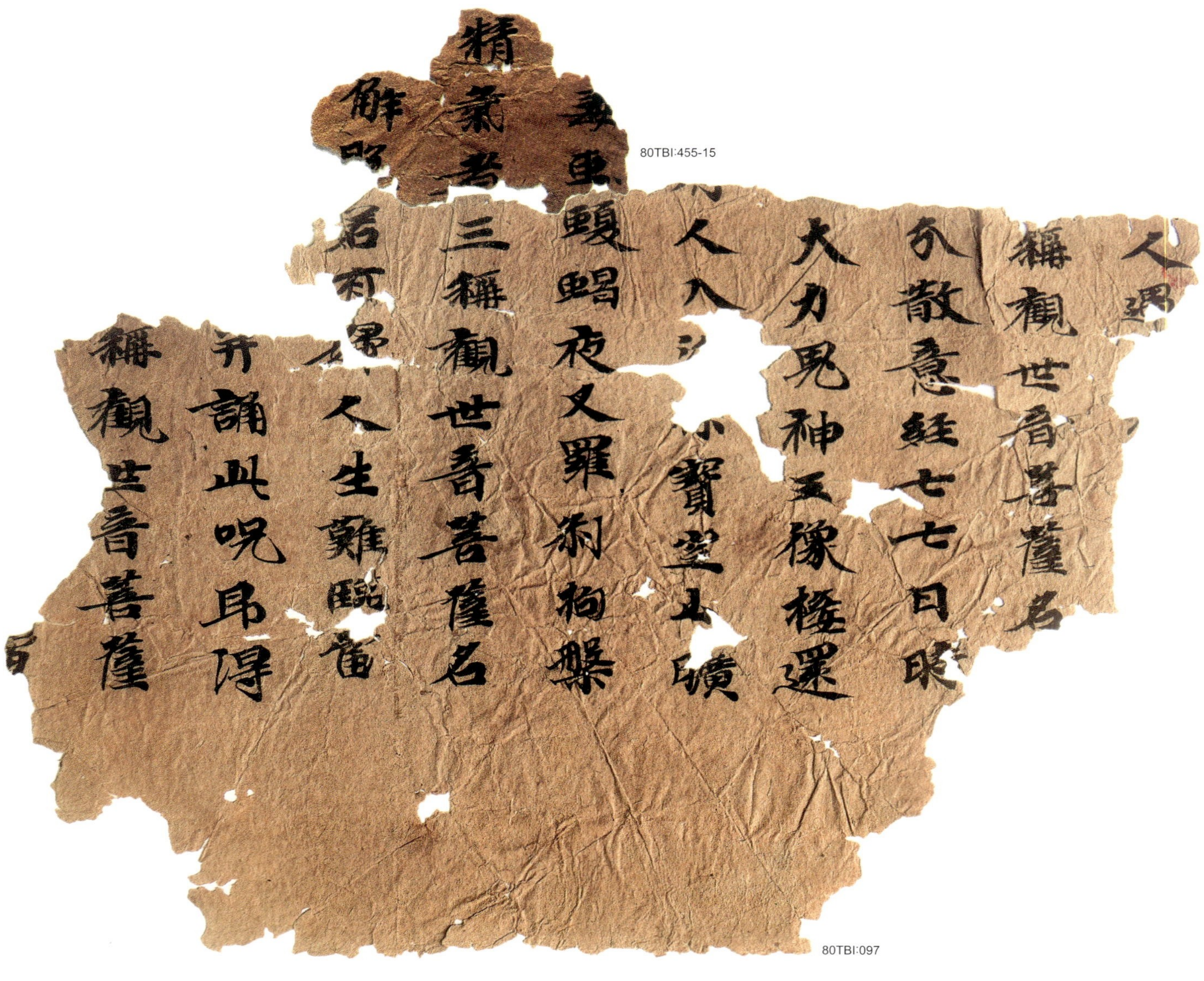

拚合圖五五　請觀世音菩薩消伏毒害陀羅尼咒經（卷一）

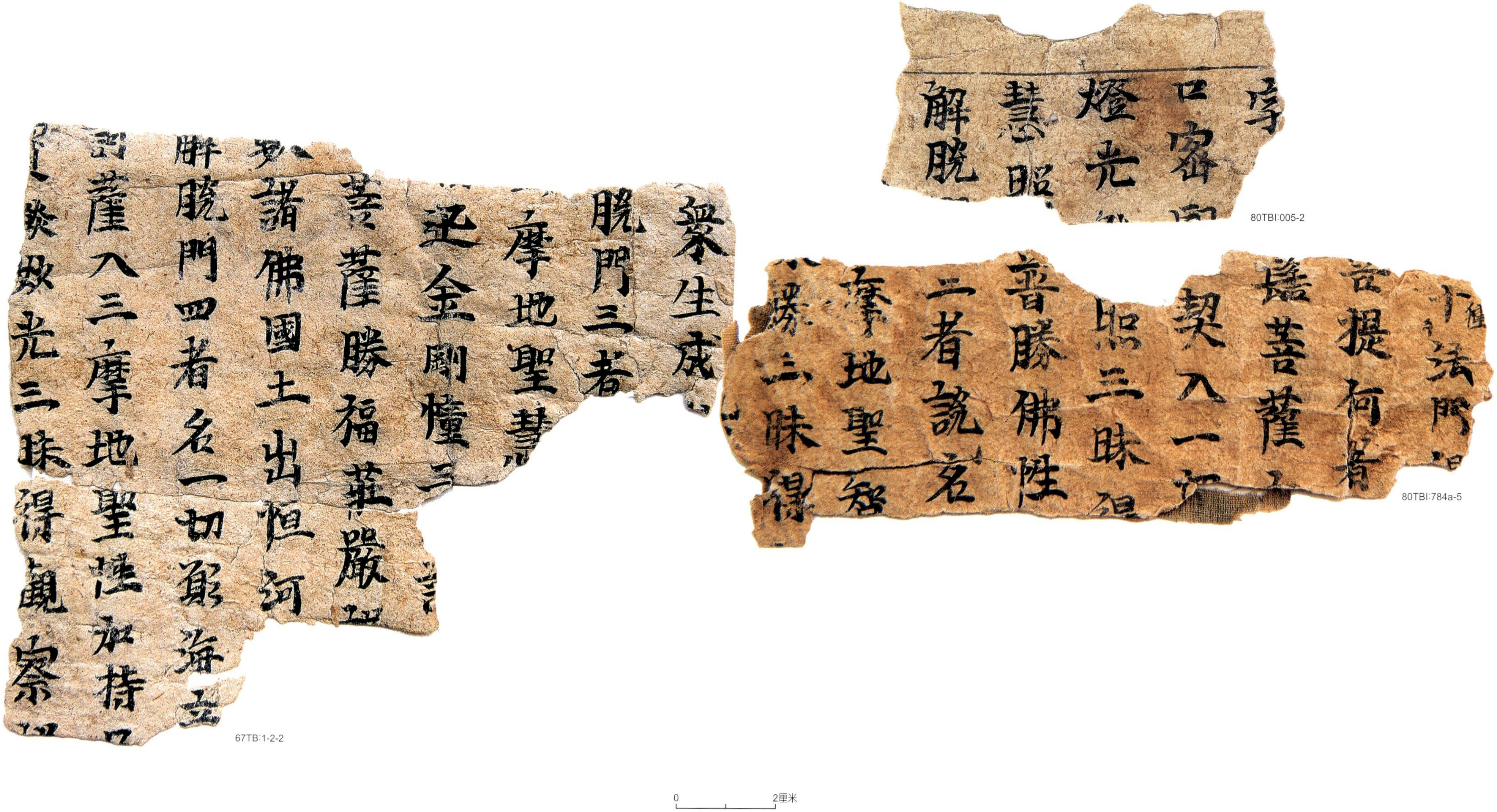

拼合圖五六　大乘瑜伽金剛性海曼殊室利千臂千鉢大教王經（卷六）

拼合圖五七　大乘瑜伽金剛性海曼殊室利千臂千鉢大教王經（卷六）

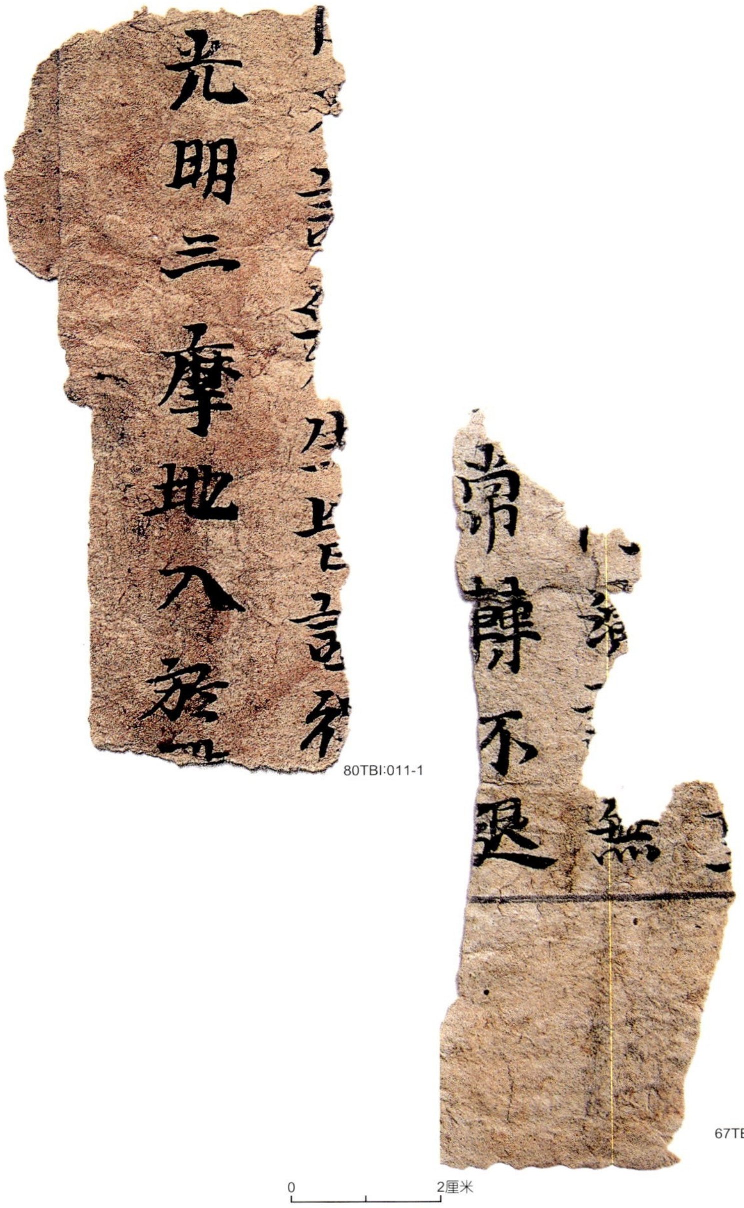

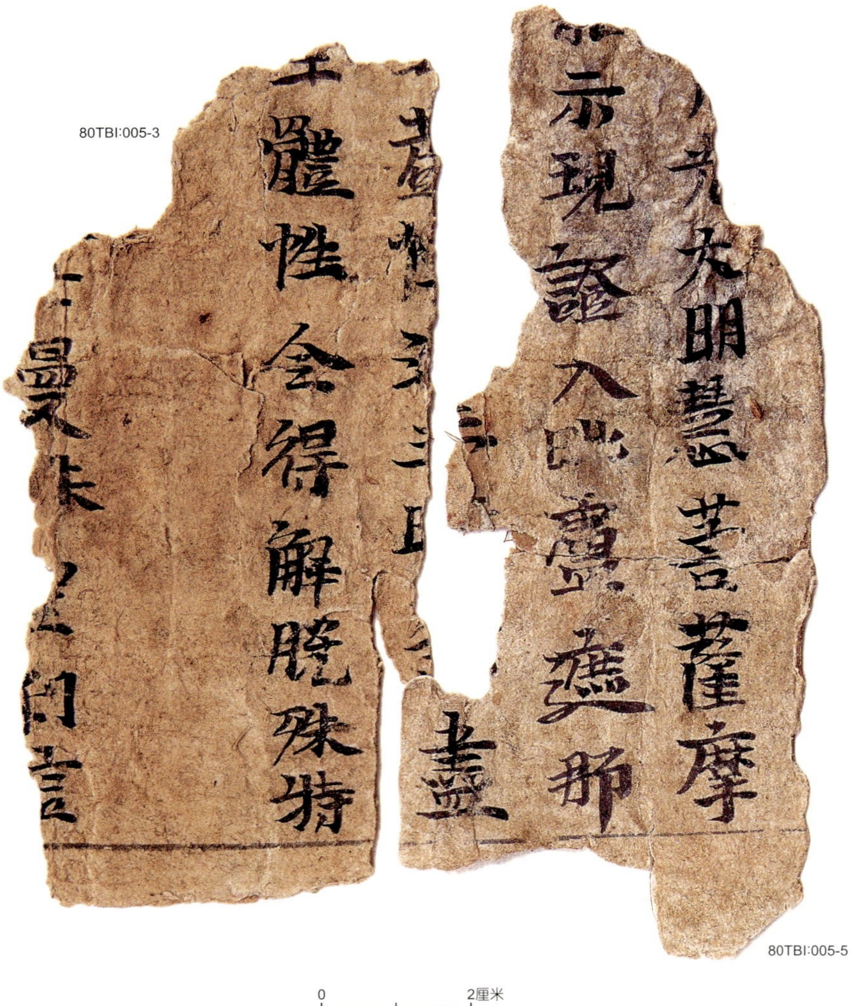

拼合圖五八　大乘瑜伽金剛性海曼殊室利千臂千鉢大教王經（卷六）

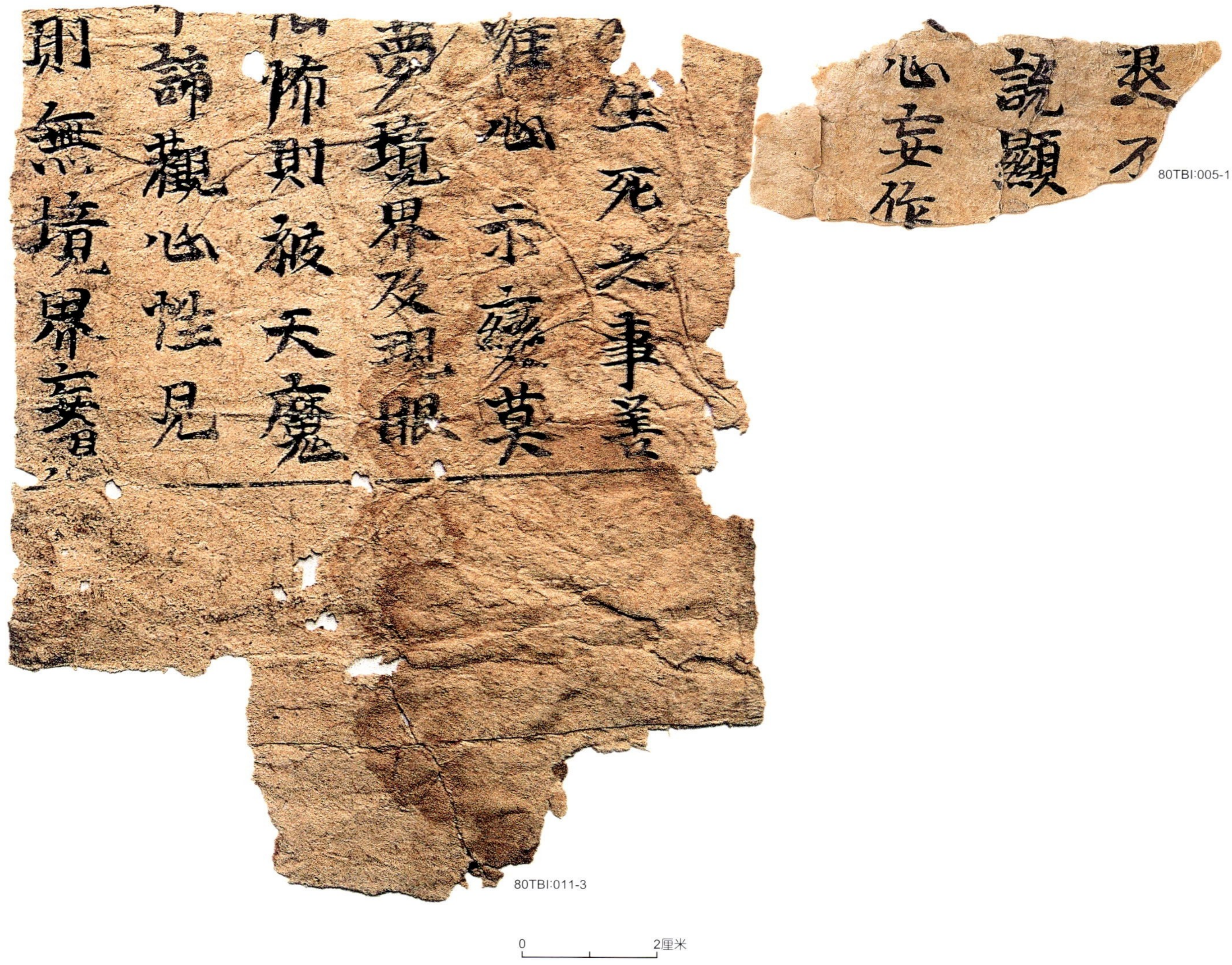

拚合圖五九　大乘瑜伽金剛性海曼殊室利千臂千鉢大教王經（卷六）

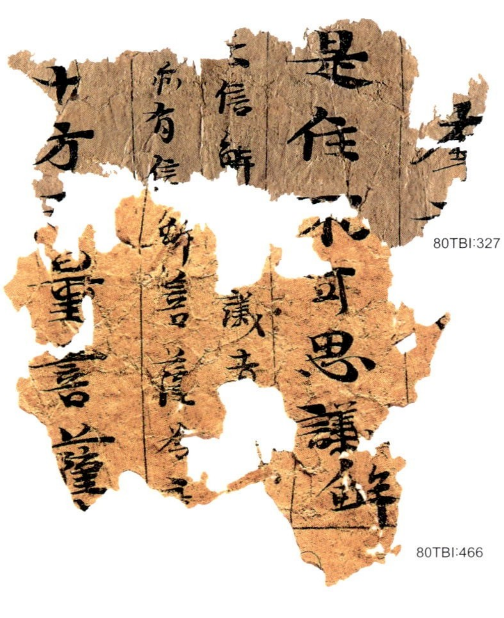

拚合圖六〇　注維摩詰經（卷六）不思議品第六

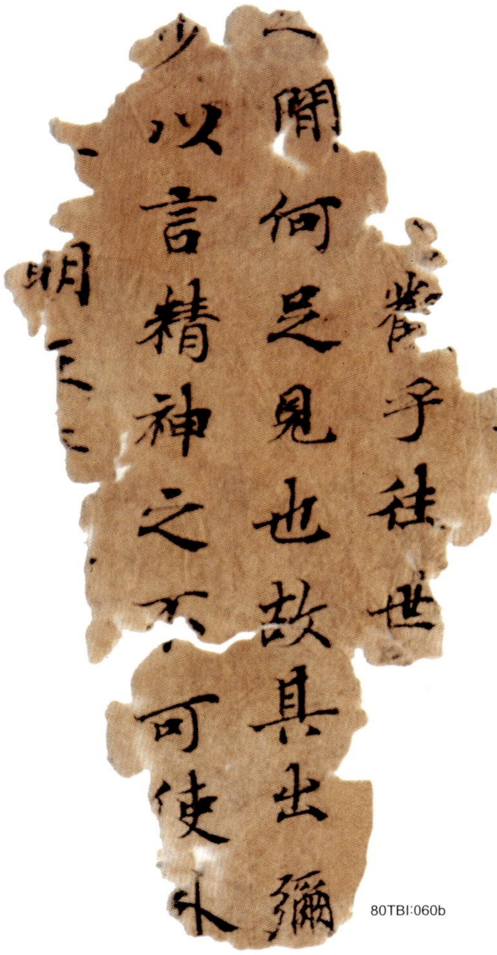

0 2厘米

拼合圖六一　道藏通玄真經（卷三）九守篇殘片

未定名佛經殘片

80TBI:324a
一 0 2厘米

80TBI:383
二 0 2厘米

80TBI:324b
三 0 2厘米

80TBI:328a
四 0 2厘米

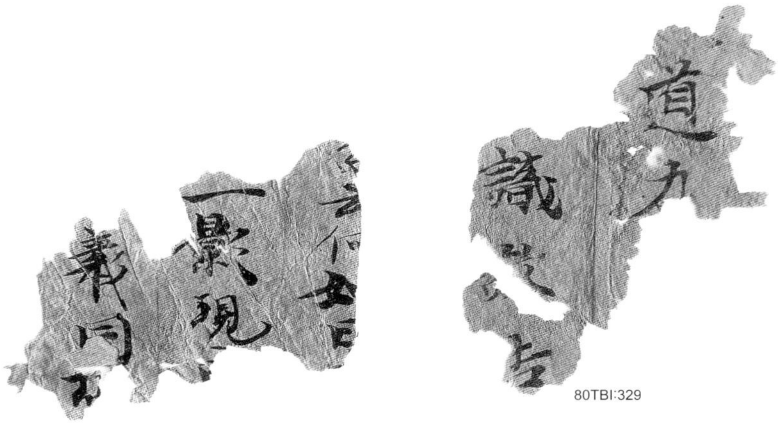
80TBI:329
五 0 2厘米

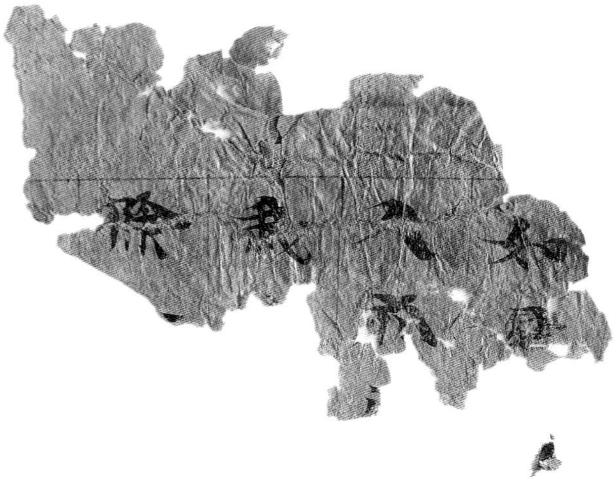

80TBI:333
六 0 2厘米

80TBI:340
七 0 2厘米

80TBI:235
八 0 2厘米

80TBI:331b
九 0 2厘米

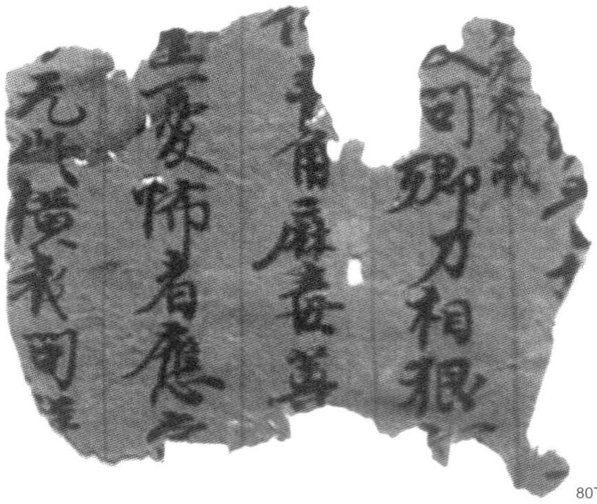
80TBI:048
一〇 0 2厘米

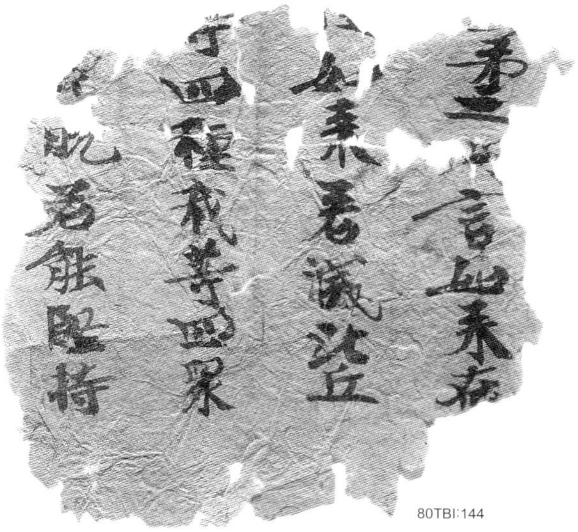

80TBI:144

一一 0 2厘米

80TBI:058a

一二 0 2厘米

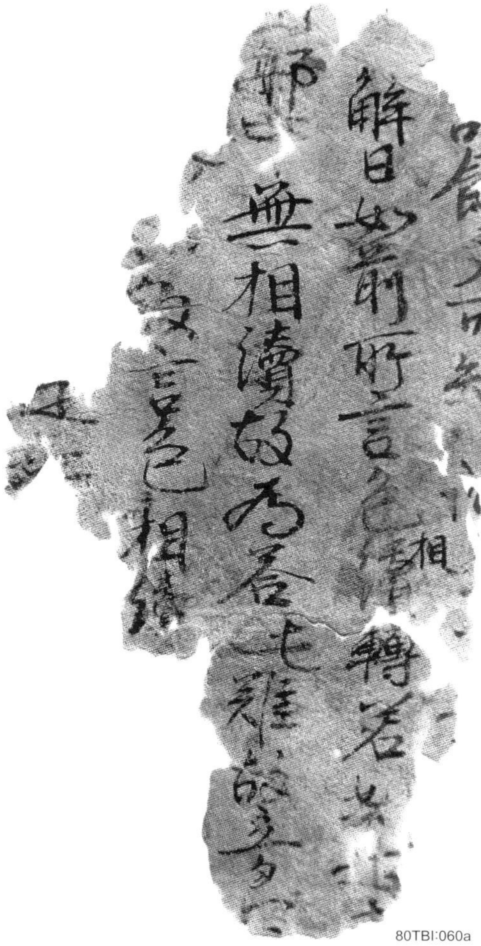

80TBI:060a

一三 0 2厘米

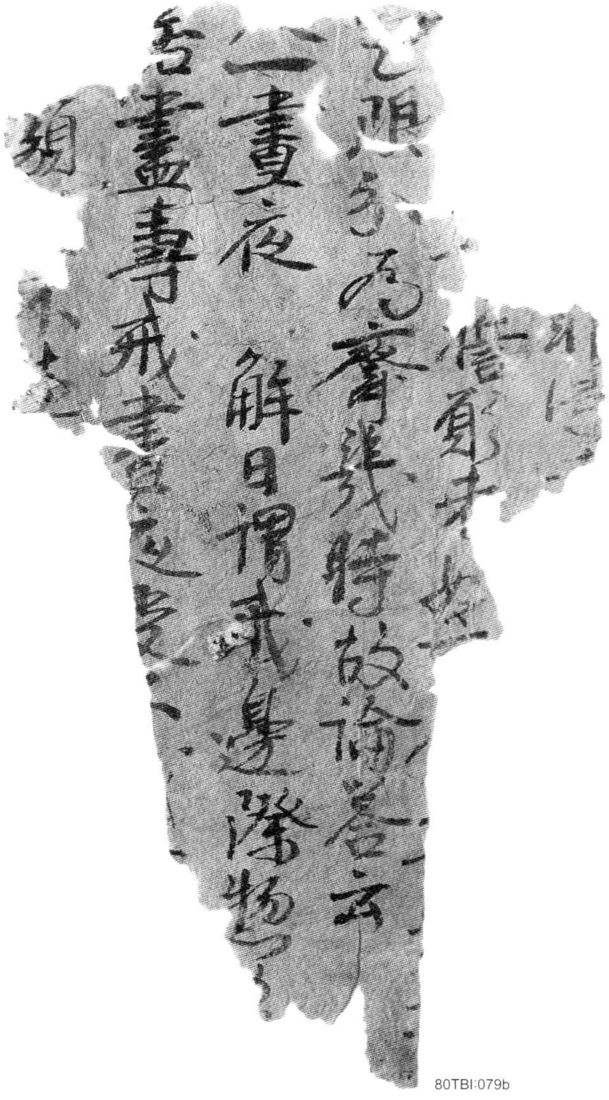

80TBI:079b

一四 0 2厘米

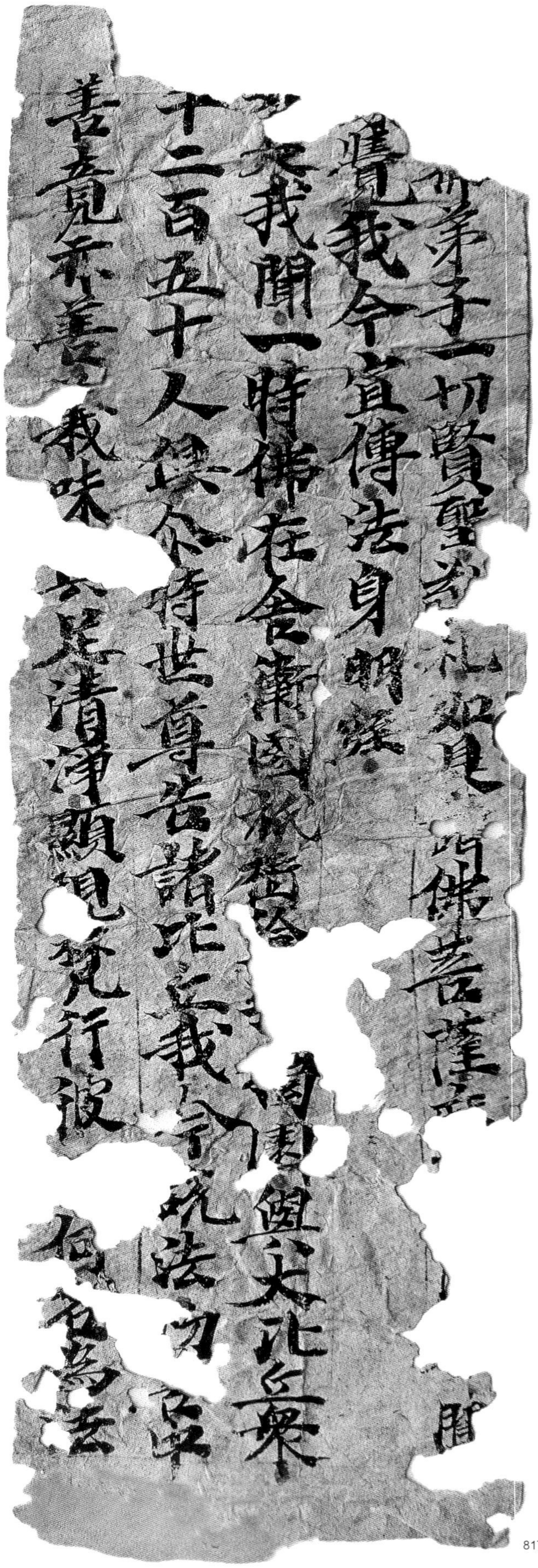

81TB10:02b

一五 0 2厘米

80TBI:275

一六 0 2厘米

80TBI:198

一七 0 2厘米

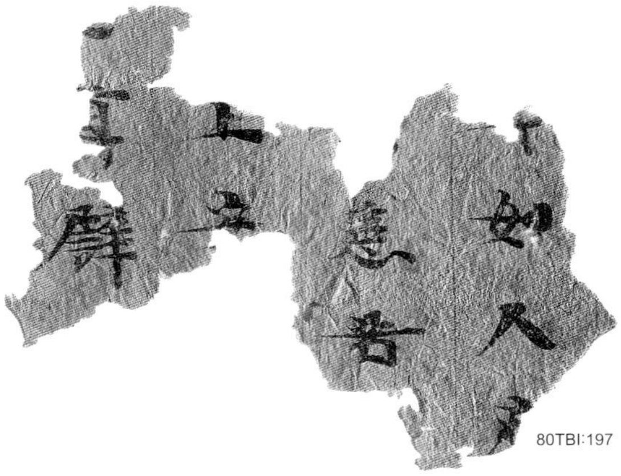

80TBI:197

一八 0 2厘米

80TBI:084

一九 0 2厘米

80TBI:070

二〇 0 2厘米

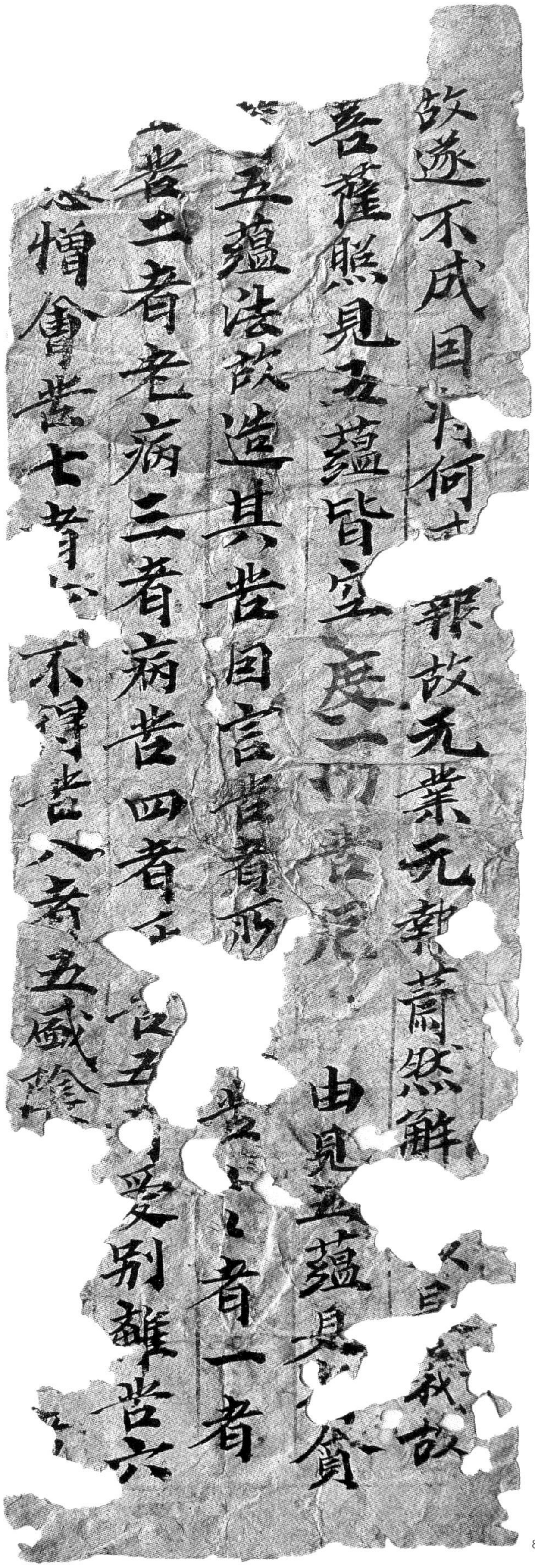

81TB10:02a

二一 0 2厘米

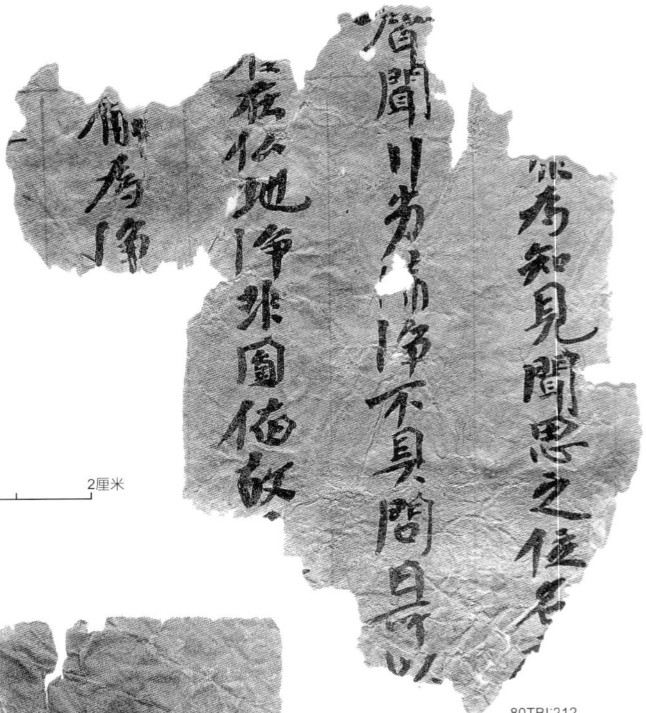

二二 0 2厘米

80TBI:212

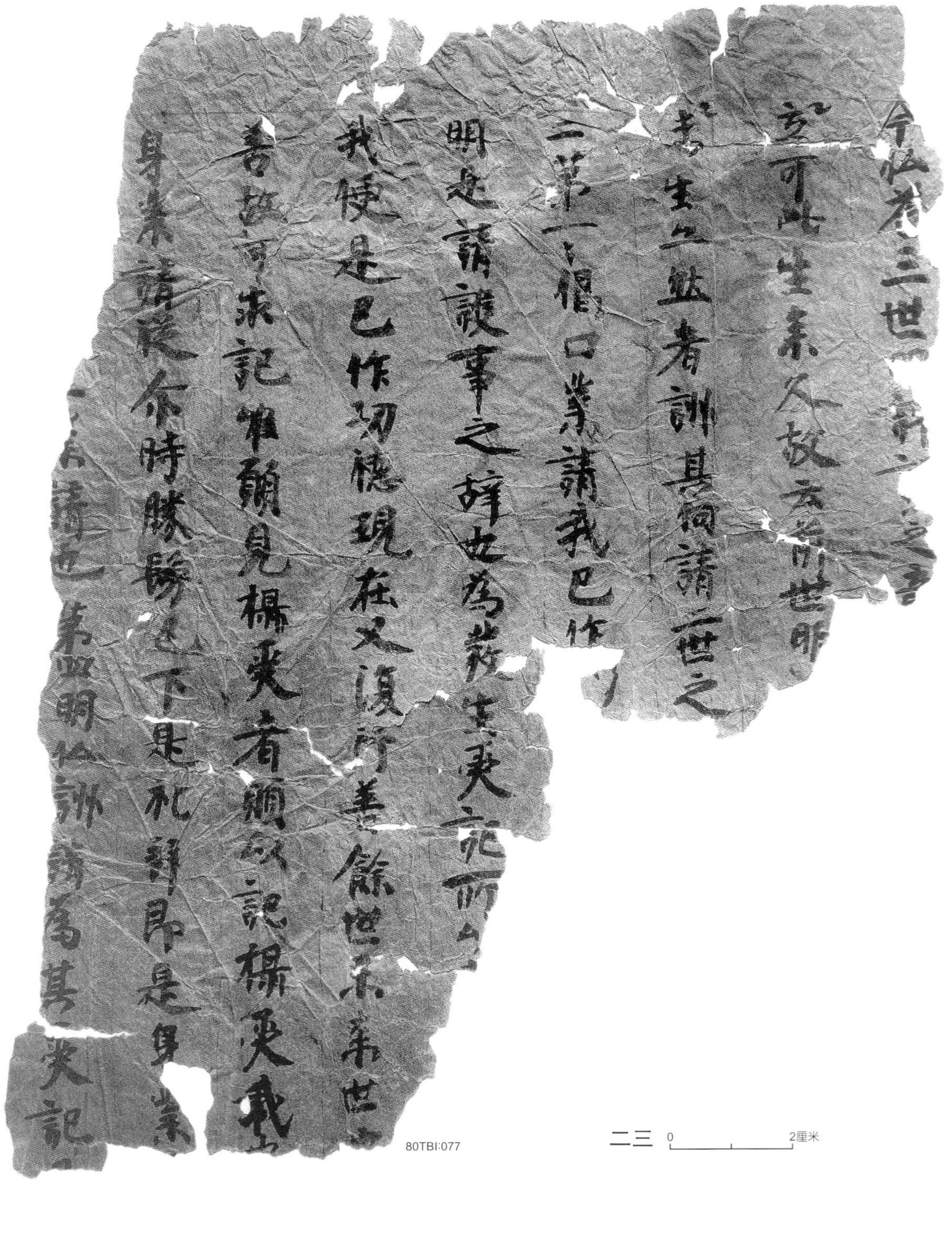

二三 0 2厘米

80TBI:077

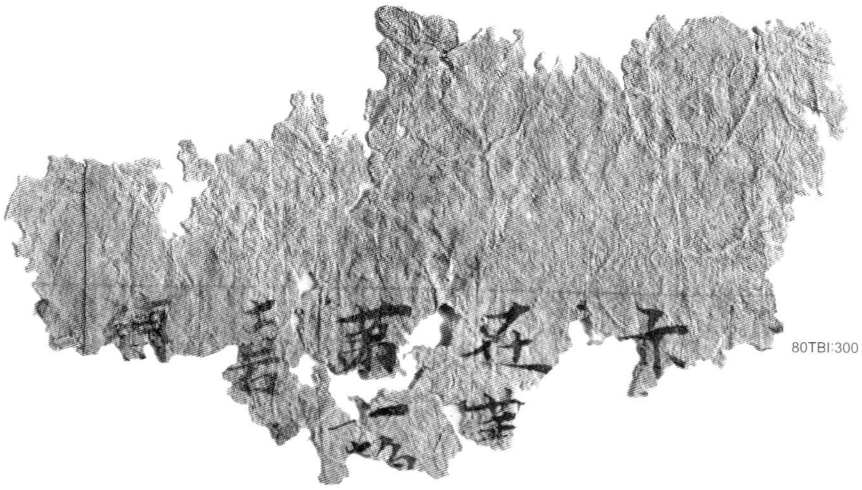

80TBI:300

二五 0 2厘米

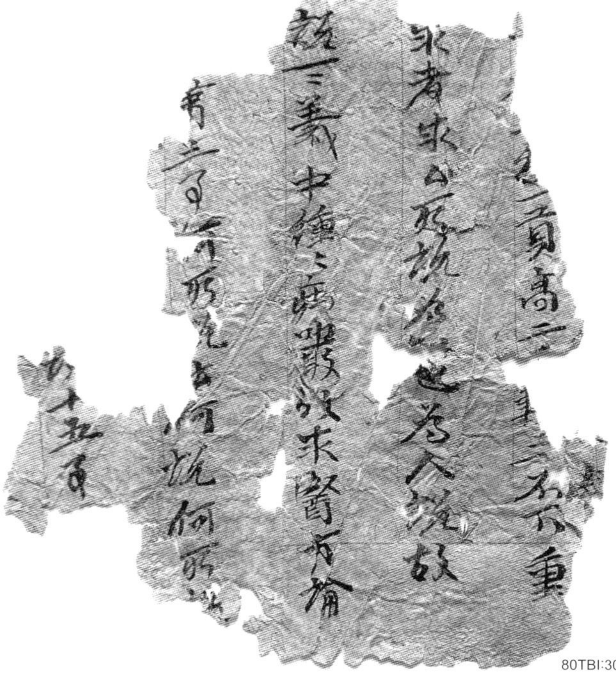

80TBI:308a

二四 0 2厘米

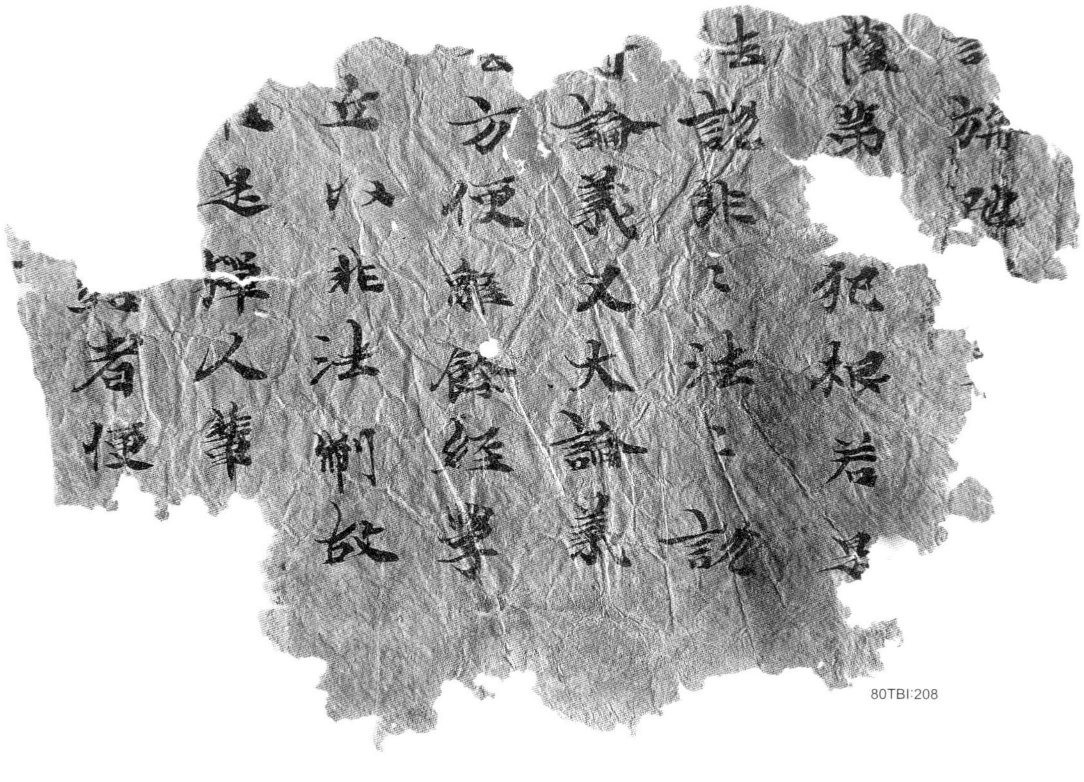

80TBI:208

二六 0 2厘米

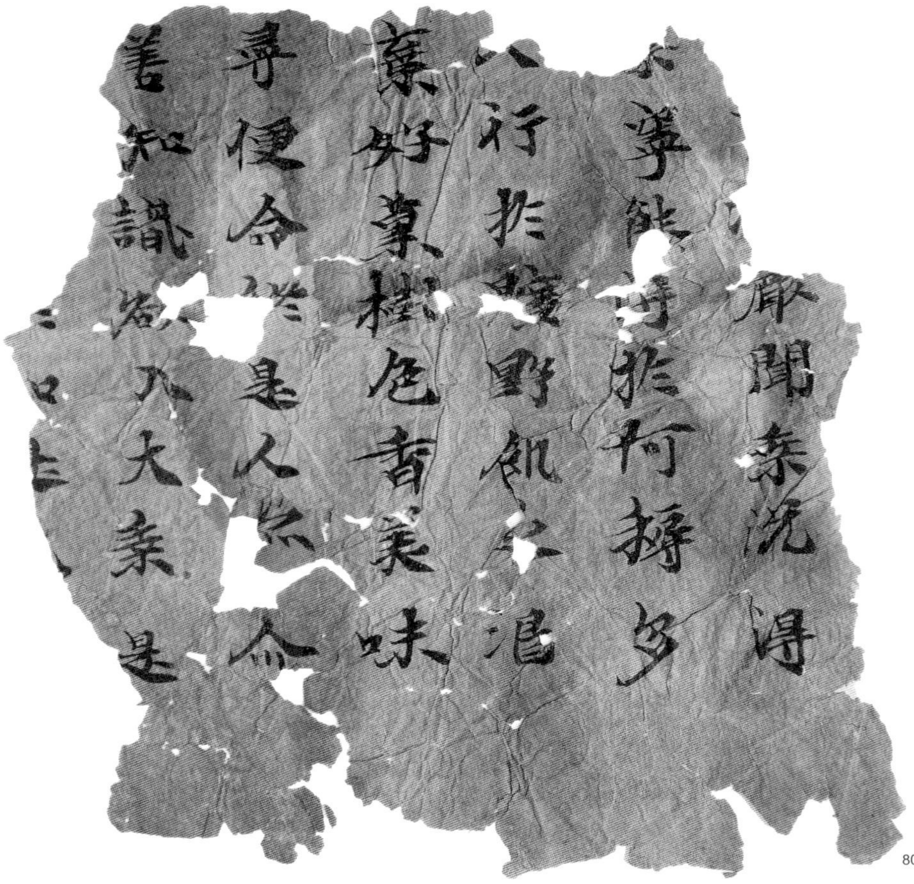

80TBI:100

二七 0 2厘米

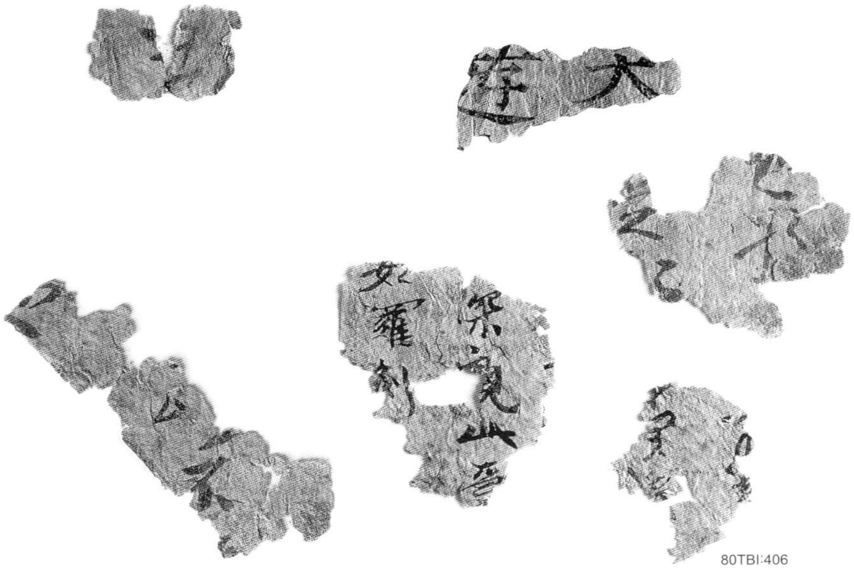

80TBI:406

二九 0 2厘米

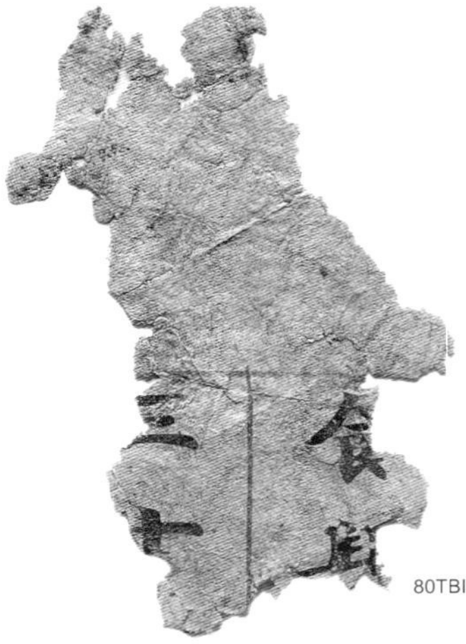

80TBI:403

二八 0 2厘米

80TBI:418

三一 0 2厘米

80TBI:419

三〇 0 2厘米

80TBI:349

三三 0 2厘米

80TBI:289b

三二 0 2厘米

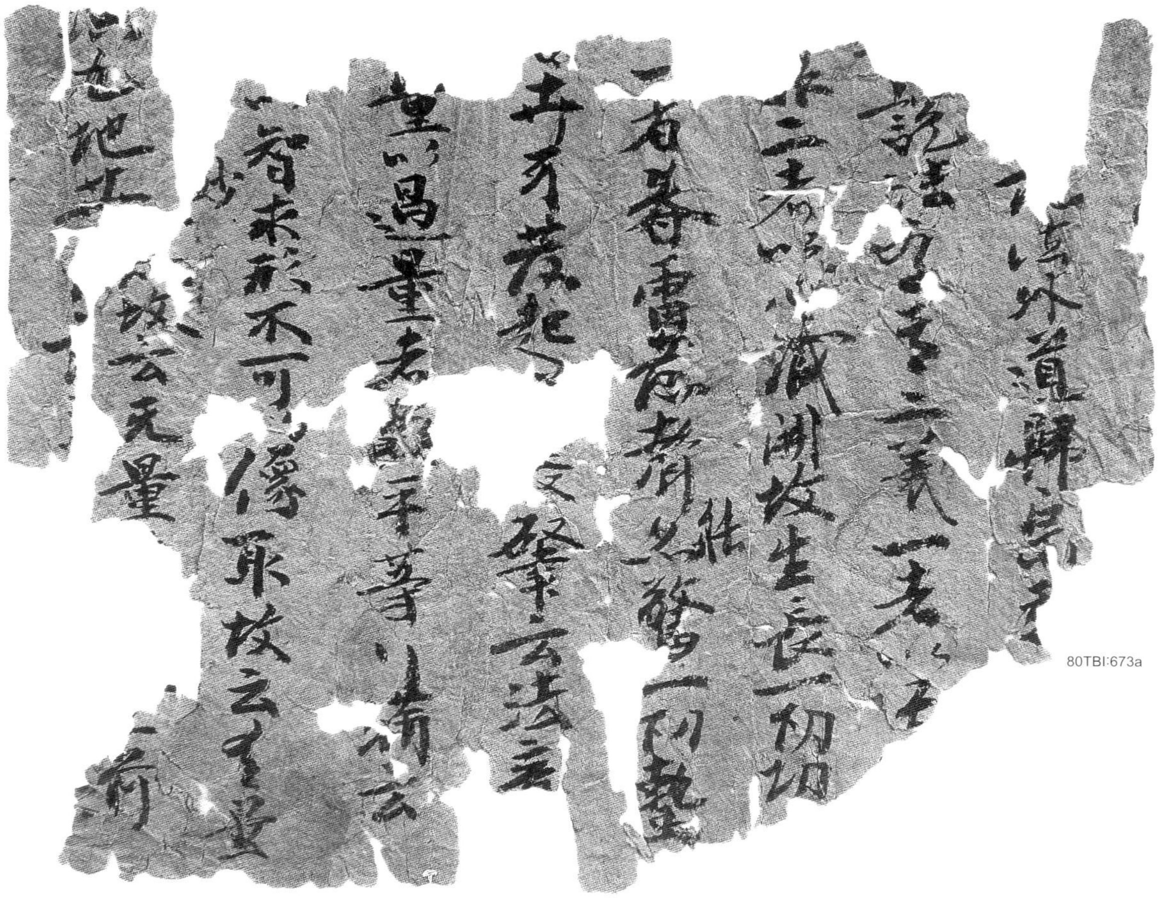

80TBI:673a

三四 0 2厘米

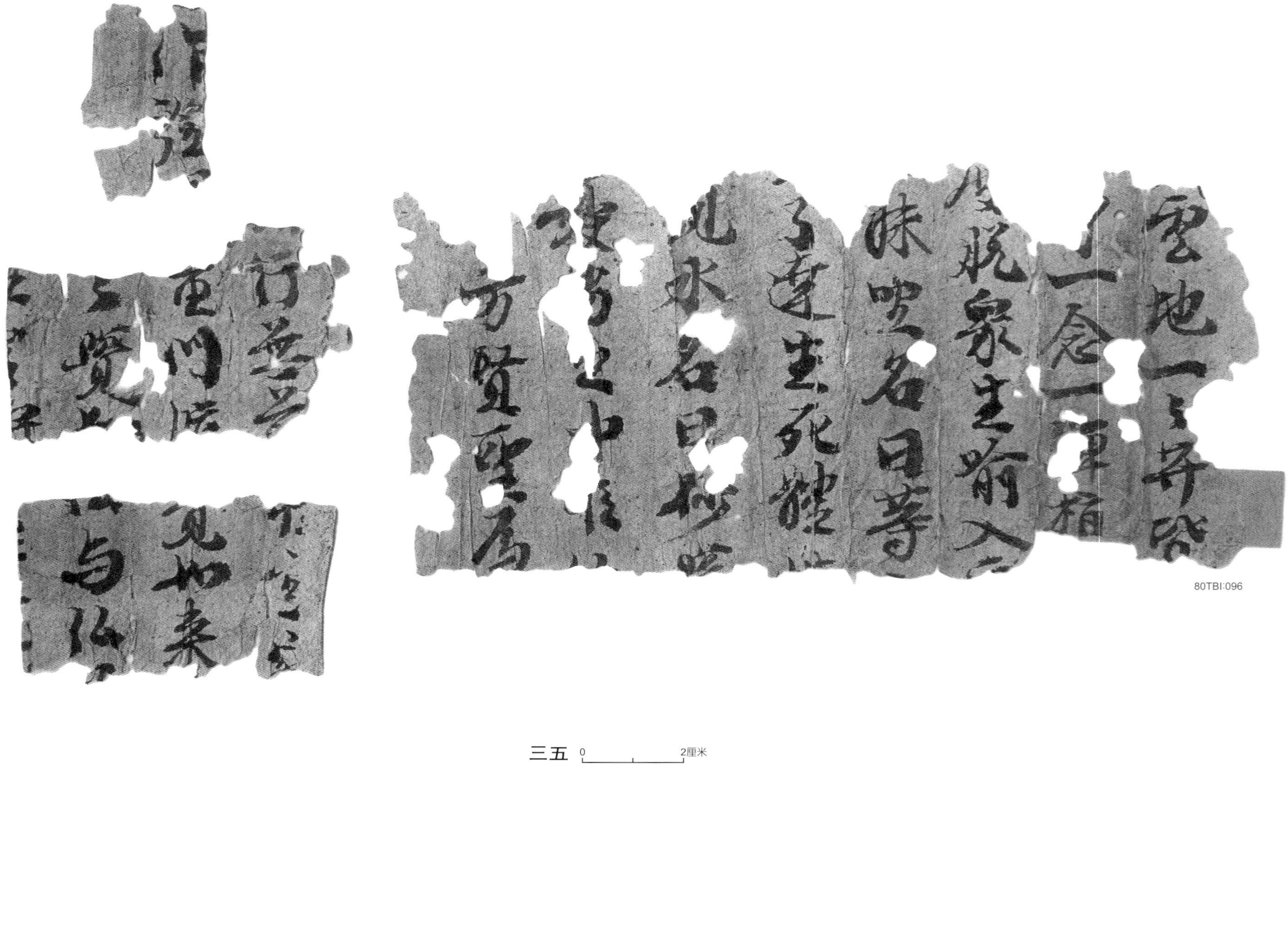

80TBI:096

三五 0 2厘米

80TBI:395b

三七 0 2厘米

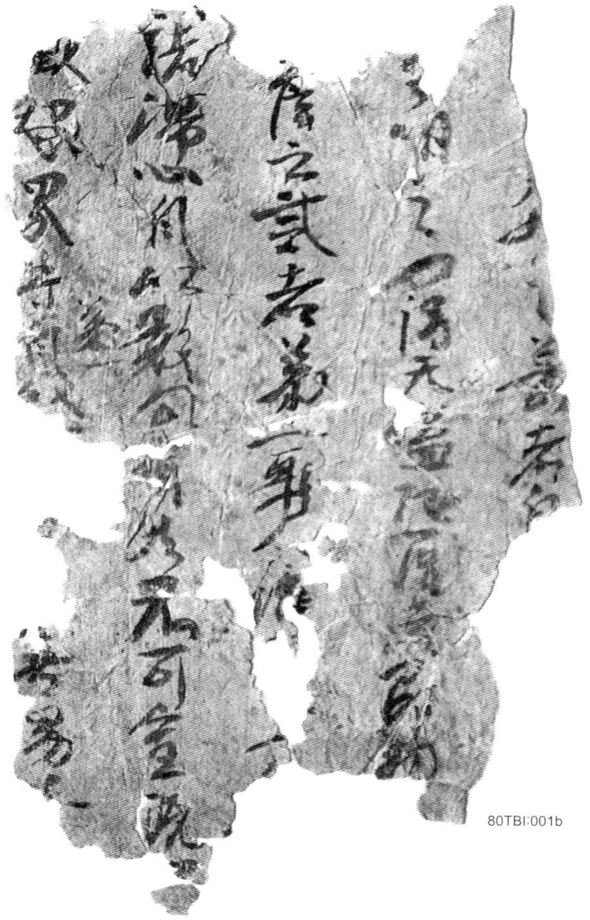

80TBI:001b

三六 0 2厘米

80TBI:286

三八 0 2厘米

80TBI:263

四〇 0 2厘米

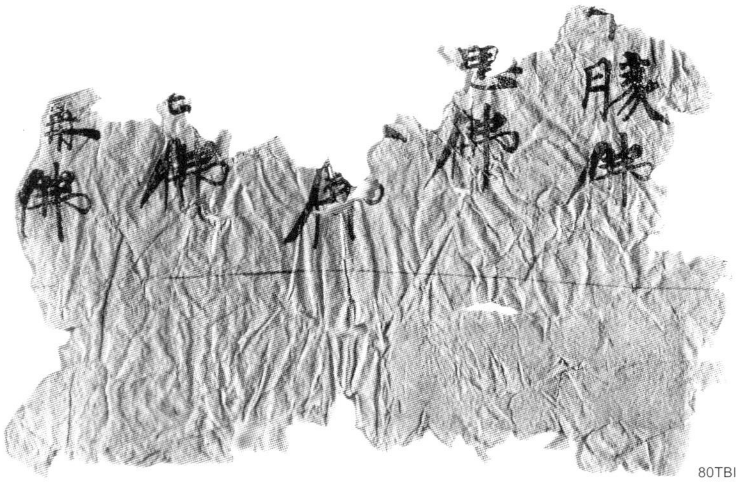

80TBI:236

三九 0 2厘米

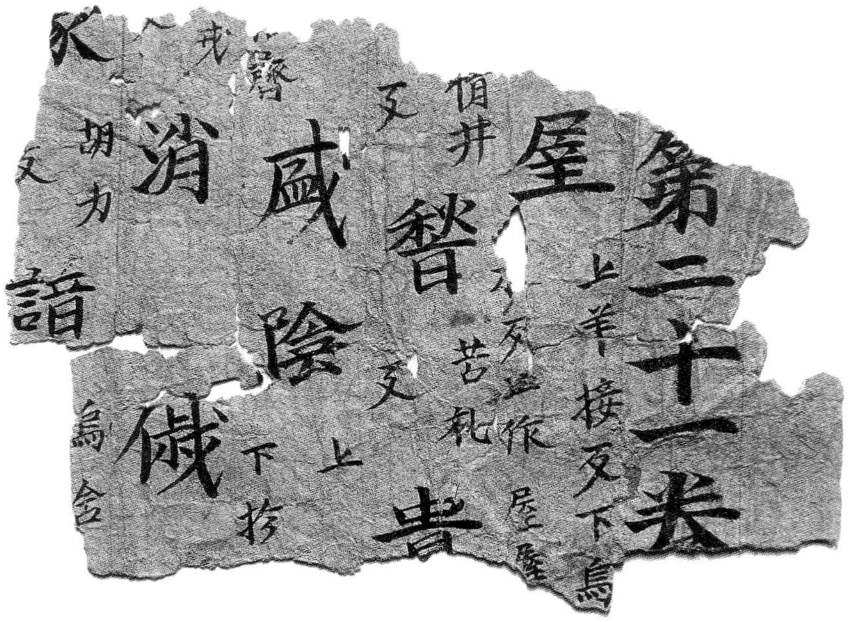

80TBI:002a

四二

80TBI:647a

四一

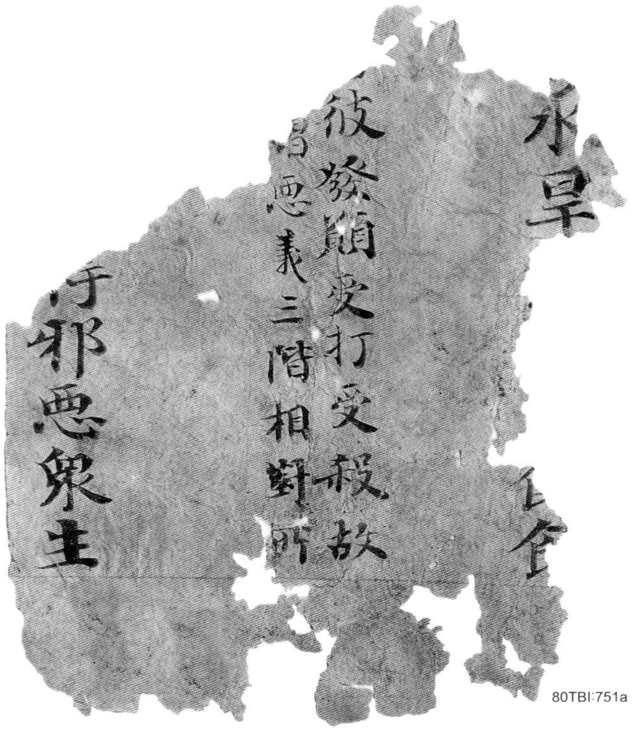

80TBI:751a

四四

80TBI:405

四三

80TBI:139

四六

80TBI:222

四五

80TBI:415

四七 0 2厘米

80TBI:386

四八 0 2厘米

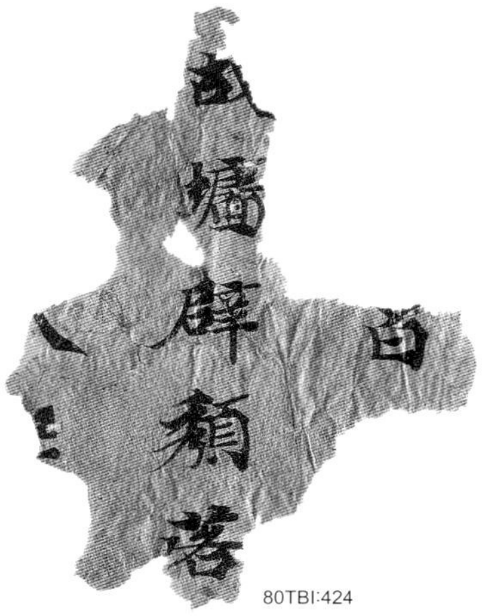
80TBI:424

四九 0 2厘米

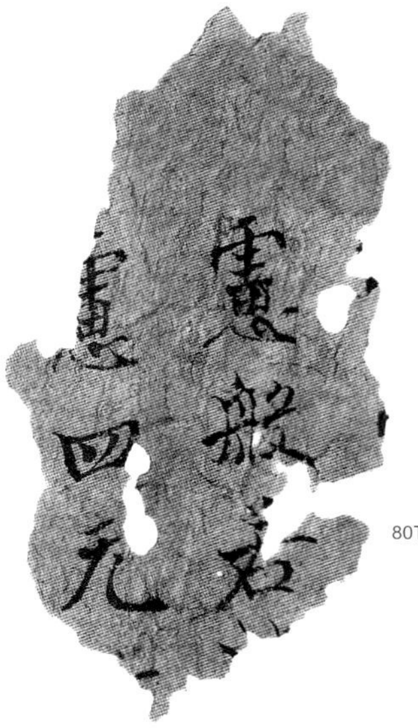
80TBI:733a

五〇 0 2厘米

80TBI:351

五一 0 2厘米

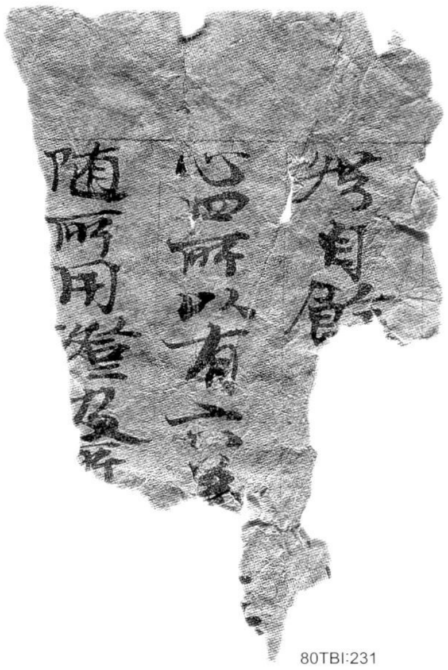
80TBI:231

五二 0 2厘米

80TBI:648a

五三 0 2厘米

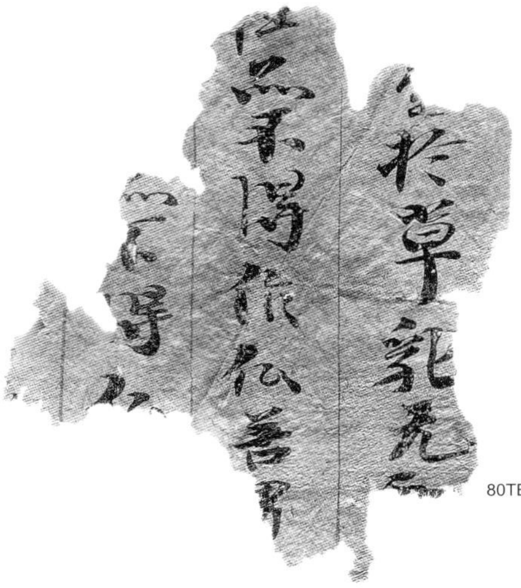

80TBI:254

五四 0 2厘米

80TBI:256a

五五 0 2厘米

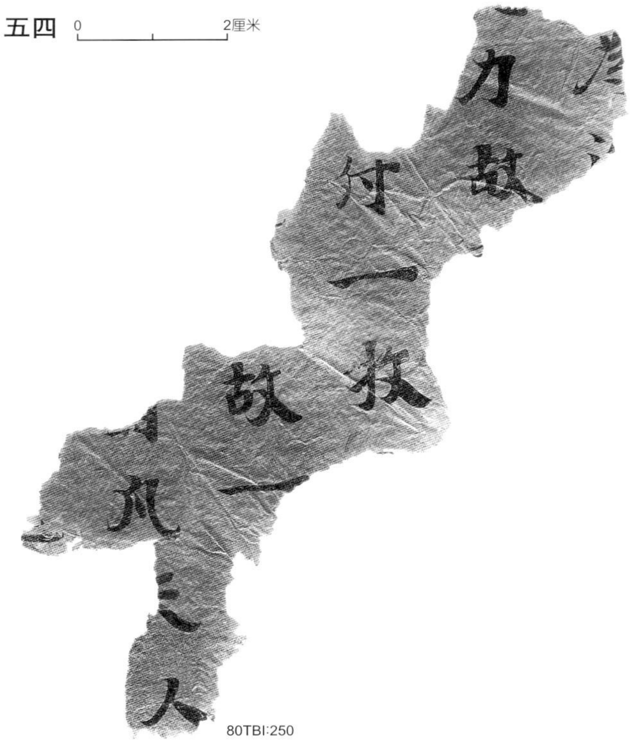

80TBI:250

五六 0 2厘米

80TBI:255

五七 0 2厘米

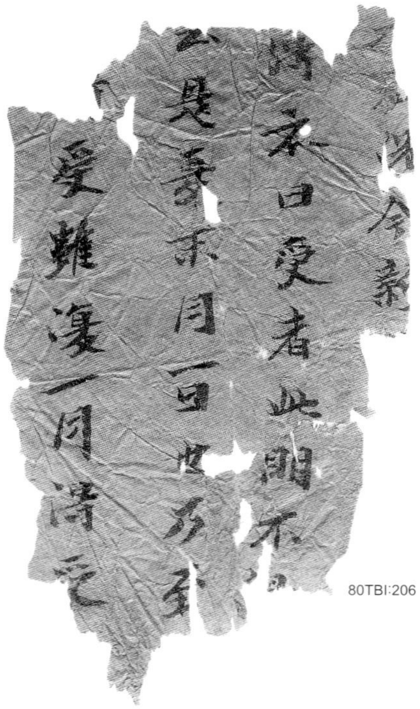

80TBI:206

五八 0 2厘米

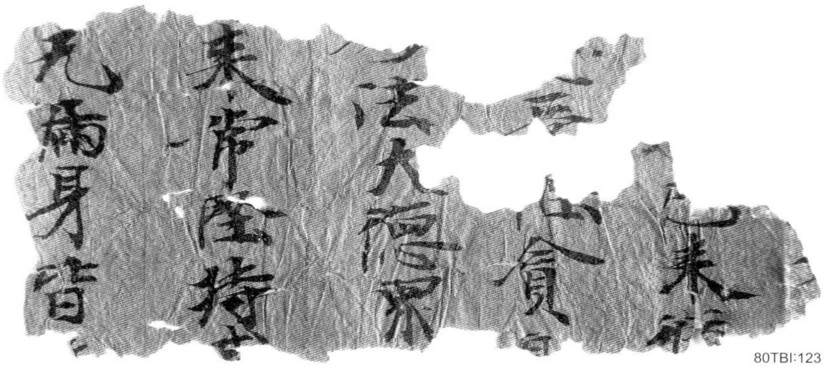

80TBI:123

五九 0 2厘米

80TBI:667a

六一 0 2厘米

80TBI:042

六〇 0 2厘米

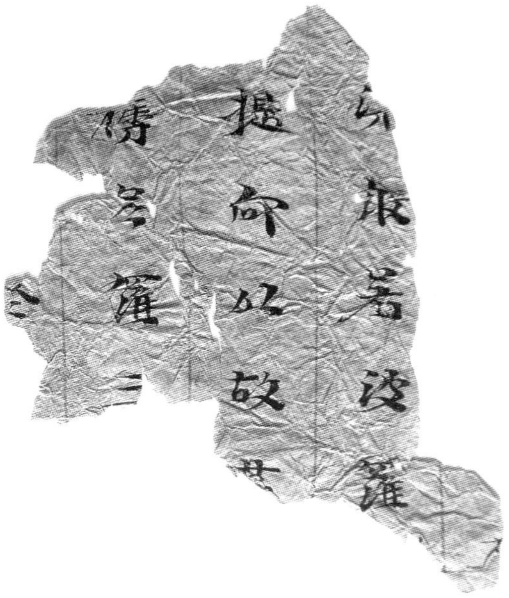

80TBI:314

六三 0 2厘米

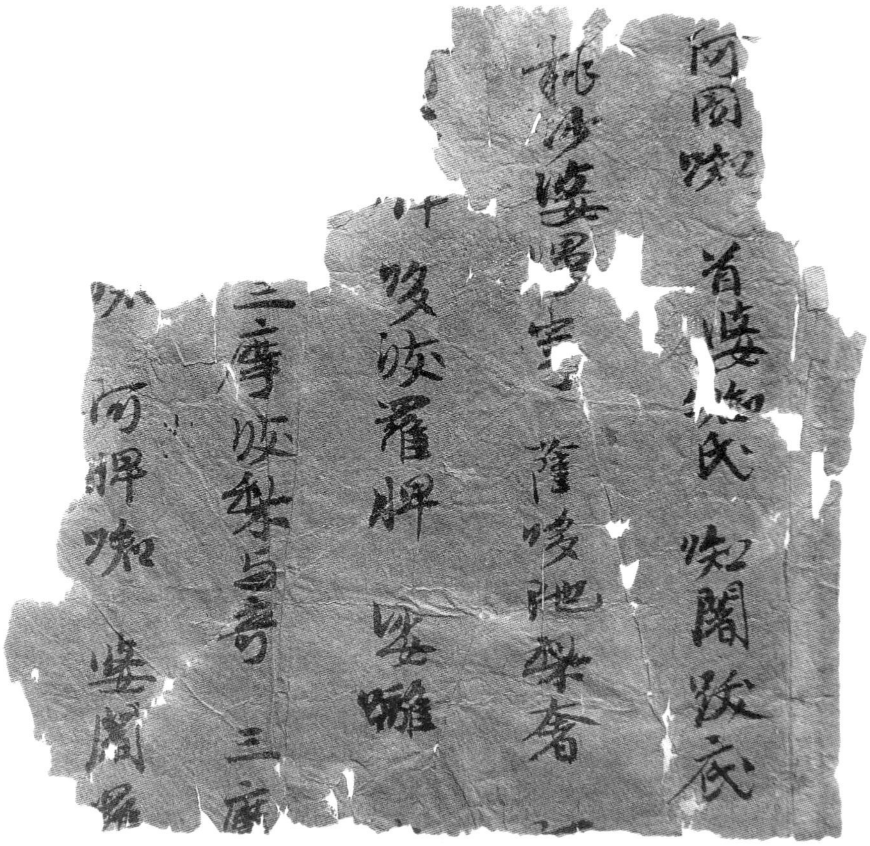

80TBI:032

六二 0 2厘米

80TBI:113

六四 0 2厘米

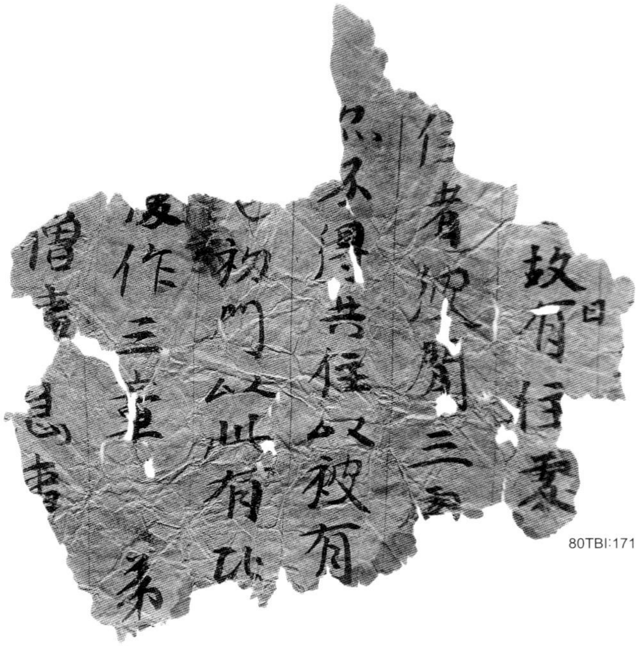

80TBI:171

六五 0 2厘米

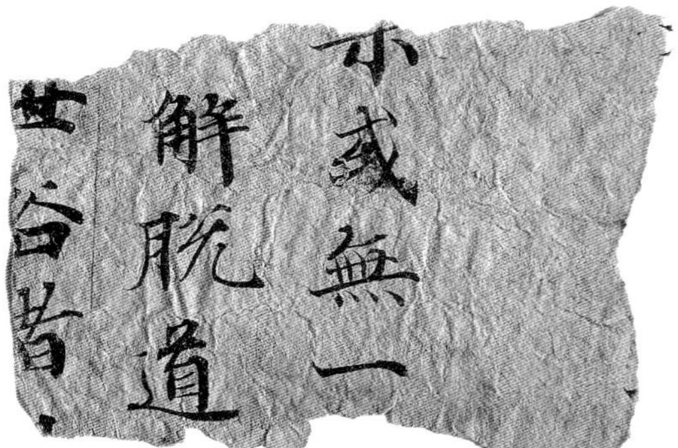

80TBI:283

六六 0 2厘米

80TBI:389

六七 0 2厘米

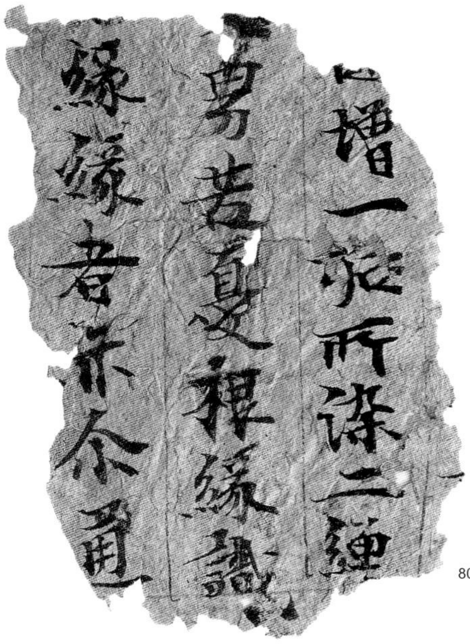

80TBI:702a

六八 0 2厘米

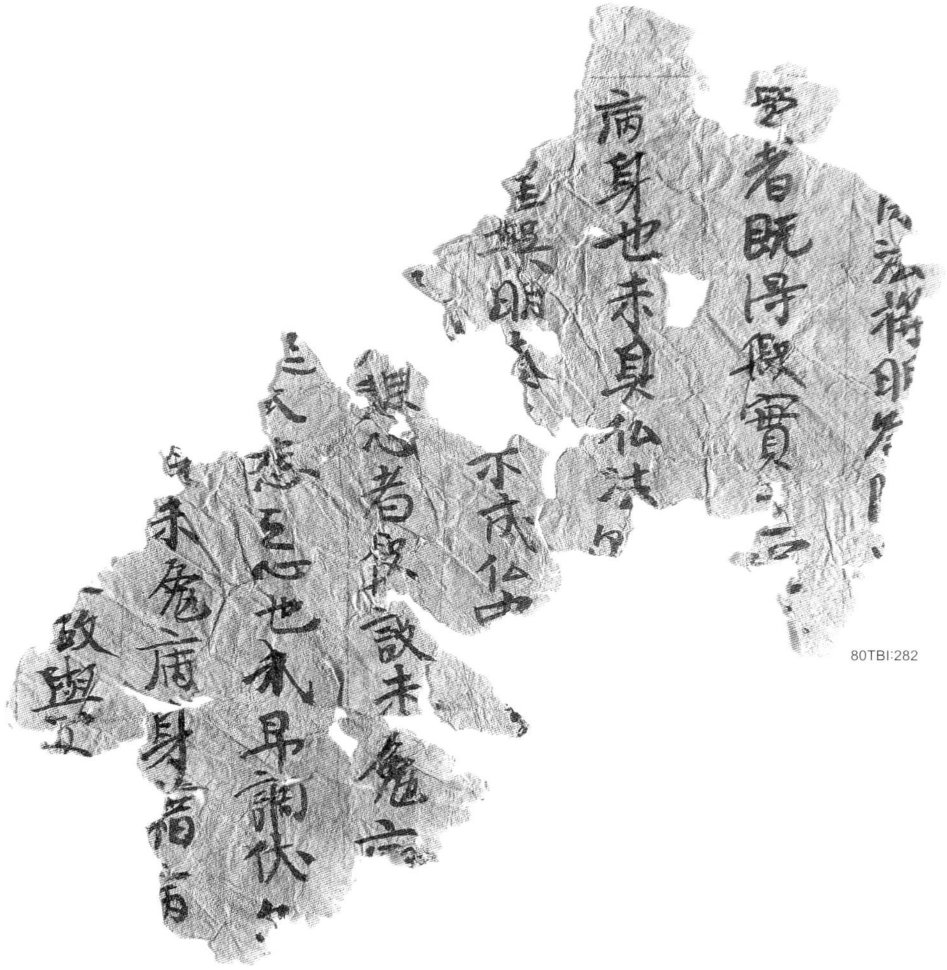

80TBI:282

六九 0 2厘米

80TBI:369

七一 0 2厘米

80TBI:321

七〇 0 2厘米

80TBI:354

七三 0 2厘米

80TBI:420

七二 0 2厘米

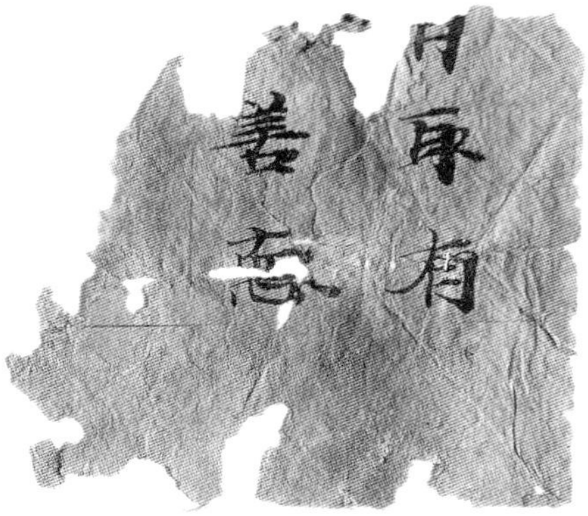

80TBI:343

七五 0 2厘米

80TBI:342

七七 0 2厘米

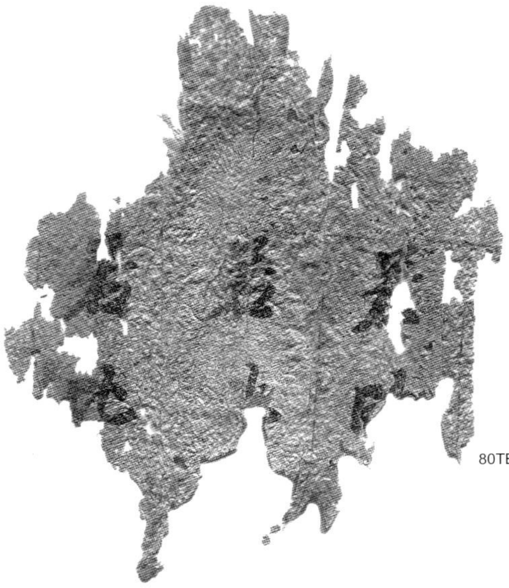

80TBI:347

七九 0 2厘米

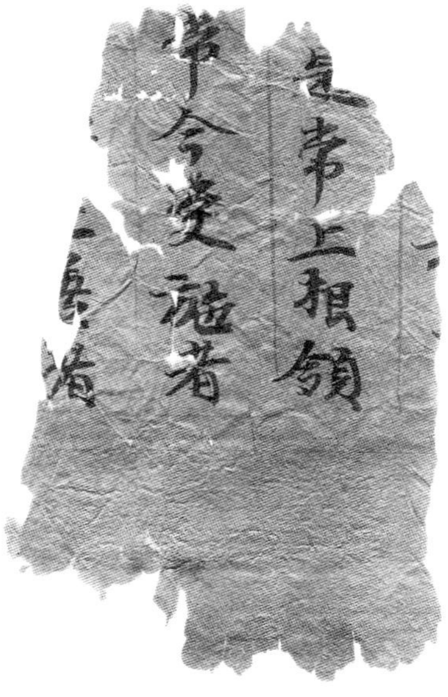

80TBI:296

八〇 0 2厘米

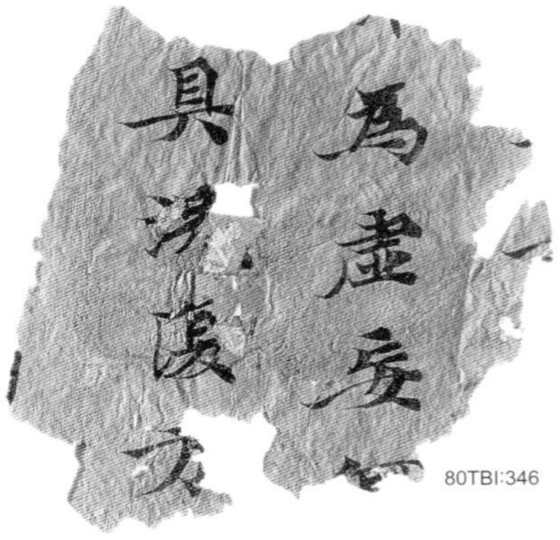

80TBI:346

七四 0 2厘米

80TBI:350

七六 0 2厘米

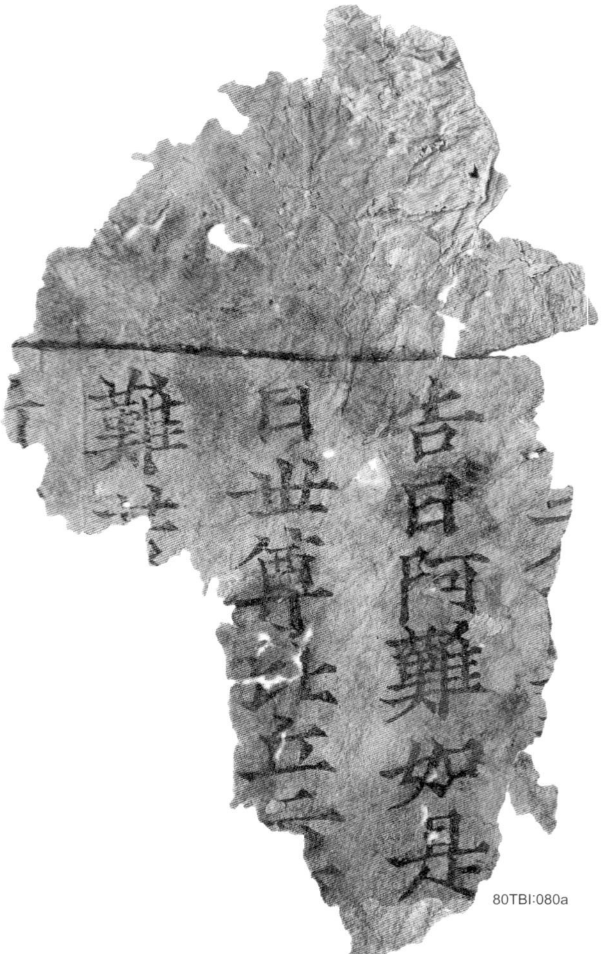

80TBI:080a

七八 0 2厘米

80TBI:762a

八一 0 2厘米

80TBI:687a

八三 0 2厘米

80TBI:379

八二 0 2厘米

80TBI:378

八五 0 2厘米

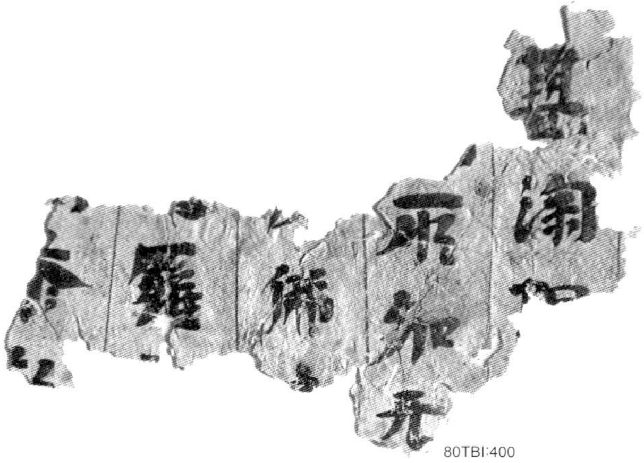

80TBI:400

八四 0 2厘米

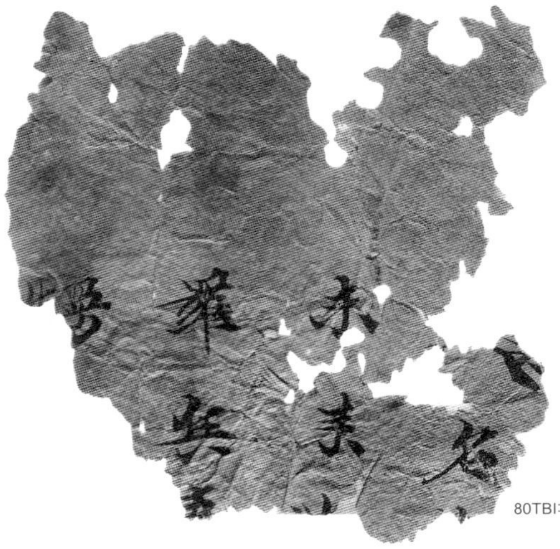
80TBI:187

八七 0 2厘米

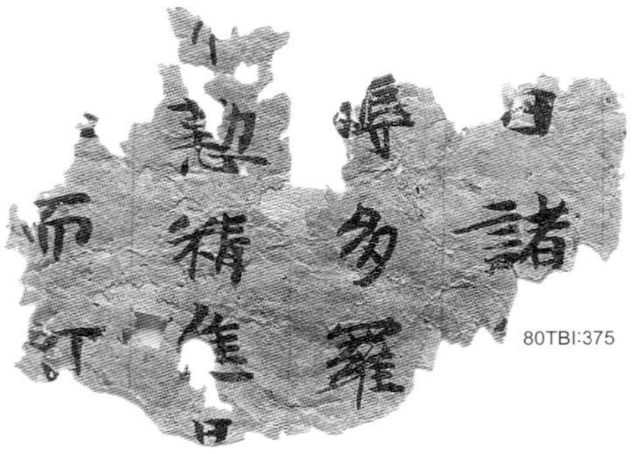
80TBI:375

八八 0 2厘米

80TBI:058b

八六 0 2厘米

八九 0 2厘米

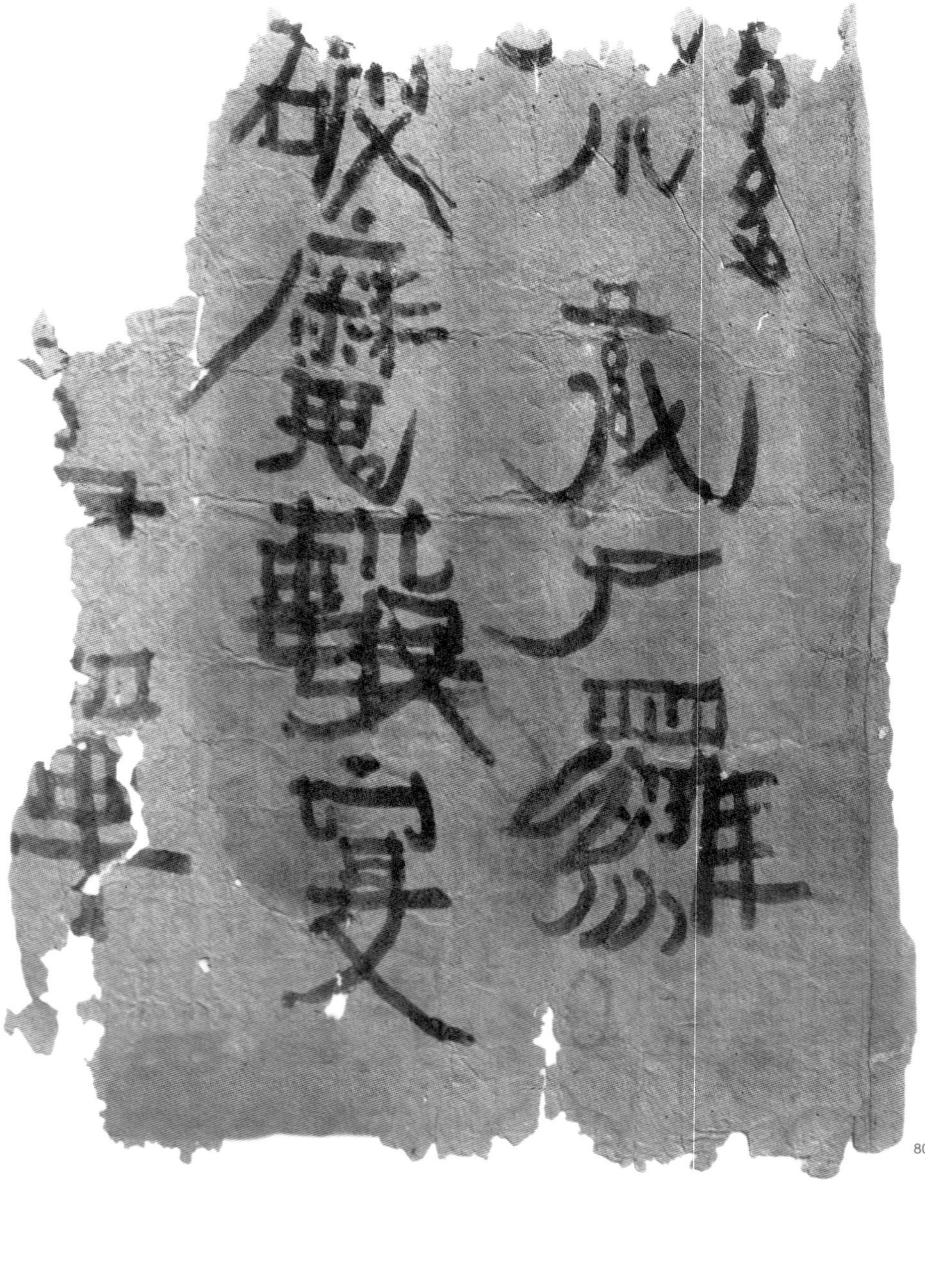
80TBI:086b

九一 0 2厘米

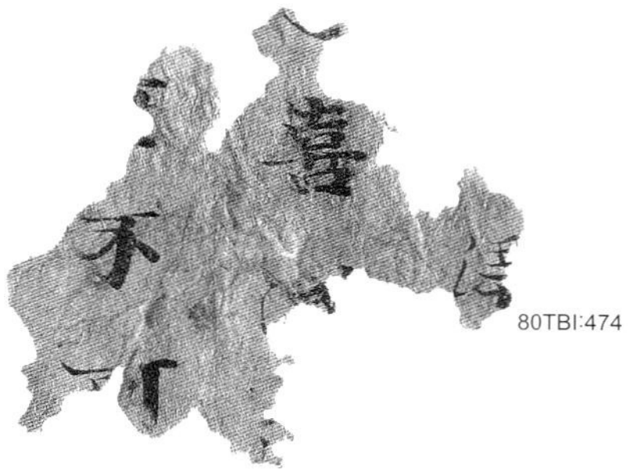

九〇 0 2厘米

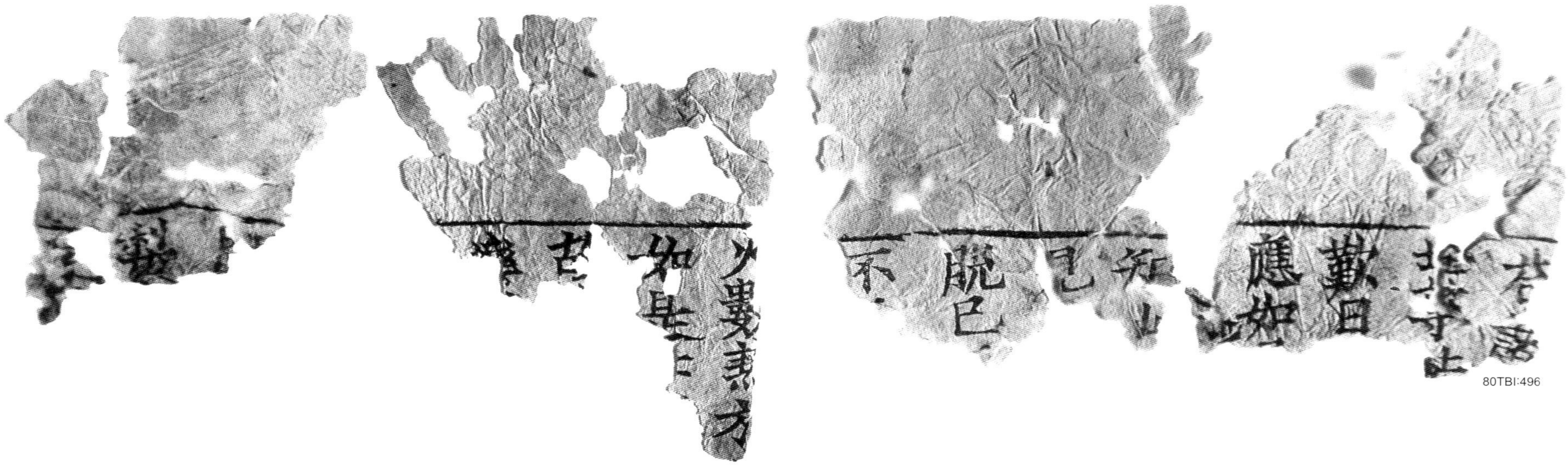

九二 0 2厘米

九三 0 2厘米

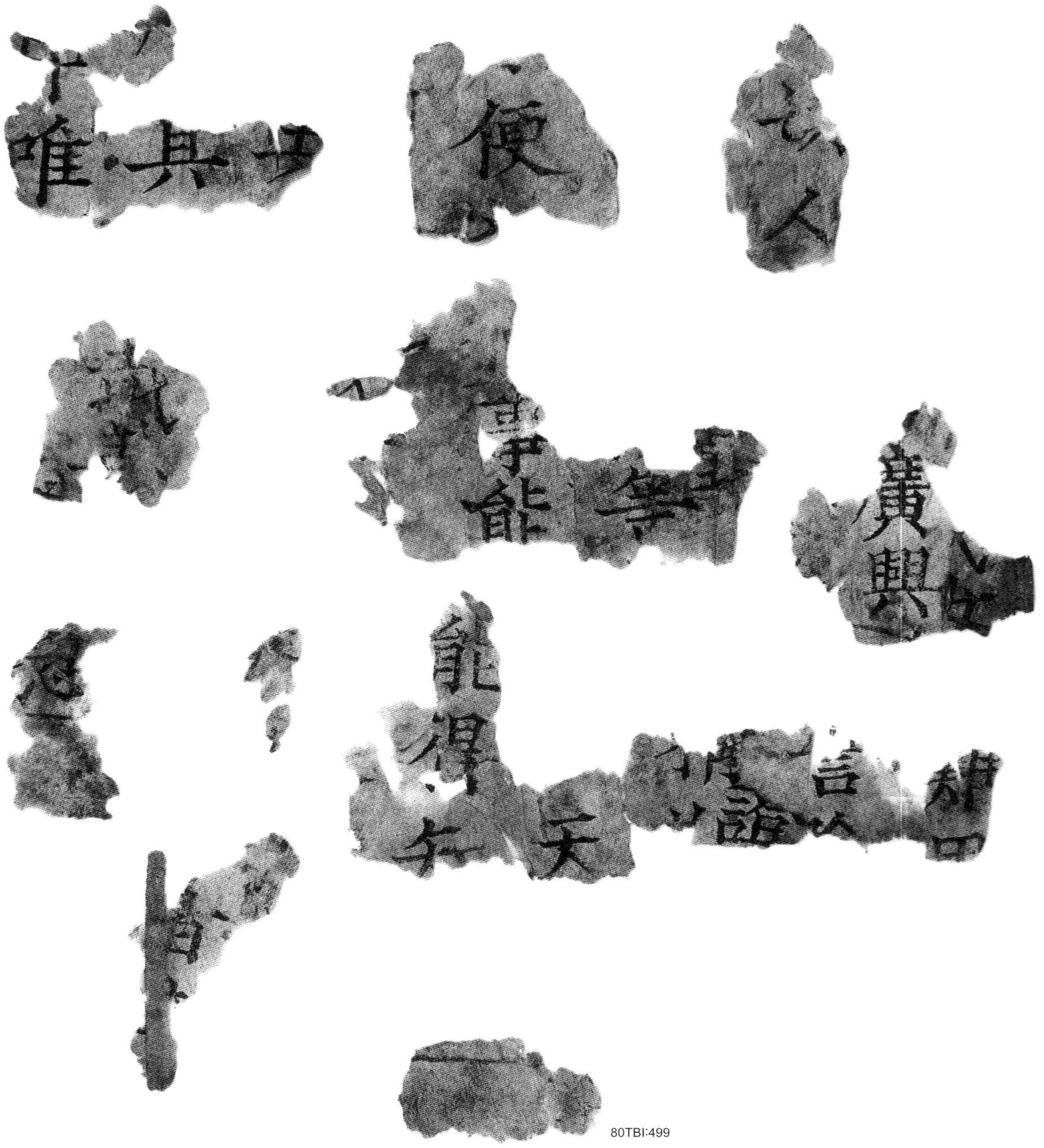

80TBI:499

九四 0 2厘米

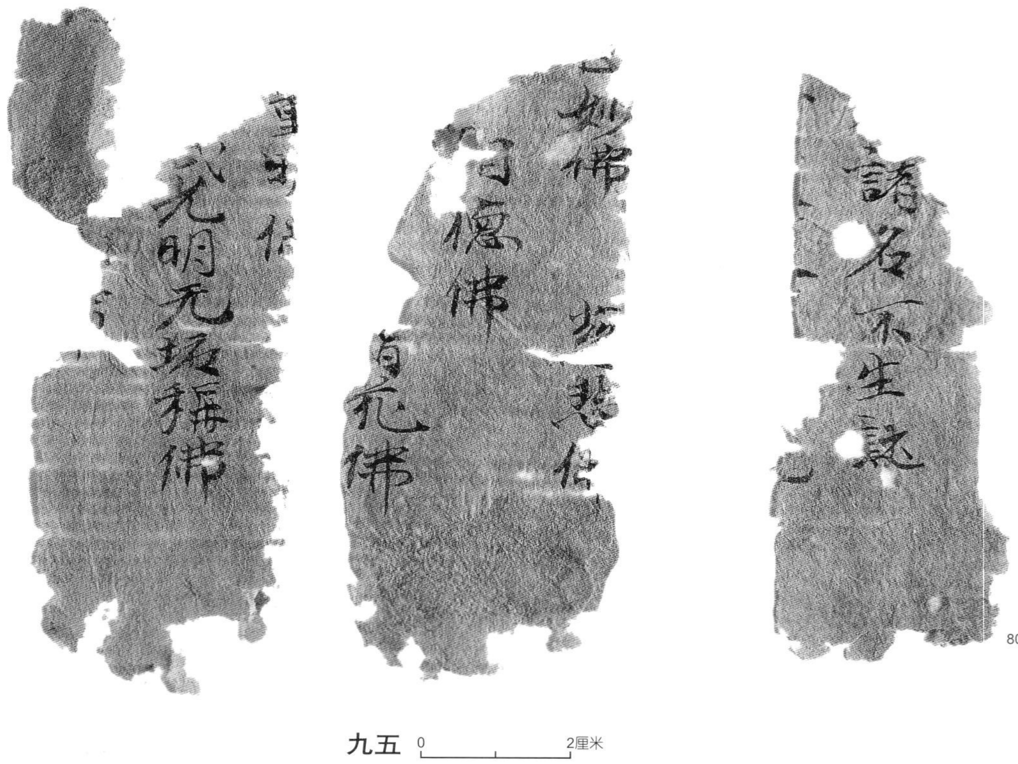

80TBI:237

九五 0 2厘米

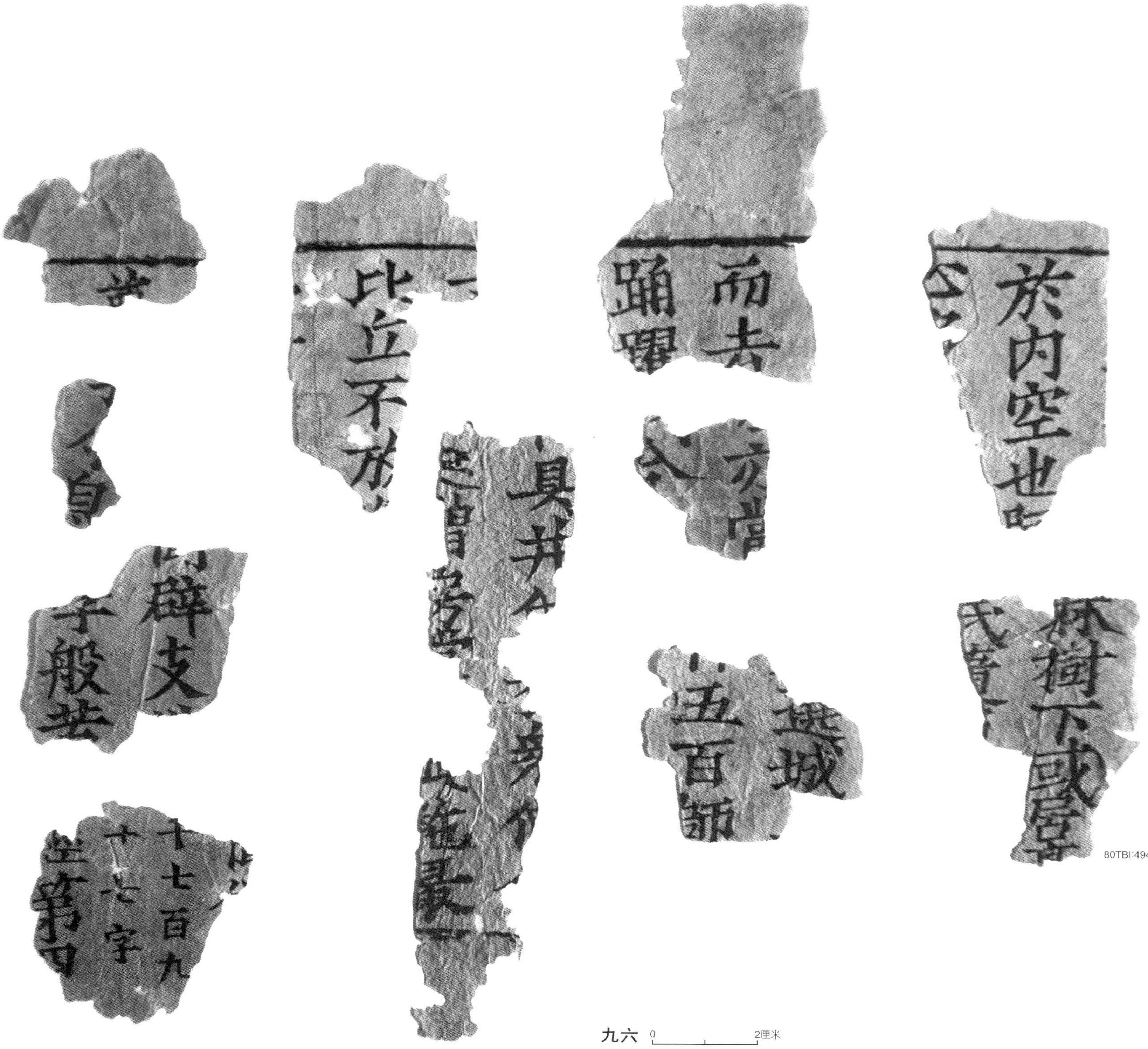

80TBI:494-2

九六

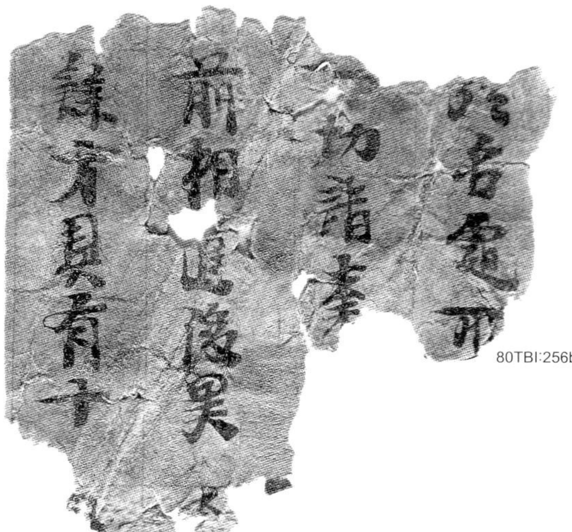

80TBI:256b

九八

80TBI:258

九七

80TBI:520
九九 0 2厘米

80TBI:372
一〇〇 0 2厘米

80TBI:143
一〇一 0 2厘米

80TBI:141
一〇二 0 2厘米

80TBI:447
一〇三 0 2厘米

80TBI:166a
一〇四 0 2厘米

80TBI:442b

一〇八 0 2厘米

80TBI:446

一〇六 0 2厘米

80TBI:437

一〇七 0 2厘米

80TBI:443

一〇五 0 2厘米

80TBI:433b

一一一 0 2厘米

80TBI:436a

一一〇 0 2厘米

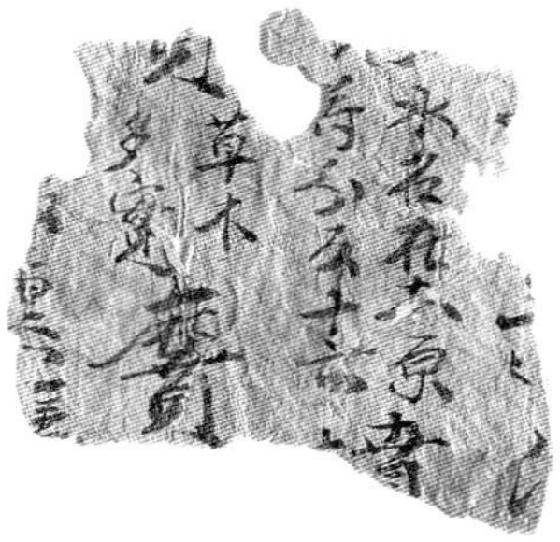

80TBI:151

一〇九 0 2厘米

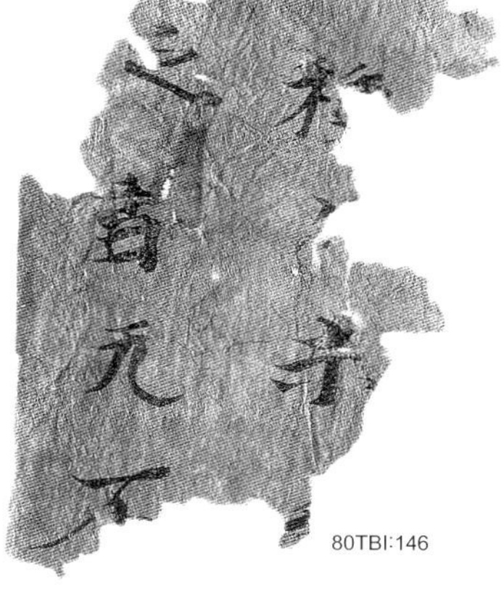

80TBI:146

一一四 0 2厘米

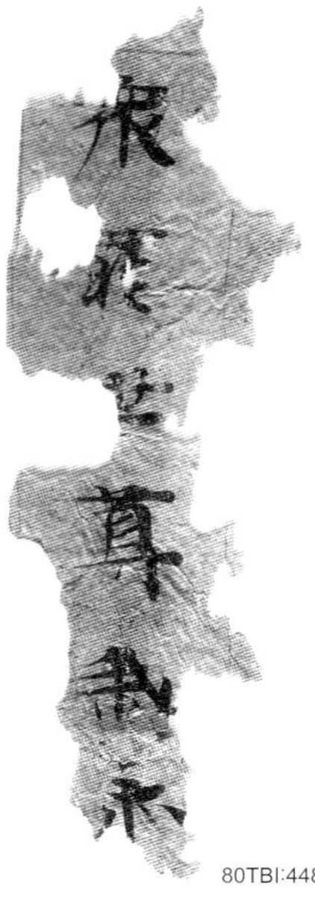

80TBI:448

一一三 0 2厘米

80TBI:433a

一一二 0 2厘米

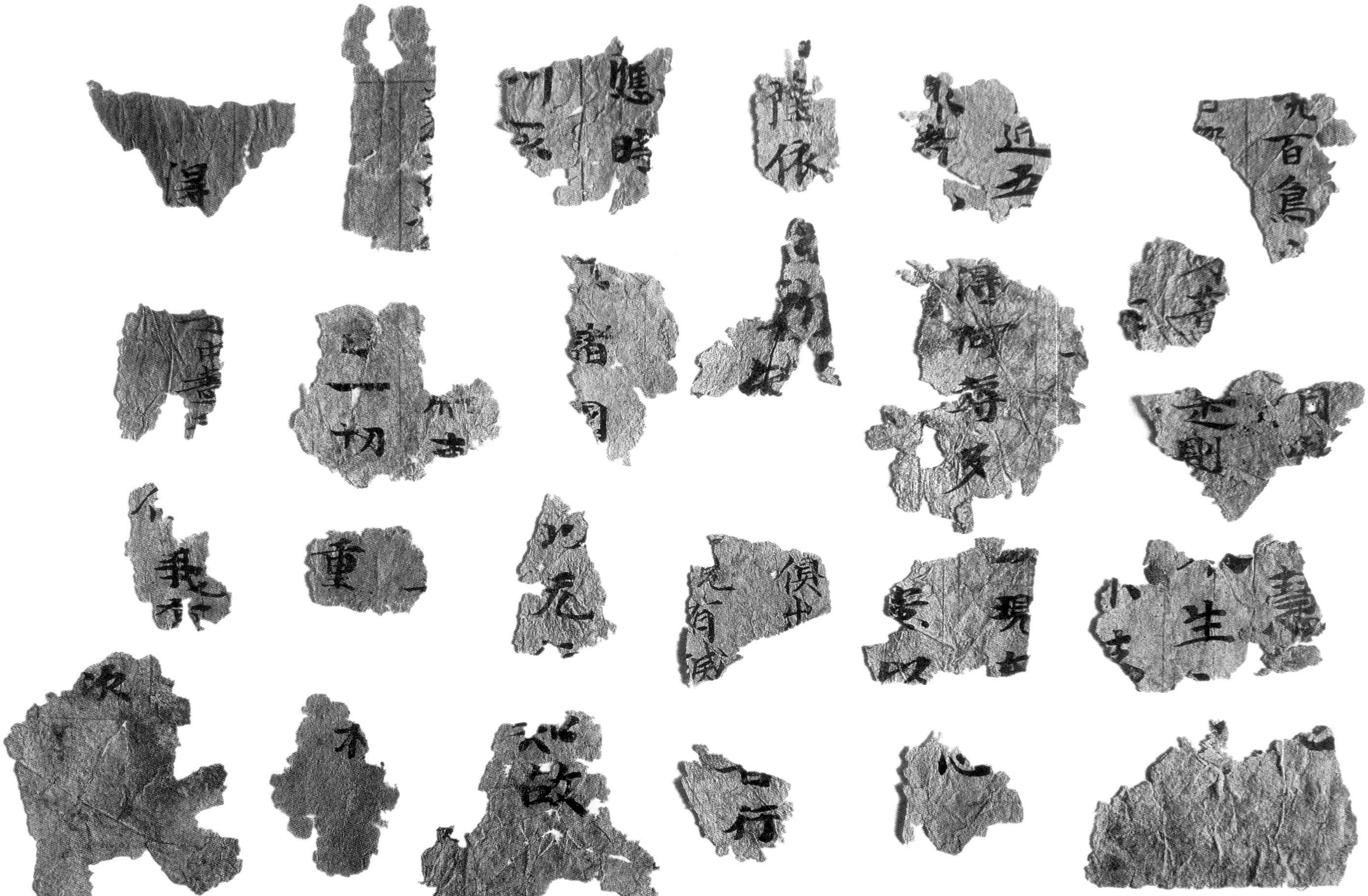

80TBI:461

一一五　0 2厘米

80TBI:460

一一六 0 2厘米

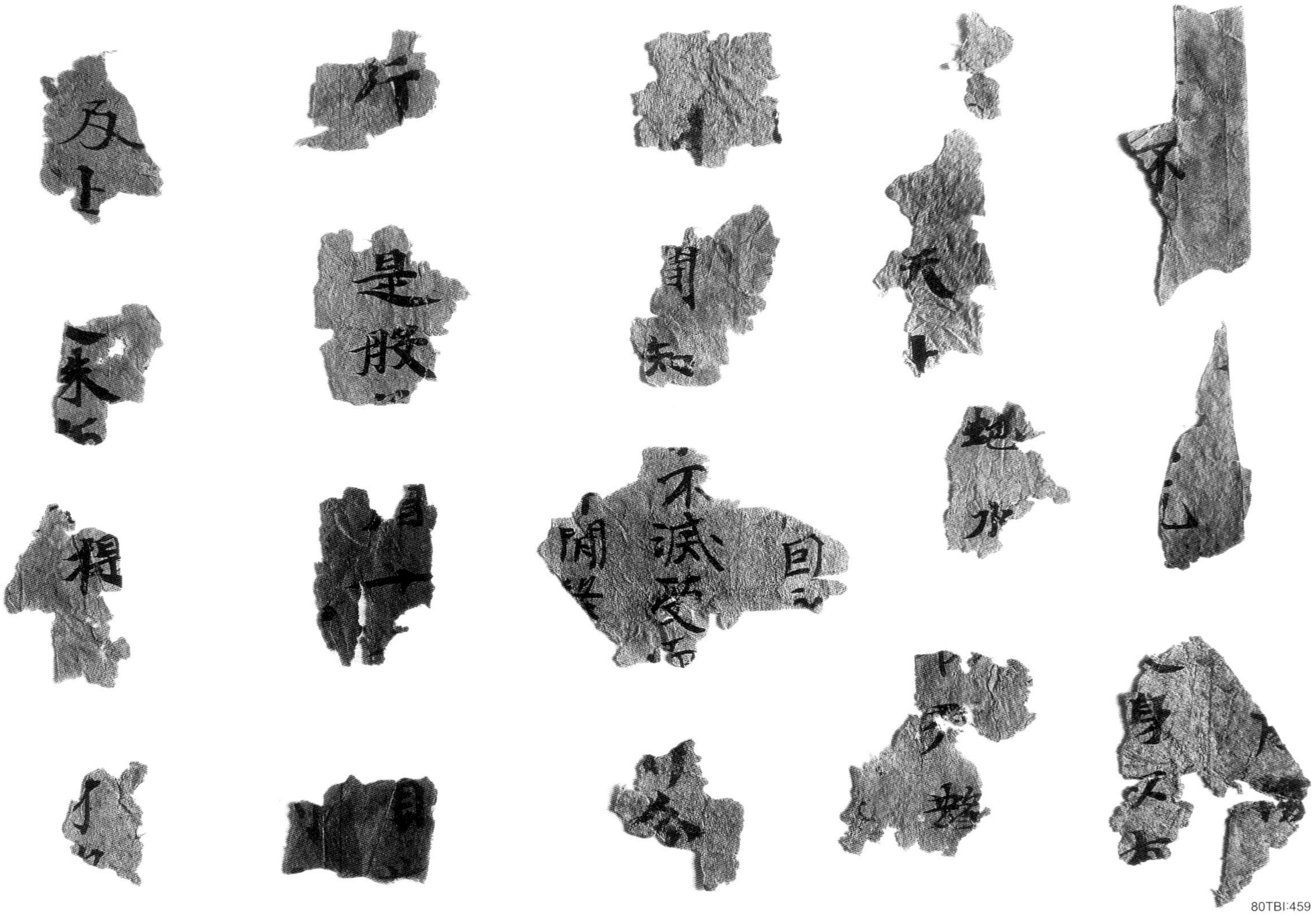
80TBI:459

一一七 0 2厘米

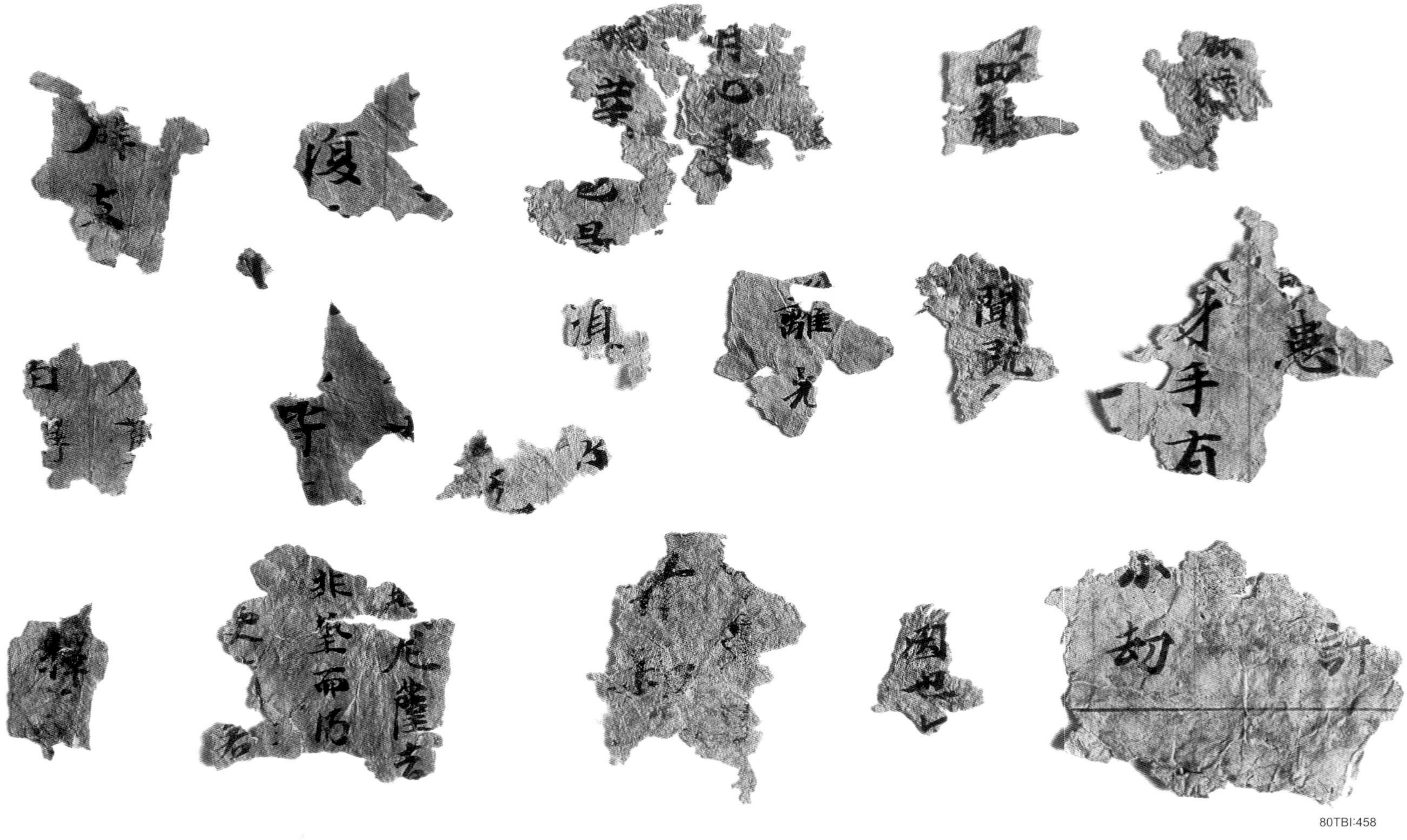
80TBI:458

一一八 0 2厘米

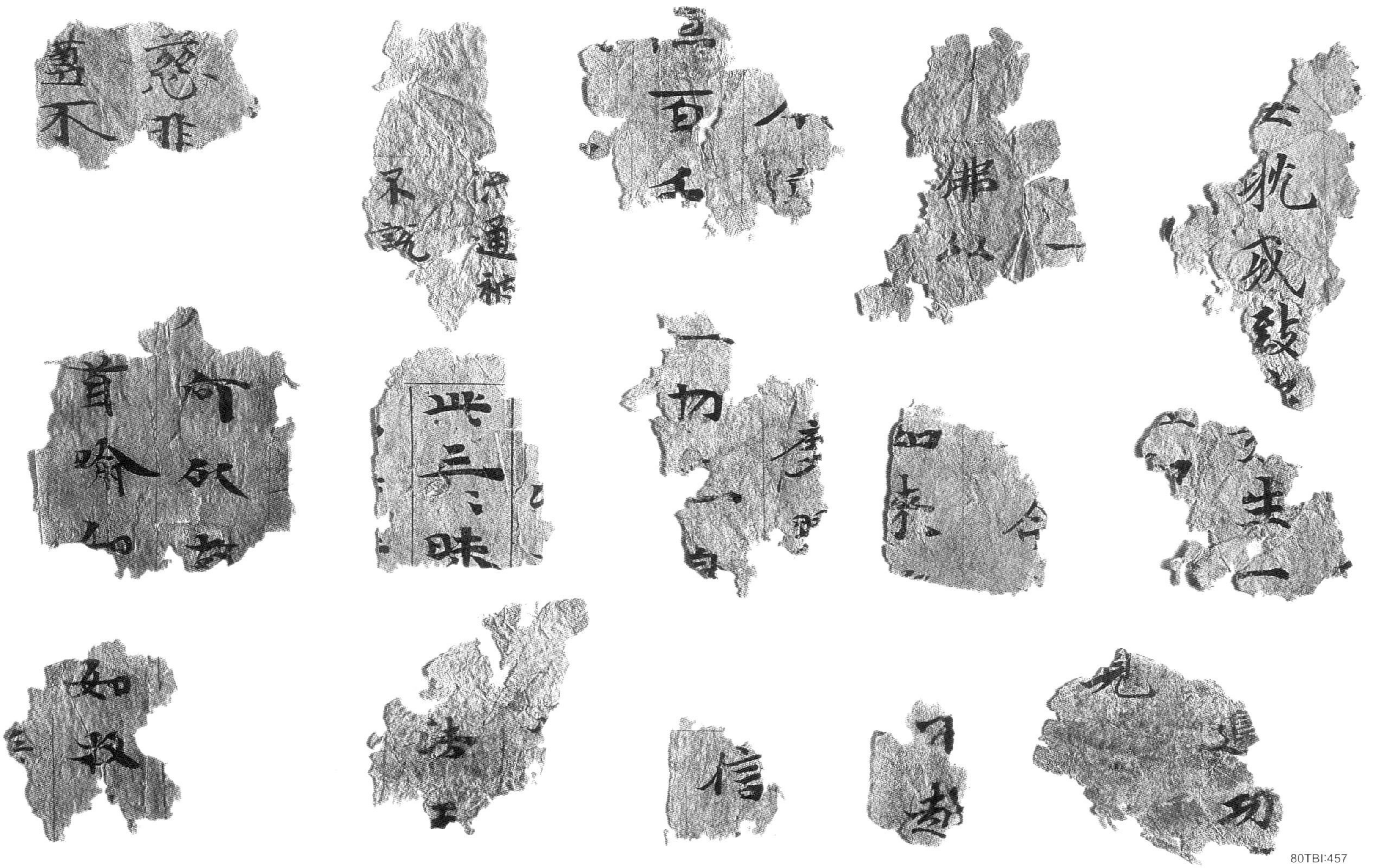

80TBI:457

一一九 0 2厘米

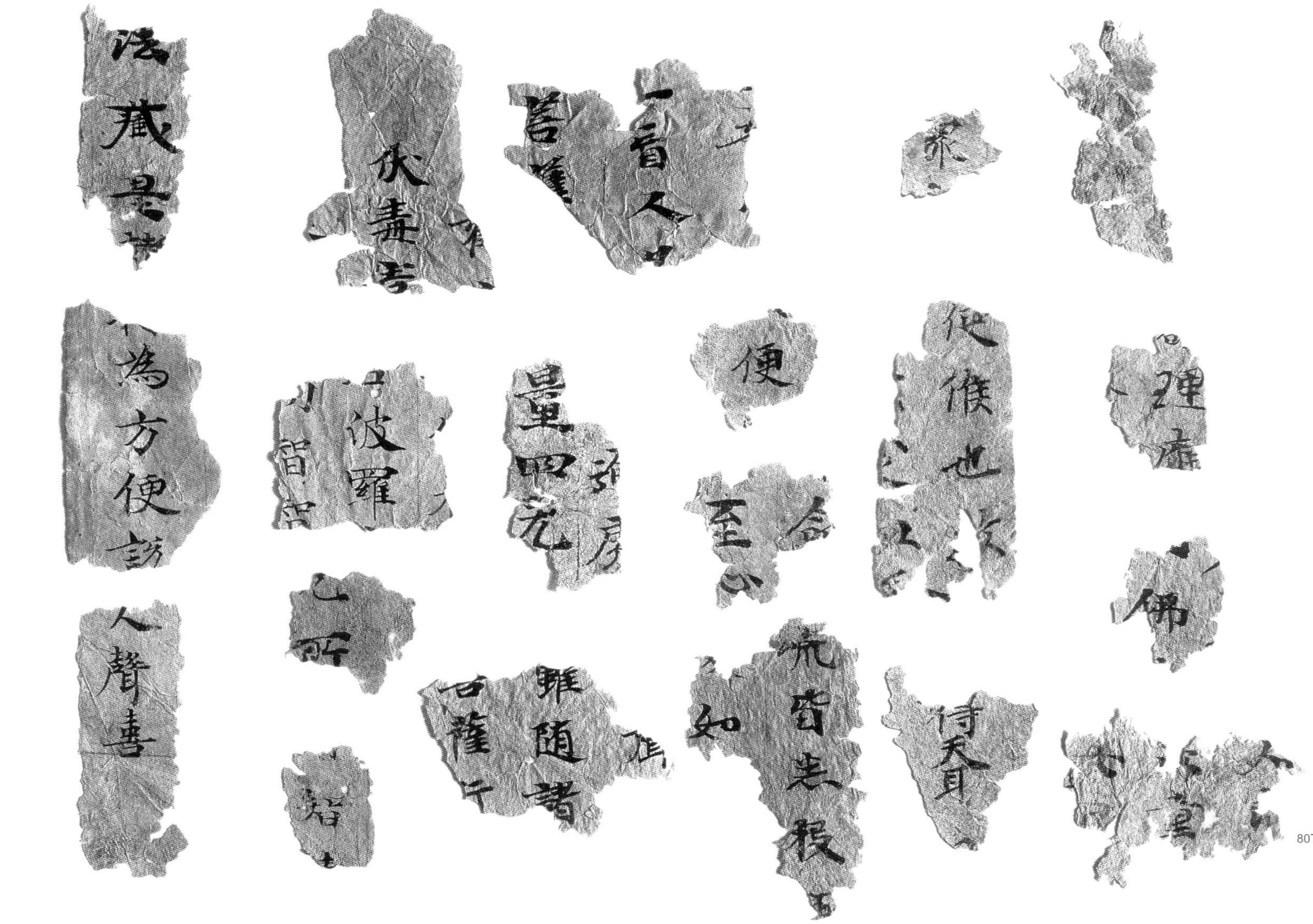

80TBI:456

一二〇 0 2厘米

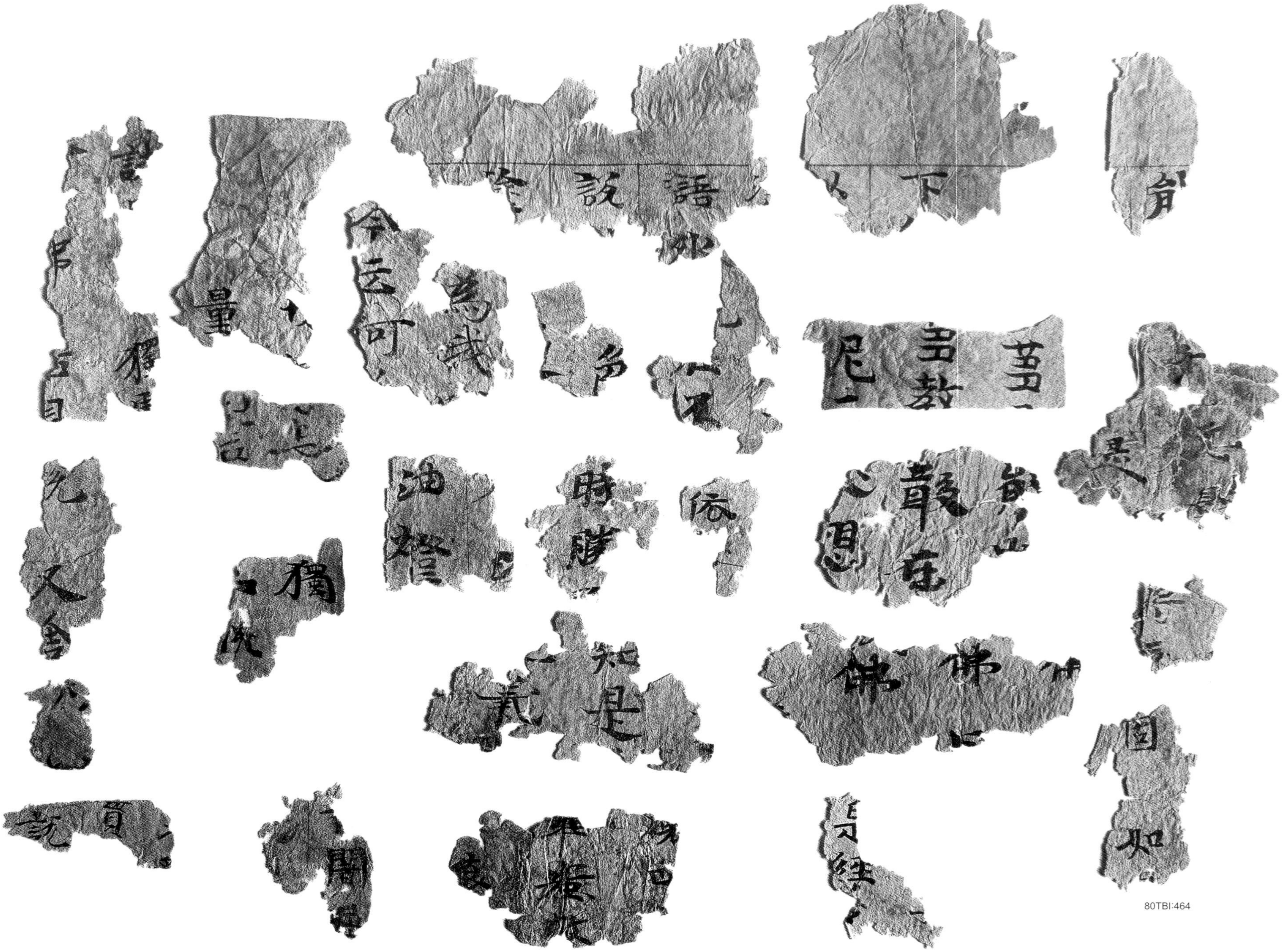

80TBI:464

一二一 0 2厘米

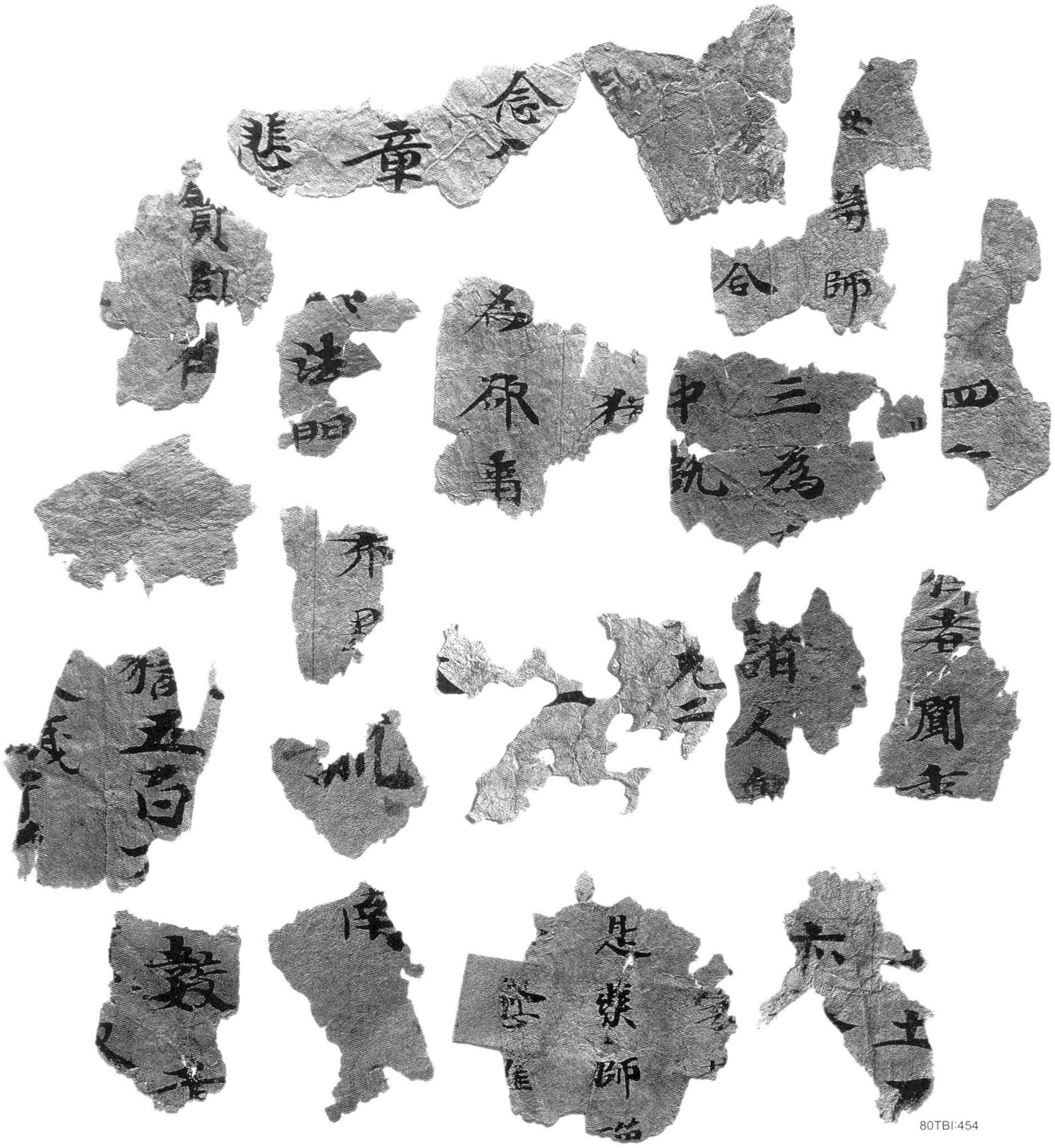

80TBI:454

一二二　0　2厘米

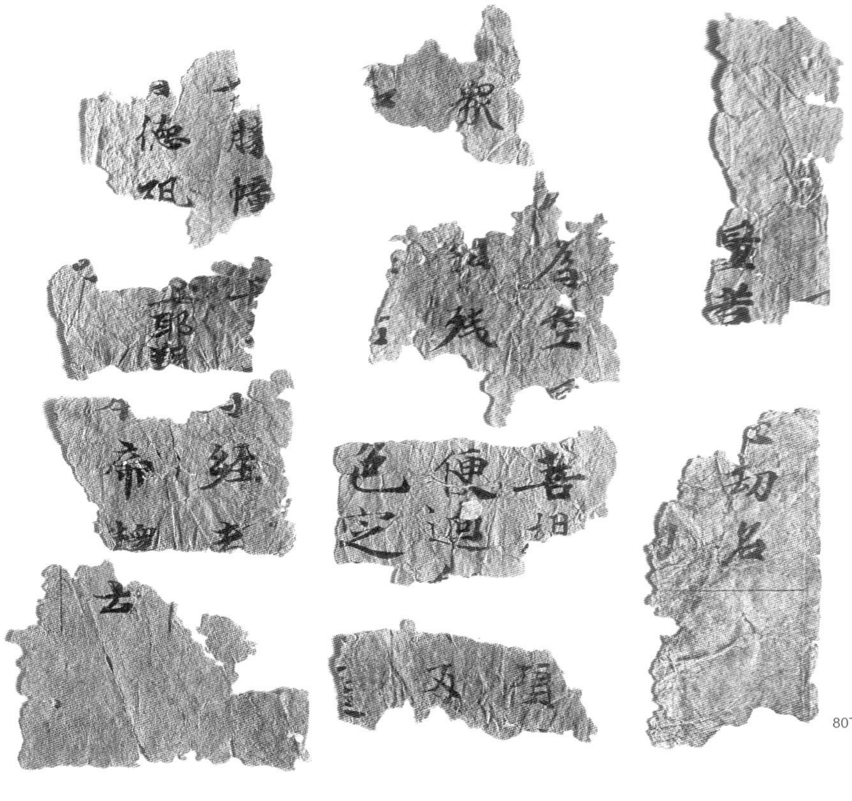

80TBI:462

一二三　0　2厘米

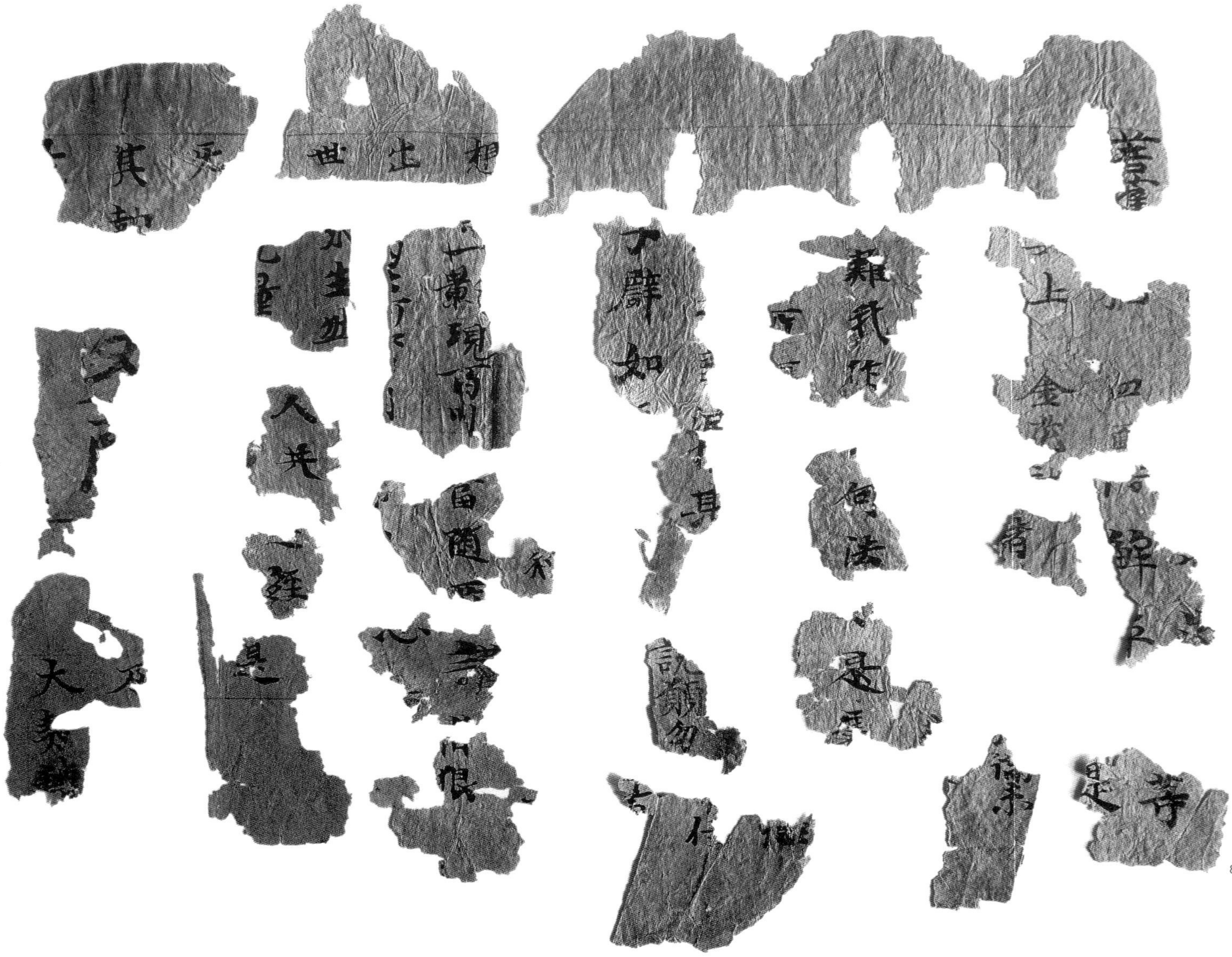

80TBI:463

一二四 0 2厘米

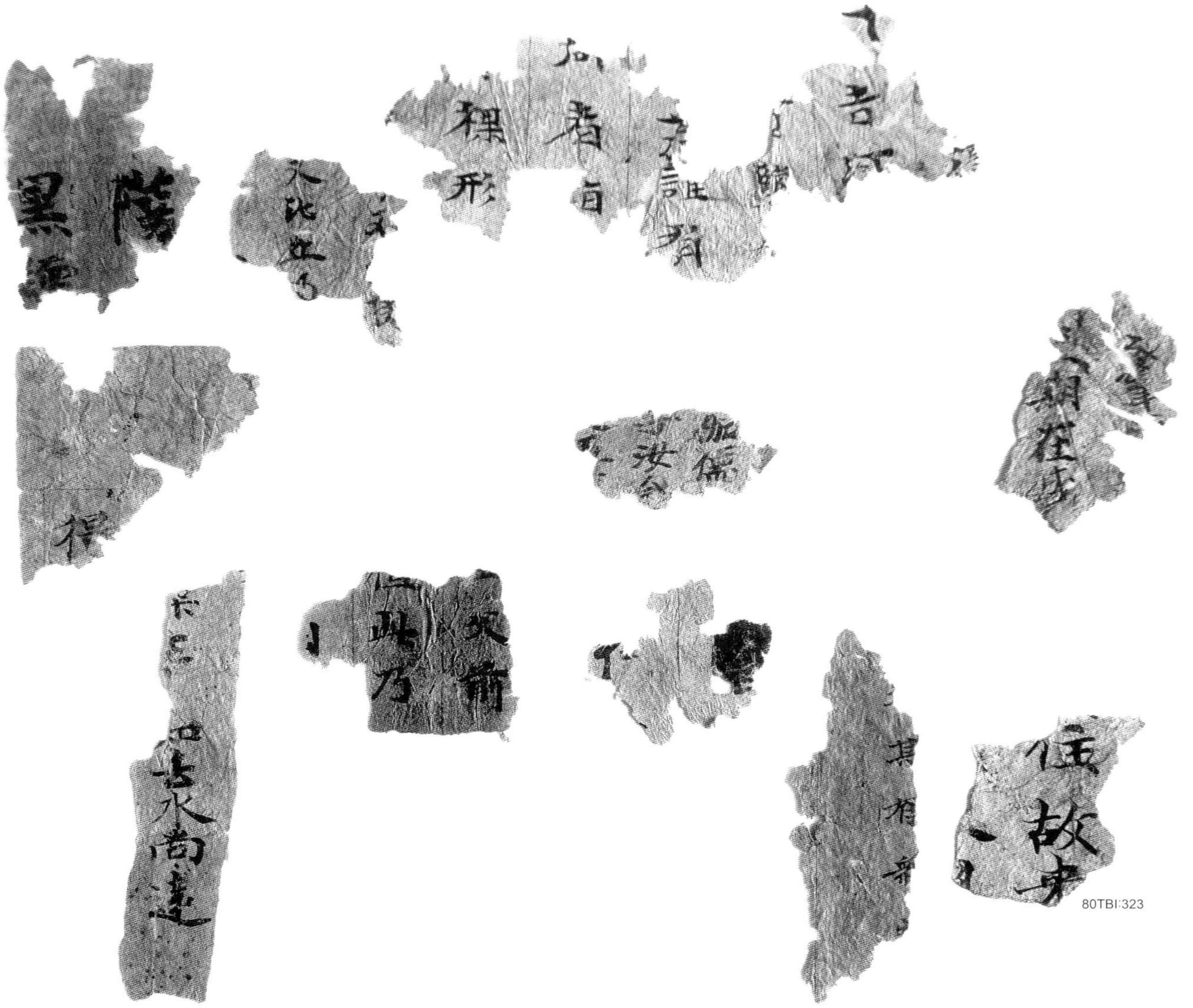

80TBI:323

一二五 0 2厘米

80TBI:470

一二七 0 2厘米

80TBI:472a

一二六 0 2厘米

80TBI:485

一二八 0 2厘米

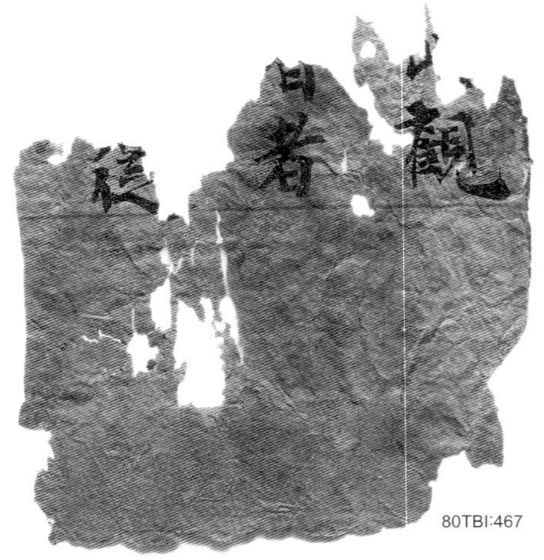
80TBI:467

一二九 0 2厘米

80TBI:483

一三〇 0 2厘米

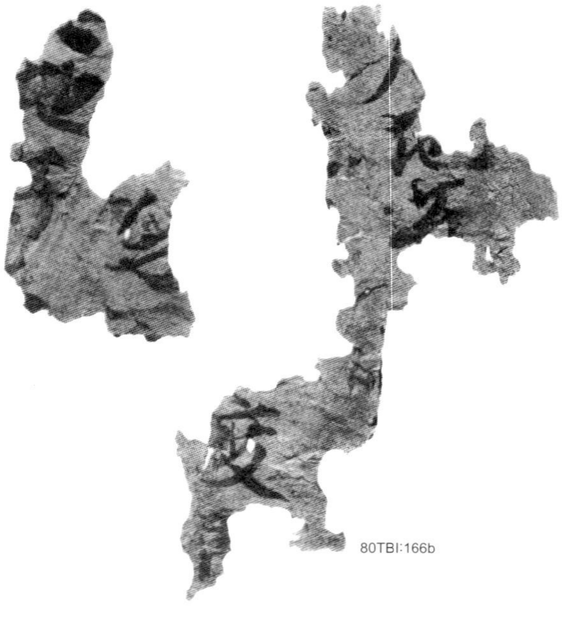
80TBI:166b

一三一 0 2厘米

80TBI:355

一三二 0 2厘米

80TBI:363

一三三 0 2厘米

80TBI:353

一三四 0 2厘米

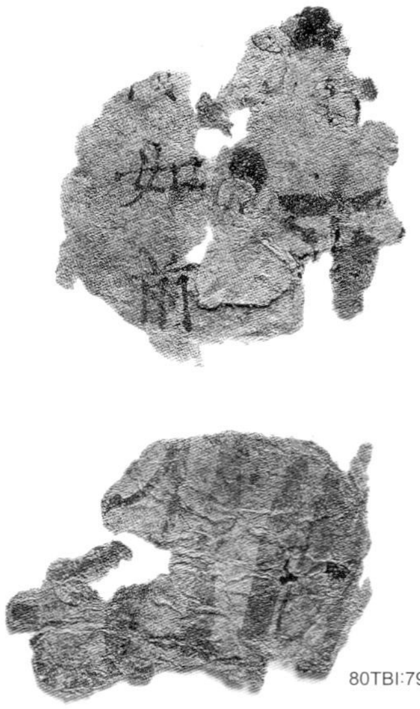
80TBI:799a

一三五 0 2厘米

80TBI:761a

一三七 0 2厘米

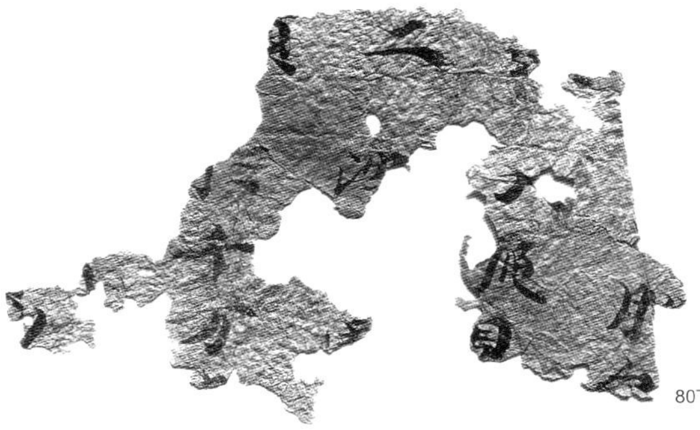

80TBI:777

一三六 0 2厘米

80TBI:760b

一三九 0 2厘米

80TBI:780

一三八 0 2厘米

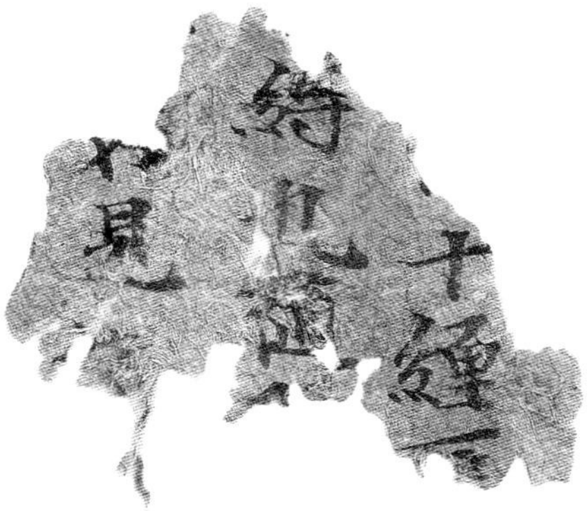

80TBI:709a

一四〇 0 2厘米

80TBI:295a

一四二 0 2厘米

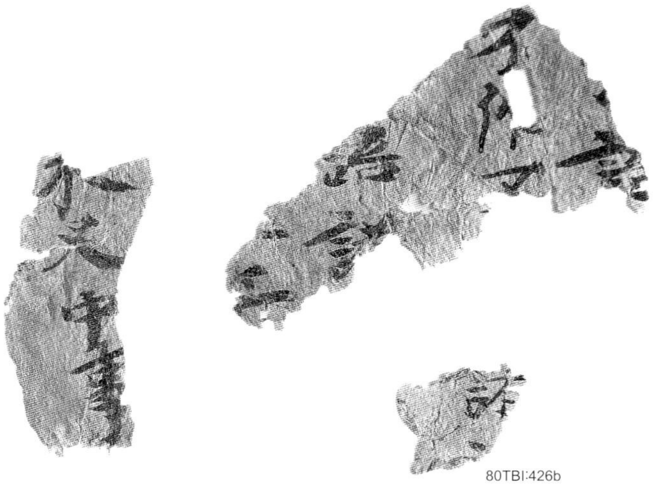

80TBI:426b

一四一 0 2厘米

81SAT:3-4

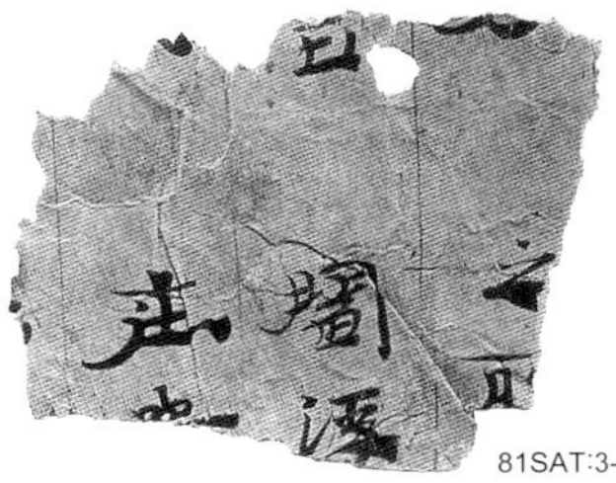

81SAT:3-3

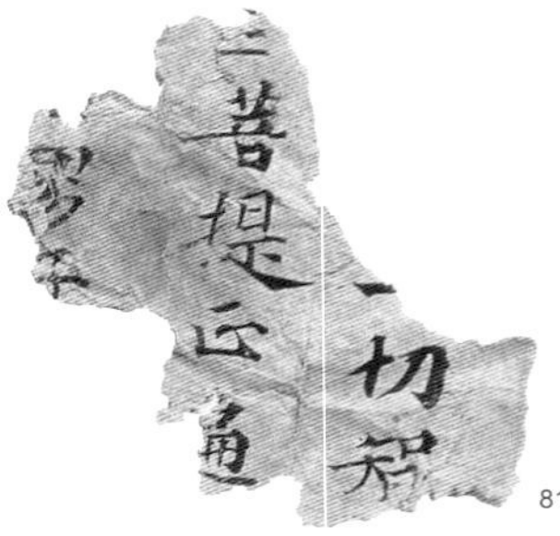

81SAT:3-2

一四三 0 2厘米

80TBI:427

一四五 0 2厘米

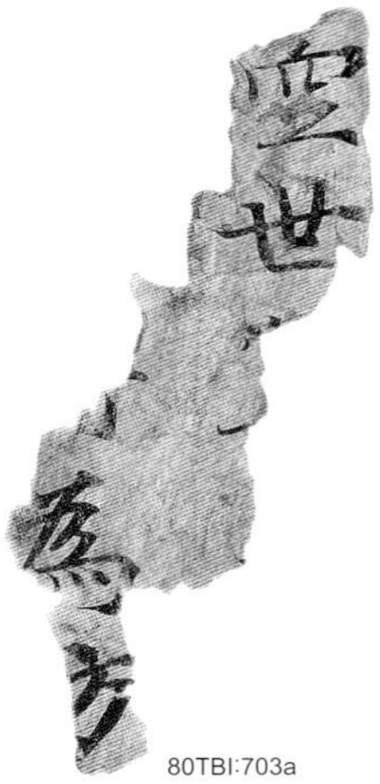

80TBI:703a

一四四 0 2厘米

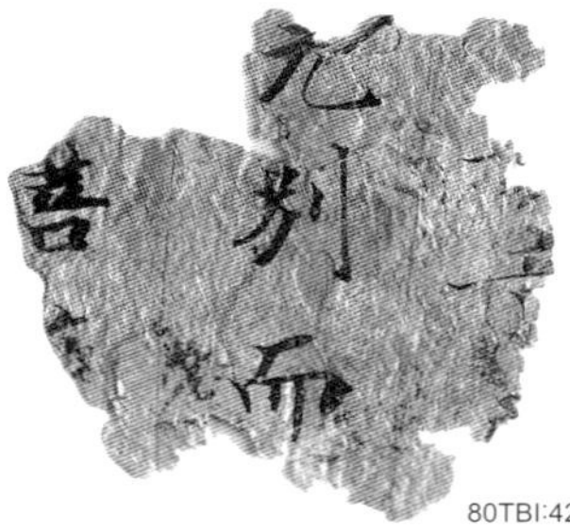

80TBI:429

一四七 0 2厘米

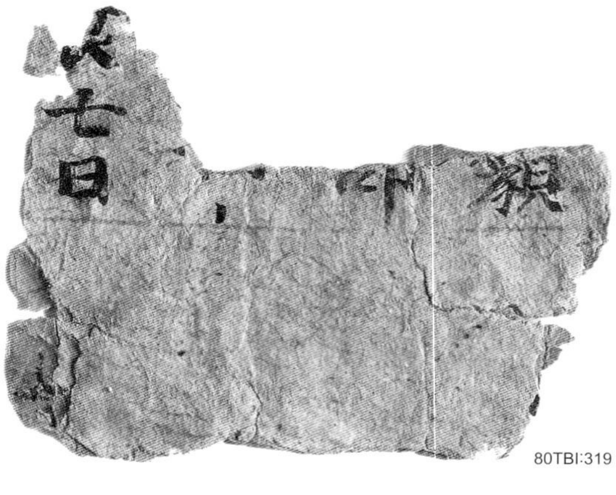

80TBI:319

一四六 0 2厘米

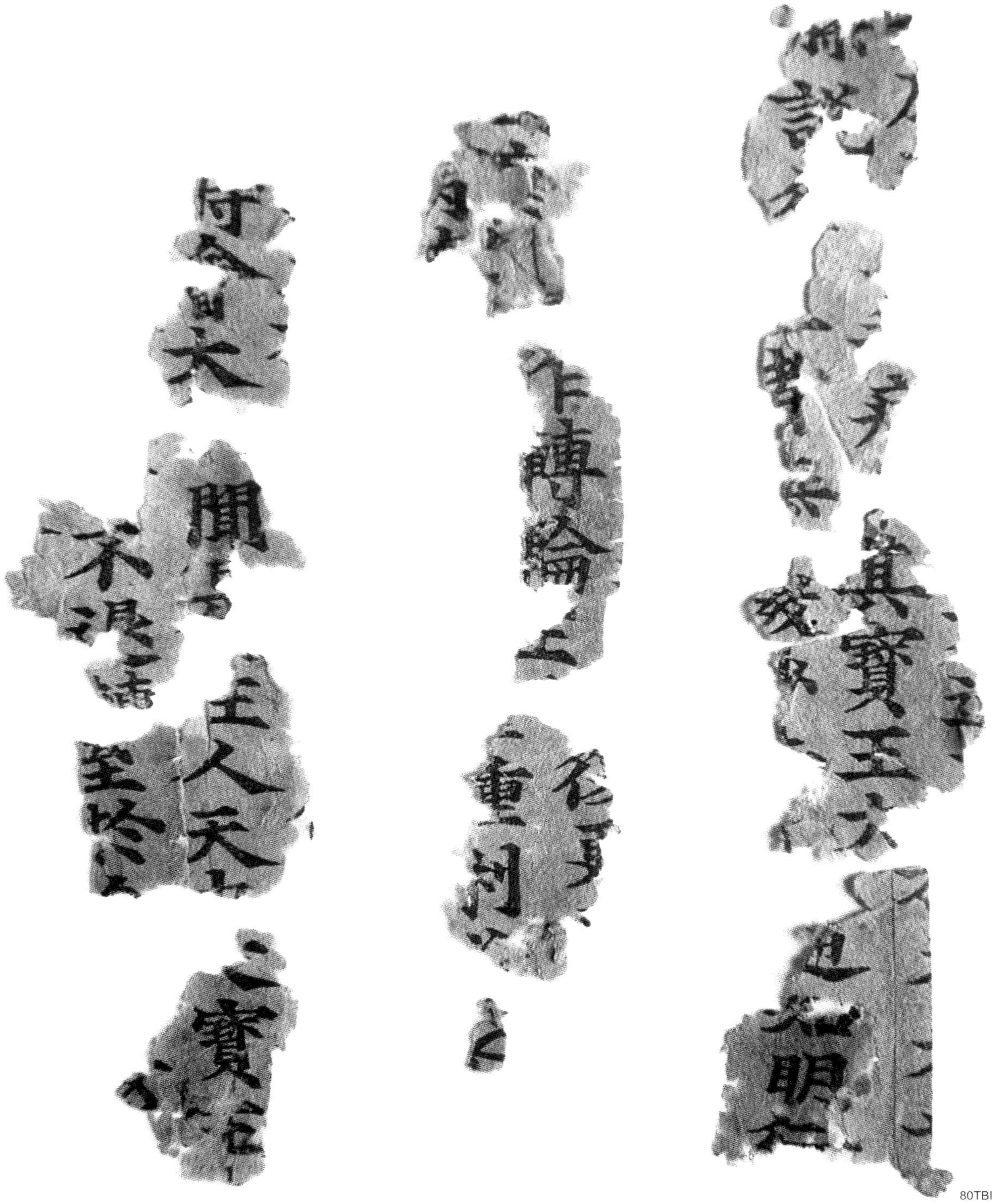

80TBI:503

一四八 0 2厘米

80TBI:322

一四九 0 2厘米

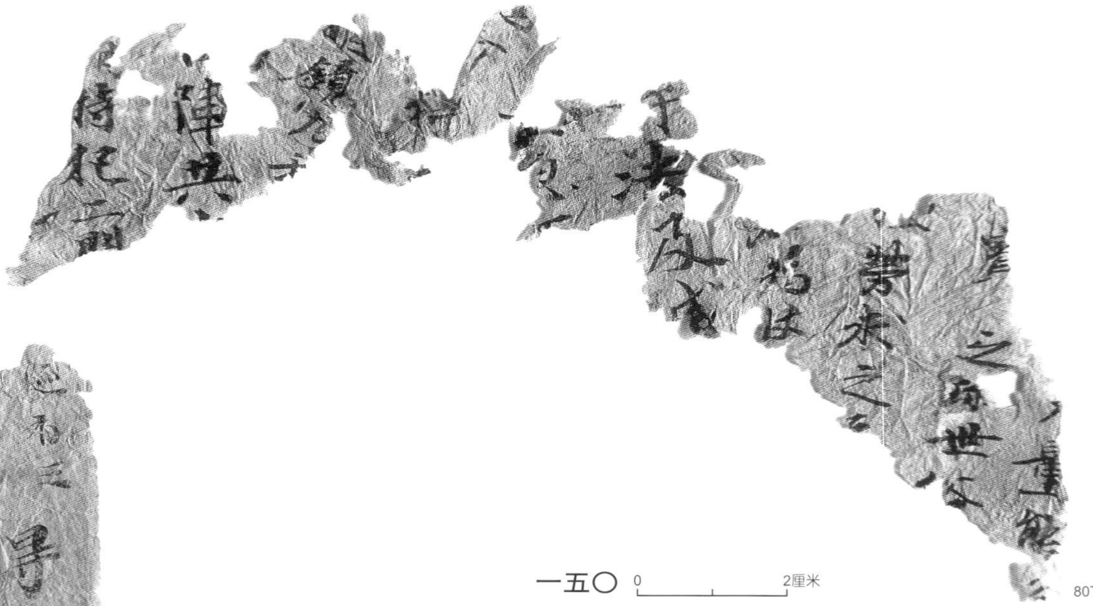

80TBI:268

一五〇 0 2厘米

80TBI:270

一五一 0 2厘米

80TBI:402

一五三 0 2厘米

80TBI:280

一五二 0 2厘米

80TBI:261

一五五 0 2厘米

80TBI:345

一五四 0 2厘米

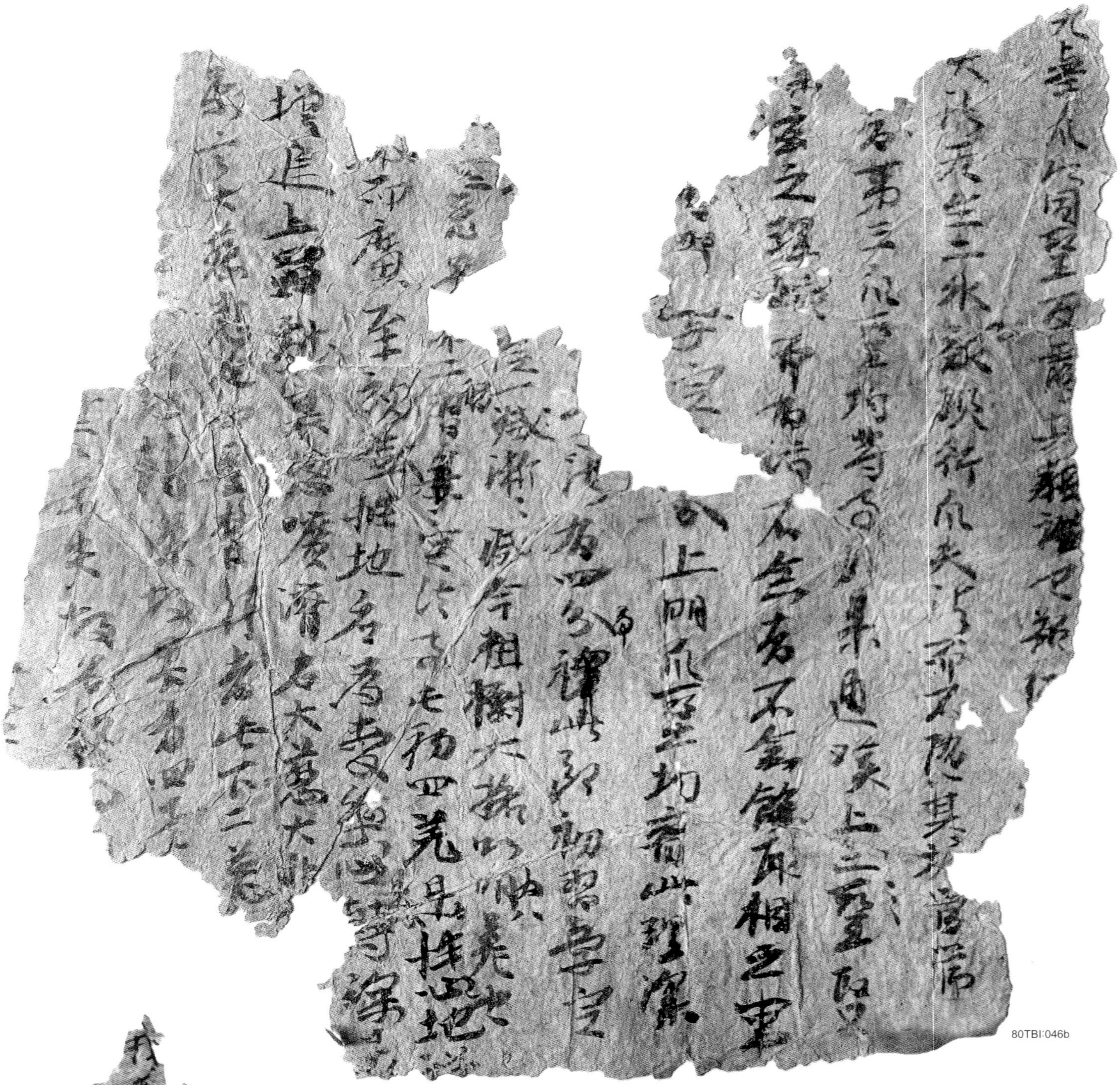

80TBI:046b

一五六 0 2厘米

80TBI:303

一五七 0 2厘米

80TBI:391

一五九 0 2厘米

80TBI:281

一五八 0 2厘米

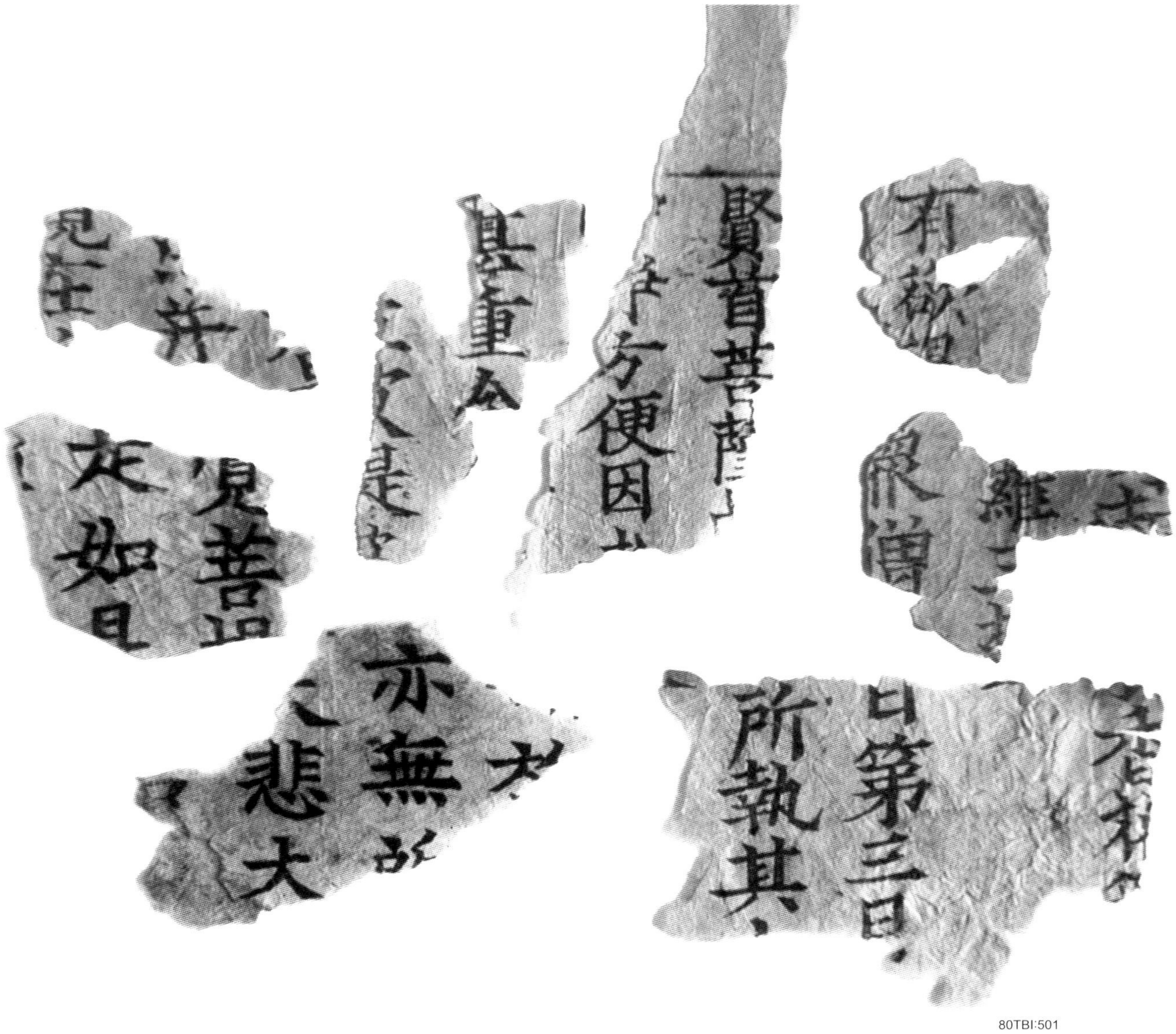

80TBI:501

一六〇 0 2厘米

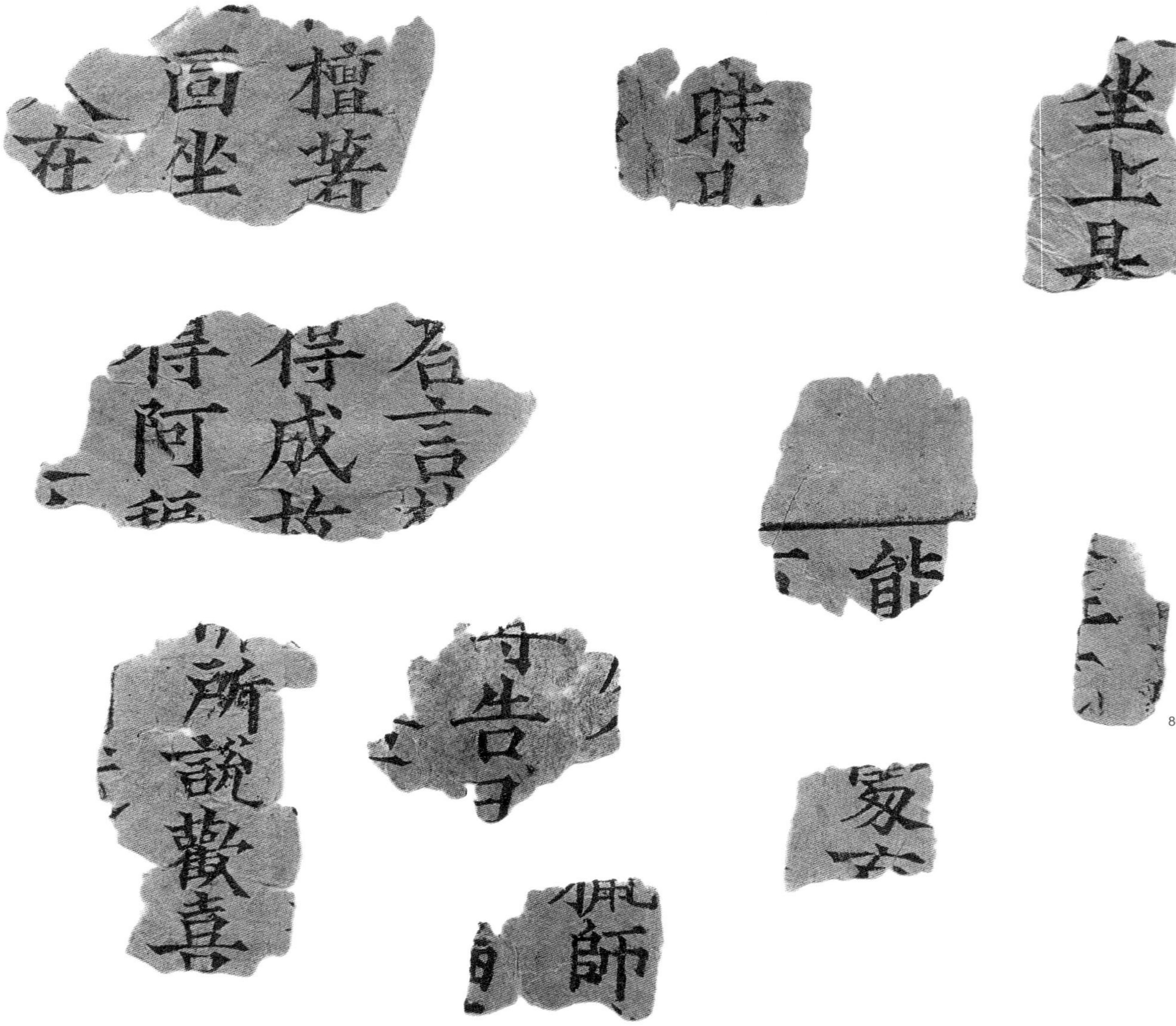

80TBI:502

一六一 0 2厘米

□十□……□歡喜□□□說
陁之外經十□句有大園林名曰歡喜□
□有池亦名曰歡喜方百由旬深亦如是天水
盈滿四寶□爲□疊其底岸花果鳥林種種翔鳴綺飾莊
□句述□書文云何因緣故彼天有園名爲歡喜三十三天
其中已坐於歡喜善歡喜二名之上心受歡喜後受極
受故諸天共稱彼□以爲歡喜狀今疏云不說自狀之報
係他造之果者更□　縱爲洪養一生補處菩薩故者
一生者若佛成權寔跡□若在人中即四生名一生一天
及若說天中唯有半生名一□□中有合有二生即除往
□者處爲閻浮之處即閻浮提釋迦滅後名閻
□補□□□□處□□□之義此先闕律令
□補處之□□

81TB10:07a

一六二　0　2厘米

80TBI:468a

一六四 0 2厘米

80TBI:451

一六三 0 2厘米

80TBI:478

一六五 0 2厘米

80TBI:358

一六七 0 2厘米

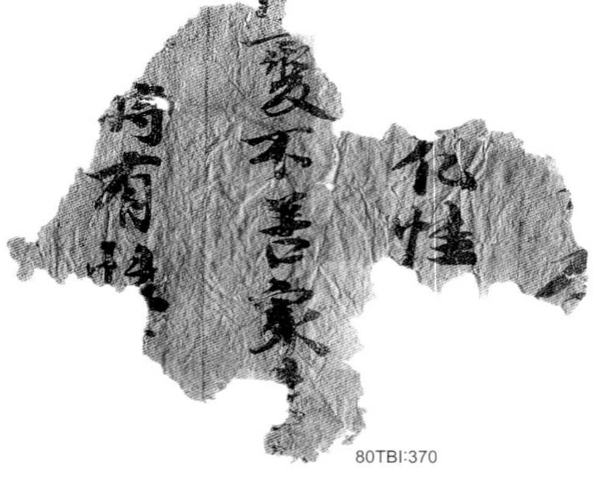

80TBI:370

一六六 0 2厘米

80TBI:364

一六八 0 2厘米

80TBI:426a

一六九 0 2厘米

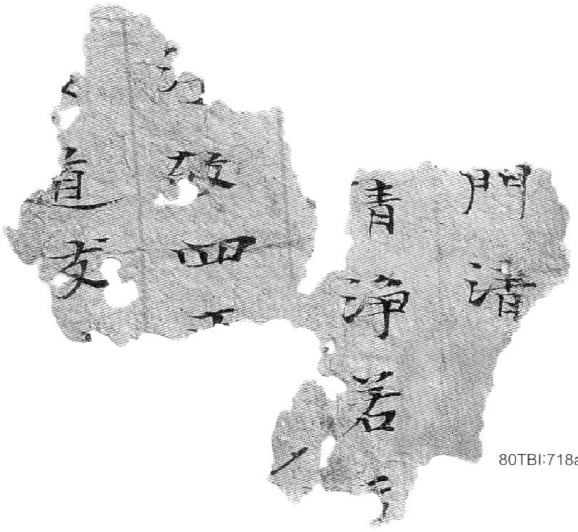
門清
青淨若
放四
道支

80TBI:718a

一七〇 0 2厘米

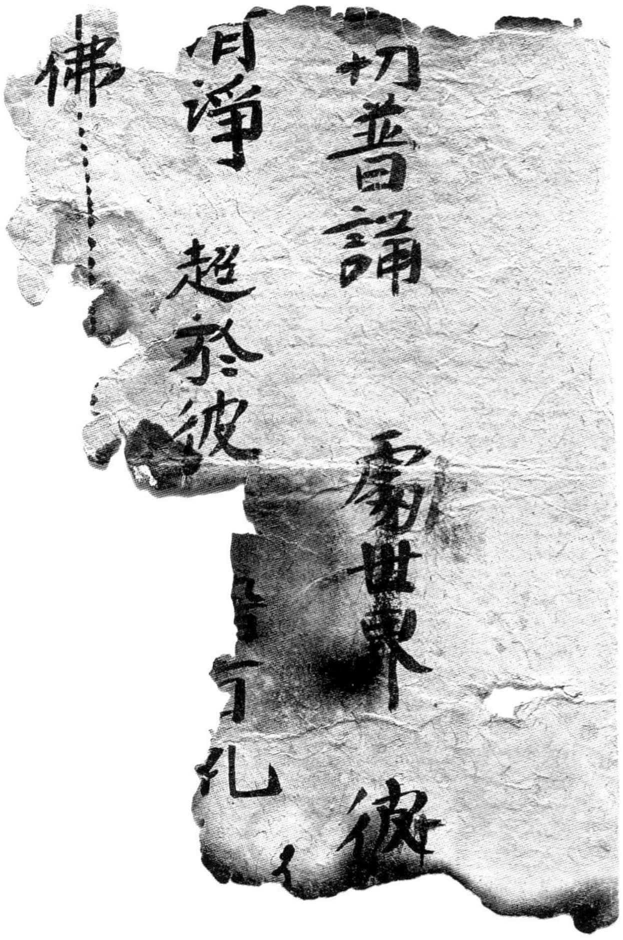
切普誦
世界
彼
明淨
超於彼
孔
佛

81TB10:03B

一七一 0 2厘米

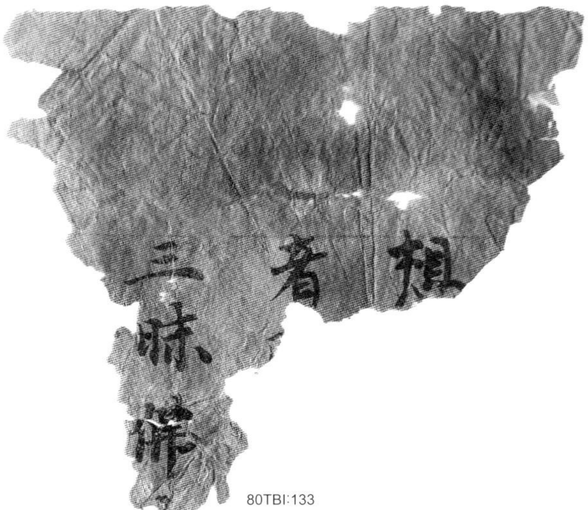
想
者
三昧佛

80TBI:133

一七二 0 2厘米

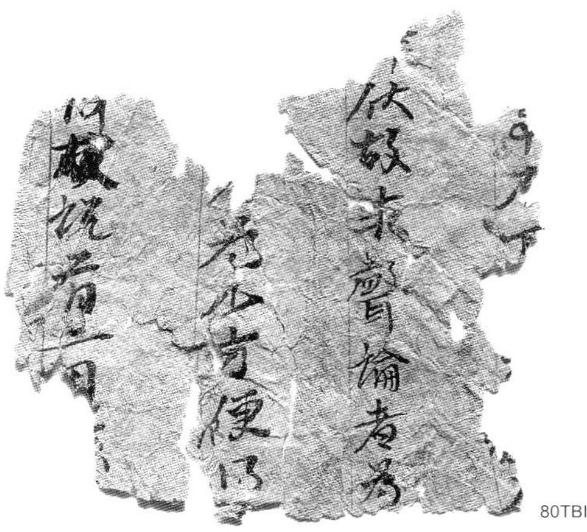
80TBI:392a

一七三 0 2厘米

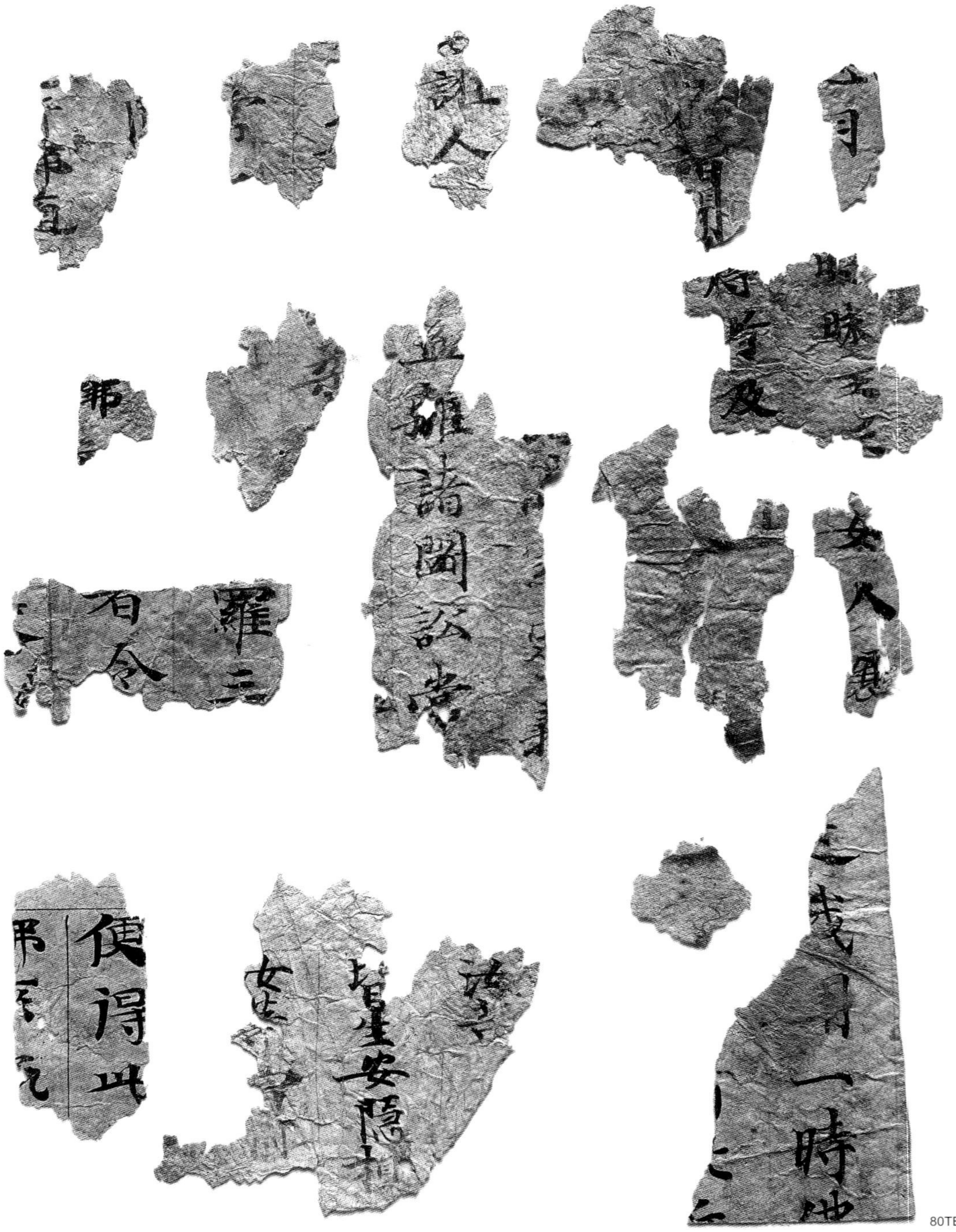

80TBI:743a

一七四 0 2厘米

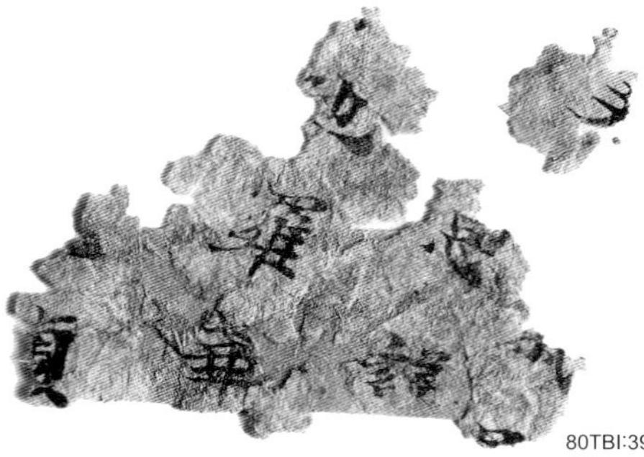

80TBI:399

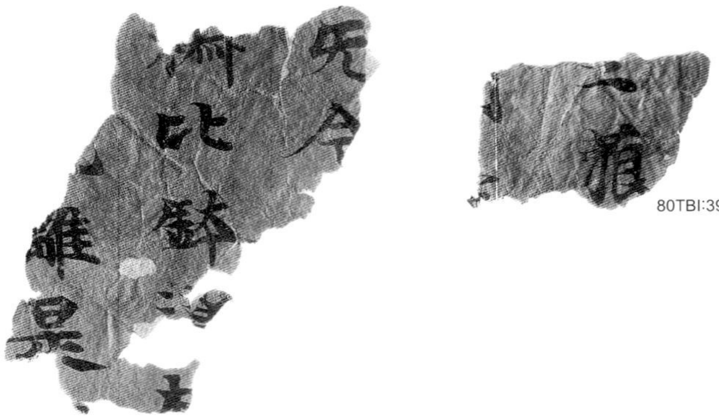

80TBI:397

一七六 0 2厘米

一七五 0 2厘米

80TBI:713a

一七九 0 2厘米

80TBI:394

一七八 0 2厘米

80TBI:395a

一七七 0 2厘米

80TBI:392b

一八一 0 2厘米

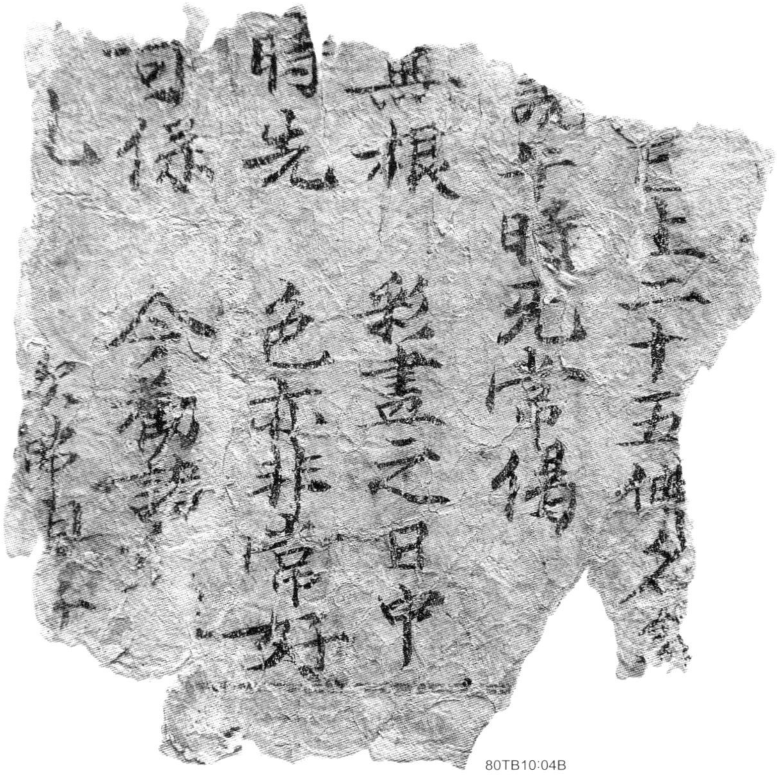

80TB10:04B

一八〇 0 2厘米

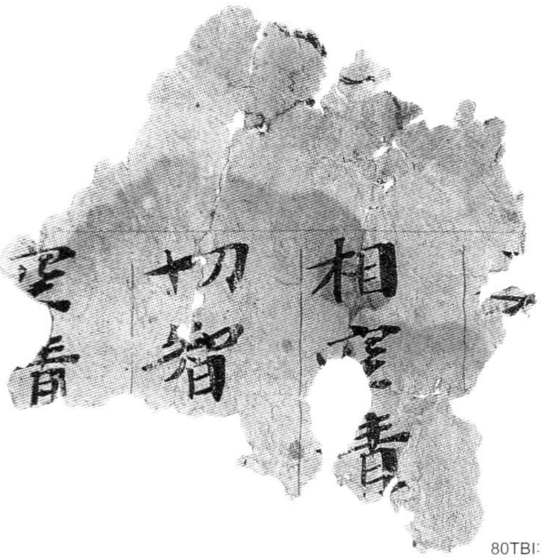

80TBI:769a

一八二 0 2厘米

80TBI:760a

一八三 0 2厘米

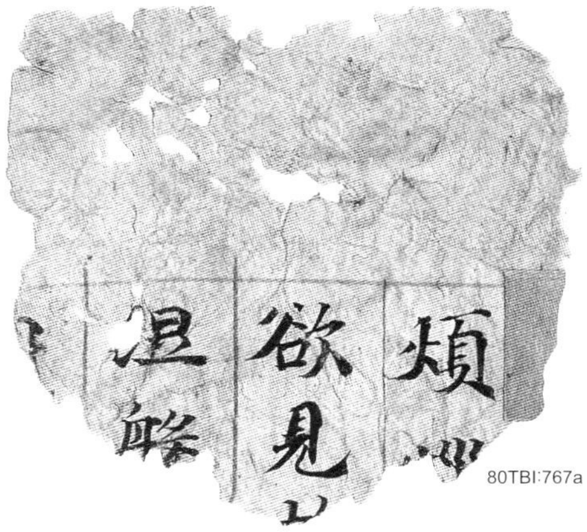

80TBI:767a

一八四 0 2厘米

80TBI:360

一八六 0 2厘米

80TBI:417

一八五 0 2厘米

80TBI:425b

一八八 0 2厘米

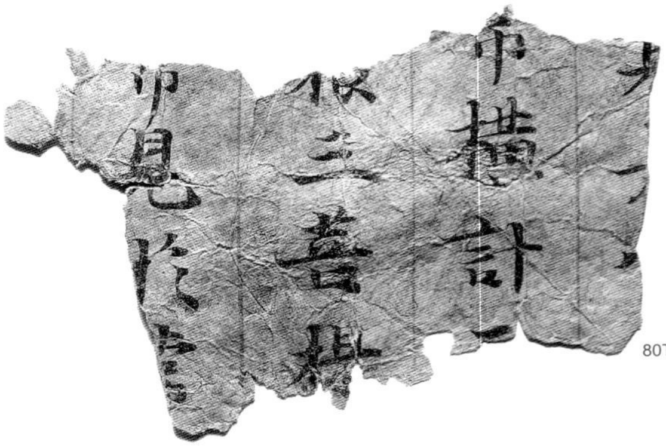
80TBI:357

一八七 0 2厘米

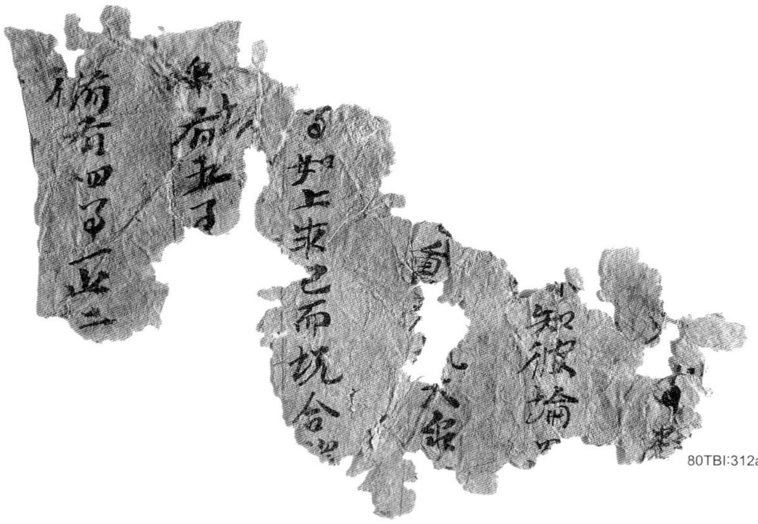
80TBI:312a

一九〇 0 2厘米

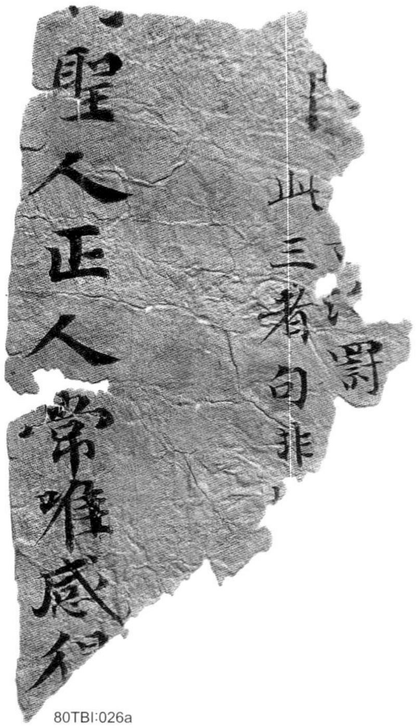
80TBI:026a

一八九 0 2厘米

80TBI:414

一九二 0 2厘米

80TBI:313

一九一 0 2厘米

80TBI:193

一九四 0 2厘米

80TBI:425a

一九三 0 2厘米

80TBI:722a

一九五 0 2厘米

80TBI:298a

一九六 0 2厘米

80TBI:423

一九七 0 2厘米

80TBI:430

二〇〇 0 2厘米

80TBI:408

一九九 0 2厘米

80TBI:412

一八八 0 2厘米

81SAT:6

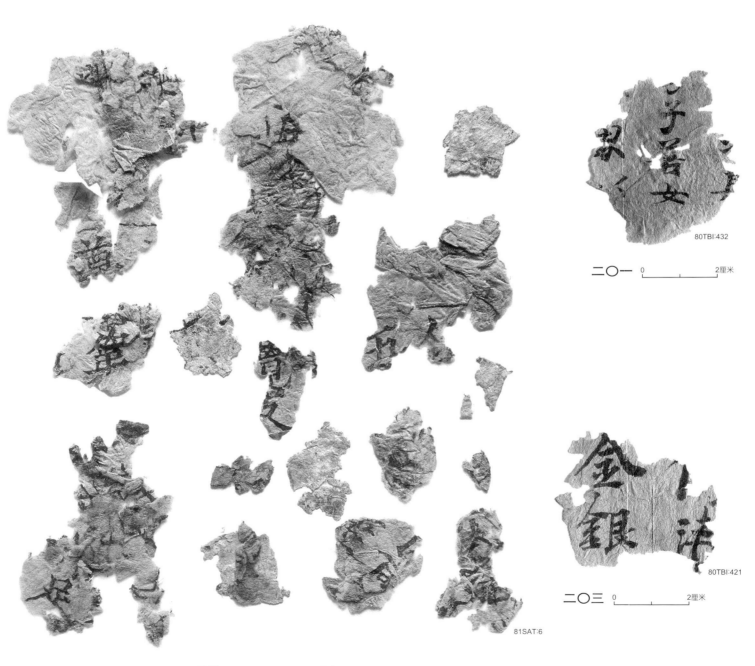

二〇二 0 2厘米

80TBI:432

二〇一 0 2厘米

80TBI:421

二〇三 0 2厘米

80TBI:050a

二〇四 0 2厘米

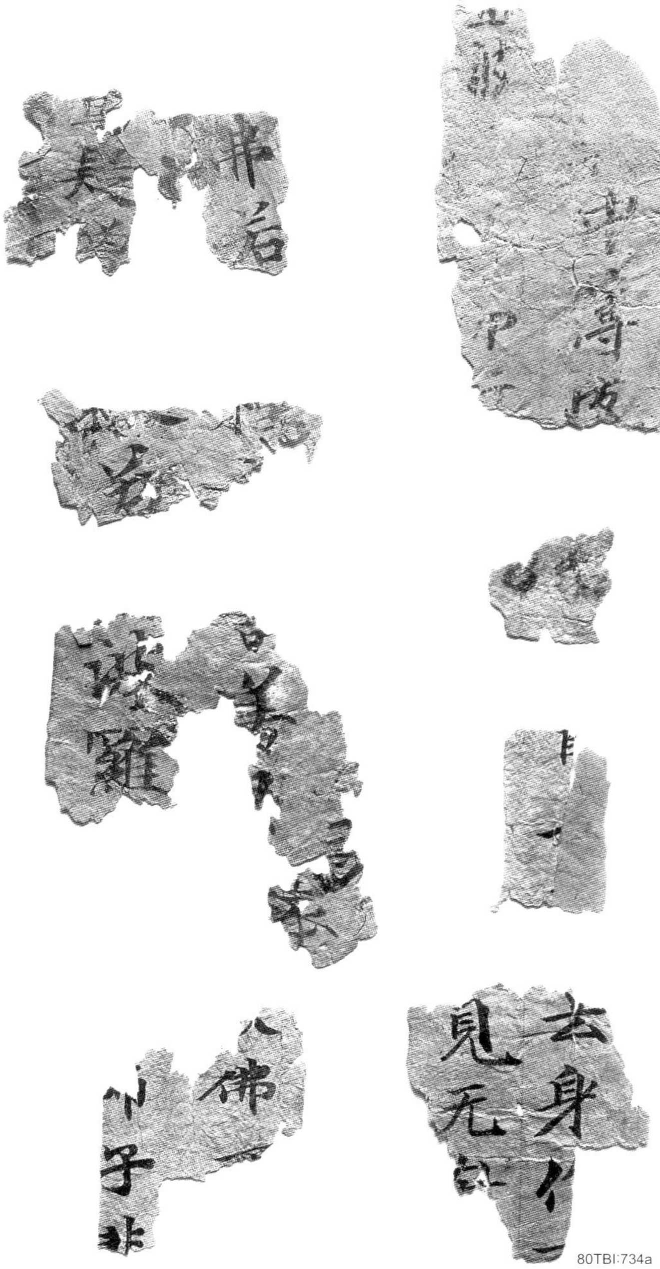

80TBI:734a

二〇五 0 2厘米

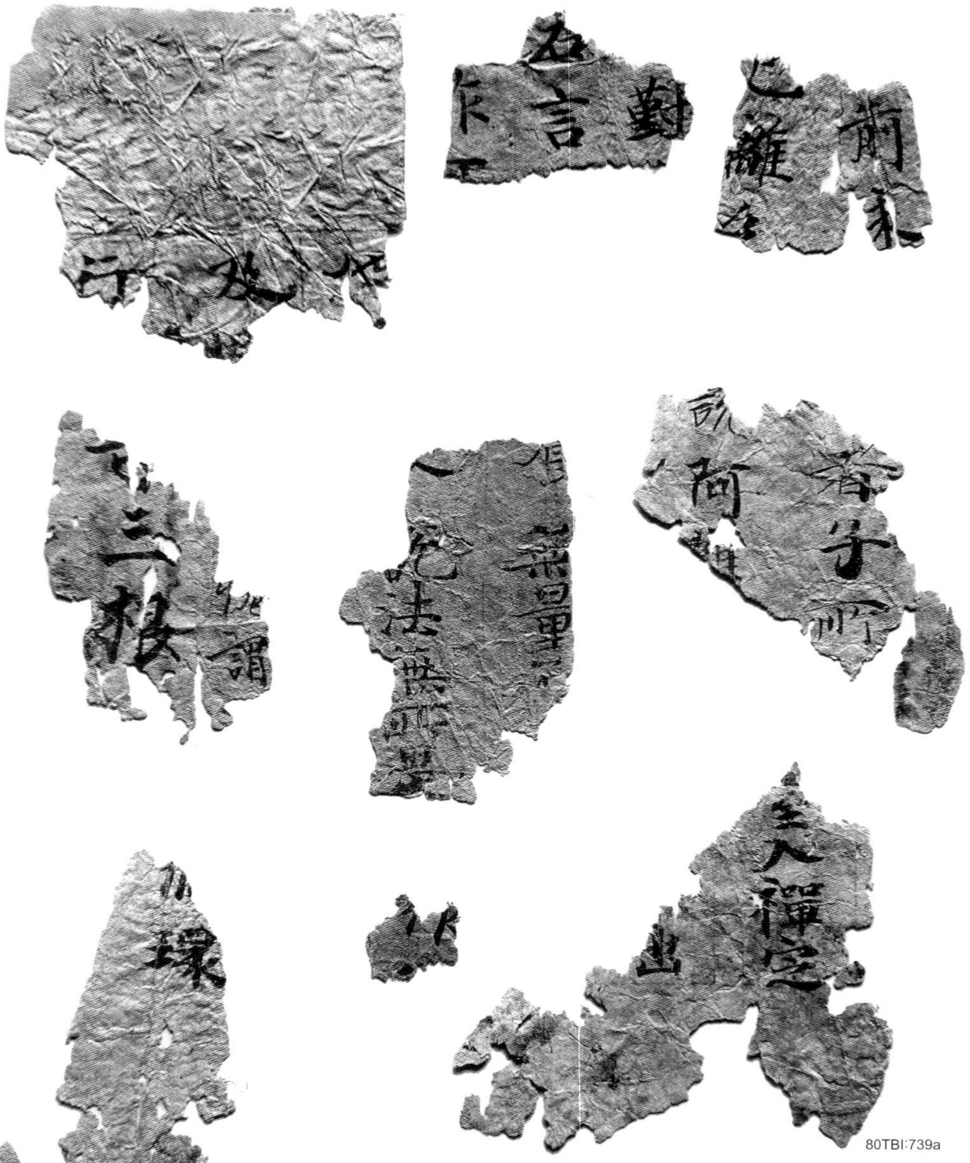

80TBI:739a

二〇六 0 2厘米

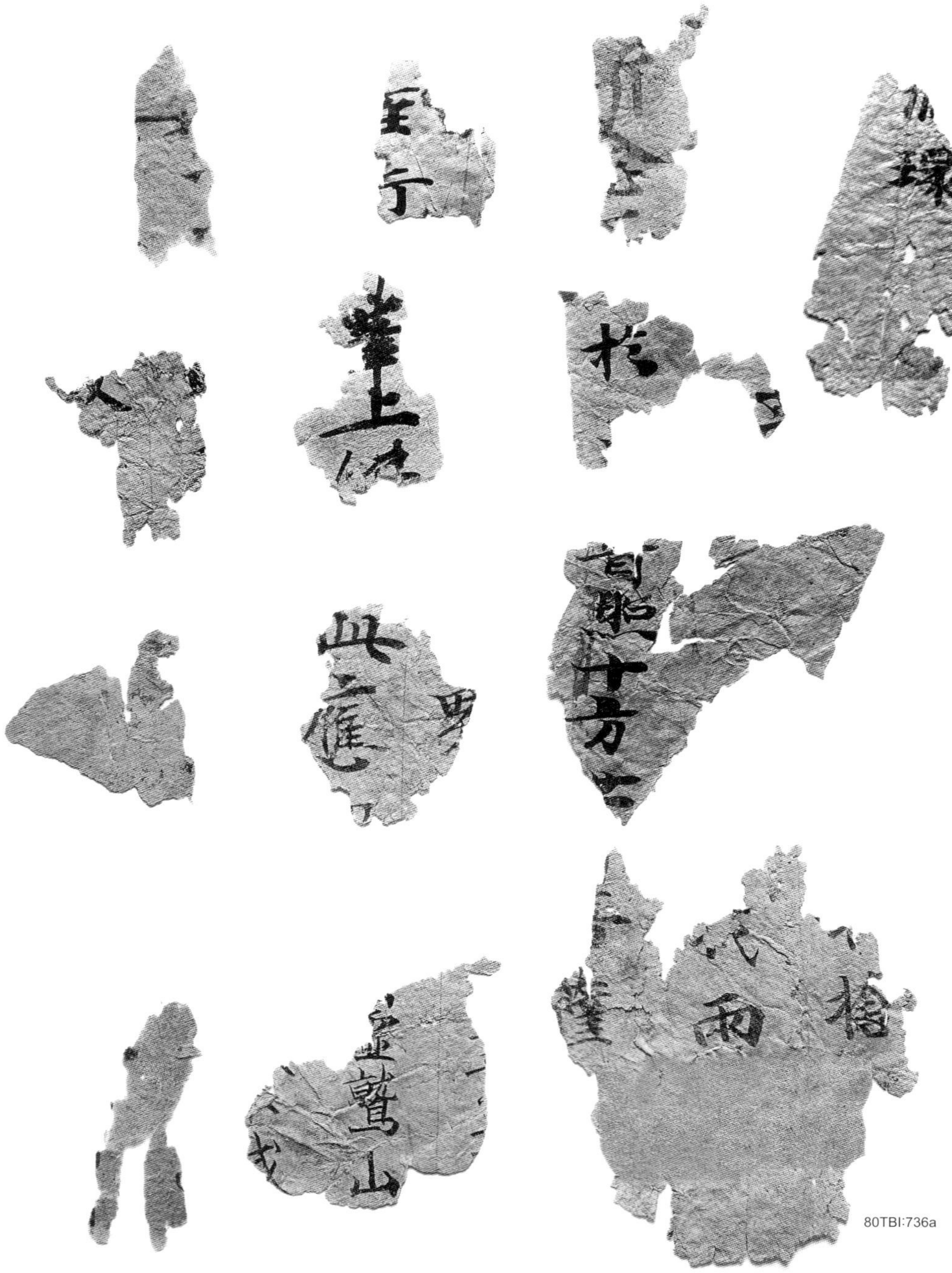

80TBI:736a

二〇七 0 2厘米

80TBI:711a

二〇九 0 2厘米

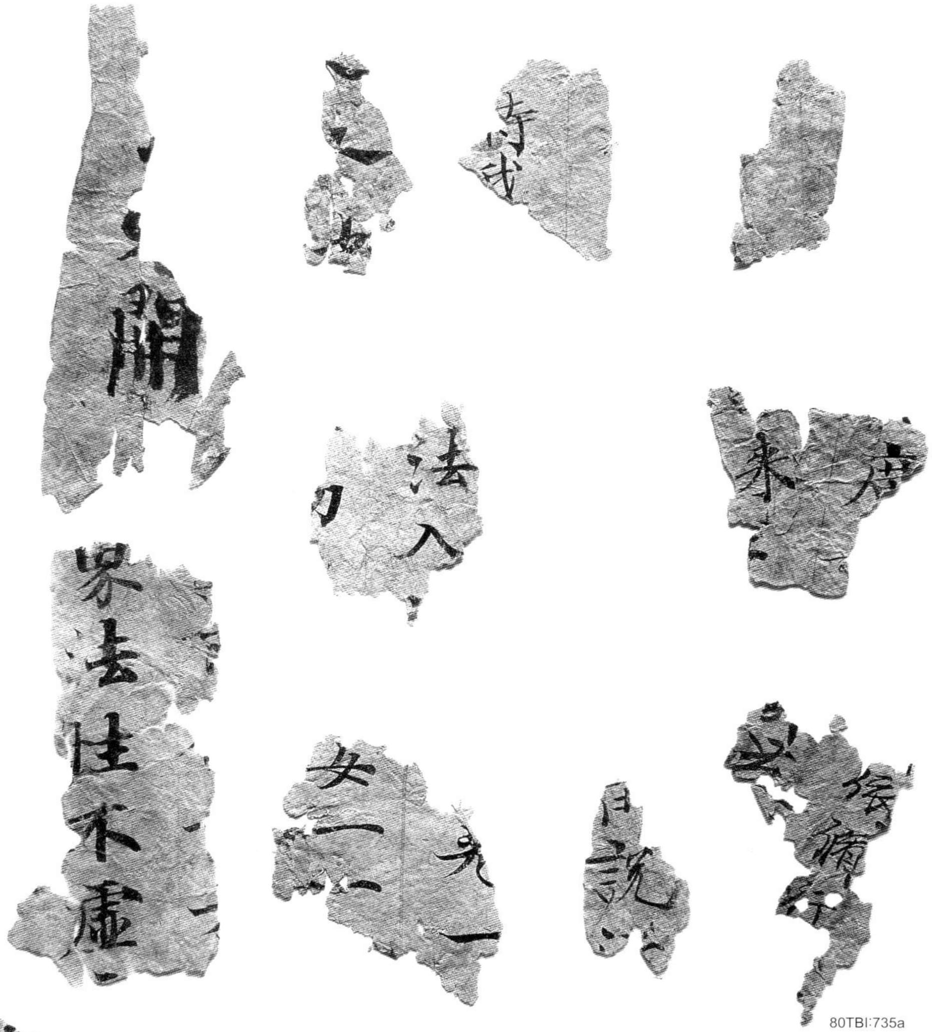
80TBI:735a

二〇八 0 2厘米

80TBI:737a

二一〇 0 2厘米

80TBI:185b

二一一 0 2厘米

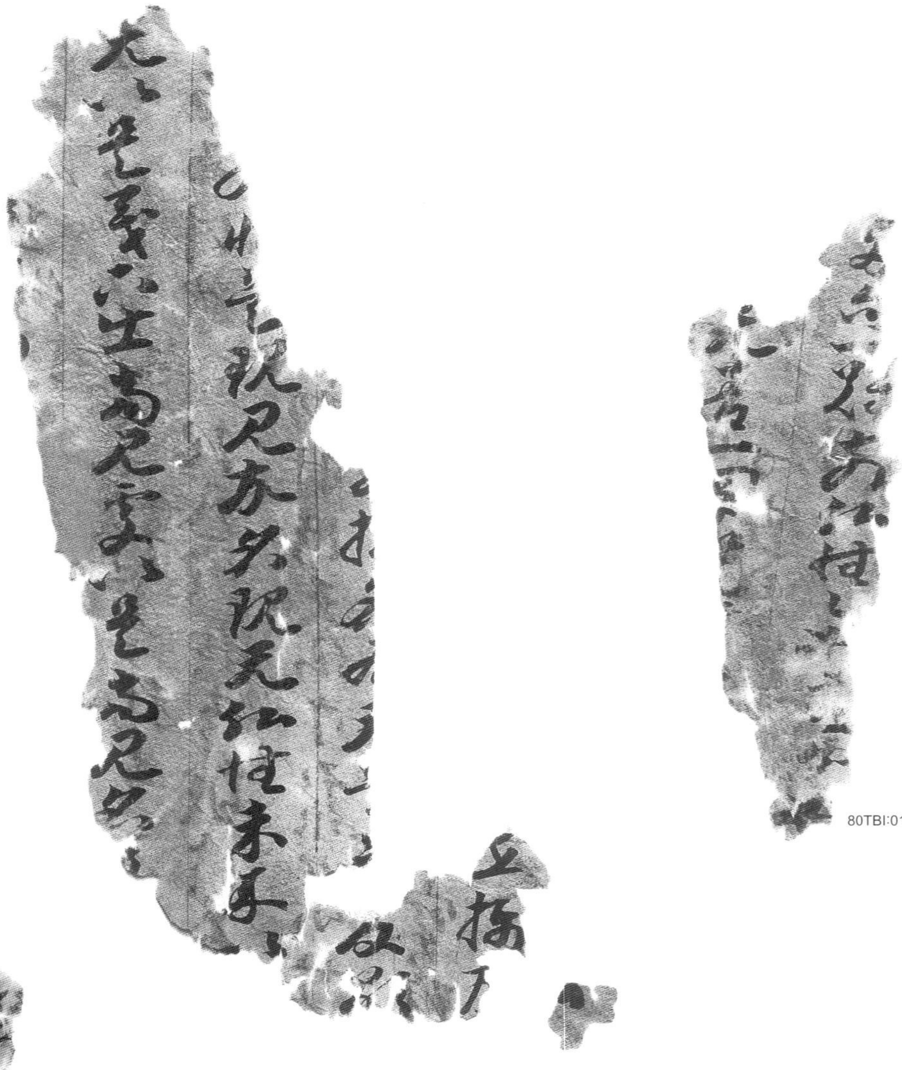

80TBI:017a

二一二

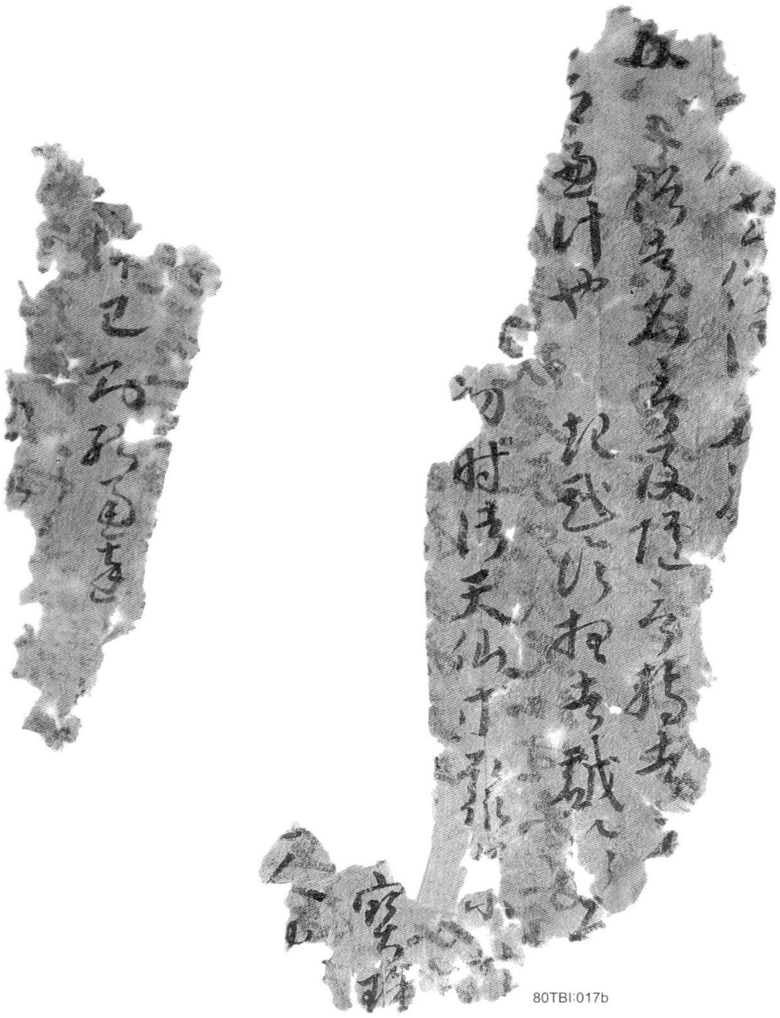

80TBI:017b

二一三

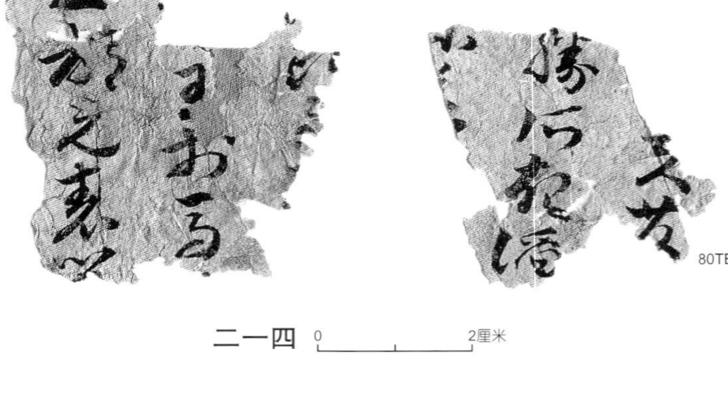

80TBI:476

二一四

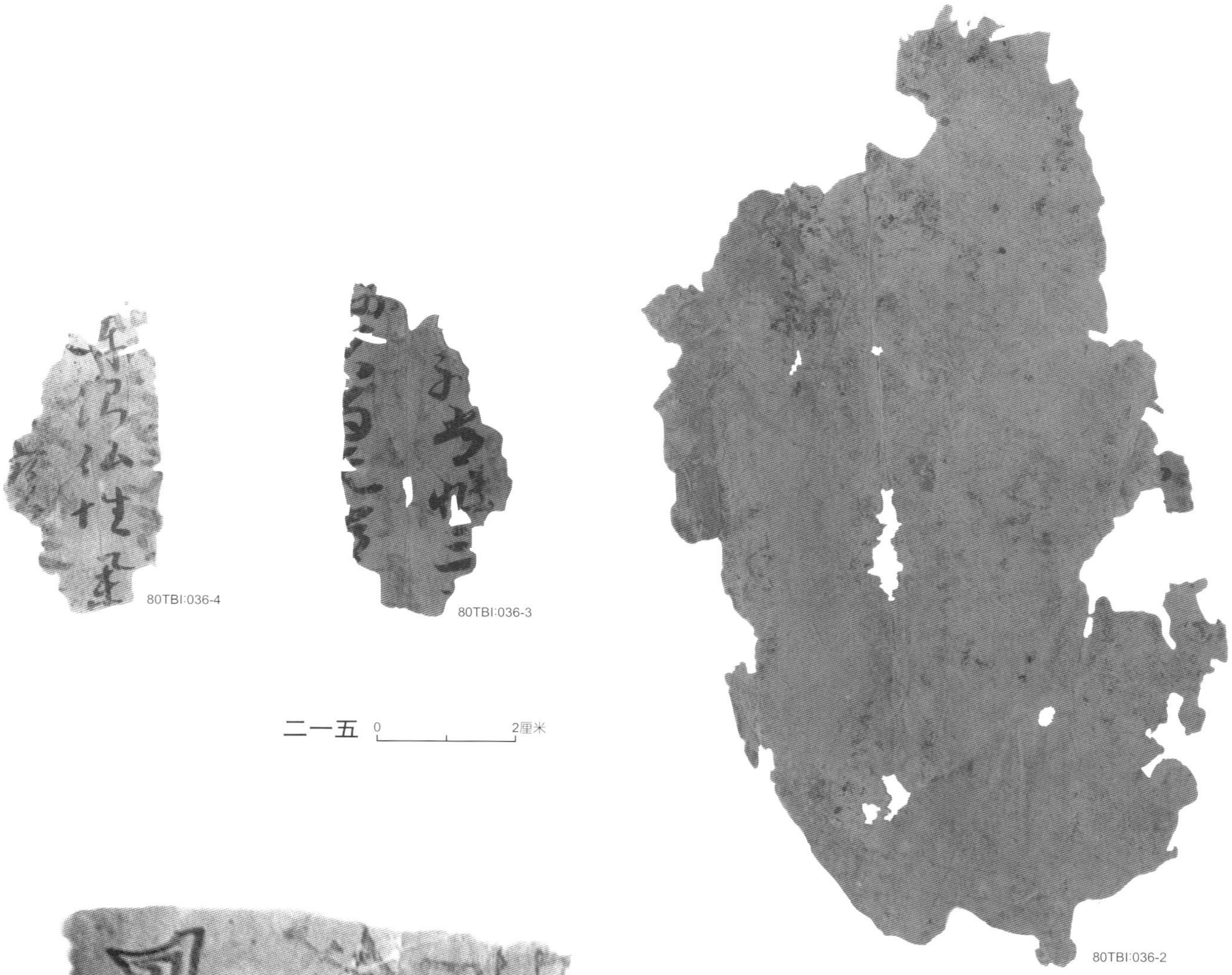

80TBI:036-4

80TBI:036-3

80TBI:036-2

二一五 0 2厘米

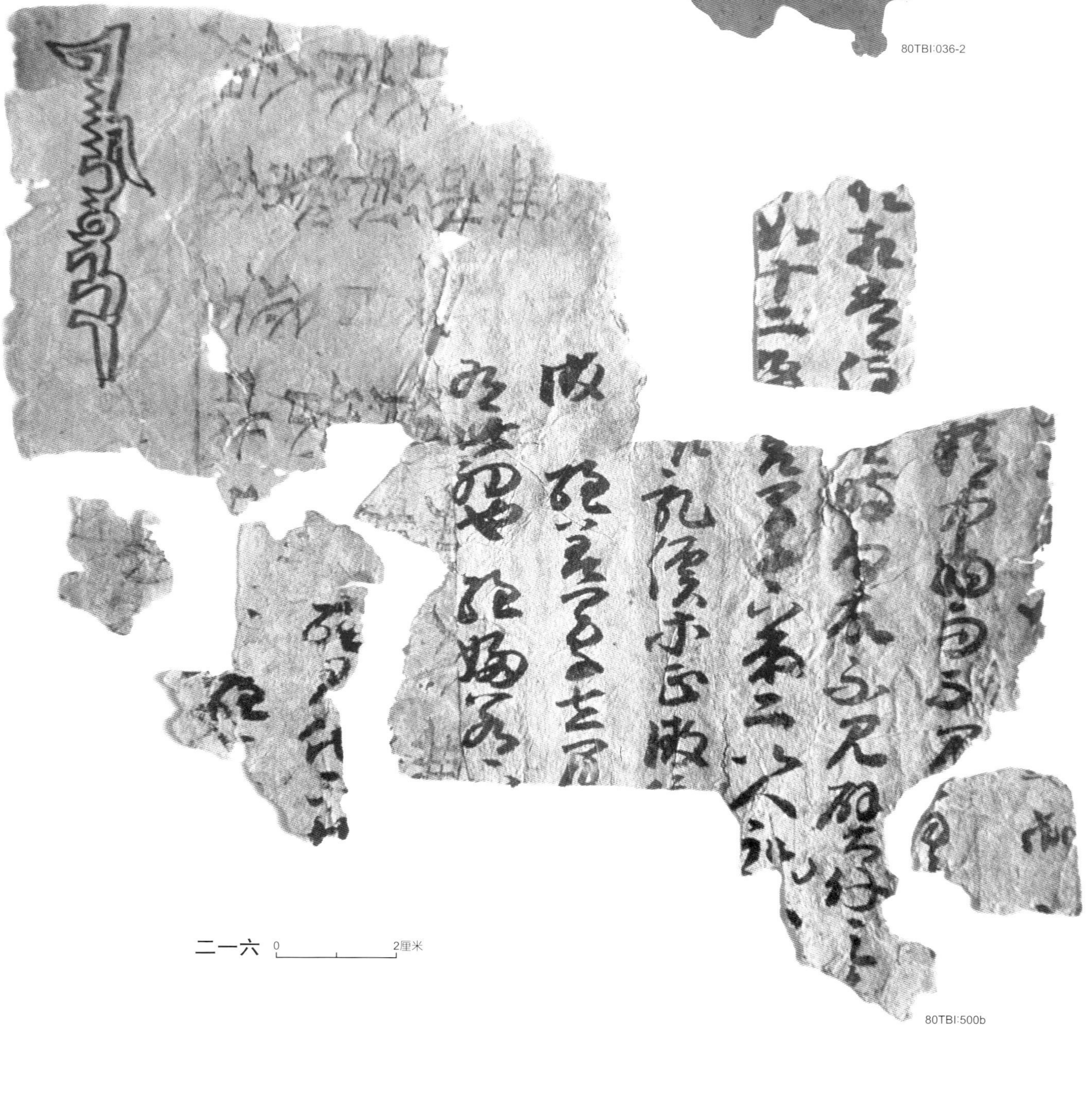

80TBI:500b

二一六 0 2厘米

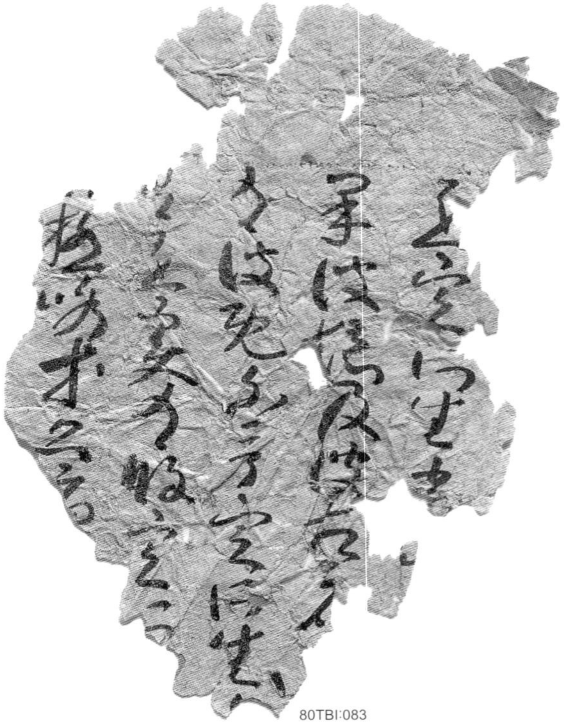

80TBI:083

二一七 0 2厘米

80TBI:266b

二一八 0 2厘米

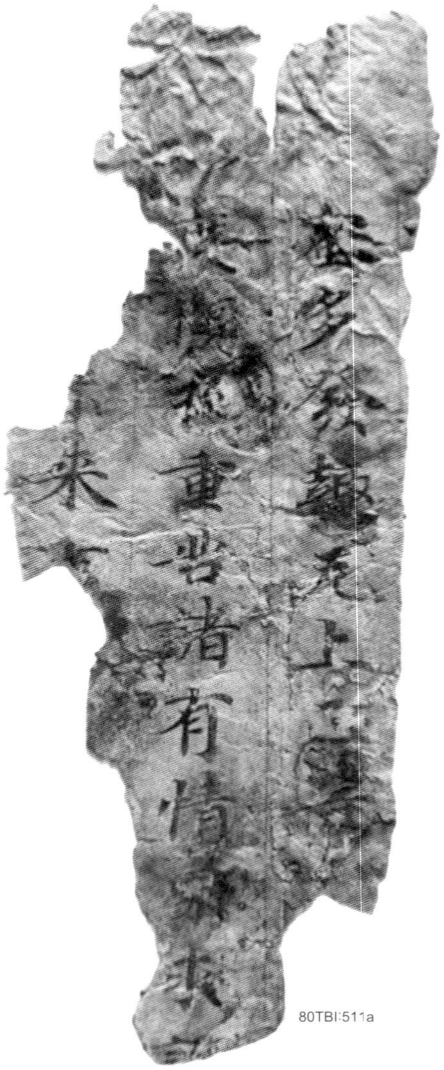

80TBI:511a

二一九 0 2厘米

80TBI:374b

二二〇 0 2厘米

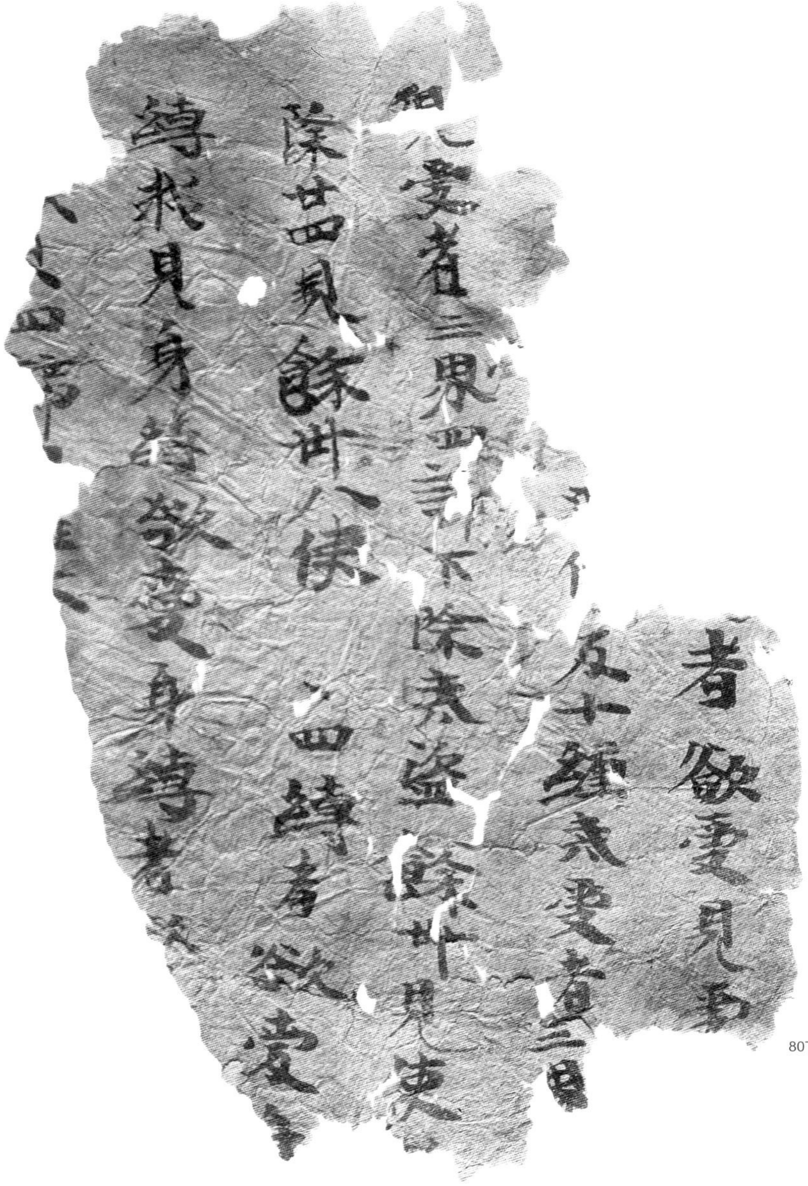

80TBI:156a

二二一 0 2厘米

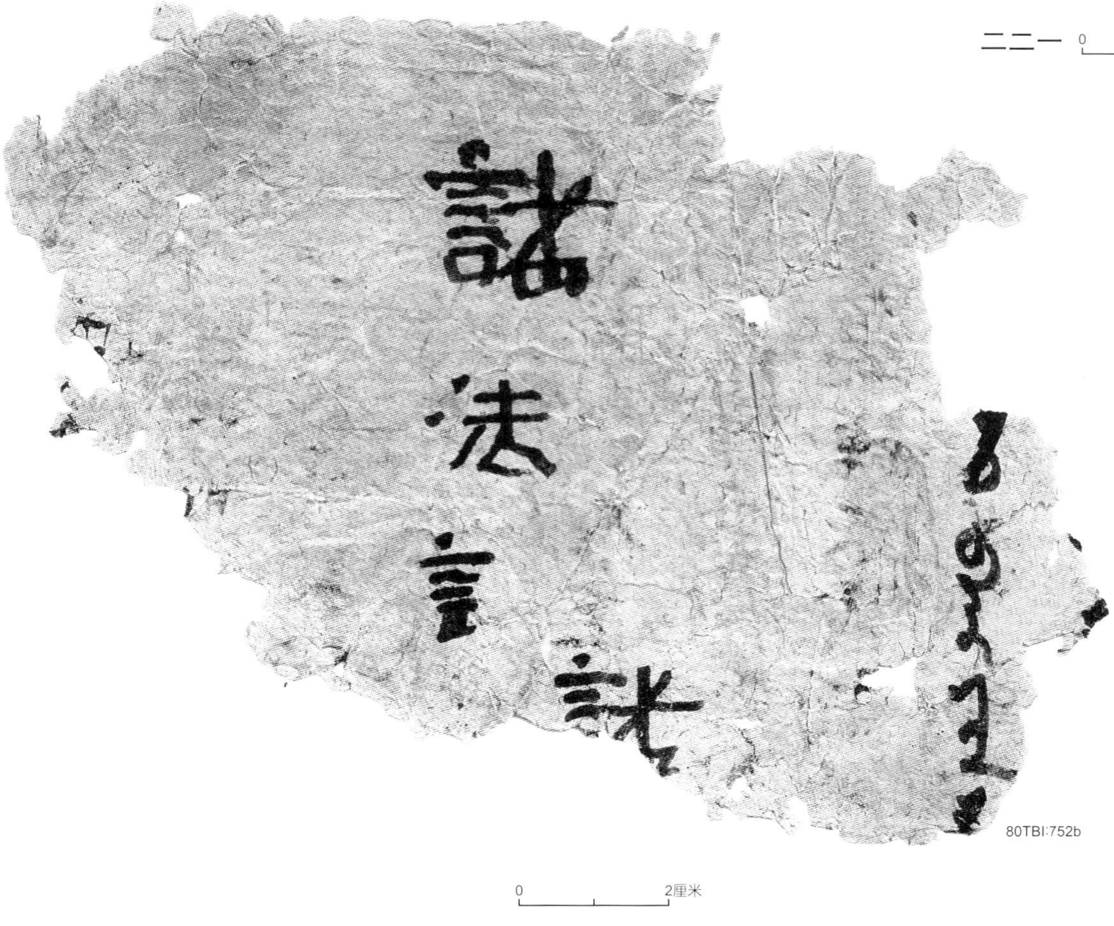

80TBI:752b

0 2厘米

80TBI:381

二二四 0 2厘米

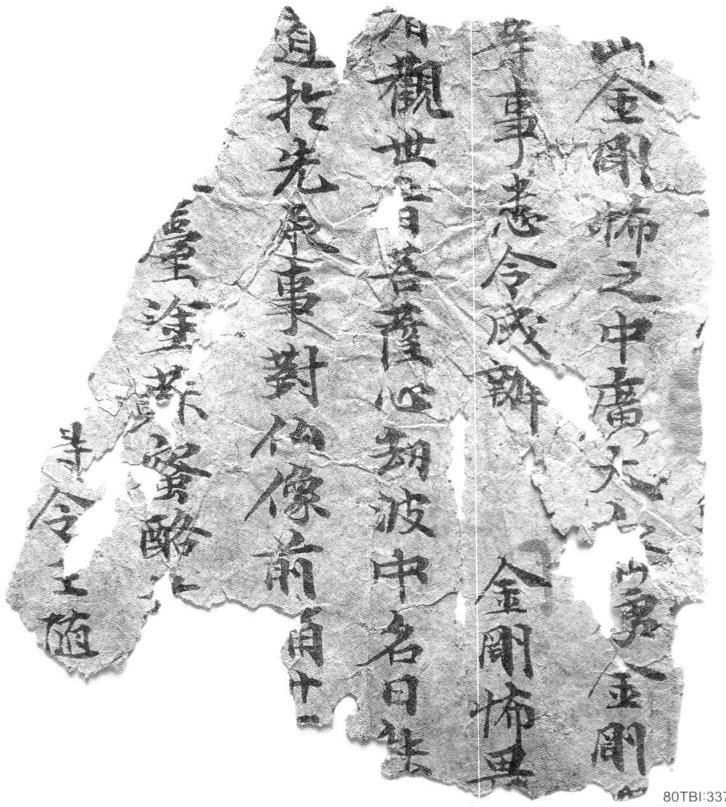

80TBI:337b

二二三 0 2厘米

80TBI:095b

二二五 0 2厘米

80TBI:493b-2

二二八 0 2厘米

80TBI:243-2

二二七 0 2厘米

80TBI:335-2

二二六 0 2厘米

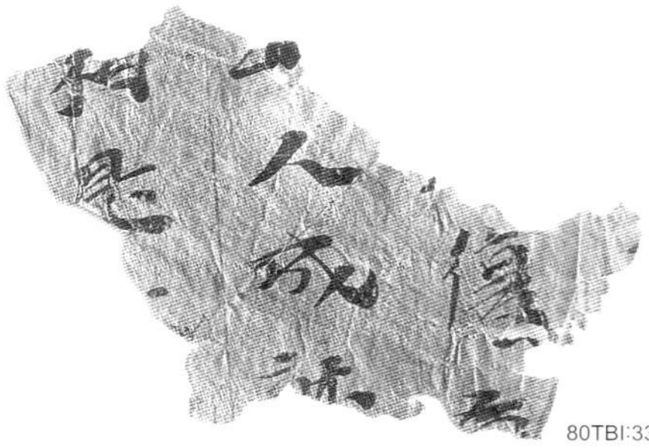
80TBI:330-2

二三〇 0 2厘米

80TBI:721a-2

二二九 0 2厘米

80TBI:738a-4

80TBI:738a-1

80TBI:738a-7

80TBI:738a-5

80TBI:738a-9

80TBI:738a-8

二三二 0 2厘米

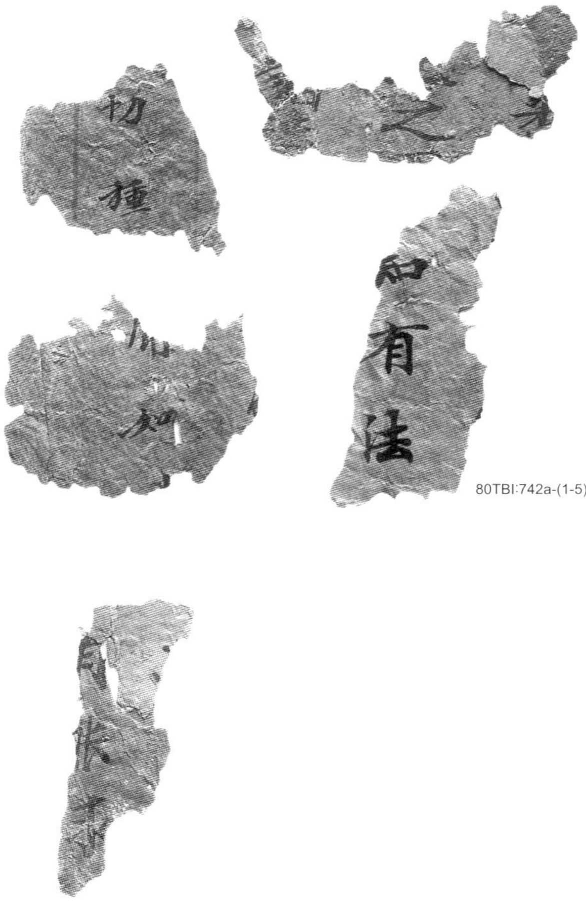
80TBI:742a-(1-5)

二三一 0 2厘米

轉輪王若

80TBI:498a-5

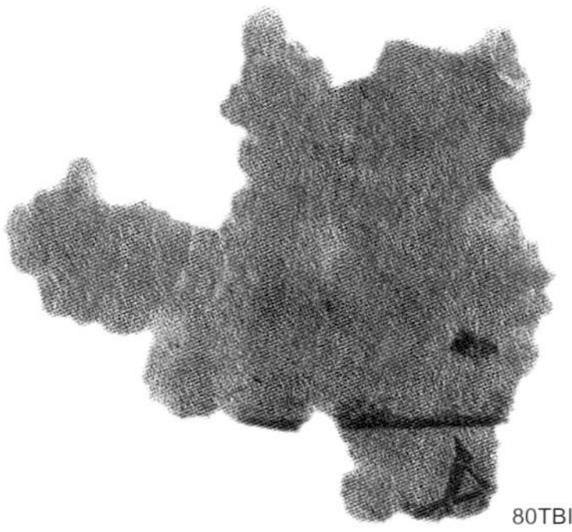
80TBI:498a-2

80TBI:498a-1

80TBI:498a-8

80TBI:498a-7

80TBI:498a-6

丘
是處
向佛滅

80TBI:498a-14

舍利

80TBI:498a-13

80TBI:498a-9

世
汝

80TBI:498a-17

法

80TBI:498a-16

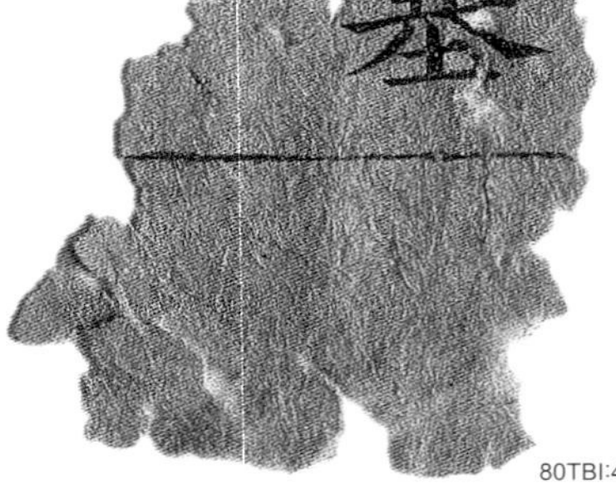
80TBI:498a-15

二三三 0 2厘米

80TBI:455-3

80TBI:455-2

80TBI:455-1

80TBI:455-6

80TBI:455-5

80TBI:455-4

80TBI:455-11

80TBI:455-10

80TBI:455-8

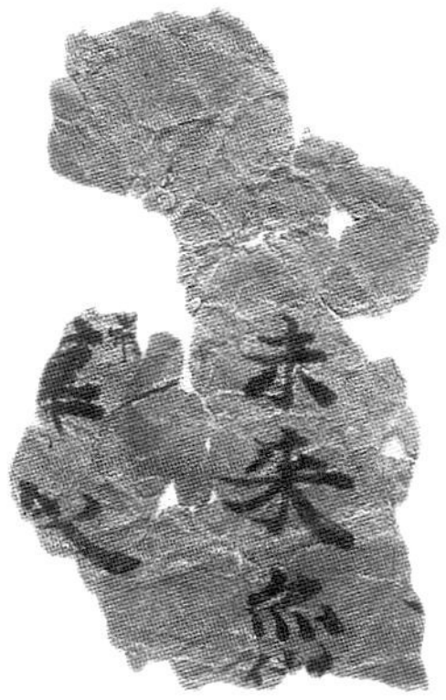
80TBI:455-14

80TBI:455-13

80TBI:455-12

二三四 0 2厘米

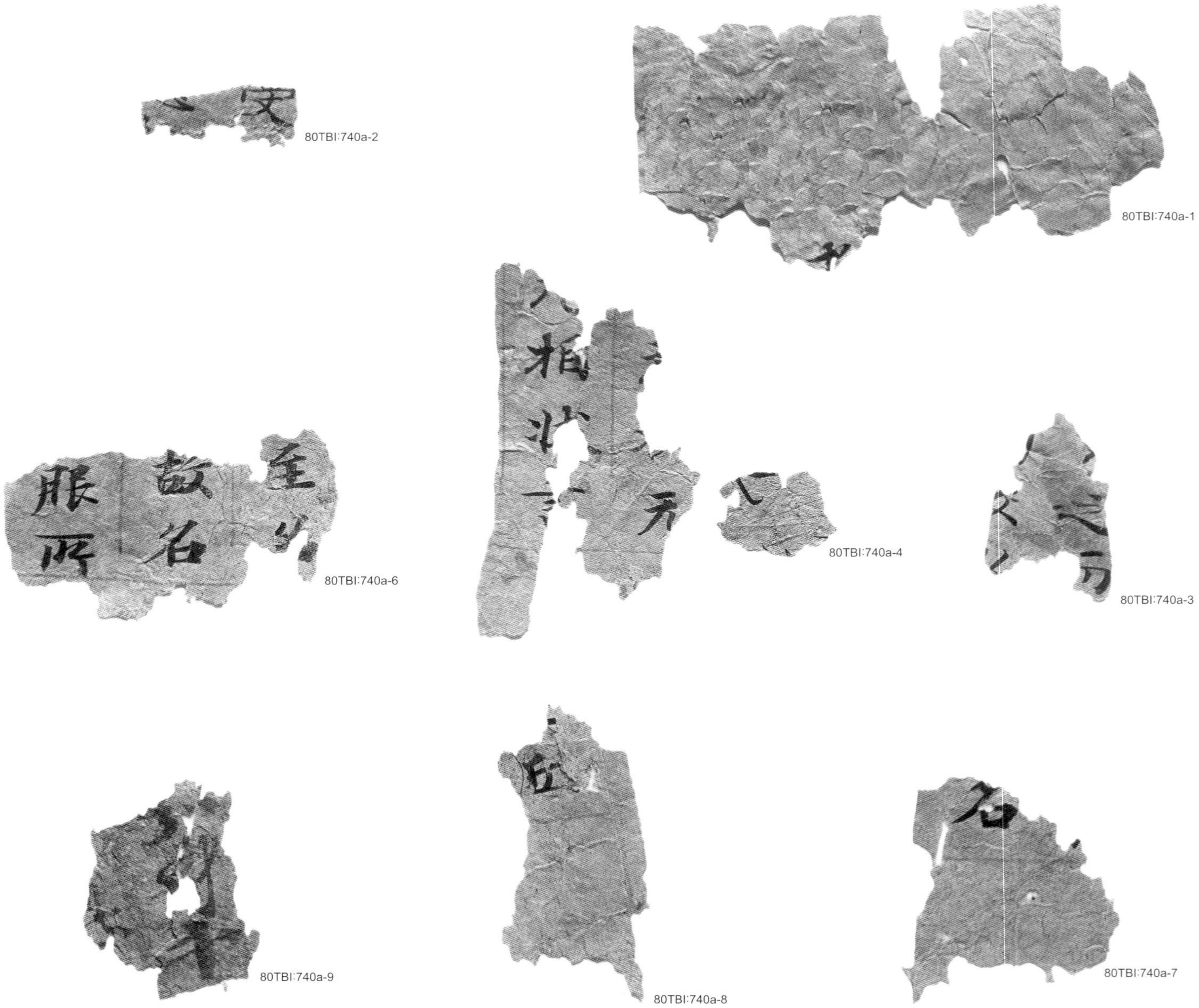

80TBI:740a-2 80TBI:740a-1 80TBI:740a-6 80TBI:740a-4 80TBI:740a-3 80TBI:740a-9 80TBI:740a-8 80TBI:740a-7

二三五 0 2厘米

80TBI:293-2

二三七 0 2厘米

80TBI:495a-1

二三六 0 2厘米

80TBI:497-6

80TBI:497-3

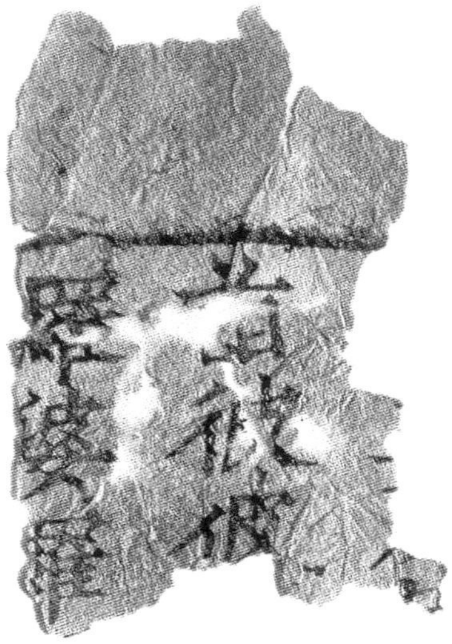
80TBI:497-2

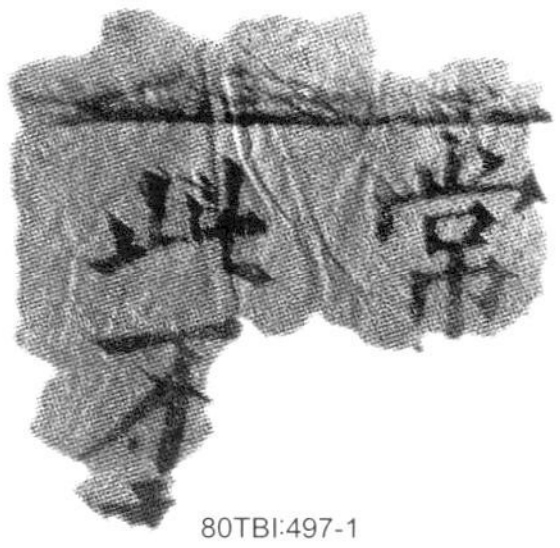
80TBI:497-1

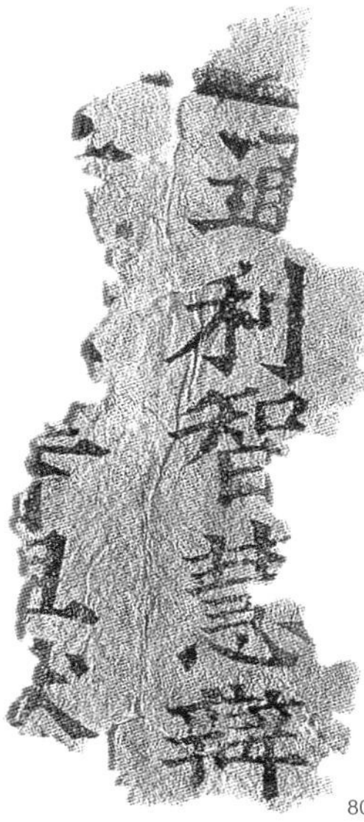
80TBI:497-9

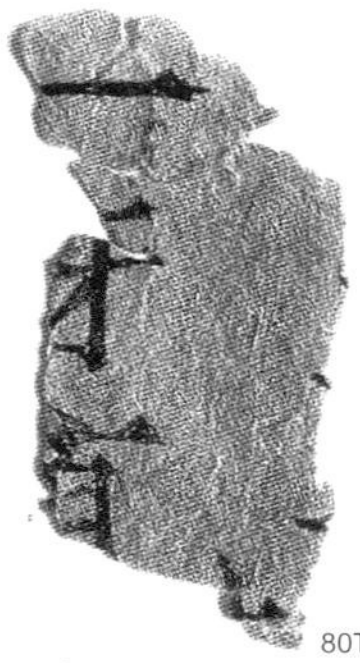
80TBI:497-8

80TBI:497-7

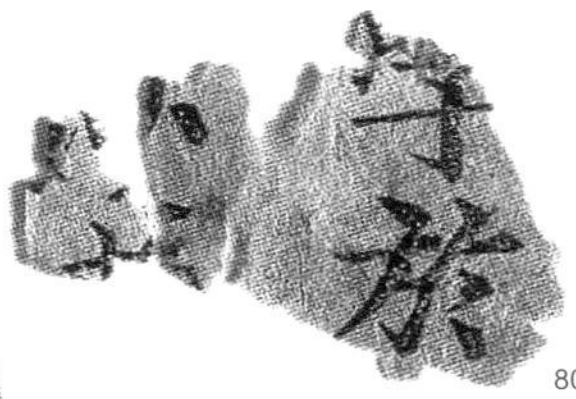
80TBI:497-13

80TBI:497-12

80TBI:497-10

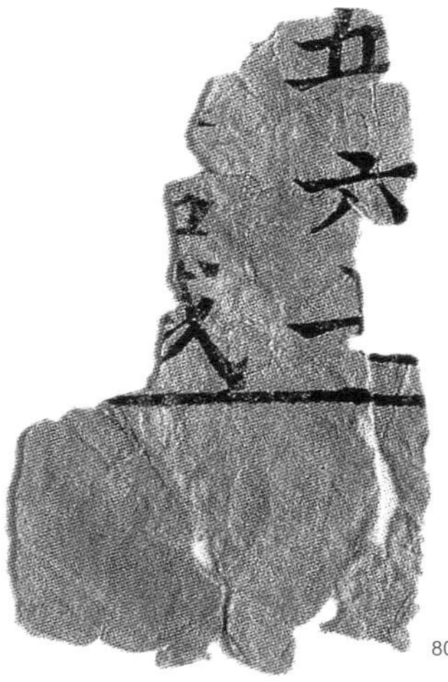
80TBI:497-16

80TBI:497-15

80TBI:497-14

80TBI:497-20

80TBI:497-19

80TBI:497-18

80TBI:497-17

 0 2厘米

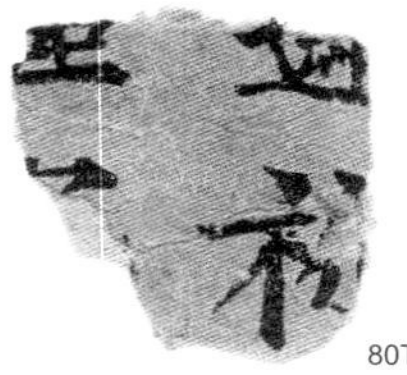

80TBI:493a-2

二三九 0 2厘米

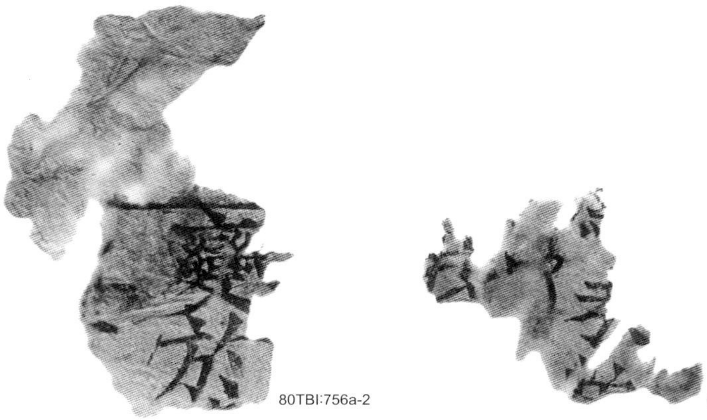

80TBI:756a-2 80TBI:756a-1

二四〇 0 2厘米

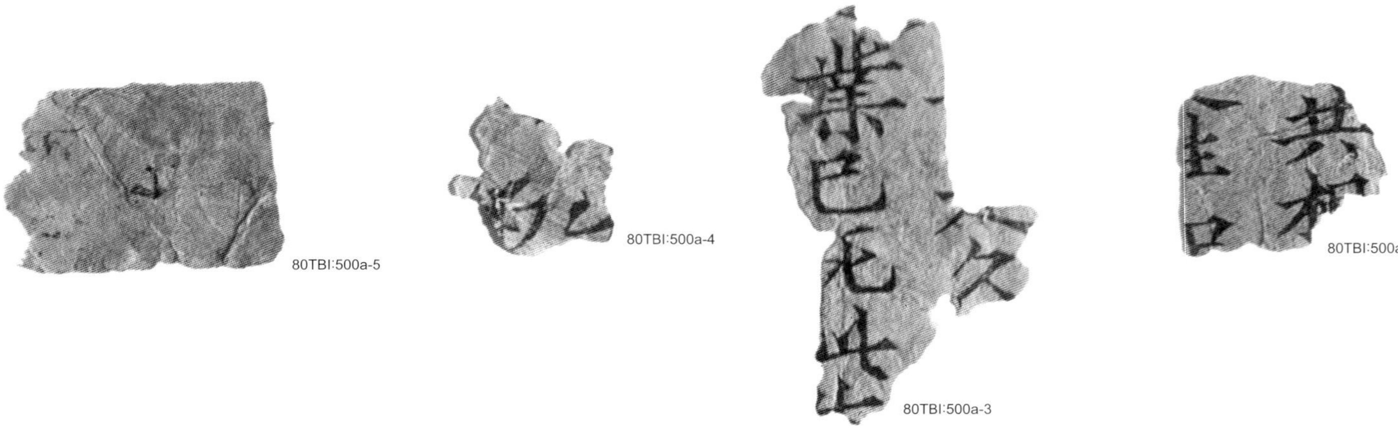

80TBI:500a-5 80TBI:500a-4 80TBI:500a-3 80TBI:500a-2

二四一 0 2厘米

80TBI:505-1

二四二 0 2厘米

80TBI:504-4

80TBI:504-3

80TBI:504-1

二四三 0 2厘米

80TBI:452-5

80TBI:452-4

80TBI:452-3

80TBI:452-2

80TBI:452-9

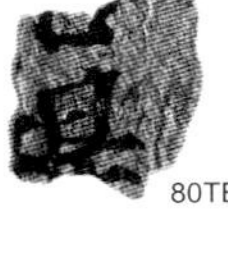
80TBI:452-8

80TBI:452-7

80TBI:452-6

二四四 0 2厘米

80TBI:507-6

80TBI:507-5

80TBI:507-4

80TBI:507-8

80TBI:507-7

二四五 0 2厘米

80TBI:005-4

二四七 0 2厘米

80TBI:506-1

二四六 0 2厘米

80TBI:401-2

二四九 0 2厘米

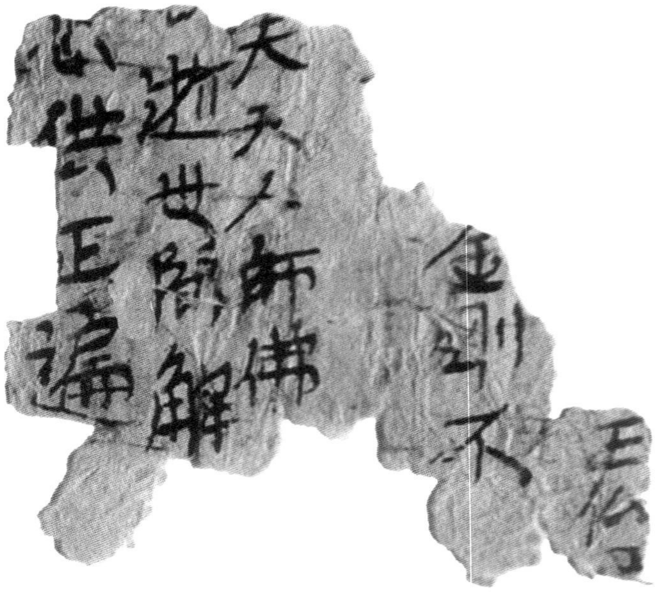

80TBI:495b-1

二四八 0 2厘米

二五〇 0 2厘米

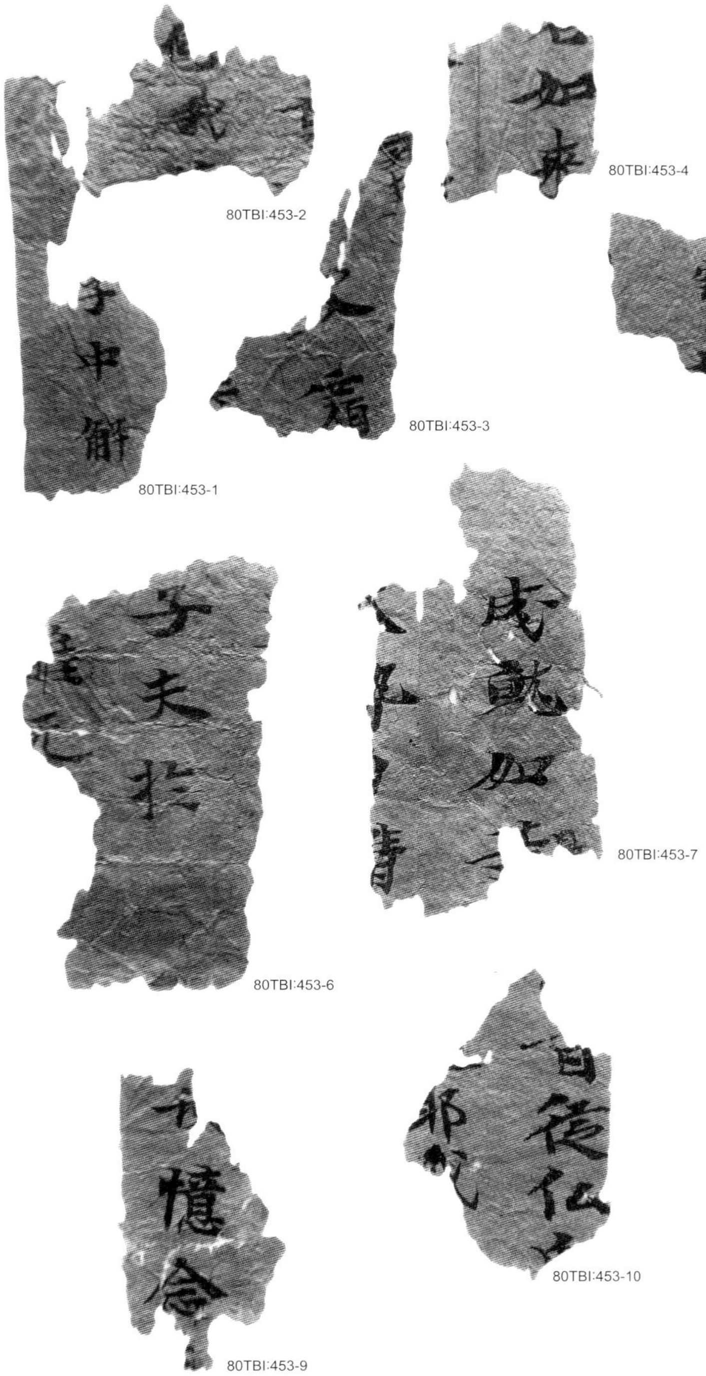

二五一 0 2厘米

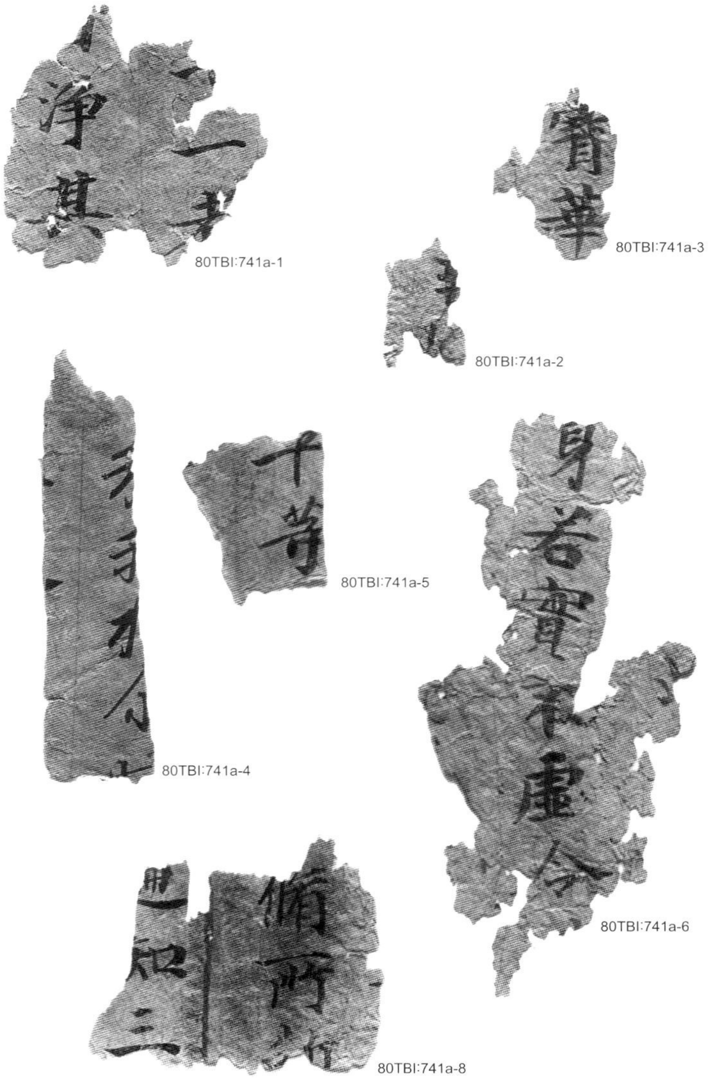

二五二 0 2厘米

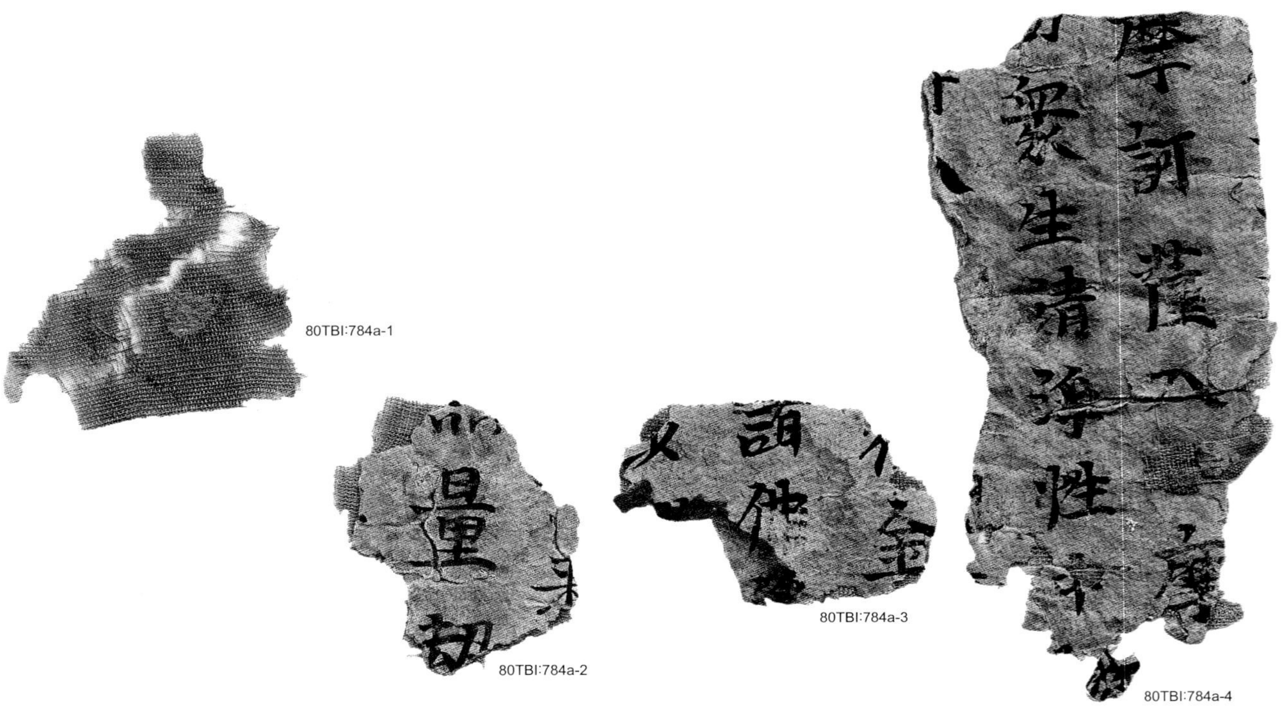

二五三 0 2厘米

二五四 0 2厘米

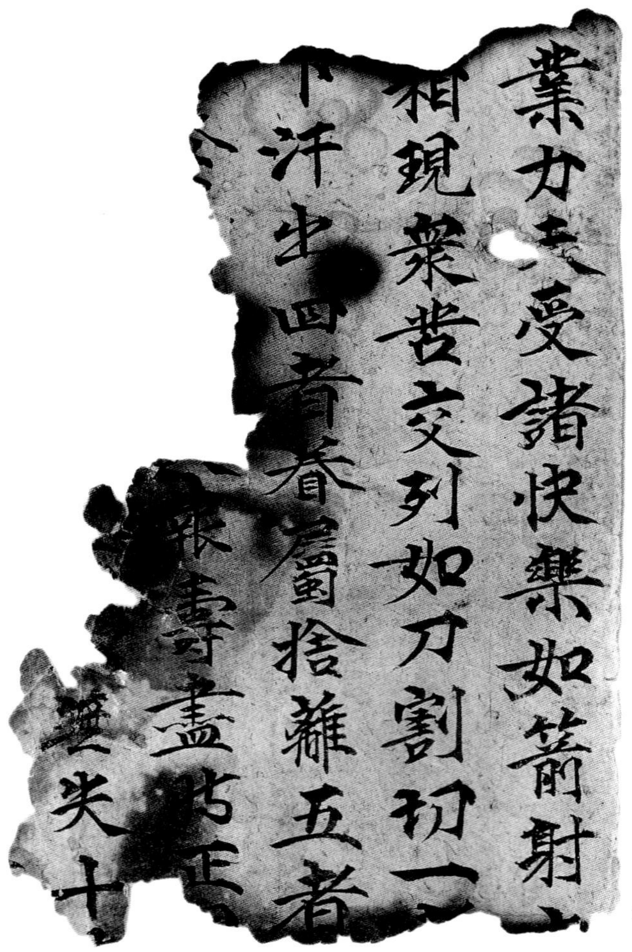

二五五 0 2厘米

吐魯番柏孜克里克石窟出土漢文佛教典籍定名一覽表

一　經藏部分

（一）寶積部（一—三九）

序號	出土編號	時代	殘片行數	尺寸（長×高）厘米	名稱	《中華大藏經》	《大正新修大藏經》	版本	備注
一	80TBI:705a	唐	四行	7.0×8.2	大寶積經（卷一〇九）賢護長者會第三九之一	九册三四四頁中欄	一一册六〇九頁中欄	寫本	本片背面即80TBI:705b爲回鶻文寫本。
二	80TBI:666a	唐	五行	9.5×17.8	大寶積經（卷一〇九）賢護長者會第三九之一	九册三四四頁中欄	一一册六〇九頁中欄	寫本	本片背面即80TBI:666b爲回鶻文寫本。
三	80TBI:685a	高昌—唐	三行	6.1×8.1	大寶積經（卷一一六）文殊師利説般若會第四六之二	九册四一八頁下欄	一一册六五三頁中欄	寫本	本片背面即80TBI:685b爲回鶻文寫本。
四	80TBI:691a	高昌—唐	四行	7.4×3.9	大寶積經（卷一一六）文殊師利説般若會第四六之二	九册四一九頁中—下欄	一一册六五四頁上欄	寫本	本片背面即80TBI:691b爲回鶻文寫本。
五	80TBI:747a	回鶻	一二行	19.0×12.2	法鏡經	九册七一七頁中—下欄	一二册二二頁中欄	寫本	本片文書用漢文、回鶻文兩種文字書寫。其背面即80TBI:747b爲回鶻文寫本。
六	80TBI:393	高昌	七行	14.5×5.9	勝鬘師子吼一乘大方便方廣經勝鬘章第一五	九册一〇〇六頁中欄	一二册二一七頁下欄—二一八頁上欄	寫本	
七	80TBI:054	高昌	六行	10.6×14.5	勝鬘師子吼一乘大方便方廣經勝鬘章第一五	九册一〇一三頁下欄	一二册二二三頁上欄	寫本	該兩片與序號九、一〇相拼接，見拼合圖一。
八	80TBI:287	高昌	二行	3.6×7.6	勝鬘師子吼一乘大方便方廣經勝鬘章第一五	九册一〇一三頁下欄	一二册二二三頁上欄	寫本	

序號	出土編號	時代	殘片冊數	尺寸(長×高)厘米	名稱	《中華大藏經》	《大正新修大藏經》	版本	備注
九	80TBI:216	高昌	二行	5.0×14.7	勝鬘師子吼一乘大方便方廣經勝鬘章第一五	九册一〇一三頁下欄	一二册二二三頁上欄	寫本	該兩片可與序號七、八相拼接，見拼合圖一。
一〇	80TBI:045–1	高昌	三行	6.3×13.8	勝鬘師子吼一乘大方便方廣經勝鬘章第一五	九册一〇一三頁下欄	一二册二二三頁上欄	寫本	
一一	80TBI:045–2	高昌	四行	7.5×12.6	勝鬘師子吼一乘大方便方廣經勝鬘章第一五	九册一〇一四頁上欄	一二册二二三頁上欄	寫本	
一二	80TBI:034	高昌	四行	7.5×12.1	勝鬘師子吼一乘大方便方廣經勝鬘章第一五	九册一〇一四頁上欄	一二册二二三頁上欄	寫本	
一三	80TBI:388	高昌—唐	三行	6.5×4.4	大方等大集經（卷一三）不可說菩薩品第七	一〇册一六七頁上欄	一三册九二頁上欄	寫本	
一四	80TBI:085	高昌	八行	13.9×17.5	大方等大集經（卷二四）虚空目分中大衆還品第一〇	一〇册三二三頁上欄	一三册一七三頁上—中欄	寫本	該四片可以拼接，見拼合圖二。
一五	80TBI:309	高昌	五行	8.6×7.2	大方等大集經（卷二四）虚空目分中大衆還品第一〇	一〇册三二三頁上欄	一三册一七三頁上—中欄	寫本	
一六	80TBI:361	高昌	四行	7.3×4.1	大方等大集經（卷二四）虚空目分中大衆還品第一〇	一〇册三二三頁上欄	一三册一七三頁中欄	寫本	
一七	80TBI:009	高昌	八行	14.8×20.2	大方等大集經（卷二四）虚空目分中大衆還品第一〇	一〇册三二三頁上—中欄	一三册一七三頁中欄	寫本	

序號	出土編號	時代	殘片册數	尺寸(長×高)厘米	名稱	《中華大藏經》	《大正新修大藏經》	版本	備注
一八	80TBI:018	高昌	一五行	26.0×17.5	第一行爲：大方等大集經（卷二四）虛空目分中大衆還品第一〇的結尾部分 第二行爲：大方等大集經（卷二五）寶髻菩薩品第一一之一開始部分	一〇册三二三頁中—三二六頁中欄	一三册一七三頁中—下欄	寫本	
一九	80TBI:800a	唐	三行	5.6×4.8	大方等大集經（卷五九）十方菩薩品第一三	一〇册六七九頁下欄	一三册三九六頁下欄	寫本	本片背面即80TBI:800b爲殘圖。
二〇	80TBI:377a	唐	三行	4.5×6.2	大方等大集經（卷五九）十方菩薩品第一三	一〇册六八〇頁上欄	一三册三九七頁上欄	寫本	本片背面即80TBI:377b爲「四分律删繁補闕行事鈔卷上之二結界方法篇第六」，參見列表序號四八一。
二一	80TBI:663a	唐	三行	6.6×12.0	大方廣十輪經（卷二）發問本業斷結品第三	一一册一〇五頁上—中欄	一三册六八七頁中欄	寫本	該兩片可以拚接，見拚合圖三，其背面爲回鶻文寫本。
二二	80TBI:662a	唐	六行	10.8×13.9	大方廣十輪經（卷二）發問本業斷結品第三	一一册一〇五頁上—中欄	一三册六八七頁中欄	寫本	
二三	80TBI:105	高昌	一五行	26.9×13.0	虛空藏菩薩神咒經	一一册二七四頁下—二七五頁上欄	一三册六六二頁下欄	寫本	
二四	80TBI:704a	唐	二行	5.5×10.1	虛空孕菩薩經（卷上）	一一册二四五頁上欄	一三册六六九頁下欄	寫本	本片背面即80TBI:704b爲回鶻文寫本。
二五	80TBI:233	唐	三行	6.2×8.3	維摩詰所説經（卷上）佛國品第一	一五册八三二頁中—下欄	一四册五三七頁中欄	寫本	

序號	出土編號	時代	殘片册數	尺寸(長×高)厘米	名稱	《中華大藏經》	《大正新修大藏經》	版本	備注
二六	80TBI:726a	唐	三行	4.6×8.3	維摩詰所説經（卷上）佛國品第一	一五册八三二頁下欄	一四册五三七頁中欄	寫本	本片背面即80TBI:726b爲回鶻文寫本。
二七	80TBI:089	唐	一二行	17.5×13.9	維摩詰所説經（卷上）弟子品第三	一五册八三六下—八三七頁下欄	一四册五四〇頁中欄	寫本	今本未見小字注文。
二八	80TBI:385	唐	四行	6.3×3.9	維摩詰所説經（卷中）文殊師利問疾品第五	一五册八四六頁中欄	一四册五四五頁下欄	寫本	該兩片可以拚接，見拚合圖四。
二九	80TBI:286	唐	五行	8.1×4.2	維摩詰所説經（卷中）文殊師利問疾品第五	一五册八四六頁中—下欄	一三册五四五頁下欄	寫本	
三〇	80TBI:774a	唐—回鶻	一二行	30.4×24.6	楞伽阿跋多羅寶經（卷三）一切佛語心品之三	一七册六〇六頁下欄	一六册五〇五下—五〇六頁上欄	寫本	本片背面即80TBI:774b爲婆羅迷文寫本。
三一	80TBI:335–1	高昌	六行	12.5×11.3	諸法無行經（卷上）	一八册一〇〇頁中—下欄	一五册七五四頁中—下欄	寫本	80TBI:335共二片，80TBI:335–2未定名，參見未定名列表序號二一六。
三二	80TBI:024	高昌	六行	10.8×6.4	佛説轉女身經	一九册一二八頁上欄	一四册九一九頁中欄	寫本	
三三	80TBI:428	高昌—唐	三行	5.6×6.1	海龍王經（卷二）總持門品第七	二〇册七八二頁下—七八三頁上欄	一五册一四〇頁下欄	寫本	
三四	80TBI:243–1	高昌	四行	6.2×6.7	佛説華手經（卷三）總相品第一四	二二册二〇四頁上欄	一六册一四六頁中欄	寫本	80TBI:243共二片，80TBI:243–2未定名，參見未定名列表序號二一七。
三五	80TBI:272	高昌	五行	6.4×6.0	佛説華手經（卷三）總相品第一四	二二册二〇四頁上欄	一六册一四六頁中欄	寫本	

序號	出土編號	時代	殘片册數	尺寸(長×高)厘米	名稱	《中華大藏經》	《大正新修大藏經》	版本	備注
三六	80TBI:260	高昌	三行	6.8×13.5	佛説華手經（卷五）諸方品第一八	二二册二三五頁中欄	一六册一六三頁下欄	寫本	
三七	80TBI:014	高昌	一三行	19.4×20.4	佛説華手經（卷七）毁壞品第二六	二二册二七六頁中—下欄	一六册一八六頁下—一八七頁上欄	寫本	
三八	80TBI:007	唐	三三行	51.1×15.2	文殊師利問經（卷上）字母品第一四	二三册一二二頁上—下欄	一四册四九九頁中—下欄	寫本	該兩片可以拚接，見拚合圖五。
三九	80TBI:334	唐	二五行	42.3×19.8	文殊師利問經（卷上）字母品第一四	二三册一二二頁下—一二三頁上欄	一四册四九九頁下—五〇〇頁上欄	寫本	

（二）般若部（四〇—八七）

序號	出土編號	時代	殘片行數	尺寸（長×高）厘米	名稱	《中華大藏經》	《大正新修大藏經》	版本	備注
四〇	80TBI:493b–3	宋	三行	6.8×12.3	大般若波羅蜜多經（卷四五）初分譬喻品第一一之四	一册四四六頁中欄	五册二五二頁上欄	寫本	80TBI:493共有三片，80TBI:493a–1～3和80TBI:493b–1已定名，參見列表序號三一三、三一九、三六〇；80TBI:493b–2未定名，參見未定名列表序號二一八。
四一	80TBI:160	唐	七行	10.0×17.1	大般若波羅蜜多經（卷五五）初分辯大乘品第一五之五	一册五五二頁中—下欄	五册三一四頁上欄	寫本	
四二	80TBI:174	唐	五行	8.7×8.7	大般若波羅蜜多經（卷一〇七）初分校量功德品第三〇之五	二册六一頁下欄	五册五九三頁上欄	寫本	
四三	80TBI:665a	唐	六行	11.3×7.1	大般若波羅蜜多經（卷一〇八）初分校量功德品第三〇之六	二册六八頁上欄	五册五九六頁下欄	寫本	本片背面即80TBI:665b爲回鶻文寫本。
四四	80TBI:653a	唐	七行	14.5×13.8	大般若波羅蜜多經（卷一〇八）初分校量功德品第三〇之六	二册六八頁中欄	五册五九六頁下欄	寫本	本片背面即80TBI:653b爲回鶻文寫本。
四五	80TBI:289a	唐	二行	3.9×7.0	大般若波羅蜜多經（卷一二一）初分校量功德品第三〇之一九	二册一八一頁中欄	五册六六一頁中欄	寫本	本片背面即80TBI:289b未定名，參見未定名列表序號三二。
四六	67TB:1–3	唐	四行	6.9×12.9	大般若波羅蜜多經（卷一四〇）初分校量功德品第三〇之三八	二册三五二頁下欄	五册七五八頁中欄	寫本	
四七	80TBI:689a	唐	三行	5.0×5.1	大般若波羅蜜多經（卷一六二）初分校量功德品第三〇之六〇	二册五五一頁下欄	五册八七三頁上欄	寫本	本片背面即80TBI:689b爲回鶻文寫本。

序號	出土編號	時代	殘片行數	尺寸(長×高)厘米	名稱	《中華大藏經》	《大正新修大藏經》	版本	備注
四八	80TBI:274	唐	三行	6.3×3.8	大般若波羅蜜多經（卷一七一）初分隨喜迴向品第三一之四	二册六四〇頁中欄	五册九二二頁下欄	寫本	
四九	80TBI:013	唐	九行 七行	11.3×13.0 15.4×14.0	大般若波羅蜜多經（卷二二八）初分隨信品第三四之四七	三册二四二頁中欄	六册一四四頁下欄	寫本	本件二片可拚接，見拚合圖六。
五〇	80TBI:294	唐	六行	11.5×11.8	大般若波羅蜜多經（卷二六九）初分難信解品第三四之八八	三册六〇六頁下欄	六册三六一頁下欄	寫本	
五一	80TBI:766a	唐	三行	5.2×4.6	大般若波羅蜜多經（卷三五五）初分多問不二品第六一之五	四册五一四頁中—下欄	六册八二八頁中欄	寫本	本片背面即80TBI:766b爲婆羅迷文寫本。
五二	80TBI:699a	唐	四行	6.8×7.7	大般若波羅蜜多經（卷四三〇）第二分設利羅品第三五	五册二八四頁上—中欄	七册一六二頁中欄	寫本	本片背面即80TBI:699b爲回鶻文寫本。
五三	81TB10:06–2	唐	五行	8.2×9.6	大般若波羅蜜多經（卷四三八）第二分東北方品第四三之一	五册三六三頁上欄	七册二〇八頁上欄	寫本	
五四	81TB10:11a	唐	四行	9.1×14.5	大般若波羅蜜多經（卷四五三）第二分增上慢品第六〇之二	五册四九五頁中欄	七册二八五頁中欄	印本	本片背面即81TB10:11b爲回鶻文寫本。
五五	81TB10:13a	唐	四行	8.9×14.1	大般若波羅蜜多經（卷四五三）第二分增上慢品第六〇之二	五册四九八頁中欄	七册二八七頁中欄	印本	本片爲金藏大寶集寺刻本。其背面即81TB10:13b爲回鶻文寫本。
五六	81TB10:01	唐	七行	10.0×31.0	大般若波羅蜜多經（卷四五三）第二分增上慢品第六〇之二	五册四九九頁中—下欄	七册二八八頁上—中欄	寫本	

序號	出土編號	時代	殘片行數	尺寸(長×高)厘米	名稱	《中華大藏經》	《大正新修大藏經》	版本	備注
五七	81TB10:12a	宋	七行	13.1×13.0	大般若波羅蜜多經（卷四五三）第二分增上慢品第六〇之二	五册四九九頁下欄	七册二八八頁中欄	印本	本片背面即81TB10:12b爲回鶻文寫本。
五八	81SAT:3–1	唐	二三行	40.0×26.5	大般若波羅蜜多經（卷四六八）第二分無雜品第七五之二	五册六三八頁下—六三九頁上欄	七册三六六頁下—三六七頁上欄	寫本	81SAT:3出自鄯善縣吐峪溝，共四片，其中81SAT:3–2～4未定名，參見未定名列表序號一四三。
五九	80TBI:491a	宋	六行	11.7×28.2	大般若波羅蜜多經（卷五二〇）第三分巧便品第二三之四	六册一九五頁中欄	七册六五九頁中欄	印本	本片爲金藏大寶集寺刻本。其背面寫本即80TBI:491b有回鶻文手書題記。
六〇	80TBI:764a–1	唐	四行	6.9×7.5	大般若波羅蜜多經（卷五三六）第三分宜化品第三一之一	六册三五八頁下欄	七册七五五頁上欄	寫本	該三片可以拚接，見拚合圖七，其背面爲婆羅迷文寫本。
六一	80TBI:764a–2	唐	四行	6.5×10.5	大般若波羅蜜多經（卷五三六）第三分宜化品第三一之一	六册三五八頁下欄	七册七五五頁上欄	寫本	
六二	80TBI:772a	唐	一四行	23.7×13.5	大般若波羅蜜多經（卷五三六）第三分宜化品第三一之一	六册三五八頁下—三五九頁上欄	七册七五五頁上—中欄	寫本	
六三	80TBI:675a	唐	四行	10.6×17.1	大般若波羅蜜多經（卷五四一）第四分福門品第五之一	六册四〇七頁下—四〇八頁上欄	七册七八四頁中欄	寫本	本片背面即80TBI:675b爲回鶻文寫本。
六四	80TBI:080b	宋	五行	7.8×13.2	大般若波羅蜜多經（卷五四八）第四分天讚品第一五	六册四六九頁下欄	七册八二一頁上欄	寫本	本片另面即80TBI:080a未定名，參見未定名列表序號七八。

序號	出土編號	時代	殘片行數	尺寸(長×高)厘米	名稱	《中華大藏經》	《大正新修大藏經》	版本	備注
六五	80TBI:444a	唐	七行	11.8×12.4	大般若波羅蜜多經（卷五四九）第四分空相品第一八之一	六册四八四頁上欄	七册八二九頁中欄	寫本	該四片可以拼接，見拼合圖八，其背面爲回鶻文寫本。
六六	80TBI:122a	唐	四行	6.4×8.5	大般若波羅蜜多經（卷五四九）第四分空相品第一八之一	六册四八四頁上—中欄	七册八二九頁中—下欄	寫本	
六七	80TBI:654a	唐	九行	15.5×10.2	大般若波羅蜜多經（卷五四九）第四分空相品第一八之一	六册四八四頁中欄	七册八二九頁下欄	寫本	
六八	80TBI:645a	唐	四行	7.7×12.2	大般若波羅蜜多經（卷五四九）第四分空相品第一八之一	六册四八四頁中欄	七册八二九頁下欄	寫本	
六九	81TB10:14a	宋	四行	7.1×6.4	大般若波羅蜜多經（卷五五七）第五分神咒品第四	六册五六七頁下欄	七册八七七頁上欄	印本	本片背面即81TB10:14b爲回鶻文寫本。
七〇	81TB10:06–1a	唐	一一行	17.0×12.7	大般若波羅蜜多經（卷五六〇）第五分魔事品第一一	六册五九三頁上欄	七册八九〇頁下欄	寫本	本片背面即81TB10:06–1b爲回鶻文寫本。
七一	80TBI:758a	宋	四行	11.6×2.4	大般若波羅蜜多經（卷五七一）第六分證勸品第一〇	六册七〇〇頁下欄	七册九五一頁上欄	印本	本片爲金藏大寶集寺刻本。其背面即80TBI:758b爲回鶻文寫本。
七二	80TBI:671a	唐	四行	8.0×11.2	放光般若經（卷一八）摩訶般若波羅蜜超越法相品第七九	七册二四七頁下—二四八頁上欄	八册一二九頁中—下欄	寫本	本片背面即80TBI:671b爲回鶻文寫本。
七三	80TBI:721a–1	高昌	五行	11.5×10.2	光讚經（卷一）摩訶般若波羅蜜光讚品第一	七册七〇二頁下欄	八册一四八頁中欄	寫本	本件共二片，其背面即80TBI:721b爲回鶻文寫本；80TBI:721a–2未定名，見未定名列表序號二二九。

序號	出土編號	時代	殘片行數	尺寸(長×高)厘米	名稱	《中華大藏經》	《大正新修大藏經》	版本	備注
七四	80TBI:043	唐	四行	6.0×11.7	摩訶般若波羅蜜經（卷一八）河天品第五九	七册五五三頁上欄	八册三五〇頁上欄	寫本	
七五	80TBI:487	高昌—唐	二〇行	35.8×24.9	摩訶般若波羅蜜經（卷一九）度空品第六五	七册五七三頁上—中欄	八册三六一頁上—中欄	寫本	
七六	80TBI:674a	唐	六行	9.9×8.3	道行般若經（卷二）摩訶般若波羅蜜功德品第三	七册九〇八頁上欄	八册四三六頁上欄	寫本	本片背面即80TBI:674b爲回鶻文寫本。
七七	80TBI:710a	唐	二行	5.0×6.5	道行般若經（卷八）摩訶般若波羅蜜道行經守行品第二三	七册九七三頁中欄	八册四六五頁下欄	寫本	該兩片可以拚接，見拚合圖九。其背面爲回鶻文寫本。
七八	80TBI:690a	唐	五行	9.2×7.2	道行般若經（卷八）摩訶般若波羅蜜道行徑守行品第二三	七册九七三頁中欄	八册四六五頁下欄	寫本	
七九	80TBI:779	十六國	四行	4.0×5.7	道行般若經（卷一〇）摩訶般若波羅蜜曇無竭菩薩品第二九	七册九九七頁下欄	八册四七六頁中欄	寫本	本件爲絹質寫本。
八〇	80TBI:227	高昌—唐	二行	3.9×9.3	小品般若波羅蜜經（卷二）塔品第三	八册一一頁下欄	八册五四二頁中—下欄	寫本	
八一	80TBI:164	高昌	八行	13.5×8.1	小品般若波羅蜜經（卷六）阿惟越致相品第一六	八册五七頁上—中欄	八册五六五頁中欄	寫本	
八二	80TBI:330–1	唐	二行	3.5×9.8	金剛般若波羅蜜經	八册三〇〇頁中欄	八册七五〇頁上欄	寫本	本件共二片，其中80TBI:330–2未定名，見未定名列表序號二三〇。

序號	出土編號	時代	殘片行數	尺寸(長×高)厘米	名稱	《中華大藏經》	《大正新修大藏經》	版本	備注
八三	80TBI:055a	唐	五行	9.5×14.0	金剛般若波羅蜜經	八册三〇〇頁下欄	八册七五〇頁中欄	寫本	本片背面即80TBI:055b爲金剛般若波羅蜜經，參見列表序號八四。
八四	80TBI:055b	唐	六行	9.5×14.0	金剛般若波羅蜜經	八册三〇〇頁下欄	八册七五〇頁中欄	寫本	本片另面80TBI:055a爲金剛般若波羅蜜經。參見列表序號八三。
八五	80TBI:644a	唐	一九行	37.0×13.0	金剛般若波羅蜜經	八册三〇二頁中—下欄	八册七五一頁中—下欄	寫本	本片背面即80TBI:644b爲回鶻文寫本。
八六	80TBI:044a	唐	五行	10.3×12.9	金剛般若波羅蜜經	八册三〇七頁下欄	八册七五三頁下欄	寫本	本片背面即80TBI:044b爲漢文殘片，因該片僅殘存漢字，無法確認，故未收録。
八七	80TBI:091	高昌—唐	七行	12.5×11.1	佛説仁王般若波羅蜜經（卷下）護國經受持品第七	八册三六九頁上—中欄	八册八三一頁上—中欄	寫本	

序號	出土編號	時代	殘片行數	尺寸（長×高）厘米	名稱	《中華大藏經》	《大正新修大藏經》	版本	備注
八八	80TBI:773a	高昌	六行	13.2×15.3	大方廣佛華嚴經（卷七）菩薩雲集妙勝殿上説偈品第一〇	一二册七四頁下欄—七五頁上欄	九册四四三頁中—下欄	寫本	本片背面即80TBI:773b爲回鶻文寫本。
八九	80TBI:660a	唐	九行	15.5×18.5	大方廣佛華嚴經（卷一一）功德華聚菩薩十行品第一七之一	一二册一一七頁下欄—一一八頁上欄	九册四七二頁上欄	寫本	本片背面即80TBI:660b爲回鶻文寫本。
九〇	80TBI:339	高昌	二九行	44.6×26.1	大方廣佛華嚴經（卷一七）金剛幢菩薩十回向品第二二之四	一二册一八〇頁中—下欄	九册五一〇頁中—下欄	寫本	
九一	80TBI:202a	唐	三行	5.6×10.0	大方廣佛華嚴經（卷三五）寶王如來性起品第三二之三	一二册三六五頁下欄—三六六頁上欄	九册六二六頁上欄	寫本	本片背面即80TBI:202b爲回鶻文寫本。
九二	81TB10:10a	宋	九行 九行	16.0×12.2 15.7×12.1	大方廣佛華嚴經（卷一七）初發心功德品第一七	一二册七七一頁上欄	一〇册九〇頁上—中欄	印本	本片背面即81TB10:10b爲回鶻文寫本。
九三	80TBI:177	十六國	六行	10.0×11.0	佛説菩薩本業經（卷一）	一三册六六八頁中—下欄	一〇册四四七頁下欄	寫本	
九四	80TBI:004	唐	八行	17.6×26.4	信力入印法門經（卷四）	一三册四九三頁下—四九四頁上欄	一〇册九五二頁下—九五三頁上欄	寫本	
九五	80TBI:135	十六國	六行	8.1×13.4	十住經（卷二）焰地第四	一三册七〇二頁下欄	一〇册五一〇頁中欄	寫本	

序號	出土編號	時代	殘片行數	尺寸(長×高)厘米	名稱	《中華大藏經》	《大正新修大藏經》	版本	備注
九六	80TBI:125	高昌—唐	四行	11.4×5.5	悲華經（卷四）諸菩薩本授記品第四之二	一六册一六五頁下欄	三册一九三頁上—中欄	寫本	
九七	80TBI:168	高昌	六行	10.9×6.4	佛説觀無量壽佛經	一八册六六五頁中欄	一二册三四三頁中欄	寫本	該兩片可以拚接，見拚合圖一〇。
九八	80TBI:292	高昌	三行	6.0×5.8	佛説觀無量壽佛經	一八册六六五頁中欄	一二册三四三頁中欄	寫本	
九九	80TBI:218	高昌	四行	8.1×7.9	佛説觀無量壽佛經	一八册六六五頁下欄	一二册三四三頁下欄	寫本	
一〇〇	80TBI:173	高昌	三行	6.5×7.1	佛説觀無量壽佛經	一八册六六六頁上—中欄	一二册三四四頁上欄	寫本	
一〇一	80TBI:056	高昌	一〇行	19.6×15.9	佛説觀無量壽佛經	一八册六六六頁中—下欄	一二册三四四頁上—中欄	寫本	
一〇二	80TBI:715a	唐	一一行	20.4×11.4	佛説觀彌勒菩薩上生兜率天經	一八册七〇六頁下欄	一四册四一八頁下欄	寫本	該兩件可以拚接，見拚合圖一一。其背面爲回鶻文寫本。
一〇三	80TBI:657a	唐	八行	13.8×17.8	佛説觀彌勒菩薩上生兜率天經	一八册七〇六頁下欄	一四册四一八頁下—四一九上欄	寫本	

序號	出土編號	時代	殘片行數	尺寸(長×高)厘米	名稱	《中華大藏經》	《大正新修大藏經》	版本	備注
一〇四	80TBI:246	唐	一行	2.9×8.5	佛說觀彌勒菩薩上生兜率天經	一八册七〇八頁下—七〇九上欄	一四册四二〇頁中欄	寫本	該四片可以拼接，見拼合圖一二。
			二行	4.0×7.5					
一〇五	80TBI:249	唐	四行	6.5×11.3	佛說觀彌勒菩薩上生兜率天經	一八册七〇九頁上欄	一四册四二〇頁中欄	寫本	
一〇六	80TBI:276	唐	四行	7.0×4.7	佛說觀彌勒菩薩上生兜率天經	一八册七〇八頁下—七〇九頁上欄	一四册四二〇頁中欄	寫本	
一〇七	80TBI:404	唐	四行	6.5×3.2	佛說觀彌勒菩薩上生兜率天經	一八册七〇九頁上欄	一四册四二〇頁中欄	寫本	
一〇八	80TBI:129	唐	三行	6.2×7.8	佛說佛名經（卷三）	二一册八三四頁上欄	一四册一二九頁上欄	寫本	
一〇九	80TBI:157	高昌—唐	三行	5.7×6.4	佛說佛名經（卷三）	二一册八三八頁下欄	一四册一三一頁下欄	寫本	
一一〇	80TBI:670a	唐	四行	10.2×11.2	佛說佛名經（卷六）	二一册八七五頁中欄	一四册一四七頁上欄	寫本	本片背面即80TBI:670b爲回鶻文寫本。
一一一	81SAT:5	唐	五行	13×3.6	佛說佛名經（卷六）	二一册八七二頁下欄	一四册一四五頁下欄	寫本	
一一二	80TBI:748a	唐	五行	14.7×14.1	佛說佛名經（卷四）	六九册二六一頁下欄	一四册二〇二頁中欄	寫本	第四至五行間有回鶻文批記。其背面即80TBI:748b爲回鶻文寫本。

序號	出土編號	時代	殘片行數	尺寸(長×高)厘米	名稱	《中華大藏經》	《大正新修大藏經》	版本	備注
一一三	80TBI:190	唐	二行	5.8×6.8	佛說佛名經（卷一九）	六九冊三五一頁上欄	一四冊二六一頁中欄	寫本	
			二行	6.0×7.4					
一一四	80TBI:031	高昌	六行	12.6×12.4	未來星宿劫千佛名經	二二冊五五頁上欄	一四冊三九三頁中欄	寫本	
一一五	80TBI:029b	高昌	四行	7.1×7.3	未來星宿劫千佛名經	二二冊六〇頁上欄	一四冊三九四頁中欄	寫本	本件另面即80TBI:029a爲「修行道地經（卷六）學地品第二五」，參見列表序號四二一。

（四）涅槃部（一一六—一二三）

序號	出土編號	時代	殘片行數	尺寸（長×高）厘米	名稱	《中華大藏經》	《大正新修大藏經》	版本	備注
一一六	80TBI:155	高昌—唐	一二行	20.2×26.5	大般涅槃經（卷二）壽命品第一之二	一四册一七頁上欄	一二册三七四頁下—三七五頁上欄	寫本	
一一七	80TBI:251	十六國	三行	5.2×10.6	大般涅槃經（卷二）壽命品第一之二	一四册二〇頁上—中欄	一二册三七七頁上欄	寫本	該兩片可以拼接，見拼合圖一三。80TBI:245原已分裂成二殘片，但仍屬一件。
一一八	80TBI:245	十六國	四行	2.8×4.6 5.4×6.2	大般涅槃經（卷二）壽命品第一之二	一四册二〇頁中欄	一二册三七七頁上欄	寫本	
一一九	80TBI:140	高昌—唐	三行	5.5×5.4	大般涅槃經（卷二）壽命品第一之二	一四册二一頁上欄	一二册三七七頁下欄	寫本	
一二〇	80TBI:214	唐	五行	9.8×10.0	大般涅槃經（卷三）壽命品第一之三	一四册二六頁上—中欄	一二册三八〇頁上欄	寫本	
一二一	80TBI:755	唐	五行	9.7×10.0	大般涅槃經（卷三）壽命品第一之三	一四册二八頁上欄	一二册三八一頁中欄	寫本	第一至二行上部有回鶻文批記。
一二二	80TBI:248	高昌—唐	三行	5.9×6.5	大般涅槃經（卷三）壽命品第一之三	一四册二九頁中欄	一二册三八二頁上—中欄	寫本	
一二三	80TBI:229	唐	六行	11.1×4.0	大般涅槃經（卷三）壽命品第一之三	一四册二九頁中—下欄	一二册三八二頁中欄	寫本	

序號	出土編號	時代	殘片行數	尺寸（長×高）厘米	名稱	《中華大藏經》	《大正新修大藏經》	版本	備注
一二四	80TBI:365	十六國	四行	7.6×5.0	大般涅槃經（卷三）名字功德品第三	一四册三三頁下欄	一二册三八五頁上欄	寫本	
一二五	80TBI:159	唐	一四行	26.7×11.9	大般涅槃經（卷三）名字功德品第三—（卷四）如來性品第四之一	一四册三三頁下—三六頁上欄	一二册三八五頁上—中欄	寫本	
一二六	80TBI:299	十六國	六行	10.5×8.3	大般涅槃經（卷四）如來性品第四之一	一四册三七頁中欄	一二册三八六頁上—中欄	寫本	
一二七	80TBI:006	高昌	一五行	24.7×27.4	大般涅槃經（卷七）如來性品第四之四	一四册七一頁中—下欄	一二册四〇六頁中—下欄	寫本	
一二八	80TBI:127	高昌	一〇行	17.9×21.3	大般涅槃經（卷八）如來性品第四之五	一四册八四頁中—下欄	一二册四一四頁中欄	寫本	該兩片可以拚接，見拚合圖一四。
一二九	80TBI:445	高昌	三行	7.2×10.0	大般涅槃經（卷八）如來性品第四之五	一四册八四頁中欄	一二册四一四頁中欄	寫本	
一三〇	80TBI:142	唐	二行	3.9×9.2	大般涅槃經（卷九）如來性品第四之六	一四册九六頁下欄	一二册四二〇頁下欄	寫本	
一三一	80TBI:124	十六國	四行	7.1×8.4	大般涅槃經（卷九）如來性品第四之六	一四册九八頁下—九九頁上欄	一二册四二二頁上欄	寫本	該兩片可以拚接，見拚合圖一五。
一三二	80TBI:341	十六國	二行	4.5×5.2	大般涅槃經（卷九）如來性品第四之六	一四册九九頁上欄	一二册四二二頁上欄	寫本	
一三三	80TBI:380	高昌	三行	5.9×6.0	大般涅槃經（卷九）如來性品第四之六	一四册九九頁上欄	一二册四二二頁上—中欄	寫本	

序號	出土編號	時代	殘片行數	尺寸(長×高)厘米	名稱	《中華大藏經》	《大正新修大藏經》	版本	備注
一三四	80TBI:008	高昌	一三行	24.0×12.5	大般涅槃經（卷一四）聖行品第七之四	一四册一四八頁下欄	一二册四四七頁上—中欄	寫本	該兩片可以拚接，見拚合圖一六。
一三五	80TBI:232	高昌	六行	11.1×6.7	大般涅槃經（卷一四）聖行品第七之四	一四册一四九頁上欄	一二册四四七頁中欄	寫本	
一三六	80TBI:199	高昌—唐	九行	18.1×9.2	大般涅槃經（卷一六）梵行品第八之二	一四册一七〇頁下—一七一頁上欄	一二册四五七頁中欄	寫本	
一三七	80TBI:230	高昌—唐	二行	4.9×6.9	大般涅槃經（卷一六）梵行品第八之二	一四册一七一頁上欄	一二册四五七頁下欄	寫本	
一三八	80TBI:025	高昌—唐	四行	7.6×10.5	大般涅槃經（卷一六）梵行品第八之二	一四册一七一頁上—中欄	一二册四五七頁下欄	寫本	
一三九	80TBI:033	高昌	四行	9.0×12.5	大般涅槃經（卷一六）梵行品第八之二	一四册一七一頁中欄	一二册四五七頁下欄	寫本	
一四〇	80TBI:252	高昌—唐	五行	9.4×5.7	大般涅槃經（卷一七）梵行品第八之三	一四册一八四頁下欄	一二册四六五頁上欄	寫本	
一四一	80TBI:306a	唐	三行	6.2×8.0	大般涅槃經（卷一七）梵行品第八之三	一四册一八四頁下欄	一二册四六五頁上欄	寫本	本片背面即80TBI:306b爲回鶻文寫本。
一四二	80TBI:196	高昌	三行	6.6×5.4	大般涅槃經（卷一七）梵行品第八之三	一四册一八四頁下欄	一二册四六五頁上欄	寫本	該兩片可以拚接，見拚合圖一七。
一四三	80TBI:273	高昌	三行	6.9×6.4	大般涅槃經（卷一七）梵行品第八之三	一四册一八四頁下欄	一二册四六五頁上欄	寫本	

序號	出土編號	時代	殘片行數	尺寸(長×高)厘米	名稱	《中華大藏經》	《大正新修大藏經》	版本	備注
一四四	80TBI:010	高昌	一五行	27.5×10.7	大般涅槃經（卷一九）梵行品第八之五	一四册二〇五頁上—中欄	一二册四七五頁中—下欄	寫本	
一四五	80TBI:398	高昌—唐	二行	4.5×4.7	大般涅槃經（卷一九）梵行品第八之五	一四册二一二頁中欄	一二册四八〇頁中欄	寫本	
一四六	80TBI:165	唐	四行	7.9×11.7	大般涅槃經（卷二一）光明遍照高貴德王菩薩品第一〇之一	一四册二二八頁下欄	一二册四八八頁中欄	寫本	
一四七	80TBI:371	高昌	四行	6.5×5.5	大般涅槃經（卷二一）光明遍照高貴德王菩薩品第一〇之一	一四册二三五頁上欄	一二册四九三頁上欄	寫本	
一四八	80TBI:075	高昌	五行	9.0×11.6	大般涅槃經（卷二二）光明遍照高貴德王菩薩品第一〇之二	一四册二三九頁下欄	一二册四九四頁上—中欄	寫本	
一四九	80TBI:153	唐	七行	13.6×13.7	大般涅槃經（卷二二）光明遍照高貴德王菩薩品第一〇之二	一四册二四〇頁中欄	一二册四九四頁下欄	寫本	
一五〇	80TBI:677a	唐	一〇行	19.7×16.1	大般涅槃經（卷二二）光明遍照高貴德王菩薩品第一〇之二	一四册二四二頁上—中欄	一二册四九五頁下—四九六頁上欄	寫本	該三片可以拼接，見拼合圖一八。其背面爲回鶻文寫本。
一五一	80TBI:655a	唐	八行	14.5×18.7	大般涅槃經（卷二二）光明遍照高貴德王菩薩品第一〇之二	一四册二四二頁中欄	一二册四九六頁上欄	寫本	
一五二	80TBI:746a	唐	五行	9.5×6.1	大般涅槃經（卷二二）光明遍照高貴德王菩薩品第一〇之二	一四册二四二頁中欄	一二册四九六頁上欄	寫本	

序號	出土編號	時代	殘片行數	尺寸（長×高）厘米	名稱	《中華大藏經》	《大正新修大藏經》	版本	備注
一五三	80TBI:081	唐	八行	13.8×13.2	大般涅槃經（卷二三）光明遍照高貴德王菩薩品第一〇之三	一四册二五五頁中欄	一二册五〇三頁上欄	寫本	該三片可以拼接，見拼合圖一九。
一五四	80TBI:332	唐	三行	7.6×8.2	大般涅槃經（卷二三）光明遍照高貴德王菩薩品第一〇之三	一四册二五五頁中欄	一二册五〇三頁上欄	寫本	
一五五	80TBI:269	唐	三行	5.4×6.5	大般涅槃經（卷二三）光明遍照高貴德王菩薩品第一〇之三	一四册二五五頁中欄	一二册五〇三頁上欄	寫本	
一五六	80TBI:776	高昌	四行	6.2×5.9	大般涅槃經（卷三一）師子吼菩薩品第一一之五	一四册三四六頁上欄	一二册五四九頁上欄	寫本	
一五七	80TBI:362	唐	二行	2.9×5.0	大般涅槃經（卷三一）師子吼菩薩品第一一之五	一四册三五二頁中欄	一二册五三三頁上欄	寫本	
一五八	80TBI:449	高昌—唐	二行	3.1×7.8	大般涅槃經（卷三二）師子吼菩薩品第一一之六	一四册三六一頁下欄	一二册五五六頁下欄	寫本	該兩片可以拼接，見拼合圖二〇。
一五九	80TBI:161	高昌—唐	七行	12.1×18.4	大般涅槃經（卷三二）師子吼菩薩品第一一之六	一四册三六一頁下欄	一二册五五六頁下—五五七上欄	寫本	
一六〇	80TBI:338	高昌	二四行	42.0×12.9	大般涅槃經（卷三二）師子吼菩薩品第一一之六	一四册三六三頁上—中欄	一二册五五七頁下—五五八頁上欄	寫本	
一六一	80TBI:200	唐	六行	10.5×8.8	大般涅槃經（卷三七）迦葉菩薩品第一二之五	一四册四一五頁上欄	一二册五八四頁上欄	寫本	本片一、二行間有習字。
一六二	80TBI:742a–6	唐	三行	4.5×6.3	大般涅槃經（卷三七）迦葉菩薩品第一二之五	一四册四一五頁上欄	一二册五八四頁上欄	寫本	80TBI:742共六片，其中，80TBI:742a–1～5未定名，見未定名列表序號一三一。本片背面即80TBI:742b爲回鶻文寫本。

序號	出土編號	時代	殘片行數	尺寸(長×高)厘米	名稱	《中華大藏經》	《大正新修大藏經》	版本	備注
一六三	80TBI:738a–6	高昌—唐	三行	5.0×4.2	大般涅槃經（卷三七）迦葉菩薩品第一二之五	一四册四一五頁上欄	一二册五八四頁上欄	寫本	80TBI:738共有九片，其背面即80TBI:738b爲回鶻文寫本。80TBI:738a–2、3已定名，參見列表序號二九七、二二三。80TBI:738a–1、4、5、7～9未定名，見未定名列表序號二三二一。
一六四	80TBI:453–8	高昌—唐	一行	1.1×11.1	大般涅槃經（卷三七）迦葉菩薩品第一二之五	一四册四一六頁上欄	一二册五八四頁中欄	寫本	80TBI:453共十片，80TBI:453–1～7、9、10未定名，見未定名列表序號二五一。
一六五	80TBI:185a	高昌	六行	10.7×10.9	大般涅槃經（卷三七）迦葉菩薩品第一二之五	一四册四一七頁上欄	一二册五八五頁上—中欄	寫本	本件背面即80TBI:185b未定名，見未定名序號二一一。
一六六	80TBI:708a	唐	三行	5.3×8.9	大般涅槃經（卷四〇）憍陳如品第一三之二	一四册四四五頁下欄	一二册六〇〇頁上欄	寫本	本片背面即80TBI:708b爲回鶻文寫本。
一六七	80TBI:649a	唐	三行	5.7×8.5	大般涅槃經（卷四〇）憍陳如品第一三之二	一四册四四七頁下—四四八頁上欄	一二册六〇一頁中欄	寫本	本片背面即80TBI:649b爲回鶻文寫本。
一六八	80TBI:181	唐	七行	13.5×8.8	大般涅槃經（卷一）序品第一	一四册四五九頁上欄	一二册六〇八頁中欄	寫本	
一六九	80TBI:228	高昌	三行	5.3×7.3	大般涅槃經（卷一三）聖行品之下	一四册六一八頁下欄	一二册六八九頁上欄	寫本	
一七〇	80TBI:101	唐	七行	11.5×18.3	大般涅槃經（卷三〇）師子吼菩薩品之六	一四册八四一頁中欄	一二册八〇二頁下—八〇三頁上欄	寫本	

序號	出土編號	時代	殘片行數	尺寸(長×高)厘米	名稱	《中華大藏經》	《大正新修大藏經》	版本	備注
一七一	80TBI:134	高昌—唐	五行	7.7×8.4	妙法蓮華經（卷一）序品第一	一五册五〇九頁上欄	九册二頁中欄	寫本	
一七二	80TBI:409	高昌—唐	二行	2.8×4.4	妙法蓮華經（卷一）序品第一	一五册五一〇頁上欄	九册三頁上欄	寫本	
一七三	80TBI:498–18	宋	二行	5.6×7.6	妙法蓮華經（卷一）序品第一	一五册五一一頁上欄	九册三頁下欄	印本	80TBI:498共十八片，其中80TBI:498–3、4、10～12已定名，參見列表序號三一六、三三九、二二八、二七九、三二四。80TBI:498–1、2、5～9、13～17未定名，參見未定名列表序號一三三。
一七四	80TBI:184	唐	四行	9.7×8.5	妙法蓮華經（卷一）序品第一	一五册五一二頁下欄	九册五頁中欄	寫本	
一七五	80TBI:114	十六國	三行	6.3×4.4	妙法蓮華經（卷一）方便品第二	一五册五一三頁下欄	九册六頁中欄	寫本	
一七六	80TBI:336	唐	四行	11.7×7.4	妙法蓮華經（卷一）方便品第二	一五册五一四頁上欄	九册六頁下欄	寫本	
一七七	80TBI:516	宋	五行	11.0×8.2	妙法蓮華經（卷一）方便品第二	一五册五一五頁中欄	九册七頁下欄	印本	
一七八	80TBI:242	唐	四行	7.9×7.5	妙法蓮華經（卷一）方便品第二	一五册五一五頁中—下欄	九册七頁下—八頁上欄	寫本	

序號	出土編號	時代	殘片行數	尺寸（長×高）厘米	名稱	《中華大藏經》	《大正新修大藏經》	版本	備注
一七九	80TBI:265	唐	四行	8.7×7.0	妙法蓮華經（卷一）方便品第二	一五冊五一六頁上欄	九冊八頁中欄	寫本	
一八〇	80TBI:189	高昌—唐	六行	10.7×14.5	妙法蓮華經（卷一）方便品第二	一五冊五一六頁中欄	九冊九頁上欄	寫本	
一八一	80TBI:217	唐	五行	8.5×5.3	妙法蓮華經（卷二）譬喻品第三	一五冊五一九頁中欄	九冊一〇頁下欄	寫本	
一八二	80TBI:110	高昌—唐	三行	6.6×7.4	妙法蓮華經（卷二）譬喻品第三	一五冊五二〇頁下—五二一頁上欄	九冊一二頁上欄	寫本	
一八三	80TBI:158	高昌—唐	三行	5.7×12.0	妙法蓮華經（卷二）譬喻品第三	一五冊五二一頁上欄	九冊一二頁上欄	寫本	
一八四	80TBI:325	高昌—唐	二行	3.8×6.4	妙法蓮華經（卷二）譬喻品第三	一五冊五二一頁上欄	九冊一二頁上欄	寫本	
一八五	80TBI:162	唐	六行	12.6×12.6	妙法蓮華經（卷二）譬喻品第三	一五冊五二一頁中欄	九冊一二頁中欄	寫本	
一八六	80TBI:297	唐	二行	4.4×5.1	妙法蓮華經（卷二）譬喻品第三	一五冊五二一頁中—下欄	九冊一二頁中欄	寫本	該兩片可以拚接，見拚合圖一一。
一八七	80TBI:316	唐	一三行	22.2×14.6	妙法蓮華經（卷二）譬喻品第三	一五冊五二一頁中—下欄	九冊一二頁中—下欄	寫本	
一八八	80TBI:750a	唐	七行	11.8×13.1	妙法蓮華經（卷二）譬喻品第三	一五冊五二一頁下欄	九冊一二頁下欄	寫本	本片有回鶻文批記。其背面80TBI:750b爲回鶻文寫本。

序號	出土編號	時代	殘片行數	尺寸(長×高)厘米	名稱	《中華大藏經》	《大正新修大藏經》	版本	備注
一八九	80TBI:411	高昌	三行	4.2×4.0	妙法蓮華經（卷二）譬喻品第三	一五冊五二二頁下欄	九冊一三頁中欄	寫本	該四片可以拚接，見拚合圖二二。
一九〇	80TBI:103	高昌	八行	12.0×8.6	妙法蓮華經（卷二）譬喻品第三	一五冊五二二頁下欄—五二三頁上欄	九冊一三頁中欄	寫本	
一九一	80TBI:116	高昌	四行	5.6×5.7	妙法蓮華經（卷二）譬喻品第三	一五冊五二二頁下欄—五二三頁上欄	九冊一三頁中欄	寫本	
一九二	80TBI:373	高昌	三行	4.6×4.6	妙法蓮華經（卷二）譬喻品第三	一五冊五二三頁上欄	九冊一三頁中欄	寫本	
一九三	80TBI:175	唐	三行	5.8×5.8	妙法蓮華經（卷二）譬喻品第三	一五冊五二三頁上欄	九冊一三頁下欄	寫本	該四片與80TBI:052可以拚接，見拚合圖二三。
一九四	80TBI:481	唐	三行	4.3×8.9	妙法蓮華經（卷二）譬喻品第三	一五冊五二三頁上欄	九冊一三頁下欄	寫本	
一九五	80TBI:441	唐	三行	4.2×4.1	妙法蓮華經（卷二）譬喻品第三	一五冊五二三頁上欄	九冊一三頁下欄	寫本	
一九六	80TBI:471	唐	四行	6.5×5.0	妙法蓮華經（卷二）譬喻品第三	一五冊五二三頁上欄	九冊一三頁下欄	寫本	
一九七	80TBI:720a–1	十六國	五行	7.9×4.5	妙法蓮華經（卷二）譬喻品第三	一五冊五二三頁上欄	九冊一三頁中—下欄	寫本	本片背面即80TBI:720b爲回鶻文寫本。80TBI:720a–2未定名，見未定名列表序號二五〇。
一九八	80TBI:052	唐	九行	15.8×8.8	妙法蓮華經（卷二）譬喻品第三	一五冊五二三頁上—中欄	九冊一三頁下欄	寫本	本片可與80TBI:471、80TBI:441、80TBI:175、80TBI:481拚接，見拚合圖二三。

序號	出土編號	時代	殘片行數	尺寸（長×高）厘米	名稱	《中華大藏經》	《大正新修大藏經》	版本	備注
一九九	80TBI:259	唐	五行	9.1×7.0	妙法蓮華經（卷二）譬喻品第三	一五册五二三頁下欄	九册一四頁上欄	寫本	
二〇〇	80TBI:641a	唐	一五行	25.4×24.8	妙法蓮華經（卷二）譬喻品第三	一五册五二四頁上—中欄	九册一四頁中欄	寫本	本片背面即80TBI:641b爲回鶻文寫本。
二〇一	80TBI:106	唐	三行	4.9×8.7	妙法蓮華經（卷二）譬喻品第三	一五册五二四頁中欄	九册一四頁下欄	寫本	該四片可以拚接，見拚合圖二四。
二〇二	80TBI:247	唐	五行	9.2×7.1	妙法蓮華經（卷二）譬喻品第三	一五册五二四頁中欄	九册一四頁下欄	寫本	
二〇三	80TBI:475	唐	三行	4.8×8.1	妙法蓮華經（卷二）譬喻品第三	一五册五二四頁中—下欄	九册一四頁下欄	寫本	
二〇四	80TBI:477	唐	三行	5.4×6.3	妙法蓮華經（卷二）譬喻品第三	一五册五二四頁下欄	九册一四頁下欄	寫本	
二〇五	80TBI:716a	唐	七行	11.9×16.8	妙法蓮華經（卷二）譬喻品第三	一五册五二五頁上欄	九册一五頁上欄	寫本	本片可與80TBI:652a拚接，見拚合圖二五。其背面即80TBI:716b爲回鶻文寫本。
二〇六	80TBI:717a	唐	五行	11.1×10.7	妙法蓮華經（卷二）譬喻品第三	一五册五二五頁上欄	九册一五頁上欄	寫本	本片背面即80TBI:717b爲回鶻文寫本。
二〇七	80TBI:163	高昌	八行	15.1×9.3	妙法蓮華經（卷二）譬喻品第三	一五册五二五頁上欄	九册一五頁上欄	寫本	
二〇八	80TBI:652a	唐	八行	14.4×14.5	妙法蓮華經（卷二）譬喻品第三	一五册五二五頁上—中欄	九册一五頁上—中欄	寫本	本片可與80TBI:716a拚接，見拚合圖二五。其背面即80TBI:652b爲回鶻文書寫。

序號	出土編號	時代	殘片行數	尺寸（長×高）厘米	名稱	《中華大藏經》	《大正新修大藏經》	版本	備注
二〇九	80TBI:040a	唐	七行	9.3×9.8	妙法蓮華經（卷二）譬喻品第三	一五册五二五頁上—中欄	九册一五頁上—中欄	寫本	
二一〇	80TBI:040b	唐	七行	9.8×9.3	妙法蓮華經（卷二）譬喻品第三	一五册五二五頁中欄	九册一五頁中欄	寫本	
二一一	80TBI:455-7	高昌—唐	二行	3.7×4.5	妙法蓮華經（卷二）譬喻品第三	一五册五二六頁中欄	九册一六頁上欄	寫本	80TBI:455共有十五片，其中80TBI:455-9、15已定名，見列表序號二九三、四三八。80TBI:455-1~6、8、10~14未定名，見未定名列表序號二三四。
二一二	80TBI:109	高昌	六行	9.9×11.0	妙法蓮華經（卷二）信解品第四	一五册五二八頁下—五二九頁上欄	九册一八頁上欄	寫本	
二一三	80TBI:182	高昌	六行	10.4×7.5	妙法蓮華經（卷三）藥草喻品第五	一五册五三四頁上欄	九册一九頁下欄	寫本	
二一四	80TBI:179	高昌	四行	6.8×7.5	妙法蓮華經（卷三）藥草喻品第五	一五册五三四頁上欄	九册一九頁下欄	寫本	本兩片可以拚接，見拚合圖一六。
二一五	80TBI:117	高昌	四行	7.2×10.1	妙法蓮華經（卷三）藥草喻品第五	一五册五三四頁上—中欄	九册一九頁下欄	寫本	
二一六	80TBI:728a	唐	五行	9.2×8.1	妙法蓮華經（卷三）藥草喻品第五	一五册五三四頁下欄	九册二〇頁上欄	寫本	本片背面即80TBI:728b爲回鶻文寫本。

序號	出土編號	時代	殘片行數	尺寸(長×高)厘米	名稱	《中華大藏經》	《大正新修大藏經》	版本	備注
二一七	80TBI:221	高昌	四行	6.6×6.3	妙法蓮華經（卷三）藥草喻品第五	一五册五三五頁上欄	九册二〇頁中欄	寫本	
二一八	80TBI:723a	高昌	五行	9.0×4.9	妙法蓮華經（卷三）授記品第六	一五册五三五頁中欄	九册二〇頁下欄	寫本	該五片可以拚接。見拚合圖二七，其背面爲回鶻文寫本。
二一九	80TBI:030	高昌	四行	10.0×7.3	妙法蓮華經（卷三）授記品第六	一五册五三五頁中—下欄	九册二〇頁下欄	寫本	
二二〇	80TBI:678a	高昌	一〇行	25.1×14.1	妙法蓮華經（卷三）授記品第六	一五册五三五頁中欄	九册二〇頁下欄	寫本	
二二一	80TBI:065a	高昌	二二行	36.7×13.2	妙法蓮華經（卷三）授記品第六	一五册五三五頁中—下欄	九册二〇頁下欄	寫本	
二二二	80TBI:180	高昌	三行	7.7×5.5	妙法蓮華經（卷三）授記品第六	一五册五三五頁下欄	九册二〇頁下欄	寫本	
二二三	80TBI:738a−3	高昌	二行	4.6×5.4	妙法蓮華經（卷三）授記品第六	一五册五三六頁上欄	九册二一頁中欄	寫本	該三片可以拚接，見拚合圖二八，其背面爲回鶻文寫本。80TBI:738共九片，其中80TBI:738a−2′6已定名，見列表序號二九七、一六三及備注，80TBI:738a−1′4′5′7~9未定名，見未定名列表序號二三二。
二二四	80TBI:765a	高昌	七行	12.6×8.9	妙法蓮華經（卷三）授記品第六	一五册五三六頁上—中欄	九册二一頁中欄	寫本	
二二五	80TBI:770a	高昌	一〇行	18.3×5.5	妙法蓮華經（卷三）授記品第六	一五册五三六頁上—中欄	九册二一頁中欄	寫本	
二二六	80TBI:167	高昌—唐	四行	8.5×7.8	妙法蓮華經（卷三）授記品第六	一五册五三六頁中—下欄	九册二一頁中—下欄	寫本	
二二七	80TBI:768a	唐	二行	4.0×6.8	妙法蓮華經（卷三）授記品第六	一五册五三七頁上欄	九册二二頁上欄	寫本	本片背面即80TBI:768b似爲回鶻文寫本。

序號	出土編號	時代	殘片行數	尺寸(長×高)厘米	名稱	《中華大藏經》	《大正新修大藏經》	版本	備注
二二八	80TBI:498–10	宋	五行	9.0×7.8	妙法蓮華經（卷三）化城喻品第七	一五册五三七頁中欄	九册二二頁上—中欄	印本	參見列表序號一七三備注。
二二九	80TBI:207	高昌—唐	六行	11.2×10.4	妙法蓮華經（卷三）化城喻品第七	一五册五四二頁上欄	九册二六頁上欄	寫本	
二三〇	80TBI:480	宋	三行	3.3×5.2	妙法蓮華經（卷三）化城喻品第七	一五册五四一頁上欄	九册二五頁中欄	印本	
二三一	80TBI:479	十六國	四行	7.0×5.2	妙法蓮華經（卷三）化城喻品第七	一五册五四一頁下欄	九册二五頁下欄	寫本	
二三二	80TBI:234	十六國	四行	8.1×7.2	妙法蓮華經（卷三）化城喻品第七	一五册五四一頁下欄	九册二五頁下欄	寫本	該兩片可以拼接，見拼合圖二九。
二三三	80TBI:387	十六國	三行	5.0×5.5	妙法蓮華經（卷三）化城喻品第七	一五册五四一頁下欄	九册二五頁下欄	寫本	
二三四	80TBI:356	高昌—唐	四行	7.0×9.1	妙法蓮華經（卷三）化城喻品第七	一五册五四二頁上—中欄	九册二六頁上欄	寫本	
二三五	80TBI:682a	唐	四行	6.7×9.0	妙法蓮華經（卷三）化城喻品第七	一五册五四二頁下—五四三頁上欄	九册二六頁下欄	寫本	本片背面即80TBI:682b爲回鶻文寫本。
二三六	80TBI:714a	唐	二行	2.9×5.7	妙法蓮華經（卷三）化城喻品第七	一五册五四三頁上欄	九册二六頁下欄	寫本	該兩片可以拼接，見拼合圖三〇。其背面爲回鶻文寫本。
二三七	80TBI:700a	唐	三行	6.2×10.3	妙法蓮華經（卷三）化城喻品第七	一五册五四三頁上欄	九册二六頁下—二七頁上欄	寫本	

序號	出土編號	時代	殘片行數	尺寸(長×高)厘米	名稱	《中華大藏經》	《大正新修大藏經》	版本	備注
二三八	80TBI:668a	唐	六行	11.6×22.0	妙法蓮華經（卷三）化城喻品第七	一五册五四三頁上欄	九册二七頁上欄	寫本	本片背面即80TBI:668b爲回鶻文寫本。
二三九	80TBI:684a	唐	四行	7.7×7.2	妙法蓮華經（卷三）化城喻品第七	一五册五四三頁中欄	九册二七頁中欄	寫本	本片背面即80TBI:684b爲回鶻文寫本。
二四〇	80TBI:672a	唐	四行	6.8×13.2	妙法蓮華經（卷四）五百弟子受記品第八	一五册五四七頁上欄	九册二九頁上欄	寫本	本片背面即80TBI:672b爲婆羅迷文寫本。
二四一	80TBI:225	高昌	五行	7.8×5.5	妙法蓮華經（卷四）授學無學人記品第九	一五册五四七頁下欄	九册二九頁下欄	寫本	該五片可以拼接，見拼合圖三一。
二四二	80TBI:061	高昌	六行	9.9×5.5	妙法蓮華經（卷四）授學無學人記品第九	一五册五四七頁下—五四八頁上欄	九册二九頁下欄	寫本	
二四三	80TBI:204	高昌	六行	8.5×6.4	妙法蓮華經（卷四）授學無學人記品第九	一五册五四八頁上欄	九册二九頁下欄	寫本	
二四四	80TBI:450	高昌	五行	6.6×5.9	妙法蓮華經（卷四）授學無學人記品第九	一五册五四八頁上欄	九册二九頁下—三〇頁上欄	寫本	
二四五	80TBI:484	高昌	二行	3.2×4.5	妙法蓮華經（卷四）授學無學人記品第九	一五册五四八頁上欄	九册二九頁下欄	寫本	
二四六	80TBI:745a	唐	二行	3.8×5.4	妙法蓮華經（卷四）授學無學人記品第九	一五册五四八頁上欄	九册三〇頁上欄	寫本	本片可與80TBI:661a拼接，見拼合圖三二。其背面即80TBI:745b爲漢文、回鶻文兩種文字書寫。
二四七	80TBI:661a	唐	一三行	22.7×12.6	妙法蓮華經（卷四）授學無學人記品第九	一五册五四八頁上—中欄	九册二九頁下—三〇頁上欄	寫本	本片可與80TBI:745a拼接，見拼合圖三二。其背面即80TBI:661b爲回鶻文寫本。

序號	出土編號	時代	殘片行數	尺寸（長×高）厘米	名稱	《中華大藏經》	《大正新修大藏經》	版本	備注
二四八	80TBI:271	高昌—唐	五行	8.8×8.5	妙法蓮華經（卷四）授學無學人記品第九	一五册五四八頁中欄	九册三〇頁上欄	寫本	
二四九	80TBI:090	高昌	一〇行	17.7×14.7	妙法蓮華經（卷四）法師品第一〇	一五册五四九頁上—中欄	九册三〇頁下欄	寫本	
二五〇	80TBI:320	唐	二行	3.6×5.7	妙法蓮華經（卷四）提婆達多品第一二	一五册五五四頁上欄	九册三五頁上欄	寫本	
二五一	80TBI:071	唐	五行	8.9×13.1	妙法蓮華經（卷五）安樂行品第一四	一五册五六一頁中欄	九册三八頁中—下欄	寫本	
二五二	80TBI:490	唐	一〇行	16.6×9.8	妙法蓮華經（卷五）從地踴出品第一五	一五册五六五頁上欄	九册四一頁中—下欄	寫本	
二五三	80TBI:707a	唐	二行	4.3×4.3	妙法蓮華經（卷五）如來壽量品第一六	一五册五六七頁中欄	九册四三頁中欄	寫本	本片背面即80TBI:707b爲回鶻文寫本。
二五四	80TBI:352	唐	三行	5.7×5.9	妙法蓮華經（卷五）如來壽量品第一六	一五册五六七頁下欄	九册四三頁下欄	寫本	
二五五	80TBI:732a	唐	六行	10.3×5.2	妙法蓮華經（卷五）分別功德品第一七	一五册五六八頁中欄	九册四四頁中欄	寫本	該兩片可以拚接，見拚合圖三三。其背面爲回鶻文寫本。
二五六	80TBI:305a	唐	二行	4.2×7.5	妙法蓮華經（卷五）分別功德品第一七	一五册五六八頁中欄	九册四四頁中欄	寫本	
二五七	80TBI:290	唐	三行	7.5×5.7	妙法蓮華經（卷五）分別功德品第一七	一五册五六九頁下欄	九册四五頁中欄	寫本	

序號	出土編號	時代	殘片行數	尺寸（長×高）厘米	名稱	《中華大藏經》	《大正新修大藏經》	版本	備注
二五八	80TBI:145	唐	三行	6.2×14.1	妙法蓮華經（卷六）法師功德品第一九	一五册五七五頁中欄	九册四八頁上—中欄	寫本	該四片可以拚接，見拚合圖三四。80TBI:036a共四片，其餘三片未定名，見未定名列表序號二一五。
二五九	80TB I:036–1	唐	四行	8.3×14.3	妙法蓮華經（卷六）法師功德品第一九	一五册五七五頁中欄	九册四八頁中欄	寫本	
二六〇	80TBI:169	唐	二行	4.7×10.5	妙法蓮華經（卷六）法師功德品第一九	一五册五七五頁中欄	九册四八頁中欄	寫本	
二六一	80TBI:098	唐	一二行	23.1×15.8	妙法蓮華經（卷六）法師功德品第一九	一五册五七五頁下欄	九册四八頁中欄	寫本	
二六二	80TBI:093–2	高昌	五行	9.6×8.3	妙法蓮華經（卷六）法師功德品第一九	一五册五七五頁中欄	九册四八頁中—下欄	寫本	該六片可以拚接，見拚合圖三五。80TBI:093–1、3已定名，參見列表序號三〇九、三〇八。
二六三	80TBI:037	高昌	五行	8.3×8.4	妙法蓮華經（卷六）法師功德品第一九	一五册五七五頁下欄	九册四八頁中欄	寫本	
二六四	80TBI:154	高昌	四行	7.0×14.5	妙法蓮華經（卷六）法師功德品第一九	一五册五七五頁下欄	九册四八頁中—下欄	寫本	
二六五	80TBI:094	高昌	七行	5.0×10.1 7.3×17.5	妙法蓮華經（卷六）法師功德品第一九	一五册五七五頁下欄	九册四八頁下欄	寫本	
二六六	80TBI:434	高昌	五行	10.4×9.2	妙法蓮華經（卷六）法師功德品第一九	一五册五七五頁下—五七六頁上欄	九册四八頁下欄	寫本	
二六七	80TBI:326	高昌	三行	5.3×5.7	妙法蓮華經（卷六）法師功德品第一九	一五册五七六頁上欄	九册四八頁下欄	寫本	
二六八	80TBI:422	唐	三行	4.7×6.2	妙法蓮華經（卷六）法師功德品第一九	一五册五七六頁中欄	九册四九頁上欄	寫本	
二六九	80TBI:183	唐	五行	9.5×9.8	妙法蓮華經（卷六）法師功德品第一九	一五册五七七頁上欄	九册四九頁下欄	寫本	

序號	出土編號	時代	殘片行數	尺寸（長×高）厘米	名稱	《中華大藏經》	《大正新修大藏經》	版本	備注
二七〇	80TBI:226	唐	三行	7.3×5.7	妙法蓮華經（卷六）如來神力品第二一	一五册五七九頁中欄	九册五一頁下欄	寫本	
二七一	80TBI:211	十六國	三行	5.7×7.5	妙法蓮華經（卷六）藥王菩薩本事品第二三	一五册五八一頁上欄	九册五三頁上欄	寫本	
二七二	80TBI:023	高昌—唐	五行	8.4×8.2	妙法蓮華經（卷六）藥王菩薩本事品第二三	一五册五八一頁中欄	九册五三頁上欄	寫本	
二七三	80TBI:771a	唐	一行	5.3×10.2	妙法蓮華經（卷六）藥王菩薩本事品第二三	一五册五八一頁下欄	九册五三頁中欄	寫本	本片背面即80TBI:771b爲婆羅迷文寫本。
二七四	80TBI:740a–5	高昌—唐	二行	4.9×6.7	妙法蓮華經（卷六）藥王菩薩本事品第二三	一五册五八二頁中欄	九册五四頁上欄	寫本	本件共九片，其中其另面即80TBI:740a–1～4、6～9未定名，見未定名列表序號二三五。本片背面即80TBI:740b爲回鶻文寫本。
二七五	80TBI:266a	唐	四行	6.2×6.8	妙法蓮華經（卷六）藥王菩薩本事品第二三	一五册五八二頁中欄	九册五四頁上欄	寫本	該三片可以拚接，見拚合圖三六。80TBI:266b和80TBI:086b–1、2未定名，見未定名列表序號二一八、八九。
二七六	80TBI:086a–1	唐	四行	6.8×9.6	妙法蓮華經（卷六）藥王菩薩本事品第二三	一五册五八二頁中—下欄	九册五四頁上欄	寫本	
	80TBI:086a–2	唐	六行	11.9×15.8					
二七七	80TBI:683a	十六國	五行	8.0×9.5	妙法蓮華經（卷七）妙音菩薩品第二四	一五册五八七頁上—中欄	九册五五頁下欄	寫本	該兩片可以拚接，見拚合圖三七。其背面爲回鶻文寫本。
二七八	80TBI:376a	十六國	三行	4.3×6.2	妙法蓮華經（卷七）妙音菩薩品第二四	一五册五八七頁中欄	九册五五頁下欄	寫本	

序號	出土編號	時代	殘片行數	尺寸(長×高)厘米	名稱	《中華大藏經》	《大正新修大藏經》	版本	備注
二七九	80TBI:498-11	宋	三行	5.0×6.8	妙法蓮華經（卷七）妙音菩薩品第二四	一五册五八七頁中—下欄	九册五六頁上欄	印本	參見列表序號一七三備注。
二八〇	80TBI:099	高昌—唐	六行	10.1×10.8	妙法蓮華經（卷七）觀世音菩薩普門品第二五	一五册五八九頁上欄	九册五七頁上欄	寫本	
二八一	80TBI:003	高昌建昌五年	四六行	88.7×20	妙法蓮華經（卷七）觀世音菩薩普門品第二五	一五册五八九頁中—五九〇頁下欄	九册五七頁上—五八頁中欄	寫本	
二八二	80TBI:698a	唐	五行	9.3×12.1	妙法蓮華經（卷七）陀羅尼品第二六	一五册五九二頁上欄	九册五九頁中欄	寫本	本片背面即80TBI:698b爲回鶻文寫本。
二八三	80TBI:278	高昌	四行	7.7×4.8	妙法蓮華經（卷七）妙莊嚴王本事品第二七	一五册五九二頁下欄	九册六〇頁上欄	寫本	
二八四	80TBI:317	高昌—唐	一九行	32.8×10.1	妙法蓮華經（卷七）妙莊嚴王本事品第二七	一五册五九三頁中—下欄	九册六〇頁下—六一頁上欄	寫本	
二八五	80TBI:741a-7	唐	四行	6.7×5.6	妙法蓮華經（卷七）普賢菩薩勸發品第二八	一五册五九五頁上欄	九册六一頁下欄	寫本	80TBI:741a共八片，其背面即80TBI:741b爲回鶻文寫本。80TBI:741a-1～6、8未定名，見未定名列表序號二五二。
二八六	80TBI:729a	唐	五行	8.7×11.3	妙法蓮華經（卷七）普賢菩薩勸發品第二八	一五册五九五頁中欄	九册六二頁上欄	寫本	該兩片可以拼接，見拼合圖三八。其背面爲回鶻文寫本。
二八七	80TBI:688a	唐	二行	4.0×5.6	妙法蓮華經（卷七）普賢菩薩勸發品第二八	一五册五九五頁中欄	九册六二頁上欄	寫本	

序號	出土編號	時代	殘片行數	尺寸(長×高)厘米	名稱	《中華大藏經》	《大正新修大藏經》	版本	備注
二八八	80TBI:244	十六國	三行	5.5×5.9	正法華經（卷六）七寶塔品第一一	一五册六七二頁下欄	九册一〇四頁中欄	寫本	
二八九	80TBI:066	高昌	一行	3.0×9.8	正法華經（卷七）	一五册六八四頁中欄	九册一〇七頁中欄	寫本	
二九〇	80TBI:028	唐	四行	6.7×11.9	添品妙法蓮花經（卷七）妙音菩薩品第二三	一五册八二一頁上欄	九册一九〇頁上欄	寫本	
二九一	80TBI:495a−2	宋	四行	7.9×15.2	金光明最勝王經（卷一〇）妙幢菩薩讚嘆品第二八	一六册三三二頁上欄	一六册四五四頁下—四五五頁上欄	印本	80TBI:495共二片，其中80TBI:495b−2已定名，參見列表序號四六九。80TBI:495a−1和80TBI:495b−1未定名，見未定名列表序號二三六、二四八。
二九二	80TBI:315a	唐	二行	5.3×6.3	合部金光明經（卷三）陀羅尼最净地品第六	一六册三六六頁中欄	一六册三七五頁中欄	寫本	本片背面即80TBI:315b爲回鶻文寫本。
二九三	80TBI:455−9	唐	二行	4.1×4.8	合部金光明經（卷三）陀羅尼最净地品第六	一六册三六七頁下欄	一六册三七六頁中欄	寫本	參見列表序號二一一備注。
二九四	80TBI:176	唐	四行	7.8×8.4	合部金光明經（卷三）陀羅尼最净地品第六	一六册三六七頁下欄	一六册三七六頁下欄	寫本	
二九五	80TBI:293−1	高昌—唐	五行	9.9×7.4	金光明經（卷二）四天王品第六	六七册九四二頁上欄	一六册三四二頁中欄	寫本	80TBI:293共二片，其中80TBI:293−2未定名，參見未定名列表序號二三七。

序號	出土編號	時代	殘片行數	尺寸(長×高)厘米	名稱	《中華大藏經》	《大正新修大藏經》	版本	備注
二九六	80TBI:384	高昌—唐	三行	6.3×5.9	金光明經（卷二）堅牢地神品第九	六七冊九四六頁中欄	一六冊三四五頁下欄	寫本	
二九七	80TBI:738a-2	高昌—唐	二行	3.6×3.3	佛說月燈三昧經一卷	六七冊五六二頁中欄	一五冊六二一頁下—六二二頁上欄	寫本	參見列表序號一六三備注。
二九八	80TBI:284	十六國	五行	8.3×7.3	金光明經（卷一）懺悔品第三	六七冊九三四頁上欄	一六冊三三六頁中—下欄	寫本	該兩片可以拚接，見拚合圖三九。
二九九	80TBI:172	十六國	三行	7.7×10.3	金光明經（卷一）懺悔品第三	六七冊九三四頁上欄	一六冊三三六頁下欄	寫本	
三〇〇	80TBI:195	唐	四行	8.3×8.7	金光明經（卷一）懺悔品第三	一六冊九三四頁中—下欄	一六冊三三七頁上欄	寫本	
三〇一	80TBI:118	唐	四行	8.0×8.7	金光明經（卷一）空品第五	六七冊九三七頁中—下欄	一六冊三四〇頁上—中欄	寫本	該兩片可以拚接，見拚合圖四〇。
三〇二	80TBI:062	唐	五行	9.2×10.1	金光明經（卷一）空品第五	六七冊九三七頁下欄	一六冊三四〇頁中欄	寫本	
三〇三	80TBI:108	唐	六行	11.3×6.9	金光明經（卷二）四天王品第六	六七冊九四二頁上—中欄	一六冊三四二頁中欄	寫本	
三〇四	80TBI:220	高昌—唐	四行	7.9×10.4	金光明經（卷二）四天王品第六	六七冊九四三頁中欄	一六冊三四三頁中欄	寫本	

序號	出土編號	時代	殘片行數	尺寸(長×高)厘米	名稱	《中華大藏經》	《大正新修大藏經》	版本	備注
三〇五	80TBI:047	高昌	一八行	31.5×11.2	金光明經（卷二）四天王品第六	六七册九四四頁下——九四五頁上欄	一六册三四四頁中——下欄	寫本	
三〇六	80TBI:067	唐	二行	4.0×7.7	金光明經（卷二）	六七册九四六頁上欄	一六册三四五頁下欄	寫本	
三〇七	80TBI:215	唐	五行	7.6×5.8	金光明經（卷三）鬼神品第一三	六七册九五二頁中——下欄	一六册三五〇頁上欄	寫本	
三〇八	80TBI:093—3	高昌	四行	8.4×9.8	金光明經（卷三）授記品第一四	六七册九五四頁上欄	一六册三五一頁中欄	寫本	該四片可以拼接，見拚合圖四一。其餘參見列表序號二六二。
三〇九	80TBI:093—1	高昌	四行	6.6×5.6	金光明經（卷三）除病品第一五	六七册九五四頁上欄	一六册三五一頁中欄	寫本	
三一〇	80TBI:088	高昌	一三行	27.6×18.3	金光明經（卷三）除病品第一五	六七册九五四頁上欄	一六册三五一頁中欄	寫本	
三一一	80TBI:152	高昌	二行	2.5×3.6	金光明經（卷三）除病品第一五	六七册九五四頁上欄	一六册三五一頁中欄	寫本	
三一二	80TBI:087	唐	八行	15.3×20.3	金光明經（卷三）除病品第一五	六七册九五四頁上——中欄	一六册三五一頁中——下欄	寫本	
三一三	80TBI:382	高昌—唐	四行	8.1×4.1	金光明經（卷四）讚佛品第一八	六七册九六一頁上欄	一六册三五七頁上欄	寫本	

(五) 阿含部（三一四—三五一）

序號	出土編號	時代	殘片行數	尺寸（長×高）厘米	名稱	《中華大藏經》	《大正新修大藏經》	版本	備注
三一四	80TBI:692a	唐	三行	5.3×9.1	大法炬陀羅尼經（卷一〇）六度品第一四之一	二一册五四九頁下欄	二一册七〇五頁下欄	寫本	本片背面即80TBI:692b爲回鶻文寫本。
三一五	80TBI:136	唐	四行	8.0×7.4	佛說長阿含經（卷二）第一分遊行經第二初	三一册一九頁上欄	一册一一頁下欄	寫本	
三一六	80TBI:498-3	宋	一行	3.0×8.8	佛說長阿含經（卷五）第一分典尊經第三	三一册五九頁下欄	一册三三頁上欄	印本	參見序號一七三備注。
三一七	80TBI:497-5	宋	四行	7.6×8.0	佛說長阿含經（卷五）第一分典尊經第三	三一册五九頁下—六〇頁上欄	一册三三頁上欄	印本	80TBI:497號共有二十一片，其中有三片80TBI:497-4、11、21已定名，分別見列表序號三一八、三四六、三二九。其餘十七片80TBI:497-1～3、6～10、12～20未定名，見未定名列表序號二三八。
三一八	80TBI:497-4	宋	四行	8.4×10.4	佛說長阿含經（卷一五）第三分種德經第三	三一册一八五頁中欄	一册九六頁上欄	印本	參見列表序號三一七備注。
三一九	80TBI:493a-3	宋	三行	5.2×10.2	長阿含經（卷一五）第三分種德經第三	三一册一九〇頁中欄	一册九九頁下欄	印本	參見列表序號四〇備注。
三二〇	80TBI:519	宋	二行	2.8×12.2	佛說長阿含經（卷一五）第三分種德經第三	三一册一九一頁下欄	一册一〇〇頁下欄	印本	

序號	出土編號	時代	殘片行數	尺寸(長×高)厘米	名稱	《中華大藏經》	《大正新修大藏經》	版本	備注
三一一	80TBI:002b	宋	一行	11.3×8.6	此殘片應屬于「中阿含經」中的題頭或結尾	三一册三〇〇頁—一〇一頁	一册四二一頁—八〇五頁	寫本	本片另面即80TBI:002a未定名，見未定名列表序號四二。
三一二	80TBI:514	宋	三行	5.9×7.7	中阿含經（卷五）舍梨子相應品智經第三	三一册三五四頁下欄	一册四五一頁上欄	寫本	
三一三	80TBI:493a–1	宋	六行	12.3×6.8	中阿含經（卷五）舍梨子相應品智經第三	三一册三五五頁中欄	一册四五一頁中欄	刻本	參見列表序號四〇備注。
三一四	80TBI:498–12	宋	四行	7.3×8.3	中阿含經（卷五）舍梨子相應品智經第三成就戒經第二	三一册三五五頁下—三五六頁上欄	一册四五一頁下—四五二頁上欄	印本	參見列表序號一七三備注。
三一五	80TBI:515	宋	三行	6.2×5.8	中阿含經（卷八）未曾有法品第四	三一册三九〇頁下欄	一册四七〇頁下欄	印本	
三一六	80TBI:756a–3	宋	三行	7.4×7.2	中阿含經（卷八）未曾有法品薄拘羅經第三	三一册三九七頁下欄	一册四七五頁中欄	印本	80TBI:756a共有四片，其中本兩片可以拚接，見拚合圖四二；其背面爲回鶻文寫本。另外兩片80TBI:756a–1、2未定名，參見未定名列表序號二四〇。
三一七	80TBI:756a–4	宋	三行	7.0×6.1	中阿含經（卷八）未曾有法品薄拘羅經第三	三一册三九七頁下欄	一册四七五頁中欄	印本	
三一八	80TBI:517–2	宋	六行	11.6×15.8	中阿含經（卷一八）長壽王品天經第二	三一册五一四頁中欄	一册五三九頁中欄	印本	本件共二片，80TBI:517–1爲「優波離問佛經」，參見列表序號三八二。本片可與80TBI:497–21拚接，見拚合圖四三。
三一九	80TBI:497–21	宋	六行	12.0×6.9	中阿含經（卷一八）長壽王品天經第二	三一册五一四頁中—下欄	一册五三九頁中—下欄	印本	參見列表序號三一七備注。本片可與80TBI:517–2拚接，見拚合圖四三。

序號	出土編號	時代	殘片行數	尺寸(長×高)厘米	名稱	《中華大藏經》	《大正新修大藏經》	版本	備注
三三〇	80TBI:511b	宋	三行	5.6×14.6	中阿含經（卷一八）長壽王品净不動道經第四	三一册五一九頁下欄	一册五四三頁中欄	刻本	本片另面即80TBI:511a未定名，見未定名列表序號二一九。
三三一	80TBI:513	宋	四行	8.0×6.4	中阿含經（卷一九）長壽王品梵天請佛經第七	三一册五二七頁中欄	一册五四七頁上欄	印本	
三三二	80TBI:512	宋	五行	11.4×9	中阿含經（卷一九）長壽王品梵天請佛經第七	三一册五二八頁上—中欄	一册五四七頁下欄	印本	
三三三	80TBI:500a–1	宋	八行	17.2×16.8	中阿含經（卷二二）穢品經第一	三一册五六三頁中欄	一册五六六頁下欄	印本	80TBI:500共有五片，其餘四片80TBI:500a–2～5和80TBI:500b均未定名，參見未定名列表序號二四一、二二六。
三三四	80TBI:505–2	宋	五行	10.4×7.6	中阿含經（卷四四）根本分別品鸚鵡經第九	三一册八一八頁下欄	一册七〇四頁上欄	印本	80TBI:505共有二片，其中80TBI:505–1未定名，參見未定名列表序號二四三。
三三五	80TBI:759a	宋	五行	10.0×7.4	中阿含經（卷四五）心品心經第一	三一册八二九頁中欄	一册七〇九頁下欄	印本	本件背面即80TBI:759b爲回鶻文寫本。
三三六	80TBI:697a	十六國	六行	11.0×6.4	增壹阿含經（卷一六）高幢品第二四之三	三二册一六七頁上—中欄	二册六三〇頁中欄	寫本	本片背面即80TBI:697b爲回鶻文寫本。
三三七	80TBI:241	唐	七行	9.4×10.8	增壹阿含經（卷三二）力品第三八之二	三二册三六五頁下欄	二册七二三頁中欄	寫本	

序號	出土編號	時代	殘片行數	尺寸(長×高)厘米	名稱	《中華大藏經》	《大正新修大藏經》	版本	備注
三三八	80TBI:504–2	宋	六行	11.3×15.0	增壹阿含經（卷三八）馬血天子問八政品第四三	三二册四四九頁上欄	二册七六〇頁上欄	刻本	80TBI:504共有四片，其中三片80TBI:504–1、3、4未定名，參見未定名列表序號二四三。
三三九	80TBI:498–4	宋	五行	10.2×9.9	增壹阿含經（卷四九）非常品第五一	三二册五七二頁中欄	二册八一四頁中欄	印本	參見列表序號一七三備注。
三四〇	80TBI:057	十六國	三行	4.7×22.1	增壹阿含經（卷五〇）大愛道般涅槃品第五二	三二册五九四頁上—中欄	二册八二三頁中—下欄	寫本	本五片可以拼接，見拚合圖四四。
三四一	80TBI:022	十六國	三行	5.3×20.9	增壹阿含經（卷五〇）大愛道般涅槃品第五二	三二册五九四頁中欄	二册八二三頁下欄	寫本	
三四二	80TBI:019	十六國	七行	13.5×18.4	增壹阿含經（卷五〇）大愛道般涅槃品第五二	三二册五九四頁中欄	二册八二三頁下欄	寫本	
三四三	80TBI:240	十六國	四行	6.7×6.8	增壹阿含經（卷五〇）大愛道般涅槃品第五二	三二册五九四頁中欄	二册八二三頁下欄	寫本	
三四四	80TBI:138	十六國	二行	3.1×7	增壹阿含經（卷五〇）大愛道般涅槃品第五二	三二册五九四頁中欄	二册八二三頁下欄	寫本	
三四五	80TBI:126	唐	八行	13.4×13.1	別譯雜阿含經（卷一二）	三三册四〇〇頁上—中欄	二册四五五頁上—中欄	寫本	
三四六	80TBI:497–11	唐	四行	6.9×4.9	別譯雜阿含經（卷一六）	三三册四五八頁下—四五九頁上欄	二册四八九頁下欄	印本	參見列表序號三一七備注。

序號	出土編號	時代	殘片行數	尺寸(長×高)厘米	名稱	《中華大藏經》	《大正新修大藏經》	版本	備注
三四七	80TBI:238	高昌—唐	六行	12.0×7.1	過去現在因果經（卷一）	三四册五一九頁中欄	三册六二五頁中欄	寫本	該兩片可以拚接，見拚合圖四五。
三四八	80TBI:318	高昌—唐	三行	6.1×7.4	過去現在因果經（卷一）	三四册五一九頁中欄	三册六二五頁中欄	寫本	
三四九	80TBI:012	十六國	六行	10.2×9.6	佛説分别善惡所起經	三六册一七六頁下欄	一七册五一七頁上欄	寫本	
三五〇	80TBI:137	高昌—唐	三行	7.0×7.8	辯意長者子經（卷一）	三六册三五五頁上欄	一四册八三八頁下欄	寫本	
三五一	80TBI:307	十六國	三行	5.2×4.3	法句譬喻經（卷一）放逸品第一〇	五二册一九五頁中欄	四册五八四頁上欄	寫本	

二　律藏部分（三五二—三八六）

序號	出土編號	時代	殘片行數	尺寸（長×高）厘米	名稱	《中華大藏經》	《大正新修大藏經》	版本	備注
三五二	80TBI:650a	十六國	一一行	19.0×13.2	佛藏經（卷下）囑累品第一〇	二四册八四七頁下—八四八頁上欄	一五册八〇三頁中欄	寫本	本片背面即80TBI:650b爲回鶻文寫本。
三五三	80TBI:651a	唐	六行	11.0×9.0	菩薩戒羯磨文受戒羯磨第一	二四册九一六頁下—九一七頁上欄	二四册一一〇五頁下—一一〇六頁上欄	寫本	本件背面即80TBI:651b有少量回鶻文批記。
三五四	80TBI:194	唐	四行	7.3×6.8	摩訶僧祇律（卷四）明四波羅夷法之四	三六册五二二頁上欄	二二册二五七頁下欄	寫本	
三五五	80TBI:285	唐	三行	6.6×6.7	摩訶僧祇律（卷九）明三十尼薩耆波夜提法之二	三六册六三九頁上欄	二二册三〇八頁下欄	寫本	
三五六	80TBI:374a	唐	二行	2.5×11.5	十誦律（卷五）明三十尼薩耆法之一	三七册二二九頁上—中欄	二三册三一頁下欄	寫本	本片背面即80TBI:374b未定名，見未定名列表序號二二〇。
三五七	80TBI:416	唐	三行	4.0×5.0	十誦律（卷五）明三十尼薩耆法之一	三七册二三四頁中欄	二三册三五頁中欄	寫本	
三五八	80TBI:753a	唐	三行	7.1×15.2	十誦律（卷二二）七法中布薩法第二	三七册五〇四頁中欄	二三册一五八頁上欄	寫本	本片部分行中雜有回鶻文批記。其背面即80TBI:753b爲「十誦律（卷二二）七法中布薩法第二」，參見列表序號三五九。

序號	出土編號	時代	殘片行數	尺寸（長×高）厘米	名稱	《中華大藏經》	《大正新修大藏經》	版本	備注
三五九	80TBI:753b	唐	五行	7.1×15.2	十誦律（卷二二）七法中布薩法第二	三七册五〇五頁上欄	二三册一五八頁中欄	寫本	參見列表序號三五八。
三六〇	80TBI:493b-1	唐	三行	5.2×10.1	十誦律（卷五一）第八誦之四五法初	三八册一二頁上欄	二三册三七八頁上欄	寫本	參見列表序號四〇備注。
三六一	80TBI:679a	唐	一五行	26.7×9.1	根本説一切有部毗奈耶雜事（卷二四）	三九册二一六頁中—下欄	二四册三一九頁下—三二〇頁上欄	寫本	該五片可以拼接，見拼合圖四六。其背面有回鶻文批記。
三六二	80TBI:253	唐	三行	5.5×4.0	根本説一切有部毗奈耶雜事（卷二四）	三九册二一六頁中—下欄	二四册三二〇頁上欄	寫本	
三六三	80TBI:223	唐	四行	5.7×6.6	根本説一切有部毗奈耶雜事（卷二四）	三九册二一六頁下欄	二四册三二〇頁上欄	寫本	
三六四	80TBI:078	唐	六行	12.0×8.0	根本説一切有部毗奈耶雜事（卷二四）	三九册二一六頁中—下欄	二四册三二〇頁上欄	寫本	
三六五	80TBI:059	唐	七行	10.6×12.0	根本説一切有部毗奈耶雜事（卷二四）	三九册二一六頁下欄	二四册三二〇頁上欄	寫本	
三六六	80TBI:267	唐	四行	7.2×7.5	四分律（卷八）初分之八三十捨墮法之三	四〇册三二六頁上欄	二二册六一五頁上欄	寫本	
三六七	80TBI:021	唐	五行	9.4×8.9	四分律（卷八）三十捨墮法之三	四〇册三三三頁上—中欄	二二册六二〇頁上欄	寫本	
三六八	80TBI:107	唐	四行	6.6×7.0	四分律（卷三五）受戒犍度之五	四〇册七一六頁中欄	二二册八一六頁上欄	寫本	

序號	出土編號	時代	殘片行數	尺寸(長×高)厘米	名稱	《中華大藏經》	《大正新修大藏經》	版本	備注
三六九	80TBI:205	唐	四行	6.8×7.2	四分律（卷四七）滅諍犍度第一六之一	四〇冊九二〇頁下—九二一頁上欄	二二冊九一八頁下欄	寫本	該三片可以拚接，見拚合圖四七。
三七〇	80TBI:115	唐	五行	10.5×10.9	四分律（卷四七）滅諍犍度第一六之一	四〇冊九二一頁上欄	二二冊九一八頁下欄	寫本	
三七一	80TBI:051	唐	七行	15.2×12.5	四分律（卷四七）滅諍犍度第一六之一	四〇冊九二一頁上欄	二二冊九一八頁下欄	寫本	
三七二	80TBI:308b	唐	四行	8.0×9.5	十誦比丘波羅提木叉戒本	四一冊一六七頁下欄	二三冊四七二頁上—中欄	寫本	本片另面即80TBI:308a未定名，見未定名列表序號二四。
三七三	80TBI:312b	唐	四行	10.1×6.5	十誦比丘波羅提木叉戒本	四一冊一六七頁下欄	二三冊四七二頁上—中欄	寫本	本片另面即80TBI:312a未定名，見未定名列表序號一九〇。
三七四	80TBI:264	高昌—唐	四行	6.4×6.0	十誦比丘波羅提木叉戒本	四一冊二五二頁上欄	二三冊四七四頁下欄	寫本	
三七五	80TBI:298b	唐	二行	5.3×8.0	四分律比丘戒本	四一冊三四九頁上欄	二二冊一〇一六頁下欄	寫本	本片另面即80TBI:298a未定名，見未定名列表序號一九六。
三七六	80TBI:119	高昌—唐	五行	9.7×7.2	四分律比丘戒本	四一冊三四八頁下—三四九頁上欄	二二冊一〇一六頁下欄	寫本	
三七七	80TBI:020	唐	五行	13.3×13.1	四分律比丘尼戒本	四一冊三五九頁下欄	二二冊一〇四〇頁中欄	寫本	本二片可以拚接，見拚合圖四八。
三七八	80TBI:053	唐	四行	9.3×13.7	四分律比丘尼戒本	四一冊三五九頁下欄	二二冊一〇四〇頁中欄	寫本	

序號	出土編號	時代	殘片行數	尺寸（長×高）厘米	名稱	《中華大藏經》	《大正新修大藏經》	版本	備注
三七九	80TBI:407	唐	三行	6.3×6.4	彌沙塞羯磨本	四一冊五四二頁下—五四三頁上欄	二二冊二一六頁上欄	寫本	
三八〇	80TBI:486	唐			四分比丘尼戒本	四一冊三六三頁上欄	二二冊一〇三一頁上欄	寫本	本號有七片，均屬一卷佛經，其中字體較大者出自《四分律比丘尼戒本》，字體較小者則無記載，疑爲該經的注釋部分，釋文略。
三八一	80TBI:038	唐	五行	7.7×9.5	優波離問佛經	四一冊六三七頁中欄	二四冊九〇七頁中欄	寫本	本兩件可以拚合，見拚合圖四九。其餘參見列表序號三二八。
三八二	80TBI:517—1	唐	九行	14.4×25.8	優波離問佛經	四一冊六三七頁中—下欄	二四冊九〇七頁中欄	寫本	
三八三	81TB10:08a	唐	一〇行	17.6×26.2	根本菩薩多部律攝（卷二〇）造大寺過限學處第二〇	四二冊一二三頁下欄	二四冊五八一頁中—下欄	寫本	本片行間雜有回鶻文批記。其背面即81TB10:08b爲回鶻文寫本。
三八四	80TBI:658a	高昌—唐	一二行	20.0×8.0	佛阿毗曇經出家相品第一（卷上）	四二冊六七五頁上欄	二四冊九六三頁下—九六四頁上欄	寫本	本片背面即80TBI:658b爲回鶻文寫本。
三八五	80TBI:015	唐	八行	16.4×26.5	賢愚經（卷一）梵天請法六事品第一	五一冊二頁中欄	四冊三五〇頁上欄	寫本	
三八六	80TBI:344	唐	三行	4.1×4.7	賢愚經（卷一〇）須達起精捨品第四一	五一冊一五三頁上欄	四冊四二〇頁上欄	寫本	

三　論藏部分

（一）釋經論部（三八七—四〇二）

序號	出土編號	時代	殘片行數	尺寸（長×高）厘米	名稱	《中華大藏經》	《大正新修大藏經》	版本	備注
三八七	80TBI:727a	唐	二行	4.3×10.0	大智度論（卷二）初品中婆伽婆釋論第四	二五册一三六頁中欄	二五册七三頁上欄	寫本	此六片可以拚接，見拚合圖五〇。其背面爲回鶻文寫本。
三八八	80TBI:724b	唐	一行	2.8×9.6	大智度論（卷二）初品中婆伽婆釋論第四	二五册一三六頁中欄	二五册七三頁上欄	寫本	
三八九	80TBI:695a	唐	三行	7.4×9.7	大智度論（卷二）初品中婆伽婆釋論第四	二五册一三六頁下欄	二五册七三頁上欄	寫本	
三九〇	80TBI:719a-1	唐	八行	15.0×10.8	大智度論（卷二）初品中婆伽婆釋論第四	二五册一三六頁下欄	二五册七三頁上欄	寫本	
三九一	80TBI:719a-2	唐	二行	3.4×3.1	大智度論（卷二）初品中婆伽婆釋論第四	二五册一三六頁下欄	二五册七三頁上欄	寫本	
三九二	80TBI:694a	唐	四行	8.6×9.5	大智度論（卷二）初品中婆伽婆釋論第四	二五册一三六頁下欄	二五册七三頁上欄	寫本	
三九三	80TBI:701a	唐	三行	5.6×7.6	大智度論（卷二）初品中婆伽婆釋論第四	二五册一三七頁上欄	二五册七三頁中欄	寫本	本片背面即80TBI:701b爲回鶻文寫本。
三九四	80TBI:156b	高昌	六行	10.7×16.3	大智度論（卷二）初品中婆伽婆釋論第四	二五册一三七頁下—一三八頁上欄	二五册七四頁上欄	寫本	本片另面即80TBI:156a未定名。參見未定名列表序號二二一。
三九五	80TBI:203	唐	三行	5.0×7.3	大智度論（卷一五）釋初品中毗梨耶波羅蜜義第二六	二五册三七二頁下欄	二五册一七三頁下欄	寫本	

序號	出土編號	時代	殘片行數	尺寸(長×高)厘米	名稱	《中華大藏經》	《大正新修大藏經》	版本	備注
三九六	80TBI:465b	十六國	二行	4.1×5.7	大智度論（卷五四）釋天主品第二七	二六冊四五頁下欄	二五冊四四五頁上欄	寫本	該三片可以拚接，見拚合圖五一。80TBI:465a、80TBI:188b、80TBI:112b已定名，參見列表序號四一一，四一三，四一二。
三九七	80TBI:188a	十六國	三行	5.3×8.3	大智度論（卷五四）釋天主品第二七	二六冊四五頁下—四六頁上欄	二五冊四四五頁上欄	寫本	
三九八	80TBI:112b	十六國	二行	4.8×6.9	大智度論（卷五四）釋天主品第二七	二六冊四六頁上欄	二五冊四四五頁上欄	寫本	
三九九	80TBI:224	高昌	九行	14.8×16.3	大智度論（卷七四）釋燈炷品第五七	二六冊三三三頁下欄	二五冊五八四頁中欄	寫本	
四〇〇	80TBI:311	高昌	四行	6.7×6.3	大智度論（卷八九）釋四攝品第七八之餘	二六冊五四六頁中—下欄	二五冊六八七頁中欄	寫本	
四〇一	80TBI:074	唐	六行	16.5×7.8	金剛般若波羅蜜經論（卷上）	二七冊八六頁下欄	二五冊七六七頁中—下欄	寫本	
四〇二	80TBI:130	高昌—唐	五行	8.4×14.9	十住毗婆沙論（卷五）聖者龍樹造易行品第九	二九冊二八二頁中欄	二六冊四二頁下—四三頁上欄	寫本	

（二）宗經論部（四〇三—四二三）

序號	出土編號	時代	殘片行數	尺寸(長×高)厘米	名稱	《中華大藏經》	《大正新修大藏經》	版本	備注
四〇三	80TBI:693a	唐	三行	4.8×9.1	瑜伽師地論（卷四〇）十五菩薩地	二七冊七四八頁下—七四九頁上欄	三〇冊五一五頁上—中欄	寫本	本片背面即80TBI:693b爲回鶻文寫本。
四〇四	80TBI:706a	唐	三行	5.5×9.8	瑜伽師地論（卷七八）攝決擇分中菩薩地之七	二八冊一六九頁下欄	三〇冊七三六頁中欄	寫本	本片背面即80TBI:706b爲回鶻文寫本。
四〇五	80TBI:730a	唐	四行	6.9×9.0	百論序	二九冊八九頁下欄	三〇冊一六八頁上欄	寫本	本片背面即80TBI:730b爲回鶻文寫本。
四〇六	80TBI:095a	唐	一一行	16.7×13.8	百論（卷下）破常品第九	二九冊一一〇頁中欄	三〇冊一八〇頁中欄	寫本	本片背面即80TBI:095b未定名。參見未定名列表序號一二五。
四〇七	80TBI:681a	唐	三行	4.6×7.7	攝大乘論釋（卷一一）釋依戒學勝相第六	二九冊九四二頁中—下欄	三一冊二三二頁中欄	寫本	本片背面即80TBI:681b爲回鶻文寫本。
四〇八	80TBI:442a	高昌	二行	3.6×4.0	阿毗曇八犍度論（卷一）智跋渠第二	四三冊四頁中欄	二六冊七七三頁上欄	寫本	本片背面即80TBI:442b未定名，參見未定名列表序號一〇八。
四〇九	80TBI:027	高昌—唐	六行	8.2×7.8	阿毗曇八犍度論（卷三）思跋渠首第八	四三冊二六頁上—中欄	二六冊七八三頁中欄	寫本	
四一〇	80TBI:046a	高昌	一一行	18.6×18.4	阿毗曇八犍度論（卷一二）智犍度之四修智跋渠之餘	四三冊一一八頁上欄	二六冊八二九頁上欄	寫本	本片背面即80TBI:046b未定名。參見未定名列表序號一五六。

序號	出土編號	時代	殘片行數	尺寸(長×高)厘米	名稱	《中華大藏經》	《大正新修大藏經》	版本	備注
四一一	80TBI:465a	高昌	二行	4.1×5.7	阿毗曇八犍度論（卷一三）智犍度智相應跋渠第五之一	四三册一二六頁中欄	八三二頁下欄二六册	寫本	本片背面即80TBI:465b爲「大智度論（卷五四）釋天主品第二七」，參見列表序號三九六。
四一二	80TBI:112a	高昌	三行	4.8×6.9	阿毗曇八犍度論（卷一三）智犍度智相應跋渠第五之一	四三册一二七頁下欄	八三三頁下欄二六册	寫本	本片背面即80TBI:112b爲「大智度論（卷五四）釋天主品第二七」，參見列表序號三九八。
四一三	80TBI:188b	高昌	三行	5.3×8.3	阿毗曇八犍度論（卷一三）智犍度相應跋渠之餘第五之一	四三册一二七頁下欄	八三三下欄二六册	寫本	本片另面即80TBI:188a爲「大智度論（卷五四）釋天主品第二七」，參見列表序號三九七。
四一四	80TBI:396	高昌—唐	四行	7.1×4.4	阿毗達磨大毗婆沙論（卷九二）結蘊第二中十門納息第四之二二	四五册八一三頁上欄	四七六頁中—下欄二七册	寫本	
四一五	80TBI:041	唐	五行	9.1×15.9	阿毗達磨大毗婆沙論（卷九二）結蘊第二中十門納息第四之二二	四五册八一三頁中—下欄	二七册四七七頁上欄	寫本	
四一六	80TBI:128	唐	五行	9.3×4.6	阿毗達磨大毗婆沙論（卷九二）結蘊第二中十門納息第四之二二	四五册八一四頁上欄	二七册四七六頁下欄	寫本	
四一七	80TBI:752a	唐	八行	15.4×11.1	阿毗達磨大毗婆沙論（卷九二）結蘊第二中十門納息第四之二二	四五册八一五頁上欄	二七册四七八頁上欄	寫本	本片背面即80TBI:752b未定名，參見未定名列表序號一二三。
四一八	80TBI:686a	唐	二行	3.6×5.3	阿毗達磨達毗婆沙論（卷一五二）根蘊第六中等心納息第四之二	四六册三五一頁上欄	二七册七七五頁上欄	寫本	本片背面即80TBI:686b爲回鶻文寫本。
四一九	80TBI:659a	唐	六行	12.0×24.9	阿毗達磨藏顯宗論（卷一七）辯緣起品第四之六	四八册二三七頁上欄	二九册八五五頁中—下欄	寫本	本片背面即80TBI:659b爲回鶻文寫本。

序號	出土編號	時代	殘片行數	尺寸(長×高)厘米	名稱	《中華大藏經》	《大正新修大藏經》	版本	備注
四二〇	80TBI:435	十六國	四行	6.2×5.9	修行道地經（卷五）數息品第二三	三〇一頁下欄—三〇二頁上欄五一册	二一八頁下欄一五册	寫本	
四二一	80TBI:029a	十六國	四行	7.3×7.1	修行道地經（卷六）學地品第二五	三一七頁上欄五一册	二二一頁上欄一五册	寫本	本片背面即80TBI:029b爲「未來星宿劫千佛名經」，參見列表序號一一五。
四二二	80TBI:331a-1	唐	一行	2.1×2.2	修行道地經（卷六）學地品第二五	三一七頁上欄五一册	二二一頁上欄一五册		80TBI:331共二片，可以拼接，見拼合圖五二。其背面均未定名，見未定名列表序號九。
四二三	80TBI:331a-2	唐	三行	5.4×5.3	修行道地經（卷六）學地品第二五	三一七頁上欄五一册	二二一頁上欄一五册	寫本	

四 密藏部分

（一） 胎藏部（四二四）

序號	出土編號	時代	殘片行數	尺寸（長×高）厘米	名稱	《中華大藏經》	《大正新修大藏經》	版本	備注
四二四	80TBI:337a	唐	六行	9.3×11.0	大毗盧遮那成佛神變加持經（卷四）密印品第九	二三册六〇九頁中欄	一八册二八頁上—中欄	寫本	本片背面即80TBI:337b未定名。參見未定名列表序號二二三。

（二）雜咒部（四二五—四四九）

號序	出土編號	時代	殘片行數	尺寸（長×高）厘米	名稱	《中華大藏經》	《大正新修大藏經》	版本	備注
四二五	80TBI:656a	唐	九行	18.0×18.5	佛説灌頂摩尼羅亶大神咒經（卷八）	一八册二七八頁上欄	二一册五一七頁下欄	寫本	本片背面即80TBI:656b爲回鶻文寫本。
四二六	80TBI:063	唐	四行	8.8×7.7	佛説灌頂隨願往生十方浄土經（卷一一）	一八册三〇四頁下欄	二一册五二九頁上欄	寫本	該二片可以拼接，見拼合圖五三。
四二七	80TBI:262	唐	二行	6.4×6.5	佛説灌頂隨願往生十方浄土經（卷一一）	一八册三〇四頁下欄	二一册五二九頁上欄	寫本	
四二八	80TBI:469	唐	四行	7.6×6.4	佛説灌頂拔除過罪生死得度經（卷一二）	一八册三一三頁下欄	二一册五三二頁下欄	寫本	該二片可以拼接，見拼合圖五四。
四二九	80TBI:120	唐	六行	10.3×9.5	佛説灌頂拔除過罪生死得度經（卷一二）	一八册三一三頁下欄	二一册五三二頁下欄	寫本	
四三〇	80TBI:092a	唐	八行	14.9×13.4	佛説灌頂拔除過罪生死得度經（卷一二）	一八册三一四頁上欄	二一册五三二頁下—五三三頁上欄	寫本	本片背面即80TBI:092b爲回鶻文寫本。
四三一	80TBI:367	唐	三行	4.5×4.9	佛説灌頂拔除過罪生死得度經（卷一二）	一八册三一五頁下欄	二一册五三三頁下—五三四頁上欄	寫本	
四三二	80TBI:102	唐	五行	10.1×8.3	佛説灌頂拔除過罪生死得度經（卷一二）	一八册三一七頁中欄	二一册五三五頁上欄	寫本	
四三三	80TBI:121	唐	六行	12.2×11.1	佛説灌頂拔除過罪生死得度經（卷一二）	一八册三一七頁下欄	二一册五三五頁中欄	寫本	
四三四	80TBI:064	唐	三行	8.3×8.5	佛説灌頂拔除過罪生死得度經（卷一二）	一八册三一八頁中欄	二一册五三五頁下欄	寫本	
四三五	80TBI:186	唐	三行	5.4×6.3	佛頂尊勝陀羅尼經	二〇册三二二頁上欄	一九册三五〇頁中欄	寫本	

序號	出土編號	時代	殘片行數	尺寸（長×高）厘米	名稱	《中華大藏經》	《大正新修大藏經》	版本	備注
四三六	80TBI:148	唐	四行	9.1×10.7	請觀世音菩薩消伏毒害陀羅尼咒經（卷一）	二〇册四八八頁中—下欄	二〇册三五頁中欄	寫本	
四三七	80TBI:097	高昌	一〇行	18.2×12.5	請觀世音菩薩消伏毒害陀羅尼咒經（卷一）	二〇册四八九頁中—下欄	二〇册三六頁上欄	寫本	該兩片可以拚接，見拚合圖五五。其餘參見列表序號二一一備注。
四三八	80TBI:455–15	高昌	三行	5.0×3.3	請觀世音菩薩消伏毒害陀羅尼咒經（卷一）	二〇册四八九頁下欄	二〇册三六頁上欄	寫本	
四三九	80TBI:213	唐	四行	7.8×7.0	請觀世音菩薩消伏毒害陀羅尼咒經（卷一）	二〇册四八九頁下—四九〇頁上欄	二〇册三六頁中欄	寫本	
四四〇	80TBI:201	唐	八行	15.1×8.1	佛說觀藥王藥上二菩薩經	二〇册八五九頁中欄	二〇册六六二頁上欄	寫本	
四四一	80TBI:082	唐	一一行	18.5×12.9	大方等陀羅尼經初分（卷一）	二二册三四二頁中欄	二一册六四三頁下欄	寫本	
四四二	80TBI:068	唐	八行	13.2×10.7	大方等陀羅尼經初分（卷一）	二二册三四二頁中—下欄	二一册六四三頁下—六四四頁上欄	寫本	
四四三	80TBI:452–1	十六國	一行	2.5×7.7	大方等陀羅尼經夢行分（卷三）	二二册三七一頁下—三七二頁上欄	二一册六五三頁下欄	寫本	80TBI:452共有九片，其餘八片均未定名，參見未定名列表序號二四四。
四四四	80TBI:482	高昌	一行	2.4×9.0	大方等陀羅尼經夢行分（卷三）	二二册三七三頁下欄	二一册六五五頁上欄	寫本	將該片與80TBI:068和80TBI:082兩片對照，發現兩者的字體（如「字」）相似，其紙質及格式也相近，故定其爲「大方等陀羅尼經夢行分（卷三）」。
四四五	80TBI:279	高昌	四行	7.6×4.8	大方等陀羅尼經護戒分（卷四）	二二册三八三頁上欄	二一册六五六頁下欄	寫本	
四四六	80TBI:507–3	宋	三行	9.5×10.6	佛說大摩裏支菩薩經（卷一）	六四册二三七頁上欄	二一册二六二頁中欄	印本	80TBI:507共有八片，除本片外，還有兩片即80TBI:507–1、2已定名，參見列表序號四四七、四四八；其餘五片即80TBI:507–4～8未定名，見未定名列表序號二四五。

序號	出土編號	時代	殘片行數	尺寸(長×高)厘米	名稱	《中華大藏經》	《大正新修大藏經》	版本	備注
四四七	80TBI:507–1	宋	四行	8.0×11.6	啰嚩拏説救療小兒疾病經（卷一）	六四册七三七頁上欄	二一册四九二頁中欄	印本	參見列表序號四四六備注。
四四八	80TBI:507–2	宋	三行	9×8.2	啰嚩拏説救療小兒疾病經（卷一）	六四册七三八頁上欄	二一册四九三頁中欄	印本	參見列表序號四四六備注。
四四九	80TBI:506–2	宋	八行	8.9×7.5	啰嚩拏説救療小兒疾病經（卷一）	六四册七三八頁下欄	二一册四九三頁中欄	印本	本件共四片，其中80TBI:506–1、3、4未定名，參見未定名列表序號二四六。

（三）附疑僞目部（四五〇—四六一）

序號	出土編號	時代	殘片行數	尺寸（長×高）厘米	名稱	《中華大藏經》	《大正新修大藏經》	版本	備注
四五〇	80TBI:005－2	唐	五行	8.0×4.1	大乘瑜伽金剛性海曼殊室利千臂千鉢大教王經（卷六）	六七册一二八頁下欄	二〇册七五三頁下欄	寫本	該三片文書殘片可拚接，見拚合圖五六。其背面爲佛像殘片。80TBI:005號共有五片，其中80TBI:005－1、3、5已定名，參見列表序號四六〇、四五六、四五七；80TBI:005－4未定名，見未定名列表序號二四七。80TBI:784a－1～4未定名，見未定名列表序號二五三。67TB:1－2－1、3、4已定名，參見列表序號四五八、四五三、四五四。
四五一	80TBI:784a－5	唐	九行	15.4×5.7	大乘瑜伽金剛性海曼殊室利千臂千鉢大教王經（卷六）	六七册一二八頁下欄	二〇册七五三頁下欄	寫本	
四五二	67TB:1－2－2	唐	九行	14.7×12.0	大乘瑜伽金剛性海曼殊室利千臂千鉢大教王經（卷六）	六七册一二八頁下—一二九頁上欄	二〇册七五三頁下—七五四頁上欄	印本	
四五三	67TB:1－2－3	唐	三行	7.2×7.9	大乘瑜伽金剛性海曼殊室利千臂千鉢大教王經（卷六）	六七册一三一頁中欄	二〇册七五五頁中欄	印本	參見列表序號四五二備注。
四五四	67TB:1－2－4	唐	二行	4.6×10.6	大乘瑜伽金剛性海曼殊室利千臂千鉢大教王經（卷六）	六七册一三一頁中欄	二〇册七五五頁中欄	印本	該兩片可以拚接，見拚合圖五七。80TBI:011共有三片，其中80TBI:011－2、3已定名，參見列表序號四五九、四六一，其餘參見列表序號四五二。
四五五	80TBI:011－1	唐	二行	4.3×10.8	大乘瑜伽金剛性海曼殊室利千臂千鉢大教王經（卷六）	六七册一三一頁中欄	二〇册七五五頁中—下欄	寫本	
四五六	80TBI:005－3	唐	三行	5.6×11.6	大乘瑜伽金剛性海曼殊室利千臂千鉢大教王經（卷六）	六七册一三一頁下欄	二〇册七五五頁下欄	寫本	該兩片可以拚接，見拚合圖五八。其餘參見列表序號四五〇備注。
四五七	80TBI:005－5	唐	三行	5.4×12.6	大乘瑜伽金剛性海曼殊室利千臂千鉢大教王經（卷六）	六七册一三一頁下欄	二〇册七五五頁下欄	寫本	
四五八	67TB:1－2－1	唐	四行	6.2×17.3	大乘瑜伽金剛性海曼殊室利千臂千鉢大教王經（卷六）	六七册一三二頁中欄	二〇册七五六頁上欄	印本	參見列表序號四五二及備注。

序號	出土編號	時代	殘片行數	尺寸(長×高)厘米	名稱	《中華大藏經》	《大正新修大藏經》	版本	備注
四五九	80TBI:011–2	唐	六行	9.7×8.0	大乘瑜伽金剛性海曼殊室利千臂千鉢大教王經(卷六)	六七册一三二頁中—下欄	二〇册七五六頁中欄	寫本	參見列表序號四五五及備注。
四六〇	80TBI:005–1	唐	三行	7.0×3.1	大乘瑜伽金剛性海曼殊室利千臂千鉢大教王經(卷六)	六七册一三二頁下欄	二〇册七五六頁中欄	寫本	該兩片可以拚接，見拚合圖五九。其餘參見列表序號四五五備注。
四六一	80TBI:011–3	唐	六行	11.1×13.5	大乘瑜伽金剛性海曼殊室利千臂千鉢大教王經(卷六)	六七册一三二頁下—一三三頁上欄	二〇册七五六頁中—下欄	寫本	

五　撰述部分

（一）章疏部（四六二—四六四）

序號	出土編號	時代	殘片行數	尺寸（長×高）厘米	名稱	《中華大藏經》	《大正新修大藏經》	版本	備注
四六二	80TBI:327	十六國	五行	6.4×3.2	注維摩詰經（卷六）不思議品第六	九八册八六九頁中—下欄	三八册三八三頁上欄	寫本	該兩片可以拼接，見拼合圖六〇。
四六三	80TBI:466	十六國	四行	5.9×5.6	注維摩詰經（卷六）不思議品第六	九八册八六九頁中—下欄	三八册三八三頁上欄	寫本	
四六四	80TBI:111	唐	三行	7.3×7.0	注維摩詰經（卷一〇）法供養品第一三	九八册九一三頁下欄	三八册四一八頁上欄	寫本	

（二）纂集部（四六五—四六七）

序號	出土編號	時代	殘片行數	尺寸（長×高）厘米	名稱	《中華大藏經》	《大正新修大藏經》	版本	備注
四六五	80TBI:390b	唐	二行	4.3×4.8	諸經要集（卷四）懸幡緣第四	五三册五四三頁下欄	五四册三八頁中欄	寫本	該兩件圖版爲一件文書的正反兩面。
四六六	80TBI:390a	唐	三行	4.3×4.8	諸經要集（卷五）供養録第二	五三册五四八頁下欄	五四册三九頁上欄	寫本	
四六七	80TBI:790b	唐	四行	6.7×7.1	廣弘明集（卷九）辯惑篇第二之五	六二册一〇四八頁下欄	五二册一四六頁上欄	寫本	本片另面即80TBI:790a爲佛像殘片。

（三）吕澂《新編漢文大藏經目録》未收部分（四六八—四七二）

序號	出土編號	時代	殘片行數	尺寸（長×高）厘米	名稱	《中華大藏經》	《大正新修大藏經》	版本	備注
四六八	81TB10:04a	宋	六行	10×10.5	集諸經禮懺儀（卷上）	六三册五八三頁下欄—五八四頁上欄	四七册四五六頁下欄	印本	本片背面即81TB10:04b未定名，參見未定名列表序號一八〇。
四六九	80TBI:495b–2	回鶻	四行	7.9×14.7	瑜伽集要焰口施食儀	六六册三五八頁下欄	二一册四七四頁中欄	寫本	參見列表序號二九一。
四七〇	80TBI:510	宋	五行	2.8×12.6 12.2×12.6	慈悲道場懺法（卷三）顯果報第一	一〇五册五五八頁中欄	四五册九三四頁上欄	印本	
四七一	80TBI:210	宋	二行	5.7×12.3	慈悲道場懺法（卷六）解怨結之餘	一〇五册五九五頁下欄	四五册九四九頁下欄	印本	
四七二	80TBI:035	唐	七行	14.3×11.2	請觀世音菩薩消伏毒害陀羅尼三昧儀經明正意第二	一〇五册六八九頁下欄	四六册九七一頁中欄	寫本	

六　音義部分（四七三）

序號	出土編號	時代	殘片行數	尺寸（長×高）厘米	名稱	《中華大藏經》	《大正新修大藏經》	版本	備注
四七三	80TBI:304	唐	三行	6.0×5.3	一切經音義（卷五七）佛滅度後金棺葬送經	五八册五九八頁下—五九九頁上欄	五四册六九〇頁上欄	寫本	

《中華大藏經》未收録部分（四七四—四九五）

序號	出土編號	時代	殘片行數	尺寸（長×高）厘米	名稱	《中華大藏經》	《大正新修大藏經》	版本	備注
四七四	80TBI:431	高昌—唐	二行	5.3×5.8	十方千五百佛名經		一四册三一二頁中欄	寫本	
四七五	80TBI:069—1	唐	四行	8.2×10.2	現在十方千五百佛名並雜佛同號		八五册一四四八頁下欄	寫本	80TBI:069共有二片，80TBI:069—2爲「十方千五百佛名經」，參見列表序號四七六。
四七六	80TBI:069—2	唐	七行	14.2×6.4	十方千五百佛名經		一四册三一三頁上欄	寫本	參見列表序號四七五及備注。
四七七	80TBI:076	唐	五行	10.9×12.0	十方千五百佛名經		一四册三一三頁中欄	寫本	
四七八	80TBI:049a	唐	七行	18.2×12.4	十方千五百佛名經		一四册三一七頁中欄	寫本	本片背面即80TBI:049b爲回鶻文寫本。
四七九	80TBI:257	高昌—唐	四行	8.3×5.9	十方千五百佛名經		一四册三一六頁上—中欄	寫本	
四八〇	80TBI:073	高昌	六行	9.8×8.9	大般涅槃經集解（卷五四）		三七册五四五頁下—五四六頁上欄	寫本	
四八一	80TBI:377b	唐	三行	4.5×6.2	四分律删繁補闕行事鈔卷上之二結界方法篇第六		四〇册一六頁上欄	寫本	本片背面即80TBI:377a爲「大方等大集經（卷五九）十方菩薩品第一三」，參見列表序號二〇。

序號	出土編號	時代	殘片行數	尺寸(長×高)厘米	名稱	《中華大藏經》	《大正新修大藏經》	版本	備注
四八二	80TBI:219	唐	三行	4.3×6.8	金剛經疏		八五册一二九頁下欄	寫本	
四八三	80TBI:239	唐	三行	5.5×4.8	金剛經疏		八五册一二九頁下—一三〇頁上欄	寫本	
四八四	80TBI:401—1	唐	二行	3.6×4.4	四分戒本疏（卷一）		八五册五六九頁下欄	寫本	80TBI:401共二片，其中80TBI:401—2未定名，參見未定名列表序號二一四九。
四八五	80TBI:410	唐	五行	9.2×4.6	四分戒本疏（卷一）		八五册五七〇頁下欄	寫本	
四八六	80TBI:310	唐	三行	5.0×8.5	四分戒本疏（卷一）		八五册五七〇頁上欄	寫本	
四八七	80TBI:132	唐	九行	15.8×12.5	佛説天地八陽神咒經		八五册一四二二頁下欄	寫本	
四八八	80TBI:488	唐	二六行	38.3×27.4	四分戒本疏（卷一）		八五册五七〇頁上—中欄	寫本	
四八九	80TBI:489	唐	一四行	22.2×27.8	四分戒本疏（卷一）		八五册五七〇頁中—下欄	寫本	
四九〇	80TBI:016	唐	一二行	19.0×20.0	四分戒本疏（卷一）		八五册五七〇頁下—五七一頁上欄	寫本	

序號	出土編號	時代	殘片行數	尺寸(長×高)厘米	名稱	《中華大藏經》	《大正新修大藏經》	版本	備注
四九一	80TBI:669a	唐	一四行	24.0×12.7	大方廣華嚴十惡品經		八五册一三六〇頁上欄	寫本	本片背面即80TBI:669b爲回鶻文寫本。
四九二	80TBI:301	唐	一行	2.0×11.2	妙法蓮華經馬明菩薩品第三十		八五册一四二七頁下欄	寫本	
四九三	80TBI:291	唐	三行	5.2×7.0	現在十方千五百佛名并雜佛同號		八五册一四四八頁下欄	寫本	
四九四	80TBI:192	高昌—唐	三行	7.0×4.9	現在十方千五百佛名并雜佛同號		八五册一四四八頁下欄	寫本	

道藏（四九五—四九六）

序號	出土編號	時代	殘片行數	尺寸（長×高）厘米	名稱	《道藏》	版本	備注
四九五	80TBI:079a	唐	三行	8.2×14.0	道藏《通玄真經》（卷三）《九守篇》殘片	一六册八三八頁下欄	寫本	該兩片可以拼接，見拼合圖六一。其背面均未定名，見未定名列表序號一四、一三。
四九六	80TBI:060b	唐	五行	7.3×13.0	道藏《通玄真經》（卷三）《九守篇》殘片	一六册八三八頁下欄	寫本	

世俗文書（四九七—五〇一）

序號	出土編號	時代	殘片行數	尺寸(長×高)厘米	名稱	《中華大藏經》	《大正新修大藏經》	版本	備注
四九七	80TBI:131	高昌	二行	3.4×12.3	高昌國高崇息乾茂等寫經題記			寫本	
四九八	80TBI:001a	晋	四行	7.9×11.3	晋寫本東撰《前漢記》《前漢孝武皇帝紀》殘卷			寫本	本片背面即80TBI:001b未定名，參見未定名列表序號三六。
四九九	80TBI:508a	元	五行	8.1×9.2	元代杭州金箔鋪裹貼紙			印本	
五〇〇	80TBI:508b	元		8.1×9.2	元代杭州金箔鋪裹貼紙背面小佛像				
五〇一	80TBI:725	唐	一行	3.4×3.2	唐高昌縣户籍			寫本	殘存「高昌縣之印」上部。

未定名佛經殘片（一—二二六）

序號	出土編號	時代	殘片行數	尺寸(長×高)厘米	名稱	《中華大藏經》	《大正新修大藏經》	版本	備注
一	80TBI:324a	唐	三行	4.4×3.6				寫本	二面書寫，字體相似，似爲正面寫完接寫反面。本片背面即80TBI:324b未定名，見未定名列表序號三。
二	80TBI:383	高昌	三行	5.8×4.1				寫本	
三	80TBI:324b	唐	三行	4.4×3.6				寫本	本片另面即80TBI:324a未定名，見未定名列表序號一。
四	80TBI:328a	回鶻	一行	3.2×7.1				寫本	本片背面即80TBI:328b爲回鶻文寫本。
五	80TBI:329	唐						寫本	共二片。
六	80TBI:333	高昌						寫本	共二片。
七	80TBI:340	唐	一行	2.3×7.0				寫本	
八	80TBI:235	十六國	四行	5.5×5.8				寫本	
九	80TBI:331b-1、2	唐						寫本	80TBI:331共二片，其中80TBI:331a-1、2已定名，見已定名列表序號四二二、四二三。
一〇	80TBI:048	唐	五行	7.3×6.3				寫本	

序號	出土編號	時代	殘片行數	尺寸(長×高)厘米	名稱	《中華大藏經》	《大正新修大藏經》	版本	備注
一一	80TBI:144	唐	四行	7.6×7.2				寫本	
一二	80TBI:058a	高昌	五行	11.1×12.8				寫本	本片背面即80TBI:058b未定名，見未定名列表序號八六。
一三	80TBI:060a	唐	五行	7.4×12.7				寫本	本片背面即80TBI:060b已定名，見已定名列表序號四九六。
一四	80TBI:079b	唐	六行	8.0×14.7				寫本	本片另面即80TBI:079a已定名，見已定名列表序號四九五。
一五	81TB10:02b	唐	五行	8.1×24.9				寫本	本片另面即81TBI:02a未定名，見未定名列表序號二一。
一六	80TBI:275	唐						寫本	共二片。
一七	80TBI:198	唐	三行	7.6×2.6				寫本	
一八	80TBI:197	十六國	四行	7.0×5.6				寫本	
一九	80TBI:084	唐						寫本	共二片。
二〇	80TBI:070	唐	六行	10.1×18.8				寫本	
二一	81TB10:02a	唐	五行	8.1×24.9				寫本	本片背面即81TB10:02b未定名，見未定名列表序號一五。
二二	80TBI:212	唐	四行	8.3×9.7				寫本	

序號	出土編號	時代	殘片行數	尺寸(長×高)厘米	名稱	《中華大藏經》	《大正新修大藏經》	版本	備注
二三	80TBI:077	唐	九行	15.4×19.7				寫本	
二四	80TBI:308a	唐	五行	8.0×9.5				寫本	本片背面即80TBI:308b已定名，見已定名列表序號三七二。
二五	80TBI:300	高昌—唐	五行	11.2×6.6				寫本	
二六	80TBI:208	唐	八行	14.2×9.9				寫本	
二七	80TBI:100	唐	六行	11.8×12.0				寫本	
二八	80TBI:403	高昌—唐	二行	4.3×6.3				印本	
二九	80TBI:406	唐						寫本	共六片。
三〇	80TBI:419	高昌—唐	二行	4.4×3.8				寫本	
三一	80TBI:418	高昌—唐	二行	4.2×3.8				寫本	
三二	80TBI:289b	唐	一行	3.9×7.0				寫本	本片另面即80TBI:289a已定名，見已定名列表序號四五。
三三	80TBI:349	唐	二行	3.6×5.1				寫本	
三四	80TBI:673a	唐						寫本	本件共二片，其背面即80TBI:673b爲回鶻文寫本。

序號	出土編號	時代	殘片行數	尺寸(長×高)厘米	名稱	《中華大藏經》	《大正新修大藏經》	版本	備注
三五	80TBI:096	唐						寫本	共四片。
三六	80TBI:001b	唐	五行	7.9×12.2				寫本	本片另面即80TBI:001a已定名，見已定名列表序號四九八。
三七	80TBI:395b	高昌	三行	4.7×5.1				寫本	本片另面即80TBI:395a未定名，見未定名列表序號一七七。
三八	80TBI:286	十六國	四行	5.9×5.6				寫本	
三九	80TBI:236	高昌	五行	9.5×6.4				寫本	
四〇	80TBI:263	唐	三行	3.9×8.7				寫本	
四一	80TBI:647a	唐	一行	3.7×5.3				寫本	本片背面即80TBI:647b爲回鶻文寫本。
四二	80TBI:002a	唐	六行	11.3×8.6				寫本	本片背面系雜抄，有「中阿含」三字。見已定名列表序號三二一。
四三	80TBI:405	高昌—唐	三行	4.7×4.8				寫本	
四四	80TBI:751a	唐	四行	8.4×10.0				寫本	本片背面即80TBI:751b爲回鶻文寫本。
四五	80TBI:222	唐	一行	2.3×5.8				寫本	
四六	80TBI:139	唐	二行	4.3×4.5				寫本	

序號	出土編號	時代	殘片行數	尺寸(長×高)厘米	名稱	《中華大藏經》	《大正新修大藏經》	版本	備注
四七	80TBI:415	唐	三行	4.1×4.5				寫本	
四八	80TBI:386	唐	四行	5.8×8.2				寫本	
四九	80TBI:424	唐	三行	4.5×6.2				寫本	
五〇	80TBI:733a	唐	二行	3.9×7.6				寫本	本片背面即80TBI:733b爲回鶻文寫本。
五一	80TBI:351	高昌	三行	5.4×6.4				寫本	
五二	80TBI:231	唐	三行	5.1×7.7				寫本	
五三	80TBI:648a	高昌	二行	5.6×5.8				寫本	本片背面即80TBI:648b爲回鶻文寫本。
五四	80TBI:254	高昌—唐	三行	5.7×6.6				寫本	
五五	80TBI:256a	高昌	五行	6.9×7.0				寫本	本片背面即80TBI:256b未定名，見未定名列表序號九八。
五六	80TBI:250	高昌—唐	四行	8.2×10.1				寫本	
五七	80TBI:255	唐	三行	4.8×6.9				寫本	
五八	80TBI:206	唐	四行	5.4×9.2				寫本	

序號	出土編號	時代	殘片行數	尺寸(長×高)厘米	名稱	《中華大藏經》	《大正新修大藏經》	版本	備注
五九	80TBI:123	高昌—唐	五行	10.6×5.0				寫本	
六〇	80TBI:042	高昌—唐	六行	10.4×6.2				寫本	
六一	80TBI:667a	高昌—唐	四行	8.5×12.8				寫本	本片背面即80TBI:667b爲回鶻文寫本。
六二	80TBI:032	唐	五行	11.0×11.3				寫本	
六三	80TBI:314	高昌—唐	三行	6.4×8.0				寫本	
六四	80TBI:113	唐	六行	9.5×7.5				寫本	
六五	80TBI:171	唐	六行	8.6×8.4				寫本	
六六	80TBI:283	唐	三行	6.6×4.9				寫本	
六七	80TBI:389	唐	二行	3.4×5.4				寫本	
六八	80TBI:702a	唐	三行	5.6×8.1				寫本	本片背面即80TBI:702b爲回鶻文寫本。
六九	80TBI:282	唐	八行	12.5×13				寫本	
七〇	80TBI:321	回鶻	三行	5.2×2.9				寫本	

序號	出土編號	時代	殘片行數	尺寸(長×高)厘米	名稱	《中華大藏經》	《大正新修大藏經》	版本	備注
七一	80TBI:369	唐	一行	3.7×5.4				寫本	
七二	80TBI:420	唐	三行	5.9×4.4				寫本	
七三	80TBI:354	高昌—唐	三行	12.3×5.3				寫本	
七四	80TBI:346	唐	二行	5.1×5.2				寫本	
七五	80TBI:343	高昌—唐	二行	5.5×5.1				寫本	
七六	80TBI:350	唐	三行	5.6×3.5				寫本	
七七	80TBI:342	高昌—唐	五行	8.7×3.2				寫本	
七八	80TBI:080a	宋	三行	7.8×13.2				印本	本片背面即80TBI:080b已定名，見已定名列表序號六四。
七九	80TBI:347	唐	三行	6.3×7.3				寫本	
八〇	80TBI:296	唐	三行	4.8×7.5				寫本	
八一	80TBI:762a	宋	八行	15.9×6.6				印本	本片背面即80TBI:762b爲回鶻文寫本。
八二	80TBI:379	唐	二行	5.0×7.6				寫本	

序號	出土編號	時代	殘片行數	尺寸(長×高)厘米	名稱	《中華大藏經》	《大正新修大藏經》	版本	備注
八三	80TBI:687a	唐	五行	5.0×6.6				寫本	本片背面即80TBI:687b爲回鶻文寫本。
八四	80TBI:400	高昌—唐	五行	8.1×6.0				寫本	
八五	80TBI:378	唐	四行	6.4×7.0				寫本	
八六	80TBI:058b	宋	二行	11.1×12.8				寫本	本片夾有民族文字，其另面即80TBI:058a未定名，見未定名列表序號一二。
八七	80TBI:187	唐	四行	6.5×6.7				寫本	
八八	80TBI:375	高昌—唐	四行	6.0×4.3				寫本	
八九	80TBI:086b	唐						寫本	有民族文字，共二片。80TBI:086a-1、2見已定名列表序號二七六。
九〇	80TBI:474	唐	二行	4.1×4.3				寫本	
九一	80TBI:368	唐	三行	3.9×7.7				寫本	
九二	80TBI:496	宋						印本	共四片。
九三	80TBI:473	唐宋	一行	10.8×6.3				寫本	

序號	出土編號	時代	殘片行數	尺寸(長×高)厘米	名稱	《中華大藏經》	《大正新修大藏經》	版本	備注
九四	80TBI:499	宋						印本	共十片。
九五	80TBI:237	唐						寫本	共三片。
九六	80TBI:494–2	宋						印本	共十一片。
九七	80TBI:258	唐	三行	6.2×4.9				寫本	
九八	80TBI:256b	高昌	四行	6.9×7.0				寫本	本片另面即80TBI:256a未定名，見未定名列表序號五五。
九九	80TBI:520	宋						印本	共十一片。
一〇〇	80TBI:372	唐	二行	3.9×3.7				寫本	
一〇一	80TBI:143	唐	一行	2.3×3.2				寫本	
一〇二	80TBI:141	唐	三行	5.4×3.5				寫本	
一〇三	80TBI:447	高昌	二行	3.3×3.6				寫本	
一〇四	80TBI:166a	唐						寫本	本片共二片，其中80TBI:166b未定名，見未定名列表序號一三一。
一〇五	80TBI:443	唐	二行	4.3×7.2				寫本	

序號	出土編號	時代	殘片行數	尺寸(長×高)厘米	名稱	《中華大藏經》	《大正新修大藏經》	版本	備注
一〇六	80TBI:446	唐	二行	2.7×3.5				寫本	
一〇七	80TBI:437	唐	一行	3.1×4.5				寫本	
一〇八	80TBI:442b	高昌	二行	3.6×4.0				寫本	本片另面即80TBI:442a已定名，見已定名列表序號四〇八。
一〇九	80TBI:151	唐	六行	3.9×4.1				寫本	
一一〇	80TBI:436a	唐	二行	3.5×4.5				寫本	本片背面即80TBI:436b有婆羅迷文字痕迹。
一一一	80TBI:433b	高昌—唐	二行	2.6×4.6				寫本	本片另面即80TBI:433a未定名，見未定名列表序號一一二。
一一二	80TBI:433a	高昌—唐	二行	2.6×4.6				寫本	本片背面即80TBI:433b有殘存的漢文文字，見未定名列表序號一一一。
一一三	80TBI:448	唐	一行	2.6×7.9				寫本	
一一四	80TBI:146	高昌—唐	二行	4.3×5.8				寫本	
一一五	80TBI:461	高昌—唐						寫本	共二十五片。
一一六	80TBI:460	高昌—唐						寫本	共二十七片。
一一七	80TBI:459	高昌—唐						寫本	共十九片。

序號	出土編號	時代	殘片行數	尺寸(長×高)厘米	名稱	《中華大藏經》	《大正新修大藏經》	版本	備注
一一八	80TBI:458	唐						寫本	共十八片。
一一九	80TBI:457	高昌—唐						寫本	共十五片。
一二〇	80TBI:456	高昌—回鶻						寫本	共二十片。同上。其中少量殘片背面有少數民族文字。
一二一	80TBI:464	高昌—唐						寫本	二十八片。非同一件文書，有些正、反兩面有文字。
一二二	80TBI:454	高昌—唐						寫本	共十九片。非同一件文書。
一二三	80TBI:462	高昌—唐						寫本	共十一片，非同一件文書
一二四	80TBI:463	高昌—回鶻						寫本	共二十五片，非同一件文書。
一二五	80TBI:323	高昌—唐						寫本	共十三片。非同一件文書。
一二六	80TBI:472a	唐	二行	4.6×6.2				寫本	本片背面即80TBI:472b殘存有回鶻文痕迹。
一二七	80TBI:470	高昌—唐	三行	5.8×5.1				寫本	
一二八	80TBI:485	唐	二行	2.9×4.3				寫本	
一二九	80TBI:467	唐	三行	5.7×6.0				寫本	

序號	出土編號	時代	殘片行數	尺寸(長×高)厘米	名稱	《中華大藏經》	《大正新修大藏經》	版本	備注
一三〇	80TBI:483	高昌—唐	三行	6.0×3.8				寫本	
一三一	80TBI:166b	唐						寫本	本片共二片，其中另面即80TBI:166a未定名，見未定名列表序號一〇四。
一三二	80TBI:355	唐	二行	3.7×5.2				寫本	
一三三	80TBI:363	唐	二行	3.6×4.2				寫本	
一三四	80TBI:353	唐	二行	4.2×3.5				寫本	
一三五	80TBI:799a	唐	一行					寫本	本件共二片，其背面即80TBI:799b爲回鶻文寫本。
一三六	80TBI:777	唐	四行	6.9×4.3				寫本	
一三七	80TBI:761a	宋	三行	10.5×4.8				印本	本片背面即80TBI:761b爲回鶻文寫本。
一三八	80TBI:780	高昌	一行	1.5×2.2				寫本	
一三九	80TBI:760b	宋	二行	3.7×8.4				寫本	本片另面即80TBI:760a未定名，見未定名列表序號一八三。
一四〇	80TBI:709a	唐	三行	5.7×4.8				寫本	本片背面即80TBI:709b爲回鶻文寫本。

序號	出土編號	時代	殘片行數	尺寸(長×高)厘米	名稱	《中華大藏經》	《大正新修大藏經》	版本	備注
一四一	80TBI:426b	唐						寫本	本件共三片，其另面即80TBI:426a未定名，見未定名列表序號一六九。
一四二	80TBI:295a	高昌—唐	二行	4.0×4.3				寫本	本片背面即80TBI:295b爲回鶻文寫本。
一四三	81SAT:3–2~4	唐						寫本	本件共四片，其中81SAT:3–1已定名，見已定名列表序號五八。
一四四	80TBI:703a	唐	一行	2.2×6.2				寫本	本片背面即80TBI:703b有回鶻文痕迹。
一四五	80TBI:427	唐	二行	3.3×3.7				寫本	
一四六	80TBI:319	唐	四行	6.8×5.3				寫本	
一四七	80TBI:429	唐	二行	3.8×3.7				寫本	
一四八	80TBI:503	宋						印本	共十一片。
一四九	80TBI:322	高昌—唐						寫本	共七片。非同一件文書。
一五〇	80TBI:268	唐						寫本	共二片。
一五一	80TBI:270	高昌	三行	4.9×5.0				寫本	
一五二	80TBI:280	回鶻	一行	4.2×6.9				寫本	

序號	出土編號	時代	殘片行數	尺寸(長×高)厘米	名稱	《中華大藏經》	《大正新修大藏經》	版本	備注
一五三	80TBI:402	唐						寫本	共二片。
一五四	80TBI:345	高昌—唐	三行	6.5×4.6				寫本	
一五五	80TBI:261	唐	二行	6.0×6.4				寫本	
一五六	80TBI:046b	高昌	一三行	19.4×18.6				寫本	本片另面即80TBI:046a已定名，見已定名列表序號四一〇。
一五七	80TBI:303	唐	五行	6.2×9.1				寫本	
一五八	80TBI:281	唐	二行	6.1×10.2				寫本	
一五九	80TBI:391	唐	三行	3.3×6.3				寫本	
一六〇	80TBI:501	宋						印本	共九片。
一六一	80TBI:502	宋						印本	共十片。
一六二	81TB10:07a	唐	一三行	20.4×28.3				寫本	本片背面即81TB10:07b爲回鶻文寫本。
一六三	80TBI:451	唐						寫本	共五片。
一六四	80TBI:468a	十六國	三行	4.3×5.9				寫本	本片背面即80TBI:468b未定名，見未定名列表序號二五四。

序號	出土編號	時代	殘片行數	尺寸(長×高)厘米	名稱	《中華大藏經》	《大正新修大藏經》	版本	備注
一六五	80TBI:478	高昌—唐	四行	7.1×5.7				寫本	
一六六	80TBI:370	唐	三行	6.3×5.5				寫本	
一六七	80TBI:358	唐	三行	5.8×4.2				寫本	
一六八	80TBI:364	唐	二行	3.7×4.9				寫本	
一六九	80TBI:426a	唐						寫本	本件共三片，其背面即80TBI:426b未定名，見未定名列表序號一四一。
一七〇	80TBI:718a	唐	四行	6.8×6.5				寫本	本片背面即80TBI:718b爲回鶻文寫本。
一七一	81TB10:03b	唐	三行	8.1×12.9				寫本	本片另面即80TBI:03a未定名，見未定名列表序號二五五。
一七二	80TBI:133	唐	三行	7.5×7.0				寫本	
一七三	80TBI:392a	唐	四行	5.9×5.7				寫本	本片背面即80TBI:392b未定名，見未定名列表序號一八一。
一七四	80TBI:743a	唐						寫本	本件共十七片，其背面即80TBI:743b均爲回鶻文寫本。
一七五	80TBI:397	高昌—唐						寫本	共二片。
一七六	80TBI:399	唐						寫本	共二片。

序號	出土編號	時代	殘片行數	尺寸(長×高)厘米	名稱	《中華大藏經》	《大正新修大藏經》	版本	備注
一七七	80TBI:395a	十六國	三行	4.7×5.1				寫本	本片背面即80TBI:395b未定名，見未定名列表序號三七。
一七八	80TBI:394	宋	二行	4.0×4.6				印本	
一七九	80TBI:713a	唐	二行	4.4×5.3				寫本	本片背面即80TBI:713b爲回鶻文寫本。
一八〇	81TB10:04b	宋	六行	10.2×10.6				寫本	本片另面即81TB10:04a已定名，見已定名列表序號四六八。另在本件文書右側邊緣部位有一紅的殘筆。
一八一	80TBI:392b	唐	三行	5.9×5.7				寫本	本片另面即80TBI:392a未定名，見未定名列表序號一七三。
一八二	80TBI:769a	高昌—唐	三行	6.2×6.7				寫本	本片背面即80TBI:769b爲非漢文字寫本，其中夾雜少量梵文字母。
一八三	80TBI:760a	宋	二行	3.7×8.4				印本	本片背面即80TBI:760b未定名，見未定名列表序號一三九。
一八四	80TBI:767a	高昌	三行	6.1×5.5				寫本	本片背面即80TBI:767b爲婆羅迷文字寫本。
一八五	80TBI:417	高昌—唐	四行	9.0×4.7				寫本	
一八六	80TBI:360	唐	三行	4.3×5.6				寫本	
一八七	80TBI:357	高昌—唐	三行	4.5×7.3				寫本	

序號	出土編號	時代	殘片行數	尺寸(長×高)厘米	名稱	《中華大藏經》	《大正新修大藏經》	版本	備注
一八八	80TBI:425b	唐	三行	5.9×3.7				寫本	本片另面即80TBI:425a未定名，見未定名列表序號一九三。
一八九	80TBI:026a	唐	三行	5.0×9.2				寫本	
一九〇	80TBI:312a	唐	六行	10.1×6.5				寫本	本片背面即80TBI:312b已定名，見已定名列表序號三七三。
一九一	80TBI:313	唐	二行	5.5×7.5				寫本	
一九二	80TBI:414	高昌—唐	三行	5.3×5.4				寫本	
一九三	80TBI:425a	十六國	四行	5.9×3.7				寫本	本片背面即80TBI:425b未定名，見未定名列表序號一八八。
一九四	80TBI:193	唐	七行	11.7×7.2				寫本	
一九五	80TBI:722a	高昌	三行	6.6×5.5				寫本	本片背面即80TBI:722b爲回鶻文寫本。
一九六	80TBI:298a	唐	三行	5.3×8.0				寫本	本片背面即80TBI:298b已定名，見已定名列表序號三七五。
一九七	80TBI:423	十六國						寫本	
一九八	80TBI:412	唐	一行	2.6×7.4				寫本	

序號	出土編號	時代	殘片行數	尺寸(長×高)厘米	名稱	《中華大藏經》	《大正新修大藏經》	版本	備注
一九九	80TBI:408	十六國	二行	3.8×7.2				寫本	
二〇〇	80TBI:430	十六國	一行	2.9×6.9				印本	
二〇一	80TBI:432	十六國	二行	4.0×5.0				寫本	
二〇二	81SAT:6	宋						印本	共十六片。
二〇三	80TBI:421	唐	一行	4.3×3.9				寫本	
二〇四	80TBI:050a	唐	三行	9.9×14.5				寫本	本件書有「十四日」、「年五月十日阿嫂」、「名目還索」等字，疑爲世俗文書，其背面即80TBI:050b爲回鶻文寫本。
二〇五	80TBI:734a	高昌—唐						寫本	共八片。其背面即80TBI:734b均爲回鶻文寫本。
二〇六	80TBI:739a	高昌						寫本	本件共九片，其背面即80TBI:739b均爲回鶻文寫本。
二〇七	80TBI:736a	高昌—唐						寫本	本件共十二片，其背面即80TBI:736b均爲回鶻文寫本。
二〇八	80TBI:735a	高昌—唐						寫本	本件共十片，其背面即80TBI:735b均爲回鶻文寫本。
二〇九	80TBI:711a	唐	三行	5.9×7.0				寫本	本片背面即80TBI:711b爲回鶻文寫本。

序號	出土編號	時代	殘片行數	尺寸(長×高)厘米	名稱	《中華大藏經》	《大正新修大藏經》	版本	備注
二一〇	80TBI:737a	高昌—唐						寫本	本件共九片，其背面即80TBI:737b爲回鶻文寫本。
二一一	80TBI:185b	高昌	二行	10.9×10.7				寫本	本片另面即80TBI:185a已定名，參見已定名列表序號一六五。
二一二	80TBI:017a	唐						寫本	共二片。草書。
二一三	80TBI: 017b	唐						寫本	共二片，草書。
二一四	80TBI:476	唐						寫本	共二片，草書。
二一五	80TBI:036-2～4	唐	二行					寫本	本號共四片，80TBI:036-1已定名，見已定名列表序號二五九。
二一六	80TBI:500b	唐						寫本	80TBI:500共五片，其背面粘了一層紙，上面印有漢字，用于上件背面拓裱。其中80TBI:500a-1已定名，見已定名列表序號三三三，80TBI:500a-2～5未定名，見未定名列表序號二四一。
二一七	80TBI:083	唐	五行	7.1×9.7				寫本	草書。
二一八	80TBI:266b	回鶻	三行	6.2×6.8				寫本	似爲習字，80TBI:266a見已定名列表序號二七五。
二一九	80TBI:511a	宋	三行	5.5×14.6				寫本	本片背面即80TBI:511b已定名，參見已定名列表序號三三〇。
二二〇	80TBI:374b	唐	一行	2.5×11.5				寫本	本片另面即80TBI:374a已定名，見已定名列表序號三五六。

序號	出土編號	時代	殘片行數	尺寸（長×高）厘米	名稱	《中華大藏經》	《大正新修大藏經》	版本	備注
二二二一	80TBI:156a	高昌	六行	10.7×16.3				寫本	本片背面即80TBI:156b已定名，見已定名列表序號三九四。
二二二二	80TBI:752b	唐	三行	15.4×11.1				寫本	本片另面即80TBI:752a已定名，見已定名列表序號四一七。
二二二三	80TBI:337b	唐	六行	9.3×11.0				寫本	本片另面即80TBI:337a已定名，見已定名列表序號四二四。
二二二四	80TBI:381	高昌—唐	一行	3.5×6.4				寫本	
二二二五	80TBI:095b	唐	三行	16.7×14.1				寫本	本片另面即80TBI:095a已定名，見已定名列表序號四〇六。
二二二六	80TBI:335–2	唐	一行	1.2×1.9				寫本	本件共二片，其中80TBI:335–1已定名，見已定名列表序號三一。
二二二七	80TBI:243–2	唐	一行	0.9×2.4				寫本	本件共二片，其中80TBI:243–1已定名，見已定名列表序號三四。
二二二八	80TBI:493b–2	唐	一行	2.4×2.5				寫本	參見已定名列表序號四〇及備注。
二二二九	80TBI:721a–2	唐	二行	4.5×3.6				寫本	參見已定名列表序號七三及備注。
二二三〇	80TBI:330–2	唐	三行	5.6×3.9				寫本	參見已定名列表序號八二及備注。
二二三一	80TBI:742a–1～5	唐						寫本	80TBI:742a共六片，其中80TBI:742a–6已定名，見已定名列表序號一六二。

序號	出土編號	時代	殘片行數	尺寸(長×高)厘米	名稱	《中華大藏經》	《大正新修大藏經》	版本	備注
二三二	80TBI:738a-1、4、5、7~9	唐						寫本	80TBI:738a共九片，其中80TBI:738a-2、3、6已定名，見已定名列表序號一六三及備注。
二三三	80TBI:498-1、2、5~9、13~17	唐						印本	80TBI:498共十八片，其中80TBI:498-3、4、10~12、18已定名，見已定名列表序號一七三及備注。
二三四	80TBI:455-1~6、8、10~14	唐						寫本	80TBI:455共十五片，其中80TBI:455-7、9、15已定名，見已定名列表序號二二一、二九三、四三八。
二三五	80TBI:740a-1~4、6~9	唐						寫本	80TBI:740a共九片，其中80TBI:740a-5已定名，見已定名列表序號二七四。其背面即80TBI:740b均爲回鶻文寫本。
二三六	80TBI:495a-1	宋	四行	8.5×7.8				印本	80TBI:495共二片，其中80TBI:495a-2和80TBI:495b-2已定名，見已定名列表序號二九一、四六九。
二三七	80TBI:293-2	唐	一行	1.3×1.3				寫本	80TBI:293共二片，其中80TBI:293-1已定名，見已定名列表序號二九五。
二三八	80TBI:497-1~3、6~10、12~20	宋						印本	80TBI:497共二十一片，其中80TBI:497-3、4、11、21四片已定名，見已定名列表序號三一七、三一八、三一九、三四六。
二三九	80TBI:493a-2	唐	一行	2.4×2.5				寫本	參見已定名列表序號四〇及備注。
二四〇	80TBI:756a-1、2	宋唐						本印、寫	80TBI:756a共四片，其中80TBI:756a-3、4已定名，見已定名列表序號三二六、三二七。餘下一片爲寫本，一片爲印本，未定名。

序號	出土編號	時代	殘片行數	尺寸(長×高)厘米	名稱	《中華大藏經》	《大正新修大藏經》	版本	備注
二四一	80TBI:500a−2～5	宋						本印	80TBI:500共五片，80TBI:500b未定名，見未定名列表序號一一七，其中80TBI:500a−1已定名，見已定名列表序號三三三。
二四二	80TBI:505−1	宋	五行	9.0×12.2				本印	80TBI:505共二片，80TBI:505−2已定名，見已定名列表序號三三四。
二四三	80TBI:504−1，3，4	宋						本印	80TBI:504共四片，其中80TBI:504−2已定名，見已定名列表序號三三八。
二四四	80TBI:452−2～9	高昌—唐						本寫	80TBI:452共九片，80TBI:452−1已定名，見已定名列表序號四四三。
二四五	80TBI:507−4～8	宋						本印	80TBI:507共八片，其中80TBI:507−1～3已定名，見已定名列表序號四四七、四四八、四四六。
二四六	80TBI:506−1，3，4	宋						本印	本件共四片，其中80TBI:506−2已定名，見已定名列表序號四四九。
二四七	80TBI:005−4	宋	二行	3.3×7.9				本印	80TBI:005共五片，其中80TBI:005−1～3，5已定名，見已定名列表序號四六〇、四五〇、四五六、四五七。
二四八	80TBI:495b−1	回鶻	五行	8.5×8.3				本寫	參見未定名列表序號一三六。
二四九	80TBI:401−2	高昌	二行	5.3×4.6				本寫	80TBI:401共二片，其中80TBI:401−1已定名，見已定名列表序號四八四。
二五〇	80TBI:720a−2	十六國		4.7×3.7				本寫	80TBI:720a−1已定名，見已定名列表序號一九七及備注。
二五一	80TBI:453−1～7，9，10							本寫	80TBI:453共十片，其中80TBI:453−8已定名，見已定名列表序號一六四。

序號	出土編號	時代	殘片行數	尺寸(長×高)厘米	名稱	《中華大藏經》	《大正新修大藏經》	版本	備注
二五二	80TBI:741a-1~6′8	唐						木寫	80TBI:741a共八片，其中80TBI:741a-7已定名，見已定名列表序號二八五。
二五三	80TBI:784a-1~4								本件共五片，其背面即80TBI:784b爲佛像殘片，即80TBI:784a-5已定名，參見已定名列表序號四五一。
二五四	80TBI:468b	十六國	三行	4.3×5.9				木寫	本片另面即80TBI:468a未定名，見未定名列表序號一六四。
二五五	81TB10:03a	唐	五行	8.1×12.9				木寫	本片背面即80TBI:03b未定名，見未定名列表序號一七一。